U0904588

复旦文化遗产丛书

传统技艺与现代科技

东亚文化遗产保护学会第六次国际学术研讨会文集

東亞 SOCIETY FOR THE CONSERVATION OF CULTURAL HERITAGE

Traditional Techniques and Modern Technology

—The Proceeding of the Sixth Symposium of the Society for Conservation of Cultural Heritage in East Asia

东亚文化遗产保护学会
The Society for Conservation of Cultural Heritage in East China
复旦大学国土与文化资源研究中心
Center for Land and Cultural Resources Research, Fudan University
中国文物保护技术协会
China Association for Conservation Technology of Cultural Heritage

復旦大學出版社

东亚文化遗产保护学会第六次学术研讨会

The Sixth Symposium of the Society for Conservation of Cultural Heritage in East Asia

论文集编纂　Compiler

稿件确认　Coordinator

曹可硕

Cao Keshuo

韩文校对　Korean Proofreader

朱善银

Zhu Shanyin

日文校对　Japanese Proofreader

杜之岩

Du Zhiyan

英文校对　English Proofreader

骆俊彦

Luo Junyan

中文校对　Chinese Proofreader

曹可硕 Cao Keshuo	傅嘉伟 Fu Jiawei	刘邵远 Liu Shaoyuan	严　冬 Yan Dong
张　安 Zhang An	张可儿 Zhang Ke'er		

无人机大合照

研讨会现场

海报发表区交流、探讨

专家、学者茶歇期间交流

中、韩、日三国与会者认真聆听演讲

合唱《茉莉花》《阿里郎》《四季歌》欢迎各方专家

序一

PREFACE

马家郁

（东亚文化遗产保护学会名誉会长）

2007年东亚文化遗产保护学会在韩国首尔成立，并召开了第一届国际研讨会，至今已走过了十个年头，在此期间学会得到了中国国家文物局、韩国文化厅、日本国文化厅以及诸多专家学者的大力支持，相继在首尔、北京、呼和浩特、庆州、奈良顺利举办过五届国际学术研讨会。

2017年，由复旦大学国土与文化资源研究中心、复旦大学文物与博物馆学系、上海交通大学建筑文化遗产保护国际研究中心承办的第六次国际学术研讨会在上海顺利召开。这也是该年会第一次在高校举办。中、韩、日三国从事文化遗产研究和保护实践的同行们汇聚复旦大学，共同探讨东亚地区文化遗产保护的前沿课题，分享最新成果与经验。这无疑对进一步推动亚洲地区文化遗产保护理论及实际工作具有重要意义。

中、韩、日三国同处东亚，一衣带水，具有相似的文化背景和文化遗产类型，同时都有自己的保护实践特点。长期以来，国际上通行的文化遗产保护理念、准则和方法带有明显的西方印迹，这些原则和方法并不完全适用于东方的文化遗产保护。在这样的情况下，东亚文化遗产保护学会成立之初，即尝试为东亚各国文化遗产工作者构建一个交流、分享的平台，建立具有亚洲特色、东方特色的文化遗产保护理论与规则，加强亚洲各国文化遗产保护的交流与合作，从而指导亚洲国家的遗产保护工作，在平等的基础上进行东西方之间的对话。

学会成立十年以来，逐步建立了具有东方特色的文化遗产保护和科学研究体系，并定期举办学术研讨会进行交流与合作，促进了东亚传统材料和工艺的保护和传承，提高了亚洲地区文化遗产的整体保护水平。本次大会的成功举办，将为东亚地区文保领域的发展注入新的生机与活力。

中国文物保护技术协会在会议筹备、人员组织、论文出版等阶段给予了极大支持，在此特别鸣谢。期待中、韩、日三国从事文化遗产研究和保护实践的专家学者在未来继续深入交流探讨，共同努力开创亚洲文化遗产保护更加广阔的发展局面。

序二

PREFACE

刘承功
（复旦大学党委副书记）

2017年8月24—25日，东亚文化遗产保护学会第六次国际学术研讨会在复旦大学隆重召开。2017年正是东亚文化遗产保护学会成立十周年，复旦大学很荣幸能够成为本届研讨会的主办单位，携手上海交通大学，由复旦大学文物与博物馆学系、复旦大学国土与文化资源研究中心，以及上海交通大学建筑文化遗产保护国际研究中心共同承办此次会议，为东亚文化遗产保护工作献上一份绵薄之力。

复旦大学在创建世界一流高校的过程中，始终将保护文化遗产看作是必须肩负的社会责任。我校文物与博物馆学系成立于1984年，是国内创办时间最长、影响力最大的文博教学科研单位之一。自学科创建以来，复旦大学文博系在人才培养、科研创新和服务社会三个方面开展了许多工作，取得了丰硕的成果，为中国培养了几代文化遗产保护和修复领域的高级人才。

近年来，我校更是积极加大在文化遗产保护传承方面的学科建设，2015年成立了国土与文化资源研究中心，在文化遗产保护领域进行了诸多探索。中心积极推动复旦文化遗产一流学科的建设，力争建立国际一流、国内领先的文化遗产保护学科。借助2017年9月23日成立的复旦大学科技考古研究院，必将在文化遗产保护理论与技术方面取得更大的发展。

一个民族的文化遗产，承载着这个民族的认同感和自豪感；一个国家的文化遗产，代表着这个国家悠久历史文化的“根”与“魂”。保护我们的昨天也就是守护人类明天的希望。期待通过本次国际研讨会的举办，未来能够进一步深入探讨东亚地区文化遗产保护的现状与对策，加强东亚各国文化遗产保护的交流与合作，推动东亚地区的文化遗产保护修复技术的进步，提高东亚文化遗产保护的整体水平。

序三

PREFACE

陆　琼
（中国国家文物局政策法规司司长）

中国、韩国、日本三国文化遗产保护领域的专家学者相聚美丽的复旦大学，共同参加东亚文化遗产保护学会第六次国际学术研讨会，探讨“传统技艺与现代科技”这一前沿课题，这是东亚文化遗产保护界的一件大事。首先，热烈祝贺本次研讨会的顺利召开，同时向与会的国内外专家、学者致以诚挚问候，向精心筹办此次会议的各家单位表示衷心感谢！

作为承办方之一的复旦大学文物与博物馆学系是中国创办时间最长、影响力最大的文博教学科研单位之一，为中国培养了几代文化遗产保护和修复领域的高级人才。另一家承办单位上海交通大学建筑文化遗产保护国际研究中心，是国内较早从事建筑遗产保护的产学研团队，自成立以来，不断引进国际先进技术和理念，开展中国建筑遗产保护和研究工作，硕果累累。在此我们谨向两所高校为本次会议顺利召开所做出的贡献表示衷心感谢。

保护文化遗产，滋养文明力量。在中国，文化遗产保护不断得到政府、民众的高度重视。近年来，中国国家主席习近平多次做出重要指示，强调文化遗产承载灿烂文明，传承历史文化，维系民族精神，是老祖宗留给我们的宝贵遗产，我们要像爱惜自己的生命一样保护好文化遗产。各级政府、相关部门、众多专家学者、专业机构精诚协作、共同努力，广大文物保护工作者不辱使命、守土有责，使得中国文化遗产保护体系不断完善，文物保护修复技术得到持续提升，不仅在国内，而且在国际上取得了很多成绩，也积累了丰富的文化遗产保护经验。

与此同时，文化遗产也是国际文化交流、文明互鉴的重要桥梁与纽带，是保护文化多样性、增进不同国家民众情感、促进民心相通的重要基础。东亚文化遗产保护学会在促进文物保护领域的跨国交流和研究，引领先进的保护理念、方法和技术等方面发挥了重要作用。在今年，东亚文化遗产保护学会成立第十个年头之际，中国有幸再次成为会议主办方，对于加强中外遗产保护技术交流、互相借鉴，推动东亚地区文化遗产保护工作具有重要意义。

本届国际学术研讨会聚焦现代科技发展背景下的文化遗产保护，探讨东亚地区传统技艺与现代科技相互融合与相互促进下的传承与发展，在传承中不断发展，在发展中更好地传承。我们期待通过本次会议的深入交流、探讨与分享，为东亚地区文化遗产保护探索新的能量，注入新的活力，共同开创更加广阔的发展局面。

最后，向长期致力于文化遗产保护的各位专家学者致以最崇高的敬意，也期待着今后能有更多的合作与交流。

序四

PREFACE

褚晓波

（上海市文化广播影视管理局副局长、上海市文物局副局长）

首先，祝贺东亚文化遗产保护学会第六次国际学术研讨会在上海复旦大学顺利召开。

同处东亚的中国、韩国、日本，既有共通的历史文化背景和传统技艺，也有不同的文化理念与各自专精的保护技术。东亚文化遗产保护学会自2007年成立以来，一直致力于打通东亚各国之间的界限，为中国、韩国、日本的文物保护学者提供信息共享和学术交流的宝贵平台，我们对此深表敬意。

上海作为国家历史文化名城，拥有多样的城市文化与丰富的遗产类型。在国家文物局的大力支持下，上海市在文化遗产领域，特别是文物保护技术方面，与国内外各相关机构密切合作，取得了丰富的成果。同时，上海也在积极打造具有全球影响力的科技创新中心，而文化遗产保护领域也越来越离不开科技的进步与发展。本次会议的主题是“传统技艺与现代科技”，传统技艺不能丢，现代科技不能少，两者互相融合才会带来文化遗产保护领域新的拓展。

本次大会在上海召开，是上海的殊荣，同时也是一次重要的学习、交流机会。上海作为东道主，希望能发扬“海纳百川”的城市精神，与东亚邻邦交流和分享文化遗产保护领域中的最新理念和技术，也为共同推进东亚文化遗产保护事业尽一份力！

复旦大学与上海交通大学作为本次会议其中的两家主办单位，一直是文化遗产保护领域的中坚力量。相信通过两所高校的精诚合作，未来定能取得丰硕成果！最后，再次对长期以来奋战在第一线，为东亚地区文化遗产保护事业做出贡献的三国专家学者表示衷心的感谢！

目录

CONTENTS

中方论文

韩方论文

日方论文

中方论文

我国石窟寺保护现状及发展探析

王金华　陈嘉琦
（复旦大学文物与博物馆学系）

摘　要： 石窟寺是我国传承脉络最为清晰、关联性最为密切、体系最为完整、内容最为丰富、真实性和完整性保存最好同时也最为脆弱的文物类别，其保存状况与地质条件、气候条件关系密切。1949年以来石窟寺保护相继经历了环境清理及除险、多学科合作综合性保护、预防性保护与大规模本体修复的三个阶段，目前石窟寺保护理念基本形成共识，加固保护技术日趋成熟，基本技术标准陆续编制，保护材料的研发和水害治理取得新成果，但依然面临水害、风化病害等威胁，呈现出整体发展不平衡、本体修复保护刚刚起步、具体个案的保护实践存在争议等现状。今后应加强基础研究工作，转变工作思路和方式，重视本体保护和预防性保护，积极开展石窟寺窟檐保护研究和示范工程。

关键词： 文物保护　石窟寺保护　预防性保护　本体修复保护　窟檐保护　裂隙切割　水害　风化破坏　保护现状　展望

石窟寺是我国独具特色的文物类型，分布广泛，规模庞大，内容丰富。石窟寺保护工作是我国石质文物保护的主体工作，在我国文物保护工作中独具特色。1949年以来，我国开展了大量的石窟寺保护工作，有些保护工作具有标志性和示范性，具有重大影响，在我国文物保护史上占有重要地位。

我国石窟寺保护工作与我国的社会经济和科学技术的发展是紧密相关的，在保护实践中逐步发展并完善。由早期的简易型支护，到工程学方法的加固保护，再到利用科研成果的保护和多学科合作保护，直至今天的理论和技术逐步成熟的科技保护和预防性保护，基本上代表了我国文物保护工作的发展历程和水平。

石窟保护工作在我国文物保护对外合作交流中发挥了重要作用，并对我国文物保护工作与国际接轨做出了重大贡献。1997年启动、2000年颁布的《中国文物古迹保护准则》，其编制工作的动因和形成很重要的契机是中美合作开展的敦煌石窟保护项目的示范结果[1]。

1949年以来，以黄克忠先生为代表的老一辈石窟保护人，为我国石窟保护工作做出了重大贡献，取得了显著成绩[2]。目前，我国石质文物保护在国际上已处于领先水平。

一、中国石窟寺的特点

1. 石窟寺是我国传承脉络最为清晰、关联性最为密切、体系最为完整的文物类型

中国石窟寺最早开凿于公元3世纪的新疆地区，之后随佛教东传沿丝绸之路向东发展，公元4世纪开凿敦煌莫高窟，至公元5—6世纪在北方和中原地区达到鼎盛时期；随着唐代综合国力的强盛，佛教石窟寺在长江流域以南地区广为传播，唐宋晚期在岷江、嘉陵江流域的四川盆地及周边地区形成了我国晚期石窟寺的营造高潮；随着藏传佛教的兴盛，石窟寺又在西藏地区得以兴盛和发展。

石窟寺以佛教为主线，沿丝绸之路由西向东、向南传播，数量庞大，分布广泛。我国石窟寺主要分为新疆地区、中原北方地区（又分为西区—甘宁地区和东区）、南方地区和西藏地区。

石窟寺时代特点明显，但又相互影响：早期新疆石窟的中亚风格影响了北方地区，北方石窟风格传到南方地区；在6世纪之后的南方地区，藏传佛教又影响到新疆地区和北方地区。

中国石窟寺传承脉络清晰，规制相似，文化内涵相同，内容关联密切，自成体系。与古建筑、古遗址、古墓葬等文物类别相比，石窟寺是体系最为完整的文物类别。

2. 石窟寺集洞窟构筑物、壁画、塑像、雕像、题刻、碑刻等于一体，是内容最为丰富的文物类别

新疆地区石窟寺：主要内容为洞窟和壁画。石窟岩体为第三纪的砂砾岩，胶

结性差，结构松散不适于雕像；当时建造时主要内容为壁画、塑像，但由于后期各种损坏，塑像破坏殆尽，仅存壁画[3]。

甘宁地区石窟寺：内容比较复杂，包括洞窟、壁画、塑像、雕像、题刻、碑刻等。其中石窟造像塑造技艺由木构塑像、石胎塑像逐步向石雕像发展过渡。此区域石窟的敦煌莫高窟壁画、麦积山石窟的塑像是中国石窟寺内容的典型代表。

中原地区石窟寺：主要内容为洞窟和石雕像，以及大量题记、碑刻，并出现具有皇家建造特点的大型石雕像和大型洞窟。代表性石窟有云冈石窟和龙门石窟。

南方地区石窟寺：主要内容为摩崖造像、摩崖题刻。代表性的石窟有大足石刻、广元千佛崖等。

西藏地区石窟寺：主要内容为石雕像，规模较小，一般分布在寺院周边的山体上。

3. 石窟寺保存状况与区域气候关联密切

我国石窟寺主要分布在三个气候区域。

（1）干旱地区：新疆地区和甘宁地区。其中嘉峪关以西的新疆、甘肃地区，年降雨量不足100毫升；张掖以东的甘肃河西地区、陇东地区、宁夏固原地区，年降雨量300—500毫升。此区域内麦积山石窟气候条件为特例，虽然隶属甘肃，但气候湿润，降雨量大于800毫升。石窟存在的主要病害为壁画及塑像的开裂、脱落和岩体垮塌等。

（2）半干旱地区：中原地区气候为半干旱地区，年降雨量500—800毫升。石窟存在的主要病害为石刻及雕像的风化破坏、水的侵蚀病害、岩体开裂变形等不稳定病害。

（3）亚热带湿润地区：南方地区石窟位于秦岭以南或长江流域以南地区，属于高温高湿地区，年降雨量大于1 000毫升。石窟存在的主要病害为水的侵蚀病害、生物侵蚀病害、造像风化破坏及岩体开裂变形等不稳定病害。

4. 石窟寺地形地貌特征明显

石窟寺开凿在陡峻的崖壁岩体上，山体崖壁是石窟寺开凿的依托。崖壁一般是地质构造运动及其后期河流、冲沟侵蚀作用或剥蚀作用形成的。我国石窟寺所在地形地貌主要分为三种（表1）：河流阶地沟谷地貌、冲沟（或季节性河流）沟谷地貌、构造剥蚀低山丘陵地貌。

表1 我国石窟寺地形地貌特征

地形地貌	石窟寺
河流阶地沟谷地貌	山西省大同市云冈石窟、河南省洛阳市龙门石窟、新疆维吾尔自治区阿克苏克孜尔千佛洞、新疆维吾尔自治区阿克苏库木吐喇千佛洞、甘肃省酒泉市敦煌莫高窟、甘肃省酒泉市东千佛洞、甘肃省酒泉市西千佛洞、甘肃省张掖市马蹄寺石窟、甘肃省酒泉市榆林窟、甘肃省武威市天梯山石窟、甘肃省天水市大像山石窟、甘肃省庆阳市北石窟、甘肃省庆阳市南石窟、陕西省咸阳市大佛寺石窟、陕西省宝鸡市慈善寺石窟、四川省广元市皇泽寺石窟、四川省广元市千佛崖千佛洞、辽宁省锦州市万佛堂石窟、四川省乐山市乐山大佛等
冲沟（或季节性河流）沟谷地貌	新疆维吾尔自治区阿克苏克孜尔尕哈石窟、新疆维吾尔自治区阿克苏森木塞姆石窟、甘肃省天水市水帘洞石窟、重庆市大足宝顶山摩崖造像、四川省资阳市安岳卧佛院摩崖造像等
构造剥蚀低山丘陵地貌	新疆维吾尔自治区吐鲁番市柏孜克里克石窟、甘肃省天水市麦积山石窟、甘肃省张掖市文殊山石窟、宁夏回族自治区固原市须弥山石窟、陕西省延安市钟山石窟、西藏拉萨药王山石窟、四川省资阳市毗卢洞摩崖造像、四川省巴中市南龛摩崖造像、四川省巴中市水宁寺摩崖造像、重庆市大足北山、山东省烟台市南山石窟、重庆市石门山石窟、重庆市石篆山石窟等

5. *石窟寺是真实性、完整性保存最好的文物类别*

虽然石窟寺原有寺庙建筑及环境遭到不同程度的损毁，但现存石窟寺遗址的洞窟、壁画、塑像、石雕像、题记、碑刻等内容，基本保持建造时期的状态，与古建筑、遗址等文物类型相比，保存内容的真实性和完整性都相对完好。

6. *石窟寺是人工构筑物与自然山体结合的地质体*

与古代建筑等其他文物类型，以及欧洲石质文物相比，我国石窟寺既具有人为建造、艺术创作的特点，又具有地质体的构造、结构特征。不同区域的石窟，质地结构、环境条件、保存状况及存在的病害类型及破坏方式都存在较大差异。此特点决定了中国石窟寺保护工作的独特性。

7. *石窟寺是最为脆弱的文物类型*

石窟寺一般雕凿在自然山体上，或采用泥土人工建造，为多孔结构矿物集合体，其特点自身具有衰减的特性，对外界环境的影响——温度、水、生物等反应十分敏感，极其容易产生损害、破坏。

二、我国石窟寺保护工作的基本历程

从1949年开始，我国石窟寺保护工作总体分三个阶段。

1. 第一阶段：20世纪50年代至70年代，以环境清理及除险工作为特点

由于历史原因，1949年前大多数石窟寺基本处于自然荒芜状态，或沦为牛棚（如云冈石窟）、羊圈，或沦为游人临时庇护场所（如新疆库木吐喇石窟），没有专门的管理机构；石窟岩体开裂变形，造像残破严重，环境杂乱。

1949年中华人民共和国建立后，重要的石窟基本成立了石窟保护机构，开始石窟环境的整理和除险加固工作，包括石窟保存状况调查、环境整治、残破石窟的除险等工作。

该阶段代表性保护工作包括以下三项。

（1）1952—1953年大足石刻北山摩崖造像保护长廊建设保护工作

北山摩崖造像位于山巅（俗称佛湾），开凿于唐景福元年至南宋绍兴年间（公元892—1162年），依岩而建，形若新月，龛窟密如蜂房，造像崖面长约300米，高7—10米。造像通编290号，分为南、北两段（1—100号为南段，101—290号为北段）。

1949年前，由于没有有效的管理，该造像基本处于荒芜状态，崖顶开垦为农田，杂草荆棘蔓延丛生。雨水、地下水漫流冲刷、侵蚀，泥土随坡水堆积、掩埋龛窟。窟檐、龛壁的岩体垮塌崩落，造像残破、风化破坏严重。景色荒凉，环境破烂不堪。1952年，在举国百废待兴的困难时期，设立了专门的文物保护机构——大足县文物保管所，并拨专款进行大足石刻的抢救保护工作。1952年6月，当时国家西南文教部拨专款修建北山佛湾保护长廊，保护长廊为简易砖木结构（图1）。

北山摩崖造像保护长廊的修建，解决了雨水、阳光对摩崖造像直接的侵蚀破坏，对摩崖造像起到了十分有效的保护作用；同时长廊建筑形式、景观与环境协调，是得到高度认可的石窟保护性设施之一，具有代表性和典型性。

图1　大足石刻北山摩崖造像保护长廊现状

图2　敦煌莫高窟挡墙修复效果

图3　莫高窟修复前

（2）敦煌莫高窟崖面挡墙支护工程[4]

1944年1月1日，国立敦煌艺术研究所正式成立，敦煌石窟保护与研究艰难起步。在资料缺乏、研究条件极其艰苦的情况下，敦煌艺术研究所不仅做了大量的保护、临摹工作，而且开始对敦煌石窟做了一次全面的清理、调查和编号。同时，也探索性地开展了一些力所能及的保护工作，比如清理积沙、修建围墙等[5]（图3）。但莫高窟洞窟、崖壁岩体、栈道等依然存在垮塌的险情，危及文物的安全。1949年后，国家非常重视敦煌石窟的保护工作，1951年专门委派专家到莫高窟开展调查，提出了抢救性加固石窟崖体和洞窟的方案，经多次讨论研究，国家拨付专项资金，于1963—1966年先后三期完成了敦煌莫高窟576米崖面和354个洞窟的维修加固，解决了洞窟坍塌的问题，有效制止了岩体裂隙发展，并解决了这些洞窟上下4层之间的往来通道难题（图2）。

（3）云冈石窟三年抢险加固工程[6]

云冈石窟开凿于公元5世纪中叶（北魏，公元460年），由于自然应力侵蚀作用和人为破坏作用，以及缺乏有效保护管理，石窟洞窟岩体、雕像、崖壁岩体破坏严重，而且存在进一步变形、垮塌的威胁。1960年国家文物局召开“云冈石窟保护会议”，启动云冈石窟保护工作；1965年公布云冈石窟保护范围，包括重点保护区、安全保护区、地下安全线，形成上、中、下立体交叉与远、中、近多层保护体系，以确保石窟安全；1974—1976年遵照时任国务院总理周恩来“云冈石窟三年要修好”的指示，将云冈石窟抢救性保护列为重点保护工程，按照“抢险加固、排除险情、保持现状、保护文物”的原则[7]，对云冈石窟主要洞窟进行了大规模的抢险加固。经过三年的加固，抢救了一大批濒临坍塌的洞窟，保证了石窟及游人的安全。云冈石窟采用的环氧树脂灌浆加固工程和锚固工程对以后石窟保护工作具有指导意义。

2. 第二阶段：20世纪80年代至90年代，以多学科合作为特点的综合性保护

1982—1984年甘肃省建工局建筑学研究所，借鉴地质工程学的方法，对麦积山石窟实施了“锚喷支护”工程，这是我国第一次系统采用锚固技术用于石窟岩体的综合抢险加固工程，具有标志性和示范性意义[8]。

此后，榆林窟、克孜尔石窟、龙门石窟、大足石刻等石窟的加固工程都采用了锚固技术。锚固技术在中国石窟寺加固保护工作中得到广泛应用。

目前，锚固技术的材料、工艺、监测等多个方面都发展得十分成熟。

自20世纪80年代起，云冈石窟[9]、龙门石窟[10]、大足石刻[11]、乐山大佛等石窟均借鉴地质学勘察技术和方法，开展了渗水病害的勘察研究工作。龙门石窟[12]、大足石刻实施了渗水病害的治理工程。

20世纪90年代，敦煌研究院与美国盖蒂保护研究所合作开展莫高窟壁画修复加固和窟顶风沙治理工作，标志着以敦煌石窟为代表的石窟壁画的修复技术逐渐成熟。

3. 第三阶段：21世纪以来，以预防性保护与大规模本体修复为特点

随着保护工作的深入以及文物保护工作的需求，石窟寺残损破坏、风化破坏等问题逐渐得到重视，石窟寺的修复保护及预防性保护工作逐渐开展起来。

由于石雕、塑像自身十分脆弱，且直接关系到文物的价值，所以文物本体修复保护工作是一项谨慎的科学研究工作，其中保护材料作为关键技术显示了其重要性。

该阶段的代表性保护工程有：

2004—2012年开展的广西花山岩画本体修复保护工程，此项目标志着天然水硬性石灰胶结材料在我国石质文物修复保护中的应用和推广[14]；

2008—2014年开展的大足千手观音修复保护工程，标志着我国在石质文物修复理念、技术方面的探索与实践[15]；

2016年启动的川渝石窟修复保护工作，标志着预防性保护与抢救性保护相结合，本体保护工作逐步纳入议事日程，其核心工作和目标是通过实施石窟彩绘(含贴金)的修复保护、生物病害的防治、窟檐建设、石窟砂岩文物风化病害治理五个科技示范工程，在石窟保护关键技术领域有所突破，提高了我国石窟保护的科技水平。

三、我国石窟寺存在的主要问题

1. 裂隙切割造成岩体变形、垮塌

石窟寺依托自然山体开山建造或利用天然土体人工加工建造，由于岩体、土体的应力变化、调整，加之环境因素的作用，常常沿临空面产生各类裂隙，使岩体、土体的整体性受到破坏，产生崩塌、倾覆、滑坡等不稳定性病害，严重威胁岩土文物的安全，是岩土文物普遍存在的危害极大的病害。

麦积山石窟历史上曾经发生过大规模的山体岩体垮塌破坏，对石窟寺造成了毁灭性的破坏[16]。

石窟寺岩体不稳定问题一直是我国石窟寺抢救性保护工作重点治理的问题。

2. 水的侵蚀病害

水的侵蚀作用是石窟寺面临的主要病害之一，无论东西南北区域，只要在文物本体上有水的作用，文物的破坏就比较严重，而且这种损害现象普遍存在。水的类型多种多样，有雨水、雾水、凝结水、地下水、裂隙水、毛细水、孔隙水等，其中裂隙水侵蚀和雨水侵蚀是最主要的水害类型。水的作用方式有：机械淋蚀作用，化学溶蚀作用，浸润软化作用，迁移与沉积作用，与空气有害分子结合的污染作用，诱发可溶盐生成、积聚产生的盐蚀作用，诱发微生物作用等。水的侵蚀作用虽然是潜移默化的，但造成的危害后果是很严重的。

在不同地区，水侵蚀病害的方式不同：比如新疆、甘肃等西北地区的石窟寺，水害以可溶盐的盐蚀破坏方式为主，如敦煌莫高窟、榆林窟顶板岩体因水诱发盐蚀破坏作用，风化破坏严重；大同云冈石窟后壁岩体因水诱发的盐蚀破坏作用，雕像、壁画风化破坏殆尽；龙门石窟以裂隙渗水溶蚀或钙质积聚覆盖为主，对文物造成很大损坏[13]；乐山大佛、大足石刻以雨水的直接侵蚀破坏和诱发的生物破坏为主，都对文物产生了很大影响。

3. 风化破坏病害

风化病害是石窟寺雕像、题刻、壁画等文物普遍存在的病害类型之一。风化破坏的类型有：各类微裂隙切割破坏；结构疏松、强度降低，表层矿物颗粒脱落、片状剥落以及起鼓、起翘破坏，风沙侵蚀，钙质、泥质沉积覆盖，生长微生物等。文物的风化破坏有其自身矿物组分衰变的因素，但主要是环境因素诱发作用产生的破坏：温差变化和干湿变化诱发岩土文物表层应力的变化；风沙的磨损、掏蚀破坏，水的冻融作用、可溶盐结晶循环作用破坏其微观结构，水的侵蚀作用，微生物的侵蚀作用以及人为活动污染破坏等，都会加剧岩土文物的风化破坏。

4. 人为活动的破坏

由于石窟寺为野外露天保存，更易遭受人为活动的破坏。人为活动的破坏主要有以下几种。

人类生产活动产生的破坏：比如在新疆库木吐喇千佛洞渭干河下游修建水电站，造成渭干河河床、水位抬高，库木吐喇千佛洞低层位的洞窟灌水及毛细水位升高，壁画及石窟岩体遭到严重破坏。

人类宗教信仰活动产生的破坏：人们的宗教信仰活动包括敬香、燃鞭、燃灯以及彩绘等做法，对文物的历史及艺术价值造成严重损害。因为宗教信仰而人为故意产生的破坏，比如新疆龟兹石窟寺及其壁画，13—14世纪因为伊斯兰教的进入，对早期的佛教艺术进行了大规模、有意识的破坏。

人类生活活动产生的损害：比如大足宝顶山石刻区周边的饭馆、居民生活产生的生活污水，对石刻造像造成生物、化学破坏。

过度旅游开发造成的破坏：过度强调经济效益，一味注重旅游开发，破坏了遗址的原有生态环境，同时拥挤的游人呼出二氧化碳所形成的小环境骤变，加速了文物的破坏[17]。

人为的盗窃破坏：历史上外国势力的文化掠夺，及受金钱利益驱使时常发生的岩土文物盗窃，对岩土文物造成严重破坏。

四、我国石窟寺保护工作状况

我国自20世纪50年代初期开始系统地开展石窟寺保护工作，针对石窟寺面临的各种病害威胁问题，在前期研究、试验的基础上进行了抢救性加固保护，使一批石窟寺得到了有效保护，文物保护科技水平得到提高。同时相关的保护工作也培养、造就了一批有深厚文物科技保护造诣和丰富文物保护经验的专家学者，为我国石窟寺保护工作奠定了坚实的基础。

1. 文物保护理念基本形成共识

结合中国文物保护实践，同时借鉴国际文物保护理念，我国目前已经形成了符合中国国情的文物保护理念，并用于指导我国文物保护实践，取得显著的成效。

比如：坚持“保护为主，抢救第一，合理利用，加强管理”的文物工作方针；保护文物的真实性和完整性，不改变文物原状的原则；保护工作最小干预原则；

改善保存环境是最有效保护措施的保护思想；日常维护是最重要的基础工作；文物保护工作是长期的,不求一劳永逸；等等。

2. 掌握了比较成熟的加固保护技术

针对石窟寺存在病害的类型不同、机理不同、危害程度的强弱不同,相关的保护工作需要采取不同的加固技术。

不稳定性病害的加固技术：经过多年的探索、研究和实践,针对不稳定性病害的类型、破坏机理,采取支护(砌筑支护、结构支护)、锚固、裂隙灌浆单项或组合的加固技术,其中成功、熟练地掌握了裂隙灌浆加固和锚杆加固技术,从灌浆材料、锚固方式、施工工艺等方面,形成了比较规范的技术流程,既解决了裂隙切割产生的稳定病害,起到加固作用,又保证了文物环境的和谐统一,符合文物保护工作的基本原则。

水害的治理技术：水害的治理与水的来源、水的渗流途径和渗流方式、水的渗透机理密切相关,针对不同情况采取堵、截、引流、导流、防渗隔水、遮护等不同的或相结合的综合性治水措施,治水的主导思想是以疏导为主。除了具体的治理措施外,材料的性能、工艺研究也取得了很大成绩[18]。

风化病害的保护技术：随着大气环境污染问题的日趋严重,文物的风化破坏病害愈来愈突出,风化病害的研究与治理愈来愈得到重视[19]。几十年的实践经验证明[20]:(1)文物本体的治理与环境的整治、改善同等重要;(2)文物本体加固保护材料必须遵循以下原则：一是具备较好的渗透性；二是具备有效、适宜的加固强度；三是材料固化的加固体具有透气性；四是材料固化后的产物为文物本体岩石矿物的组成部分；五是加固后不产生二次破坏隐患,不影响将来更好的加固保护。

3. 制定了基本技术标准

文物保护工作的复杂性及确保文物安全的严格要求,对文物保护工作的技术标准化提出强烈需求。为此,近年来,根据文物保护工作的实际需求和国家标准化委员会的要求,国家标准化委员会和国家文物局组织编制了一系列的文物保护工作技术标准。

其中关于石窟寺保护工作的技术标准有:《石质文物保护工程勘察规范》《石质文物病害分类与图示》《石质文物保护修复方案编写规范》《古代壁画保护修复方案编制规范》《古代壁画病害与图示》《古代壁画现状调查规范》等。

4. 保护材料研发不断取得新成果,推动科技水平的提高

由于我国石窟分布广泛,所处环境及石窟质地差异性较大,保护工作不平

衡，保护工作的差异性也较大。在共性及关键技术等方面处于零散、碎片状态，未形成成熟的系列集成技术，保护工作还需要深化和提高。

在我国石窟保护工作中，保护材料一直是石质文物保护的重要内容，保护材料的发展及其历程基本反映了我国文物保护的发展历程，而且材料技术的进步也标志着我国文物保护技术的进步，不同时期保护材料的研发成果都为我国石质文物保护工作水平提高了一个台阶。随着石质文物保护工作需求的发展，保护材料的研发仍然是深化我国石窟保护、提高我国石质文物保护水平的重要抓手。

按功能及用途，保护材料主要分为三个类型：第一类是用于石质文物加固工程和治水工程的灌浆材料；第二类是用于文物本体修复及粘接加固的修复材料；第三类是用于石质文物风化加固的防风化材料。

近年来，中国文化遗产研究院、中国地质大学、龙门石窟研究院、大足石刻研究院共同研发的石质文物本体修复加固材料——天然水硬性石灰材料[21]和水害治理材料——偏高岭土复合灌浆材料[22]，具有良好实践效果和应用前景。

5. 水害治理工作，在探索中取得比较显著的成果

水害是石窟寺普遍存在的病害，是三大病害（不稳定病害、水害、风化病害）之一，龙门石窟、云冈石窟、大足石刻、乐山大佛等国家重要文物一直处在水害侵蚀困扰中。

石窟以山体为依托，为地质体，岩体结构复杂，水害往往以潮湿状态存在，水的来源、途径十分复杂，治理工作不允许开展干预太大的工程措施，因此增加了水害治理工作的难度。水害治理是石窟寺保护工作中最为复杂、难度最大的工作，也是一项持久的治理过程。

2010年以来，采用精细勘察技术和精准治理技术实施的龙门石窟潜溪寺石窟、大足石刻卧佛水害治理工作，取得显著效果，对中国其他石窟寺水害治理工作具有示范性和指导意义。

6. 保护工作仍需在发展中不断完善

（1）重要石窟寺保护状况较好，但整体保护工作不平衡

对于甘肃敦煌莫高窟石窟、新疆克孜尔石窟、山西云冈石窟、河南龙门石窟、四川乐山大佛、重庆大足石刻等重要的石窟寺，政府在财力、人力、物力等方面给予了大力支持，实施了比较全面的保护工作，效果十分显著，石窟保存状况较好。

但由于我国石窟寺分布广泛，数量庞大，受各种因素的影响，保护工作极其不平衡。许多地理位置偏僻的小型石窟寺，至今还未进行过有效的保护工作，保

存状况依然很差，面临的威胁也很大，保护任务依然十分艰巨。比如四川省安岳县有各种规模的石窟、摩崖造像几十处，坐落分散，地理位置偏僻，交通不便，多处石窟具有很高的价值，有的甚至是全国重点文物保护单位，但一直未得到有效的保护，保存状况堪忧。

（2）文物本体修复保护工作刚刚起步

石窟岩体大规模不稳定病害等重大险情基本消除，塑像、造像、雕刻等本体工作刚刚起步，本体修复、清理、保养工作任务十分严峻，是未来保护工作的方向之一。

（3）具体保护实践中存在不同看法，需要不断完善

比如20世纪60年代敦煌莫高窟挡墙支护工程、80年代麦积山石窟喷锚支护工程，一直存在争议。其争议焦点是有人认为治理工程掩盖了石窟寺的遗迹，对石窟寺原有环境改变太大。但这些工程后来逐渐被业界接受，因为它们目前看来仍是最佳方案，也确实起到了相应的保护作用，改善了石窟寺的保存环境。

新疆克孜尔石窟栈道及保护窟檐工程、龙门石窟药方洞窟檐，2016年广元千佛崖窟檐试验工程及设计工程等也存在争议，焦点是对石窟岩体结构的损害和与石窟寺环境冲突的问题，龙门石窟擂鼓台保护设施是否破坏石窟的形制问题，须弥山石窟混凝土窟檐结构（图4）、对石窟岩体稳定性影响问题等进行探讨、评估，这对石窟寺保护的完善具有重要意义。

2005年龙门石窟“双窑”清洗和防风化加固工程，其争议的焦点在于是否过度干预、是否对石窟寺价值造成损害。

2008—2014年大足石刻千手观音修复工程（图5），其争议的焦点是大规模贴金、彩绘是否对石雕原有价值认知产生影响等。

图4　须弥山石窟混凝土窟檐结构

图5　大足石刻千手观音贴金修复工程

保护实践存在的不同看法是石窟保护工作复杂性的反映，也是保护工作发展中的探索实践，有益于石窟保护理念、技术的不断完善。

五、我国石窟寺保护工作展望

《国家文物事业发展“十三五”规划》提出：开展“西部地区石窟保护展示工程”，“实施四川、重庆、甘肃等地石窟寺及石刻保护……形成西南地区和西北地区两条石窟展示廊道”。实现文物保护工作“由抢救性保护向抢救性保护与预防性保护相结合转变”，同时要在四川、重庆地区实施石窟保护科技示范工程。

1. 重视基础研究工作

我国石窟寺保护基础研究工作依然十分薄弱，尤其是文物本体保存状况调查、评估等工作，不能满足石窟寺保护工作的需求。

基础研究工作主要包括三个方面：

第一，加强中国石窟寺基础数据库建设工作，包括中国石窟寺地质条件、质地、成分、结构、环境条件等样品库、数据库。

第二，加强保存状况评估，制定保护策略和规划。开展中国石窟寺保存状况、存在的威胁、危害程度、影响因素、保护工作需求等调查评估，编制危害性分级及评估标准工作，制定保护策略规划，为政府决策提供依据。

第三，开展保护技术基础研究，尤其是保护材料加固机理和安全性的研究。

2. 转变工作思路，关注石窟寺深层次保护工作

大规模的治理工程，包括石窟岩体抢救性加固工程、水害治理工程等，除了极少数石窟外，目前基本告一段落，石窟寺保护工作应转向深层次的保护工作，即石窟壁画、塑像、造像、雕像的残损、污染、风化等本体病害修复、加固、保养工作，以及关注有利于石窟长久保存的改善石窟寺保存环境等预防性保护工作。

开展预防性保护和本体修复保护工作主要包括：(1) 政策的支持与石窟寺管理单位的积极性相结合。本体保护工作必须重视加强勘察、研究、试验、日常维护等前期勘察、试验、评估工作，但在实际工作中落地十分困难，既需要政策支持，也需要管理单位自身重视。(2) 重视关键技术的研究。在本体修复保护技术中，仍有许多急需的关键技术尚未取得突破，比如石刻风化病害的治理技术，残损塑像、雕像适宜的修复加固材料等。

3. 以材料研究和评估为核心，提升保护科技水平

保护材料的研究是提高石窟寺保护水平的重要抓手，是提高文物行业保护

水平的重要推力。

石窟保护材料研究方向包括两点：一是石窟寺传统保护材料的评估、科学化、标准化研究；二是新型保护材料的研发。

保护材料研究趋势及要求主要体现在：无机材料为优先研究方向，有机材料为辅；重视材料固化体与文物本体的匹配性；严格控制衍生破坏作用；重视材料安全性及永久性等。

4. 调整工作模式，以研究思维开展文物保护工作

目前，中国的文物保护工作是按照建设工程的模式、管理程序和要求实施的，承担单位包括设计单位、施工单位等也是按照建设工程的思维模式开展工作。此种模式忽略文物保护工作自身特性要求，不符合文物保护工作的规律，产生了许多问题。

国家文物主管部门已经认识到了以建筑工程模式开展文物保护工作的不足之处，正在着手调整工作模式。

以研究思维开展文物保护工作，并将研究工作贯穿于保护工作的全过程是未来石窟寺保护的工作要求。

5. 加强石窟寺保护研究人才及队伍建设

据统计，截止到2015年，中国具有石窟寺及石刻保护工程勘察设计甲级资质的单位36家；施工一级资质单位20家，从事石质文物保护资格的专业人员538名。与石窟寺保护工作需求相比，石窟寺专业技术人员力量依然薄弱，专业技术人员结构尚不合理，尤其是修复技术人员十分匮乏，远远不能满足繁重保护任务的需求。因此加强石窟寺专业保护人员培养和人才队伍建设，是未来石窟寺保护工作中非常重要的内容之一。

6. 关注热点问题，开展石窟寺窟檐保护研究和示范工程

虽然近年来石窟寺窟檐保护项目引发了许多争议，但窟檐对改善石窟寺保存环境，延长其保存寿命的明显作用已毋庸置疑。云冈石窟、龙门石窟、乐山大佛、四川广元千佛崖、巴中石窟、安岳石窟等，在窟檐保护方面都有着强烈的需求。

目前，窟檐保护工作中存在的主要问题是对石窟寺历史背景、价值内涵，以及保护原则、理念等研究工作不够深入，过多地从建筑结构角度出发。事实上，窟檐保护措施应该以建筑学为主导，联合石窟考古、美术学、景观学、环境监测等学科共同开展工作。

为做好窟檐保护需要开展的工作，需要从两个方面入手：一是开展中国石窟寺历史背景、窟檐现状、需求的调查评估，开展保护原则、理念研究工作，制定中

国石窟寺窟檐保护规划和指导原则，指导石窟寺窟檐保护工作；二是选择代表性石窟开展示范工程。

窟檐保护设施的研究和建设，是未来一个时期石窟寺保护的重要工作之一，应引起文物部门各方的重视。

参考文献

[1] 樊锦诗：《〈中国文物古迹保护准则〉在莫高窟项目中的应用——以〈敦煌莫高窟保护总体规划〉和〈莫高窟第85窟保护研究〉为例》，《敦煌研究》2007年第5期。

[2] 方云、王金华、赵岗：《心系石窟：岩土文物保护研究论文选》，中国地质大学出版社，2017年。

[3] 王金华：《西部石窟特征分析》，《中国文物报》2006年4月21日第8版。

[4] 孙儒：《莫高窟石窟加固工程的回顾》，《敦煌研究》1994年第2期。

[5] 樊锦诗：《敦煌石窟研究百年回顾与瞻望》，《敦煌研究》2000年第2期。

[6] 李治国：《云冈石窟科技保护研究五十年》，《文物世界》2004年第5期。

[7] 黄继忠：《云冈石窟的科学保护与管理》，《文物世界》2003年第3期。

[8] 文葆：《麦积山石窟喷锚加固技术介绍》，中国文物保护技术协会：《文物保护技术1981～1991）》，科学出版社，2010年，第2页。

[9] 黄继忠：《云冈石窟的科学保护与管理》，《文物世界》2003年第3期。

[10] 刘景龙：《龙门石窟洞窟漏水病害治理》，《中国文物报》2004年9月17日第8版。

[11] 方云、魏海云、王金华：《隧洞排水法治理大足石刻渗水病害》，《现代地质》2001年第3期。

[12] 王金华：《河南龙门石窟治水工程与龙门石窟保护》，文物出版社，2011年。

[13] 刘景龙：《龙门石窟保护》，中国科学技术出版社，1993年，第108—113页。

[14] 王金华、严绍军：《广西宁明花山岩画保护研究》，中国地质大学出版社，2015年。

[15] 陈卉丽、段修业、冯太彬、韩秀兰：《千手观音造像石质本体修复研究》，《中国文物科学研究》2013年第3期。

[16] 郑国穆、魏文斌：《麦积山石窟研究史综述及今后注意的几个问题》，《敦煌研究》2003年第6期。

[17] 黄志义、方云、王凯、赵莽、王晓东：《龙门石窟游客数量与二氧化碳浓度动态变化规律研究》，《科学技术与工程》2014年第14期。

[18] 朱华、杨刚亮、方云、马朝龙、张爱花、刘建辉：《龙门石窟潜溪寺凝结水病害形成机理及防治对策研究》，《中原文物》2008年第4期。

[19] 蒋思维：《宝顶山石窟的风化治理》，《文物保护与考古科学》1999年第1期。

[20] 黄克忠：《云冈石窟砂岩石雕的风化问题》，《水文地质工程地质》1984年第3期。

[21] 戴仕炳、王金华：《左江花山岩画面层抢险加固材料的选择与研发》，《中国文化遗产》2016年第4期。

[22] 严绍军、皮雷、方云、张俊建、陈建平、范子龙：《龙门石窟偏高岭土—超细水泥复合灌浆材料研究》，《石窟寺研究》，2013年。

明代“风吹”石灰性能初探

戴仕炳
（同济大学建筑与城市规划学院历史建筑保护实验中心）

摘　要： 明代《天工开物》描述了生石灰“置于风中，久自吹化成粉”的消解工艺。为理解“风吹”消解技法，选取了传统立窑烧制的生石灰进行不同方式的消解实验，分析了生石灰及不同消解方式获得的消石灰的矿物成分，对消解后的石灰进行初步性能研究，发现《天工开物》描述的“质优”石灰石烧制的生石灰含有水硬性组分，“风吹”法消解的石灰保留了这些水硬性组分，与“水沃”比，“风吹”法石灰具有凝结时间短、早强、固化后强度适中等特点，“风吹成粉”的石灰很可能为我国南方明代及之前宏伟建筑的建造提供了重要的技术保障。鉴于中国与东亚其他各国在明及之前有广泛的文化技术交流历史，建议东亚各国联合开展有关文献、明代及以前的建筑的进一步考证等工作，系统全面地深化科学研究和开发利用，为东亚文物保护复活出一种融合传统智慧的价格合理的生态无机材料。

关键词： 天工开物　风吹成粉　水沃　天然水硬石灰　文物保护　传统智慧

引言

采用石灰石等原材料烧制成的生石灰需要一定程度的消解才能作为黏合剂使用，消解（slaking）是用水（液态或气态）将生石灰转变成消石灰的过程。按照水的添加量，石灰的消解分湿法（采用大量的水使石灰消解后处于塑态或液态）和干法（消解后石灰处于固态——粉状），泼灰是介于湿法、干法之间的一种消解方式。对含泥质少的石灰岩烧制出的气硬性生石灰，既可以喷雾消解（干法），也可以采用很多水（湿法）消解则得到石灰膏或石灰乳。而对含有杂质的天然石灰岩烧制出的生石灰，如果采用大量水湿法消解，则得到质量差的石灰膏；如果采用干法或像欧洲采用的堆砂消解（hot lime，or hot slaking），则可以得到一种石灰，它在水中可以硬化，这种石灰现代的名称为“天然水硬石灰”。

一直以来，人们普遍认为，中国传统石灰采用湿法消解，所以，中国过去20年左右的大量研究工作重视古代灰浆，特别是消解后的膏状气硬性石灰的改性，而忽视了古代石灰不同的消解方法及其相关的石灰性能研究。中国明代《天工开物》中描述了生石灰“置于风中，久自吹化成粉”的消解工艺，这种“风吹”工艺既有别于欧洲的热石灰工法，更有别于今天的淋灰或泼灰工艺。但是这种工艺已经失传或没有引起注意。

一、《天工开物》中“石灰”的烧制与消解

宋应星（1587—1666或1661）在《天工开物·燔石》中对石灰烧制及应用的工法，描述道：

> 凡石灰经火焚炼为用。成质之后，入水永劫不坏。亿万舟楫，亿万垣墙，窒隙防淫，是必由之。百里内外，土中必生可燔石，石以青色为上，黄白次之。石必掩土内二三尺，掘取受燔，土面见风者不用。燔灰火料，煤炭居十九，薪炭居十一。先取煤炭、泥和做成饼，每煤饼一层，垒石一层，铺薪其底，灼火燔之。最佳者曰矿灰，最恶者曰窑滓灰。火力到后，烧酥石性，置于风中，久自吹化成粉。急用者以水沃之，亦自解散。凡灰用以固舟缝，则桐油、鱼油调，厚绢、细罗和油杵千下塞艌。用以砌墙、石，则筛去石块，水调黏合。甃墁则仍用油、灰。用以垩墙壁，则澄过，入纸筋涂墁。用以襄墓及贮水池，则灰一分，入河沙、黄土三分，用糯粳米、杨桃藤汁和匀，轻筑坚固，永不隳坏，名曰三和土。其余造靛造纸。功用难以枚述。凡温、台、闽、广海滨，石不堪灰者，则天生蛎蚝以代之。

从上述记载可以明确以下几条信息：

（1）当时对石灰石质量的划分主要按颜色，以青色最佳，黄、白次之，同时表面风化的石灰石不采用。

（2）烧石灰的燃料以煤为主（占90%），然后才是柴火或者炭。煤的烧制温

度可以达到天然水硬石灰烧制需要的温度。

（3）烧成的生石灰按质量分为两类，质量好的叫做“矿灰”，差的叫做“窑滓灰”。“矿灰”应该是“块灰”的谐音，指块状的、没有杂质的生石灰。“矿灰”可追溯到宋代的《营造法式》。

（4）放在空气中慢慢风吹化成粉末，是当时生石灰在使用之前的标准工法。这种工法简称为“风吹成粉”，北宋称作“风化”。只有在工程“急”用的时候才“水沃”。因而推断，明朝时石灰的标准消解方法应是“风吹”的干法，“浇水”的湿法消解只有在工程“急”的情况下才采用。

（5）砖石砌筑的石灰是先筛去（未消解、未烧透的、过火的）石块，用过筛后的石灰加水调和作为黏合剂。这里没有说添加其他材料。

（6）这样的工法制作的石灰，“成质之后，入水永劫不坏”。

（7）“用以襄墓及贮水池”时添加“糯粳米、杨桃藤汁”等。

二、“风吹成粉”工艺复制及性能检测方法

为了比较“风吹成粉”做法下的石灰与现代的水消解的消石灰、欧洲标准生产的天然水硬石灰的性能，按《天工开物》所描述的方式进行了再现模拟与初步的科学分析，实验的时间段为2016年12月至2017年2月，地点为浙江湖州市。根据湖州市的气象资料，实验期间的温度变化范围为–2℃—10℃，相对空气湿度为50%—90%。

1. 原材料

浙皖交界处出产石灰岩，烧制石灰已经有悠久的历史。生产氢氧化钙的石灰石原料有三种，即块状石灰岩（红褐色，新鲜面为青色）、条带状石灰岩及片状石灰岩（后二者均为青灰色）（图1），三者均属于《天工开物》分类中的“质优”原料。同时，以煤为燃料，以立窑的方式煅烧石灰。由于块状石灰石原料目前接近枯竭，现有浙北、皖南的所谓“钙业”企业［生产不同纯度$Ca(OH)_2$的石灰厂］的主要原材料为片状、条带状石灰石掺和块状石灰石，本次实验采用的生石灰采自年产值达数千万元人民

图1　用于生产消石灰的条带状石灰石

币的某“钙业”企业(图2),煅烧温度未知。

2. 消解方式

将煅烧好的生石灰以三种不同的方式消解,分别为:“风吹”,即把烧制好的生石灰放于室外空旷场地,并搭建简易棚防止雨水打淋,时间为20天(图3);“水沃”,即把生石灰置于桶内,放入过量的清水,静置15天;“喷雾”,即推测生石灰中全部为氧化钙而计算出的理论用水量的1.3倍喷雾消解,并放置15天。为了获得更全面的比对数据,研究还采用了德国Hessler公司的按照最新欧洲工业标准生产的NHL2及按照中国工业标准生产的工业消石灰CL90作为对比材料。

图2 用煤作为燃料、立窑烧制出的生石灰,“风吹成粉”复制试验取样点

3. 检测方法或标准

(1)酸不溶物含量:一种检测碳酸岩中除碳酸盐外黏土、石英等含量的快速方法。将石灰石破碎成粒径5毫米左右的块状或者研磨成粉,取50克石灰石样品放入500毫升烧杯中,按一定的比例(50克样品+500克稀盐酸)加入1∶3稀释的稀盐酸,直至石灰石和盐酸充分反应,无气泡放出。24小时后,用滤纸

图3 风吹7天后生石灰的变化

过滤，一次蒸馏水清洗酸不溶物2—3次，然后烘干称量，计算不溶物的含量百分比。

（2）石灰石化学组分：检测石灰石中主要氧化物的含量，判别石灰岩的类型及水硬性指数，方法为：X射线荧光光谱分析仪分析（X Ray Fluorescence）。

（3）矿物相：限于经费，本次仅研究了生石灰及消解的石灰的矿物相。不同石灰的取样方法如下：先将约5千克生石灰破碎过40目筛，混合均匀后取50克石灰，研磨到粒径45微米左右的粉末状；"风吹""喷雾"法的熟石灰取约5千克，一样过40目筛，混合均匀后取50克石灰，研磨到粒径45微米左右的粉末状；"水沃"石灰也直接随机取样500克，45℃左右烘干，一样研磨到粒径45微米左右的粉末状。石灰粉末采用X射线衍射仪（XRD-X Ray Diffraction）分析，根据X射线衍射谱定性—半定量分析主要矿物组分。

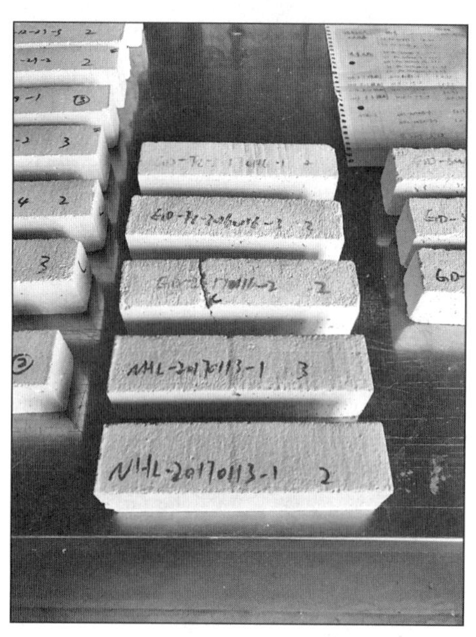

图4　用以性能测试的部分试块（可见安定性不合格石灰的开裂）

（4）凝结时间：不同类型石灰的初凝、终凝时间参照GB/T1346-2011测定。

（5）抗压强度：试块参照欧洲标准EN459-2（2010），根据石灰的密度、强度的范围进行加水、混合、制模（图4），在空气（温度大约为5—15℃，相对空气湿度为50%—90%）中养护。参照EN459-2（2010）检测抗压、抗折强度。

三、性能检测初步结果

1. 石灰石组分

皖浙一带烧制石灰用石灰石均含有一定量的泥质、硅质，酸不溶物的含量介于2.17%—8.46%之间。块状石灰石的酸不溶物的含量低，片状、条带状石灰石的含量高，达7%—8%。由化学全分析结果可知，片状、条带状石灰石中的硅、铝、铁的氧化物含量均比较高。

2. 不同消解方式石灰中矿物组分的变化

初步的XRD分析表明，混合石灰石烧制的生石灰中除含有氧化钙、氢氧化钙外，还有的含硅酸二钙（$\beta-Ca_2SiO_4$）、碳酸钙、石英、硅酸三钙等，其中水硬性组分硅酸二钙的相对含量可高达10%。

经风吹消解筛去“石块”后得到的石灰矿物组分相对复杂。除氢氧化钙、碳酸钙等外，风吹15天，仍然能够检测到氧化钙，而21天后已经检测不到氧化钙。其中风吹15天、21天的石灰粉中均检测到了一种钙硅酸盐或疑似斜硅钙石的硅酸盐，在21天的石灰粉中发现硅酸钙氧化物或硅酸三钙。经喷雾消解得到的石灰中，除氢氧化钙、碳酸钙等外，也检测到了一种钙硅酸盐或疑似斜硅钙石的硅酸盐、硅酸三钙等。风吹、喷雾消解得到的石灰中疑似斜硅钙石的硅酸盐形成的原因待查。相反，在“水沃”的石灰中，未检测到硅酸二钙、斜硅钙石、硅酸钙氧化物或硅酸三钙等水硬性组分，主要物相组成为氢氧化钙及少量碳酸钙。

3.“风吹”消解的石灰性能

“风吹成粉”的方法消解21天的石灰初凝时间为1小时，终凝时间为3小时，凝结时间短，相比之下“水沃”的石灰初凝则需要70小时。在强度方面，“风吹成粉”具有较高的抗压强度，特别是在空气中养护的试块，7天的抗压强度已达1兆帕，28天抗压强度达到1.55兆帕，与欧洲标准的天然水硬石灰NHL2在空气中养护的强度接近，远高于“水沃”的石灰浆，更高于现代的工业消石灰CL90的强度。此外“风吹成粉”石灰具有微膨胀。

4.结果与讨论

采自浙江北部、安徽南部的某“钙业”企业规模化生产的用于生产不同品级氢氧化钙的生石灰，经“风吹”“水沃”及“喷雾”三种不同方式消解后得到的熟石灰，其组分不同，凝结时间各异，强度差异较大。按照《天工开物》描述的“风吹成粉”法消解的石灰，为一种快凝、微膨胀、具有水硬性的特殊石灰。

对比欧洲标准的天然水硬石灰NHL2及现代的工业消石灰CL90，经过初步研究发现，其性能接近欧洲标准的天然水硬石灰NHL1或NHL2。研究过程中发现，含有水硬性组分的生石灰“水沃”后其强度高于按照现代工业标准“喷雾”熟化的石灰。

四、结论与倡议

中国明代或之前对石灰的消解采用至少两种方式，即“风吹”与“水沃”。

"风吹"可能是最广泛采用的。虽然宋应星于其序中写道:"随其孤陋见闻,藏诸方寸而写之,岂有当哉?"但考虑宋应星出生并长期生活于江西,且赣、徽、苏、浙、川等地均为石灰的重要产地,他描述的工法应具有一定的可靠性和普遍性。"风吹"石灰消解方式当今少有使用,推测其原因众多。

虽然"风吹"的工法耗费了大量的时间,但"风吹成粉"大大提高了之后石灰的凝结速度,不仅可以缩短建设工期,更有利于湿冷环境下的施工,并且其55天后的强度接近欧标NHL2的强度标准。

发现明代及之前的石灰消解的"风吹"或"风化"工法具有重要意义,因为这种工法消解得到的石灰,如果原材料石灰石中含有5%以上硅质或泥质的话,这样消解的熟石灰为一种天然水硬石灰。说明中国在明代或之前已经掌握天然水硬石灰的性能及生产工艺。

鉴于中国与东亚其他各国在传统文化、建造技术等方面的共同特点,倡议东亚各国联合研究,复活传承这种"传统智慧"。

建议未来的研究集中在三个方面:一是加强考证,包括文献考证及对明代及以前的建筑遗址灰浆的科学研究,以验证"风吹成粉"工法。二是研究"风吹成粉"石灰的宏观—微观性能,特别是固化原理、各项性能参数及变化规律、耐久性、兼容性等,扫清技术障碍;粉化方式及速度与自然风的速度、温度、相对空气湿度等关系尚需进一步明确;"风吹"适合的地域或季节也需要阐明。三是在砖石遗产、岩土遗址等方面的应用研究。更深入的研究已经发现,"风吹成粉"的石灰除了如《天工开物》中描述的用于砖石的砌筑外,其微膨胀性能特别适合作为注浆料使用。其早强、耐水、中等强度等特点有利于寒冷、潮湿环境的施工。

(致谢:本研究得到了高密度人居环境生态与节能(同济大学)教育部重点实验室(同济大学历史建筑保护实验中心)、国家自然科学基金批准号51378351及51738008等资助,浙江德赛堡建筑材料科技有限公司、滁州学院、河南理工大学等单位支持了研究工作,石登科实施了主要的研究计划,张德兵、钟燕、胡战勇、居发玲、伍洋、何政、刘广英等参与部分研究工作,在此一并表示感谢)

参考文献

British Standards Institution. BS EN 459: 2015, Building Lime, UK: 2015.

Valek, Jan, *Lime Technologies of Historic Buildings, Preparation of Specialised Binders for Conservation of Historic Buildings*, Ministry of Culture Czech Republic, Praha, 2015.

Oates, J. A. H., *Lime and Limestone: Chemistry and Technology, Production and Use*, Wiley-VCH Verlag GmbH, D-69469 Germany.

John A., *Conservation of Ruins*. London; Burlington, MA: Butterworth-Heinemann, 2007.

《建筑生石灰》(JC/T479-2013),中华人民共和国建材行业标准。

《建筑消石灰》(JC/T481-2013),中华人民共和国建材行业标准。

李黎、赵林毅:《中国古代石灰类材料研究》,文物出版社,2015年。

张云升:《中国古代灰浆科学化研究》,东南大学出版社,2015年。

宋应星:《天工开物》,商务印书馆,1958年。

中华人民共和国国家质量监督检验检疫总局、中国国家标准化管理委员:《水泥标准稠度用水量、凝结时间、安定性检验方法》(GB/T1346—2011)

张嘉祥:《传统灰作——壁画抹灰记录与分析》,台湾远景出版事业有限公司,2014年。

基于糟朽木材原址保存的循环水保护设计
——以义乌春秋战国古井遗址为例

周双林[1]　王嘉堃[2]　黄美燕[3]

（1 北京大学考古文博学院，2 首都师范大学副教授，3 义乌市文物保护管理办公室）

摘　要：义乌春秋战国古井在考古发掘后由于没有得到妥善管理和保护，现已出现许多病害，其中以古井的本体木材的糟朽最为严重，而糟朽木材的原址保存一直是文物保护的一个难题，本文对义乌春秋战国古井进行了现状与病害的调查以及保护方案的设计，提出一种糟朽木材饱水保存的新思路，并将其应用在古井保存的实际工程中，但长期的效果仍需要时间来检验。

关键词：义乌　战国古井　糟朽木材　饱水保存

一、古井及病害

义乌春秋战国水井遗址位于浙江省金华市义乌市原朝阳门南侧的金山岭小山坡下，距市政府大门东南方位约20步，在今绣湖广场东北侧。

水井遗址是在2000年5月2日旧城改造工程取土过程中被发现的，根据水井中出土的一件春秋战国时期细方格纹红陶罐和木架井条木的炭化程度，考古学家推断此水井的年代不迟于春秋战国时期。

该水井遗址为义乌市境内迄今发现年代最早的水井，是义乌城市文明古老的见证，2005年，水井被公布为义乌市级文物保护单位。

目前水井残深4.1米，木质井架残存9层，高1.42米，井壁呈正方形。每层用4根条木搭成“井”字形，条木上有榫扣，互相咬合，为半榫连接结构。另外横木交叉的位置外部还有木材垂直树立，可能是为了加强横木组成的井圈的稳定性（图1、图2）。

图1 义乌古井的外观

图2 义乌古井的内部

1. 病害调查

义乌春秋战国古井自2000年被发现和发掘后，经过了十五年的原址临时保护，目前已经出现了一些保护的问题，原有的病害与新形成的病害已经对遗址本体造成巨大的破坏。

经过现场调查，义乌春秋战国古井的病害主要是木材，木材本身糟朽，容易折断，这是潮湿环境下木材的常见病害。另外，古井的结构也不稳定，此外还有一些其他的破坏。各种病害的典型形态如下：

（1）顶部破坏。水井遗迹的顶部后期被破坏，发掘时进行了清理，目前还有少量顶部的木材处于悬空放置中。

（2）壁土垮塌。由于木材缺失，侧壁的泥土向内部垮塌，并压迫周围糟朽的木材。在井板之间也有泥土垮塌，这是由于井板之间有缝隙，泥土被水软化流动而脱离，使井板缝隙后面成为空洞。

（3）木材折断。由于外部土体的压力导致糟朽的木材折断，脱离原来的位置（图3）。

（4）表面污染。表现为木材表面有黄色的淤泥，造成表面颜色改变，掩盖了古井木材的外观（图4）。

（5）木材糟朽。表现为木材表面颜色变深，一些部位的木材收缩开裂（图5）。

（6）不当保护。古井的上部缺失部分使用现代红砖进行填补形成了井圈，对阻止附近的泥土垮塌有防护

图3 古井顶部的木材折断

图4 古井的木材表面变色

图5 古井的木材老化开裂

作用，但是砖的压力压在木构件上，容易使木构件破坏，也影响了遗址的外观（图6）。

图6 古井顶部的不当保护措施

2. 现状调查

仪器和材料：MPH-160B型土壤含水率测定仪、布氏硬度计（LX-A型橡胶硬度计）、pH试纸。

为了了解古井遗址的病害程度以及形成原因，对遗址的保存现状进行了现场调查和取样分析。现场调查的内容包括使用MPH-160B型土壤含水率测定仪来测量土体不同部位的含水率，使用布氏硬度计（LX-A型橡胶硬度计）对古井不同位置木材的硬度进行检测，使用pH试纸对水井遗址内井水的pH值进行检测；取样分析则是将古井的木材样品送由南京林业大学木材所进行种属鉴定。

古井土体含水率测试结果（表1）显示，土体非常潮湿，含水率几乎达到了饱和，与之相连接的木材的含水率也很高。

表1 义乌古井土体含水率测试数据表

位　　置	含水率（%）
第一层木材上的土	43.3
第六层和第七层之间的土	47.4
最下层木材和岩石之间	49.4
遗址外部草坪地面	37.4

使用pH试纸对井中水的酸度检测，pH值在7到8之间，说明井中水的酸度接近中性，但测量结果也可能受到刚发生的降雨的影响。

木材的硬度表征着木材的糟朽程度；如表2所示，从木材硬度的检测结果看，木板的表面强度很低，呈海绵状。但现场检测中，使用小刀向木材内部刺探，只能刺入表面以下5毫米的深度，表明虽然木材表面的破坏比较严重，但是内部的保存相对较好，有利于古井的保护。

表2　义乌古井木材硬度测试数据表

位　　置	硬　　度
第1层木材	38
第2层木材	18
第3层木材	39
第4层木材	40
第5层木材	32
第6层木材	50
第7层木材	54
第8层木材	26
第9层木材	22
第10层木材	32
东北角立木	86

木材鉴定结果确定在古井上提取的木材样品的树种为槭木。

3. 病害分析

义乌属于南方地区，地下水位高。木材埋藏在地下时，较高的地下水位将氧气和二氧化碳隔绝，为木材提供了稳定的保存环境，使得木材不容易腐朽。而随着发掘后井内淤积的泥土被去除，通常情况下井内积水的水位不高，无法填充全部空间，导致了木材暴露于空气中，一方面氧化作用条件具备，部分化学反应破坏以及微生物生长不断进行，另一方面，外界湿度的变化引起木材湿涨干缩，最终导致木材糟朽。两方面的作用使得水井遗址中的木材破坏严重。

基于以上对遗址病害和影响因素的分析可知，古井遗迹的破坏是由于考古发掘将古井揭露，然后未进行合理的保护导致的，古井面临的破坏主要包括：干湿交替的空气对木材结构的破坏，水质差、污染多造成霉菌生长的破坏，侧面土压力对糟朽木材的破坏，以及其他恶劣保存条件的影响。

二、遗址的保护以及循环水保护设计

1. 一般保护措施

古井遗迹经过了近二十年的临时保护已经出现了很多的问题。为了更好地保护和展示古井，根据文物的病害情况，设计的保护方案及采取的措施如下：

（1）污染物的清理

古井遗迹已经原地保留将近二十年，古井内外有大量的污染物，主要分为井外地表的垃圾、井内的垃圾以及井内的污水。

由于发掘时只进行了临时保护处理，古井顶部没有防护，古井内有很多的垃圾，地表也有很多的污染物需要清理。井内的垃圾包括塑料袋、塑料凉鞋等，严重污染水体；另外从目前对井底的探测看，古井基岩部分只有1米左右是积水，其余部分都被填充，清理后发现这部分是土和垃圾的混合物。

井内的污水也影响古井的保护，将污水抽出，然后使用净水对古井多次清洗，使其处于干净的环境中。

（2）临时砌的顶部砖的拆除

新砌的红砖井圈，影响遗址的真实性，还对古井的井圈有压力，因此需要去除。去除应结合古井本体保护一起进行，避免过早去除暴露古井本体。另外去除的时候，注意缓慢进行，避免砖掉入古井，或者砸坏木质结构。

（3）对古井本体的保护

由于古井在发掘后暴露于空气当中，糟朽木材发生干缩，甚至开裂、折断等，因此对于古井遗址的本体——木材，需要进行有针对性的保护：一是对木材的结构进行加强，二是对古井顶部缺失部分进行修补。

由于古井木构件本身较薄且有老化，需要采取一些机械措施，如增加附属构件，来对糟朽的古井进行加固。

根据古井的情况，使用无色的有机玻璃在古井的木质部分制作4个紧贴井圈的有机玻璃框（木质部分，从上到下，间隔30厘米铺设一层），然后在中间使用有机玻璃杆进行支撑，有机玻璃和木材之间接触的地方衬垫无色透明的硅胶。这种操作既有支撑作用，在水中由于透明又有隐藏能力，不影响文物的外观和展示。

古井顶部的部分已经遭到破坏，需要进行恢复。具体的稳定措施如下：

一是缺失部分的清理。将现有的红砖井圈和附近的泥土去掉，露出古井的顶部即缺失严重的部分（井圈的西部残损严重）。对缺损的部位进行清理，一些糟朽严重的部分截去，在对古井进行清理的过程中，注意喷水保湿，避免木材失水开裂破坏。

二是制作缺失部分的木构件。根据考古资料和木材鉴定的结果，选择合适的木材，此处选择与井木相同的槭木作为修补材料，加工成缺失部位的形状。

三是缺失部分修补施工。参考古井原有的制作方法，将制作好的构件修补上去，恢复古井的全貌。如果古木材和新木材不易结合，可在外部增加构件辅助连接和辅助支撑。由于早期的地面情况未知，因此缺失的修补达到现有地面即可。

四是泥土的回填稳定。在修补完成后，将多余的空余空间使用与周围土体一样的土进行回填并夯实。井圈恢复后，有些老井板之间有泥土流失，需要进行填补，填补仍使用原有色泽、质感一致的泥土进行，必要时使用丙烯酸树脂乳胶，添加的比例为泥土的5%，调和均匀后作为填补材料，增加与原有土体的连接，避免出现浸水垮塌。

（4）修补后的重新清理

在对井体上部缺失部分修补完成后，对古井原有的木材表面进行清洗，去掉淤泥和其他附着杂质，去掉表面附着的微生物等，恢复木材的本来表面。

清理使用毛刷进行，可使用喷水进行辅助，逐件对木材进行表面清理，直到表面没有灰尘为止。必要时进行杀菌、灭菌处理，喷洒灭菌材料。

全部清理完成后，用无氯的水将整个古井冲洗3次，并抽走，然后在古井保持潮湿状况下放入经过过滤的清水。

（5）修建保护建筑

修建保护房或保护棚是国内外遗址保护经常采取的措施，为了保护春秋战国古井，根据古代石刻中的古井图案设计仿古的亭子，主要目的是避免雨水和灰尘进入，并起到围护的作用。

除了保护古井环境的目的外，亭子还要有展示功能，有一定的空间允许游客进入，照度合适使能达到良好的观感。另外还要有参观道路和附近的设施相连通，并有休息设施。

（6）展示设施的安装

井栏的复原：古井经过修补复原后，需要复原井栏，目的是恢复古井的完整性，虽然这个古井的原始状态不得而知，但是从春秋战国古井的普遍状况看，古井都设置有井栏避免井被破坏或人掉入等。井栏的复原采用木质，为了维护的目的，与井圈的木板之间要可以脱离，以便后期维修。

顶部玻璃盖板：古井修复完成，需要放水进行保护，但是景点太小，无法实施专人看管。为了避免人为往井中扔杂物，或者儿童掉入井中的情况，需要在古井上设置能提供足够支撑力的耐压玻璃板。

展示灯光：根据展示的需要，灯光设置在玻璃盖板下，贴近玻璃盖板，灯光打在古井的原有井圈木板上，使观众可以看到古井的原始状态。

2. 基于木材保护的水循环系统设计

潮湿环境木材的保护非常困难，一般采取的措施是将潮湿饱水的木材从原地脱离，然后缓慢脱水使达到稳定状态，这通常需要十几年或更长时间，缺点是文物脱离了原有环境。另外一种方式是对潮湿含水的木材进行原地保护，这时需要不断地喷洒PEG等材料进行保护，难度很大。

对于义乌古井这种遗迹，使用将古井拆解的方式，无法做到原地保留，只能挪到博物馆中，失去了一定的文化信息。而以原地不拆卸的方式保留，空气加上潮湿的环境，将导致木材的各种破坏，也无法采用喷淋PEG的模式进行保护，因为木材中含水较多，无法渗透进去，即使表面吸收了PEG，但是内部和井板内侧仍不能吸收。

从木材保护的角度考虑，若木材周围没有氧气和二氧化碳，很多破坏将无法发生，也就保护了木材。使用泥土填充，虽然有保护作用，但是无法达到展示效果，因此选择使用水填充古井。但是使用不流动的水填充水井，将会导致苔藓等的生长，无法控制，建议使用流动水，这样就需要水循环系统。该水循环系统的设计思路是使用流动的水作为有害气体的隔离剂和木材的保湿剂。

古代的饱水木材在饱水的环境中可保存几千年，义乌春秋古井便是这种情况，很多出土的漆木器也是在水中进行临时或者永久性保存，因此义乌春秋古井使用原地饱水的措施进行保护，理论上和操作上都是可行的。

循环水设施修建的具体操作如下

使用自来水作为水源：由于附近就有自来水供应，接入自来水是最方便的水源。

使用净水池对水进行净化：由于自来水中含有氯，因此需要对自来水进行净化，净化在净水池中进行，净化的方式是曝晒和与空气接触，另外使用活性炭等进行过滤。净化的水进入储水池，用于泵入古井进行循环。

净化的水通过管道进入井底：净化池中的水通过压力泵压入古井。外部的管道可使用钢管，钢管在木构修补过程中就埋设在古井的外部，而内部的管道则使用玻璃管，直接通到井底，保证井下部的水也参与循环。为了水的循环量足够，管道的直径要在3厘米以上。

水通过井底向上流出：由于有固定的压力，因此下部释放的水将向上流动，而在水井顶部（新修复的古井木质部分顶部与井栏复原部分之间）设置溢水口，流出的水可循环进入净水池，这样保持水面稳定。

流出的水通过净化进行净水池：进入净化池的水净化后流入储水池，储水池的水用于泵入古井。水的净化是将流出的水通过沙层、活性炭层等形成的净水层起到过滤作用。

循环水尽量以从井水中出来的水为主，不足的使用自来水补充，净水池中设置一个水位线，水位线低于某个高度，自来水自动进行补充，而高于某个高度，则设置一个排水口，排入附近的市政排水系统中。

三、结论和建议

目前的保护工程，经过专家评审后认可，并在此思路的基础上正在施工。

糟朽木材的保存一直是文物保护的一个难题，无论是脱水干燥还是饱水保存或是喷洒PEG都需要文物保护工作者针对具体的问题来选择最优的方案。针对义乌古井原址原貌展示的需求，笔者在通过对遗址环境进行评估后，提出循环水原址饱水保存糟朽木材的新思路，并将其应用在义乌古井的保护工程中，但长期的效果仍需要时间来检验。

使用便携设备对两件清代掐丝珐琅器物珐琅釉的对比研究*

段鸿莺　高　飞　亓昊楠　曲　亮
（故宫博物院）

摘　要：本文使用手持式X射线荧光光谱仪（HH-XRF）、便携式激光拉曼光谱仪（P-Raman）和超景深三维视频显微系统（Digital Microscope），对陈设于紫禁城建福宫内的掐丝珐琅铜缸和清宫旧藏的铜镀金嵌珐琅转鸭荷花缸钟的掐丝珐琅进行了原位检测分析，对其制作原料进行了对比研究，并对掐丝珐琅器物的原位分析方法选择进行了讨论。

关键词：掐丝珐琅　原位分析　珐琅釉

一、引言

作为金属工艺与低温铅釉技术相互融合、碰撞的产物，掐丝珐琅以其精湛的工艺与华美的外观闻名于世。中外学者曾使用社会科学和自然科学的研究方法，对其珐琅釉原料、制作工艺、产地、真伪、技术传播与交流等问题进行了大量的研究，取得了丰富的研究成果。关于珐琅釉的科学分析与研究工作，目前所取得的成果并不太多，主要集中在故宫博物院研究人员[1][2][3]及几位国外学者身上[4][5][6]，除了珐琅器物存世量较少、研究人员较难获得研究样本等因素外，分析方法的局限性是一个尤为重要的原因。

掐丝珐琅不同于古陶瓷或者古玻璃等硅酸盐质文物，其基本为宫廷内传世

* 本文获得故宫博物院科研课题资助（课题编号：KT2015-11）。

的大型陈设品、实用器或者宗教用品，甚至是宫廷建筑内部装修用的装饰品，这些文物一般体量较大，且保存状况较好，很难有残损的器物以供取样分析，甚至难以移动到分析实验室进行分析。因此，使用一些可以进行原位分析的便携式设备，在文物存放的地点或者保护修复的现场进行分析，是有效取得分析数据的重要途径。

众所周知，故宫博物院收藏有世界范围内数量最多的掐丝珐琅器物，如果能够将一些便携设备引入到珐琅的原位分析工作中，探索相关原位分析方法的适用性，并加以改进和完善，将为掐丝珐琅的科学分析以及持续研究提供重要的助力。本文就以清宫两件不同时代与风格的大型掐丝珐琅器物为研究对象，使用便携X射线荧光、便携激光拉曼光谱仪和三维视频显微镜这三种原位分析技术，对器物进行了元素成分、晶体类型和显微结构的分析，借此对比探讨了器物的制作原料与制作技术等问题，并对这几种原位分析方法的适用性进行了初步的评价与探讨。

二、研究对象与研究方法

1. 研究对象

本次进行原位分析的掐丝珐琅器物分别为故宫建福宫内陈设的掐丝珐琅铜缸（下文简称“珐琅缸”）和一件清宫旧藏的铜镀金嵌珐琅转鸭荷花缸钟（下文简称“荷花钟”）。这两件器物的缸体体量较大，均为典型的掐丝珐琅工艺，主体均为花卉纹饰，珐琅缸开光处有吉祥图案，荷花钟还装饰有花蝶、云头和海水图案（图1）。

图1　两件掐丝珐琅器物（左为掐丝珐琅铜缸，右为铜镀金嵌珐琅转鸭荷花缸钟）

从两件器物珐琅釉的外观来看，珐琅缸的釉色以蓝、绿为主色调，从整体上看呈现出偏冷的视觉效果，且其珐琅釉较为疏松、气孔较多；荷花钟的釉色鲜艳，光泽度和釉质感较之珐琅缸高出不少。从珐琅缸的釉色、釉面质量以及功能来看，其应是清代中期扬州为清宫制造的陈设器物，这一点也得到了故宫相关工艺专家的肯定；而据故宫博物院网站记载，荷花钟的年代为清乾隆时期，是清宫造办处工匠用广州制作的掐丝珐琅缸和法国的奏乐机械系统装配而成的。

2. 分析方法

检测分析时，这两件文物都处于待修复状态，难以搬运至实验室或者进行有损的取样分析，因此在分析技术的选择上，我们遵循便携、原位的原则，力图解决珐琅釉的基体成分、添加剂种类等问题，在修复现场进行了测试（图2），所用的设备与实验条件如表1所示。

图2　使用三维视频显微镜原位测试荷花缸钟珐琅釉

表1　实验方法、设备与实验条件

	原位分析方法	实验设备与条件
1	手持式X射线荧光光谱仪（HH-XRF）	德国Bruker公司的Tracer3-SD型手持式X射线荧光光谱仪。设备电压40 kV，电流10.3 μA，采集时间180秒，测试珐琅釉时，配合使用真空泵减少空气的影响
2	便携激光拉曼光谱仪（P-Raman）	法国Jobin Yvon Horiba公司的HE785型便携激光拉曼光谱系统，785 nm半导体激光器、HE光谱仪、多道空冷CCD探测器和Super Head可视共焦光纤探头。测试时将光纤探头固定在带有两维微调功能的三脚架上，并用黑色织物覆盖住探头和样品测试区域，光纤探头使用Olympus 50X的长焦物镜，拉曼光谱的获得和分析使用Lab Spect5软件完成
3	超景深三维视频显微镜（Digital Microscope）	日本Keyence公司的VHX-600型超景深三维视频显微镜，配合20—200倍小型变焦镜头，支架调整为平行于地面的横向状态，使用半自动景深合成功能

三、实验结果

经过对两件器物表面珐琅釉的调查与统计，我们发现珐琅缸共有八种不同颜色的珐琅釉（图3），分别为白色（White）、粉色（Pink）、红色（Red）、黄色（Yellow）、黄绿（Yellow Green）、深绿（Deep Green）、绿松石色（也有称为浅蓝，Turquoise）和深蓝（Deep Blue），其中器壁掐丝珐琅部位的绿松石色珐琅釉与器物底部的在外观上不太一致，器物底部的绿松石色珐琅釉光泽感更强。

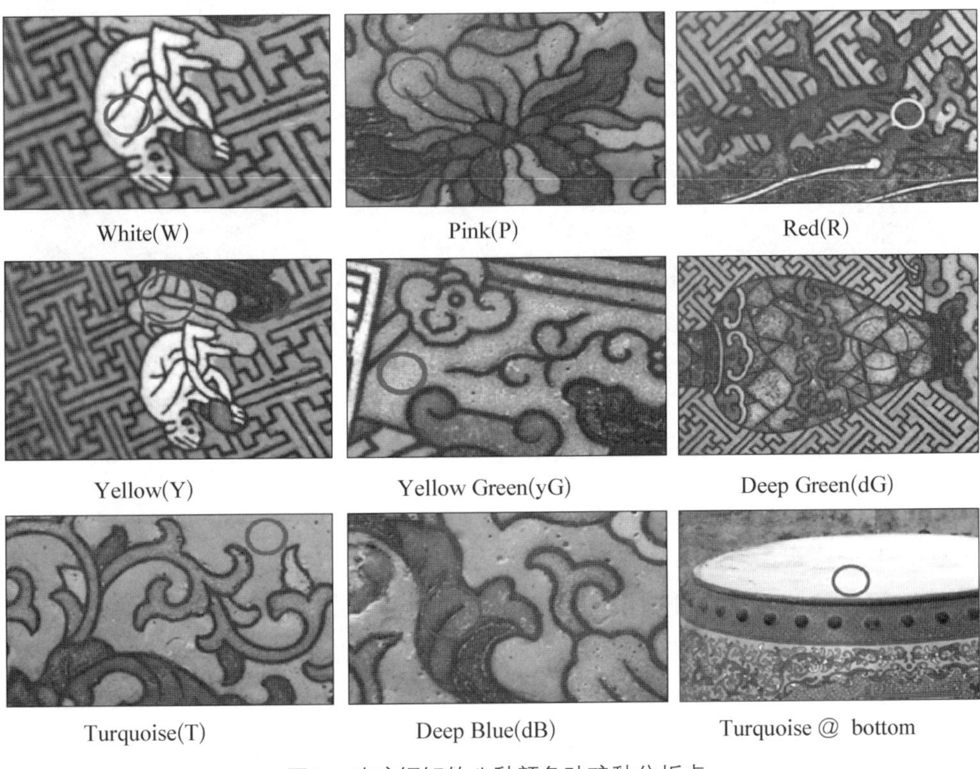

图3　珐琅铜缸的八种颜色珐琅釉分析点

而荷花钟共有十种不同颜色的珐琅釉（图4），除了白色、粉色、红色、黄色、黄绿、深绿、绿松石色和深蓝以外，较之珐琅缸还多出了紫色（Purple）和黑色（Black）两种颜色。

掐丝珐琅工艺其实就是一种低温玻璃熔烧与金属工艺的结合体，概括说来，即为在金属胎体上利用焊接的掐丝分割出纹饰图案，并在其间施烧不同颜色的低温玻璃。因此我们就选取了两件器物如上的十九种珐琅釉作为研究对象，进行检测分析与对比研究。

图4　荷花钟的九种颜色珐琅釉分析点

1. 元素成分分析

由于手持式X射线荧光光谱仪的分析束斑较大（达到2.5毫米），因此个别面积较小颜色的珐琅釉在测试时无法避免受到干扰。如表2是两件文物不同颜色珐琅釉主要成分的定性分析结果，其中已经根据经验将个别结果中金属掐丝带来的干扰进行了人工排除。可以看出，铅（Pb）、钾（K）、钙（Ca）和硅（Si）是所有颜色珐琅釉的共有组分。

表2　各色珐琅釉主要成分的定性分析结果

Color	Si	K	Ca	Mn	Fe	Co	Cu	As	Sn	Au	Pb
珐琅缸											
W白色	++	+	+		+			++			++
P粉色	++	+	+		+			++		+	++
R红色	++	+	+		+		+		+		++
Y黄色	++	+	+		+				+		++

续　表

Color	Si	K	Ca	Mn	Fe	Co	Cu	As	Sn	Au	Pb
yG黄绿	++	+	+		+		++		+		++
dG深绿	++	+	+		+		++	+	+		++
T绿松石	++	+	+		+		++	+			++
dB深蓝	++	+	+		+	+	++	+			++
T@B底部	++	+	+		+		++	+			++
荷花钟											
W白色	++	+	+		+				+		++
P粉色	++	+	+		+				+	+	++
R红色	++	+	+		+		+				++
Y黄色	++	+	+		+				++		++
yG黄绿	++	+	+		+		++		++		++
dG深绿	++	+	+		+		++				++
T绿松石	++	+	+		+		++				++
dB深蓝	++	+	+		+	+	++				++
Pu紫色	++	+	+	+	+		++				++
B黑色	++	+	+	+	+		++				++

说明：+表示为检出，++表示为相对含量较高

2. 拉曼光谱分析

使用便携式激光拉曼光谱仪对两件器物的不同颜色珐琅釉进行了原位测试，得到了部分颜色珐琅釉的拉曼特征谱图（见图5）。因为设备的问题，荷花钟只测得了黄色、黄绿色和白色三种颜色珐琅釉的拉曼谱图。

四、讨论

基于笔者前期曾分析过的样品情况，由表2和图5所示的两件珐琅器物珐琅釉的成分和拉曼数据，以及国内外文献中发表的数据，我们可以对两件器物珐琅釉的基体和添加剂类型进行基本的判断：两件器物的珐琅釉的玻璃基体组成相似，均为含有钾、钙的高铅玻璃，符合对于掐丝珐琅釉的一般认识，而两件器物所使用的添加剂（着色剂和乳浊剂）类型有所不同，下文会进行较为详细的讨论。

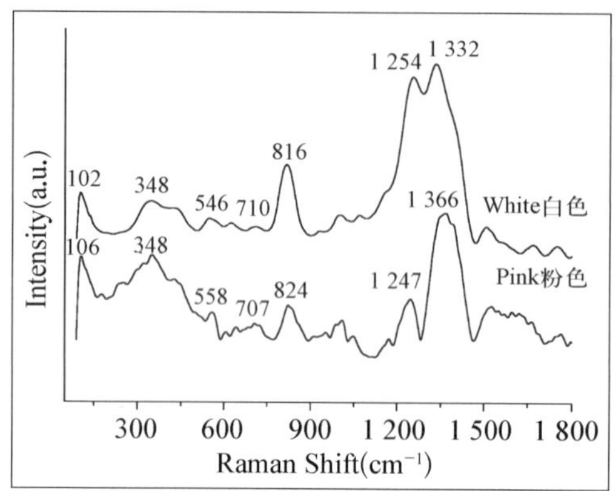

（a）珐琅缸白色、粉色珐琅釉

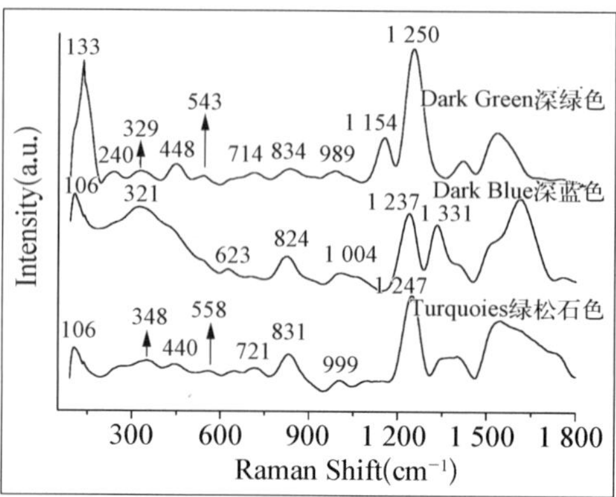

（b）珐琅缸深绿、深蓝和绿松石色珐琅釉

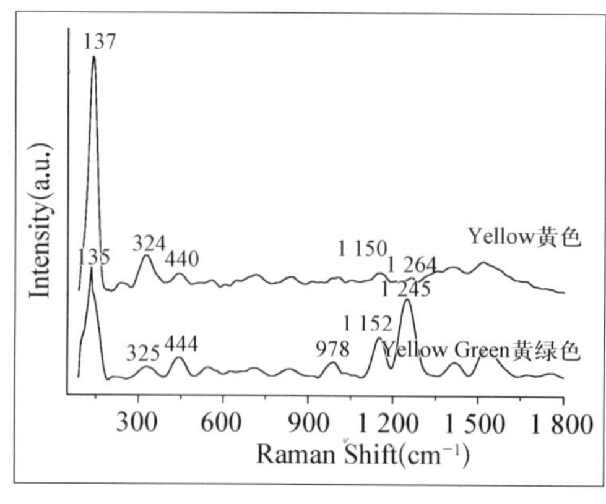

（c）珐琅缸黄色、黄绿色珐琅釉

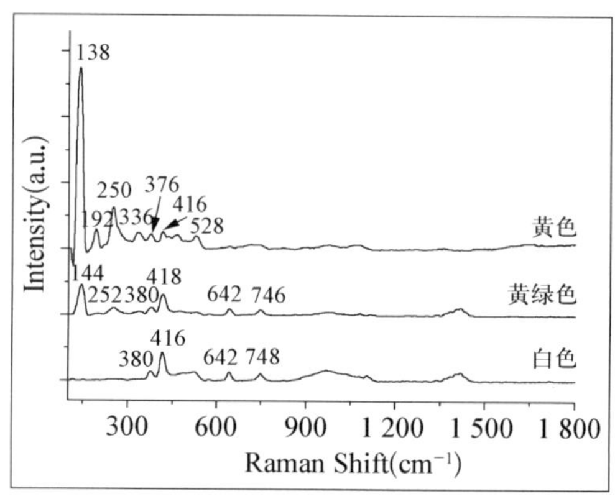

（d）荷花钟黄色、黄绿色、白色珐琅釉

图5　珐琅缸、荷花钟不同颜色珐琅釉的拉曼光谱图

值得注意的是，珐琅缸珐琅釉的玻璃基体和添加剂类型，与我们曾经分析过的故宫符望阁内檐装修用的掐丝珐琅构件的结果[2]十分吻合。符望阁的珐琅构件是清乾隆时期在扬州的作坊定制的，其釉色偏冷，釉质较为疏松且表面气孔较多，整体外观和装饰风格也与珐琅缸十分相似，加上科学分析的数据，也从侧面证明了故宫工艺专家对于该件珐琅缸产地为扬州的判断。因此，下文我们将从不同产地的角度，重点讨论制作时期相近的广州产荷花钟（缸体）与扬州产珐琅缸在原料与制作工艺上的异同，这也反映了扬州和广州两个产地制造的珐琅的差异。

1. 制作原料

如前文表2的成分分析数据所示，铅（Pb）、钾（K）、钙（Ca）和硅（Si）是所有颜色珐琅釉的共有组分，说明两件器物珐琅釉的玻璃基体组成相似，都是含有钾基助熔剂的高铅釉。

因为手持式X射线荧光分析技术的局限，其难以检出钠（Na）及原子序数更小的元素，因此单纯靠手持式X射线荧光分析无法确定其中是否含有钠和硼等常见的珐琅釉成分，需要其他分析方法的补充与确定。我们曾尝试便携激光诱导击穿光谱（P-LIBS）对珐琅缸进行过原位分析，并使用自建的半定量曲线对主量元素的含量进行了半定量计算[7]，证明了珐琅缸是以钾为主要碱金属助熔剂的含硼高铅玻璃，说明珐琅缸的珐琅釉符合国产珐琅釉原料的一般规律，应是国产配方的原料制作的；而荷花钟由于没有进行相应的实验验证，无法获得其完整的原料特征，说明了单纯使用手持X射线荧光设备对分析珐琅釉造成的局限性。

对两件不同产地器物相同颜色的珐琅釉成分进行对比（以图6两件器物的基底釉色——绿松石色的对比为例），可以发现一个普遍规律，即广州产的荷花钟，其铅、钾、钙这三种具有降低熔点作用的元素含量，明显比扬州产的珐琅缸要高，这一现象说明广州产的荷花钟其珐琅原料中助熔剂更多，熔点更低，更易制造玻璃质感强的制品，这也与两件器物的实际情况相吻合。而扬州产的珐琅缸珐琅釉中的铁含量明显高于广州产的荷花钟，说明其原料中的铁含量较高，也解释了为何扬州产珐琅整体色泽较暗。

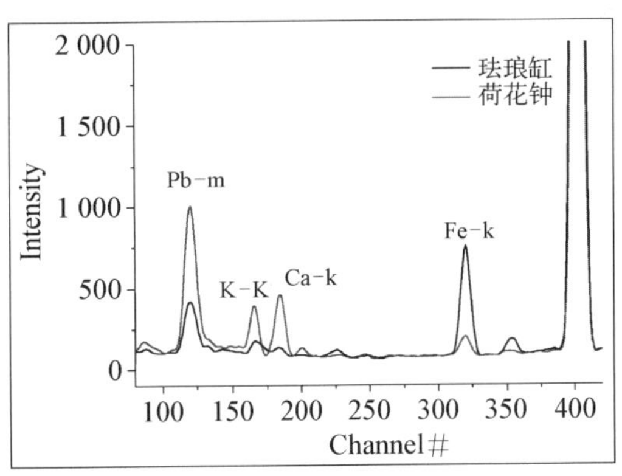

图6　两件器物绿松石色珐琅釉的谱图对比

珐琅釉展现出不同色泽依靠的是不同种类的着色剂和乳浊剂，这些统称为珐琅原料中的添加剂。根据珐琅缸的成分分析和拉曼分析的结果，综合相关文献的研究成果，我们可以初步判断两件器物珐琅釉的添加剂类型。

（1）两件器物中黄色均为铅锡黄Ⅱ型物质呈色。珐琅缸的黄绿色和深绿色均有呈黄色的铅锡黄Ⅱ型物质和在高铅环境下呈蓝绿色的二价铜离子（Cu^{2+}）的贡献，其比例不同造成了呈现颜色的差异，笔者之前从未在深绿色珐琅釉中检出过铅锡黄物质，而从图7b珐琅缸深绿色釉中可以明显观察到黄色的颗粒，只是比图7a的黄绿色少很多。而且珐琅缸的深绿色釉同时还含砷，两种均能乳浊的物质在其中共存；而荷花钟的黄绿色呈色成分与珐琅缸一致，只是深绿色不含铅锡黄Ⅱ型物质（图7c、图7d）。

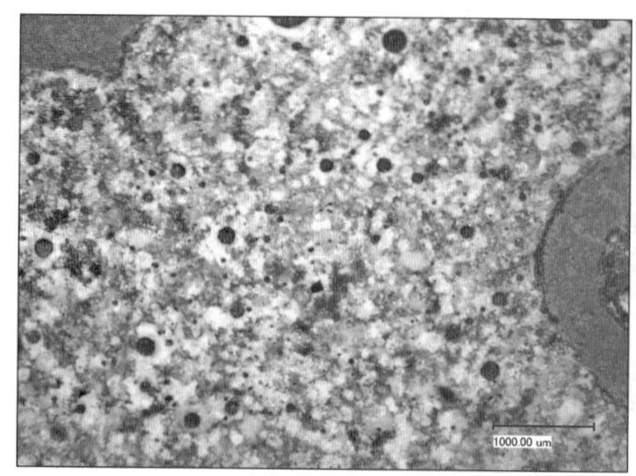

(a) 珐琅铜缸黄绿色珐琅釉(50X)

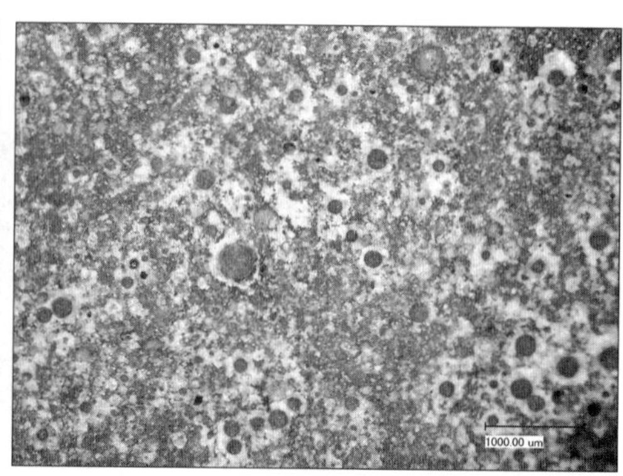

(b) 珐琅铜缸深绿色珐琅釉(50X)

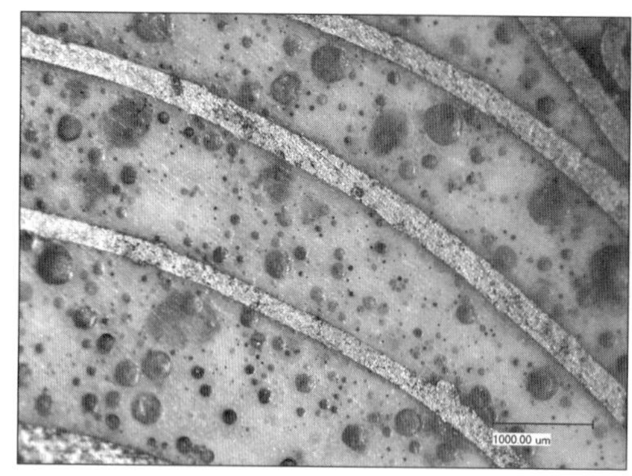

(c) 荷花钟黄绿色珐琅釉(50X)

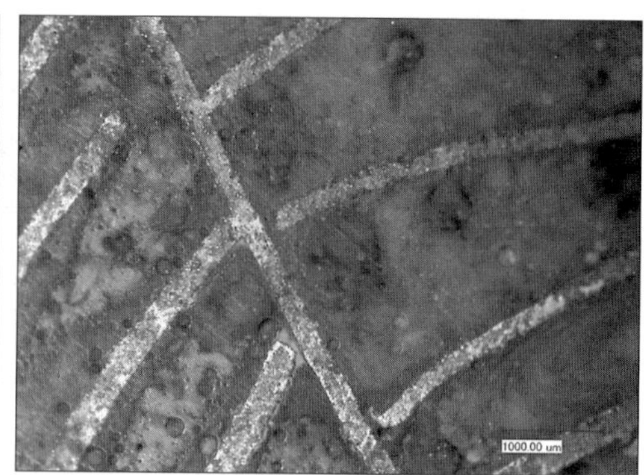

(d) 荷花钟深绿色珐琅釉(50X)

图7 两件器物黄绿色、深绿色珐琅釉的显微图片

(2) 两件器物的深蓝色均为二价钴离子(Co^{2+})呈色，绿松石色则均是高铅环境下的二价铜离子呈色而成，粉色均为金的纳米颗粒呈色原理。根据相关研究观点[8]，是否含锡是判断这种“金红”釉是否为国产配方的标志，如表2所示，珐琅缸不含锡应是中国配方，而荷花钟的粉色釉含锡，很可能采用了西方进口的原料。

(3) 红色珐琅釉呈色机理的判断比较复杂，这是因为两件器物都检出了铁和铜两种可能呈红色的成分，由于便携式拉曼仪并未检出赤铁矿(Fe_2O_3)，因此还需要使用其他方法进行判断；荷花钟特有的紫色为高铅环境下三价锰离子(Mn^{3+})的作用，而黑色的呈色应与锰、铁和铜三种成分有关。

(4) 关于两件器物的乳浊剂选择，我们发现了较大的差异：除了两件器物黄色、黄绿色使用了铅锡黄这种同时具备呈色和乳浊作用的添加剂外，扬州产的珐琅缸大量使用了含砷(As)的乳浊剂；而广州产的荷花钟中未见任何一种颜色的珐琅釉含砷，且白色和粉色可能使用了含锡的乳浊剂。这说明两件器物珐琅釉原料在乳浊成分的选用上存在根本的差异，造成这种差异可能的原因很多，既可能是中西方原料的差别，也可能是制作时代的不同。而荷花钟其他几种颜色珐琅釉所使用的乳浊剂类型还需要使用其他分析方法加以确定。

综合上述对比分析，我们可知两件不同产地的掐丝珐琅器物，其珐琅釉在基体组成和使用的添加剂类型上均存在一定的差别。虽然便携式设备对分析结果带来一定的局限性，但不论是珐琅釉基体的助熔成分含量，还是着色剂、乳浊剂类型的选择，两件器物都有明显的区别。这些差异直接导致了珐琅缸较之荷花钟，其釉面质量较粗糙、玻璃感较差，同时整体釉色较暗。而且一些证据也暗示广州产的荷花钟可能使用了进口原料，例如金红釉料中明确含锡，当然这一判断还需要数量更大的数据积累和更有利的判据支撑。

2. 关于原位分析方法

掐丝珐琅不同于一些单色的陶瓷器物，其珐琅釉颜色较多，且被金属掐丝分割在较小的区域内，这就需要检测分析时使用的方法，最好可以达到微区分析的级别。同时，多数掐丝珐琅属于原装陈设的大型器物、建筑内檐装修或者大型器物的装饰配件，对分析方法的原位分析与便携性的要求较高。另外，珐琅釉中一般会加入硼砂原料，对于轻元素尤其是原子质量小于钠的元素分析能力也是十分重要的。

众所周知，设备的便携性和性能是一对矛盾体，这就给掐丝珐琅分析设备的选择带来了困难，本研究的成分分析使用了古代陶瓷和金属研究常用的手持式X射线荧光分析方法，事实证明这并不是分析掐丝珐琅器物的最佳选择，首先其分析束斑较大，很容易受到金属掐丝或者邻近其他颜色珐琅釉的干扰，其次无法分析原子质量小于钠的元素，同时对于钠的定量分析效果也不好。因此就成分分析而言，选择使用激光诱导击穿光谱仪和开放式微区X射线荧光光谱仪配合，同时解决微区、原位和轻质元素的问题，应是比较理想的选择，也是我们下一步需要努力的方向。

另外，对于珐琅釉添加剂的分析，本研究使用了便携式的微区拉曼光谱仪，其实际效果与台式的激光拉曼光谱仪还有一定的差距，尤其是平台稳定性、合适的激光波长和显微镜头的选择上，还需要大量的基础研究工作的积累，才能达到实际分析的需求。最后，珐琅釉的可见光范围内的反射率曲线采集以及颜色数据的分析，是研究呈色机理的重要方向，选择一种合适的分析设备，例如光纤光谱仪或者带有光纤探头的可见光分光光度计也是未来研究的重要方向。

五、结论

（1）通过成分分析结果，两件器物珐琅釉均为Pb-K-Ca玻璃基体，结合其他分析方法推测珐琅缸含硼。荷花钟珐琅原料中助熔剂的含量更高，从而使外观较之珐琅缸玻璃质感更强，而珐琅缸珐琅原料中的铁含量更高，使之釉色整体偏暗。

（2）两件器物黄色和黄绿色珐琅釉选用的着色和乳浊物质一致，但深绿色存在明显差异：珐琅缸的深绿色中含有铅锡黄物质，而荷花钟中未发现。同时，深绿色中检出铅锡黄也不同于以前所有曾进行的工作的结果。

（3）两件器物深蓝、绿松石色珐琅釉的呈色机理一样，也与以前分析过的器物情况一致。

（4）两件器物的粉色珐琅釉均为"金红"呈色，区别在于荷花钟含锡，暗示了国产和进口原料的差异。

（5）两件器物乳浊剂类型差异很大，荷花钟中未检出常见的砷酸盐乳浊剂，其具体的乳浊原理值得进一步的探究。

（6）对于掐丝珐琅器物珐琅釉的分析，手持式X射线荧光光谱仪并非最佳选择，应该引入激光诱导击穿光谱仪和开放式微区X射线荧光光谱仪配合使用，同时便携激光拉曼光谱仪分析方法的进一步改进也是未来重要的研究方向。

参考文献

[1] 苗建民：《运用科学技术方法对清代珐琅的研究》，《故宫博物院院刊》2004年第1期，第139—155页。

[2] 曲亮、沈爱国、段鸿莺等：《故宫符望阁建筑装饰珐琅构件珐琅釉的分析研究》，《故宫博物院院刊》2016年第4期，第126—144页。

[3] Y. Su, L. Qu, HY. Duan, et. al. Elemental analysis-aided Raman spectroscopic studies on Chinese cloisonné wares and painted enamels from the Imperial Palace. *Spectrochimica Acta Part A: Molecular and Biomolecular Spectroscopy*. 2016(153): 165-170.

[4] J. Henderson, M. Tregear, N. Wood. The technology of sixteen-and seventeen-century Chinese cloisonne enamels. *Archaeometry*, 1989 (02): 133-146.

[5] I. Biron, B. Quette. Les premiers emaux chinois. *Techne*, 1997(06): 35-40.

[6] B. Kırmızı, P. Colomban, B. Quette. On-site analysis of Chinese cloisonné enamels from fifteenth to nineteenth centuries. *Journal of Raman Spectroscopy*, 2010(41): 780-790.

[7] 曲亮、高飞、王有亮：《清代掐丝珐琅铜缸的原位分析及其保护处理》，待发表。

[8] 王竹平：《从科学化验角度看珐琅彩、洋彩与粉彩的定名与烧造问题》，《故宫学术季刊》2012年第3期，第117—168页。

家具与建筑内檐装修保护二例
——美国大都会博物馆藏中国家具与故宫乾隆花园竹香馆御制诗木壁板保护

赵丛山
（故宫博物院古建部）

摘　要：自2003年美国世界建筑文物保护基金会（WMF）与故宫博物院合作开展倦勤斋保护项目取得成功以来，其建筑内檐装修保护的成功经验已经推广至整个乾隆花园保护项目。CRAFT培训项目（故宫—WMF家具与内檐装修保护培训中心）作为乾隆花园保护项目的延伸，旨在为项目培养优秀保护人才。本文通过本人在培训项目中进行的两项保护案例，阐释了在家具和内檐装修保护中基于价值判断得出的保护理念，以及在此保护伦理指导下实施保护的具体方法和技术手段。两个案例的研究对象分别是来自美国大都会博物馆的一件明式黄花梨顶箱立柜和故宫乾隆花园竹香馆内的乾隆御制诗刻字柏木壁板。这两个案例虽然一个是家具，一个是建筑内檐装修，但均为木质材料，有着相似的病害残损状况，采用的保护理念和方法具有共通性和一定的可比性。但基于二者家具和建筑构件的性质区别，在展示目的和安装设置等方面也有着不同的考虑和处理。

关键词：保护　补配　加固　中国家具　内檐装修

一、项目背景

从2003年开始，故宫博物院与美国世界建筑文物保护基金会（World Monuments Fund，以下简称WMF）合作开展了宁寿宫花园（又称乾隆花园）保护项目。整座花园占地5 920平方米，共有大小建筑27座。乾隆花园营建于乾隆三十五年至四十一年（1770—1776）[1]，花园所在的宁寿宫一区是乾隆皇帝为自己建造的归政退位后颐养天年的太上皇宫殿。乾隆花园的建造时值乾隆盛世，设计讲究，用材奢侈。除了园林部分和传统木结构与苏式彩画建造装饰的古建筑主体外，建筑室内装修和家具陈设更为奢华。建筑内檐装修和家具多用名贵的硬木材料作为框架，而每座建筑又根据其主题内容的不同，做了不同形式的装饰，各类名贵的装饰材料和工艺都运用在了内檐装修和家具上，其中包括：珐琅镶嵌，陶瓷镶嵌，玉石、百宝镶嵌，鎏金工艺，髹漆工艺，木雕工艺及各类丝织品、纸张类装饰等。

作为乾隆花园保护项目的延伸，为了进一步提高故宫人保护修复内檐装修与家具的能力，为项目培养保护人才，于2010年12月开始建立了“内檐装修及家具保护十进制培训中心”（CRAFT），每一期学习两年。培训项目聘请了中外的专家学者作为教师，以乾隆花园保护项目作为依托，开展文物保护相关的理论、科学、艺术、历史、技术、实践等课程。作为第一批学员的代表，我曾有幸在CRAFT培训结束后，于2013年10月至12月来到美国纽约大都会博物馆进一步交流学习。

二、大都会博物馆藏明式花梨木顶箱立柜的保护

此次交流是以大都会博物馆中国艺术馆“明轩”庭院重新装修、布展为背景的。2013年12月，装修一新的“明轩”举办展览：Ink Art: Past as Present in Contemporary China。该展览由大都会博物馆亚洲艺术部策展人Maxwell K. Hearn策划。展览共有35名中国艺术家参与，作品包括绘画、书法、摄影、木刻版画、影像、雕塑等70多件不同媒介材料的创作。作品多以中国传统文化符号为创作元素，对中国传统文化做了全新的诠释。根据展览计划，在“明轩”建筑内同时展出了大都会博物馆收藏的中国传统明式家具。此次交流就是为配合展览需要，对即将展出的一对明式黄花梨顶箱立柜（见图1）进行研究和保护。

1. 基本信息

这一对在“明轩”展出的明式风格的顶箱立柜由底部的立柜和上部的顶箱两部分组成。柜体使用降香黄檀（黄花梨）制作，黄铜面叶合页。本次主要对下图1左侧木结构出现问题的一组柜子进行了保护。这一对中国家具早在20世纪20年代以前，由中国政府赠送给英国驻华大使Lord Killern，1920年由Lord Killern将其带回英国。1962年，收藏家Robert Ellsworth从Killern遗孀手中买下。1976年由美国大都会博物馆收藏。20世纪70年代，大都会博物馆收藏了27件中

图1　大都会博物馆藏明式黄花梨顶箱立柜一对

国传统家具，这一批家具在过去的四十年里还没有进行过系统的研究和保护修复，笔者很幸运能借此机会和这组中国家具有了“亲密接触”。

2. 现状记录

此次需要进行保护处理的是其中一组顶箱立柜（图1左），在对这组顶箱立柜进行保护之前，我们对保护对象进行拍照、测量和基本的现状评估，以及伤况和病害的记录。如果项目时间更加宽裕，我想我们还会为这件家具的保护和收藏做更多的记录工作，诸如绘制榫卯结构图、制作家具的3D数字模型等，还会对比同类型的中国家具，对其历史价值、传统工艺进行研究。

主要病害、材质、病害原因分析列表如下：

表1　立柜病害记录表

病害位置		材质类型	伤况描述	原因分析
立柜	左前牙头	木构件	松动脱落	缺少榫卯连接，判断为后代维修补配
	右后牙头	木构件	断裂	结构薄弱部位受外力破坏
	右前牙头	木构件	松动	开胶

续　表

病害位置		材质类型	伤况描述	原因分析
立柜	左后腿	木构件	缺损、糟朽	潮湿导致木材糟朽
	右后腿	木构件	缺损、糟朽	潮湿导致木材糟朽
	左侧面下部	木构件	表面刮伤	剐蹭导致木材表面受损
	抽屉	木构件	抽屉帐子支撑力不足	抽屉帐子为后代更换，材质明显不同、强度不足
	顶板、背板、底板	表面涂层	表面开裂、起翘、剥落	年久受环境、气候、温湿度变化影响
	面叶、合叶、铜套、锁	黄铜	表面污染	

表2　顶箱病害记录表

病害位置		材质类型	伤况描述	原因分析
顶箱	右后上角	木构件	榫卯破坏，后期用四颗铁钉加固，结构失稳	榫头断裂、局部缺失导致连接失效，整体结构松散
	顶板	木构件	右端龙凤榫拔榫、顶板局部劈裂、变形	结构整体松散至拔榫，木材干缩变形导致劈裂
	顶板、背板、底板	表面涂层	表面开裂、起翘、剥落	年久受环境、气候、温湿度变化影响
	面叶、合叶、铜套、锁	黄铜	表面污染	

其中右侧顶箱立柜病害较为严重，需要进行保护处理：一是顶箱的结构失稳问题，急需处理。二是表面涂层脆弱，迫切需要加固。三是木构件松散、脱落，需要重新加固。四是腿部缺失部分影响整体承载力，需要补配。

3. 表面涂层分析与保护

顶箱立柜主体用材为黄花梨木，但其背板、顶板、底板分别使用了麻灰地仗和表面颜料的涂层，大部分面积起翘、开裂、脱落。

为了解涂层的材料种类，历史上是否对涂层进行过更改、重做等信息，对涂层材料进行取样分析，取样位置分别选自立柜背板左、右、底板，顶箱背板右侧以及顶板中部（图2）。

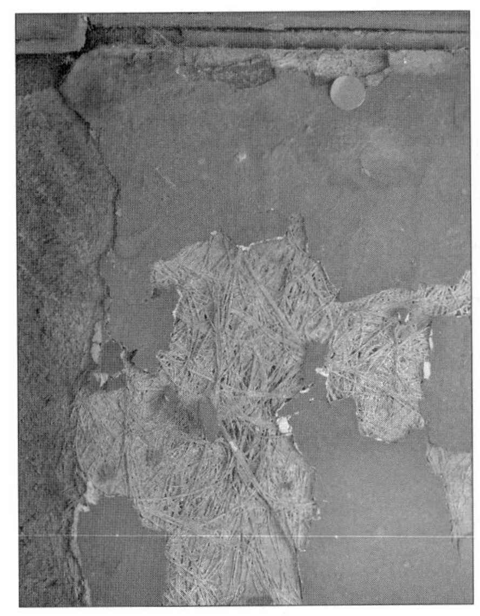

立柜底板

顶箱顶板

图2　立柜底板、顶箱顶板表面涂层取样位置

首先用透明树脂材料对样品进行包埋，打磨出样品剖断面。然后在显微镜下对样品剖面进行显微观察分析，虽然不同部位涂层情况不尽相同，但总体而言可以看出涂层复杂的层次关系，红色的颜料在剖面上观察也不止一层，显然是经过重新涂刷、着色的（见图3）。

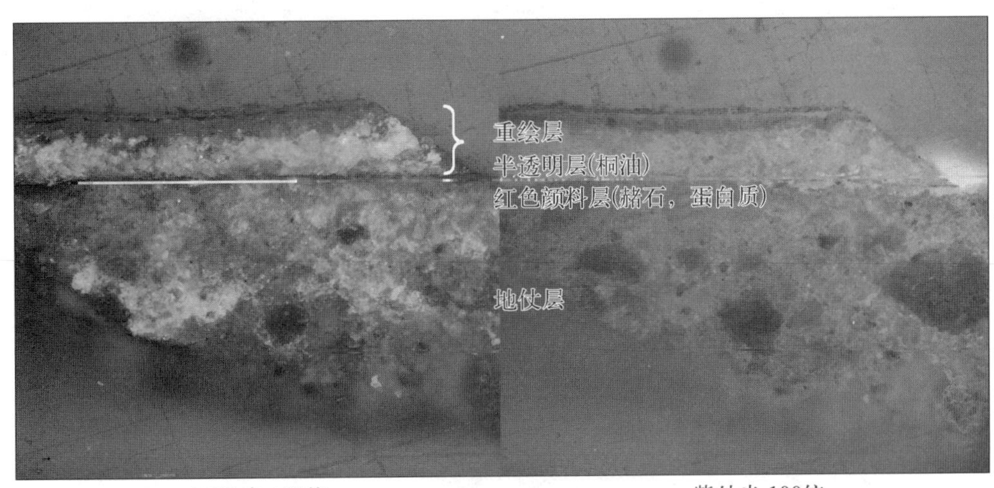

可见光 100倍

紫外光 100倍

图3　顶箱底部漆灰地仗

使用傅里叶变换红外光谱（FTIR）、拉曼光谱、气相质谱（Py-GCMS）等方法对样品进行材料分析，得出如下结论：

（1）地仗层主要成分是蛋白质，掺杂有石英和硅酸盐类物质。

（2）红色颜料层主要是在蛋白质里掺加赭石颜料。

（3）红色涂层表面覆盖有半透明的黄色荧光反射的涂层，可能为桐油。

针对涂层的现状，使用了不同的加固剂和加固方法进行了加固测试。鲟鱼胶加固强度高，但容易污染加固表面。海藻胶能保证加固表面的清洁，但加固强度较低。最终平衡了两种加固剂——海藻胶与鲟鱼胶之间的配比（1∶1使用），以达到最佳的加固效果（表3）。

表3　加固剂测试结果

种　　类	变色/污染	强　　度
海藻胶（funori）	无变色，加固边缘有少量光泽	可以固定小而薄的剥落涂层
鲟鱼胶（sturgeon glue）	对加固边缘的底层有污染变色	有一定强度
海藻胶（funori）：鲟鱼胶=1∶1	边缘轻微的变色	强度较好

加固的过程中针对不同的位置出现的不同加固效果，对加固的方法和使用黏结剂的方法进行了不断的调整（图4）。

（1）直接使用鲟鱼胶加固需要黏结强度较高的位置。

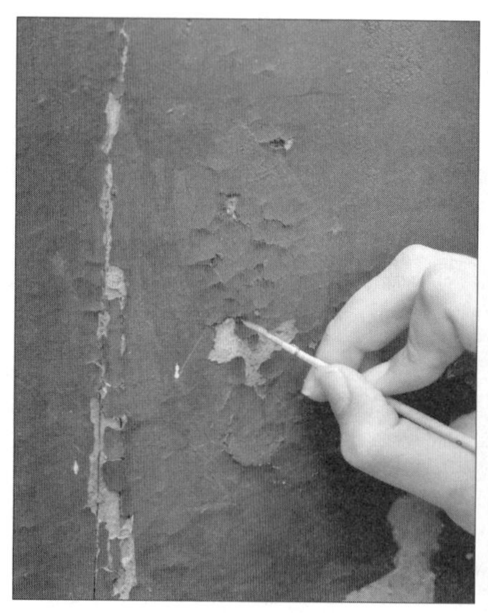

图4　涂层加固

（2）加固边缘污染变色问题的处理：趁加固剂未干，可以使用棉签蘸取少量酒精，擦去多余加固剂。

（3）对底板加固使用矿物精油代替酒精做渗透性处理，以达到较好的渗透性和避免污染变色问题。

（4）适当使用喷雾加湿的方法软化薄而脆弱的表面，便于下一步加固处理。

4. 立柜木构件保护

立柜两个后腿糟朽腐烂，对整个柜体的陈列稳定有重要影响，如何对腿足进行补配是一个关键的问题（图5）。

图5　立柜后腿损坏位置

左后腿现状的两个问题：（1）腿足底部糟朽、劈裂。（2）由于长期受压，铜套筒位置上移，并致木构件破坏（图6）。

保护措施是用钳子逐渐收缩的方法先使铜套筒归位，再用鱼胶黏结木制劈裂部位。为使底部有更好的支撑，而不会再因为受力不当使铜套筒移位破坏，使用了强度较高的环氧树脂对足底进行填充，并附加铜片避免磨损。这部分附加构件并不与柜腿黏结，可以随时去除，具有可逆性（图7）。

右后腿的问题是腿足木材因糟朽而腐烂缺失了一大部分，补配这部分缺失使用了与柜腿相似的木材。选择同样的材质属性可以在今后随温湿度有所变化的环境中产生同样的变形量，而不至于互相挤压破坏。

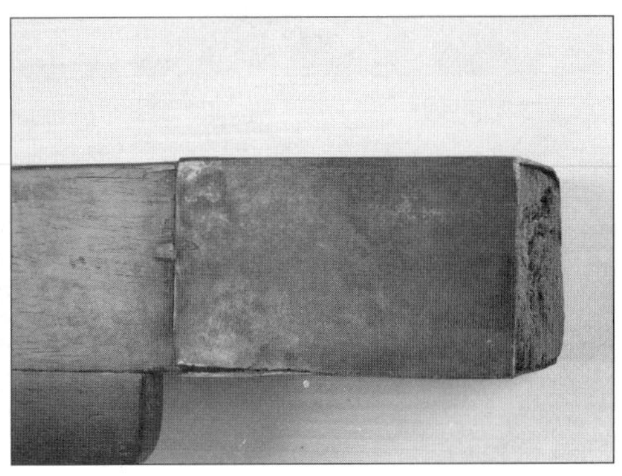

图6　左后腿保护前

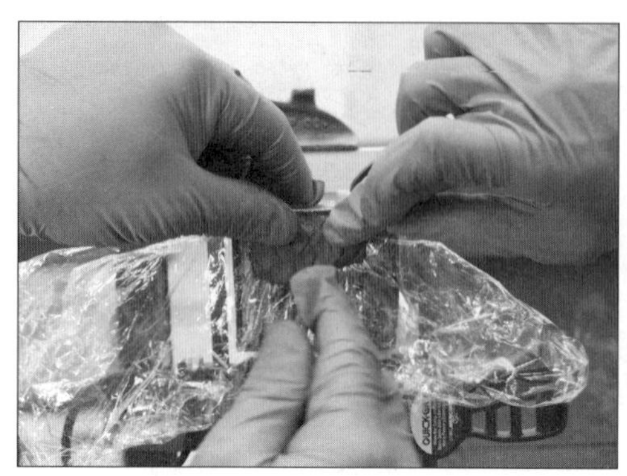

图7 左后腿保护过程

处理过程是先使用Butver B98 10%乙醇溶液(丙烯酸类树脂)对受损糟朽的腿部进行加固,提高其强度。在新补配的木构件与原构件之间用环氧树脂填充缝隙,这种材料可以更好地拟合新补配部分与原有木材表面之间的不规则缝隙。最后用鱼胶黏接补配部分,鱼胶可以用水去除,新添加构件同样具有可逆性(图8)。这与中国传统的木作修复理念截然不同,在中国更愿意使用家具制作的工艺来修复古家具,来更多地传承传统手工技艺这一非物质文化遗产。

图8 右后腿保护前后对比

柜子下部左前牙头与腿部和牙条连接部位黏结剂失效,致牙头脱落,且牙头与腿部连接处无出榫,而腿部却留有卯口,由此判断现有牙头为后期维修所添配。显然后期添加的牙头尺寸厚度与原有构件比较有较大差距,且无榫卯连接,故决定采取更换的处理方式,将现有的牙头作为这件家具的一部分重要历史信息进行保存。

(1) 连接处的接触面有残留鱼胶,必须去除才能重新进行黏结。采用5%—

10% Laponite RD Gel[2]对残留鱼胶进行软化处理，覆盖15分钟后，可以将软化后的鱼胶刮除干净。

（2）根据其他腿足部位的牙头形制，选择相似的木材，补配牙头。

（3）补配牙头与腿足和牙条的连接，除依靠榫卯外，使用了鱼胶进行粘接，鱼胶可溶于水，使新添加的构件具有可逆性。

（4）使用矿物颜料与虫漆混合的材料对补配牙头进行全色处理。虫漆在紫外光下，有特殊的橙色荧光，新添加的构件具有可识别性（图9）。

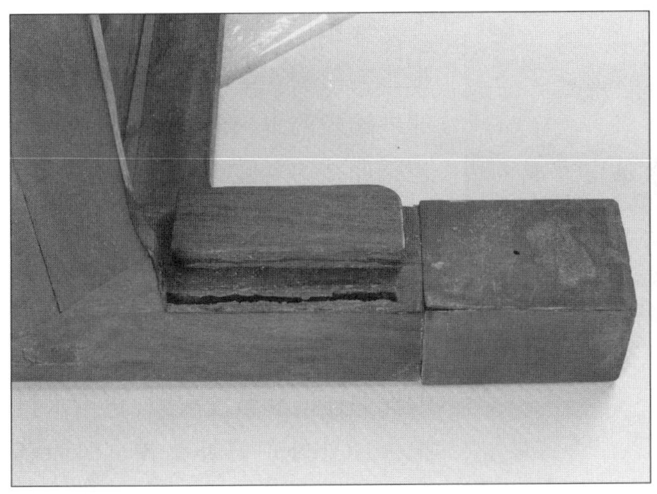
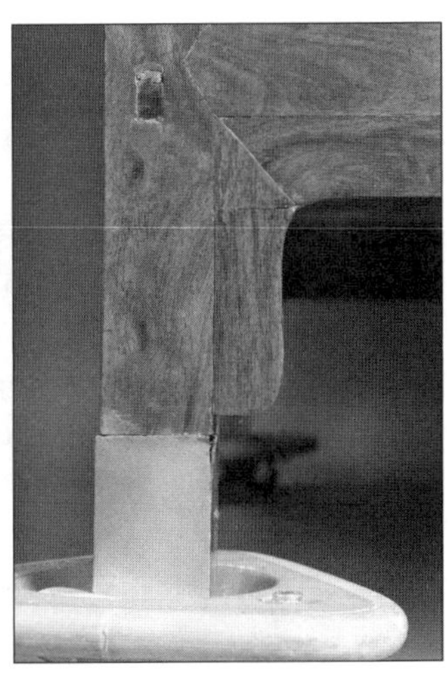

图9 左前牙头保护

5. 顶箱结构破坏问题处理

顶箱右后角三插肩榫卯连接破坏，造成了顶箱整体结构松散，失去稳定（图10）。

图10 顶箱榫卯破坏位置

实施保护前首先对榫卯构造进行了分析，根据文献资料与类似的实物资料基本可以判断榫卯构造与结合方式。但通过肉眼观察，榫卯附近有使用过铁钉对榫卯进行过加固处理，这些不恰当的保护措施不仅没有有效地对榫卯结构进行加固，而且还对家具的木构件造成了一定程度的破坏。

通过给榫卯部位拍摄X光片的方法，能够在不对家具进行任何扰动的情况下，更准确地了解其构造及内部破坏、历史上的修复变化等状况。在X光拍摄的照片中可以清楚地看到榫卯周围有四颗后期加固的铁钉，并能准确判断其所在位置和方向（图11）。

图11　顶箱右后角X光照片

图12　顶箱的结构加固

保护的第一步是先截断了两根影响结构安全的铁钉，之后把榫卯内断裂的木构件残渣清理干净，把榫卯结构复位、归严。下一步考虑如何进行结构处理。可以选择的方案有一般有两种：一是把顶箱拆解，彻底修补破坏的榫卯。二是在不拆解的情况下，用胶把破坏的榫卯连接处粘接牢固，再用木材把榫卯处外观修补整齐。但前者对家具的干预过大，后者在榫卯已经不起结构作用的情况下，单纯依靠胶粘，不一定能达到较好的结构强度。

经过讨论，决定采取第三种方法：不对榫卯进行处理，采用附加构件对结构进行加固（图12）。优点是最大程度保存了原有构件，能够达到结构稳定的要求，方法可逆，整体干预最小。附加的金属构件放置于顶箱顶端，两端分别勾住顶箱的抹头和穿带，靠螺栓调节拉力，金属构件与木材接触面用软质材料进行隔离保护。金属构件可以随时拆掉，不会对家具的现状造成任何干扰，只是从审美和感观上会有不同的判断和评价。

三、乾隆花园竹香馆内檐装修御制诗壁板保护

从美国博物馆收藏的中国家具再回到乾隆花园保护项目，类似的保护理念和方法得到了进一步的推广和应用。

竹香馆是乾隆花园第四进院落中的一座小型建筑，三间两耳[3]。室内装修以素色柏木壁板进行装饰，特别是其中有七处木壁板阴刻有乾隆御制诗，文字内填石青，安装在建筑后檐砖墙之上。而建筑后檐屋顶天沟经年受雨水侵蚀，不免有所渗漏，乾隆御制诗壁板常年处于高湿环境，其中两块壁板背部糟朽严重（图13）。竹香馆内空间狭小，不利于保护工作开展，故决定将这两处壁板拆除，移送至保护工作室内进行保护处理，待建筑修缮完毕再行安装归位。

图13　竹香馆乾隆御制诗壁板

1. 填青加固

御制诗壁板常年受渗漏雨水侵蚀，刻字内填石青颜料大部分脱落，残留的部分石青颜料样本就显得十分珍贵（图14）。古代矿物颜料石青颗粒粗大，与鱼胶混合使用填入刻字内，目前所剩的部分也已经十分脆弱，需要先对这些颜料进行加固保护。

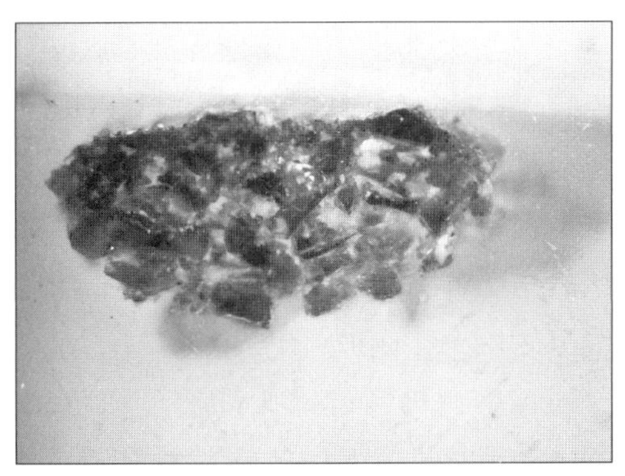

图14　加固后的填青样品UV 100X

Aquazol 50/200/500（三种不同分子量）聚（2-乙基-2-唑啉）是一种文物保护常用的加固材料，以水、乙醇、异丙醇等作溶剂，常用于加固艺术品中的天然矿物颜料。特点是加固强度适中，可以用丙酮去除，分子量越大，强度越强，渗透性则会下降。

表4 Aquazol乙醇溶液不同浓度、分子量加固实验强度、渗透性对比结果

分子量 \ 浓度		5%	10%
Aquazol 50	强　度	弱	较好
	渗透性	快	较快
Aquazol 200	强　度	好	强
	渗透性	好	较慢
Aquazol 500	强　度	强	过强
	渗透性	慢	差

通过实验(表4),最终选用Aquazol 200(5%,异丙醇溶剂),其渗透性和加固强度达到最好的平衡,并以异丙醇取代乙醇作为溶剂,可以减缓溶剂挥发速度,更有利于加固操作和渗透。

2. 糟朽木材加固

对于乾隆御制诗刻字壁板的背部糟朽,传统的保护方法是将糟朽部分木料完全去除,用与壁板同类的木材进行补配黏结。但是在本次保护工作中,我们运用了与大都会博物馆所藏顶箱立柜保护类似的方案进行了补配。使用10% Butver B98材料对壁板背面的糟朽木材进行了涂刷,在多遍涂刷加固剂的同时,将聚酯纤维纺织品一同黏结到糟朽背板表面,这是为了进一步保护糟朽的木材表面,使其完整平坦。局部糟朽严重出现裂隙的地方,是使用15%的B72(丙烯酸类树脂)丙酮溶液加玻璃微珠混合的方式进行填缝,这种材料弹性较强,适合缝隙的填充和保护(图15)。

每一块御制诗壁板都不是一整块木材制作而成,是由三块木板拼接而成的,木板之间用木质的银锭榫和铁质枣核钉进行连接。银锭榫在背板刻槽嵌入,枣核钉置于内部。大部分银锭榫已经糟朽甚至缺失,影响到结构的稳定,需要进行处理。加固方法是以聚酯薄膜作为隔离层(在环氧树脂与原有木构件),使用环氧树脂先将因腐朽造成不规则形状的卯口填平,再将新补配的木质银锭榫与环氧树脂黏结(图16)。这与前文提到的大都会博物馆柜腿补配的方法类似。

在加固后,刻字壁板的回装也是运用不锈钢吊挂件,没有使用传统的铁钉,目的是使壁板易于拆装,能够定期检查检测壁板背部的病害情况。

图15　加固与嵌缝

图16　银锭榫补配与加固

选择以上的方法对竹香馆的刻字壁板进行保护，能够最大限度地保存壁板的原有构件，这也是基于对保护对象价值的评估和判断做出的选择。

四、小结

从以上两个案例来看，之所以选择了类似的保护方法，其一是基于共同的价值判断。大都会博物馆藏的中国明式家具和乾隆花园竹香馆的乾隆御制诗壁板，一个从中国辗转至海外，另一个隐藏在深宫之中，所承载的历史价值、艺术价值和科学价值内容固然有所不同，然而尽量保留文物原有构件，在保护过程中尽可能地少干预、少扰动，尽可能多地保留其承载的丰富历史信息，这一点保护原则是相同的。对糟朽木材使用金属构件对结构体系进行加固等方法都是遵循了最小干预的原则，而使用传统挖补、榫卯修复的方法，干预程度必然更大。这里所使用的补配和加固方法同时也具有可逆性，即使在将来随着研究和认识的加深，文物价值被不断地挖掘，发现这次处理并不恰当，也是可以轻易地在不伤害文物本体的前提下将补配部分去除。

其二，从文物的使用、展览情况和保存环境角度来讲，选择以上的保护方法也是最为恰当的。大都会博物馆的明式顶箱立柜保存于温湿度适宜的博物馆空间中，且这件家具未来也只是作为一件中国传统家具艺术展品展出，因此没有必要按照中国传统家具的维修方法，完全恢复其使用功能，将它修理得结结实实，把有病害的部件全部更新。而采用加固的方法保持其现有状态的稳定是一种最佳的选择。竹香馆的刻字壁板也是在建筑修缮完成后，室内环境得以控制后安装回原位。这块带有艺术装饰的木壁板并非承重构件，也没有必要按照建筑主体结构承重构件的维修方式进行补配，对糟朽部位进行加固完全可以满足安装的要求。

综上所述，具有可逆性原则的保护方案的制定是基于文物价值的判断、文物未来的陈列环境和其使用功能而量身制定的。

（致谢：感谢大都会博物馆的Adriana进行的表面涂层分析，Donna、Carinne、Marlene为涂层加固材料选择进行了实验，Daniel与Marijn协助拍摄X光照片。英国保护师Tim Hayes为竹香馆壁板的加固提供了帮助。特别感谢Mechthild Baumeister在两个项目中给予的全程指导。）

参考文献

[1] 张淑娴：《倦勤斋建筑略考》，《故宫博物院院刊》2003年第3期，第53—61页。

[2] 文物清洁凝胶，是一种人造层状硅酸盐，干燥时为白色粉末，加入水后变为透明胶状物质。适用于去除石材、纸张、纺织品、陶瓷等材质上的污渍，胶粘剂及可溶性盐。http://www.conservationresources.com/Main/section_31/section31_08.htm

[3] 赵丛山：《竹香·降香——宁寿宫花园竹香馆内檐装修罩的保护》，《紫禁城》2012年第8期，第28—37、4页。

书画文物修复用宣纸耐久性研究

涂文娟　裔传臻　吴来明
（上海博物馆）

摘　要：宣纸是书画文物修复中重要的材料之一。本文选取相同原料配比、分别采用古法造纸工艺和现代造纸工艺制作的3种宣纸，通过pH值、颜色、抗张强度、耐折度和撕裂度等物理性能评价其耐久性。结果表明，古法纸耐久性优于现代工艺制作的宣纸。另外通过对酸溶木质素、酸不溶木质素、灰分和聚戊糖等纸张化学组分的分析可以看出，3种宣纸的聚戊糖含量相差较大，并且宣纸的耐久性与聚戊糖含量呈正相关性。

关键字：古法造纸　现代造纸　耐久性　聚戊糖

引言

宣纸是重要的书画文物修复用纸，为延长文物寿命，修复用纸要有较好的耐久性。买不到合适的修复用纸是当今书画修复工作者遇到的共同难题。究其原因，主要有两点，一是书画修复用纸种类繁多，但用量少，使原本生产传统手工纸的企业被迫转产；二是由于传统造纸技术正面临分化，一部分加速流失，一部分虽表面繁荣，却也受到现代化学工艺、市场和纤维植物原料匮乏的冲击。一些手工造纸企业为了追求利润，摈弃了具有近两千年历史的传统手工造纸制浆工艺，而改用化学方法制浆。书画修复用纸的缺少成为阻碍我国书画修复质量提高的瓶颈。在长达1 000多年的传承与发展过程中，宣纸生产工艺大部分遵循传统手工技艺。在20世纪六七十年代，为了提高生产效率和扩大产量，减轻工人劳动强度，宣纸行业开始相继引入化学制浆、化学漂白、机械打浆等新工艺，对宣纸的质量造成一定的影响。近几年来，部分宣纸厂意识到这些问题，开始恢复古法造纸工艺。但是生产的纸张主要为了满足书画的性能需求，没有针对书画文物修复专用纸进行研发。

上海博物馆在广泛调研的基础上，根据书画文物的修复需求，采用传统工艺研制了古法棉料单宣。本文选取3种原料相同、制作工艺不同的宣纸进行耐久性及成分分析，对修复用纸的选用和研制具有一定的指导意义。

一、实验方法

1. 材料

选取红星棉料单宣、汪六吉棉料单宣和上海博物馆研制的古法棉料单宣3种。3种纸样的原料成分相同，但前两种纸样使用现代工艺生产，后一种纸样采用传统古法工艺生产。具体加工工艺见表1。

表1　宣纸种类、原料成分及加工工艺

	原料	加工工艺
W6J	檀树皮+稻草（含量高）	碱蒸煮化学漂白
HX14	檀树皮+稻草（含量高）	碱蒸煮化学漂白
ZDX	檀树皮+稻草（含量高）	石灰蒸煮日光漂白

2. 木质素含量分析

将三种宣纸纸样，先后在72%和3%的硫酸中进行处理。具体实验流程如图1所示：

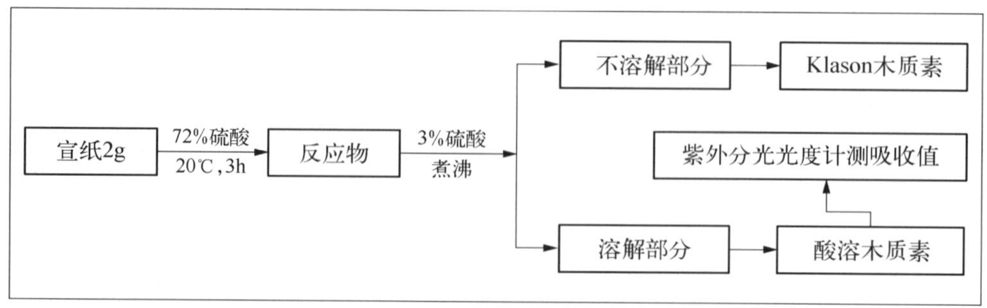

图1　宣纸木质素含量分析

反应过程中测定酸不溶质量表征宣纸Klason木质素含量；滤液以3%的硫酸溶液作参比，用紫外分光光度计于波长250 nm处测其吸收值，通过计算得到宣纸酸溶木质素含量。

与木材原料纸张不同的是，宣纸纸样需用疏解机干疏，待其打散后再用72%的硫酸处理，不可用剪刀剪碎，多张纸叠在一起剪时容易压实，导致浓硫酸与纸样混合不好，低浓水解也不能完全水解。

3. 灰分含量分析

灰分含量是指试样在高温下经炭化和灼烧，使其中的有机物变成二氧化碳和水蒸气而挥发，所剩余的矿物性残渣之质量与试样质量之比即为样品的灰分含量，用百分数表示。

4. 半纤维素含量分析

试样与12%盐酸共沸，使试样中的聚戊糖水解生成戊糖，戊糖进一步脱水转化为糠醛。将蒸馏出的糠醛经冷凝后收集于接受瓶中，用二溴化法测定糠醛含量。反应过程中将溶液温度控制在0℃（溶液中存有过量冰块）。反应结果以宣纸样消耗的硫代硫酸钠和空白试验所消耗的硫代硫酸钠的体积表征糠醛含量，通过计算得到聚戊糖含量，即纸样半纤维素含量。

5. 老化方法

根据《GB/T464—2008纸和纸板的干热加速老化》，在105℃ ±2℃的干热条件下将3种纸样进行模拟老化实验。

二、结果和讨论

1. 基本性能

表2　纸的基本性能

纸张名称	定量（g/m²）	厚度（μm）	紧度（g/cm³）	抗张能量吸收（J/m²）	撕裂度（mN）	耐折度（次）	pH值
HX14	26.0	74	0.35	11.51	97.50	2.31	7.89
W6J	26.3	79	0.33	7.14	80.00	1.99	7.89
ZDX	28.5	81	0.35	14.50	115	2.18	8.04

从表2实验结果看出，3种棉料单宣纸的定量、厚度和紧度相差不大，定量在26—29 g/m²之间，厚度在74—81 μm之间。3种纸样pH值都在8左右，均符合中

碱性的要求。从强度指标抗张强度、撕裂度和耐折度测试结果看，ZDX强度性能最好。

2. 耐久性

表3 pH值变化

纸张类型	老化前pH值	老化60天后pH值
HX14	7.89	7.69
W6J	7.89	7.26
ZDX	8.04	7.56

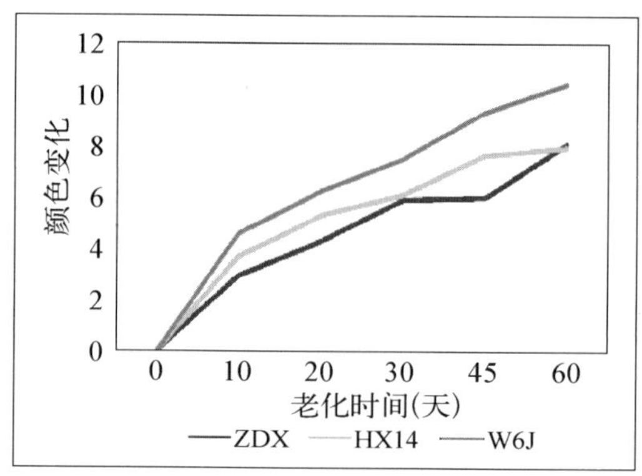

图2 老化前后宣纸颜色变化

表4 强度保留率

	抗张能量吸收保留率%	撕裂度保留率%	耐折度保留率%
HX14	35.05	46.15	8.77
W6J	35.60	60.94	11.21
ZDX	61.74	39.13	66.06

通过老化前后纸张pH值、颜色及强度的变化对不同工艺宣纸的耐久性进行研究（见表3、图2、表4）。pH值是反映纸张耐久性的重要指标，纸张的pH值及其稳定性是其能否应用于文物保护修复的重要参考依据。纸张老化后pH值变化越小，纸张耐久性越好。从表3 pH值检测结果看，60天老化后几种纸仍为碱性，这对书画文物的长期保护是有利的。其中pH值变化最小的是ZDX。从图2

颜色测试结果可以看出，随着老化时间的延长，纸张颜色变化程度加快，颜色变化最快的为W6J。

3. 化学成分

表5　不同工艺宣纸组分含量表

编号	HY14	W6J	ZDX
酸不溶木质素（*100）(g)	2.73	2.06	2.78
酸溶木质素（%）	0.476	0.812	0.840
灰分（%）	9.81	6.66	9.16
聚戊糖（%）	21.76	24.71	18.77

宣纸老化的主要原因有化学组成（包括纤维素的断裂、半纤维素的氧化及木质素的存在）及外界环境（包括紫外线的氧化与红外线的照射，环境的温度与湿度等）。为探讨不同工艺制作宣纸耐久性不同的原因，对宣纸的化学成分进行分析（表5）。

从木质素含量分析看出，三种工艺宣纸酸溶木质素和酸不溶木质素含量相差不大，其中ZDX木质素含量稍高；其次，对灰分含量分析得出，HX14和ZDX灰分含量相近，而W6J灰分含量最低；通过对宣纸半纤维分解糖聚戊糖含量进行了分析，可以看出，三种纸样半纤维素含量相差较大，其中ZDX聚戊糖含量为18.77%，HX14聚戊糖含量为21.76%，W6J聚戊糖含量为24.71%。综合化学成分分析说明采用古法石灰蒸煮和日光漂白工艺制作宣纸可以较好地去除造成宣纸性能不稳定的半纤维素，从而使古法工艺宣纸具有较好的耐久性。

三、结论

通过对3种制作工艺宣纸基本性能、耐久性和化学成分分析看出，采用古法制作的棉料单宣和目前书画文物修复用的红星棉料单宣和汪六吉棉料单宣基本性能相似，而耐久性优于这两种纸，造成差异的主要原因是由于古法制作工艺可以较好地去除造成宣纸不稳定的半纤维素成分。因此，将古艺宣纸应用于书画文物修复更有利于延长书画文物寿命，古艺宣的研制为书画文物修复材料提供了更广泛的选择。

参考文献

曹天生:《中国宣纸》,中国轻工业出版社,2002年。

朱大国、赵代胜:《宣纸古法制浆抄纸的研究与应用》,《纸业纵横》2014年第1期,第65—67页。

徐文娟、陈元生:《书画装裱材料——宣纸形稳定性的研究》,《文物保护与考古科学》2005年第2期,第27—30页。

徐文娟、吴来明、裔传臻:《书画修复用宣纸性能的研究》,《文物保护与考古科学》2016年第1期,第33—37页。

日本传统纸张修复工艺与材料的运用
——以西夏文书修复为例

范奕莹[1]　今津节生[2]　冈兴造[3]　木下阳介[3]　塔拉[4]
（1 日本京都造形艺术大学，2 日本九州国立博物馆，3 日本冈墨光堂 株式会社，
4 内蒙古博物院）

摘　要：内蒙古博物院与日本九州国立博物馆合作开展的西夏文书修复项目，针对3件西夏文书的保存现状及其病害特征，研究、制定了修复方针和技术路线，依托日本传统纸质文物修复技术，在西夏文书修复中首次运用了日本传统纸张的修复工艺和材料，顺利完成修复任务，达到预期效果。

其间并就日本文物修复理念、传统技术、纸质文物修复的基本方法与内蒙古博物院的技术人员进行了交流和传授。

关键词：西夏文书　纸张　修复　传统工艺　材料

2013年，日本九州国立博物馆申请获得2012—2014年度住友财团“海外文物维护·修复事业助成”经费，与内蒙古博物院签订了合作开展西夏文书保护修复项目协议。该项目由内蒙古博物院提供西夏文书3件，日本九州国立博物馆组成以今津节生（九州国立博物馆）、范奕莹（京都造形艺术大学）、冈兴造（冈墨光堂）、木下阳介（冈墨光堂）为主的专家技术小组，内蒙古博物院文物保护中心书画组的专业技术人员协同工作，在2013—2015年间，以每年1—2次阶段性工作方式进行，其中包括对内蒙古博物院参与该项目的专业技术人员的培训和交流学习。该项目于2015年9月圆满完成。

一、修理前调查、记录

对西夏文书的价值认知，是制定本次修复方针、技术路线不可或缺的前提之一。西夏文书是中国历史上由党项族创造的西夏文字记录的文书，是研究西夏王朝政治、军事、经济、文化的重要历史文献。内蒙古博物院提供的3件西夏文书，均为内蒙古额济纳旗黑水城遗址出土文物，是非常珍贵的考古资料，也是内蒙古古代文化的重要遗存。中日双方专家曾赴额济纳旗黑水城进行实地考察，了解了内蒙古地区西夏时期的重要历史遗迹和遗存，以及对西夏文献的发现与研究状况，特别是对于西夏文书的出土环境、藏品保存环境的考察，使此次西夏文书修复具备了更加夯实的基础依据。

1. 藏品现状调查

针对修理前的调查，我们对3件西夏文书做了详细的数据统计，记录了西夏文书的基本信息。

（1）藏品名称、数量、来源

西夏文书五十三，1份，内蒙古博物院藏品（图1）；

84HF 224，1份，内蒙古文物考古研究所藏品（图3）；

83H.F 14：W5，1份，内蒙古文物考古研究所藏品（图5）。

（2）藏品样式、尺寸、状态

样式方面，西夏文书五十三，1份，纸张断续粘连，分为三部分，应为书册折页，出土后保存为展开的1张单页纸张。

84HF 224、83H.F 14：W5各1份，均为单页纸张。

尺寸方面，在计算藏品尺寸的时候，以各份文书现状为准，取最长的长度，具体如下：

西夏文书五十三，纵13.0厘米，横28.5厘米；

84HF 224，纵24.2厘米，横17.2厘米；

83H.F 14：W5，纵26.5厘米，横30.0厘米。

3件文书的状态如下：

西夏文书五十三，全部用西夏文字书写，内容未识读。

84HF 224，本纸正反两面均有汉字墨书，其中一面附着有绢织物。内容未辨识。

83H.F 14：W5，本纸正反两面均有汉文墨书，其中一面有八思巴文墨书。

（3）藏品病害特征

通过对3份西夏文书的肉眼观察，文书病害特征明显，3份文书均为残页，纸色泛黄，在自然光线斜射下，可以清晰地看到西夏文书本纸上面布满细碎的褶皱。

用200倍的显微镜观察，可以看到本纸纤维中间包含大量黄色尘土的颗粒，也可以说明3件文书地下埋藏环境的状况，说明3件文书确为出土文物。长期埋藏在地下，是造成文书本纸脆弱残损的原因。

西夏文书五十三，文书沿册页折叠处发生开裂，分为三部分，局部缺失损伤严重，文物纸整体布满细碎的皱纹，纸体中央部分有较深的褶皱，纸质劣化脆弱。

84HF 224，文书本纸发生开裂、缺失、损伤现象，文书本纸整体出现细碎皱纹，纸质劣化脆弱。本纸上附着绢织物。

83H.F 14：W5，文书本纸全体有细碎的皱纹，纸质劣化脆弱。发生开裂、缺失等现象严重，尤其是纵向发生的裂缝使文书本纸的操作变得非常困难。

对西夏文书的现状调查，主要采用肉眼观察、显微观察、文字记录、拍照、高清扫描等影像记录。文字主要描述文书现存状态，表面残破、受损程度，以完成数据采集。影像记录可以根据具体要求针对文书全貌、局部、特殊部位进行拍摄。在京都大学的协助下，完成了对3份西夏文书的高清扫描，也使得对西夏文书的现状调查进一步做到全面、准确。

2. 本纸纤维结构调查

由日本高知县立纸产业技术中心协助，我们完成了对3件西夏文书本纸纤维构成的调查，调查结果显示（图2、4、6）：

纤维：西夏文书五十三，麻纤维；
84HF 224，楮纤维；
83H.F 14：W5，楮纤维。

帘数：西夏文书五十三，23—24根/寸；
84HF 224，22根/寸；
83H.F 14：W5，22根/寸。

二、修理方针、技术路线

修理前的调查表明：西夏文书五十三、84HF 224、83H.F 14 ： W5文物纸的纤维里面都包含大量的尘土，证明这3件西夏文书确为出土文物，也可以由此知

图1　西夏文书五十三(内蒙古博物院藏品)
纵13.0厘米　横28.5厘米

图2　麻纤维(23—24根/寸)

图3　84HF 224内蒙古文物考古研究所藏品
纵24.2厘米　横17.2厘米

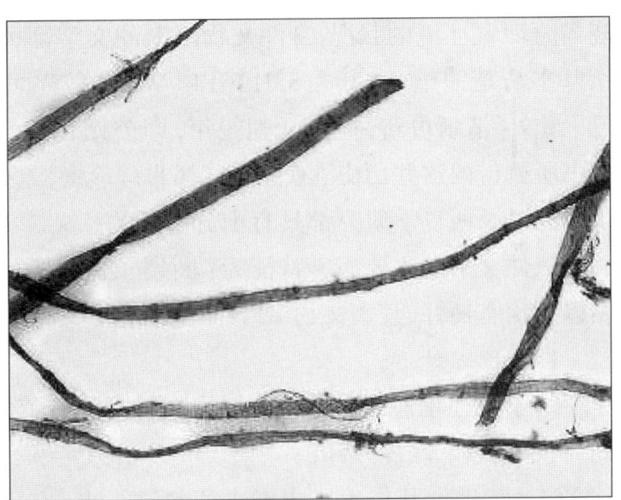

图4　楮纤维(22根/寸)

图5　83H.F 14：W5(内蒙古文物考古研究所藏品)
纵26.5厘米　横30.0厘米

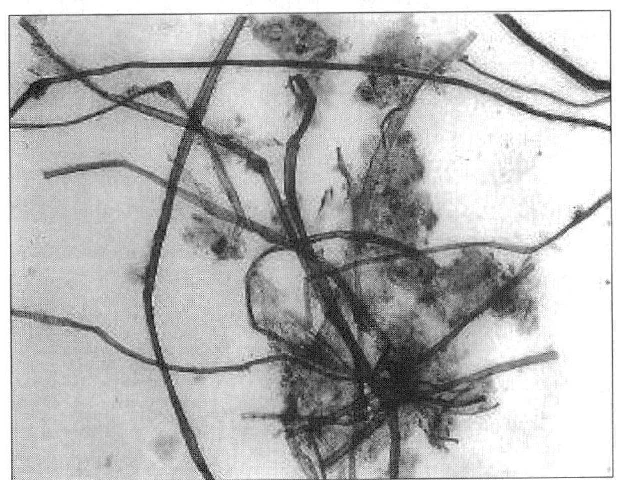

图6　楮纤维(22根/寸)

晓当时埋藏环境的状况；3件文物纸上的文字都可以辨别，西夏文书五十三，文字基本清楚完整，尤其是83H.F 14：W5文书背面书有“至正十八年四月，吏趙□”汉文，清晰可辨，应为元朝纪年，即公元1358年，说明该文书曾被二次使用，文书所携带的这些历史、考古信息都非常珍贵，这对于内蒙古额济纳旗黑水城文献研究以及西夏学研究都具有十分重要的意义。

三件文书的主要病害特征为：断裂、皱褶、残缺、本纸整体呈现细碎皱纹。开始以为状态良好，其实文物纸纤维本身经过多年的劣化，已经是变得非常脆弱。

1. 修理方针

基于上述信息，从修理对象的历史文物价值与病害特征考量，经过反复研究，制定了以下修理方针：

（1）考虑到其作为历史考古资料这一点，在不影响文物纸保存修复的前提下，尽量保持文物纸的原有风貌。

（2）由于文物纸已有的开裂、缺失、缝隙可能导致损伤进一步扩大，需要用补修纸对开裂、缺失部分进行补修，以确保文物纸的安定化。

2. 技术路线

在技术路线上，将采用日本传统纸张修复工艺与材料，力求减少干预，保持文物原状，工艺、材料运用与修理对象相容，达到和谐稳定的状态。

（1）西夏文书五十三，褶皱部分适当修整伸展，缺失部分、断裂部分用补修纸进行补修。

（2）84HF 224，两面都有墨书，揭取本纸上的绢织物，褶皱部分适当修整伸展，缺失处用补修纸进行补修。

（3）83H.F 14：W5，两面也都有墨书，褶皱、断裂的地方适当归整，缺失的部位用补修纸进行补修。

（4）修理好的西夏文书将采用特定中性纸板、中性纸板保存箱保存，揭取的绢织物另外保存。

三、准备工序

1. 修整、去污

首先是在文物纸张干燥状态下的表面祛污，用柔软毛笔祛除纸张表面的灰尘，减少损伤，尤其是两面文字，作业时要非常轻。

其次对文物纸进行少量的加湿，使文物纸稍微具有一点柔软的韧性，减轻脆

弱的状态，进行伸展整形。对文物纸弯折处，用小镊子缓慢拉伸，并对修整部位轻微加压，达到减轻褶皱的目的，基本修整还原到原有的状态。

2. 材料准备

补修材料的准备，主要包括补修纸的制作和黏结剂的配制。

（1）补修纸制作

西夏文书本纸纤维构成分别是麻纤维和楮纤维，这两种都属于植物纤维中的韧皮纤维，区别在于麻是草本，而楮为木本。对西夏文书的修复，全部采用楮纸作为补修纸，并且采用日本传统抄纸技术，来制作楮纸补修纸。

补修纸的制作流程如下：

纤维熬煮→纤维打解→纤维过滤→过滤调整→抄纸。

经过熬煮，使纤维变得柔软、碎化，再用木槌反复捶打，纤维的密度就会更加紧实。通过机器过滤，滤除纤维，同时进行适当调整，使纤维均匀，便于抄纸。

抄纸有机器抄纸和手工抄纸，这次楮纸补修纸的抄纸，采用了机器抄纸，并且在抄纸过程中同时完成补修纸的染色工艺。抄好的补修纸需要借助机械，进一步绞干水分，然后在木板上绷晾干燥，备用。

补修纸使用前，针对个别文物纸本体的现状，要用手将抄好的补修纸揉捏变弱，尽可能让补修纸与文物纸的性状接近，达到平衡状态。

（2）黏结剂的配比

黏结剂，是文物保存修复的媒介物质。黏结剂作为传统纸张修复的基础材料之一，是文物本纸与补修纸之间粘合紧密的关键所在，在补修过程中发挥着至关重要的作用。选择什么样的黏结剂，是修复中一个非常重要的环节，它直接关系到文物修复的成败。

日本在传统纸张修复中，采用小麦淀粉糊+布海苔（海藻胶）的配比，其黏结效果更为理想。布海苔，是一种从海藻中提取的胶质黏结剂，在纸张修复中显示出它的独特性能。它的pH值中性，稳定，亲水性高，渗透性好，用它来做文物表面加固，也不会发亮，不会改变文物的外表，与麦粉糊和动物骨胶相比，布海苔胶还不易滋生微生物，易于文物保存。布海苔胶可以单独使用，也可以和糨糊调配使用，在保持使用过程中糨糊的水分不被快速蒸发的同时，又可以提高糨糊的柔软性，针对薄弱文书的状态时，黏结力度也不会很强硬。

西夏文书补修所采用的黏结剂就是按照一定的比例将用传统方法熬煮的小麦淀粉糊和布海苔配制调和使用，目的在于保持补修纸与文物本纸之间的黏结力，同时因为北方地区干燥，更有利于文物纸本的长期保存。

四、补修工序

1. 描绘形状

将补修纸与文物本纸对应，用毛笔把文物纸上的缺失部分准确地描绘在补修纸上，要求十分吻合、准确。缺失部分包括的每一处裂隙、洞孔形状各异，长短、大小不一，这项工作需要经过严格训练，能够准确辨识病害部分，熟练地运用描绘技巧，把缺失部分完整无误地描绘出来，且有足够的耐心和细心，才能很好地完成，为下一步工序打好基础。

2. 补修纸的填充

补修纸的填充，就是按照文物纸的位置把描绘出来的缺失部分（病害形状）准确地对应、填充上去，这一步需要反复检查、验证。

3. 涂抹黏结剂

把调配好的黏结剂（小麦淀粉糊+布海苔胶）均匀地涂抹在补修纸上，不可过量或稀薄，恰当的黏结剂用量会使补修纸与文物纸黏结熨帖、紧密、牢固，达到非常理想、默契的粘接效果。

4. 剔除多余的补修纸

当文物纸与补修纸完好粘贴后，要用印刀（刻刀）把缺失部分补修，周围多余的补修纸剔除整齐，同时，把周边超出文物纸的补修纸裁掉。需要操作者具有娴熟的用刀技巧，用刀力度不够，补修纸不容易剔除干净，影响粘接效果，增加隐患，也不美观；用刀力度稍有不慎，又容易伤及文物纸，造成二次损伤，因此即使拥有高超的技术，也不能疏忽大意，也要慎而又慎，因为修复者每次面对的修理对象都是不同的个体（图7、图8）。

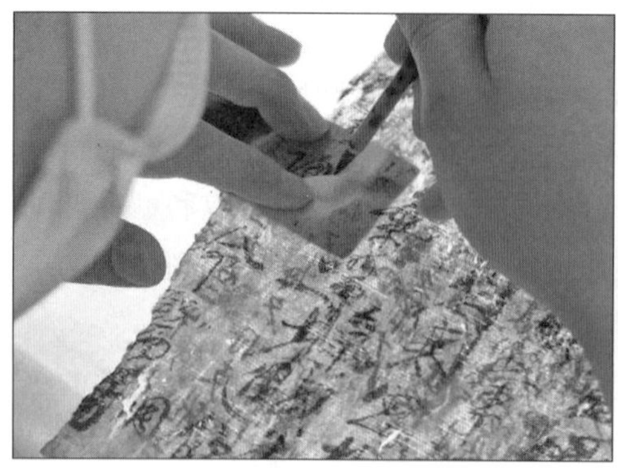

图7　粘贴补修纸

图8　剔除补修纸多余部分

5. 西夏文书补修要点

在整个补修过程中，针对3件西夏文书不同的病害状况，采用了略有差异的处理方法。

对84HF 224文书，首先将附着在文物纸上的绢织物揭取下来另外保存，接着对文物纸的弯折、裂缝处进行整形处理后，实施轻微的加压，之后在此基础上对欠失、缺损的部位及裂口处进行部分补修。

对83H.F 14W5，将文书断裂的部位进行了归整，使断裂处尽量贴近、吻合，对欠失、缺损的部位进行了补修。

对西夏文书五十三，在补修过程中，针对出现的具体问题几次反复研究、定夺，选择比较合理的方法进行了归整和补修。

西夏文书五十三的文物纸原本应该是折本装订，由于年代久远，且一直埋藏于地下，受自然环境气候的变化和影响，文书纸已经沿着折线处断裂，进一步扩大后，最终导致分散成三个部分，三部分文物纸边缘各有程度不同的磨损，纸页顺序虽然清楚，但纸页原本的折叠宽度尚不清楚。

对于西夏文书五十三补修的焦点问题是对于分散成三部分的文物纸页的补修方式、保存方式的讨论：一种是将分散的三部分连接起来，成为完整的、能够折叠的一页，连接修复保存；一种是按照目前的状态，进行适当的归整，修复折线边缘缺损，但不连接，对欠失、缺损部位进行必要的补修，三部分分散保存。对于连接问题，虽然我们也讨论过要从文物纸内容处测量距离，但由于缺乏关键性的资料，一时无法确定折线间的正确距离，考虑到因暂时无法确定断损处的间隙距

图9　西夏文书五十三修复后

离，硬性连接恐怕伤及文物的原真性，日方专家倾向于第二种方法，即按照文物现状修复，同时仍然按照三部分分散保存。我们就此相关问题与内蒙古博物院工作人员多次讨论沟通，之后决定：分散成三部分的文物纸，按照现状修理后，采用现阶段三部分分散保存的方式。

6. 修复后保存

西夏文书修复完成后，选用日本定制的中性纸板、纸盒存放西夏文书，以保持相对安全稳定的保存环境，并对西夏文书的存放和使用提出了建议，包括存放方式和环境的温湿度、光照度、应急处理等。

图10　84HF 224修复后

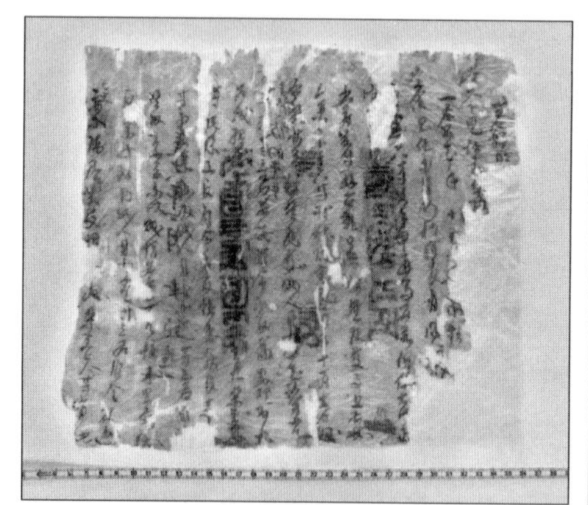

图11　83H.F 14W5（两面均有文字）修复后

五、总结

（1）西夏文书本纸纤维中间包含黄色尘土颗粒，修整时适当保留了本纸的细碎皱纹，保持出土时的自然状态，保留了文书本纸携带的考古信息。

（2）选用楮纸作为补修纸，是考虑到麻纸的韧劲和强度，与西夏文书劣化脆弱的状态不相适宜，楮纸纤维的韧劲和麻纤维等同，质地较麻更为柔软，是最接近的材料，比较适合脆弱文物纸的补修。

（3）黏结剂选用传统制作的小麦淀粉糊加上布海苔，特点在于既可以保持其黏结力，又能够软化糨糊的硬性。

（4）补修方法上采用描摹残损形状，用补修纸紧密服帖地填充，剔除补修纸多余部分，很好地保留了文书的现有风格。

（5）传统材料、传统工艺的运用传承

此次修复运用日本传统纸张修复的材料与工艺，传统材料包括楮纤维、小麦淀粉、布海苔的选用，补修纸制作基本采用了传统工艺技术，包括纤维熬煮、叩解、过滤、抄纸（本次因工时原因，采用了机器抄纸）；用于补修的黏结剂小麦淀粉糊，日本称之为"新糊"，因其采用日本熬煮技术制作而成，另外还有用熬煮方法提炼而成的布海苔（海藻胶）。不仅如此，对于修复者来说，从事每一道工序都要严格遵守其传统技术操作规范，在修复中也要考虑到这些材料的性能特点和技术要求，以便更好地加以运用。

日本传统纸张修复的材料与工艺在西夏文书修复中的运用，是一次尝试，也是一次中日文物保护修复技术的交流，中日在纸张保存修复中对传统工艺和材料的运用都非常重视，强调注重传统材料、传统技术的运用与传承，注重自然科学技术的应用结合，作为修理技术者，修复理念的构筑和修复技术成熟同样重要。

（感谢：本项目由2012—2014年度住友财团"海外文物维护·修复事业助成"赞助实施，承蒙内蒙古博物院、九州国立博物馆通力合作，圆满完成西夏文书保存修复项目）

一件馆藏新石器时代彩陶鼓表面结晶盐的分析及处理

李 沫　成小林　吴 娜　杨 琴
（中国国家博物馆）

摘　要: 馆藏陶器出现的结晶盐病害常由其处所的微环境所致,本文论述了一件馆藏新石器时期彩陶鼓的病害分析及脱盐保护过程。该彩陶鼓在库房环境下出现局部盐结晶现象,结晶盐呈针状、成簇生长,经成分分析后发现其为醋氯钙石［$Ca(CH_3COO)Cl \cdot 5H_2O$］。推断其形成原因应为储存所用的木箱产生的挥发性乙酸,与原本处于陶器空隙中的氯离子及陶器的主要成分钙离子形成醋氯钙石,在一定温湿度条件下,析出结晶。在此基础上,我们对彩陶鼓进行了脱盐处理,最终将结晶盐从表面去除,并在纸浆浸出液内Cl^-离子含量趋于平稳后停止脱盐,经后期粘接后放入无酸纸囊匣中保藏。本文为馆藏陶器结晶盐类病害的分析和处理过程提供了一定的依据,并对陶器保藏所用囊匣材料提出相关建议。

关键词: 彩陶类文物　结晶盐　脱盐处理　醋氯钙石

一、彩陶鼓的基本信息及病害评估

本文所述彩陶鼓于1986年在甘肃省兰州市永登县河桥镇乐山坪出土,距今已有4 000多年的历史,是研究我国远古文化及原始艺术起源的珍贵实物资料。现为中国国家博物馆馆藏,入藏时间为1990年,质地为红陶,长36.9厘米,大口口径为29.2厘米,小口口径9.3厘米,其框似呈圆筒状,内中空,一段向外部扩呈喇叭状,口沿齐平,为大圆口,近口沿处有距离相等的乳钉一周,另一端口略粗,为小圆口，近口沿处向内浅凹呈槽，大小口两端有宽带环形耳各一，两耳在一条直线上，可穿绳用，器身绘有图案。中部断裂，有早期黏结修复痕迹。据记载，其入藏时表面状态良好，但近日发现其鼓壁内外两侧在库房环境下出现有局部盐结晶现象，该结晶盐呈针状、成簇生长，严重危及文物的稳定性（图1）。

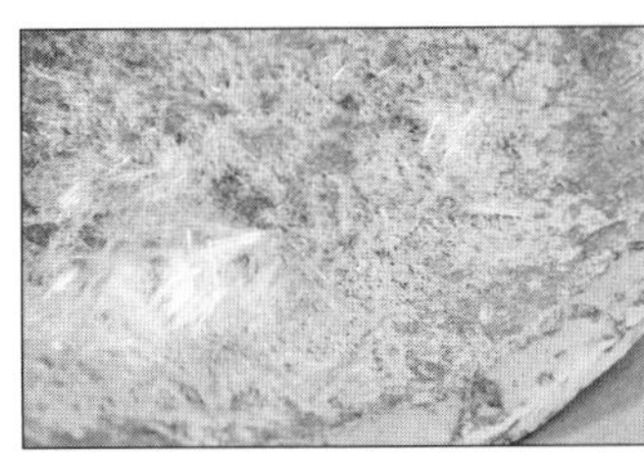
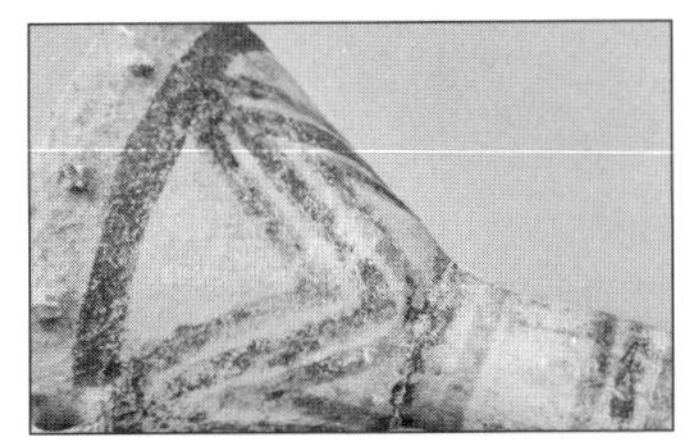
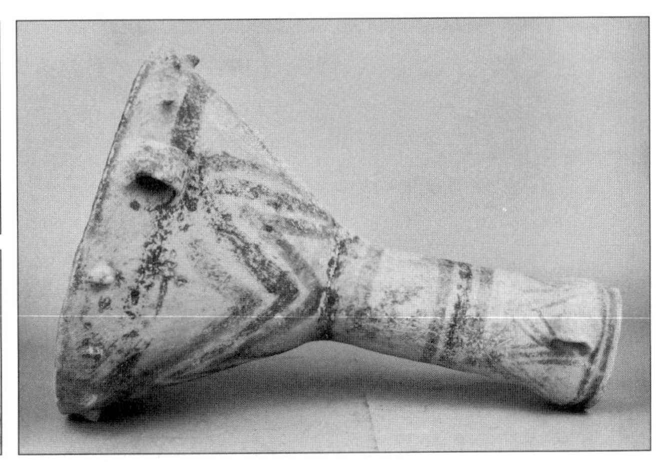

图1　处理前的彩陶鼓及其表面针状结晶盐

二、结晶盐的微观结构及成分分析

1. 实验仪器及分析方法

为进行脱盐前的结晶盐分析，首先用镊子夹取陶鼓表面结晶物，通过ZEISS Smart Zoom5视频显微镜对其进行显微分析。随后将去除掉的针状物收集压制后，采用Bruker公司的D8 Discover面探测器X衍射仪对其进行XRD分析。同时也将其放置于PHENOM XL型台式扫描电镜下进行微区能谱分析。

2. 分析结果

显微观察中发现该结晶物呈针状，晶体径向在17—50 μm之间（见图2）。采用扫描电镜-能谱仪（SEM-EDS）、X射线衍射仪（XRD）对结晶物进行检测分析，结果表明陶器表面结晶物中含有大量醋氯钙石，分析谱图见图3和图4，能谱分析结果见表1。

分析其形成原因，乙酸的主要来源可能为储存陶器所用的陈旧木箱。挥发的乙酸和原本处于陶器空隙中的氯离子及陶器的主要成分钙离子，在一定温湿度条件下析出结晶体，最终形成了针状的醋氯钙石[1][2]。

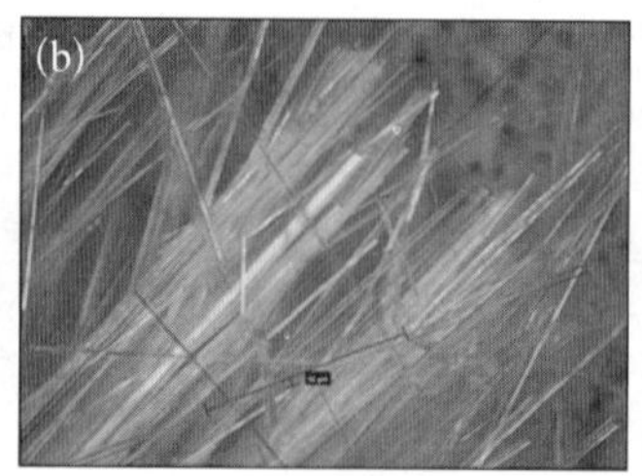

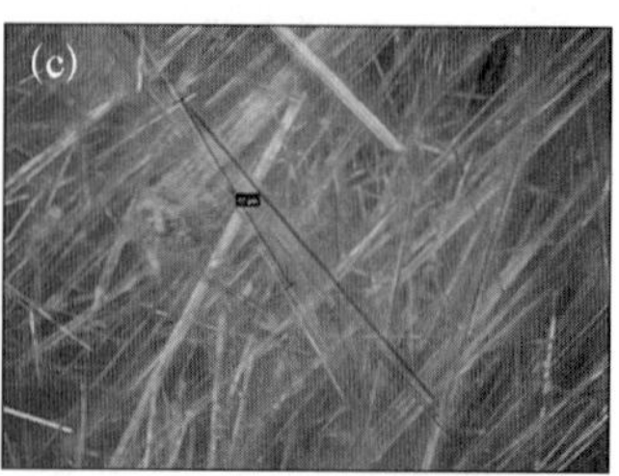

图2 显微镜下的晶体形态及直径

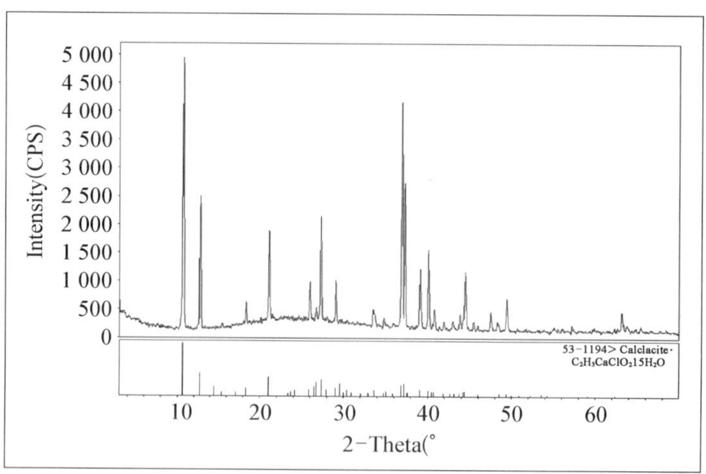

图3 结晶物的XRD图谱

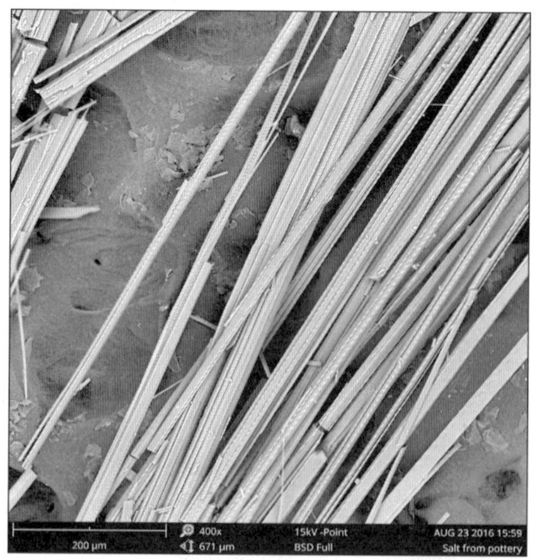

图4 结晶物的电镜照片及能谱结果

表1　结晶物的能谱结果

Element Number	Element Symbol	Element Name	Atomic Conc.	Weight Conc.
8	O	Oxygen	46.05	40.88
6	C	Carbon	37.72	25.14
17	Cl	Chlorine	8.21	16.15
20	Ca	Calcium	8.02	17.83

三、颜料颗粒的分析

由于过去修复时所用的胶水已老化变白，失去黏性，故在此次贴敷过程中，彩陶鼓原本断裂粘接的部分再次断裂。我们在清理粘接面时，有幸取得少量红色彩绘颜料样本，经拉曼光谱分析，得出其主要成分为$\alpha-Fe_2O_3$，即为铁红（图5）。

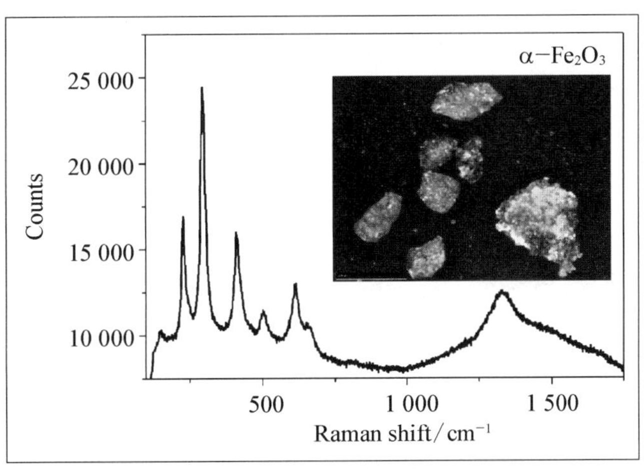

图5　显微镜下的红色颜料（900 X）及其拉曼光谱（785 nm）

四、脱盐处理

1. 脱盐处理的原理

陶器上结晶盐的形成，与其所处环境的改变息息相关。环境中的水会携带可溶性污染物通过毛细作用在陶体孔内发生迁移，水中溶解的盐分随着水分的蒸发产生沉积，会在器物表面和孔隙内析出，并在环境温湿度的交替变化作用下，不断循环结晶盐的溶解—结晶过程，最终造成陶胎的膨胀收缩，对陶器孔隙壁产生过量压力，降低陶器强度，最终导致器物的酥粉和剥落现象的发生[3]。

现阶段对于陶器脱盐的处理方法有如下几种：蒸馏水浸泡脱盐法[4][5]、吸附脱盐法[6]-[9]和环境控制法[10]-[12]。通过前期分析，由于彩陶鼓的彩绘层十分珍贵，且中部有断裂修复痕迹，故采用传统的纸浆脱附脱盐法对其进行温和的脱盐处理。

2. *脱盐处理的方法及终点判定*

采用纸浆涂覆法对器物进行脱盐处理，具体做法为：把宣纸撕成碎块，放入盛蒸馏水的烧杯中，加热搅拌使其成为纸浆，将泡好的纸浆调节至pH值7—8，把此纸浆敷一层在待除盐器物上，纸浆涂覆法是利用毛细作用，使盐类从器物内部转移到器物表面，并且在敷纸上结晶。这样涂敷一次纸浆，就排出一部分可溶性盐，反复操作若干次后，即可除去可溶性盐。每次贴敷后，采集一定量的纸浆，溶于高纯水中，测量其浸出液的离子含量，并绘制SO_4^{2-}和Cl^-离子浓度随贴敷次数的变化趋势图。如图6所示，在经过十次贴敷后，纸浆浸出液内的Cl^-含量已经趋于稳定。贴敷结束后，用毛刷对彩陶鼓表面的纸屑等进行清理，处理后情况见图7。

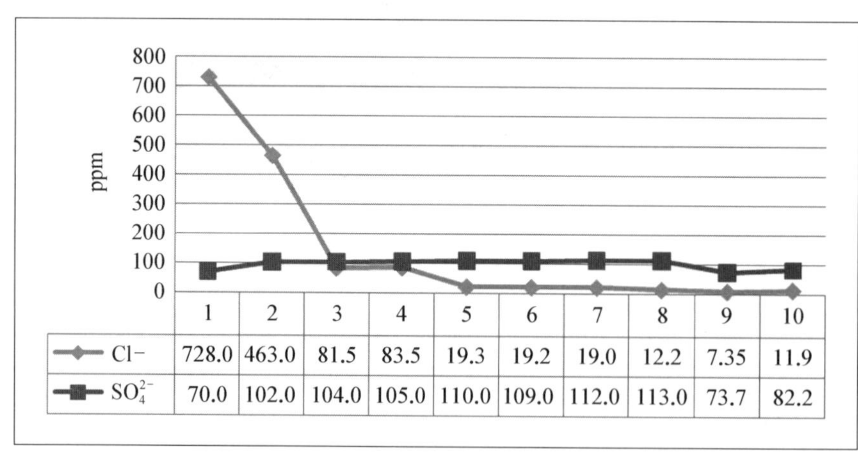

	1	2	3	4	5	6	7	8	9	10
Cl−	728.0	463.0	81.5	83.5	19.3	19.2	19.0	12.2	7.35	11.9
SO_4^{2-}	70.0	102.0	104.0	105.0	110.0	109.0	112.0	113.0	73.7	82.2

图6　纸浆浸出液离子浓度趋势图

图7　处理后的彩陶鼓

五、结论

本研究主要阐述了一件新石器时期彩陶鼓的脱盐过程，经过前期对于彩陶鼓表面白色针状晶体的分析，推测其形成原因可能与其存放木箱中释放的乙酸有关。处理中，选取较为温和的传统纸浆脱盐方法对其进行脱盐处理，并利用相关离子浓度进行终点的判定。在此基础上，我们还提出此类陶器保存环境的建议：陶器应存放于无酸的纸质或钢质箱内，并且应时刻注意温湿度控制，保证器物处在一个较为稳定的微环境中。

参考文献

[1] Lorraine T. Gibson. The mode of formation of thecotrichite, a widespread calcium acetate chloride nitrate efflorescence, *Studies in Conservation*, 2005, 50: 4, 284-294.

[2] Alice B. Paterakis, Michael Steiger. Salt efflorescence on pottery in the Athenian Agora: a closer look, *Studies in Conservation*, 2015, 60: 3, 172-184.

[3] 杨莹：《脆弱陶器中常见可溶盐的脱盐研究》，西北大学硕士学位论文，2013年，第13—16页。

[4] 马燕如：《我国水下考古发掘陶瓷器的脱盐保护初探》，《博物馆研究》2007年第1期，第85—88页。

[5] 马燕如：《一批特殊的西沙出水陶瓷器脱盐保护方法概述》，《文物保护与修复纪实——第八届全国考古与文物保护（化学）学术会议论文集》，2004年。

[6] 王蕙贞、董鲜艳、李涛等：《西汉初期粉彩陶俑的保护研究》，《文物保护与考古科学》2005年第4期，第39—43页。

[7] 康红卫：《敦煌壁画脱盐材料的制备研究》，兰州大学硕士学位论文，2009年，第

20—22页。

[8] 陈港泉、樊再轩、于群力:《陕西白水仓颉庙酥碱壁画脱盐修复的初步实验》,《敦煌研究》2009年第6期,第8—12页。

[9] 樊再轩、陈港泉、苏伯民:《莫高窟第98窟酥碱壁画保护修复实验研究》,《敦煌研究》2009年第6期,第4—7页。

[10] Sawdy A., Price C. Salt damage at Cleeve Abbey, England Parti: a comparison of theoretical predictions and practical observations. *Journal of Cultural Heritage*, 2005, 6(2): 125-135.

[11] 靳治良、陈港泉、钱玲:《基于莫高窟成盐元素相关系探究壁画盐害作用机理》,《化学研究与应用》2009年第4期,第450—454页。

[12] Colston B. J., WattD. S., Helen L. Munro. Environmentally-induced stone decay: the cumulative effects of crystallization-hydration cycles on a Lincolnshire oopelsparite limestone. *Journal of Cultural Heritage*. 2001, 2(4): 297-307.

一件明代《大宝法王法旨》的修复

陈　潇
（首都博物馆）

摘　要： 由北京民族文化宫博物馆收藏的明代《大宝法王法旨》是一件研究西藏地方历史、文化、政治制度的重要文献资料。文末钤盖的“如来大宝法王之印”，现收藏于西藏自治区博物馆，和田玉质地，印钮作龙形，为明王朝永乐皇帝所颁赐，具有重要的研究价值。由于原件年代久远、保存环境较差，送修时破损非常严重，整幅作品布满通天裂痕、背后绫绢破损严重，纸张已十分脆化，部分纸张脱落，辨识文字困难，大大削弱了文物的研究价值。为了更好地让其发挥研究价值以及对珍贵佛教文物的保护，北京市民族文化宫博物馆请首都博物馆技术部对其进行修复性保护。

此篇文章是一篇关于明代时期佛教文物保护修复和研究的文章。我们请了专业藏学研究人员进行文字指导，文章首先介绍了明代大宝法王法旨的基本情况，对文物进行了病害调查，并对文物纤维材质、纸质成分进行了检测分析。针对文物病害，分析比较各种保护修复方法，力争在修复材料的使用上更加接近原有材料。在修复中，一方面我们与科技结合，另一方面我们采取传统的修复方法，文章记录了文物的整个修复过程，包括拼接、清洗、揭去褙绢、揭去褙纸、重新上褙纸、隐补贴条、上墙、重装等步骤，对使用工具和方法都有较为详细的说明，修复中的每一个步骤遵循可逆性原则，修复后使其恢复历史原貌，延长此件珍贵文物的寿命。

关键词： 大宝法王法旨　修复性保护　科技　传统

一、修复的意义

由北京民族文化宫博物馆收藏的《大宝法王法旨》是一件研究西藏地方历史、文化、政治制度的重要文献资料。文末钤盖的"如来大宝法王之印"，现藏西藏自治区博物馆，和田玉质地，印钮作龙形，此印由明王朝所颁赐，这也说明了西藏地方对明王朝行使主权的认同。

二、保存现状

由于原件年代久远、保存环境较差，此件文物在送修时整体破损严重，裂痕满布，背面绫绢也已断裂，而且纸张严重脆化，部分纸张脱落，文字辨识较为困难，大大削弱了文物的研究价值。

三、受损原因分析

此幅作品受损原因应该是多方面的，既有人为因素的影响，也有自然环境与纸张本身的影响，现分析如下：

1. 光照

光照对纸质文物损坏很大，光照多会使纸张中的木质素更容易氧化，造成纸张发黄、变脆。

2. 温湿度

温湿度的变化同样对纸质文物保存尤为重要，当温度过高、湿度过小时，就会导致纸质文物干裂变形，当温度过高、湿度过大时，则会加速纤维素分解，产生霉斑。

3. 人为破坏

纸张文物在观赏研究过程中，就会出现折痕、破损、开裂。工作人员在查阅过程中的违规操作，如直接触摸等情况，都会造成纸质文物的损毁。

为了更好地修复这件重要佛教文物，使其能长久地保存下去，修复前我们做了大量的准备工作。我们请专业的文字专家进行文字辨认，确定文字为"长腿朱匝体"藏文，这是一种很少人能辨别的藏文。并对文物进行拍照存档，着重将断裂缺失及细节部分进行拍照，以便拼对文字时可以参考比对。然后制定文物修复方案，前期认真考虑修复时可能出现的问题，完善修复档案。此件文物修复时室内温度22.1摄氏度，湿度44.9%。

四、文物的修复过程

此次修复我们仍采用传统的方法及技术完成，并严格按照文物修复原则进行修复。

1. 材料的分析检测及材料的准备

我们依靠拉曼光谱、X-射线荧光光谱仪、激光诱导荧光色层分析系统等仪器获得更加精确的文物数据，从而选取最合适的修复材料（图1）。

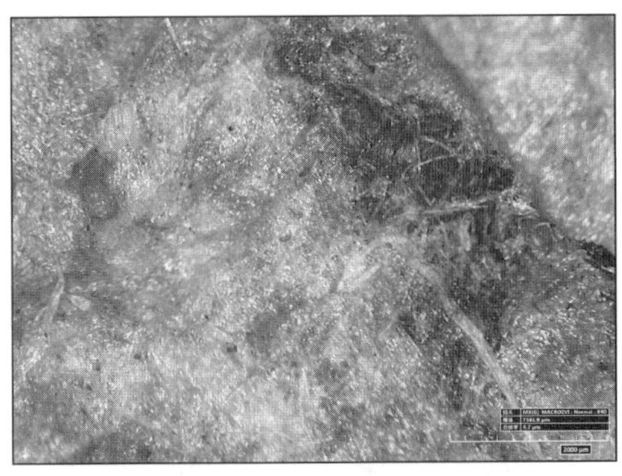

图1 四十倍显微镜下的纸质纤维

2. 正面比对

先将文物慢慢打开，检查正面文物的破损情况，将破损处仔细拍照存档，以备残缺处的比对。用毛笔蘸水检查其文字内容和印章是否会有掉墨、跑墨、洇开的情况。确定没有后，检查文字是否有没完全打开及错位情况，最大限度地保持其完整状态（图2）。

图2 正面比对

3. 清洗

配好两张比文物稍大的化纤纸，将一张化纤纸平铺在工作台上喷水拍平，将文物小心挪到化纤纸上，用毛笔蘸少量的清水将画心起翘处固定。之后用软排笔蘸80摄氏度的清水正面清洗，清洗时排笔不要接触到文物，然后用干毛巾吸取画面带有污渍的黄水，反复两三遍，直至污水变清（图3）。

4. 揭取背面的绢

将另一张化纤纸，上于清洗过的文物正面，再用棕刷在化纤纸上排实，排实后将文物整体翻转过来，再从背面排实。揭去背面化纤纸。将文物背面的绢一点点揭下来，此时须小心检查是否有连带画心的情况，如有，可用针锥将其剥离（图4）。

图3　清洗

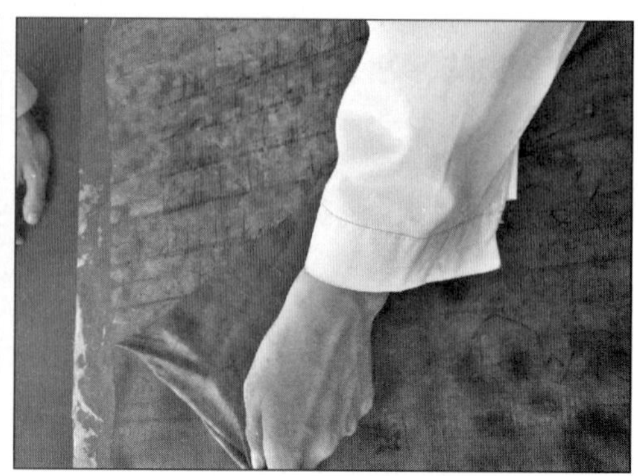

图4　揭取背面的绢

5. 上浆水和褙纸

在揭好的画心上上一层托画心的浆水，静置两分钟后再上一层浆水，提前准备好与材料相近似的褙纸，将染好的褙纸卷成卷，用棕刷一点点上于文物背面排实。再取一张高丽纸放在褙纸上面用棕刷继续排，排出多余水分。

6. 晾干及背绢的清洗

将托好的文物整体翻转过来，正面向上，用棕刷在正面化纤纸上排实，排实后揭去化纤纸，将其下面垫上高丽纸静置晾干。将揭取的绢用清水清洗干净，晾于案子上（图5）。

7. 隐补、贴条

托好文物后，破洞处仍少一层宣纸，薄厚与四周不一致，会造成拉力不均，需要进行隐补。将文物背面向下放置于拷贝台上，补时用纸要稍大于破洞，将补纸上一层浆水贴于洞口处，用小刮刀将洞口四周多余部分刮掉，再用棕刷排实。对于画心断裂及折痕处，需要贴条加固，采用0.3厘米左右的宣纸，裁好后刷上浆水将折痕及断裂处一一补牢（图6）。

8. 上墙绷平

待补好的文物干透后，检查补过处有没有断开及缺糨糊处，确认没有后整体进行喷水，从背面将其用棕刷排平，事先裁好一张稍大于文物的皮纸，将文物四

图5　揭去化纤纸

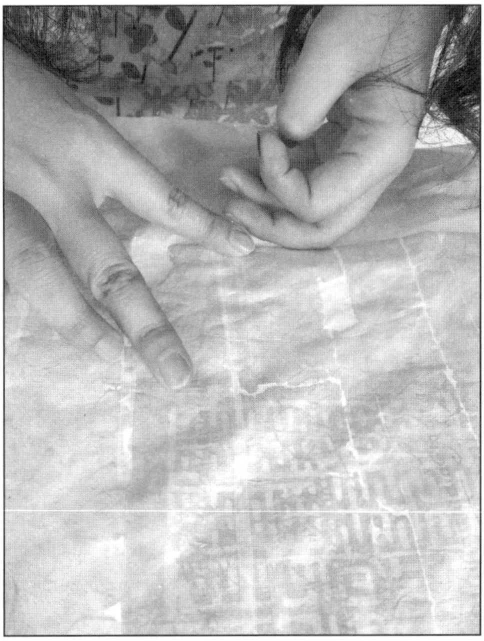

图6　隐补、贴条

边上稠浆，并将皮纸刷在文物的背面，上墙绷平，作用是防止补过的文物断裂（图7）。

图7　上墙绷平

9. 原样重装

将上墙绷平后的文物取下，把四周多余的地方进行边裁。翻看文物修复前的照片，确定背绢和文物正面的重装位置。确认无误后，将清洗好的背绢上清水绷平，固定于工作台上。此时应注意文物背绢的经纬线，并将经线与纬线反复检查直至对齐，以防止跑丝。在绷平的背绢上上一层稍厚的浆水，将文物正面向上用软毛刷刷于背绢之上，在文物上垫水油纸正面排刷将其固定。固定后整体反转背绢朝上，在背绢上垫高丽纸拍刷，吸去多余水分，吸水后垫水油纸用砸刷整体砸实。将重装好的文物上下各垫上一层化纤纸，垫化纤纸的作用是防止文物在压平过程中粘连。上面放一层高丽纸，并用重物将其压平，待干后完成修复（图8）。

图8 重装

五、修复后记

在此次修复明代《大宝法王法旨》的过程中，修复人员尽最大可能还原了其本来面貌，相关专业人员通过研究修复后的《法旨》，认为这是在支持藏传佛教噶玛噶举派的第悉藏巴政权与支持藏传佛教格鲁派的蒙古土默特部势力进行政治角逐的历史背景下，噶玛噶举教派借蒙古政治势力退出藏区之际，大力发展其教派势力，此《法旨》即是随着寺院兴建或修缮的同时而发出的，意在强调寺产及用途的合理合法，以获取当地僧众及民众的支持。随着此件《法旨》修复工作完成而复原出的藏文信息，必将会对研究西藏地方政治、经济、教派等方面提供珍贵的实物资料。

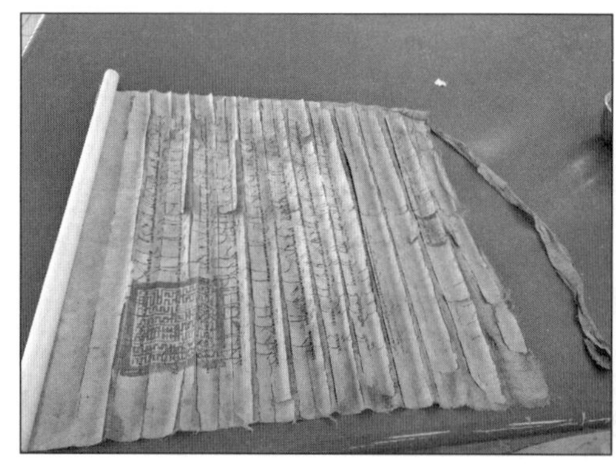

修复前

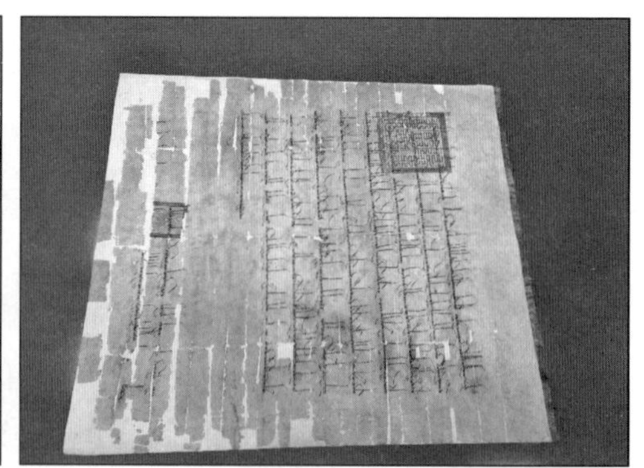

修复后

参考文献

楼朋竹:《重装清翁方纲华山碑临品有感》,《文物修复研究》(3),民族出版社,2003年,第316—319页。

刘芳如:《丹青之间——美的修复与名画论坛》,《郑成功画像修复实录》,台北故宫博物院,2010年,第46—57页。

王丽娟:《浅谈纸质文物的损害与修复》,《文物修复研究(2015—2016)》,中国文联出版社,2016年,第290—293页。

石质文物病害及保护方法研究
——以明孝陵徐达墓为例

陈晓寒　秦逸晗
（南京市博物总馆南京市文化遗产保护研究所）

摘　要： 文化遗产是一座“活”的资料库，大型石质文物多直接存放于户外，面临严重病害，因此通过调查石刻病害从而制订合理的保护方案，是科学保护石刻的方法，本文以明孝陵徐达墓石刻为例，研究了石刻的病害，并对石刻保护方法做出了总结和探讨。

关键词： 徐达墓　石刻　病害　保护

在人类发展的漫长历史文化中，石质文物是古代文化的重要组成部分，人类的早期文明都与岩石紧密相关，岩石不仅是人类最早使用的建筑材料之一，而且也是人类最早艺术作品的载体。石质文化遗产不仅是历史文化的见证，也是古代艺术家们智慧的结晶。中国是一个有着五千年历史的文明古国，文化遗产数量堪称世界之最。然而文物历经千百年的历史变迁，已经遭受了不同程度的损害，特别是暴露在自然环境中的文物，历经风吹日晒雨淋，已经发生严重风化腐蚀。特别是近现代工业化发展所造成的环境污染、酸雨等，更是加速了这些文物的破坏[1][2]。

石质文物有石雕、石刻、石塔、石桥及石窟等大型艺术品，也有石刀、石斧等小型器械。据第三次全国文物普查显示，我国拥有石窟、寺及石雕、石刻类文物共24 422处[3]。我国石质文物保护工作开展较晚，在20世纪60年代初才投入较大的力量[4]。石质文物多数处于室外环境中，其所用材料成分都为无机矿物质，长期受到自然界各种不利环境因素（如风吹雨淋、人类侵害、有害气体及细菌、微生物或某些低等植物）的破坏，到现在损坏情况已极为严重，尤其是风化问题。

所以，为了能使这些珍贵的历史文化遗产永续流传下去，开展石质文物的保护工作已刻不容缓。

一、徐达墓简介

徐达墓作为明孝陵扩展项目明功臣墓（并入明孝陵），为第六批全国重点文物保护单位，是目前南京地区神道石刻保存较为完好的明初功臣墓之一。徐达（1332—1385），中国明朝开国军事统帅，位列明朝“元勋之冠”。洪武十八年（1385）病故后追封中山王，谥“武宁”，赐葬钟山之阴，配享太庙，位列第一[5]。

墓域规制宏伟，在神道前端有龟趺神道碑一座，下承龟趺，是南京地区形制最大的古代碑刻。碑额雕饰云龙纹，正中篆题“御制中山王神道碑”八字，碑文记载了徐达家世生平和建立明王朝的赫赫功绩，碑文内容由明太祖朱元璋御制，名臣宋濂书丹，碑文文辞之间雕刻圆圈形句读，是明代不多见的有句读的碑版之一。在神道碑后的神道两侧，依次分布有石马暨控马官、石羊、石虎、石武将翁仲、石文臣翁仲各一对，两两相对，夹道而望（图1）。石像生雕镂精致，神态各异，刀法娴熟，线条流畅，代表了明初石雕艺术的最高水平，是研究明代雕刻艺术与明初功臣墓制度重要的实物资料，是中国古代石刻艺术的瑰宝，有很高的艺术、历史价值。

图1　明孝陵徐达墓石刻图

徐达墓园神道石刻属于大型露天石质文物，由于长期暴露在自然环境中，污染和风化十分严重，石刻艺术品遭受巨大威胁，严重影响石刻美观与完整性，而且很多病害目前仍处于发育期，加之近年来环境恶化，石质文物腐蚀速度大大加快，关注和保护这些石窟艺术品是目前亟待解决的问题。

二、影响石刻安全性及艺术价值的病害

1. 生物病害，包含植物病害、动物病害、微生物病害等

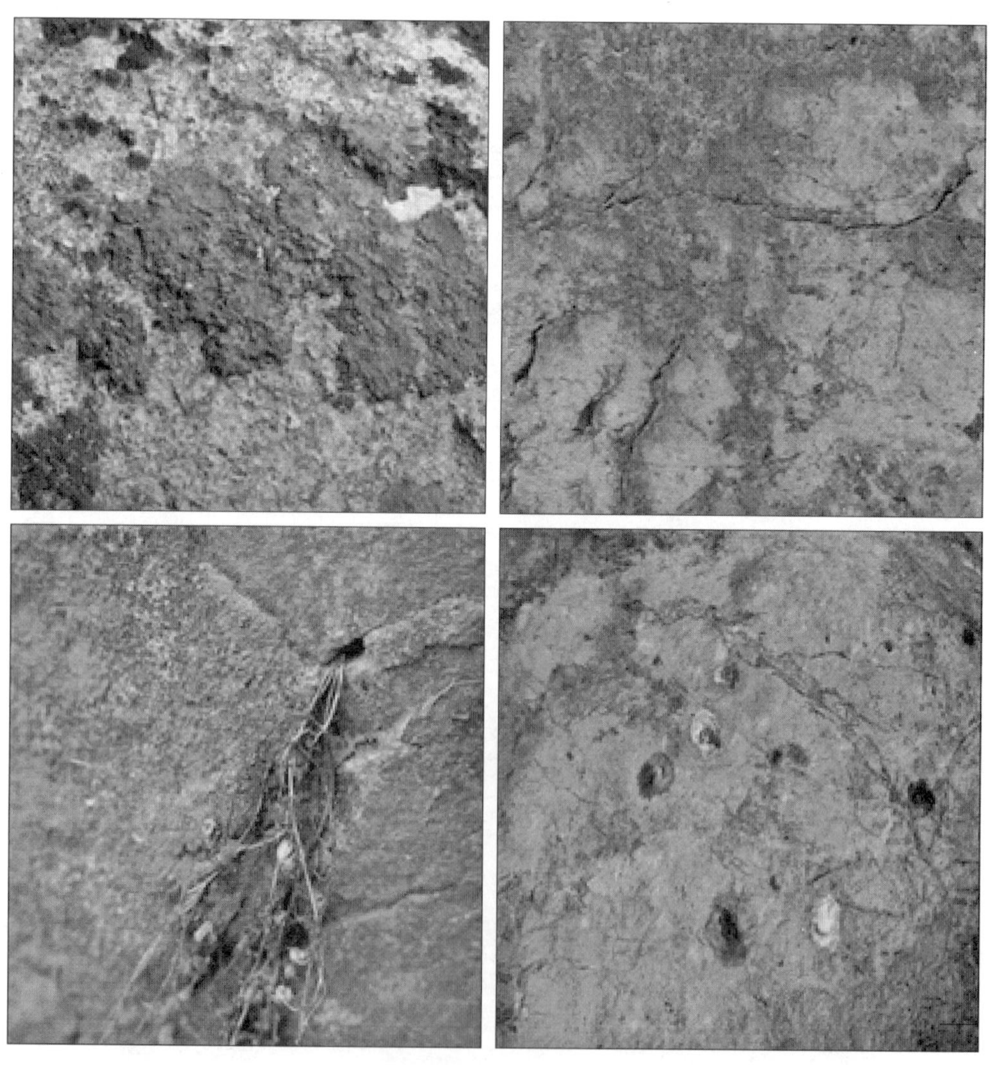

图2　徐达墓园石刻中典型的生物病害

2. 表面污染与变色

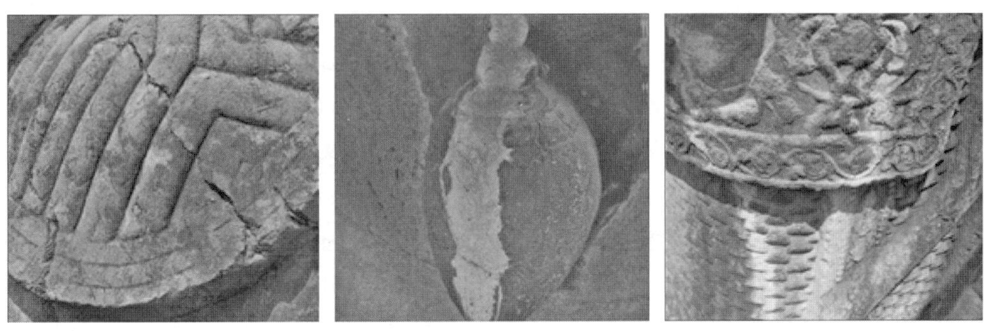

图3　徐达墓园石刻中典型的表面污染与变色病害

3. 风化及裂隙

图4　徐达墓园石刻典型的风化及裂隙病害

三、针对病危石刻的保护措施

国家文物局在《国家文物事业发展“十三五”规划》中明确指出：“坚持分类指导，突出重点，加强基础，实现由注重抢救性保护向抢救性与预防性保护并重转变，由注重文物本体保护向文物本体与周边环境、文化生态的整体保护转变，确保文物安全。”所以，坚持抢救性与预防性保护，是石刻保护的基本原则。

文化遗产作为特殊的不可再生的文物，对其进行保护必须遵循以下原则：（1）只有在十分必要的情况下，才能对文物实施保护性处理；（2）不改变文物的原貌，保持石质文物表面的美观；（3）在保护方面，兼具有效性和持久性；（4）保护材料具有可逆性，以便于将来的再处理；（5）符合生态要求，在选择保护材料的同时，必须考虑施工条件和对周围环境的影响[6]。

1. 针对石刻的生物病害

对于动植物病害，可以清理虫卵、杂草类，及落在石刻上的排泄物，使用物理清理的方法即可。而石刻表面的微生物有如下特点：第一，种类多，呈现黄、绿、白、黑等多种颜色；第二，分布不均，有的完全被覆盖，有的呈散点状分布，有的则几乎没有微生物生长；第三，活性不同，有的已经死亡，有的正在生长，有的则呈休眠状态，一旦遇到合适的生长条件，就会复苏。浙江大学文物保护实验室的张秉坚等把微生物侵蚀石材分为三个阶段：（1）诱导期，即微生物的传播与沉积阶段；（2）对数期，即微生物与岩石的相互作用阶段；（3）恒定期，即腐蚀层的剥离和腐蚀循环[7][8]。

微生物的新陈代谢中常常析出有机酸、硝酸、亚硝酸、碳酸和氢氧化铵等溶液，腐蚀岩石并在其表面形成沉淀物。苔藓侵蚀岩石的机理为：呼吸出的CO_2溶于水产生酸性溶液，通过分泌草酸与周围岩石中的阳离子（如钙离子）反应形成草酸盐，分泌柠檬酸和地衣酸等溶于水可与多种阳离子形成螯合混合物，改变岩石的化学成分，因菌丝生长产生的物理压力破坏岩体微孔的微结构，使岩体局部物理性能（如水力膨胀性能等）发生变化，造成应力破坏。针对这类破坏，建议取样后采用形态解剖学的方法，通过肉眼、显微镜、解剖镜观察外部形态和内部结构切片，对会腐蚀石刻的微生物进行清除或者杀灭处理，无腐蚀性的则作为历史痕迹保留。为了防治微生物继续生长，可以喷涂经过检测对石刻无腐蚀作用的抗生素。

2. 针对表面污染与变色

石质文物表面的污染物病害通常反映了文物本身的历史，按照文物保护中

“保持原状”和“最少干扰”的原则，建议尽量不要清洗。但是，长期附着于石质文物表面的污染物病害，绝大多数会影响文物的稳定性，破坏岩石的结构，进而影响文物的寿命。因此建立一套完善的石质文物清洗标准规范十分必要。

石质文物的表面污染有水锈结壳、微生物聚集、盐析等因素。其中盐析产生的原因，除了石材自身的微量盐分外，还有雨水和地下水的毛细作用聚集进入石刻本体，环境中温湿度的变化会导致盐的反复结晶、膨胀和收缩，可溶盐不仅会在石刻表面析出，呈白色粉状，影响美观，最重要的是会通过盐的反复溶解和析出，对多孔文物带来机械性破坏。因此，为了阻止地下水带入的可溶盐，需要隔绝徐达墓园石刻本体与地表的直接接触，可以采取垫高石刻本体，通过石刻本体底部与地表之间铺设防水层实现。而对于表面的水锈结壳等污染，可以进行壳状物的元素分析等实验，如果对石刻本体稳定性无影响，则可以不用处理。

3. 针对风化及裂隙

徐达墓园石刻经过初步鉴定主要为石灰岩，但是经过几百年的日晒雨淋，不仅表层遭受了风化，使得雕刻纹路模糊，影响了艺术和学术价值，更重要的是，第一，石刻表面存在很多溶蚀的孔洞，深入到石刻内部，肉眼无法监测深度，需要借助超声的仪器进行探测；第二，存在碎片状的表面剥落，这是由于岩石自身的应力结构和温差造成的；第三，石刻表面有很多裂隙，且不少裂隙之间相互贯通，如不及时进行安全性补救，在冰劈等因素作用下，裂隙将会进一步加深、加宽，直至造成大块石刻崩塌。因此，对于石刻表面危害安全的裂隙，需要及时进行加固处理，目前多采取注浆填缝的方式。但由于当下材料学发展的限制，填缝材料种类繁多，各有利弊，使用前应对材料进行性能测试和老化测试。

岩石为热的不良导体，大多数岩石是由多种矿物组成的，当夏季遭曝晒的石刻突然受到暴雨浇淋，由于各种矿物膨胀系数不一，导致颗粒间的连接遭受破坏，石刻岩体松散产生裂隙。防止其进一步腐蚀，最有效的方法是物理隔绝，阻止石刻接触到水，但由于其为墓园景观，不适合搬到室内，也不可能建造大型建筑将其遮盖，因此可采取的方法有两种：（1）采用化学封护，弊端是目前国内的化学封护材料不是很成熟，选取一种合适的封护材料成为亟待解决的问题；（2）石刻顶端搭建保护棚，弊端是仅仅解决了石刻风化的部分影响因素，而且会对观赏价值产生影响，解决保护棚的设计及构造是一个重要的难题。

4. 石刻风化与方位

由于墓园石刻的存放位置为两两相对、夹道而望，所以相对的两个石刻在雕刻上是相同的，在这里发现一个特殊的现象（见图5），a为西南方向文臣的背面，

图5　徐达墓园石刻武将背面衣服纹饰对比

可以看到明显的雕刻花纹，花纹比较清晰华美，而b为东北方向武将的背面，大致可以看出与a相似的花纹，但是已经模糊不清了。相同的现象也发生在了两个武将石刻的背面。至于风化腐蚀现象差别很大的原因，还需要后续探索研究。目前可以通过在石刻纹饰表面涂覆保护材料，在不改变外观的前提下，达到保护表面不受风化的目的。

随着这些年材料学突破式的发展，国内外学者不断带来新领域新的研究成果，可以看出材料的应用更加注重选择对文物本体影响最小的材料，而且材料自身的稳定性和特定环境下的耐候性正在不断提高。石刻的保护科学是一门实践性科学，石刻的保护修复过程也就是研究的过程，这对促进石质文物保护修复技术体系的不断完善具有更高的理论与实际意义。

四、小结

通过石质文物的风化机理研究，一方面由于石料逐渐发生劣化，这是不可抗拒的自然规律，另一方面，环境污染加速了岩石的老化，自然因素和人为因素相互作用导致了石质文物风化。因此通过研究影响石刻病害最重要的因素，制定科学的保护措施，保证石刻本体在目前环境条件下的安全性和稳定性，减缓石刻的风化速度，延长保存时间，是石刻文物保护最重要的目的。

参考文献

[1] Van G. R., Delalieux F., Gysels K., Cultural heritage and the environment, *Pure Appl. Chem.*, 1998, 70(12): 2327−2331.

[2] 王君龙、程德润:《环境对文物的影响与控制》,《延安大学学报(自然科学版)》1988年第2期,第54—57页。

[3] 刘世锦:《中国文化遗产事业发展报告》,社科文献出版社,2010年,第278页。

[4] 中国文化遗产研究院:《中国文物保护与修复技术》,科学出版社,2009年。

[5] 邵磊:《明中山王徐达家族成员墓志考略》,《南方文物》2013年第4期,第180—187页。

[6]《中华人民共和国文物保护法》,中国民主法制出版社,2002年,第1—28页。

[7] 张秉坚、周环、贺筱蓉:《石质文物微生物腐蚀机理的研究》,《文物保护与考古科学》2001年第2期,第15—20页。

[8] 张秉坚、周环:《建筑石材的生物腐蚀》,《腐蚀与防护》2001年第6期,第233—236页。

半固态乙二醛加固大型木构件

陈子繁
（湖北省博物馆、北京科技大学）

摘　要：在大型木质结构的文物保护中，由于大型木质文物不可移动，如遗址中的大型木构件或泥木混杂，在这些条件下的木质文物基本上是不可能在液态形式下完成脱水加固保护的。因此，研究一种半固态脱水加固型材料很有必要。为了实现在这一特定条件下，安全有效地将脱水加固材料输送到被保护的文物中去，笔者使用阳离子聚合物载体与乙二醛形成半固态形式的复合物对大型木质文物进行加固。

关键词：木质文物　半固态脱水加固型材料　乙二醛

我国是一个历史悠久、文化灿烂的文明古国，在长期发展过程中，积淀了大量丰富多彩，令世人敬仰、国人骄傲的文物资源。在文物保护发掘中发现不少古遗址中存在有大量的大型木构件，如绍兴县印山越国王陵墓拥有气势宏大的木结构墓室和巨大独木棺，黄石市铜绿山古铜矿遗址也遗留下为数不少的古坑木支架。这些古遗址及其木构件在经历了几千年的风吹雨淋和人类工程活动的影响后，大都遭到不同程度的破坏。但是作为考古现场的一部分，木构件通常是反映当时社会经济、政治、文化发展水平的实物资料，因而，它们的原址保存价值是不容忽视的。

通常木质文物在脱水加固保护时的填充置换一般都是在液态形式下完成的。在大型木质结构的文物保护中，由于大型木质文物不可移动，如有些遗址中的大型木构件泥木混杂，在这些条件下的木质文物基本上是不可能在液态形式下完成脱水加固保护的。因此，研究一种半固态脱水加固型材料很有必要。为了实现在这些特定条件下，安全有效地将脱水加固材料输送到被保护的文物中去，笔者使用阳离子聚合物载体与乙二醛，形成半固态形式的复合物，对大型木质文物进行加固。

一、半固态乙二醛的制作

1. 实验材料

原料：纤维素、半纤维素、木质素（木材中提取）。

试剂：丙烯酸（分析纯，上海阿拉丁化学试剂有限公司）使用前减压蒸馏；丙烯酰胺（分析纯，天津市科密欧化学试剂有公司）；过硫酸铵（分析纯，天津市永大化学试剂有限公司）使用前重结晶；N，N-亚甲基双丙烯酰胺（分析纯，国药集团化学试剂有限公司）；碳酸氢铵（分析纯，杭州高晶精细化工有限公司）；无水乙醇（分析纯，杭州高晶精细化工有限公司），所有水溶液所使用的水均为去离子水。

其他：电子天平、多功能型搅拌器、电热恒温鼓风干燥箱、纯水仪、粉碎机、原料粉末接枝共聚丙烯酸/丙烯酰胺。

2. 制作方法

在20毫升去离子水中加入1.0克枝条粉末，再将该溶液转移到有冷凝管、通氮气装置的三口烧瓶中，于70℃水浴中加热并搅拌，同时通入氮气；30分钟后加入过硫酸铵溶液引发自由基，15分钟后分别依次加入用碳酸氢铵中和至一定程度的丙烯酸溶液、丙烯酰胺溶液、N，N-亚甲基双丙烯酰胺溶液，整个反应体系中的水分含量不超过40毫升。一定反应时间后产物凝胶，待凝胶后继续反应两小时后结束反应，小心取出块状凝胶，水洗及醇洗数次，以洗去未反应单体或水溶性的聚合物，随后将产物剪成块状，60℃鼓风烘箱干燥至恒重。干燥的产物经粉碎机粉碎后供后续实验使用。

3. 样品负载乙二醛的计算

准确称取0.5克干燥的高吸水树脂样品，静置于一定浓度的500毫升乙二醛溶液中12小时。随后，用纱布过滤除去多余水分，将溶胀的样品在37℃下干燥至恒重。乙二醛负载率计算公式如下：

$$L = \frac{W_1 - W_0}{W_1} \times 100\%$$

式中：W_1是负载乙二醛后干燥样品的重量，W_0为未负载乙二醛高吸水树脂样品干燥时的重量。

4. 样品在脱水过程中的乙二醛释放行为测定

将负载乙二醛的样品用500目尼龙网布包裹(防止文物上的土壤颗粒黏附或粘连至文物表面),将半固态乙二醛放置于文物表面。随后用保鲜膜将文物密封,间隔24小时取出样品,放入37℃烘箱中干燥至恒重后称重量,整个实验过程适当添加水分。

5. 乙二醛负载

将高吸水树脂浸泡在一定浓度的乙二醛溶液一段时间后,经过一定的干燥可以得到含有乙二醛的高吸水树脂,高吸水树脂主要通过氢键和分子间的范德华力来吸附离子,属于吸附乙二醛型的高吸水树脂,溶胀时舒展的交联网络结构可以为储蓄乙二醛提供一定的空间。

虽然乙二醛浓度对乙二醛的负载有显著的影响,但是样品在不同浓度的乙二醛溶液中吸水倍率变化不大,这是因为乙二醛分子呈酸性,对聚合物分子链上—COO—之间的相互排斥不会产生影响,而且乙二醛分子上的个羰基基团具有亲水性,乙二醛水溶液的分子不会影响聚合物与溶剂之间的相互作用,因此,不同的乙二醛浓度对样品的吸水性能改变不大。但是样品在乙二醛溶液中的吸水倍率为404克/克—383克/克,与去离子水中的吸水倍率相比有所降低,这可能是因为乙二醛分子位阻比水大,乙二醛占据一定的交联网络空间,使得吸水率降低。图1是高吸水树脂在不同浓度乙二醛溶液中负载乙二醛得到的样品的截面扫描电镜图。从图1可以看出,随着乙二醛浓度的增加,越来越多的乙二醛分

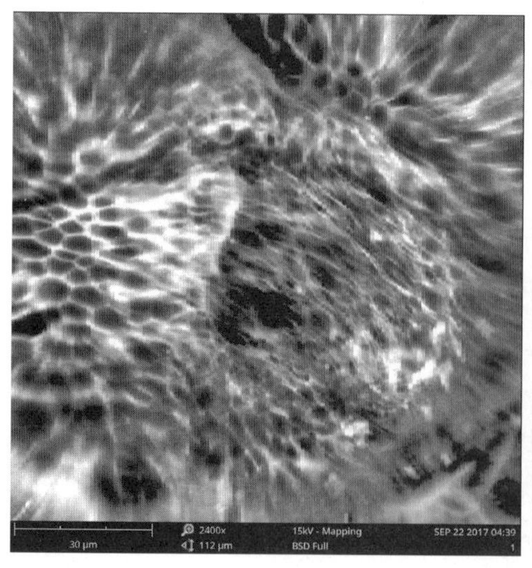

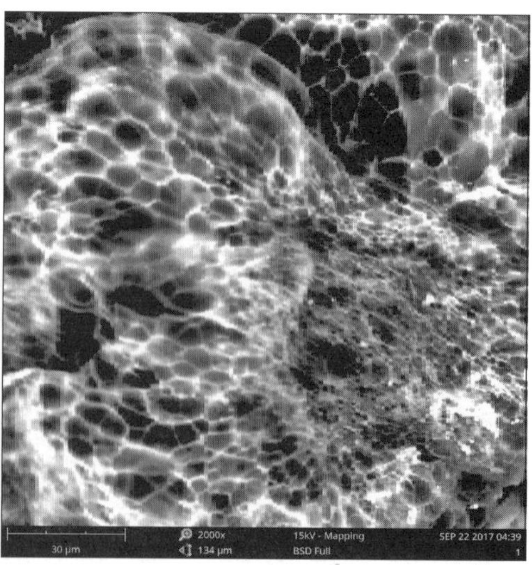

图1　不同浓度乙二醛溶液中负载乙二醛扫描电镜图

子聚集在高吸水树脂内部,使得原本较平整的截面被乙二醛分子填充。

图2是乙二醛负载率分别为30%、40%的样品在25℃条件下的去离子水中的释放情况。从图中可以看出,乙二醛的释放曲线呈现典型的一阶释放行为,即初始释放速率快,随后释放速率快速减小。在前60分钟内,所有样品乙二醛释放速率快,释放量较多。在60分钟附近,负载率为26.0%、52.3%的样品的乙二醛累积释放率为75%,而其余负载率较大的乙二醛累积释放率可达85%—95%。

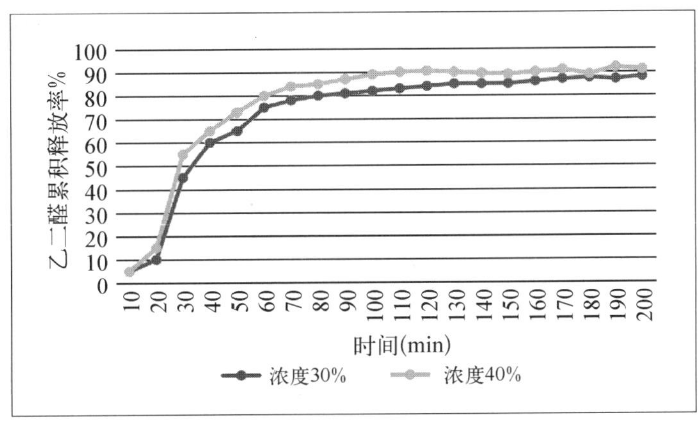

图2 不同乙二醛浓度对释放乙二醛行为的影响

样品初始的乙二醛累积释放速率快可能与高吸水树脂本身的溶胀特性有密切关系。高吸水树脂在水中初始阶段具有较高的吸水倍率,分子链舒展较快,乙二醛分子由于水溶性好,因此可以很快地溶解在水中,从舒展的网络结构中扩散至外部溶液中。当高吸水树脂溶胀至一定的程度,聚合网络分子链有限溶胀,使得乙二醛的扩散量改变不明显。高吸水树脂负载越高释放则越快的原因可能是因为树脂聚合网络内部高的乙二醛浓度更有利于促进溶剂渗透样品的表面进入内部,加快了大分子链的舒展,使得乙二醛释放的速度加快。因此,可以简单地通过将高吸水树脂浸置在不同的乙二醛浓度中,调节样品的负载率,以达到调节释放速率的目的。

二、木块试样脱水操作处理步骤及脱水效果评估

1. 试验样品

木块试样为出土木器残块,树种为楠木、杉木。

它们的饱水程度不同,木块的绝对含水率(H)用下式计算:

$$H = \frac{W_1}{W_0 - W_1} \times 100\%$$

式中，W_0为饱水木块重量，W_1为自然干燥后试木块重量。

试样桦木的绝对含水率为310%；杉木的绝对含水率为820%。

2. 木块试样脱水操作处理步骤

（1）半固态乙二醛脱水

脱水操作处理分为以下两个步骤：一是渗透处理。根据木质文物的腐朽程度，制备不同浓度的半固态乙二醛，浓度一般分为低浓度和高浓度两种，低浓度的溶液百分比为30%，高浓度的溶液百分比为40%。然后用不同浓度的半固态乙二醛将表面处理干净的木材试块涂满并用透明薄膜包裹（根据木质文物的腐朽程度计算渗透时间），待渗透时间达到后取出自然阴干。二是脱水聚合。将取出的木块试样放在温度为20℃左右、湿度为50%—60%的环境中自然阴干（见图3）。

图3　半固态乙二醛包裹脱水

（2）乙二醛水溶液脱水（参考对比样）

脱水操作处理分为以下四个步骤：第一，将器物洗净吸干称重后，置于不同浓度的乙二醛加固液中（通常为20%—40%）。第二，待器物全部沉入溶液底部后（开始时器物漂浮于液面上）取出，用纸轻轻吸干表面后称重。第三，依次将器物浸泡于浓度不断递增的乙二醛加固液中，待器物几乎无法沉入一定浓度的加固液时为终点，该加固液为该器物的最高浸渍浓度。第四，脱水聚合：将取出的木块试样放在温度为20℃左右、湿度为50%—60%的环境中自然阴干。

3. 浸泡脱水与半固态包裹脱水后试块外型尺寸的稳定性

表1　饱水木块脱水加固前后的尺寸

	脱水前尺寸（厘米）	脱水后尺寸（厘米）	脱水前质量（克）	脱水后质量（克）
楠木（浸泡）	5.0 × 1.01 × 1.03	4.95 × 0.98 × 1.03	38.52	47.38
楠木（包裹）	5.0 × 1.02 × 1.01	4.98 × 0.97 × 1.00	38.94	47.12
杉木（浸泡）	5.0 × 1.03 × 1.01	5.01 × 1.02 × 1.01	25.69	30.57
杉木（包裹）	5.0 × 1.02 × 1.01	5.01 × 1.00 × 1.01	25.35	29.66

表1为饱水木块脱水加固前后的尺寸变化。从表1中可看出，半固态乙二醛包裹法与传统的乙二醛浸泡法在保持木材形态方面基本相同。通过脱水后木材质量的变化可知，在渗入量上半固态乙二醛的要少于浸泡法。

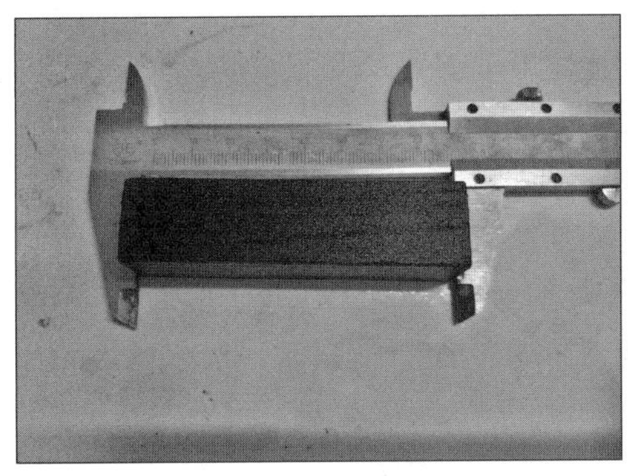

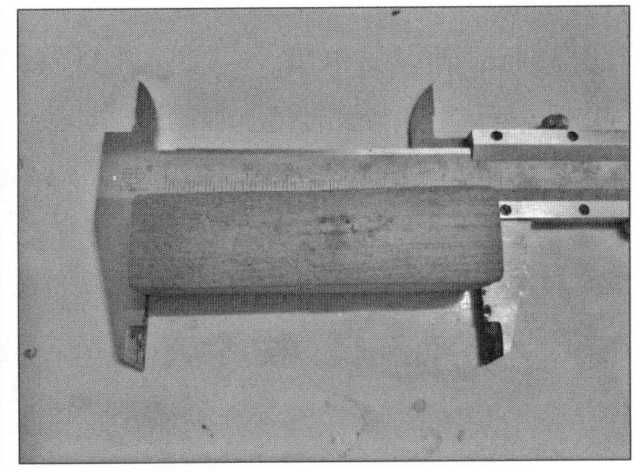

图4　半固态乙二醛包裹脱水前后尺寸

4. 影响木块试样尺寸稳定性的因素

对出土漆木器的脱水保护来说，处理后器物的尺寸外观应保持原貌是文物保护的基本要求。影响木块试样尺寸稳定性的因素主要有浸渗液的性质如浓度、酸碱性、固含量等。

（1）半固态乙二醛浓度的大小对尺寸的稳定性影响

浓度小的浸渗液浸渗时在毛细管中流动较快，分子之间扩散平稳，浸渗液能均匀地进入到木块内部，对试块外形尺寸影响不大；若浓度过大，浸渗液时液体表面张力大，渗入到木块组织内部时，会造成器物组织细胞壁内外浓度差过高，产生较大的液体静压力，引起毛细管受损或塌陷，进而引起器物外形的收缩变形，这种作用在腐朽严重的器物中表现较为明显。不同浓度的半固态乙二醛对木试样尺寸的影响如表2所示。

表2　不同浓度半固态乙二醛对木试样尺寸的影响

乙二醛浓度%	脱水前尺寸			脱水后尺寸			收缩率		
	纵	径	弦	纵	径	弦	纵	径	弦
30	5.02	1.01	1.01	5.02	1.00	1.01	0	1%	0
40	5.02	1.01	1.01	5.02	1.01	1.01	0	0	0
50	5.02	1.01	1.01	5.02	1.00	1.03	0	1%	−2%

由表2可知，浓度越大，对试块外形尺寸影响就越大，40%时外形尺寸保持得最好。

（2）乙二醛的酸碱性对试块的尺寸的影响

由于组成木材的主要物质是纤维素、半纤维素、木质素等，其中纤维素与碱液作用会发生润胀，变短变粗；半纤维素比纤维素的聚合度则低得多，容易发生化学反应，其吸湿性、润胀度均比纤维素高，易溶于氢氧化钠等碱性溶液中；木质素也容易和碱液发生水解反应，生成碱木质素而溶于溶液中。所以，当浸渗液的pH值过大时，容易使纤维素、半纤维素和木质素发生化学反应，从而使木材组织内部结构的网状连接被削弱，分子链定向破坏，使得纤维形成较疏松的结构，降低了木材的强度，同时也导致了木材外形尺寸的改变。弱酸溶液对木试块的尺寸影响不大。

三、结论

半固态乙二醛是由丙烯酸聚合得到的高分子量聚合物，它可以高承载乙二醛超分子，并在高负荷下对木质文物释放，所载乙二醛超分子不能用简单的物理方法挤出。承载性树脂是以包膜形式承载乙二醛的，它以不同类型和承载倍率来控制乙二醛的释放。该方法工艺简单，使用方便，应用范围广，虽是半固态形式，依旧保持液态状的性能，对在不同空间或复杂环境下的木质文物有很高的可操作性。

基于环境监测的砖构建筑遗产本体环境风险评估研究
——以南京上坊孙吴墓为例

窦 娜[1] 李永辉[1,2] 周 鹏[3] 冯世虎[1]
(1 东南大学建筑学院,2 东南大学城市与建筑遗产保护教育部重点实验室,3 南京市江宁区文化广电局)

摘 要: 地下砖构墓室由于处于半地下环境,受环境波动的影响,霉菌、冻融剥落、盐析等病害现象较为显著,严重损坏文化遗产的文化和科研价值。南京上坊孙吴墓是目前我国发现的规模最大、结构最为复杂的东吴墓葬,在发掘后采用保护大棚对墓室进行保护,历经9年,墓室内仍出现较为显著的病害现象。本文以南京上坊孙吴墓为例,通过连续两年的环境温湿度监测,理清了孙吴墓在现有保护设施作用下的环境差异性及其影响,评估了墓体的环境风险及保护大棚的作用效果,进而提出了适宜的保护建议。该研究将对半地下建筑遗产的保护工程的环境控制设计提供技术支撑。

关键词: 古墓葬 文物保护 环境监测 环境风险

一、背景介绍

上坊孙吴墓2005年发掘于南京市江宁区,考古推测建于1700年前的孙吴时期,入选2007年"全国十大重要考古新发现",2013年被国务院批准公布为第七批"全国重点文物保护单位"。如图1所示,遗址本体包括墓坑、墓道、墓室、排水沟和相关地面建筑,其中砖墓本体总长20.16米,宽10.17米,残高5米,由前后两个墓室、四个耳室构成。前后墓室顶部穹窿均为四隅发券结构,上部有巨型覆顶石,是中国迄今发现的规模最大、结构最复杂、出土瓷器最多的孙吴墓葬。

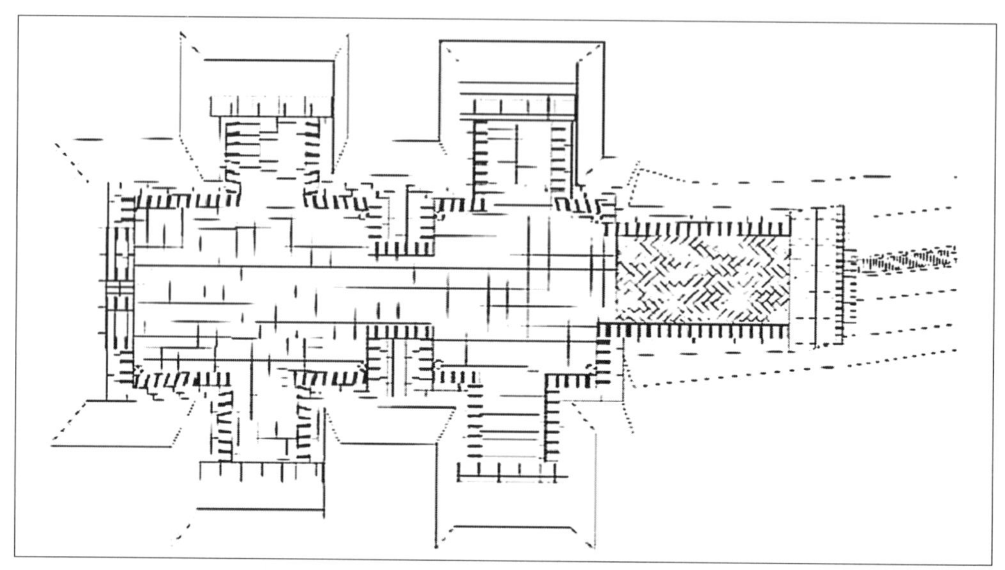

图1　南京上坊孙吴墓考古平面

图2　南京上坊孙吴墓大棚内现状

如图2所示，南京上坊孙吴墓在2005年施工时被发现，2007年建成钢构保护大棚，保护大棚相比于发掘前的原始封土状态而言热容小，墓体内部更易受外界气候波动的影响。目前，孙吴墓体结构稳定，局部有残损，无明显结构性病害，后墓室（敞口）上部砖体出现粉化现象，下部砖体霉菌、苔藓繁殖严重；前墓室因干湿循环影响，砖材表面霉菌、返盐现象明显；砖材表面铭刻纹路存在明显的模糊或消失。

国内外对于建筑遗产本体保存环境监测的相关研究中[1][2][3]涉及遗产环境监测数据的研究较少。其中，日本京都大学的学者对高松冢环境温度、湿度、遗产本体含水量进行了相关研究，进而对壁画劣化提出预防性保护措施[4][5]；韩国文物保护工作者用生石灰对Daejosa Temple花岗岩佛雕的头部进行加固保护的研究[6]。国内方面相关研究[7]-[11]多数为政策控制及病害定性分析，如陕西的文化遗产研究学者对唐皇城墙含光门遗址古砖环境、病害成因进行了详细的调查分析[12]；徐方圆、吴来明等对文物保存环境温湿度控制及监测提出了思考和建议[13]。总体而言，深入量化关联砖构建筑遗址病害发展与环境因素的研究尚在起步阶段。

通过对南京上坊孙吴墓的现场调研，发现孙吴墓底部霉菌生长严重，前墓室保存状态基本完好，后墓室砖材存在较严重的风化、霉菌生长、开裂、花纹消失等现象。本文为了研究临时保护大棚在遗址保护过程中所起到的作用及前后墓室保存现状的差异性，采用环境监测的手段获取保护大棚设施内外、墓室内部不同高度、不同位置处的特征点一年内的数据，对墓本体所处的环境进行监测分析，进而推断墓体保护所面临的环境风险，为我国砖构建筑遗产保护中热湿耦合分析及其性能退化机理研究提供了科学的研究方法支持。

二、监测方案

南京上坊孙吴墓处在土壤、外界自然环境及保护设施所包围的动态气候环境中，温湿度冬夏季周期性变化，内部出现霉菌繁殖、结露、砖材风化、脱落、盐析等病害。本监测方案旨在通过对外界环境影响因素的量化评估，进而推断造成劣化的影响因素，为遗址保护设计提供较为科学的依据和建议。为理清墓体本体依存环境的状态，对墓体依存环境的监测方案设计如图3所示。监测内容包括：遗址气象监测、墓室及大棚内温度湿度监测。

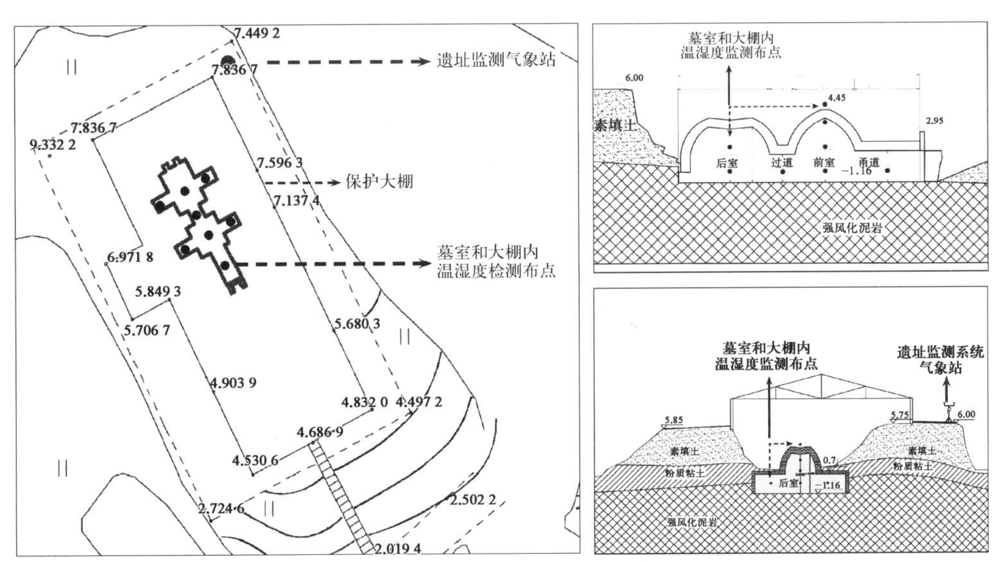

图3　南京上坊孙吴墓环境监测方案示意

上坊孙吴墓气象监测内容包含室外自然环境的温度、湿度、太阳辐射量、降雨量、风向风速等，为孙吴墓环境评估提供了参照依据，在气象监测中用到了小型环境气象站（HOBO，U30-NRC）。

墓室及大棚内温湿度监测使用的仪器为小型温湿度记录仪（TANDD，RTR-53A），记录了临时保护大棚设施内温湿度和前墓室与后墓室（敞口）及墓室内不同位置、不同高度的温度分布，如图3所示，通过对墓室有覆顶石、无覆顶石水平位置及垂直高度不同位置处温湿度监测结果的对比可将不同部位病害种类进行关联。

三、结果分析

图4（a）为南京上坊孙吴墓2015年夏季（7月）至2017年夏季（6月）室外环境与保护大棚内和前后墓室内温度的年波动对比图。由图4可以看出，室外环境的温度波动范围为−10.16℃—41.62℃，平均温度为17.08℃；保护大棚内的温度波动范围为−6.50℃—46.20℃，平均温度为18.60℃；前墓室中心温度波动范围为−1.50℃—29.00℃，平均温度为16.67℃；后墓室中心温度波动范围为−3.40℃—33.40℃，平均温度为18.54℃。临时保护大棚可防雨遮阳并保持室内湿润的环境，在冬季可起到一定的保温作用，最低温高于室外3.66℃，在夏季为使大棚内减少通风、减少蒸发量，从而保持墓室内的高湿环境，导致大棚内最高温度高出室外最高温4.58℃，加剧温度波动引起的涨缩及水分迁移速率。前墓室由于恢复覆顶石，温度波动明显减小，后墓室上部呈开口状态，温度波动较大，后墓室中心最高温度高出前墓室中心4.40℃，上部敞口处砖体出现粉化现象，下部砖体霉菌、苔藓繁殖严重。前、后墓室最低温均低于零度，因此墓体内部在冬季存在明显的冻融现象，后墓室冻融循环次数明显多于前墓室。

图4（b）为孙吴墓2015夏季（7月）至2017年夏季（6月）室外环境与保护大棚内和前后墓室内绝对湿度的年波动对比图。由图中可看出，室外环境的绝对湿度波动范围为0.000 66—0.025 kg/m^3，平均绝对湿度为0.009 9 kg/m^3；保护大棚内的绝对湿度波动范围为0.001 65—0.027 kg/m^3，平均绝对湿度为0.011 kg/m^3；前墓室中心绝对湿度波动范围为0.002 4—0.026 kg/m^3，平均绝对湿度为0.012 kg/m^3；后墓室中心绝对湿度波动范围为0.002 1—0.019 kg/m^3，平均绝对湿度为0.008 4 kg/m^3。室外环境的平均绝对湿度比大棚内的平均绝对湿度低0.001 kg/m^3，前墓室中心的平均绝对湿度比后墓室中心高0.003 6 kg/m^3。总体来

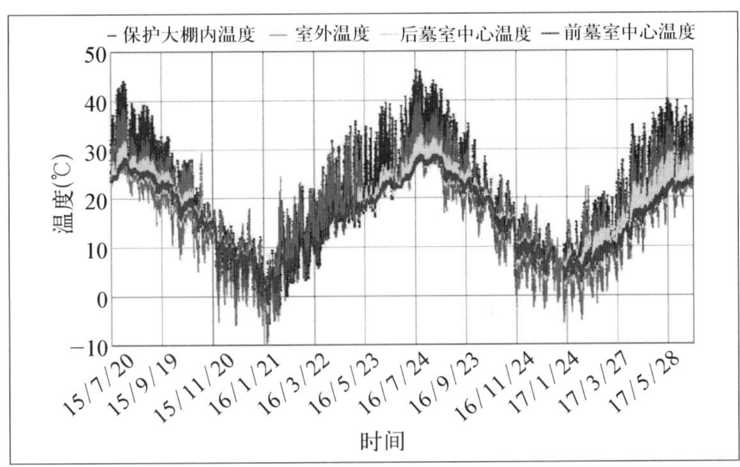

图4(a) 2015年7月20日—2017年6月28日南上坊孙吴墓保护大棚内外与前后墓室温度对比

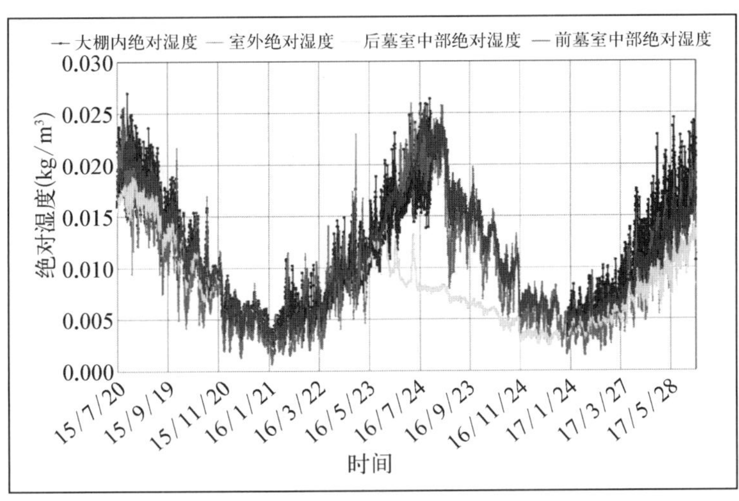

图4(b) 2015年7月20日—2017年6月28日南上坊孙吴墓保护大棚内外与前后墓室绝对湿度对比

看，墓体长时间处于高湿环境，后墓室处于开口状态，环境更容易受外界环境扰动，高湿度环境有利于霉菌等微生物的繁殖。

图5(a)与(b)为孙吴墓2015年夏季(7月20日至8月20日)和2015—2016年冬季(12月25日至1月27日)室外环境与保护大棚内的温度波动对比图。由图5(a)可以看出，室外的夏季温度波动范围为20.75—38.73℃，平均温度为28.38℃；保护大棚内的温度波动范围为23.60—44.10℃，平均温度为30.82℃。图5(b)为孙吴墓2015—2016年冬季(12月25日至1月27日)室外环境与保护大

棚内的温度波动对比图。由图5可以看出，室外的冬季温度波动范围为−10.16—18.06℃，平均温度为3.34℃；保护大棚内的温度波动范围为−6.5—16.5℃，平均温度为4.41℃。夏季保护大棚内的平均温度高于遗址周边室外环境平均温度2.44℃，冬季大棚内温度略高于室外环境1.07℃。夏季大棚未能起到隔热作用，冬季保护设施有一定的保温效果，但最低温低于零下，日间存在冻融现象，严重不利于砖材的耐久性。

图5(c)与(d)为孙吴墓2015年夏季(7月20日至8月20日)和2015—2016年冬季(12月25日至1月27日)室外环境与保护大棚内绝对湿度的波动对比图。由图5(c)可看出，夏季室外环境的绝对湿度波动范围为0.009 4—0.025 6 kg/m³，平均绝对湿度为0.018 9 kg/m³；保护大棚内的绝对湿度波动范围为0.013 5—0.027 0 kg/m³，平均绝对湿度为0.019 0 kg/m³；由图5(d)可看出，冬季室外环境

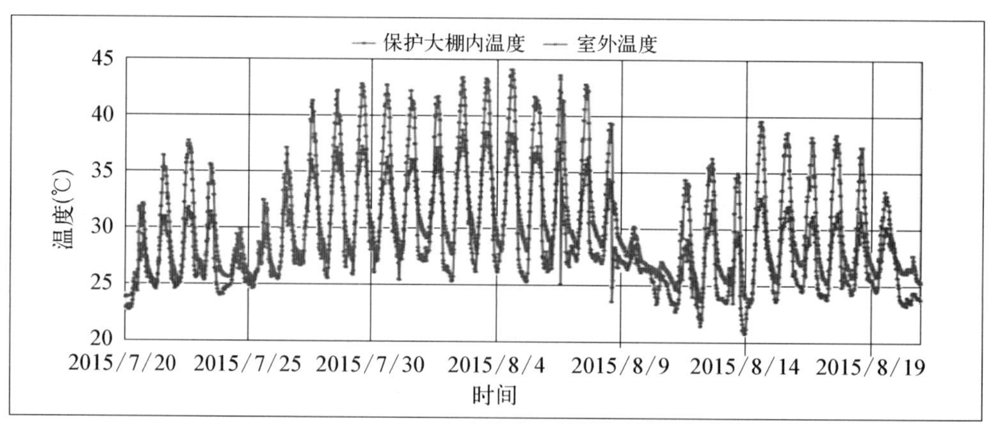

图5(a) 夏季室外与保护大棚内温度对比

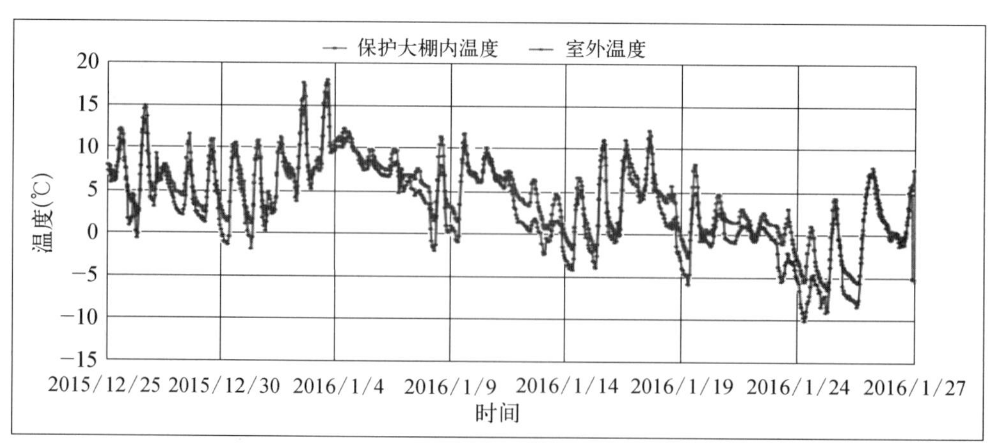

图5(b) 冬季室外与保护大棚内温度对比

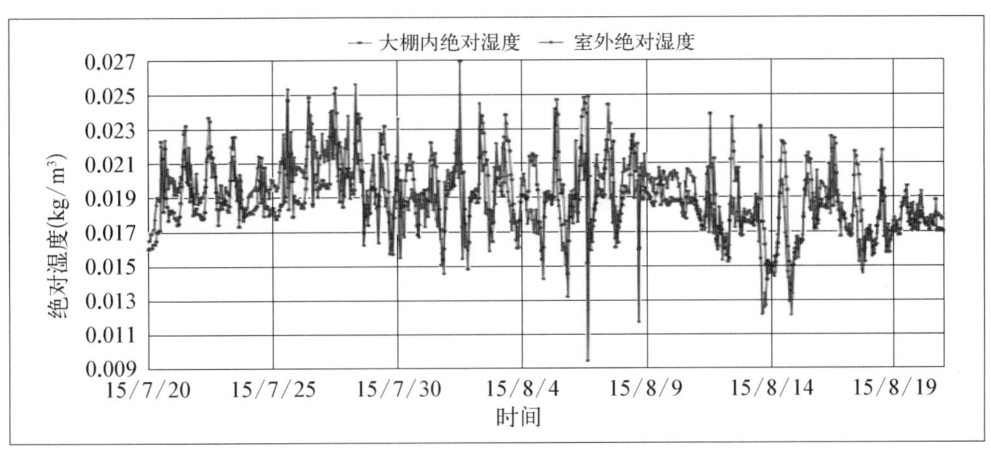

图5(c) 夏季室外与保护大棚内绝对湿度对比

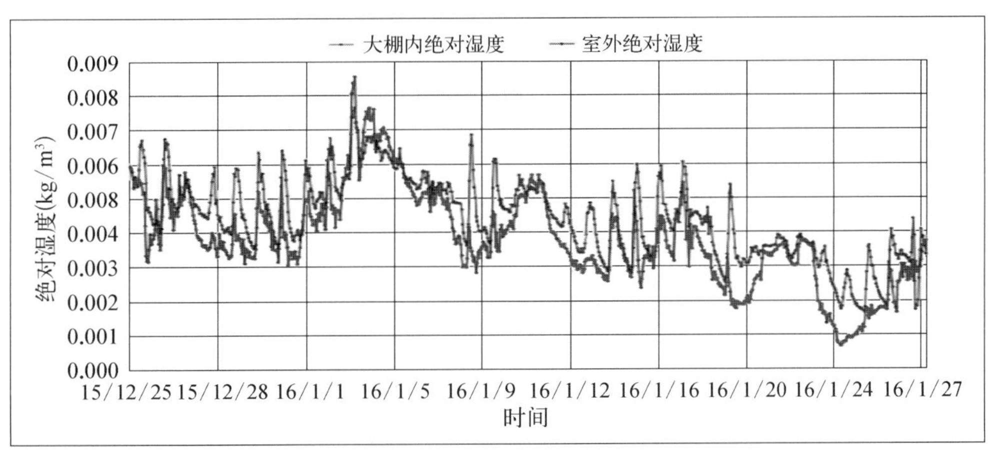

图5(d) 冬季室外与保护大棚内绝对湿度对比

的绝对湿度波动范围为0.000 656—0.008 56 kg/m^3,平均绝对湿度为0.003 83 kg/m^3;保护大棚内的绝对湿度波动范围为0.001 65—0.007 66 kg/m^3,平均绝对湿度为0.004 42 kg/m^3。夏季大棚内绝对湿度高于室外环境0.002 kg/m^3,冬季高于室外环境0.000 59 kg/m^3。夏季大棚内处于高温高湿环境,加剧了自墓体到大棚内昼夜间的水分蒸发,使盐分在砖材表面析出。冬季大棚内处于高湿低温环境,可产生墓体砖材盐分的溶解与析出。

图6(a)与(b)为孙吴墓2015年夏季(7月20日至8月20日)和2015—2016年冬季(12月25日至1月27日)前墓室中心与后墓室中心的温度波动对比图。由图6(a)可以看出,夏季前墓室的温度波动范围为23.50—28.60 ℃,

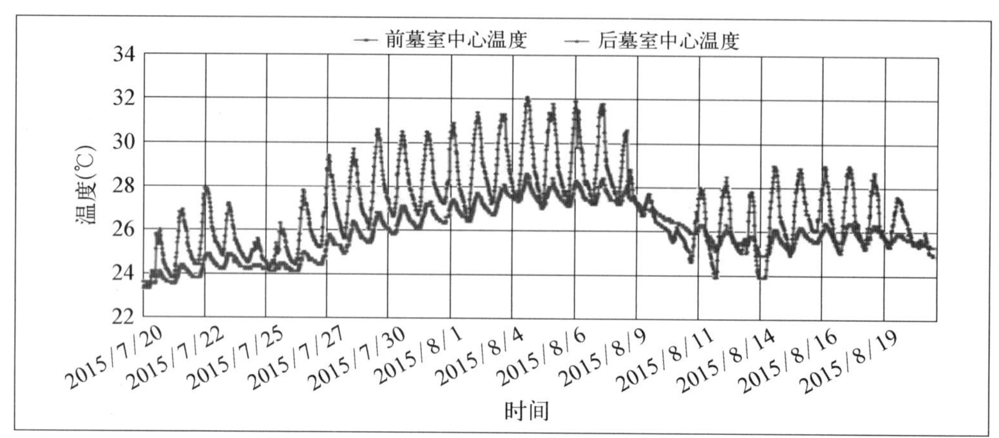

图6(a) 夏季前墓室与后墓室温度对比

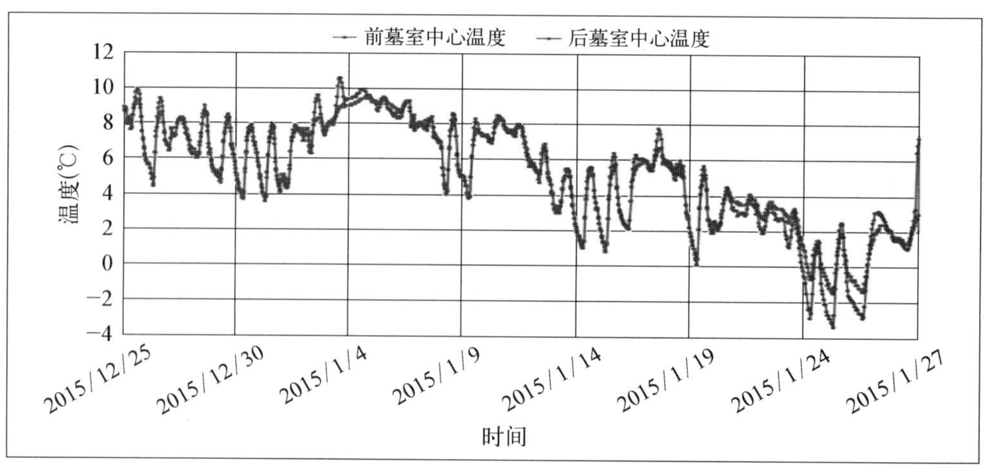

图6(b) 冬季前墓室与后墓室温度对比

平均温度为25.90℃;后墓室的温度波动范围为23.20—32.10℃,平均温度为27.02℃。图6(b)为孙吴墓2015—2016年冬季(12月25日至1月27日)前墓室中心与后墓室中心的温度波动对比图。由图6(b)可以看出,冬季前墓室温度波动范围为−1.50—9.50℃,平均温度为5.23℃;后墓室的温度波动范围为−1.30—10.60℃,平均温度为5.13℃。夏季前墓室平均温度比后墓室低−1.12℃,冬季前墓室的平均温度比后墓室高0.10℃,后墓室温度波动范围大于前墓室。可知,后墓室开口的情况下,墓室内部温度较封口状态波动大。在温度波动下砖材发生涨缩开裂及冻融循环而造成的劣化现象加剧,因此后墓室开口处的砖材与前墓室相比,开裂、粉化、砖材表面剥落更为严重。

图6(c)与(d)为孙吴墓夏季和冬季前墓室中心与后墓室中心的绝对湿度的波动对比图。由图6(c)可看出,2015年夏季(7月20日至8月20日)前墓室的绝对湿度波动范围为0.017 5—0.023 2 kg/m^3, 平均相对湿度为0.020 1 kg/m^3; 后墓室的绝对湿度波动范围为0.014 7—0.018 9 kg/m^3, 平均相对湿度为0.017 1 kg/m^3。由图6(d)可看出,孙吴墓2015—2016年冬季(12月25日至1月27日)前墓室的湿度波动范围为0.002 36—0.006 78 kg/m^3, 平均相对湿度为0.004 77 kg/m^3; 后墓室的湿度波动范围为0.002 10—0.006 82 kg/m^3, 平均相对湿度为0.005 01 kg/m^3。夏季前墓室中心平均相对湿度高于后墓室0.003 kg/m^3, 冬季前墓室中心平均相对湿度低于后墓室0.000 24 kg/m^3。夏季后墓室内温度高、湿度低,水分蒸发量远大于前墓室; 冬季后墓室温度低、湿度高,砖材表面结露水明显。

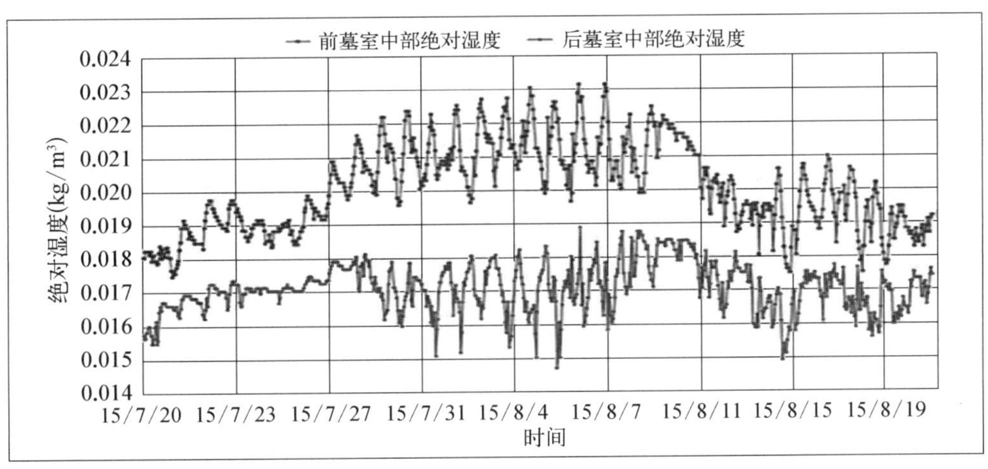

图6(c) 夏季前墓室与后墓室湿度对比

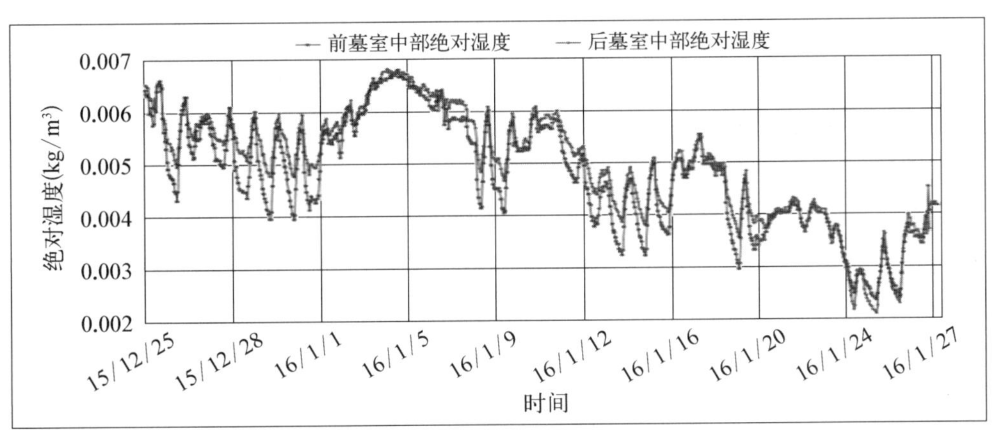

图6(d) 冬季前墓室与后墓室湿度对比

图7(a)—(d)为孙吴墓夏季特征日(8月4日)和冬季特征日(1月24日)的前后墓室沿高度分布的温度波动对比图。如图7(a)所示,夏季特征日,室外环境的温度波动范围为26.04—38.45℃,平均温度为31.86℃,大棚内的温度波动范围为28.20—44.10℃,平均温度为34.65℃;前墓室中心的温度波动范围为27.30—28.30℃,平均温度为27.77℃;前墓室顶部平均温度为28.60℃,底部平均温度为25.18℃,顶部比底部平均温度高3.42℃;前墓室中心的平均温度比大棚内的平均温度低6.88℃,日波动仅为1.0℃,远小于大棚内温度日波动15.9℃。如图7(b)所示,冬季特征日,室外环境的温度波动范围为−10.16—−4.68℃,平均温度为−7.06℃,大棚内的温度波动范围为−5.6—1.0℃,平均温度为−3.08℃;前墓室中心的温度波动范围为−0.70—1.50℃,平均温度为0.33℃,前墓室顶部平均温度为1.69℃,底部平均温度为−0.98℃,顶部比底部平均温度高2.68℃;前墓室中心的平均温度比大棚内的平均温度高3.41℃,日波动为2.20℃,小于大棚内温度日波动。夏季前墓室内部温度受外部及大棚内温度影响小,日温度波动范围小,冬季前墓室底部受外部温度影响,中心及底部最低温低于零下,易出现冻融循环现象。

如图7(c)所示,夏季特征日,后墓室中心的温度波动范围为27.50—32.10℃,平均温度为29.41℃,底部的温度波动范围为24.41—25.21℃,平均温度为24.80℃,中心比底部平均温度高4.61℃,比大棚内平均温度低5.42℃,后墓室中心温度波动远大于底部温度波动。如图7(d)所示,冬季特征日,后墓室中心的温度波动范围为−2.90—1.30℃,平均温度为1.0℃,后墓室底部的温度波动范围为−1.44—1.64℃,平均温度为−0.07℃,后墓室中心的平均温度比底部高1.07℃;后墓室中心的平均温度比大棚内的平均温度高4.15℃,日波动为4.20℃,小于大棚内温度日波动。后墓室内部温度夏季、冬季均受外部及大棚内温度影响,砖材表面因温度变化易涨缩碎裂,冬季后墓室中部受外部温度影响较大,低于后墓室底部温度,中心及底部最低温低于零下,冻融循环现象明显。

图7(e)—(h)为孙吴墓夏季特征日(8月4日)和冬季特征日(1月24日)的前后墓室相对湿度沿高度分布的波动对比图。由图7(e)—(f)可知,夏季特征日前墓室处于高湿环境,中心相对湿度波动范围为89%—95%,冬季特征日前墓室中心相对湿度波动范围为68%—75%;由图7(g)—(h)可知,夏季特征日后墓室中心相对湿度波动范围为74%—91%,冬季特征日后墓室中心相对湿度波动范围为69%—80%。夏季前后墓室均处于高湿环境,有利于霉菌、苔藓等微生物繁殖。

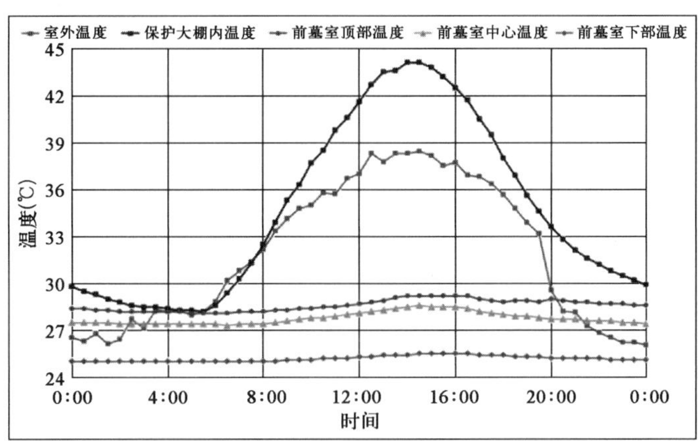

图7(a) 夏季特征日前墓室上中下温度对比

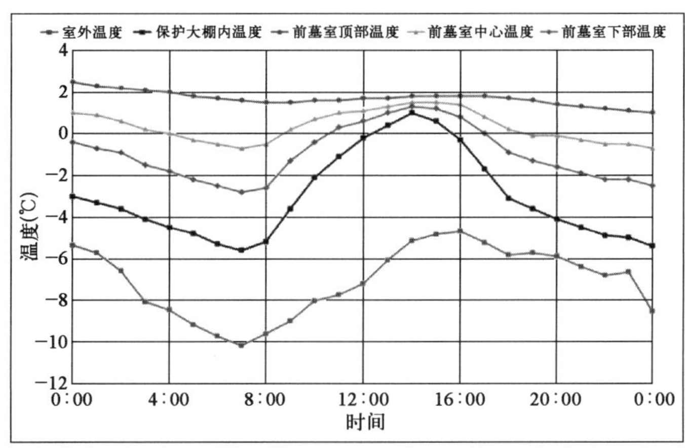

图7(b) 冬季特征日前墓室上中下温度对比

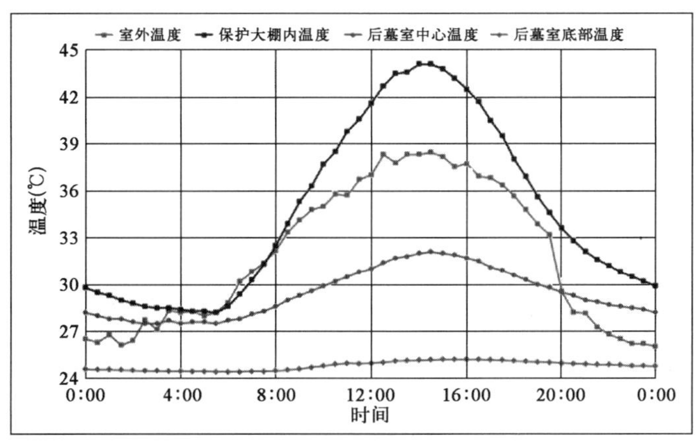

图7(c) 夏季特征日后墓室上中下温度对比

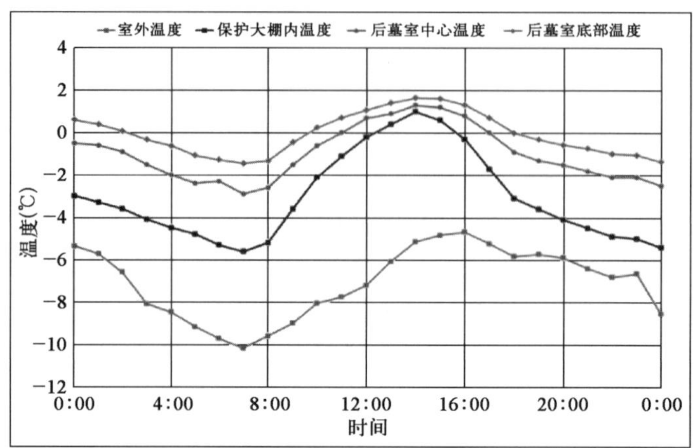

图7(d) 冬季特征日后墓室上中下温度对比

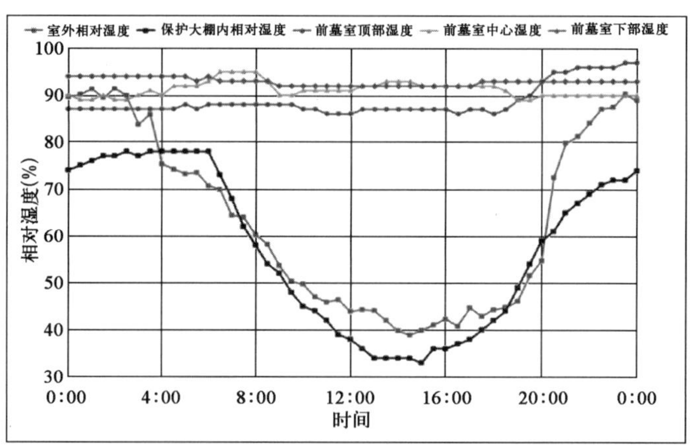

图7(e) 夏季特征日前墓室上中下湿度对比

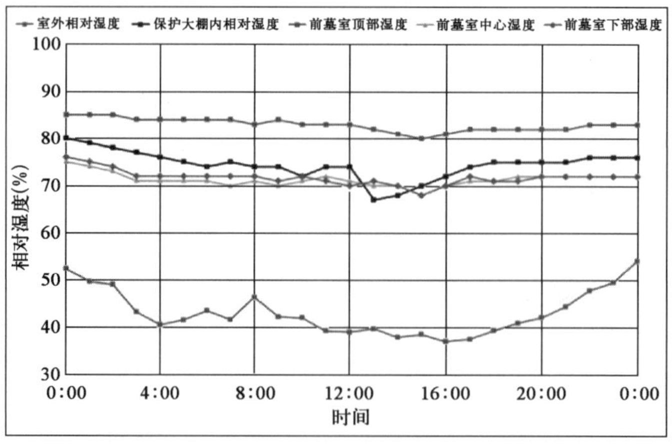

图7(f) 冬季特征日前墓室上中下湿度对比

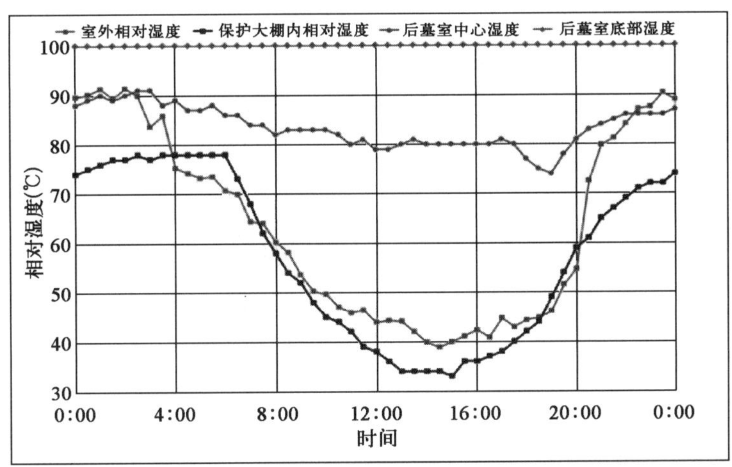

图7(g) 夏季特征日后墓室上中下湿度对比

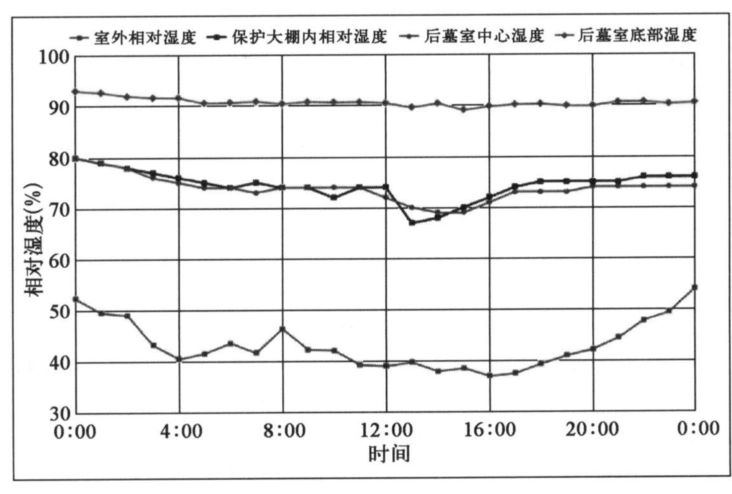

图7(h) 冬季特征日后墓室上中下湿度对比

综上所述，轻质的保护大棚在夏季加剧了墓室内部温度的提升，比室外温度高5℃，增大了墓室内部的干燥、蒸发及盐析现象，而在冬季所起到的保护作用不明显。从维持墓室内环境稳定性及减少病害的角度来看，应采用热容高和保温性能好的围护保护大棚，如覆土建筑等。从前后墓室温湿度对比来看，无墓室顶的情况下，墓室内部的温湿度波动剧烈，冬季冻融破坏明显，建议在保护工程设计中，对后墓室进行墓室顶封闭。墓室底部完全处于土壤包围中，含水量高，在冬季易出现大面积的蒸发及盐析现象。从参观展示的角度来看，建议在保护设计入口处设置一定的过渡空间，减少外界气候对墓室的影响。

四、结论

建筑遗址保护与展示设施设计的核心任务之一是通过一定的建筑设施干预，为受保护的对象创造最适宜的保存环境，有效延缓建筑遗址的各种病害发展。本文通过对上坊孙吴墓的温湿度的连续监测，评估了孙吴墓本体所处的环境状况及环境风险，为下一步的保护工程设计提供依据和建议。

参考文献

[1] Miha Tomaževič, Marjana Lutman, Heritage masonry buildings in urban settlements and the requirements of eurocodes: experience of slovenia. *International Journal of Architectural Heritage*, 2007, 1(1): 108−130.

[2] Robert Rockard, Relationship between environmental conditions and algal growth on the exterior walls of the Ninna-ji Temple, Kyoto. *International Journal of Heritage Studies*, 2010, 8(4): 349−363.

[3] Nakajima Makiko, Hokoi Shuichi, Ogura Daisuke, A comparative review of policy for the protection of the architectural heritage of Europe, *Energy Procedia*, 2015, 11(78): 1329−1334.

[4] Li Yonghui, Ogura Daisuke, Hokoi Shuichi, Effects of emergency preservation measures following excavation of mural paintings in Takamatsuzuka Tumulus. *Journal of Building Physics*, 2010, 8(4): 349−363.

[5] Li Yonghui, Ogura Daisuke, Hokoi Shuichi, Predicting Hygrothermal behavior of an underground stone chamber with 3−D modeling to restrain water-Related damage to mural paintings, *Journal of Asian Architecture and Building Engineering*, 2014, 5(13): 499−506.

[6] C. H. Lee, S. W. Choi, M. Suh, Natural deterioration and conservation treatment of the granite standing Buddha of Daejosa Temple, Republic of Korea, *Geotechnical and Geological Engineering*, 2003(1): 63−77.

[7] 万俐：《江南地区古遗址古墓葬水环境治理的案例介绍》，《东南文化》2009年第2期。

[8] 张炜、田增涛：《山东临沂王羲之故居洗砚池晋墓病害研究》，《文保科技》2014年第2期。

[9] 王方：《故宫古建筑内温湿度问题初探》，《文物保护与考古科学》2014年第26期。

[10] 张炜、田增涛：《山东临沂王羲之故居洗砚池晋墓病害研究》，《文保科技》2014年第2期。

[11] 张虎元、李敏、王旭东、郭青林：《潮湿土遗址界定及病害分类研究》，《敦煌研究》2011年第6期。

[12] 王荣、李玉虎、黄四平、赵岗、王肃：《唐皇城墙含光门遗址古砖病害分析研究》，《丝绸之路》2011年第12期。

[13] 徐方圆、解玉林、吴来明：《文物保存环境中温湿度研究》，《文物保护与考古科学》2009年第21卷增刊。

紫外光固化有机硅保护膜的制备及其在铁质文物中的应用研究

郝锌颖[1]　袁殷红[1]　王　鑫[1]　李晓远[1]　甄广全[2]　童　华[1]
（1 武汉大学化学与分子科学学院，2 陕西省文物保护研究院）

摘　要： 本文以WD-70（γ-甲基丙烯酰氧基丙基三甲氧基硅烷）、TEOS（正硅酸乙酯）和MMA（甲基丙烯酸甲酯）为单体，采用溶胶凝胶法和紫外光固化法联用技术合成了一种新型有机硅保护膜。采用SEM、EDS、ATR-FTIR对保护膜的形貌和结构进行表征，进而考察光引发剂、单体组成、引发剂用量和不同光强对保护膜合成的影响，并通过醋酸点滴实验、电化学实验、附着力实验对该保护膜在铁质文物中的应用进行研究，结果表明该保护膜抗腐蚀性和耐候性良好。且紫外光固化的方法具有不受文物大小限制的优点，对铁质文物的保护研究具有重要的意义。

关键词： 铁器保护　有机硅　溶胶凝胶　光固化

一、引言

硅烷偶联剂（SCA）是公认的无毒、无污染的多用途材料。硅烷偶联剂涂料被广泛用于各种金属以达到各种目的，例如形成防腐蚀保护层或作为涂覆后的中间黏合剂，同时，鉴于其良好的黏附特性和环保性，铬酸盐和磷酸盐处理过的废液又污染环境，处理麻烦，故硅烷偶联剂也被用于替代常规铬酸盐和磷酸盐。

光引发聚合反应[1]通常发生在含有反应活性有机官能团如乙烯基醚、环氧基或丙烯酸酯基团的物质中。紫外光固化体系主要由含有光引发剂和可进行固化交联反应的预聚物和单体组成。在UV辐照下，光引发剂产生活性自由基，这些活性自由基引发预聚物和单体分子碳碳双键进行自由基聚合反应，从而使液态材料交联固化成网状固化膜。UV自由基固化基本原理如图1所示：

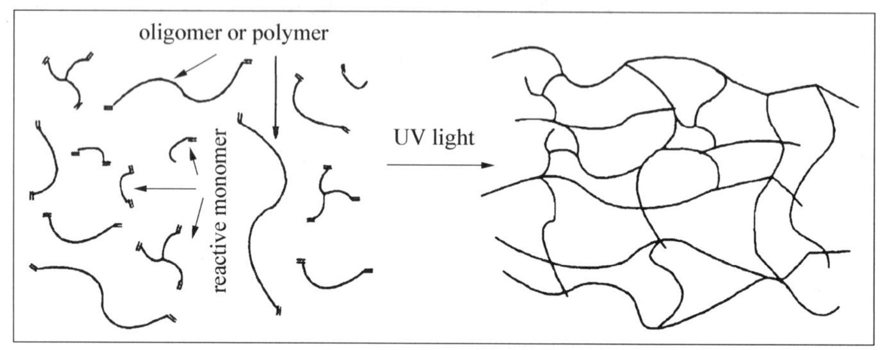

图1 自由基紫外光固化体系的UV固化反应

UV固化涂料[2]具有许多应用，如其可提供快速固化、高交联、无溶剂和环保友好的涂料系统[3]。3-甲基丙烯酰氧基丙基三甲氧基硅烷（WD-70）[4][5]具有易加工性和能够提供最终涂层的高光学透明度的特点而使其被广泛应用。

本文选用硅烷偶联剂WD-70（γ-甲基丙烯酰氧基丙基三甲氧基硅烷）作为保护涂层偶联剂，正硅酸乙酯（TEOS）为框架主体，甲基丙烯酸甲酯（MMA）单体作为改性剂，加入少量盐酸控制体系pH值约为3.5，酸性条件下[6]-[9]制备溶胶—凝胶溶液，陈化一段时间后，烷氧键（Si-O-R）在酸性条件下水解成硅烷醇（Si-OH），并交联形成高分子网状聚合物，加入少量引发剂后，搅拌混合均匀，涂覆于基体表面，紫外光[10][11]照射诱导表面加固液固化成膜，增强铁器的防腐蚀能力。

二、实验

1. 材料和方法

试验用试剂均为分析纯：WD-70（γ-甲基丙烯酰氧基丙基三甲氧基硅烷）、WD-932（正硅酸乙酯，TEOS）、MMA（甲基丙烯酸甲酯）、THF（四氢呋喃）、TPO（2，4，6-三甲基苯甲酰基-二苯基氧化膦）、BPO（过氧化苯甲酰）均来源于国药集团化学试剂有限公司，Irgacure754、Irgacure2959购于德国巴斯夫公司。

实验仪器：ATR-FTIR傅立叶变换红外（美国Nicolet 5700）、扫描电子显微镜+X-射线能谱分散谱仪(荷兰FEI Quanta200)、电化学工作站(上海辰华Chi660e)。

2. 样品准备

(1)制备WD-70/TEOS溶胶凝胶溶液

配制γ-甲基丙烯酰氧基丙基三甲氧基硅烷(WD-70):正硅酸乙酯(TEOS)摩尔比分别为2∶1、1∶1、1∶2的溶液,加入四氢呋喃(THF)稀释一倍,并加入2%水,加盐酸调pH值为3.5—4,常温下搅拌1小时,陈化待用。

(2)制备WD-70/TEOS/MMA溶胶凝胶溶液

在烧杯中加入10毫升甲基丙烯酸甲酯(MMA),溶于40毫升四氢呋喃(THF)中,加入5毫升γ-甲基丙烯酰氧基丙基三甲氧基硅烷(WD-70)搅拌1小时,然后加入5毫升正硅酸乙酯(TEOS)、10毫升水,加盐酸调pH值为3.5—4,常温下搅拌1小时,陈化待用。

(3)光引发固化成膜

在以上制备好的溶胶凝胶体系中,加入质量分数分别为1%、2%、3%的光引发剂Irgacure754(或者Irgacure2959、TPO、BPO),搅拌均匀,将经表面活化的铁器完全浸泡在制备的处理液中,3分钟后取出置于不同功率的紫外灯光下照射,使其表面固化成膜。

三、结果讨论

1. 保护膜合成的影响因素

通过对4种不同光引发剂Irgacure754、Irgacure2959、TPO、BPO对保护膜聚合效果的研究,得知光引发剂Irgacure754的引发效果最好,因此选用Irgacure754作为引发剂。设定光强为2 000 W/cm^2,我们考察光引发剂含量为1%—3%(质量分数)对紫外光照射过程中预聚物中双键含量转化率的影响。由图2可知当光引发剂Irgacure754的加入量为2%时双键的转化率最高,获得的保护膜最为致密。引发剂含量小于2%时,引发剂含量越多光照产生的自由基越多,自由基链增长点多而使光聚合速率快且转化率高。但当引发剂含量超过2%时,光引发剂分散性差,导致局部光引发剂含量的不均匀,光照时产生的自由基没有进行链增长而进行了自终止,从而使引发效率降低。

设定引发剂含量为2%,考察不同光强对光聚合速率或双键转化率的影响。由图3可知,光聚合反应在经过一段诱导期后,双键转化率快速提升。随着光强

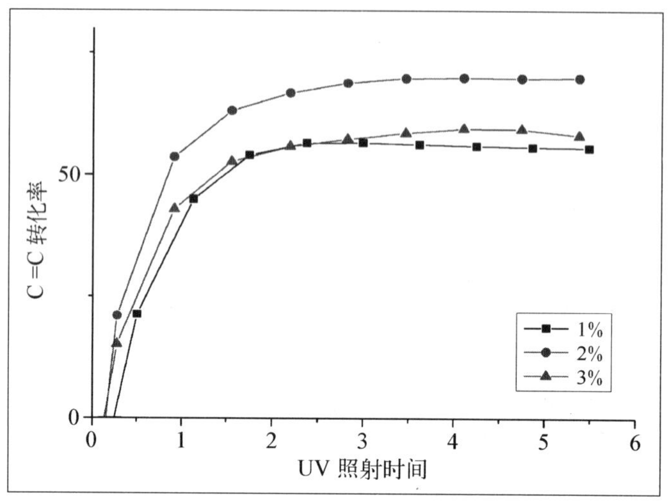

图2　不同引发剂含量对双键转化率的影响

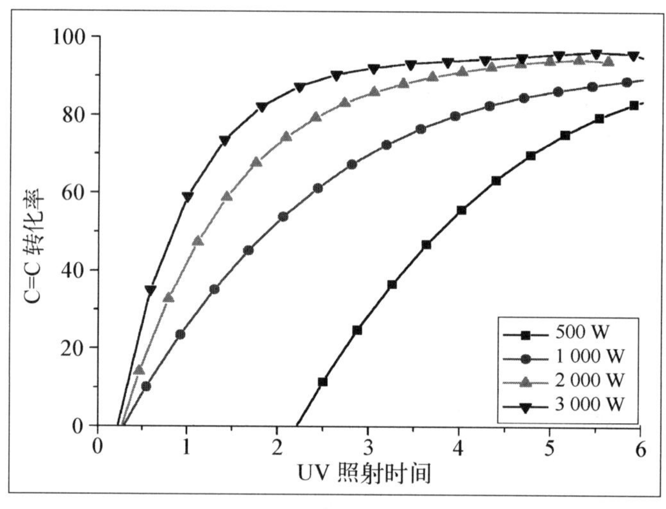

图3　不同光照强度对双键转化率的影响

度的增加，反应的诱导期逐渐降低，双键转化率增长速率也随着光强增加而加快。光强度的增加可有效地减少氧阻聚效应，导致引发剂引发效率增加，同时加大光强，引发剂裂解速率增加，从而导致其诱导期的缩短。

2. 保护膜的形貌和结构表征

图4为铁器加固前后表面的SEM和EDS图，能谱结果（EDX）显示，铁器表面含有C、Si、O元素，由SEM和EDS结果可以看出铁器表面形成了一层致密的有机硅薄膜。

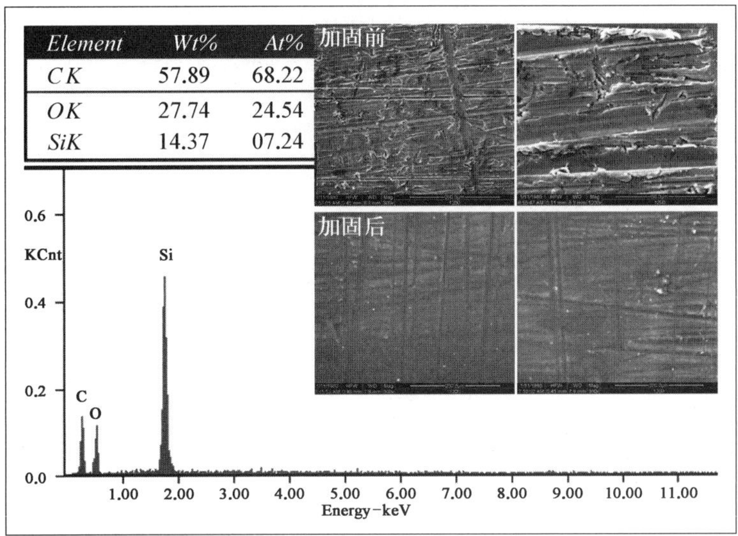

图4 铁器表面SEM和EDS图

从图5可以看出：在光固化后，在3 100 cm^{-1}处 ═C—H的伸缩振动吸收峰和1 637 cm^{-1}处C ═ C的伸缩振动吸收峰消失，同时在2 840 cm^{-1}处为水解聚合的Si—OCH_3基团中C—H的伸缩振动吸收峰，在固化后也消失。由此得知，在经固化后，其特征基团C ═ C和Si—OCH_3均参与了交联反应。

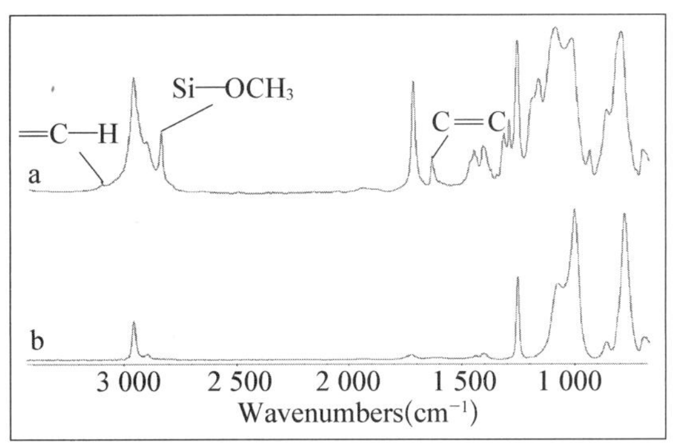

图5 固化前后红外表征图（a固化前，b固化后）

3. 保护性能的研究

由图6和表1可以看出，铁器表面涂层处理后，影响极化曲线，所有涂层样品的阳极极化电流密度均有所降低。通过观察这些极化电流曲线可以发现，腐蚀保护是因为这些涂层不仅阻塞了铁器表面的金属被氧化，而且阻止了金属在涂层的孔隙中发生溶解，显著降低了自腐蚀性。WD-70/TEOS/MMA体系的极化电流明显低于WD-70/TEOS体系，说明WD-70/TEOS/MMA的抗腐蚀效果更好，可能是因为甲基丙烯酸甲酯（MMA）的加入使形成的保护膜更加致密，因而增加了与机体的结合性。

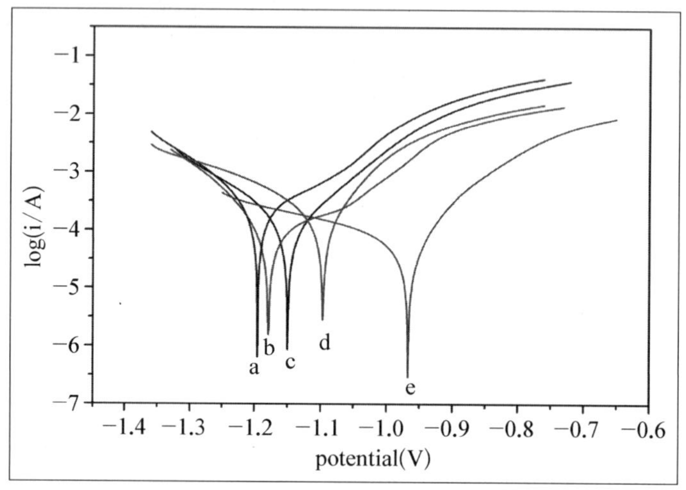

图6　未处理与处理后的极化曲线图

（a：空白铁器；b：WD-70/TEOS = 1 : 2；c：WD-70/TEOS = 2 : 1；d：WD-70/TEOS = 1 : 1；e：WD-70/TEOS/MMA）

表1　自腐蚀电流表 i_{corr}

	i_{corr}（A）	抑制效率（η_P）
a：空白铁器	3.132×10^{-3}	\
b：WD-70/TEOS=1 : 2	1.392×10^{-4}	95.56
c：WD-70/TEOS=2 : 1	1.371×10^{-4}	95.62
d：WD-70/TEOS=1 : 1	7.72×10^{-5}	97.54
e：WD-70/TEOS/MMA	6.296×10^{-5}	97.99

阻抗图中（图7），空白铁器只有一个时间常数，且圆弧半径较小，阻抗值较小。而有涂层的铁器表面有两个时间常数，第一个时间常数过程代表铁器表面发生点腐蚀，第二个时间常数为腐蚀产物附着在铁器表面，铁器钝化对铁器形成二次保护。从图中可以明显看出，WD-70/TEOS中加入MMA单体后，阻抗值明显增大，铁器抗腐蚀能力增强。

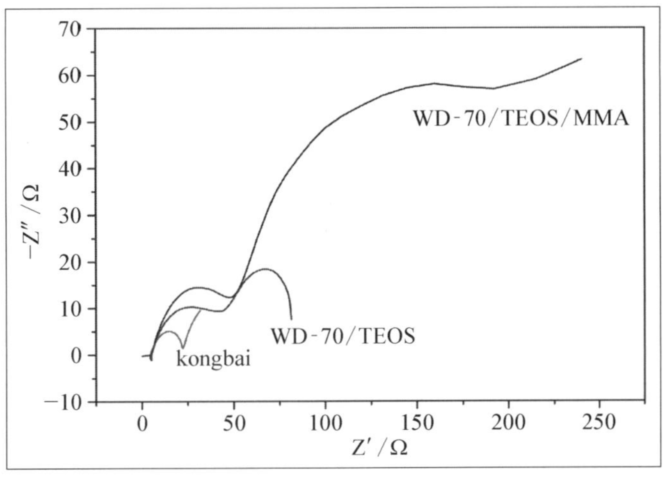

图7　电化学阻抗图

醋酸铅点滴实验结果（图8a）表明，铁器表面的涂层对基体起到了保护作用，有机硅保护膜经MMA改性后其耐醋酸铅能力进一步增强。两种涂层体系经划格测试后（图8b），划格周围薄膜并未出现脱落，显示了保护膜具有良好的保护性能。

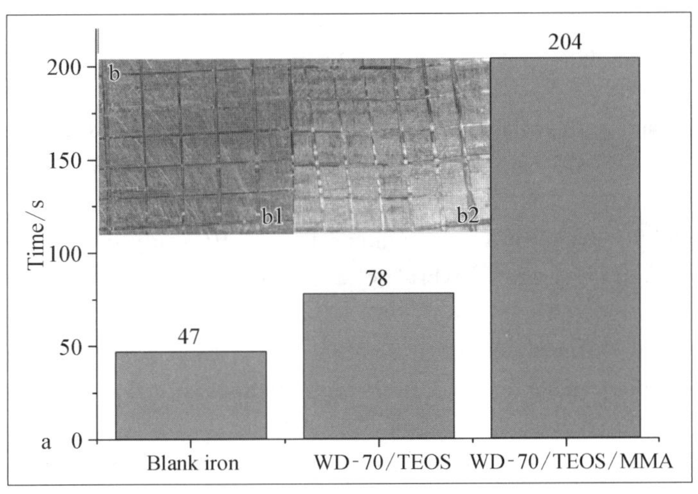

图8　醋酸铅点滴实验（a）和划痕实验（b-b1：WD-70/TEOS 体系，b-b2：WD-70/TEOS/MMA体系）

四、结论

本文以WD-70、TEOS和MMA为单体，采用溶胶凝胶法和紫外光固化法联用技术合成了一种新型有机硅保护膜，对影响保护膜抗腐蚀性和耐候性的主要因素进行了研究。依据实验结果得出以下结论：光引发剂、单体组成、引发剂用量和光照强度都会影响保护膜的性能；以Irgacure754为光引发剂且加入量为2%时光引发效果最好；光照强度的增加可有效地减少氧阻聚效应，导致引发剂引发效率增加，同时加大光强，引发剂裂解速率增加，从而导致其诱导期的减短；MMA的加入可有效地改进保护膜的性能；醋酸点滴实验、电化学实验、附着力实验表明该保护膜抗腐蚀性和耐候性良好，且紫外光固化的方法具有不受文物大小限制的优点，对铁质文物的保护研究具有重要的意义。

参考文献

[1] He, M.; Huang, X.; Huang, Y.; Zeng, Z.; Yang, J., Photoinduced redox initiation for fast polymerization of acrylaytes based on latent superbase and peroxides. *Polymer*, 2012, 53(15), 3172−3177.

[2] Jančovičová, V.; Mikula, M.; Havlínová, B.; Jakubíková, Z., Influence of UV-curing conditions on polymerization kinetics and gloss of urethane acrylate coatings. *Progress in Organic Coatings*, 2013, 76(2), 432−438.

[3] Lee, S.-W.; Park, J.-W.; Park, C.-H.; Lim, D.-H.; Kim, H.-J.; Song, J.-Y.; Lee, J.-H., UV-curing and thermal stability of dual curable urethane epoxy adhesives for temporary bonding in 3D multi-chip package process. *International Journal of Adhesion and Adhesives*, 2013, 44, 138−143.

[4] Innocenzi, P.; Brusatin, G., A comparative FTIR study of thermal and photo-polymerization processes in hybrid sol-gel films. *Journal of Non-crystalline Solids,* 2004, 333(2), 137−142.

[5] Çakmakçı, E.; Altıntaş, Z.; Vezir Kahraman, M.; Kayaman Apohan, N., Fluorine-containing photocurable hybrid coatings via anhydrous sol-gel method. *Journal of Vinyl and Additive Technology*, 2015, 21(4), 272−277.

[6] Zhang, W.; Zhang, Y.; Fang, S.; Luo, X.; Jin, H.; Xu, Z.; Xia, W., Preparation of acrylate copolymer modified by TiO_2 nanoparticles with excellent photo-oxidative stability for application in ancient ivory conservation. *Journal of Applied Polymer Science*, 2016, 133(20).

[7] Wang, L.; Liang, Y.; Yin, Y.; Zhao, L.; Cai, M.; Nie, J., Enhancing the green mechanical strength of colloidal silica-bonded alumina castables using a silane coupling

agent. *Ceramics International*, 2016, 42(9), 11496−11499.

[8] Tham, W.; Chow, W.; Ishak, Z., The effect of 3−(trimethoxysilyl) propyl methacrylate on the mechanical, thermal, and morphological properties of poly (methyl methacrylate)/hydroxyapatite composites. *Journal of Applied Polymer Science*, 2010, 118(1), 218−228.

[9] Phanasgaonkar, A.; Raja, V. S., Influence of curing temperature, silica nanoparticles- and cerium on surface morphology and corrosion behaviour of hybrid silane coatings on mild steel. *Surface and Coatings Technology*, 2009, 203(16), 2260−2271.

[10] Qu, J.; Liu, J.; He, L., Synthesis and evaluation of fluorosilicone-modified starch for protection of historic stone. *Journal of Applied Polymer Science*, 2015, 132(11).

[11] Longhi, M.; Kunsta, S. R.; Beltrami, L. V. R.; Kerstner, E. K.; Silva Filho, C. I.; Sarmento, V. H. V.; Malfatti, C., Effect of Tetraethoxy-silane (TEOS) amounts on the corrosion prevention properties of Siloxane-PMMA Hybrid coatings on galvanized steel substrates. *Materials Research*, 2015, 18(6), 1140−1155.

胶矾水在熟化书画用宣纸中的应用机理探究

何秋菊[1]　王丽琴[2]
（1. 首都博物馆保护科技与传统技艺研究部，2. 西北大学文化遗产学院）

摘　要： 为了揭示胶矾水熟化书画用宣纸的科学内涵，通过模拟试验研究胶与矾在熟化宣纸时各自的作用及协同效应。结果表明：（1）明矾作为促干剂加速了胶水凝聚固化，作为软化剂增加了胶料弹性。（2）明矾也可作为助留剂，起到墨滴助留作用。施加胶矾水的宣纸抗墨滴晕散性能优于单纯的胶水或矾水；有胶无矾时，墨迹浮在纸上，存在大量微孔，易漏墨。（3）扫描电镜（SEM）、^{27}Al核磁共振（^{27}Al-NMR）和红外光谱（FTIR）分析表明，胶和矾在提高宣纸憎水性及墨滴晕散性能方面可起到协同作用，明矾和明胶混合后铝盐水解产物单核铝及多核铝的吸收峰强度均明显降低，铝盐水解产物很可能与明胶微粒中羟基（—OH）或羧基（—COOH）产生了键合，将带负电的明胶粒子转化为带正电的明胶粒子，促使明胶微粒沉淀在带负电的纤维表面。（4）明矾用量越大，湿热老化后酸性越强、纸张越脆，严重威胁纸张的寿命。因此，传统胶矾水在熟化纸张时可起到促干剂、软化剂及助留剂的功能，但用量越大，纸张酸化越严重，建议研发可替代胶矾水的新一代施胶剂。

关键词： 胶矾水　熟化　宣纸　应用机理　酸化

一、引言

中国古代书画是中华民族的传统艺术门类之一，各博物馆都有大量的藏品。几千年来，古人将胶矾水广泛运用到熟化宣纸、绘画染纸等各个领域。中国传统手工纸(麻纸、宣纸等)是由植物纤维相互交织而成的书写材料。植物纤维的亲水性和网络结构的多孔性,使纸张在用水或墨书写时容易发生晕散走墨的现象。为了提高纸张的抗水性,施胶技术伴随着造纸技术的出现而逐渐产生[1]。施胶技术最早出现于我国魏晋时期[2],以糨糊作为施胶剂,将淀粉糊涂于纸张表面并用光滑的细石研光。自唐代人们便开始使用明矾和动物胶作为施胶剂。在17世纪《芥子园画谱》中载有“矾法”:“夏月每胶七钱,用矾三钱。冬月每胶一两,用矾三钱。”通过向生宣表面刷涂胶矾水,可实现生宣的熟化(矾化),这种方法克服了糨糊施胶方法的弊端,处理后的宣纸具有较好的水墨晕染性能[3]。

为了揭示胶矾水熟化书画用宣纸的科学内涵,本研究通过固化性能及墨滴晕散模拟试验研究了明矾的作用,利用扫描电镜(SEM)、高场^{27}Al核磁共振(^{27}Al-NMR)和红外光谱(ATR-FTIR)研究胶与矾在熟化书画宣纸时各自的作用及协同效应,通过湿热老化实验探讨了明矾引来的负面影响。该研究将明确古人应用胶矾水的科学内涵,促使传统书画修复工艺迈向科学化,对于古书画纸张的长久保存具有重要意义。

二、实验部分

1. 胶矾水固化性能实验

为了探讨明矾对胶料固化速率及硬度的影响,制备明胶含量在0.1%—10%(共5个梯度)、不含明矾或明矾含量为3%的胶矾水。胶料固化速率采用称重法测试有无明矾的明胶溶液蒸发速率,即在表面皿上滴2毫升的胶矾水溶液,每隔60分钟称重一次,直至恒重,可认为胶矾水已经干燥成膜,然后测各样品的固化硬度。固化硬度采用数显显微硬度计测试其维式硬度(HV),加载力为0.2千克,加载时间为10秒。

2. 墨滴晕散实验

制备尺寸为5厘米 ×5厘米的宣纸样品,用排刷分别蘸取单独含明胶1%—8%的胶水,含明矾1%—8%的矾水,含有3%明胶、明矾含量在1%—8%的胶矾水,含1%明矾、明胶含量在1%—8%的胶矾水沿宣纸样品同一方向,各均匀涂刷三遍,自然晾干。将微量注射器固定在距离纸张样品0.5厘米处,将4 μL的墨滴(墨:水=1:1)以缓慢、恒定的速度滴加到宣纸样品表面(见图1)。待墨滴干燥后通过显微镜拍照并利用显微镜自带软件计算墨滴晕散面积。

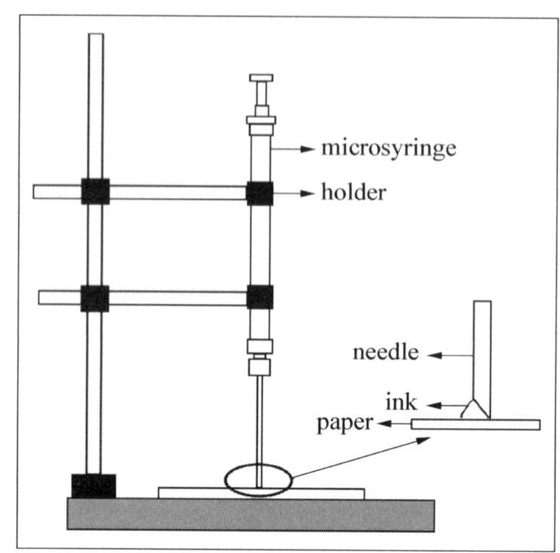

图1 墨滴晕散实验设计示意图

3. 胶与矾的协同作用实验

通过扫描电子显微镜、核磁共振和红外光谱对施胶后的表面状况、铝离子存在形态及明矾与胶料、纤维的化学结合情况等进行观察与测试，以研究明胶和明矾的协同作用。测试条件如下：扫描电镜测试电压10千伏，放大倍率为400—1 000倍。核磁共振谱采用高场核磁（500 MHz）在室温25℃下对胶矾水膜及刷有胶矾水的宣纸进行^{27}Al-NMR分析，以D_2O为锁场试剂。扫描范围：−100 ppm—140 ppm，采样时间0.02秒，脉宽10 μs，循环延迟时间1秒，扫描次数256次。红外光谱仪采用ATR附件，测试范围400—4 000 cm^{-1}，分辨率4 cm^{-1}。

4. 老化方法

制备明胶含量2%、明矾含量在0—2%之间的9个宣纸样品。设置恒温恒湿老化箱温度80℃，相对湿度65%，加速老化28天，每隔7天取出测试。利用便携式pH计测试宣纸表面的酸度变化，利用耐折度仪测其抗往复折叠能力。纸张耐折度测试按照GB/T2679.5-1995进行，设置纸张的施加张力为9.81N。对宣纸纤维的纵向进行测试，各准备五个平行样，求其平均值。

三、结果与讨论

1. 明矾对胶料固化性能的影响

图2和图3分别为明胶样品和胶矾水样品的固化速率曲线。由图可知，加入明矾后的胶矾水溶液的蒸发速度增加。单独的明胶溶液固化成膜时间平均在

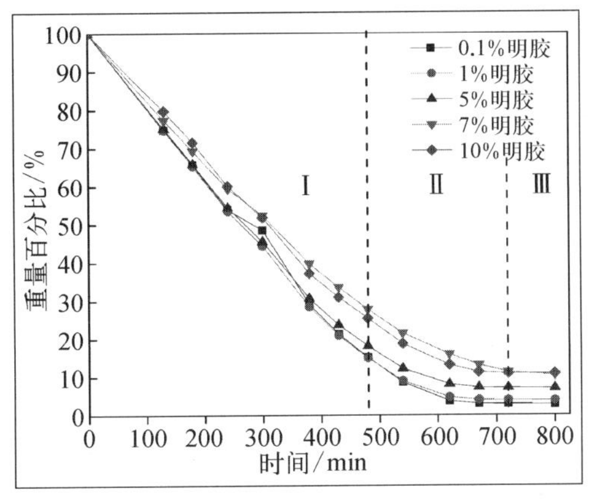

图2　明胶样品固化速率曲线

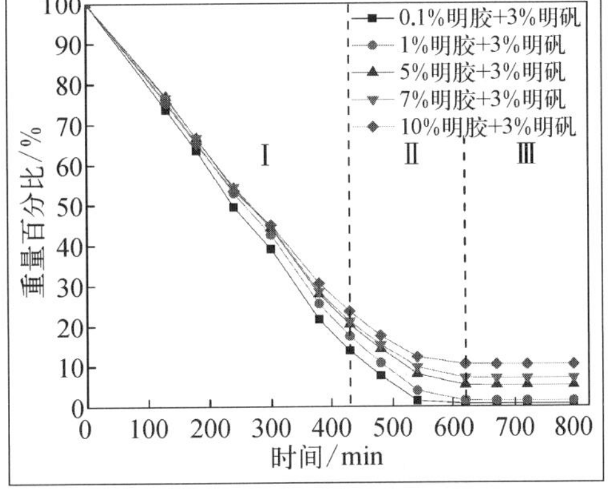

图3　胶矾水样品固化速率曲线

700分钟后，而加入明矾的胶矾水溶液基本在620分钟左右便可固化成膜，说明明矾可作为促干剂，加速胶水凝聚固化。胶矾水成膜主要受物理和化学过程的影响。胶矾水在成膜的过程中，其中的水分会不断地蒸发，另外明矾溶于水后，铝离子水解生成带正电的絮凝状的胶体氢氧化铝，推测其可与带负电荷的胶料发生电中和凝聚，通过静电中和减弱了胶粒之间的排斥力，使得胶粒借助范德华力较快速地聚结凝固。

由表1硬度测试的三次平均值可知，不加明矾或加明矾的样品均表现出明胶浓度越大、胶膜硬度越高的规律；当相同浓度的明胶加入3%的明矾时，胶膜的硬度会有不同程度的减小，至少减小1.3。推测铝离子水解生成氢氧化铝絮凝体使胶料柔韧性增加，降低了单独胶水的硬度。可见，明矾对胶料发挥了软化剂的作用。

表1　明矾浓度对胶膜硬度的影响

明胶浓度/wt%	不加明矾			加3%明矾		
	5%	7%	10%	5%	7%	10%
硬度	19.0	19.7	20.1	14.2	18.1	19.4
	18.9	19.7	20.0	14.6	18.4	19.0
平均值	18.5	20.2	21.4	15.1	18.9	19.1
	18.8	19.87	20.5	14.6	18.5	19.2

2. 墨滴晕散面积

胶矾水的应用使得古书画载体材料（宣纸）产生了抗水性，从而在一定程度

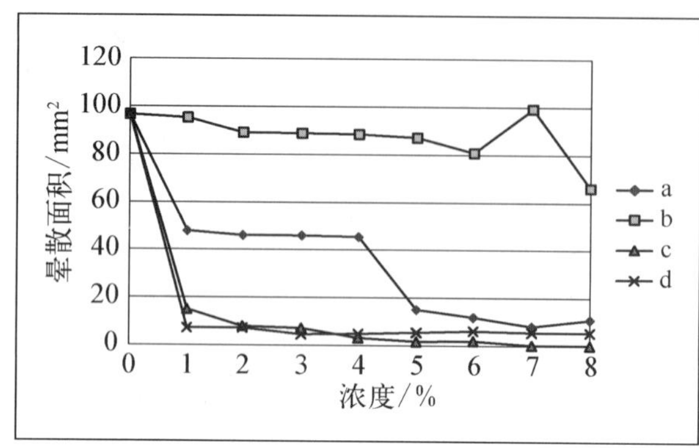

图4 各宣纸样品的墨滴晕散面积变化图(a. 明胶；b. 明矾；c. 1%明矾+明胶；d. 3%明胶+明矾)

上阻止了墨滴的晕散，不同配比胶矾水可形成墨韵千变的效果。然而，胶料与明矾各自发挥了什么样的效果、胶矾水使书画材料产生抗水性的主导因素有待研究。图4为各样品的墨滴晕散面积变化图。可见，明胶与明矾共同组成的胶矾水抵抗墨滴晕散的能力最强。胶含量3%，加明矾1%时墨滴晕散面积即由空白样的96.61 m^2降低到了7.28 m^2，随后随着矾浓度的提高，晕散面积基本保持不变(图4d)。对比图4a和4c可知，相同胶含量时，当添加了1%的明矾时，抗晕散性能有了不同程度的提高，尤其在胶浓度较低时影响较为显著，随着含胶量的逐渐升高，抗晕散性均逐渐增强。不含胶的矾水，抵抗墨滴晕散性能最差，明矾浓度1%时，比空白样晕散面积仅降低了1.33 m^2，且随着矾浓度的增加，抗晕散性变化不大(图4b)。可见，在墨滴抗晕散性能中胶料的影响较为显著，明矾可提高胶料的抗水能力。

3. 书写效果

明胶与明矾的配比不仅影响着墨滴晕散面积的大小，还影响着实际的书写效果，显微镜下拍照的施加不同胶矾水的宣纸样品表面情况见图5。由图F1-3、F1-7可见，有胶无矾时，墨会浮在纸上，墨与纸无法很好地结合，存在大量微孔；在宣纸背面(图B1-3、B1-7)有明显的漏墨现象，即便增加胶含量也不能明显改善。图F2-7、B2-7为有矾无胶的宣纸正反面墨迹情况，可以看到正面墨迹扩散，反面渗墨严重，可见仅用矾水涂刷后，宣纸憎水性差，墨迹易于晕散。图F4-5为胶与矾2∶1时涂刷宣纸后的效果，可见宣纸憎水性明显提高，书写无跑墨和渗漏现象，可见明矾的加入可对墨滴具有显著的助留作用。

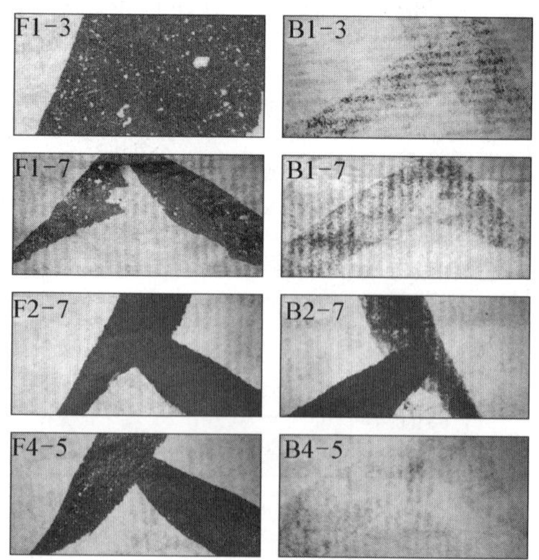

图5 不同胶矾水配比宣纸表面书写效果

4. 协同效应

（1）扫描电镜观察

利用扫描电镜对未施加胶矾水、施加明胶和胶矾水的宣纸表面微观形态进行对比观察（如图6所示），没加入明胶和胶矾水的宣纸的纤维上条状纹理清晰可见，纤维间存在孔洞，没有交联的现象。而施加明胶或胶矾水后，明胶不仅能包覆纤维，并能在纤维间形成交联结构。纤维和明胶分子之间的结合使得纸张空隙率减小，从而使纸张抗水性及强度得以提高。

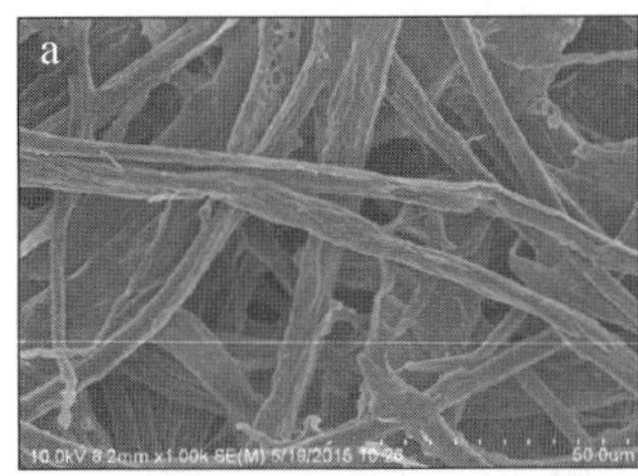

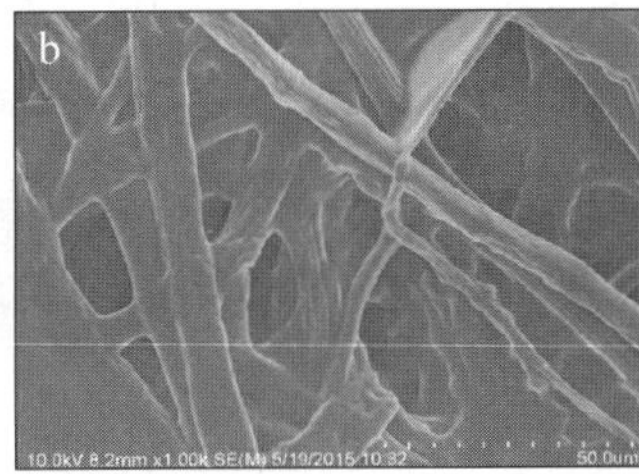

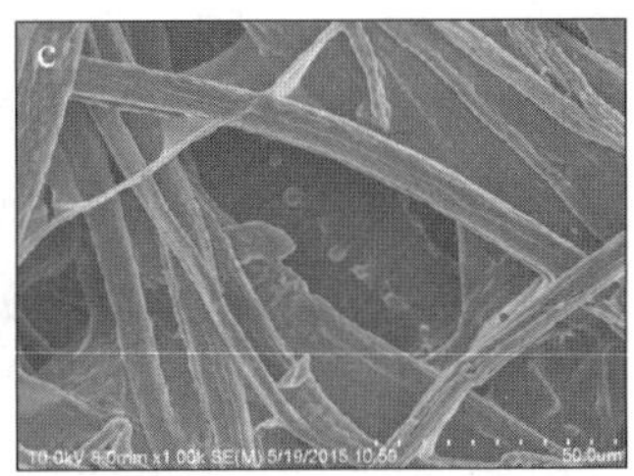

图6　宣纸施胶前后微观形貌对比（a. 宣纸空白；b. 宣纸施加明胶；c. 宣纸施加胶矾水）

（2）^{27}Al核磁共振分析

^{27}Al核磁共振谱可用于铝离子的化学存在形态分析。图7为胶矾水膜（胶：矾＝3∶5）的^{27}Al谱。其中，71.43 ppm处的宽峰对应为Al_{30}中四配位的铝氧四面体（$[Al_{30}O_8(OH)_{56}(H_2O)_{24}]^{18+}$）[9]，0.824 ppm对应六配位铝氧八面体的单核络合物$Al(H_2O)_6^{3+}$，−2.487 ppm对应多核羟基铝络合物[10]。

利用高场^{27}Al-NMR分析明矾与明胶溶液混合后，以及在宣纸施胶过程中的铝化学形态分布变化情况。由图8可知，铝盐与明胶混合后，未发现新的共振

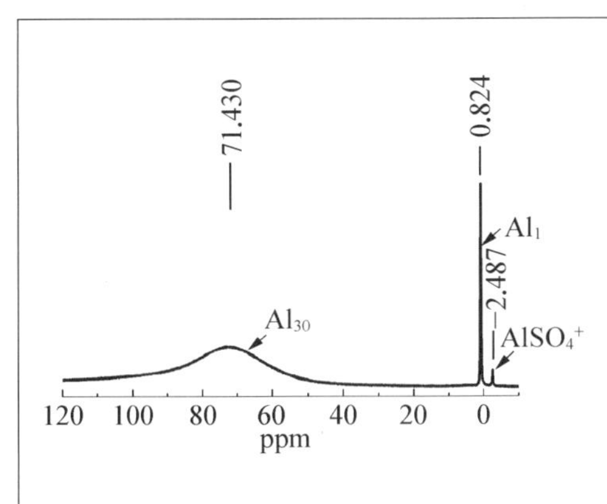

图7　胶矾水^{27}Al-NMR图

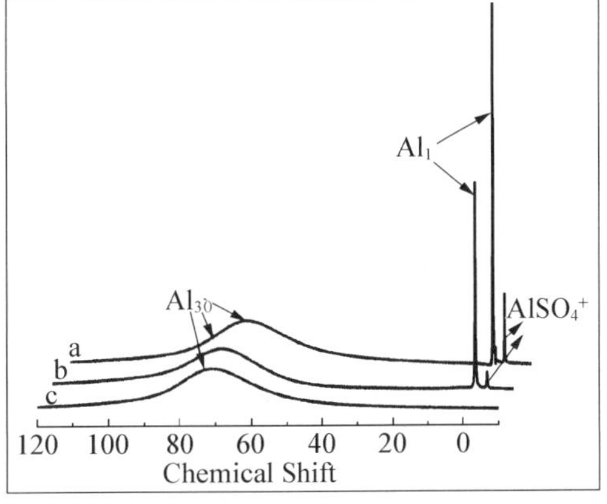

图8　明矾在施胶过程中的^{27}Al-NMR图对比（a. 明矾；b. 明矾＋明胶；c. 宣纸施胶后）

峰，明矾中单核铝Al_1及$AlSO^{4+}$的吸收峰强度均明显降低，Al_{30}共振峰稍有降低，宣纸施胶后，铝盐的单核物基本消失，宣纸上仅保留Al_{30}的共振峰。可见在施胶过程中，各种铝盐中的单核铝、多核铝均产生了消耗，推测可能在施胶过程中转化成了其他铝聚合态或与带负电荷的胶料或纤维发生了静电吸附，是否与胶料或纤维产生化学键合需要通过红外光谱进一步确认。

（3）红外光谱

利用便携式红外光谱仪测试胶矾水膜及涂刷胶矾水宣纸样品的红外吸收光谱。图9为明胶及胶矾水成膜后的红外光谱图。其中，明胶的红外光谱图中，3 278 cm^{-1}为明胶胶原蛋白中酰胺的N−H或O−H伸缩振动吸收峰，1 630 cm^{-1}处是酰胺Ⅰ带C＝O的特征吸收峰，1 530 cm^{-1}为酰胺Ⅱ带C−N键或N−H键的特征吸收峰，1 081 cm^{-1}为C—O的伸缩振动峰[11]。胶矾水膜除了以上特征峰外，在601 cm^{-1}和554 cm^{-1}出现新的吸收峰，该峰位对应的为Al−O及Al−OH金属键吸收峰。分析可能是明胶微粒中羟基（O−H）或羧基（−COOH）的O在干燥过程中与明矾的Al（Ⅲ）发生络合效应，形成网状络合物，加强了胶料的交联，提高了胶料的抗水性。

图10为宣纸空白及施加胶矾水的宣纸红外光谱对比图。由图可知，施加胶矾水后宣纸植物纤维3 282 cm^{-1}的羟基（O−H）吸收峰的变宽，并向低波数3 281 cm^{-1}移动，表明胶原蛋白的羟基、一部分氨基和羧基与植物纤维表面的非离子区域的羧基能形成众多的分子间的氢键。1 027 cm^{-1}处纤维O＝C−O吸

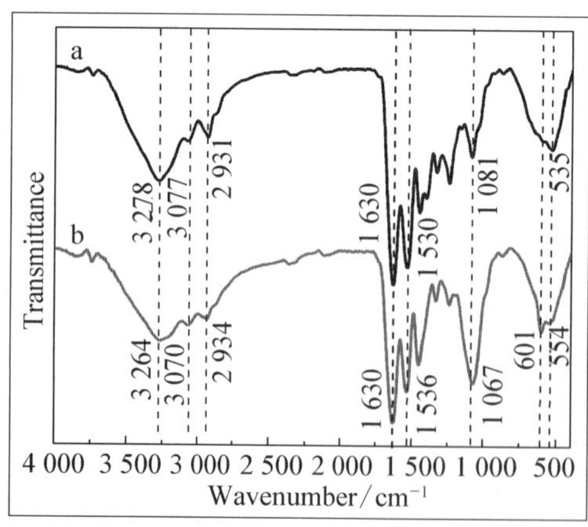

图9　明胶及胶矾水薄膜的红外光谱对比图（a. 明胶；b. 明胶：明矾=7：3）

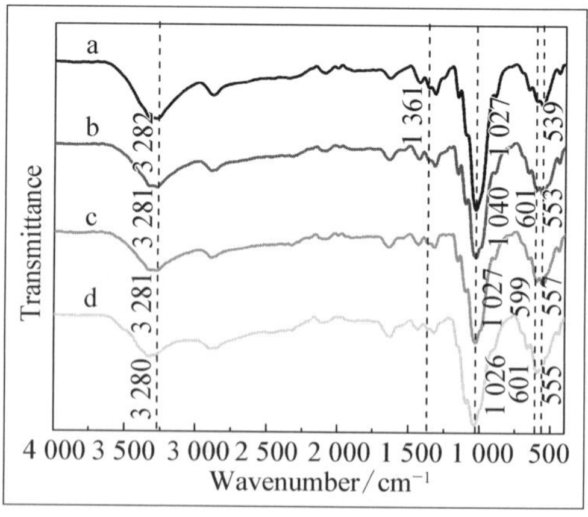

图10　宣纸空白及施加胶矾水的宣纸红外光谱对比图（a. 宣纸空白；b. 明胶：明矾=3：5；c. 明胶：明矾=3：7；d. 明胶：明矾=3：10）

收峰的强度减弱，1 361 cm^{-1}处峰位消失，601 cm^{-1}和553 cm^{-1}新产生了的Al-O及Al-OH吸收峰，推测该吸收峰为明矾中Al取代了明胶微粒中羟基（O-H）或羧基（-COOH）。结合核磁共振结果可知，明矾以单核物或多核物等的形式与明胶发生键合后，将原本带负电的明胶粒子转化为带正电的明胶粒子，带正电的Al离子可起到桥联作用，与带负电的纤维结合，促使明胶微粒沉淀在纤维表面。图11为胶矾水作用示意图。红外光谱表明，随着胶矾水中明矾含量不断增加，601 cm^{-1}附近吸收峰的强度不断增加，说明随着明矾浓度增加，与纤维结合的Al的量也不断增加。

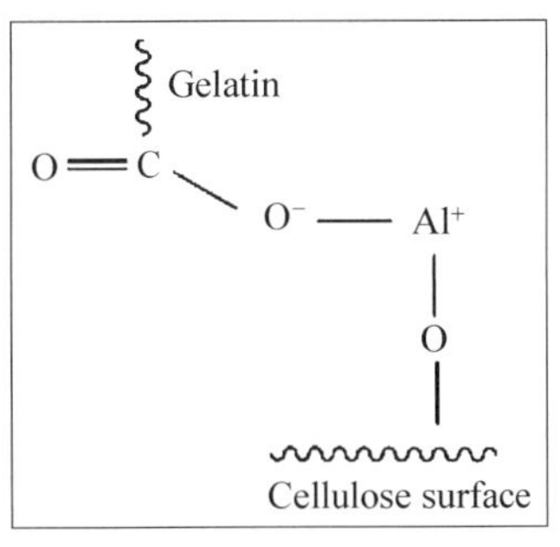

图11　胶矾水作用示意图

5. 明矾的负面效应

利用便携式pH计及耐折度仪考察宣纸湿热老化前后酸度及耐折度的变化。由图12可见，老化前明矾含量越高，宣纸的pH值越低，明矾含量大于0.4%时，样品pH值便在6以下。随着老化时间的延长，明矾含量大于0.2%的样品pH值降低到了5以下，矾含量越大，老化后酸性越大。老化14天后，矾含量大于0.9%的样品，pH值均在4以下。图13为明矾浓度对宣纸耐折性能的影响图，该测试每组五个平行样品，数据标准偏差为8%。结果表明，老化前不同明矾含量样品耐折度差距不大，老化后明矾含量大于0.1%的样品耐折度迅速下降，矾含量越高，纸张越脆，越易于折断。

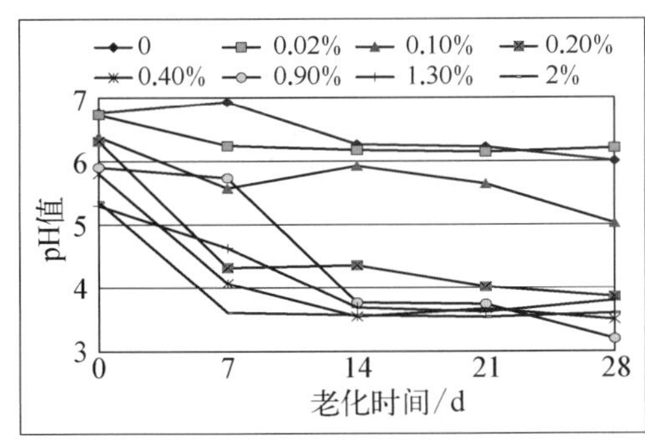

图12　明矾对宣纸表面酸度的影响

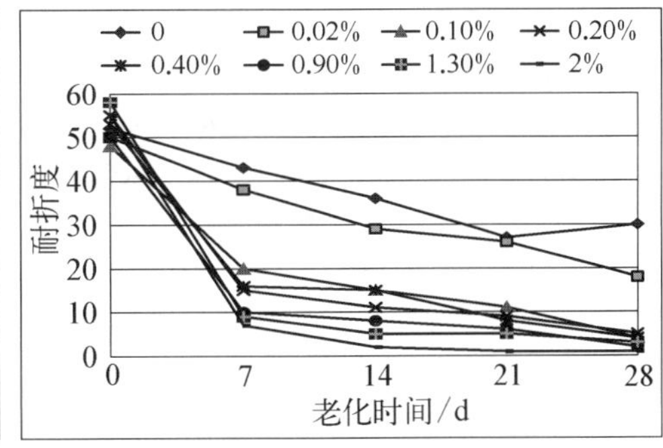

图13　明矾对宣纸耐折性能的影响

四、结论

本研究得出以下结论，传统胶矾水中的明矾扮演着促干剂、软化剂及助留剂的作用。施加胶矾水的纸张抗墨滴晕散性能优于单纯的胶水或矾水。扫描电镜(SEM)、^{27}Al核磁共振(^{27}Al-NMR)和红外光谱(FTIR)分析表明,胶和矾在提高宣纸憎水性及墨滴晕散性能方面可起到协同作用。^{27}Al-NMR表明当明矾和明胶混合后铝盐水解产物单核铝及多核铝的吸收峰强度均明显降低,ATR-FTIR分析显示降低的带正电荷的铝盐水解产物很可能与明胶微粒中羟基(—OH)或羧基(—COOH)产生了键合,将带负电的明胶粒子转化为带正电的明胶粒子,促使明胶微粒沉淀在带负电的纤维表面。然而,明矾用量越大,纸张老化后酸性越强,纸张越脆,严重威胁纸张的寿命。因此,很有必要在明确胶矾水应用机理的基础上,研发一种能够替代胶矾水的新型施胶剂。

(致谢:本研究工作在北京化工大学材料与材料科学与工程学院的协作下完成,受到了北京市科委课题(Z161100002416020)以及北京市优秀人才培养计划资助)

参考文献

[1] 王概:《芥子园画传》,山东美术出版社,2016年。

[2] Ekaterina Pasnak, Season Tse, Alison Murray. An investigation of alum in the gelatin sizing of far eastern paintings on silk. *Archetype Books*, 2005: 81.

[3] 张诺、何伟俊、朱庆贵等:《书画修复中胶矾水利弊的探讨》,《中国文物保护技术协会第七次学术年会论文集》2012年,第160—169页。

[4] 徐文娟:《明矾对宣纸耐久性影响的研究》,《文物保护与考古科学》2008年第4期,第47—50页。

[5] 时倩、铁付德、梅建军:《胶矾水浓度对宣纸性能影响初探》,《国家博物馆馆刊》2013年 第11期, 第136—150页。Shi Qian, Irene Brückle. The role of alum in historical papermaking. *The Abbey Newsletter*, 1993, 17(4): 1-12.

[6] 张恒:《浅析胶矾在中国绘画艺术中的应用》,《株洲师范高等专科学校学报》2003年第6期,第4—44页。

[7] 王亚龙:《明矾在纸质文物中的应用研究》,《南方文物》2013年第1期,第154—156页。

[8] 陈朝阳、栾兆坤、范彬等:《水解聚合铝阳离子Al_{13}和Al_{30}的^{27}Al核磁共振定量研究》,《分析化学》2006年第1期,第38—42页。

[9] 王先龙、邹公伟、毕树平:《^{27}Al核磁共振波谱法测定环境生物样品中铝研究进展》,《无机化学学报》2000年第4期,第548—560页。

[10] 郭明媛、苏秀霞、周丽等:《硫酸铝改性骨胶的制备及其胶接工艺》,《中国胶粘剂》2015年第2期,第29—32页。

[11] 付丽红、张铭让、齐永钦等:《胶原蛋白和植物纤维结合机理的研究》,《中国造纸学报》2002年第1期,第68—71页。

忻州九原岗北朝壁画墓《建筑图》的揭取保护

胡文英　石美风

（山西博物院）

摘要：九原岗北朝壁画墓，位于山西省忻州市忻府区兰村乡，是九原岗墓群中的一座。该墓共揭取保护壁画逾200平方米。其中，墓道北侧的木构建筑图，规模宏大，单幅面积达11余平方米，是我国首次发现的双柱式结构古建筑图样，具有重要的研究价值。为完整地揭取并保留其图案，项目组对其采取了整块揭取的保护方法。此建筑图是我省近年来揭取保护面积最大的单块壁画，可为今后同类型壁画的揭取保护提供一定的经验借鉴。

关键词：忻州　九原岗　北朝　壁画墓　建筑图

一、九原岗北朝壁画墓概况

1. 九原岗北朝壁画墓的发现与保护

该壁画墓2013年发现于忻州市忻府区兰村乡下社村，地处忻州市文物保护单位九原岗墓群中。忻州是北朝齐高祖神武皇帝高欢的发祥地，墓主人很可能是高氏集团核心人物。该壁画墓坐北朝南，由封土、墓道、甬道和墓室四部分组成，结构基本完好，保存壁画主要分布于墓道及甬道部分，总面积逾200平方米。壁画规模宏大，内涵丰富，真实地反映了北朝时期晋北地区先民的物质生活、思想观念及风俗习惯等社会历史，充分展示了北朝时期人们丰富的精神世界，是研究北朝历史文化、社会生活和军事制度等的珍贵资料。2014年8月，经山西省文物局决定，由山西博物院、山西省考古研究所、太原市文物考古研究所、忻州市文物管理处共同完成墓葬壁画的揭取搬迁保护工作。

2. 墓道北壁壁画保存状况

墓道壁画总体上保存较为完整，其中北壁壁画包括甬道拱门的上方和门柱两侧壁面部分。拱门上方壁画保存完好，但门柱两侧壁画缺失严重，基本无画面。拱门的上方绘有一座规模宏大的木结构建筑图，图中建筑物的屋顶正上方绘一火盆，左右两侧各绘一兽首鸟身的怪兽形象。屋檐下绘有侍者形象6人（见图1）。此建筑图首次用绘画的形式，以写实性风格展现了北朝木建筑的特有风采，在同时期墓葬中尚属首次发现。特别是双柱式的斗拱结构在以往的资料中未见记载，其建筑斜拱的出现又将我国古建筑中斜拱的运用历史提早了数百年，对研究北朝、绘画艺术以及我国古代建筑史等均具有重要的意义。该壁画因存在地仗缺失、空鼓、叠压变形、裂隙等病害现象，亟须被揭取保护。

3. 墓道北壁壁画结构特征

墓道北壁整体高约6.38米，其中，门洞高约3.2米，宽约1.88米，门柱宽约0.45米。从残缺断面观察壁画结构，可发现甬道墓门两侧壁画制作工艺与墓道东西壁基本相同，是由“支撑体+草拌泥层+白灰层+壁画层”组成。但是，甬道墓门上方北壁壁画结构与东、西墓道壁略有不同。其支撑体结构显示由两部分组成：下半部分是与拱券顶相连的砖墙，高约1.2米，以青砖砌成；上半部分是与墓室顶部夯土相接的土坯墙，高约1.5米。整体上，北壁墙体厚度不均匀，砖墙厚约0.28米，土坯墙厚约0.34米。

图1　墓道北壁建筑图保存状况

二、墓道北壁壁画揭取方案设计

北壁壁画背后的支撑体是青砖与土坯结构，青砖和土坯上是草泥层，壁画白灰地仗层附着在草泥层上。甬道门上方的壁画整体内容为一木结构建筑，构图严密，不适合分割。壁画内容中的建筑画面具有很高的历史和艺术研究价值。揭取原则是保存画面的完整性，为此，拟计划把整个建筑图画面完整揭取下来，揭取方法如下：

（1）先揭取甬道门两侧墙壁上的壁画。门两侧的壁画面积较小，画面不完整，可作为现场揭取操作试验部分。完成甬道门两侧壁画揭取后，留出北壁的建筑图画面底部砖壁。建筑图画面底部与券顶相平，高与地表平，左右宽至东西墓道壁。北壁壁画分割线预设在建筑图案下边缘，恰好也是甬道券顶上边缘的位置，将该壁画画面分割为上下两部分，最大限度地保持了画面的完整性。

（2）用保护钢片保护地仗层。把北壁的建筑图画面底部沿底线掏出一条深3厘米的缝隙，将壁画揭取保护板下端的揭取保护钢片（每隔10厘米安装一个壁画揭取保护钢片）垂直插入整幅建筑画面地仗层下侧，保护清除支撑体后的地仗层不会脱落下来。壁画揭取保护板下端及背面用钢管固定牢固。

（3）制作壁画揭取保护夹板。为防止揭取时产生震动引起壁画局部脱落，切割揭取前依据壁画块面积制作稍大于揭取壁画尺寸的保护夹板。一幅壁画需制作两块大小相同的夹板。制作的主要材料包括：优质木工建筑板、优质木龙骨、海绵（厚约2厘米），塑料膜、七合板等。保护板与壁画画面接触的正面要铺垫厚度海绵，并用塑料薄膜包裹，边缘打钉固定。

（4）搭建一个带滑轮装置的简易龙门架。借助龙门架用钢丝绳通过滑轮与壁画揭取保护板链接，保证壁画揭取时能安全放平（见图2）。

（5）拆除砖墙，使地仗层与附着体分离。在露出的地仗层背面用一层保鲜膜覆盖，再用一根宽8厘米、厚4厘米，长与壁画等长的木龙骨紧附于地仗层背侧，缝隙用石膏泥填充，两侧与壁画

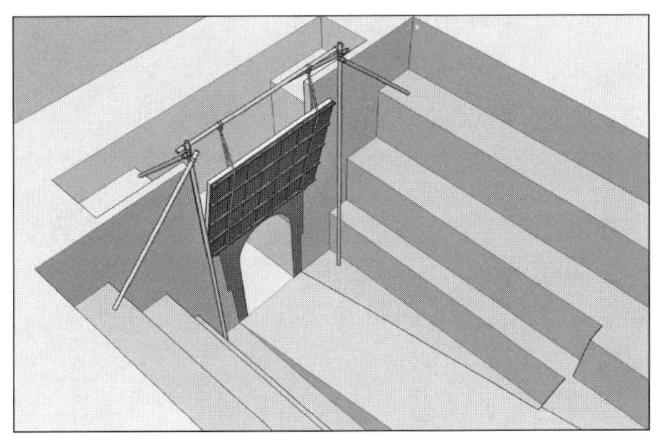

图2　通过滑轮装置揭取壁画

揭取保护板固定在一起。

（6）每拆除30厘米砖墙时，固定一根木龙骨。地仗层完全脱离附着体，且木龙骨与壁画揭取保护板把壁画固定牢固后，拉动滑轮钢丝绳，慢慢移动壁画至下放落地。然后将壁画放平并抬到临时库房，待晾干后进行下一步的包装运输。

三、墓道北壁壁画的揭取实施

以前期揭取设计方案为参照，逐步揭取北壁壁画，同时在揭取中依据实际情况对方案不断进行调整与完善。因墓道北壁壁画的揭取是在东、西两侧壁画揭取完成之后的操作，因此按照常规墓葬壁画揭取的技术路线，已对其预先进行了相关准备工作。主要包括揭取前的文字、数据及图像等的信息采集；揭取前相关材料的配比试验等操作。除此之外，还在现场搭建好了揭取操作中所需要的钢架结构，并对该处壁画进行了烘干、画面清理、加固、贴布等处理。贴布所用胶结材料为水浴法加热熬制的桃胶。贴布后对画面烘干时采用的是无烟炭火盆。

1. 揭取前的准备工作

考虑到北壁画幅偏大，白灰层脱离支撑体后结构脆弱，且整体会因重力作用向下沉降。单层贴布不足以给质量较大的壁画向上的拉升力，极有可能会因壁画过重而撕裂贴布，从而导致壁画坠落碎裂。为此，对该处壁画粘贴了多层纱布，并将纱布上端边缘预留出的多余部分缠绕固定在壁画顶部与钢架相连接的木质水平横梁上（图3）。这样操作一方面可增强壁画的强度，另一方面是为了保证与墙体分离后的壁画有足够向上的牵引力，避免因重力作用而出现画面断裂、错位等损伤现象。

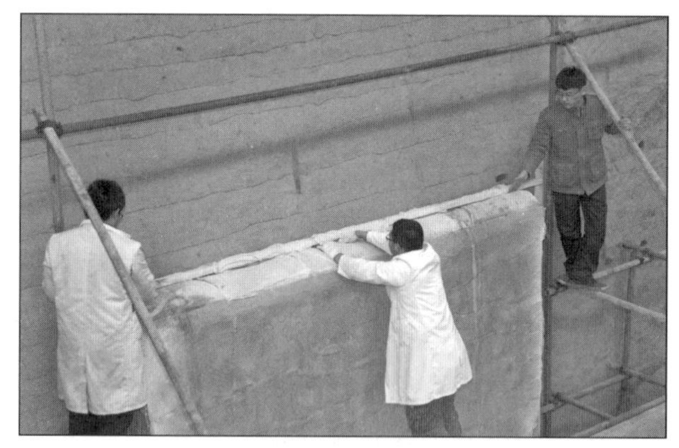

图3　将预留出的纱布边缘固定

2. 设置壁画画面分割线

依据揭取方案，揭取建筑图之前，借助水平仪对画面设置划分切割线。分割

线位于建筑图下方、甬道券顶上方的交界位置，将画面分割为上、下两部分。然后选择甬道门两侧的残余壁画块为对象进行揭取试验，以便深入了解壁画强度、保存现状等实际情况（图4）。

图4　甬道门洞口两侧壁画揭取试验

经过实验得知，壁画支撑体为结构坚固的砖体和土坯墙，从背部挖掘很难去除。而支撑体结构表面为较疏松的草拌泥层，且该层结构较厚，约1—2厘米。从地仗层与砖体结合方面观察，发现壁画整体空鼓现象比较严重。取铲刀对局部沿砖面轻铲，地仗层与砖体较易分离。结合壁画本身的空鼓状况可知，如借助于较长的铲刀（图5），可将壁画整体与支撑体逐渐铲切分离。基于实验块的揭取实际经验，调整甬道上方建筑图的揭取技术方案，即放弃从壁画背部拆墙揭取的技术方法，确定对该建筑图壁画采取直接铲切、整块揭取的揭取方式。

图5　自制所需长度的铲刀工具

3. 清除壁画两侧的土方

建筑图壁画两侧为墓葬内部填土，为铲切揭取壁画时操作方便，首先将壁面两侧的土方清除，使壁画两侧剖面露出，留出一定的施工空间。同时，对壁画的支撑体结构现状有一个更为直观的把握，从而更有利于壁画的成功揭取。

4. 安装壁画保护装置，铲切壁画

首先，搭建一个高度可达到北壁顶端且装置有滑轮的简易龙门架。用钢丝绳通过滑轮将壁画保护夹板缓慢悬吊至壁画正前方。保护夹板与壁面之间要空余出一定间隙，便于技术人员进行壁画铲切操作，同时方便随时从壁画正面进行观察，防止铲刀损伤壁画。另外，在铲切壁画前，还需对壁画采取一定的安全防

图6　专业技术人员铲切揭取壁画

图7　将壁画块与墙体分离

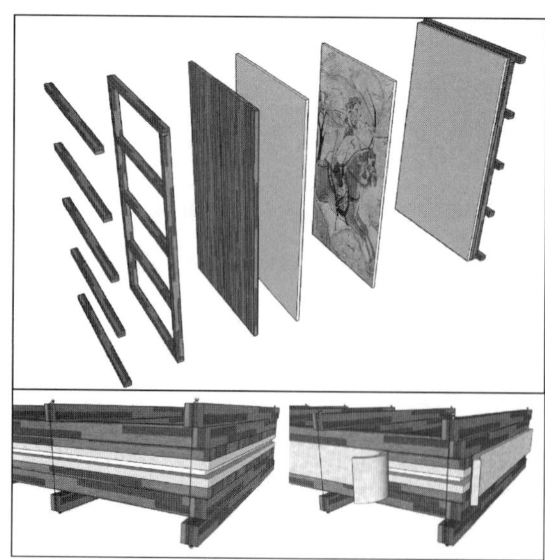

图8　壁画块打包运输保护结构图示

护措施。工作人员在壁画下方用较粗的钢筋水平插入固定在壁画保护夹板下方，以防止壁画与墙体分离后掉落；另外，防止壁画块在通过滑轮装置从上方牵引悬吊时因重力作用下降而造成破坏。揭取壁画时，由经验丰富的技术人员将专门制作的钢制铲刀从壁画侧面插入，小心铲切壁画背后的草拌泥，使壁画与墙体逐步分段分离。边铲切边从旁观察，把握用力的方向及力度大小等操作技术要点(图6)。

5. 通过滑轮装置移动壁画块

待壁画与墙体彻底分离后，把保护夹板小心移动使其紧贴在壁画上。然后，将原先固定在横梁上的纱布翻转后固定在保护夹板上端，从而将壁画固定在保护夹板上。再借助滑轮牵引装置，缓慢地将携带壁画的保护夹板放平，最终将壁画成功揭下(图7)。

6. 包装运输揭取的壁画块

揭取后的壁画块，对其打包还需采取减震、防潮等安全防护措施(图8)。同时，在装车运输过程中，还需在车厢内制作专用的运输保护支架，以便能将壁画块平稳放置并固定好(图9)。最后，将壁画块运输至山西博物院壁画专用库房存放，待后期整体保护修复。

图9　制作壁画保护支架以确保壁画安全运输

通过项目组所有成员的共同努力，九原岗墓道北壁面积达11平方米的建筑图最终得以完整性揭取并保留。此次揭取施工过程中，依据现场操作实际需要，在以往揭取工作经验的基础上自制大型铲刀、对壁画画面加贴纱布层等不断完善揭取技术与方法的尝试，都是非常宝贵的实践经验，对今后同类型壁画的揭取具有重要的参考作用。

（本项目摄影：厉晋春）

参考文献

山西省考古研究所、忻州市文物管理处：《山西忻州市九原岗北朝壁画墓》，《考古》2015第7期，第51—74页。

霍宝强、石美风：《忻州九原岗北朝墓葬壁画的科学揭取与搬迁保护》，《中国文物报》2015年5月29日第007版。

祁英涛：《中国古代壁画的揭取与修复》，《中原文物》1980年第4期，第43—58页。

徐锦顺：《尔朱荣或尔朱兆？——从〈狩猎图〉看忻州九原岗北朝壁画墓墓主》，《中原文物》2015年第6期，第82—86页。

白曙璋、张庆捷：《山西忻州九原岗北朝壁画墓的发掘》，《大众考古》2016年第5期，第28—34页。

扬之水：《忻州北朝壁画墓观画散记》，《大众考古》2014年第3期，第71—75页。

山西地区古代瓷窑采集瓷片的色度学分析

解　晋
（山西博物院）

摘　要： 本文研究的主要对象为山西地区宋金窑址采集的瓷片，在显微观察的基础上统计标本主要釉色为黑白两种，借助色度学知识通过色差计对古代不同窑址白釉瓷和黑釉瓷的颜色进行直观和定量的表征，结合统计学知识来探究不同窑址采集的瓷片颜色方面的特点。

关键词： 山西瓷片　色度　颜色特征

一、前言

陶瓷的釉是附着在坯体表面的一层无色或有色的玻璃质薄层。有色釉中所含着色剂（金属氧化物）的差异加上窑炉烧制气氛的关系，釉的颜色会呈现出青、橙、黑、绿、黄、褐、红、金、蓝、紫等，而古代的常见白瓷其实是接近无色的透明釉。古陶瓷生产过程中，工匠对于陶瓷使用的材料一般是就地取材，由于胎釉的原料成分、烧制窑温、制作工艺、装饰手法等多方面的不同，导致即使是同一地区但不同窑口之间的陶瓷在釉和胎的颜色上也会形成各自的特点。为了科学地揭示陶瓷釉色和胎色的差别，国内很多学者针对釉色的感官特点进行了研究。例如杨吴伟写的文章《青瓷釉色的审美认知》中对青瓷不同釉色的审美进行了描述和概括[1]。弓岩写的文章《描述中国古代陶瓷釉色的颜色词小考》，是从构词学的角度分析描述陶瓷釉色[2]。但是传统上人们对釉色的分类主要依据的是人眼的生理机能对釉颜色的感受，并结合自然界的动植物、景色等加以区分和判定，由于个体差异和人的主观性，这个感知是错综复杂的，没有统一的科学标准，导致对于同一件器物的釉色，往往不同的人会有不同的颜色描述[3]。为清晰准确地描述古陶瓷的颜色差异，科学界定颜色标准，本文借助于色度学的知识对山西地区古瓷窑瓷片的釉色进行直观和定量的表征，来探究不同窑址采集瓷片釉色的特点。

二、色度测定的基本原理及方法

色度学是研究颜色的度量和评价方法的一门学科。颜色有三种表观特征：明度、色调和饱和度。色调与饱和度合称为色度。色度加上亮度就可以对颜色实现完整表观。颜色可以分成两大类：无彩色系（指白灰黑系列颜色）和有彩色系（白灰黑系以外的其他颜色）[4]。

国际照明委员会制订了一系列色度学标准，在1976年该委员会推出了1976LAB（或$L^*a^*b^*$）[5]，这两个颜色空间与颜色的感知更平均，可以使用数字量ΔE来表示两种颜色的差。色空空间由直角坐标系L^*、a^*、b^*构成，在立体三维坐标的任何一点都代表着一种颜色，两点之间的几何距离代表两种颜色之间的色差，色品坐标$L^*a^*b^*$与X、Y、Z三刺激值关系如下：

$$\begin{cases} L^* = 116(Y/Y_0)^{1/3} - 16 \\ a^* = 500[(X/X_0)^{1/3} - (Y/Y_0)^{1/3}] \quad Y/Y_0 > 0.01 \\ b^* = 200[(Y/Y_0)^{1/3} - (Z/Z_0)^{1/3}] \end{cases}$$

其中X、Y、Z是物体的三刺激值，X_0、Y_0、Z_0为CIE标准照明体的三刺激值，L^*表示心理明度，a^*、b^*为心理色度。L^*值为0，表示光全部吸收的理想黑色；L^*值为100，表示对光全部反射的纯白物质。

在颜色坐标系统中，$+a^*$表示红色，$-a^*$表示绿色，$+b^*$表示黄色，$-b^*$表示蓝色，颜色的明度由L^*的百分数来表示[6]。

R457白度测量方法的灵敏度高，设备简单，遍及我国造纸等行业。该方法以蓝光照射到氧化镁标准板表面的反射率的百分比来表示试样的蓝光白度（Wr），反射率越低，白度越低。

三、色度学在古陶瓷研究中的应用

陶瓷的呈色是釉对可见光发生选择性吸收和反射。1996年浙江大学陈全庆先生通过对青瓷釉的呈色机理研究对釉的颜色进行定量标示，制作CIE色品图，将青瓷釉的颜色分釉色色调和釉色饱和度两部分[7]。丁银忠先生对宋代官窑瓷器釉的颜色进行无损测定时运用社会科学和色度学相结合的颜色分类方法对釉的颜色进行定量化表征和分类[8]。薛冰使用色差仪对安阳窑和灵芝窑瓷器进行了色度分析[9]，对古代白瓷的色纯度、亮度和现代白瓷进行了对比。王丽丽在对景德镇和福建外销青花瓷的对比分析研究中使用便携色差计对民用青花瓷进行测试，对两者釉色的明度、色调、饱和度的变化关系进行研究[10]。鲁晓珂使用色彩分析仪对汝窑和张公巷窑出土的青瓷色度进行测试，从色度学方面分析两窑瓷器的釉色[11]。

本次研究中，样本主要为白釉瓷和黑釉瓷，两者均属于单色釉，但是因为原料差异、炉内气氛、烧成温度等原因，不同窑址的单一釉色也不尽相同，我们借助色度学方法科学地揭示了山西地区窑址出土瓷片釉色的差别和特点（图1）。本次我们使用北京康光仪器有限公司生产的全自动色差计SC-80C（重复精度$\Delta Y \leqslant \pm 0.3$，$\Delta E \leqslant \pm 0.3$）来对瓷片进行检测（图2）。

图1　采集瓷片窑址地图

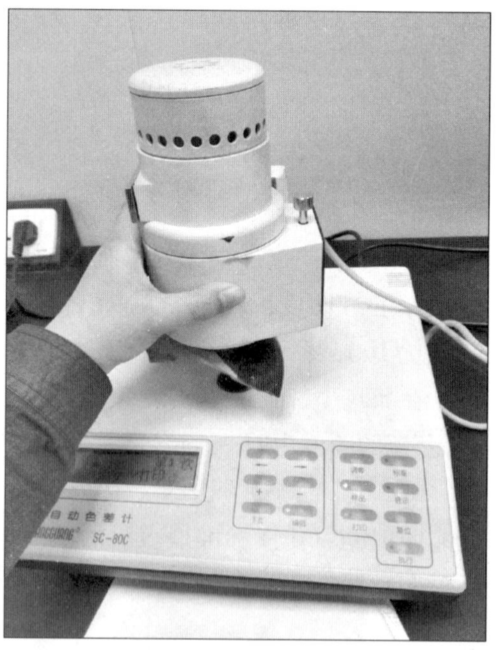

图2　色差计

四、色度分析结果

1. 山西地区窑址白釉瓷色度检测结果表(以八义窑为例)

表1 八义窑白瓷色度检测结果

编号	L*	a*	b*	ΔE*	ΔL*	Δa*	Δb*	Wr
BYY-02	72.65	−0.75	11.88	24.11	−21.7	−0.14	10.49	35.91
BYY-03	85.36	2.49	17.81	18.98	−8.99	3.1	16.42	49.13
BYY-04	71.44	−3.05	10.7	24.85	−22.91	−2.4	9.31	35.25
BYY-05	66.5	−1.75	10.11	29.2	−27.85	−1.1	8.72	29.79
BYY-07	79.04	2.4	14.72	20.52	−15.31	3	13.33	42.33
BYY-11	64.52	−0.46	15.79	33.13	−29.83	0.15	14.4	24.27
BYY-15	49.52	−4.67	12.31	46.32	−44.83	−4	10.92	13.81
BYY-19	83.09	0.26	9.76	14.06	−11.26	0.87	8.37	53.03
平均值	71.52	−0.69	12.89	26.40	−22.84	−0.07	11.50	35.44
最大值	85.36	2.49	17.81	46.32	−8.99	3.1	16.42	53.03
最小值	49.52	−4.67	9.76	14.06	−44.83	−4	8.37	13.81
标准白板	94.35	−0.61	1.39					84.76

2. 山西地区窑址黑釉瓷色度检测结果表(以大同青磁窑为例)

具体如下表所示:

表2 大同青磁窑黑釉瓷色度结果

青磁窑编号	检测位置	L*	a*	b*	ΔE*	ΔL*	Δa*	Δb*	Wr
QCY-07	内底黑釉	21.03	4.98	2.74	73.53	−73.31	5.5	1.38	3.99
	外黑釉	27.9	1.73	2.83	66.5	−66.44	2.2	1.46	5.96
QCY-08	黑釉内壁釉	31.33	−0.29	9.5	63.53	−63.01	0.27	8.13	5.81
QCY-09	外釉黑色	34.05	1.9	4.99	60.45	−60.29	2.4	3.62	7.83
QCY-13	外壁酱黑釉	24.35	−0.76	2.33	70	−69.99	−0.2	0.96	4.93
QCY-14	内底黑釉	23.61	7.8	−1.48	71.28	−70.73	8.3	−2.85	5.37

续 表

青磁窑编号	检测位置	L*	a*	b*	ΔE*	ΔL*	Δa*	Δb*	Wr
QCY-15	内黑釉	28.21	6.73	1.89	66.53	−66.13	7.2	0.52	6.26
QCY-16	内底黑釉	17.69	2.08	1.69	76.7	−76.65	2.6	0.32	3.39
QCY-18	外壁黑釉	33.69	2.57	3.17	60.76	−60.65	3.1	1.8	8.13
	内壁黑釉	38.69	−2.3	10.48	56.41	−55.64	−1.7	9.11	8.47
QCY-19	外酱黑釉	21.13	1.67	7.93	73.54	−73.22	2.3	6.44	3.35
	内酱黑釉	26.2	−2.8	8.58	68.55	−68.15	−2.1	7.08	4.44
QCY-20	酱褐色	43.68	2.86	11.2	51.72	−50.66	3.4	9.84	10.73
QCY-21	外壁酱绿釉	32.39	4.76	8.02	62.53	−61.95	5.3	6.65	6.48
	内壁酱绿釉	28.37	−1.11	7.95	66.3	−65.97	−0.55	6.58	5.16
QCY-22	内釉酱黑	22.44	2.75	3.47	72.01	−71.91	3.3	1.97	4.23
平均值		28.42	2.04	5.33	66.27	−65.92	2.58	3.94	5.91
最大值		43.68	7.8	11.2	76.7	−50.66	8.3	9.84	10.73
最小值		17.69	−2.8	−1.48	51.72	−76.65	−2.1	−2.85	3.35
标准白板		94.35	−0.65	1.5					84.62

3. 小结

为更清楚地比较山西地区不同窑址色度的差别，将色度值Lab数据导入SPSS统计学软件后，做了散点图和箱式图（见图3至图8）。

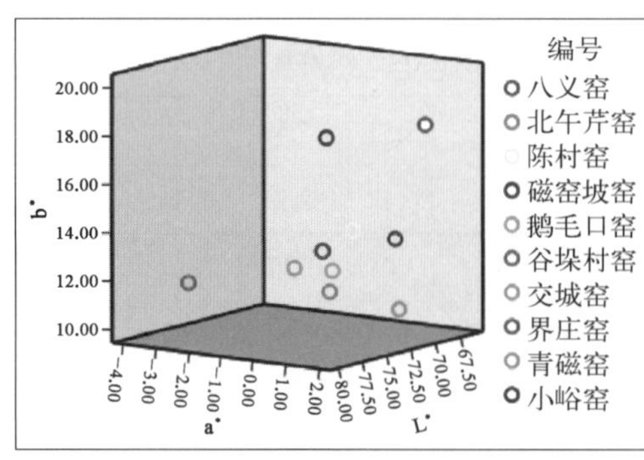

图3　瓷窑白瓷平均色度值lab散点图

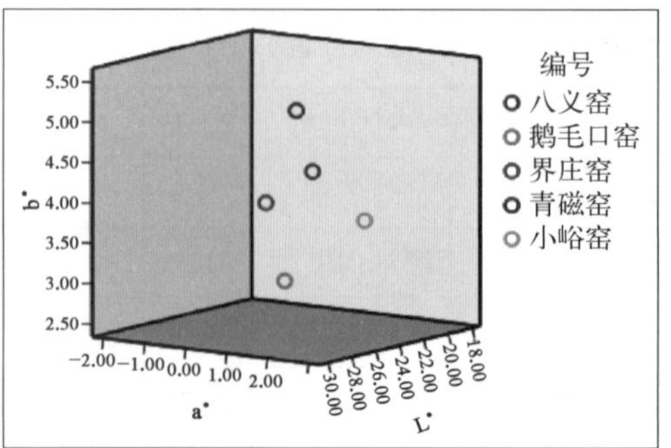

图4　瓷窑黑瓷平均色度值lab散点图

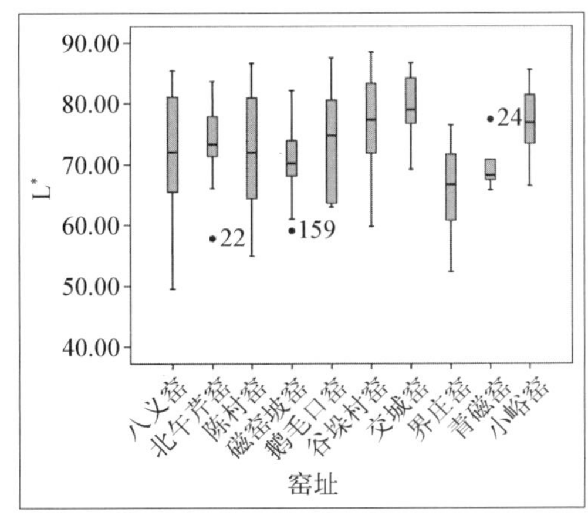

图5　瓷窑白瓷明度的箱式分布图

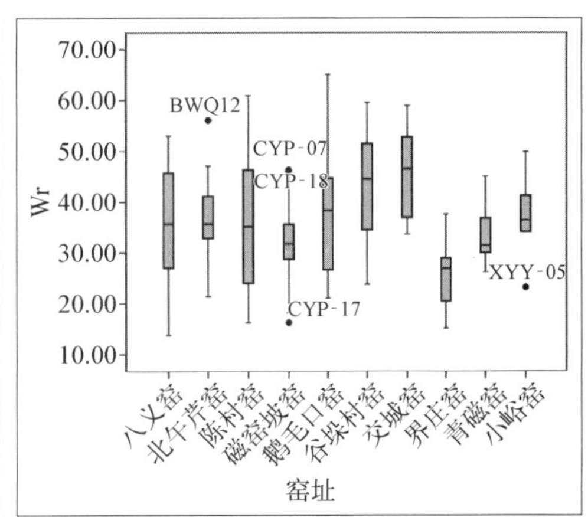

图6　瓷窑白瓷蓝光白度的箱式分布图

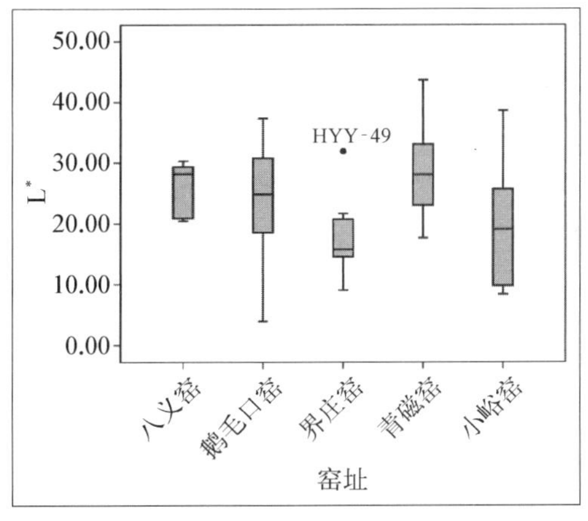

图7　瓷窑黑瓷明度的箱式分布图

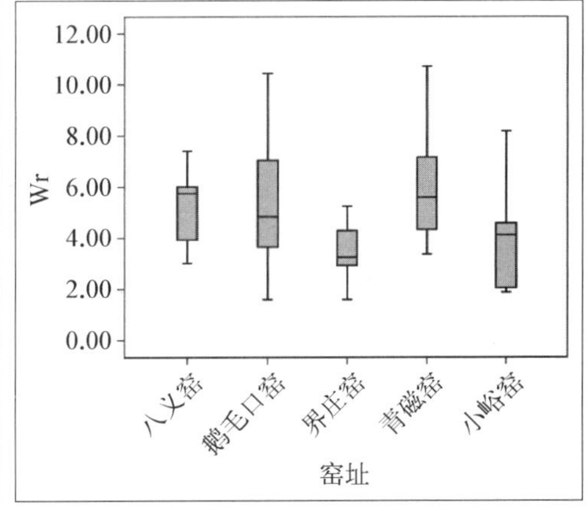

图8　瓷窑黑瓷蓝光白度的箱式分布图

从上面图来看，山西地区10个窑址的白瓷和5个窑址的黑瓷色度方面有较明显的差异。明度不仅取决于物体照明程度，而且取决于物体表面的反射系数。所有瓷片的检测环境一致，明度的不同体现了陶瓷表面不同的反射系数。白瓷的明度整体来看，交城窑白瓷表面颜色平均明度值最高，排列如下：交城窑>小峪窑>古垛村窑>鹅毛口窑>北午芹窑>陈村窑>八义窑>磁窑坡窑>青瓷窑>界庄窑。黑釉瓷的色度分析结果显示，界庄窑的黑釉瓷平均明度值最低，5个瓷窑黑釉样品的平均明度范围为18.16—28.42，排列如下：青瓷窑>八义窑>鹅毛口窑>小峪窑>界庄窑。

白度是衡量日用生活器皿质量好坏的指标之一，瓷器的白度主要取决于用料的化学成分，同时与烧成温度、介质性质、玻璃相的数量等有关系。从蓝光白度数据来看，交城窑白瓷表面颜色平均白度值最高，排列如下：交城窑 > 古垛窑 > 鹅毛口窑 > 小峪窑 > 北午芹窑 > 陈村窑 > 八义窑 > 青瓷窑 > 磁窑坡窑 > 界庄窑。黑瓷里界庄窑的蓝光白度最低，排列如下：青瓷窑 > 八义窑 > 鹅毛口窑 > 小峪窑 > 界庄窑。

八义窑白瓷明度平均为L*71.52，范围为49.52—85.36，平均a*值为−0.69，釉色微偏绿色，b*平均为11.62，釉色偏黄色，蓝光白度平均为35.44；黑瓷明度平均为L*26.23，范围为20.43—30.29，平均a*值为1.80，釉色微偏红色，b*平均为4.48，釉色偏黄色，蓝光白度平均为5.31。

北午芹窑白瓷明度平均为L*73.96，范围为57.77—83.66，平均a*值为0.26，釉色微偏红色，b*平均为12.89，釉色偏黄色，蓝光白度平均为36.45。

青磁窑白瓷明度平均为L*69.96，范围为65.86—77.4，平均a*值为1.21，釉色微偏红色，b*平均为10.65，釉色偏黄色，蓝光白度平均为33.89；黑瓷明度平均为L*28.42，范围为17.69—43.68，平均a*值为2.04，釉色偏红色，b*平均为5.33，釉色偏黄色，蓝光白度平均为5.91，但该窑白瓷样本较少，无法全面表征。

鹅毛口窑白瓷明度平均为L*74.07，范围为62.94—87.48，平均a*值为0.37，釉色微偏红色，b*平均为12.52，釉色偏黄色，蓝光白度平均为38.73；黑瓷明度平均为L*23.67，范围为3.91—37.35，平均a*值为0.37，釉色微偏红色，b*平均为2.94，釉色偏黄色，蓝光白度平均为5.12。

古垛村窑白瓷明度平均为L*76.89，范围为59.79—88.43，平均a*值为−3.19，釉色偏绿色，b*平均为11.2，釉色偏黄色，蓝光白度平均为42.65。

小峪窑白瓷明度平均为L*76.93，范围为66.52—85.52，平均a*值为1.05，釉色微偏红色，b*平均为18.44，釉色偏黄色，蓝光白度平均为37.07；黑瓷明度平均为L*20.09，范围为8.34—38.59，平均a*值为1.28，釉色微偏红色，b*平均为3.62，釉色偏黄色，蓝光白度平均为4.15。

界庄窑白瓷明度平均为L*66.21，范围为52.34—76.49，平均a*值为0.89，釉色微偏红色，b*平均为17.85，釉色偏黄色，蓝光白度平均为25.22；黑瓷明度平均为L*18.16，范围为9.06—31.90，平均a*值为−1.69，釉色微偏绿色，b*平均为3.59，釉色偏黄色，蓝光白度平均为3.50。

陈村窑白瓷明度平均为L*72.49，范围为54.94—86.59，平均a*值为0.53，釉色微偏红色，b*平均为14.07，釉色偏黄色，蓝光白度平均为35.68。

交城窑白瓷明度平均为L*79.59，范围为69.21—86.66，平均a*值为0.90，釉色微偏红色，b*平均为13.29，釉色偏黄色，蓝光白度平均为44.90。

磁窑坡窑白瓷明度平均为L*70.46，范围为59.07—82.15，平均a*值为1.24，釉色微偏红色，b*平均为13.62，釉色偏黄色，蓝光白度平均为32.09。

图9 瓷窑黑瓷片

图10 瓷窑白瓷片

（本文的研究对象来自山西博物院申请的山西省科技厅课题《宋金时期山西古瓷窑标本数据库的建立和应用》，项目负责人为李勇先生。感谢山西博物院李勇先生给我提供珍贵的标本和相关资料，感谢山西省考古研究所王晓毅老师对我的悉心指导，感谢山西大学历史文化学院王小娟老师在数据分析方面给予我的帮助）

参考文献

[1] 杨吴伟：《青瓷釉色的审美认知》，景德镇陶瓷学院硕士学位论文，2008年。

[2] 弓岩：《描述中国古代陶瓷釉色的颜色词小考》，《现代装饰（理论）》2013年第1期，第111、117页。

[3] 李亨：《颜色技术原理及其应用》，科学出版社，1994年，第5—10页。

[4] 荆其诚、焦书兰、喻柏林、胡维生：《色度学》，科学出版社，1979年。

[5] [美]佰思斯编著，李小梅等译：《颜色技术原理》，化学工业出版社，2002年，第87页。

[6] 李伦：《色度测定在陶瓷釉上颜料检验中的应用》，《山东陶瓷》1994年第1期，第43—48页。

[7] 陈全庆、周宇松、周少华：《南宋官窑青瓷釉呈色机理研究》，《陶瓷学报》1996年第1期，第42—47页。

[8] 丁银忠、赵兰、黄卫文、侯佳钰、苗建民：《故宫博物院藏宋代官窑瓷器釉的颜色无损测定》，《故宫博物院院刊》2010年第5期，第146—152、203页。

[9] 薛冰：《河南安阳北朝至隋代瓷器的制作工艺与产地的相关研究》，安徽大学硕士学位论文，2007年。

[10] 王丽丽：《景德镇与福建外销青花瓷的对比分析研究》，景德镇陶瓷学院硕士学位论文，2012年。

[11] 鲁晓珂：《现代实验技术在汝窑和张公巷窑研究中的应用》，郑州大学硕士学位论文，2006年。

文保新材料的科学应用与评估体系研究

李　玮
（南京市文化遗产保护研究所）

摘　要：本文从材料科学的角度出发，研究文物的自然蜕变以及保存过程中产生的问题，系统科学地评价文物保护处理中选用材料的综合性能，进而在探讨选用材料与文物基体材料之间的兼用性问题基础上，阐述对建立文物保护新材料应用与评价体系的认识及其重要意义。

关键词：文物保护　修复材料　科学评估

一、引言

文物保护材料的研究与应用在文物保护技术研究中占有举足轻重的地位。随着人类科学和技术的不断进步，来自不同学科领域的新材料频频问世。学习与研究新材料、新技术的各项技术数据、特性与应用范畴，并将这些新技术、新材料应用于具体文物保护修复工作，也正是文物保护工作的职责所系。

近年来，现代科技的长足发展为文物保护领域的研究提供了先进的手段和方法。新材料、新技术为文物保护服务的理念也越来越受到世人瞩目。众所周知，文物是由各种材料所组成。根据构成文物的材质，可将文物划分为有机质文物、无机质文物和复合质文物（见表1）。为了有效地保护文物，必须对文物的成分、结构、腐蚀机理、影响因素进行全面的梳理与分析。

表1 文物材质分类

有机质	无机质	复合质
丝、棉、麻、毛	金、银、铜、铁、锡、铅	漆器
竹、木、漆	陶、瓷、砖瓦、琉璃、泥塑	壁画
书籍、书画、照片	石雕、碑刻	刺绣
皮革	玛瑙、翡翠、水晶、钻石	
甲骨、象牙、贝类	玻璃、珐琅	

二、对新材料与新科技应用原则的研究与思考

我们在对文物实施保护处理时，首先考虑到的是它的材质和保存现状，以及物理载荷和化学环境等。从某种意义上讲，文物保护工作就是通过对文物材质和文物干扰材料的研究，达到延长文物保存时间的目的，进而研究文物产生病害的原因并对文物的保存状况做出科学的评价。文物的病害并非是一种因素单独作用的结果，许多情况下文物的破坏都是多种因素同时作用的结果。当我们对文物病害进行检测分析和评估时，就必须综合考虑化学、生物学和力学等多方面因素。

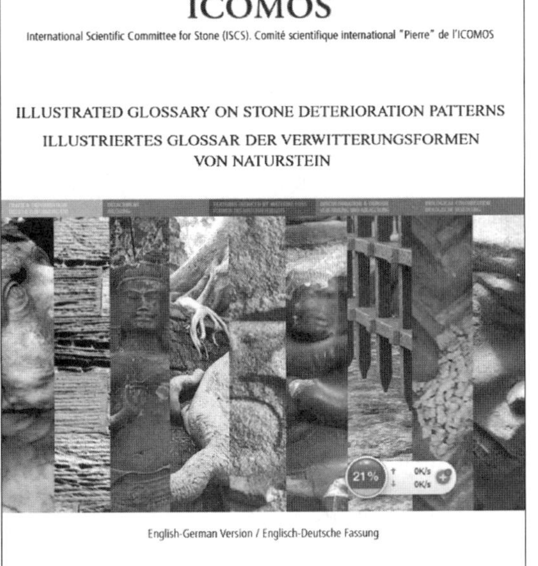

图1

在对文物采取实际保护处理的过程中，我们也不可避免地要将新的材料引入到文物材料体系中来。一些诸如激光清洗机、3D扫描仪、拉曼光谱仪等高科技设备和原子吸收光谱分析、X荧光光谱分析、质谱分析、同位素分析等全新试验分析技术也被逐步运用到文物保护工作中来。这些新技术、新方法不断涌现，使我们明白应从材料科学的角度去关注、研究文物的自然蜕变以及保存过程中产生的各类问题。文物保护过程中材料的选择和应用直接影响到保护的成效。材料选择不当，不仅不能起到良好的保护效果，甚至会对文物造成破坏。因此，一方面我们要对其进行系统的整理、筛选，决不能照搬照抄；另一方面我们还要结合文物本身的特性，通过试验性研究去判别其优劣。其中还必须遵循以下几点原则：

（1）适用性原则。材料的使用性能是选材的基本问题。在满足了保护文物性能及工艺条件要求的前提下，还要求我们所选的材料对文物本体的干扰尽可能小；对人体、文物安全和周边环境无不良影响；在保护处理过程中，需要同时使用几种材料时，要充分考虑材料之间的兼容性与适配性。

（2）可逆性原则。随着文物保存时间的延长和科技的不断发展，每一次新技术和新材料的发现与更新，都是对文物保护工作的再认识，对每一件文物也都提供了再次保护的可能。从长远观点来考虑，目前我们所使用的材料应具有良好的可逆性或是可再处理性，给将来的保护处理预留下可处理的空间。

（3）真实性原则。真实性的概念是一个不断发展和演化的过程。最初，人们关注的是原物的真实性，之后加入了时间的要素（时间过程赋予遗产的价值），并把真实性放在特定文化背景下考虑以及注重对文化传统的保护。因此保护的目的是真实、全面地保存并延续其历史信息及全部价值；保护是在特定文化背景下的保护，需要思考这种文化背景对保护的影响。对于中国的文物保护来说，需要思考中国文化在保护原则、保护方法上的体现以及如何把我们的保护建立在更为理性的研究基础之上。

（4）稳定性原则。文物修复工作不仅要考虑文物价值的体现问题，修复质量的稳定性、与环境的适应性更是关乎文物安全的首要问题。要让文物"活"起来，文物本体的"健康"是前提。一方面要使用传统工艺，传统工艺是保证文物安全的重要工艺和材料。另一方面，现代科技的发展为修复材料的比较、文物现状的记录、本体状况的检测和保存环境的监测提供了更多方便、科学的手段，也提高了修复实践的效率和质量。

（5）资源和经济因素。文物保护工作是一项注重长远利益和以社会效益为主的公益性事业。从某种意义上来说，文物保护工作目前只有投入而无实际经济效益。因此在目前国内博物馆普遍存在投入经费不足的情况下，保护工作中所选用的材料与技术除能满足文物保护要求外，还要兼顾经济成本，尽量要节约开支。

图2

但由于文物本身的脆弱性、稀缺性和不可再生性，在这些新材料使用于文物保护之前，必须经过严格的评估，以免造成不可挽回的损失。遗憾的是，我国针对文物保护新材料的评估还很不完善，尚无明确的评估准则、严格的评估流程、科学的评估方法以及健全的评估组织。这也引发了笔者对系统科学地评估文物保护处理中选用材料的综合性能，进而探讨选用材料与文物基体材料之间的兼容性，以稳妥和可靠的材料和方法对各类文物施以保护处理重要性的思考。

三、探讨建立文保新材料评估体系的目的、内容与方法

基于对上述问题的思考，笔者提出，当今文物保护的发展趋势应是在技术评价相关理论的指导下，构建文物保护新材料的科学应用与评估体系。其目的，一是要改变以往对新材料、新工艺在内部结构、性质、用途、使用条件等方面的系统性研究缺失的状况；二是要改变以往对新材料作用于文物本体后的效果缺乏整体评估的弊端。

图3

建立文物保护新材料应用评估体系，不是简单的对一种材料准入不准入、使用不使用的问题。其重要性在于可以引导更多的社会力量、社会资源针对文物部门的需要，沿着科学途径确定新产品的研发目标。评估体系不但能够对材料本身进行合理筛选、评价和应用，还会引发整个管理体系形成“以定量评价为主、定性评价和定量评价相结合”的评估方法，从而引发科技管理、成果管理、成果推广、成果普及、工程示范等一系列涉及文物保护管理、保护制度产生根本性的改变。

需要明确指出的是，评估的不是应用材料本身，而是不同材料在文物保护当中所起的作用。对于文物保护材料的应用评估指标还应考虑到功能性、工艺性、经济性、环保性等各方面因素。由于文物本身个体性差异非常大，不同材质的文物需要的保护材料又分为许多种，那就得按照文物和材料的相关性能进行合理分类。这也有利于后期评判和研发工作的聚集。还有就是要注意对标准试件的制备。因为做评估时，不可能将需要这种保护材料的所有文物都拿去做检测，所以一般情况下就要用标准试件来做实验。标准试件的制作，必须同文物材质分类相对应，使制作出来的标准试件能真正反映出、评价出这种材料使用的安全性和有效性。再就是对保护效果的评定。在对其功能进行界定时，除了界定主体的修复功能外，还必须界定要遵守的约束性条件和可能产生的副作用的影响程度。因此,有时候最适用的并不一定是最高端的材料和工艺。

文物保护新材料应用评估体系是一个系统工程,需要一整套专业监测和评审机构来对材料评估进行具体操作。其内容包括以下四大部分:确定新材料应用评估准则,规范新材料应用评估流程,提出新材料应用评估方法,构建新材料应用评估组织。因此它不是一个简单的过程。对其内容与含义的把握,首先要对“文物保护”概念做深层次解读。对纷繁复杂的各种文物保护“理念”和“原则”要有所取舍。只有将最具普适性和特殊性的“理念”和“原则”引入到体系中,才能保证正确的评价方向。其次,要将抢救性材料和保护性材料区别开来。理解主动性干预和预防性保护在材料选择、工艺使用方面的异同。对于主动性干预必然会对文物本体承载的信息以及在文物本体上负载的一些新信息,有足够清醒的认知,也必须通过试验、研究、检测和评估等一系列规范科学的评判程序后,才能将新材料、新技术作用于文物本体。再次,必须明白“有效保护”不一定是“长效”。任何新材料在使用过程中都有一定的期限,都会失效。随着科技的进步,材料一直在变化,文物也一直在变化,片面追求长效可能会导致出现很多问题。材料的自适应性和文物的自身适应性是我们追求的最完美的结果。这也要求我们要掌握材料的失效时间,未雨绸缪。最后,在对传统材料、工艺和新材料认识上,要有所扬弃。一种材料和工艺的形成、发展不仅有其存在的内在时代背景,还要受到环境条件、思维方式等其他因素的制约。新事物代替旧事物并不是简单地抛弃,而是克服和抛弃旧事物中消极的东西,又保留和继承以往发展中对新事物有积极意义的东西,并把它发展到新的阶段。

四、结语

保护和传承文化遗产,是全社会的共同责任,更是广大文物工作者职责所系。习近平总书记对广大文物工作者也提出殷切期望:“各级文物部门要不辱使命,守土尽责,提高素质能力和依法管理水平,广泛动员社会力量参与,努力走出一条符合国情的文物保护利用之路。”积极构建文物保护新材料应用和评估体系,正是贯彻总书记“保护为主、抢救第一、合理利用、加强管理”文物保护工作十六字方针的重要举措,更是切实加大文物保护力度,推进文物合理适度利用,使文物保护成果更多惠及人民群众的创新之举。

参考文献

詹长法:《预防性保护问题面面观》,《国际博物馆(中文版)》2009年9月,第96—99页。
周宝中:《文物保护科技的发展历程和前景》,《文物修复与研究》2003年,第1—9页。
胡可佳:《预防性保护对文献遗产保护的启示》,《山西档案》2012年,第48—50页。
李玉虎、车增亮:《档案纸张酸度检测与分析》,《中国造纸》1987年第1期,第44—49页。
齐迎萍:《化学材料在石质文物保护中的应用》,《文物保护与考古科学》2008年第4期,第64—66页。
王婷:《石质文物修复操作程序与评估方法》,《文物世界》2015年第5期,第48—53页。

淀粉糨糊施胶性能影响全色漏矾的几点研究

李 泱
（首都博物馆保护科技与传统技艺研究部）

摘 要： 漏矾是传统绘画修复进行全色时，由于胶矾熟化宣纸不足产生的颜色洇化现象。全色之前的隐补工序使用了糨糊，淀粉黏合剂涂布在纸张上造成填充、施胶的改性作用，阻碍了后续胶矾进行宣纸熟化。淀粉糨糊作为弱施胶剂，不能有效改善宣纸抗水能力，容易造成全色漏矾。建议在需要全色的绘画修复中使用边浆法进行隐补，使全色部位避开淀粉糨糊。

关键词： 全色　低漏矾　淀粉糨　胶矾溶

全色是传统绘画文物修复中非常重要的工序，是唯一一个针对画心正面展开的工作，其效果直接关系到文物画面的完整和文物信息的传达。由于全色的载体是破损处露出的命纸（第一层拖纸），这层生宣需要进行熟化改性才能承托颜色，而一旦熟化不足，生宣天然的低抗水性易造成颜色洇化积聚，留下深色斑点和色块，这种现象称作漏矾。漏矾发生后处理起来比较棘手，很难去除。

传统技法认为解决漏矾的方法是加大胶矾用量，经实践证明，这的确能有效地改善漏矾，但是明矾作为目前业内一致要求不用或慎用的材料，鉴于保护文物的前提，需要寻找尽量少用明矾的解题思路。经过对漏矾成因的逐一排查，笔者发现在全色之前的隐补工序中使用糨糊，造成淀粉黏合剂在宣纸纤维中提前发挥了施胶改性的作用，会阻碍后续胶矾溶液发挥作用，是影响漏矾发生的一个因素。

一、淀粉糨糊作为施胶改性剂在传统纸张加工的应用

1. 淀粉糨糊在传统纸张加工中的应用历史

西汉发明了造纸术，但是植物纤维的简单聚合使得纸张粗糙，不适合书写，东汉永元年间，时任尚方令的蔡伦对造纸术进行了改良，使得纸张质量有了飞跃式的发展。东汉末年，山东东莱造纸名家左伯（字子邑）进一步改良工艺，宋苏易简《文房四谱》卷四《纸谱》记载，“子邑之纸，研妙辉光，仲将之墨，一点如漆”[1]，表明左伯已经采用研磨纸面，使纸张研实反光、不再洇墨的加工方法。

根据考古发现和科学研究，淀粉糨糊应用于改善纸张性能的方法至少在魏晋时代已经产生。根据中国造纸研究所对吐鲁番及敦煌出土的魏晋南北朝纸样进行的分析研究，在检测的十四份纸样中，有四份纸样使用了施胶技术。其中前凉建兴三十六年（348）的文书，纸面有一薄层淀粉糊和矿物白粉涂料，是一种单面轻量涂布书写纸。建初十二年（416）《律藏初分》卷三残片，纸面有淀粉糊施胶的迹象，即表面施胶，在显微镜下观察，淀粉糊主要成薄膜状附着在纸面上，用碘试剂染色，淀粉膜呈蓝色[2]，“以古纸实物的检测结果显示，中国在魏晋时期出现的施胶工艺以内施胶工艺为主，这一时期使用的施胶剂基本全是淀粉”[3]。

隋唐时期，造纸业发展迅速，造纸术和纸张加工技术进一步改进完善，这个时期产生了生纸（抄制后未加工）和熟纸（抄制后进行加工处理）的区分[4]，淀粉糨糊作为施胶剂应用更加广泛并被进行改良。北宋米芾在《十纸说》中记载了唐人“以浆捶纸”的方法：“福州纸，浆捶亦能岁久……入水亦不透……河北桑皮纸，白而漫，受糊浆捶成，佳如古纸……唐人以浆捶六合慢麻纸，书经明透，岁久水濡不入。”[5]这说明唐代已使用“浆捶纸”的方法改善纸张性能，增强抗水性。1997年，中国造纸研究所对中国国家图书馆收藏的部分敦煌藏经洞古卷脱落残片样品进行了检测分析，经显微观察、试剂染色和能谱分析发现至少有隋10-1111179、唐14-161112、唐23-261156号样品使用了双面涂布淀粉的情况，说明该三个样品使用了淀粉作为施胶涂料。

唐代是中国绘画的大繁荣时代，重彩工笔画的兴盛对艺术载体的着色性能提出了更高的要求。唐代作画开始胶矾合用，明《徐氏笔精》载：“古画多用胶矾者绢，唐宋名家皆然。……唐宋画全用胶矾此是一证。”[6]胶矾因为在作画用纸改性上的突出表现，后逐步代替淀粉糨糊成为中国画创作的必备材料。

2. 淀粉糨糊填充改性纸张的原理

淀粉是一种天然高分子碳水化合物，从分子组成看，淀粉与纸张原料纤维同由葡萄糖聚合而成，分子结构中均有大量的羟基。淀粉糨糊施到纸张表面，随着纸张纤维素的溶胀，部分淀粉糨糊深入纸张纤维空隙中，湿的状态下，淀粉分子之间、淀粉分子与纤维素分子间、纤维素与纤维素分子间形成水桥。随着阴干、水分挥发的过程，以上三者之间形成氢键，这种氢键的结合产生第一种结合力。此外，渗入纤维孔隙中的淀粉颗粒就如同锚杆一样插入纸张纤维内部，并在孔隙内与周围纤维素形成氢键，是加强淀粉糨糊与纸张纤维结合的第二种力量。这样，淀粉糨糊对纸张纤维进行了有效的填充，使得纤维之间十分紧密，提高了其抗水抗油的能力。

淀粉糨糊独立施胶是一种弱施胶材料，通常配合填粉、研磨的附加手法加强作用，在现代造纸工艺中，淀粉因天然安全、资源丰富等特点仍然是数量最大的纸张加工材料，通常采取将淀粉进行改性后使用的方法，以加强其施胶性能。

二、胶矾溶液应用于提高纸张抗水性的原理

中国传统绘画修复用纸“宣纸”是由植物纤维交织而成的薄型材料，纤维的亲水性和多孔性使纸张具有很强的吸水性能，这让宣纸的抗水性不佳。古人很早就以各种胶类作为施胶剂进行宣纸改性，增强其抵抗水的能力，胶矾混合溶液因对生宣特殊的改性作用，在中国工笔画和书画装裱中是不可或缺的材料，清代邹一桂《小山画谱》有言：“胶矾不得法，虽笔墨精妙，亦无所施。”

1. 胶

胶在绘画创作和装裱修复中的使用主要有两大类：一是动物胶，如鹿胶、明胶、骨胶、鱼胶等；二是植物胶，如淀粉胶、桃胶、白芨、藻胶等。胶矾溶液中以明胶为主要原料，明胶为淡黄色、半透明的粉粒或薄片，由动物皮肤、骨、肌膜等结缔组织中的胶原部分降解而成，化学成分主要是氨基酸，在干燥空气中较稳定，吸水膨胀，溶于热水。这是一种分子中既有酸性基团（如羟基）又有碱性基团（如氨基）的两性化合物，水溶后具有高黏度。

2. 矾

矾，即明矾，又称钾铝矾，化学成分为含有结晶水的硫酸钾和硫酸铝的复盐，晶体无色透明。明矾性酸味涩、有毒，可用于制备媒染剂、防水剂等。中国

传统绘画修复中有很长的明矾使用历史，其作用主要有以下几个方面：视之为中药，加入糨糊使其具有收敛凝结、防虫防腐的功能；视之为纸张填充物，与胶同用，提高纸张抗水性；视之为固色剂，加固纸性。明矾最重要的化学性质是其铝离子具有非常高的电荷密度即三价正电荷和小离子半径，易与负电荷密集结合，形成多核铝复合物。但是明矾吸收水分会发生电离，电离方程式为：$KAl(SO_4)^2 = K^+ + Al^{3+} + 2SO_4^{2-}$。电离产生硫的氧化物，进而氧化为弱酸，对文物有酸化、老化的损害，研究表明，胶矾水的使用是导致纸张酸化的主要原因之一[7]。

3. 胶矾溶液促使生宣熟化改性的作用原理

胶矾溶液中胶是施胶胶料，矾是施胶沉淀剂。胶矾混合液熟化宣纸进行改性的原理如下：胶在40℃热水中溶解，明胶在溶液中长分子链容易形成网状结构，阻断流动层的进路而破坏正常流动，因而作为纤维填充剂改变多孔纤维的毛细作用，使纸张具有一定程度的抗水作用。明矾是含有结晶水的硫酸钾和硫酸铝的复盐，其化学式为：$KAl(SO_4)_2 \cdot 12H_2O$。在潮湿环境中，明矾以铝离子的形式存在于水溶液中，这种铝离子具有非常高的电荷密度即三价正电荷和小离子半径，易与带负电荷的胶料、颜料等物质吸附，结合后转为正电荷复合物，进而与带负电荷的纤维相互吸引，使得颜料得以加速沉积在纤维表面，因而明矾作为沉淀剂促进了施胶改性过程[8]。

胶矾溶液应用于纸张加工是强施胶，但是受到溶液浓度、胶矾数量的影响，在二者数量缺乏和比例不当的情况下改性作用下降。

三、淀粉糨糊影响全色漏矾的模拟实验

在中国传统绘画修复中，全色之前需要对文物缺损部位进行背面补纸，使破损部位和周围厚度一致，这种补纸由于正面看不到，称为隐补（对条状折裂部位的修补称为贴条）。

在日常工作中，通常使用的隐补方法是在补纸上刷糨糊，覆于破损部位的命纸背面进行修补，这会造成需要全色的部位被糨糊粘贴，受到糨糊影响，可以称为全浆法。第二种不常用的方法可以称为边浆法，是指在破损处命纸背面的边缘上糨糊，将补纸覆于其上再进行刮除调整，这种方法可以避免全色部位接触糨糊。现将两种隐补方法各制作样品，按传统方法进行胶矾熟化和全色，观察其是否影响漏矾。

1. 实验流程

（1）备画心材料：古旧宣纸（久置已染汪六吉宣纸），制造旧画常见破洞与折条破损；

（2）备命纸材料：传统手工汪六吉宣纸，使用中国画颜料赭石、花青、藤黄、墨、明胶混合溶液染制，作为命纸待用；

（3）用命纸将画心托裱，分别制作样品一、样品二；

（4）按照全浆法隐补样品一、边浆法隐补样品二；

（5）调配胶矾溶液涂刷两件样品，使之熟化；

（6）按照传统方法进行全色。

2. 实验结果

样品一：全色过程中毛笔接触画面易发生洇化渗漏，运笔过程中经常发生依笔势不同造成的颜色深浅不一，全色后存在深色矾点和色块（见图1）。

样品二：全色过程流畅、呈色均匀，未出现样品一的各种情况（见图2）。

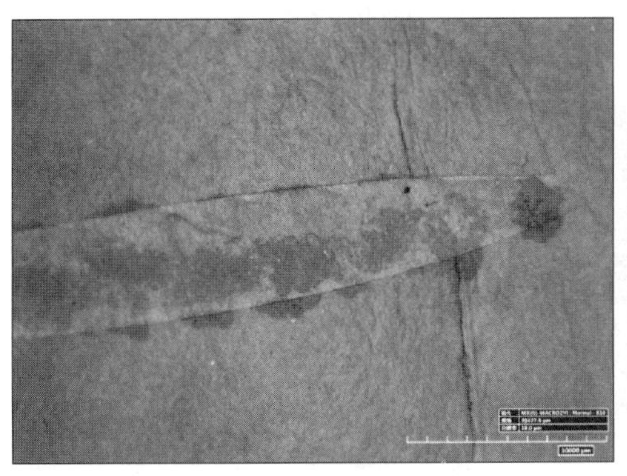

图1 样品一全色发生漏矾

图2 样品二全色未发生漏矾

3. 实验结果分析

两种实验样品的全色载体不同，样品一的载体是通过糨糊粘接的命纸和补纸，且两层纸张都有可能被糨糊填充改性；样品二的载体是一层命纸加一层补纸，两层纸张相互独立、性能维持原样。

样品一在隐补过程中将糨糊涂布于补纸，进而粘贴到命纸背面，使得淀粉糨糊进入两种纸张纤维进行了填充和施胶（图3、图4）。后续胶矾进入纸张发挥作用的能力受到阻碍。糨糊是弱施胶材料，阻碍强施胶材料发挥作用，无法有效完善纸张的抗水固色性能，因而在全色过程中容易造成漏矾问题。关于糨糊影响胶矾发挥作用原因的检测，后续将进一步跟进。

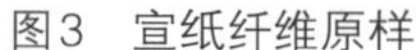

图3 宣纸纤维原样

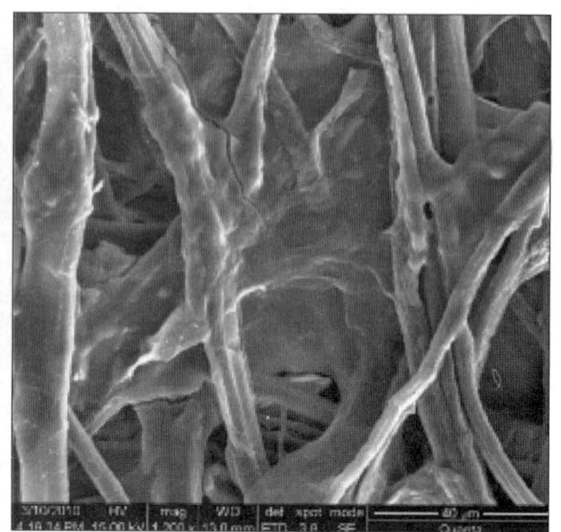

图4 施加糨糊后的宣纸纤维

样品二使用的方法，避免了糨糊接触全色部位，胶矾溶液可以正常改性作用，达到强施胶的目的，纸张熟化效果好，几乎不发生漏矾。

四、结论

1. 需要全色的文物建议使用边浆法进行隐补，同时建议采用在画心正面对全色的部位进行局部施胶矾的方法，不采取背面整体上胶矾的方法，这在不增加胶矾用量的基础上可以降低漏矾问题的发生。

2. 淀粉糨糊具有填充纸张纤维、施胶改性宣纸的性能，因而在修复材料叠加使用时，工作人员应对材料的综合性能进行更加全面的把握。

（感谢首都博物馆何秋菊研究员对本研究的帮助）

参考文献

[1]〔宋〕苏易简：《文房四谱》卷四，影印文渊阁四库全书总843卷，台湾商务印书馆，1986年，第40页。
[2] 王菊华等：《中国古代造纸工程技术史》，山西教育出版社，2006年。
[3] 张鹏宇：《中国传统纸张加工中的填粉和施胶工艺及其与纸张保护关系的探讨》，中国科学院研究生院，2012。
[4]〔明〕李日华《六研斋笔记》记载："唐人用纸有生熟二种，熟者研妙辉光，生者不经

洸治，粗涩碍指。”（影印文渊阁四库全书总867卷［子部173卷］，台湾商务印书馆，1986年，第564页）
［5］〔宋〕米芾撰：《十纸说》收入明·毛子晋《海岳志林》，江苏广陵古籍刻印社，1983年，第168页。
［6］〔明〕徐𤊹撰：《徐氏笔精》，影印文渊阁四库全书总871卷，台湾商务印书馆，1986年，第27页。
［7］张娟、祁赟鹏、霍一娇等：《Al^{3+}对宣纸性能的影响研究》，《纸和造纸》，2016年，第29—31页。
［8］屠锡德、张钧寿、朱家壁等：《药剂学》，人民卫生出版社，1985年。

山西晋城青莲寺泥塑拨金技艺分析与复原

廖林灵[1]　白崇斌[2]　唐剑玲[1]　郭新民[3]
(1 广西壮族自治区博物馆,2 陕西师范大学,3 青莲寺文管所)

摘　要: 通过对山西晋城青莲寺古代泥塑表面使用拨金技艺制作的纹饰图案进行实物调查,利用倒置金相显微镜、超景深显微镜、具有电子探针微区分析功能的能量色散X射线光谱仪对拨金样品进行科学分析,获取拨金技艺纹饰结构与化学组成。结果表明,青莲寺泥塑拨金技艺制作的流程是:贴宣纸→涂布白粉→贴金箔→涂刷颜料→拨离颜料。在实物调查的基础上,结合文献资料,通过模拟实验,复原拨金技艺全流程,制作出与古代泥塑表面效果基本一致的纹饰图案。通过实验,复原古代拨金技艺,证明文献中关于拨金技艺颜料调和材料的争议并不存在,为相关泥塑文物保护修复提供了科学的依据及修复手段。

关键词: 泥塑　拨金技艺　复原模拟

"拨金"技艺,亦称"琗金""锥金",是清末泥塑做法的高级技艺[1][2]。拨金技艺的做法为:以金为底,罩上颜料,再按图案剥去颜料露出底色金,从而形成一定纹饰[3][4]。拨金技艺做法见诸文献[5],但应用该技艺的文物实例较少且缺乏研究。

山西晋城青莲寺的24尊泥塑表面有拨金纹饰[6][7],可用来研究拨金技艺。本文按照"原技艺原材料"的原则,结合文献对青莲寺泥塑的拨金技艺进行分析与复原模拟,为泥塑保护修复提供科学依据与修复借鉴。

一、科学分析

1. 实物调查

通过观察青莲寺泥塑表面的纹饰图案，发现所有使用拨金技艺制作的纹饰图案都分布在泥塑衣衫部位。使用拨金技艺制作的纹饰繁复精美，金线与彩画交替，方寸之间绘制出美丽的纹饰（图1、图2）。

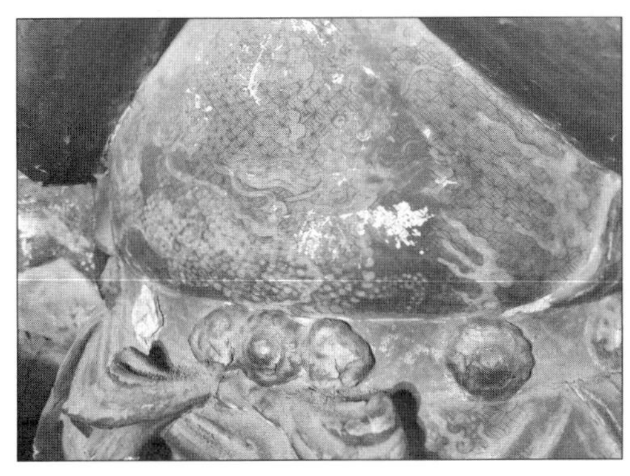

图1　拨金纹饰

图2　拨金纹饰

2. 样品及仪器

采取泥塑残块上的拨金纹饰样本，进行分析。

（1）剖面观察。取拨金纹饰3毫米×3毫米样品，不采用树脂包埋，使用超景深显微镜进行观察；

（2）剖面观察。使用解剖针，将1毫米×1毫米的代表性拨金彩绘从泥塑上剥离，放置在玻璃上，用树脂固定。用Leica4000M倒置金相显微镜观察；

（3）成分分析。使用3毫米×3毫米的文物样品，实验仪器为美国EDAX公司的EAGLE-Ⅲ型能量色散X射线荧光光谱仪。毛细管光学系统聚焦，照射在样品上的光斑直径为40微米。管电压40千伏，真空。

3. 结果与讨论

样品的剖面观察中，从显微照片中，发现样品分为细泥层、浅黄色层、白色层、橘红色层、颜料层(图3)；

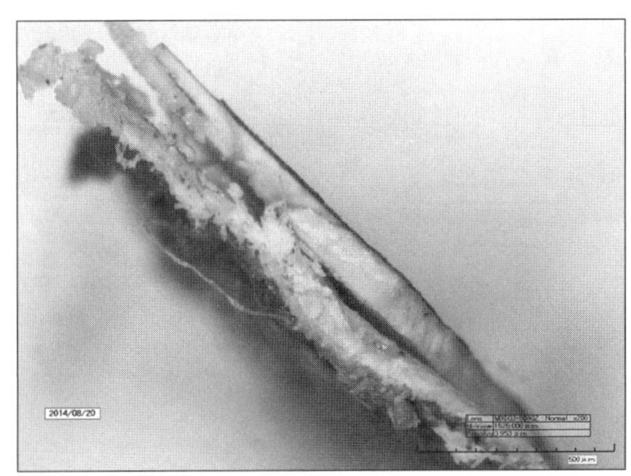

图3　剖面超景深显微照片

在偏光显微照片中，在橘红色层与颜料层之间，有极薄的金色层，经过测量，金色层的平均厚度仅为0.003毫米（图4）。

在样品正面，裸露出金色层，层上有刷痕。刷痕整齐且方向一致，是贴金留下的痕迹，在后续模拟制作中可以看到相似的情况，从一个侧面印证了拨金技艺中的金当是使用金箔而非金泥（图5）。

用EDXRF，对样品中的橘红色层进行分析，结果如图所示（图6）。

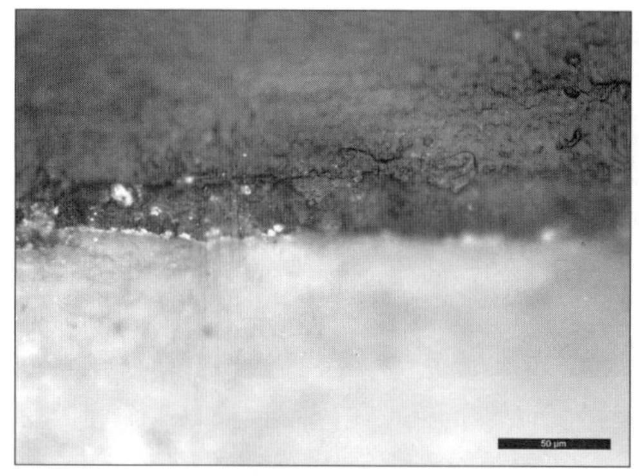

图4　剖面显微照片

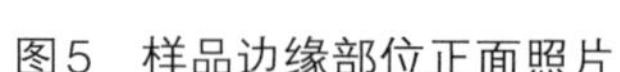

图5　样品边缘部位正面照片

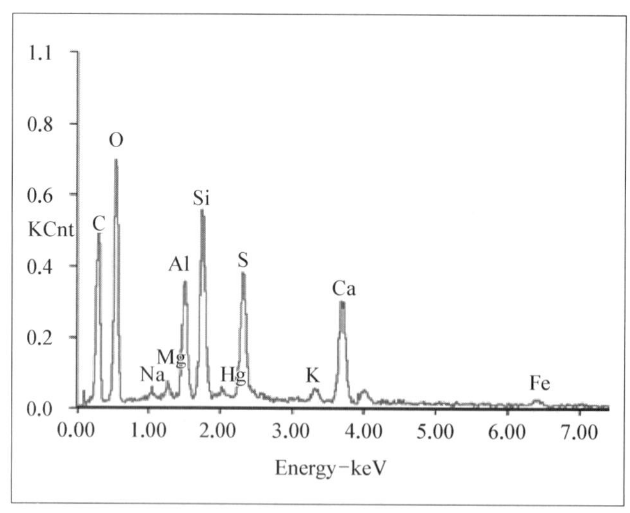

图6　样品中的橘红色层EDXRF分析结果

二、复原模拟

通过对青莲寺拨金纹饰的实物观察及科学分析，基本确认了拨金纹饰的剖面层位（图7），按其层位，结合文献[8][9]，本文认为拨金技艺的流程是，在含有棉

花的细泥层上贴上宣纸，用硫酸钙或者石灰涂布，贴金，在金箔表面刷上以蛋清或者蛋黄调和而成的颜料，用竹签或者玛瑙刀绘制纹饰，拨去颜料，裸露出金箔。

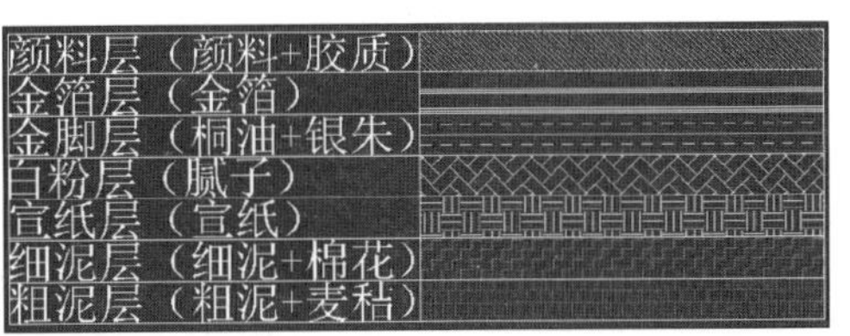

图7　实现完整拨金技艺流程后纹饰层位

图8　拨金技艺结构图

本次拨金技艺复原模拟须解决两个问题：一是黏合剂是文献中所提及的蛋清还是蛋黄；二是黏合剂与颜料的比例。

基于前期青莲寺实物的考察，以无机颜料氧化铁红为实验颜料。

经过多次实验，与蛋清（或蛋黄）混合后的氧化铁红颜料凝固后与泥塑表面拨金部位效果接近，确定以下配比，用于拨金模拟（表1）。

表1　模拟实验用颜料定量配比表

	蛋清(ml)	蛋黄(ml)	水(ml)	颜料(g)	备　　注
A	12		8	36	蛋清调和颜料拨金实验
B		8	12	32	蛋黄调和颜料拨金实验

（1）制作样品。青莲寺泥塑使用的支撑体多为当地取材所制。制作120×120毫米的粗泥方块，打磨表面后，制作厚度3毫米的细泥层。用糯米汁与豆腐水的混合液（糯米汁：豆腐水=1：1）渗透样块表面。

（2）贴宣纸。在处理好的细泥层上，贴两层宣纸。

（3）刷白粉。宣纸干后，将碳酸钙粉末调和清水，制作成白粉糊，涂布在宣纸表面。

（4）刷金脚。在白粉上涂布加有HgS的熟桐油。

（5）贴金。使用羊毛刷贴金箔，制作出的实验用样块表面能观察到刷痕，对比分析结果，证明了青莲寺泥塑拨金技艺中使用金箔。

（6）涂刷颜料。在金箔表面涂刷颜料，遮蔽金箔。

（7）绘制纹饰。在颜料将干未干时，使用竹签按照预设的图案拨去颜料。在这里，通过多次模拟实验，发现无论使用配比A还是B，两种配比都能绘制出拨金纹饰。

在模拟实验的基础上，以青莲寺泥塑表面旧有纹饰为原型，使用配方B颜料，按照全技艺流程，复制了青莲寺泥塑表面拨金技艺图案（图9、图10）。

图9　拨金技艺复原

图10　拨金技艺复原效果

三、结论

通过对青莲寺拨金技艺样本的科学分析与模拟制作，初步了解并掌握了拨金技艺的制作流程与配比，在此基础上得出以下结论：

（1）青莲寺泥塑表面确实使用了拨金技艺，其中使用了宣纸、金箔等材料，基本符合文献记录中的拨金技艺做法，通过实例的科学分析，为相关泥塑文物保护修复提供了科学的依据。

（2）通过模拟实验，量化了拨金技艺中颜料配比与流程时间，掌握了拨金技艺中各个技艺的作用，可以制作出良好的拨金纹饰，为青莲寺泥塑保护修复提供了技术支持，同时也再现了古代的拨金技艺；

（3）通过模拟实验，证明了文献中所记载的拨金技艺做法中，其调和颜料是用蛋清还是蛋黄的争议是不存在的。实验证明，只要掌握时机，无论是蛋清还是蛋黄所调和的颜料，都可以制作出拨金纹饰图案。

参考文献

［1］陈捷：《中国佛寺造像技艺》，同济大学出版社，2011年，第190—195，203页。
［2］冯世怀：《泥塑佛像的材料配制及抓塑装色技术》，《古建园林技术》1995年第3期，第6—9页。

[3] 黄曾恒、庄南燕:《蔡氏漆线雕》,文化艺术出版社,2011年,第66—69页。
[4] 李立祥:《雍和宫十八罗汉像》,人民日报海外版,2007-6-1(15).
[5] 王世襄:《清代匠作则例汇编: 佛作、门神作》,北京古籍出版社,2002年。
[6] 杨秋颖、岳建明:《山西晋城青莲寺不同时期彩绘泥塑工艺对比研究》,三秦出版社,2006年,第466—470页。
[7] 徐诺:《山西晋城青莲寺彩绘泥塑制作工艺分析及虚拟修复初探》,西北大学,2005年,第30—32页。
[8] 杨秋颖:《古寺庙彩绘泥塑宗教造像传统工艺研究体系探讨》,《文博》2015年第4期,第48—55页。
[9] 尚立滨:《中国传统寺观壁画绘制工艺》,《建筑创作》2009年第2期,第138—145页。

新见黑釉油滴盏窑口产地再商榷*

马　涛
（南京大学考古文物系；宁波博物馆）

摘　要：笔者曾于2014年10月至次年1月，参与成都天府广场东北侧古遗址出土器物整理和报告撰写的工作，发现了一件编号为2012CTDTN02W02③：1的黑釉油滴盏残件，十分特别，精美异常。而在已出版的《成都天府广场东北侧古遗址发掘报告》（文物出版社，2016年，第227页）中，笔者将其归于建窑C型盏。但之后进一步研究，发现将其归于建窑是不正确的。近来，笔者得到了一片来自山西怀仁县的残瓷，通过超景深显微镜、X射线荧光光谱和拉曼光谱对二者做了对比检测分析，结果显示二者存在极高的同一性，当属同一产地的同类产品，并以此证明了成都出土的这件残瓷当为山西怀仁窑产品无疑。这不仅证明了金代怀仁窑产品已经远销到成都地区，也从侧面证明怀仁窑在中国陶瓷史上的地位需要重新认识，从而为研究宋金贸易及文化提供了科学依据。

关键词：成都天府广场　黑釉油滴盏　建窑　怀仁窑

中国黑釉瓷器，与青瓷一样，烧造历史悠久，目前所见最早的黑釉瓷标本为1973年江苏镇江丹阳东汉永元十三年（公元101年）墓出土的黑釉小罐。江浙地区的东晋南朝墓出土黑釉瓷器较多，而唐代北方诸多生产白瓷的窑口也多有兼烧黑釉瓷的习惯。北宋以后，黑釉瓷器大量烧造，目前已知的两宋窑址中，有1/3

* 本文得到浙江省文物保护科技项目（项目编号：2017020、2018018）、宁波市“文化艺术新秀”人才培养工程（2017—2020）科研项目的资助。

以上都发现有黑釉瓷，且无地域性特点，成为南北方一种普遍生产的大宗商品，尤其是黑釉茶盏，产量极大，远比其他器形多，甚至有为数不少的瓷窑只生产黑釉茶盏。

盏也作琖，是一种比碗小的器皿，宋代文献亦称为瓯或碗。宋代在饮茶过程中增添各种仪式，“斗茶”活动日益盛行。这时饮茶已不再是为了简单止渴的生理需求，而是达官显贵、文人雅士甚至贩夫走卒都普遍参与的一种社交行为。宋代沏茶的方法为“点茶”法，所谓“点茶”就是将研磨后的茶粉置于茶盏中，先以少量沸水调成糊状，再注入沸水冲泡，后以一种细竹丝制成的工具——“茶筅”上行搅动，直至出现大量泡沫，茶汤呈现白色为止。而为衬托白色的茶汤以便观察茶色，达到评判茶品质高下的目的，显然使用黑釉的茶盏最为方便，故而黑釉茶盏一直为斗茶者所偏爱。在宋代文献中，关于黑釉茶盏的记载颇多。

陶縠《清异录》:“闽中造盏，花纹鹧鸪斑点，试茶家珍之。”[1]

蔡襄《茶录》:“茶色白，宜黑盏，建安所造者，绀黑，纹如兔毫，其坯微厚，熁之久热难冷，最为要用。”[2]

苏轼《宋南屏谦师》:“道人绕出南屏山，来试点茶三昧手。勿惊午盏兔毛斑，打出春瓮鹅儿酒。”[3]

赵佶《大观茶论》:“盏色贵青黑，玉毫条达者为上。”[4]

杨万里《诚斋集》:“鹰爪新茶蟹眼汤，松风鸣雪兔毫霜。”[5]

祝穆《方舆胜览》:“兔毫盏出瓯宁。”[6]

上述诗文中所述茶盏绝大多数是建窑产品。建窑，即建州窑，位于福建省建阳市水吉镇的后井、池中村一带，唐宋时期隶属建州，故称建窑。这是两宋时期生产黑釉茶盏最重要的瓷窑，其生产供斗茶之用的茶盏也是目前所见品质最高的。创烧于晚唐，繁荣于两宋，目前已发现窑址众多，包括芦花坪、牛皮仑、庵尾山、营长墘、大路后门、源头坑等。所烧茶盏在宋代独步天下，甚至可以说对当时所有生产黑釉茶盏的窑场都有较为深远的影响。

但当时生产黑釉瓷的瓷窑远不止建窑，其他诸如定窑、鹤壁窑、临汾窑、吉州窑都有大量生产。而南宋时期，在四川地区（含重庆）都遍布有烧造黑釉瓷的瓷窑，如广元窑[7]、金凤窑[8]、瓦岗坝窑[9]、西坝窑[10]、苏稽窑[11]、西溶窑[12]、琉璃厂窑[13]、东北窑[14]、涂山窑[15]、荣昌窑[16]等都或多或少地生产黑瓷产品。这些窑场生产的黑釉产品，外观都比较接近，尤其是广元窑、涂山窑、西坝窑、荣昌窑等以生产黑釉瓷为主的瓷窑，无论是器形种类还是胎釉特征都非常相似，它们也都以生产黑瓷茶盏为主，其他器形还有罐、碗、瓶、炉等，但都不是大宗。

与此同时，建盏因其致密的黑胎，导致重量太大，不便长途运输，且当地高质量的瓷土日渐枯竭。加之各地“仿制品”的大量上市，它们质量虽远不及建窑，但成本低廉，这样就导致所谓“劣币驱逐良币”的现象出现，反使得建窑日渐没落。

四川在宋代就是重要的产茶区，这在一定程度上促进了当地饮茶之风的盛行，从而又导致对黑釉茶盏的旺盛需求。从历年的考古发现来看，既有本地窑口的产品，也不乏外地名窑产品。在器型上也非常丰富，口沿有敛口、敞口、侈口、弇口之分；底足也有小饼足、圈足、卧足的区别；而釉面装饰更是多姿多彩，兔毫、油滴、玳瑁斑、鹧鸪斑等应有尽有。

2012年8月中旬，为配合四川大剧院的修建，成都文物考古研究所（成都市文物考古工作队）对成都天府广场东北侧古遗址展开考古发掘，发掘工作至2013年1月基本结束，发掘面积4 300平方米，揭露出灰坑、灰沟、城墙、道路、排水沟、房屋、水井、建筑台基等重要遗迹现象，遗址时代涵盖战国秦汉、六朝、隋唐五代、宋元、明等时段，连续性极强，地层堆积状况清楚。同时出土了大量的陶器、瓷器、铁器、铜器、钱币、建筑材料等文化遗物，其中尤以陶瓷器为大宗，也包括许多种黑釉瓷，它们来源复杂，胎釉特征、装饰手法也各具特色。

从该遗址出土的两宋黑釉瓷来看，也以茶盏为主，在当年撰写报告时，窑口主要划分为了建窑、吉州窑、广元窑3个。由于以前对黑釉瓷窑场的调查、发掘、研究工作相对有限，所以在界定四川盆地出土的黑釉瓷窑口时，本地产品普遍都归于广元窑，外地产品普遍归于建窑。此外，目前还没有针对黑釉瓷建立一套完整的元素分布或物相组成的数据库，在对四川黑釉瓷的窑口判断上，还只能依据外观特征进行简单辨别。这其中就有许多不确定性，甚至会产生谬误，需要进一步商榷。

其中就包括本文研究的对象（标本2012CTDTN02W02③：1），其残高4.3厘米，敛口，尖唇，斜弧腹，圈足。灰胎，胎质坚硬细腻；黑釉，釉面十分光洁，釉层较厚，有银白色“油滴”装饰，油滴装饰极小且分布紧密，精美异常，极其罕见（图1）。首先可以排除四川本地瓷窑烧造的可能性。但在《成都天府广场东北侧古遗址发掘报告》（文物出版社，2016年，第227页）中笔者将其归于建窑，现在看来也存在明显问题。其器型、胎釉特征确实也带有一定的建窑特色，且目前北京故宫博物院所藏和流散到日本的传世品[17]来看，的确有将这类产品归于建窑的案例。但在建阳水吉镇窑址的发掘、调查报告中却又没有这类标本的报道[18]。反而是北方的定窑、鹤壁窑、怀仁窑所见油滴盏具有油滴结晶斑点极小、银光色泽很强的特征。

图1　成都天府广场出土黑釉油滴盏(局部)

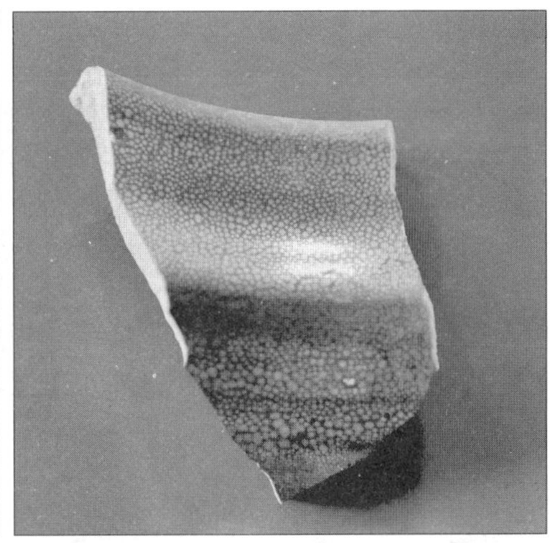

图2　山西怀仁县吴家窑镇出土的黑釉油滴残瓷

2016年年底,笔者有幸得到了一片来自山西怀仁县吴家窑镇出土的残瓷(应为一件大碗),通过肉眼观察其胎、釉特征,都与成都天府广场出土的标本存在极高的相似度(图2),这就为本文利用自然科学方法做对比试验提供了一手材料。

一、分析方法和条件

1. 超景深显微镜观察

采用日本基恩士(Keyence)公司生产的VHX-5000超景深三维显微系统对两个样品的胎、釉进行显微观察。

2. 元素分析

采用德国布鲁克(Bruker)公司生产的M4 TORNADO微区X射线荧光光谱仪,主量元素采用的电压为15 kV,电流150 μA,光斑30 μm,检测时间200秒;Rb、Sr、Y、Zr四种微量元素采用电压为36 kV,电流230 μA,光斑30 μm,检测时间200秒。此外,在电压50 kV、电流800 μA的情况下,对瓷器釉面整体做了元素面扫描(mapping),再针对部分指示性强的元素分别做了含量分布检测。

3. 物相组成分析

采用日本掘场(Horiba)公司生产的LabRAM HR evolution拉曼光谱仪,其激光器波长为532 nm、785 nm,激光功率为2 mW,物镜为50 × LWD。分别对胎、釉做面扫描(mapping)检测。

二、检测结果与分析

1. 超景深显微镜观察

图3、图4分别为放大300倍后釉面和胎质的形貌，可以看出黑色的釉面下有分布不规则的黄褐色颗粒物，而“油滴”装饰为结晶现象明显的亮银色物质，且明显高于黑色釉面，呈现凸起的特征。胎质较为纯净细腻，颜色灰中闪黄，有黑色的颗粒物分布其中，两个样品极其相似，难以区分。

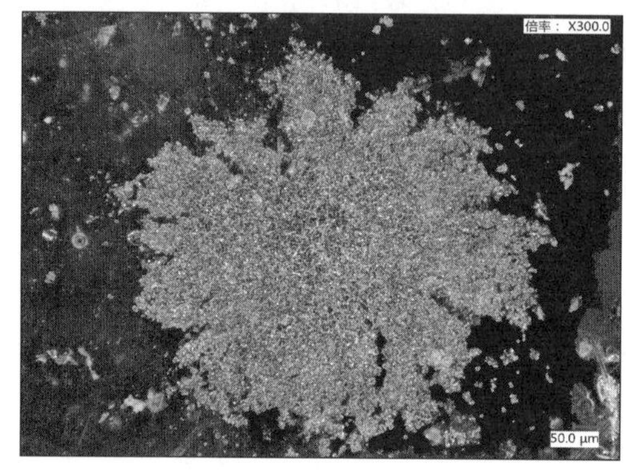

图3　放大300倍后釉面的形貌

图4　放大300倍后胎质的形貌

2. 釉面化学组成分析

瓷器的釉质通常是由黏土+助熔剂（灰料/长石）或者黏土+助熔剂（灰料/长石）+石英等多种配方复配而成的。而我们不太容易说清楚哪些微量元素来自黏土，哪些来自助熔剂，哪些来自石英。故而其中的微量元素来源存在极大的复杂性和地域性。但对于瓷器窑口产地的判断，这种复杂性反而大幅增加了微量元素判断瓷器来源的准确性。因为黏土、助熔剂和石英的来源不一致，引入的微量元素必定存在明显的差异，使得不同窑口产地的瓷器釉质中微量元素相同的概率以平方甚至是三次方倍数降低。而黑釉油滴瓷作为一种极其罕见的古瓷门类，烧制成功的概率很小，同一窑口生产此类难度大、价值高的瓷器，制备原料时一定慎之又慎，尤其是釉料必定有一个严格坚持的配方，如此才有可能降低次品率，减少损失。因而我们在关注此类陶瓷元素构成时，更应该重点对比各种微量元素的比值，并以主量元素作为一个参考。下面表1和表2分别列出了两件黑釉油滴瓷釉面主量元素组成和微量元素数据。表3为建窑、吉州窑、钧窑系和磁州窑黑釉瓷的主量元素数据。而考察各种元素在釉面中的分布及形态，则可以从微观视野中观察各种元素的分布，辅证制瓷工艺，对于黑釉油滴瓷这类特殊品种更有研究意义。下面图5为黑釉油滴瓷釉面各种元素分布情况。

表1　黑釉油滴瓷釉面的主量化学元素组成(wt%)

样品来源	部位	Na_2O	MgO	Al_2O_3	SiO_2	K_2O	CaO	TiO_2	MnO	Fe_2O_3	P_2O_5
成都天府广场出土	黑色釉面	1.20	2.07	13.49	67.22	4.10	4.60	1.07	0.14	5.97	0.00
怀仁吴家窑镇出土	黑色釉面	1.39	1.98	14.56	65.87	4.09	4.72	1.02	0.12	6.17	0.00
成都天府广场出土	银色油滴	1.03	2.09	13.55	53.98	4.15	5.31	1.88	0.21	17.42	0.00
怀仁吴家窑镇出土	银色油滴	0.97	2.12	14.91	53.24	4.13	5.60	1.69	0.20	16.86	0.00

表2　黑釉油滴瓷釉的微量元素数据

样品来源	部　位	Rb	Sr	Y	Zr
成都天府广场出土	黑色釉面	227	413	37	342
怀仁吴家窑镇出土	黑色釉面	192	497	43	438
成都天府广场出土	银色油滴	347	722	83	673
怀仁吴家窑镇出土	银色油滴	306	797	67	737

说明：以上每个样品取5个测量点，数据取平均值。

表3　南北方黑釉(褐色釉)瓷瓷釉的化学组成[19]

样品名称	Na_2O	MgO	Al_2O_3	SiO_2	K_2O	CaO	TiO_2	MnO	Fe_2O_3	P_2O_5
北宋建窑黑釉jy2	0.08	1.44	17.81	62.72	2.60	5.81	0.68	0.46	6.76	1.13
北宋建窑黑釉jy3(银釉)	0.06	1.87	18.88	59.62	3.43	5.85	0.53	0.93	6.74	1.90
宋吉州窑黑瓷	0.38	2.98	13.51	61.49	4.73	8.76	0.78	0.91	5.20	1.55
唐代钧窑系黑釉BY-hy1	0.63	2.19	14.59	63.24	2.78	8.43	0.81	0.18	5.59	0.63
元代磁州窑黑釉	0.33	1.85	17.41	63.12	3.84	6.11	0.60	0.34	5.26	0.77

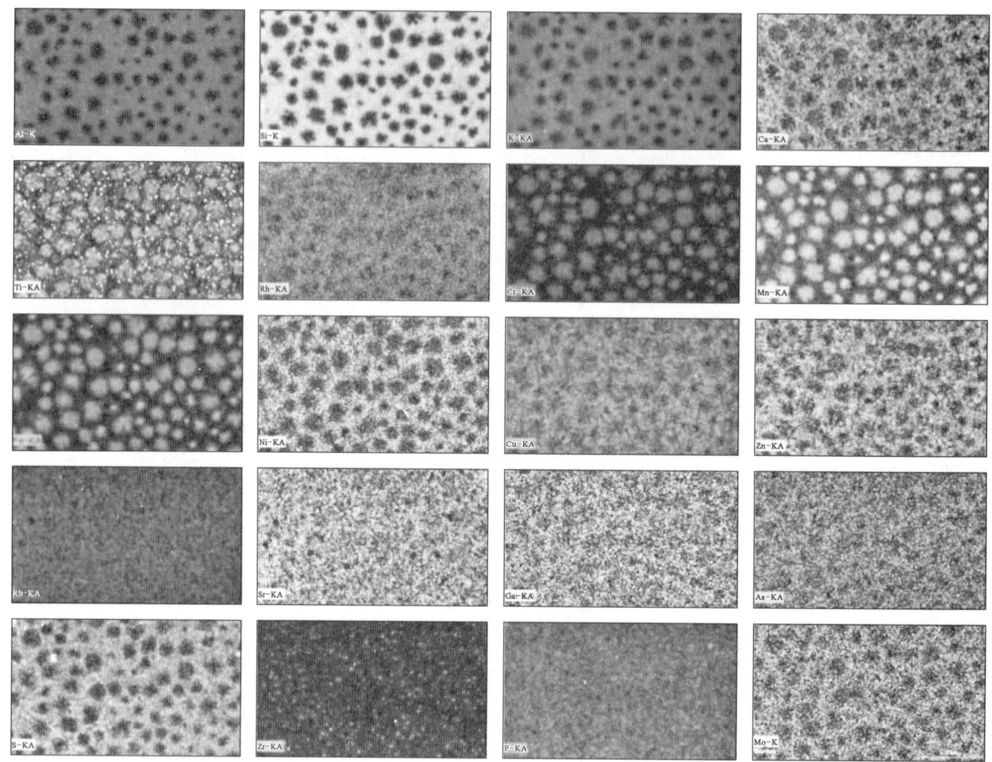

图5　黑釉油滴瓷釉面各种元素分布情况

釉面分析结果显示：从上述图表数据来看，成都天府广场出土的黑釉油滴盏无论是主量元素、微量元素还是元素分布皆与怀仁吴家窑镇出土的黑釉油滴大碗存在同一性。尤其是Rb、Sr、Y、Zr四种微量元素的比值和各自的绝对含量均高度吻合；而再对比建窑、吉州窑、钧窑系和磁州窑这类黑釉瓷的主量元素，不难发现他们存在着明显的差异性。

3. 物相组成分析

从XRF分析的结果来看，黑釉油滴瓷釉面Fe元素含量极高，属于典型的高温铁釉瓷，Fe元素对于“油滴”的出现与发色至关重要。但对于这两件黑釉油滴瓷Fe元素是否以瓷釉中常见的Fe_2O_3化合物形式存在，是否存在其他轻质元素，XRF是无法得出结论的，因而使用拉曼光谱仪对其做补充检测分析是十分必要的。釉面拉曼分析结果如下，图6、图7为显微图像，图8、图9为拉曼成像结果。图10为检测得到的两个样品拉曼谱线的对比结果。

釉面分析结果显示：从拉曼面扫描（mapping）分析结果可知，此成像区域含4种成分，经过数据库比对分析可知，显微图像上的银色“油滴”（红色区域）对应

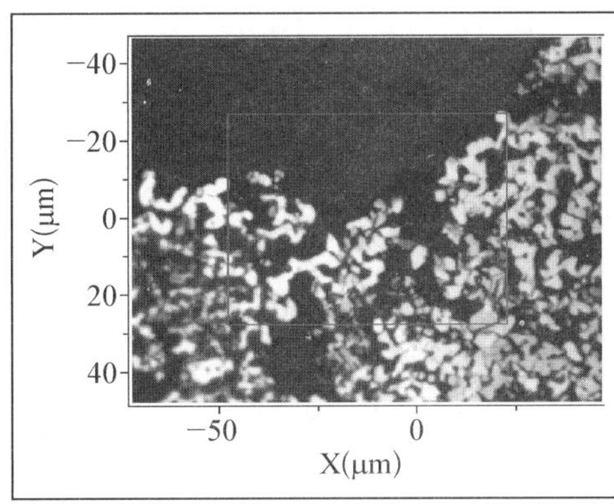

图6　釉面“油滴”附近显微图像

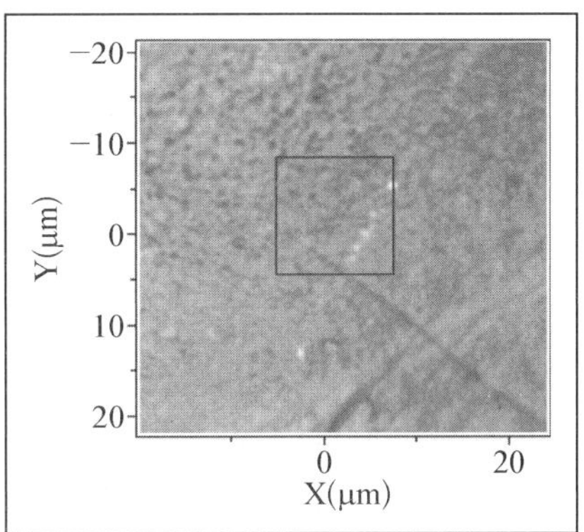

图7　釉面靠近底胎附近显微图像

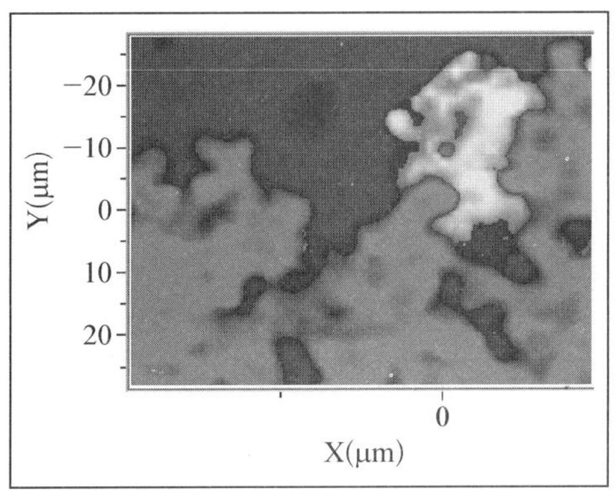

图8　釉面“油滴”附近拉曼成像结果

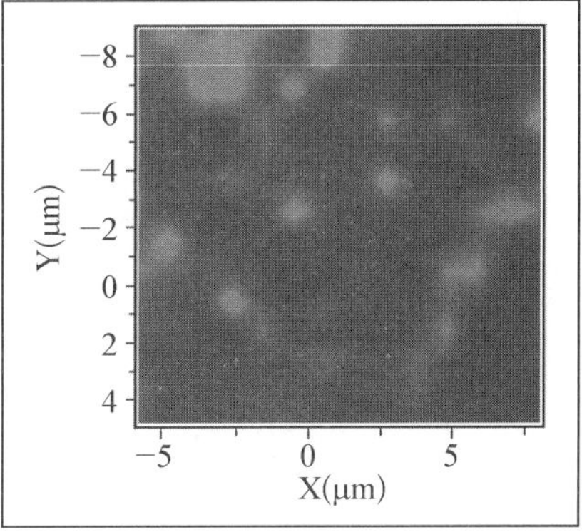

图9　釉面靠近底胎附近拉曼图像

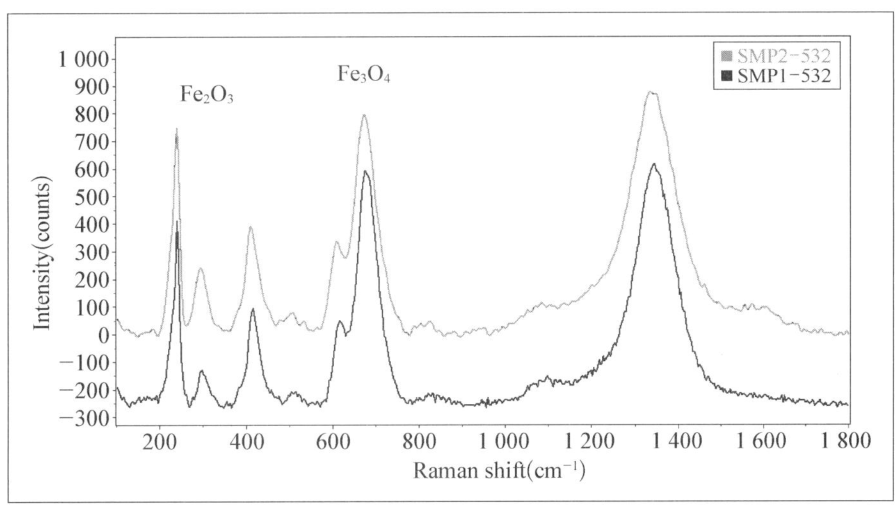

图10　拉曼分析对比结果

的主要是Fe_2O_3，但在654 cm^{-1}处出现一峰值，当为Fe_3O_4，所以该银色“油滴”的主要发色成分应该是Fe_2O_3，并混有一定量的Fe_3O_4。黑色釉面部分（蓝色区域）为含Si—O振动类化合物，即SiO_2。而釉面靠近底胎附近（橙色区域）含有较多的C。此外，在拉曼成像图上发现第四种成分（绿色区域），这种成分在显微图像上不易观察到，这部分具体是什么成分，有待日后使用拉曼—电镜能谱联用设备（RAM-SEM（EDS））进一步分析。

两件黑釉油滴瓷釉质中同时含有Fe_2O_3、Fe_3O_4和C，它们三者不是孤立存在的，而是存在着紧密关联，在烧制过程中会互相转化：

$$2Fe_2O_3 + 3C = 4Fe + 3CO_2\text{（条件：高温）}$$
$$3Fe + 2O_2 = Fe_3O_4\text{（条件：点燃）}$$

Fe_2O_3是以Fe^{2+}存在，而Fe_3O_4同时含有Fe^{2+}和Fe^{3+}，为反式尖晶石结构，属于立方晶系，氧原子处于立方密堆积结构，一半的Fe^{3+}占据四面体位置，Fe^{2+}和另一半Fe^{3+}占据八面体位置，稳定性远不如Fe_2O_3，在陶瓷中很少发现。

此外，我们发现其黑色釉面TiO_2（钛白粉）含量超过了1%，银色油滴部分更是超过了1.5%；而其他南方黑釉瓷中TiO_2平均含量为0.65%，北方为0.77%，这两件黑釉油滴瓷的TiO_2远超一般黑釉瓷。日本陶瓷专家的研究[20]表明：瓷釉中的TiO_2，本身并不影响釉色，但钛能影响溶解于釉中的铁离子，可以使Fe^{2+}转变成Fe^{3+}，因此其含量变化也会间接影响到高温铁釉的发色。颜色较深的釉中，不仅Fe_2O_3含量高，TiO_2的含量也较高。用TiO_2制得的瓷釉透明度强，具有质量小、抗冲击力强、机械性能好、色彩鲜艳、不易污染等特点。因此，原料中高含量的TiO_2促进了Fe^{2+}转变成Fe^{3+}，即将多余的Fe_3O_4又转化为Fe_2O_3。

故而本文探讨的两件黑釉油滴瓷中同时发现有Fe_2O_3和Fe_3O_4两种Fe的化合物，正是因为C未燃烧充分，导致大量的Fe^{2+}、Fe^{3+}相互的转化没有停止。因此，高含量的TiO_2以及C和Fe_3O_4的存在，可视为它们区别于其他窑口产品的证据之一，可能也是这类黑釉油滴瓷的特色。

三、结论与探讨

综上所述，通过超景深显微镜、X射线荧光光谱和拉曼光谱对二者做了对比检测分析，实验结果显示，成都天府广场出土的黑釉油滴盏与怀仁吴家窑镇出土的黑釉油滴大碗残片存在着高度的同一性，当属同一产地的同类产品。其残高

4.3厘米，敛口，尖唇，斜弧腹，圈足。这些器型特征皆与山西博物馆藏金代怀仁窑油滴盏（高4.5厘米，口径9厘米，足径2.9厘米，见图11）非常接近，它们当为同一时代的同类产品，也就是证明了成都天府广场出土的这件残瓷当为金代山西怀仁窑的产品无疑。

图11　山西博物馆藏金代怀仁窑油滴盏

图12　大阪东洋陶瓷美术馆藏宋代建窑油滴盏

怀仁窑，在今山西怀仁县，故名。《大明一统志》有“锦屏山在怀仁县西南二十五里，山旧有瓷窑”的记载。目前发现窑址有小峪、张瓦沟、吴家窑三处，始烧于金，历经元、明两代，烧瓷以黑釉为主。目前，对其专题的研究非常少，仅少量报道提及“山西的油滴边缘不规则，微微塌陷；河南的油滴呈雪花状；山东的油滴边缘呈松枝状”[21]。但如何界定所谓的“不规则”“雪花状”和“松枝状”，报道莫衷一是。这种仅从“油滴”装饰角度区分产地的做法，在我看来是十分主观和不科学的，非常容易错划窑口。例如，日本大阪市立东洋陶瓷美术馆珍藏的宋代建窑银斑深束盏（日本亦称作油滴天目，这件茶盏在日本为国宝·大名物，口径12.2厘米，高7.5厘米，图12），其“油滴”装饰也是细小、分布紧密的不规则“雪花状”样貌，但它确实为建窑所产无疑。而我们使用高倍显微镜进行微观形貌观察，辅以元素、物相的检测分析来做对比实验，则更加科学、有效，也是今后陶瓷产地研究的一大趋势。

而此前，四川地区历年的考古发现中从未有过怀仁窑产品的报道，此次发现当属首例。金代怀仁窑的精品已经远销到数千里外的成都地区，这不仅说明怀仁窑产品，尤其是以黑釉油滴瓷为代表的精品当时已具备很高的市场认可度，影响深远，怀仁窑在中国陶瓷史上的地位亦需要重新被认识，甚至也侧面证明了在宋金对峙的战争岁月里，依旧存在着这样一条“瓷器之路”沟通着南北，也为研究宋金贸易及文化提供了科学依据。

自然科学技术越来越多地被应用于文物研究与保护工作中来，使得对文物更深入的认识成为可能，本文仅对中国古代黑釉瓷的科学化研究做一尝试，希望日后能有更丰富的考古材料出土，为进一步探索提供依据。

（附记：本文承蒙成都文物考古研究所副研究员、四川大学考古学系博士生易立先生，浙江省文物考古研究所研究员沈岳明先生，景德镇陶瓷大学教授钱伟鹏先生，山西博物院解晋女士的帮助与不吝赐教，特此致谢）

参考文献

[1]〔北宋〕陶穀：《清异录》卷二，明宝颜堂秘笈本：37。
[2]〔北宋〕蔡襄著．唐晓云整理校点：《茶录》，上海书店出版社，2015年，第7页。
[3]〔北宋〕释惠洪：《石门文字禅》卷八，四部丛刊本：11。
[4]〔元〕陶宗仪：《说郛》卷五十二，中国书店出版社，1986年，第677页。
[5]〔南宋〕杨万里：《诚斋集》卷二〇，四部丛刊本：7。
[6]〔南宋〕祝穆撰，祝洙增订，施和金点校：《方舆胜览》卷十一，中华书局，2003年，第97页。
[7] 四川省文物考古研究所、广元市文物保护管理所：《广元市瓷窑铺窑址发掘简报》，《四川文物》2003年第3期，第3—21页。
[8] 成都文物考古研究所、都江堰市文物局：《都江堰市金凤窑发掘报告》，成都文物考古研究所编：《成都考古发现（2000）》，科学出版社，2002年，第223页。
[9] 成都文物考古研究所、都江堰市文物局：《都江堰市金凤乡瓦岗坝窑发掘报告》，成都文物考古研究所编：《成都考古发现（2001）》，科学出版社，2003年，第264页。
[10][11][12] 陈丽琼：《乐山市古窑址调查》，陈丽琼：《古代陶瓷研究》，重庆出版社，2001年。
[13] 成都文物考古研究所：《成都市琉璃厂古窑址2010年试掘报告》，成都文物考古研究所编：《成都考古发现（2010）》，科学出版社，2012年，第352页。
[14] 莫洪贵：《蒲江县发现古窑址》，《四川古代陶瓷研究》（二），四川社会科学院出版社，1984年，第227页。
[15] 重庆市文物考古所：《重庆涂山窑》，科学出版社，2001年。
[16] 陈丽琼、董小陈：《三峡与中国瓷器》，重庆出版社，2010年，第105页。
[17] 小山富士夫：《天目》；藤冈了一：《宋代の天目》，《陶磁大系》第38卷，东京：平凡社，1980年。
[18] 建窑考古队：《福建建阳县水吉镇窑遗址1991—1992年度发掘简报》，《考古》1995年第2期；曾凡：《建窑考古新发现及相关问题研究》，《文物》1996年第8期；宋伯胤：《"建窑"调查记》，《文物参考资料》1955年第3期。
[19] 熊樱菲：《中国古代高温铁釉瓷的呈色研究》，《文物保护与考古科学》2012年增刊。
[20] Ishii Tsuneshi. Experiments on the Tenriuji yellow celadon glaze. *Transactions of British Ceramic Society*. Wedgwood bi-centenary Memorial number, 1930: 360-387.
[21] 邱季端、余光仁：《关于宋代"油滴天目"的探讨》，《东方收藏》2011年第6期。

基于环境监测的故宫养心殿环境风险评估*

马　琰[1]　李永辉[1]　张小古[2]　冯世虎[1]
（1 东南大学建筑学院；2 故宫博物院古建部）

摘　要: 北京故宫是世界文化遗产，第一批全国重点文物保护单位，是明清北方官式建筑的代表。目前，养心殿内的建筑本体受结露、霉菌繁殖、盐析等病害侵蚀严重。本文基于地下的地质勘测、土壤温度、盐分、含水率、水位监测数据，以及地上的室内环境监测数据，评估了养心殿的环境风险因素和主要病害成因。结果表明：养心殿室内温度夏季处在24℃—30℃的范围内，冬季维持在4℃—11℃；地面附近常年湿度高，空气相对湿度夏季在70%以上，冬季在50%—80%的范围内；所在区域地下潜水稳定在地下17.47米，而上层滞水集中存在于地下3米以上。因此，建筑室内霉菌和盐析病害滋生的主要原因是由地基部分常年的高湿环境导致的室内高湿，推测排水系统失效与大气降水难以下渗是地基高湿的核心原因。研究结果将为养心殿环境风险控制与修缮设计提供理论支撑。

关键词: 养心殿　霉菌　盐析　高湿　环境监测

一、引言

北京故宫建于公元1420年，已有近600年历史。1961年，被国家文物局确定为第一批全国重点文物保护单位，1987年，成为中国首批被联合国教科文组织列

* 本文为国家自然科学基金资助项目(No.51478103)，江苏省自然科学基金面上项目(BK20161424)，国家文物局文化遗产保护领域科学与技术研究课题(2013-YB-HT-016)。

入世界文化遗产名录的世界文化遗产地。作为现存最大的明清官式建筑群，具有很高的历史、艺术及科学价值。

养心殿为故宫建筑群中的一处独立院落，位于西六宫之南、乾清宫之西。目前，院落中的建筑部分作为原状陈列展厅使用，部分作为原状文物库房使用，其余闲置或用作办公室、设备间等。根据现场勘查结果，建筑中已经出现了砖材表面盐析、壁面霉菌繁殖、结露冷凝、彩画龟裂等病害，如图1所示。

建筑本体的老化主要受内外环境的影响。温度、湿度、水分、可溶盐等环境参数的变化直接影响建筑物本体上发生的各类物理、化学、生物反应的速率，造成建筑材料表面退化、裂化、霉变等一系列病害，最终导致建筑强度降低。养心殿内的建筑均为砖木混合结构，即门窗、立柱、屋架为木构件，地面、墙体为砖石砌筑。砖材的盐析、粉化现象主要受材料内部水盐迁移与盐类相变的影响[1]，而影响霉菌生长的主要因素是温度、相对湿度、营养物质和暴露时间[2]。同时，墙面的冷凝水对霉菌的生长也有明显的促进作用[3]。本文将基于室内外温湿度和地下水盐情况分析室内水盐迁移特征，进而评估养心殿区域的盐析、霉菌繁殖等病害的发展状况。

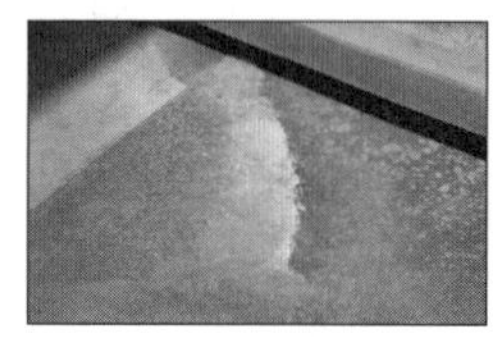
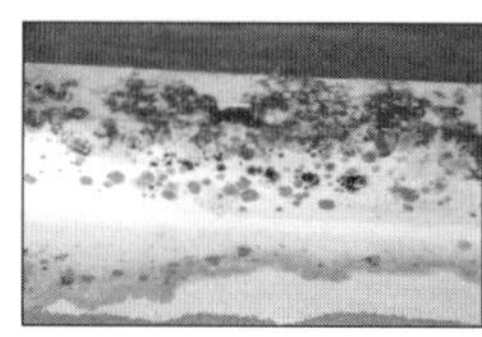
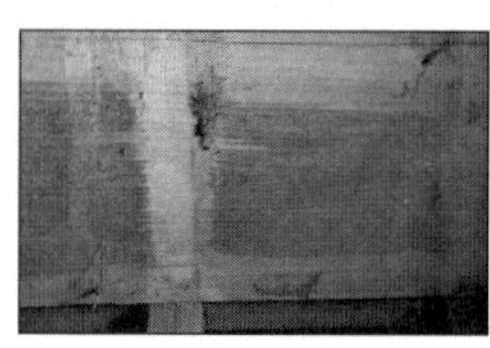
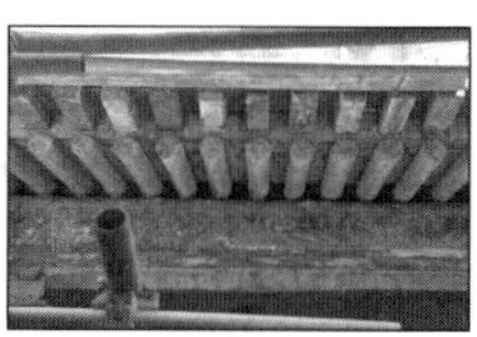

图1　养心殿室内病害，左起依次为：砖材表面盐析、室内壁面霉菌繁殖、结露冷凝、彩画龟裂脱落

二、监测方案

自2016年3月起，对养心殿院落内的5处主要建筑进行了室内空气温度和相对湿度的监测，设备采用中国科学院计算技术研究所自主研发的测量与记录设备。监测点布置如图2所示，其中，红色为放置在地面上的监测点，标高±0.000；紫色为放置在窗台或床上的监测点，标高约0.500；蓝色表示放置在屋架上的监测点，标高约3.600。室外气象数据来自故宫博物院内的气象监测站。

地下水位和土壤三参数（土壤的温度、含水率和盐分）的监测点集中在西配殿东南方，如图2所示，监测时间自2017年1月布置始至今。地下水位的监测位于1号钻孔，设备采用Solinst公司的Levelogger® Edge Model 3001地下水位计，监测孔自地面深18.9米。土壤三参数的监测位于2号钻孔，设备采用美国

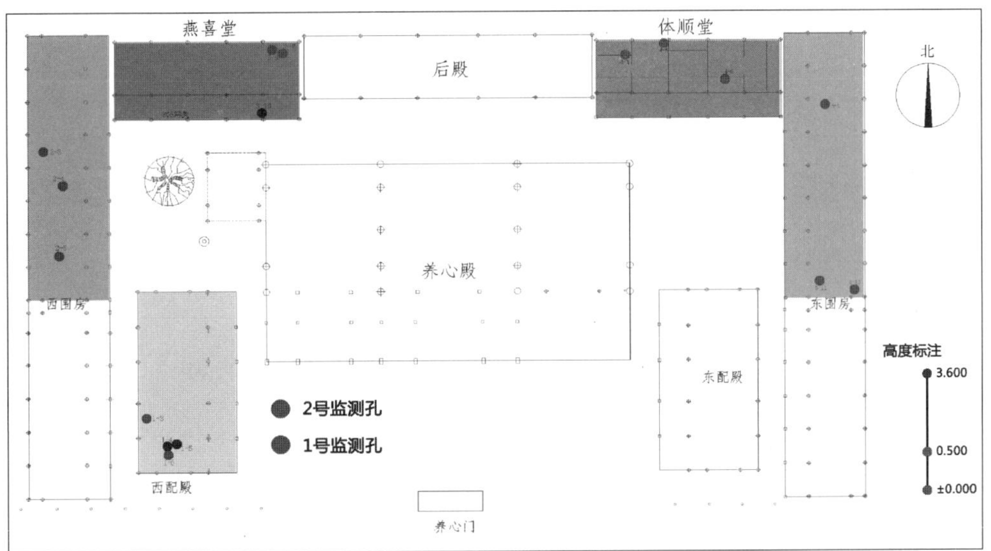

图2　室内外监测点位置和监测区域示意及室外设备布置现场图

Decagon公司的Em50数据采集器，配合5TE探头，自地表起每1米放置一个探头，共5个探头。

三、监测结果分析与讨论

1. 室内外空气温度、湿度比较

图3表示了8月和11月西配殿内不同标高处的空气温度变化。首先，对比室外气温可知，室内温度变化的剧烈程度远小于室外，建筑的围护结构本身起到缓冲作用，抵御了室外环境变化对室内环境的扰动；其次，在夏季，室内气温呈现随高度升高的趋势，而在冬季，则恰恰相反，气温呈现随高度降低的趋势，且冬季室内温度依然维持在0℃以上。

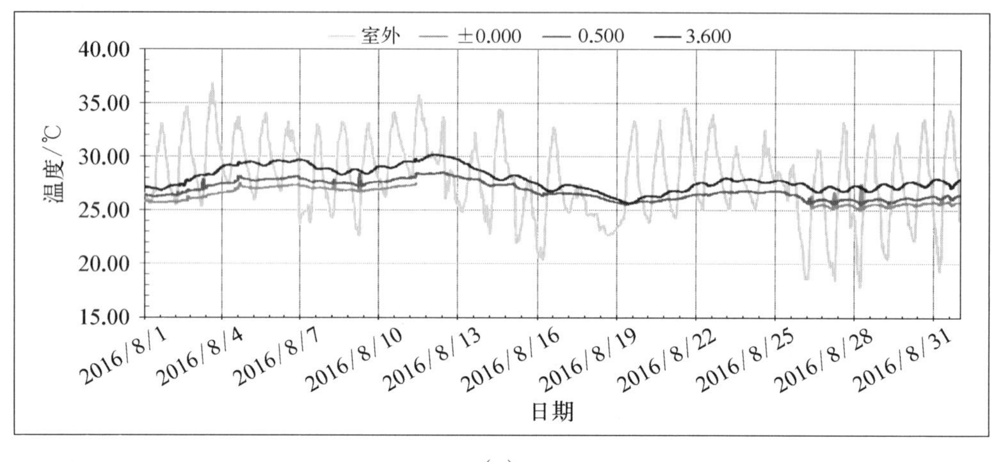

(a)

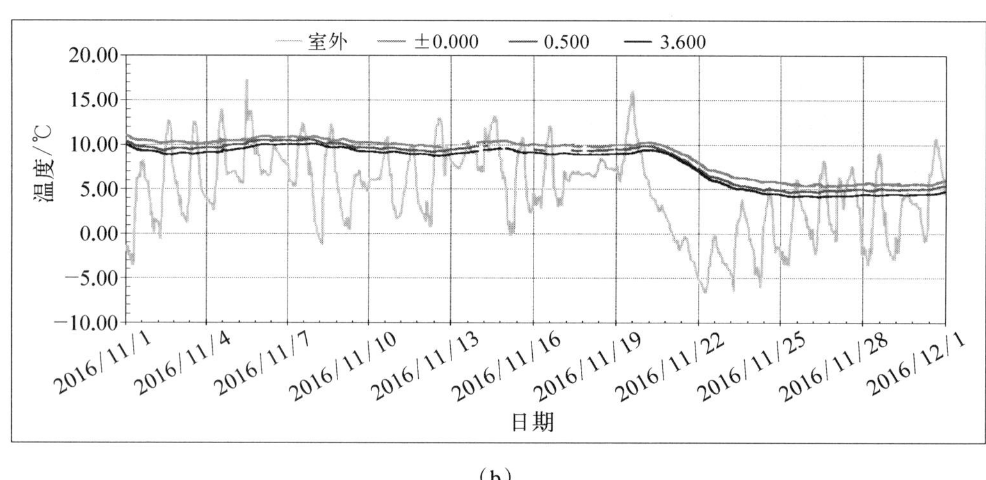

(b)

图3　西配殿内部各标高处空气温度和室外空气温度月变化比较[(a) 8月数据记录,(b) 11月数据记录]

温度变化幅度小加上适当的高温加速了霉菌和盐析的发生,尤其是在夏季。当夏季温度升高时,水分蒸发加剧,盐随着水蒸气的蒸腾作用被带到土壤、砖等材料表面,温度降低时又发生结晶作用,材料表面就会有大量的盐析出,对材料造成破坏[4]。而室内常年的"温暖"环境,更是霉菌生长的有利条件之一。

同时,对室内外的空气湿度进行讨论。图4,分别为8月(夏季)和11月(冬季)西配殿内不同标高处的空气绝对湿度的变化曲线。对比室内和室外的监测结果可知,室内的空气绝对湿度整体高于室外,夏季基本维持在0.012—0.022 kg/m^3,而冬季在0.003—0.006 kg/m^{3}的范围内,但空气相对湿度夏季在70%以上,冬季

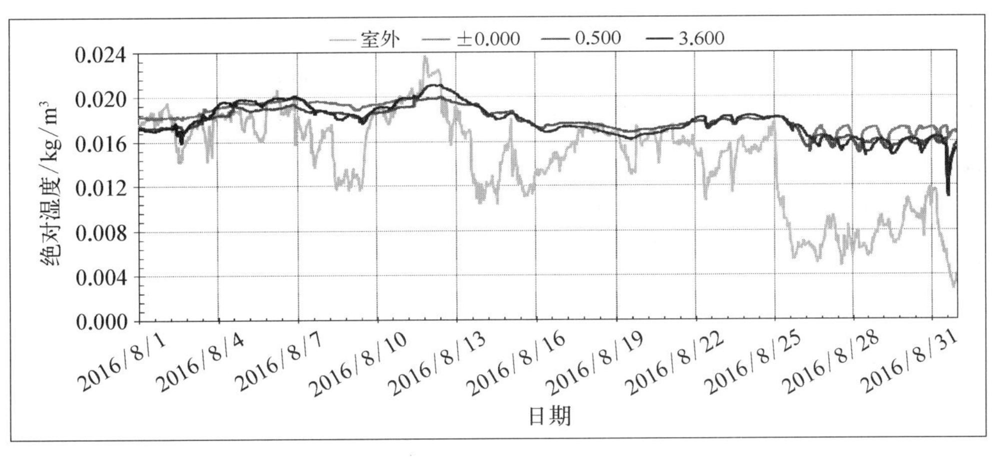

(a)

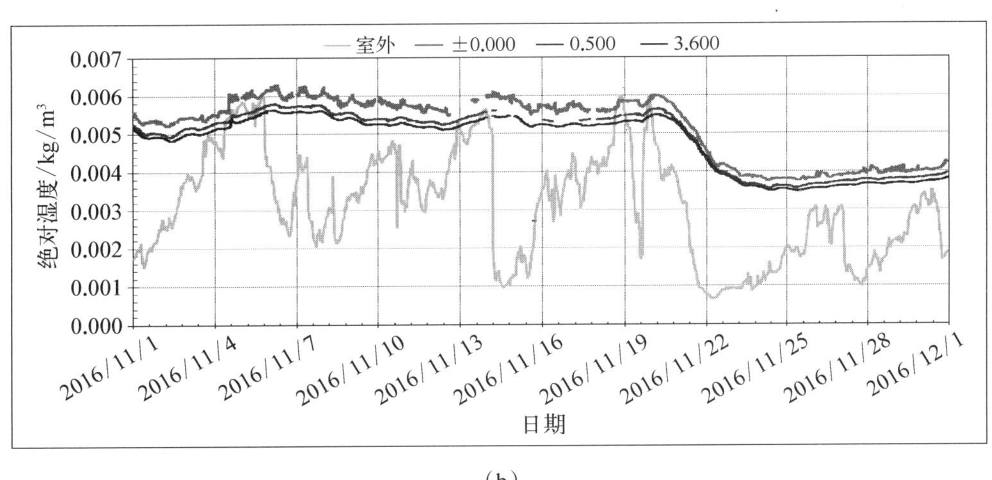

(b)

图4 西配殿内部各标高处空气绝对湿度和室外空气绝对湿度月变化比较[(a) 8月数据记录，(b) 11月数据记录]

在50%—80%；同时，观察绝对湿度在垂直方向上的变化，发现三个不同标高处，地表附近湿度最大。

室内常年的高湿环境也是促使霉菌和盐析发生的重要原因，可溶盐的析出和溶解进程与水分的运动密切相关，所谓“盐随水来，盐随水去”[5]。而高湿度是霉菌生长的必要条件，在高湿环境中，围护结构表面的有机物是其良好的营养来源。

2. 土壤三参数和地下水的影响分析

从初步的监测结果来看，土壤中的可溶盐主要集中在地表到地表之下3米的范围内，在这个范围内，土壤中的水分和土壤温度又由于太阳辐射、降水等因素的影响变化较剧烈，同一土层冬夏季温差可达20℃，土壤体积含水量一天中的变化值可达1 m^3/m^3。当水分和温度持续变化时，可溶盐一方面在结晶—溶解两个状态中来回转换，另一方面会随水分迁移至建筑的围护结构中，如图5所示。

根据地下潜水的监测结果和中兵勘察设计研究院2017年1月出具的《养心殿研究性保护项目勘查初步资料》显示，该处地下潜水稳定水位埋深为17.47米，水位变化幅度小，属正常的季节性变化，对地面上方的空气湿度几乎无影响。

除此之外，结合2016年北京故宫所在区域的降水量变化情况，即月平均降水量170毫米，全年降水量集中在6—10月份，其中以7月份最多，接近800毫米，

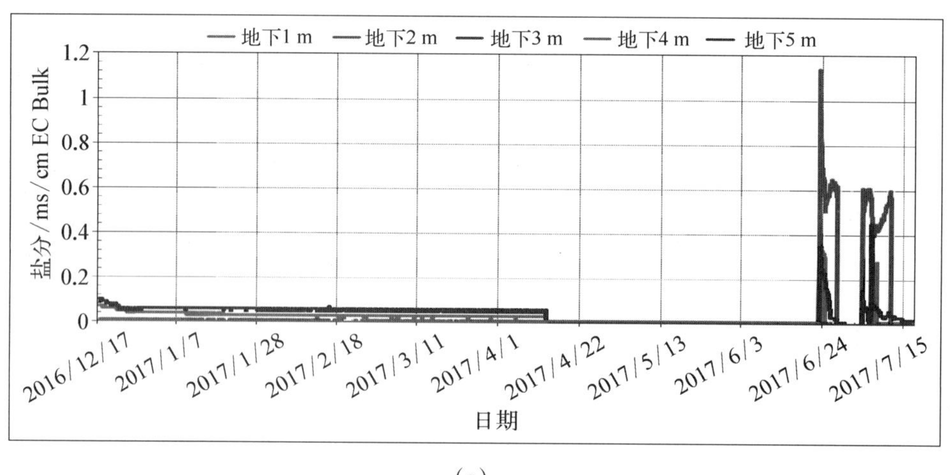

(a)

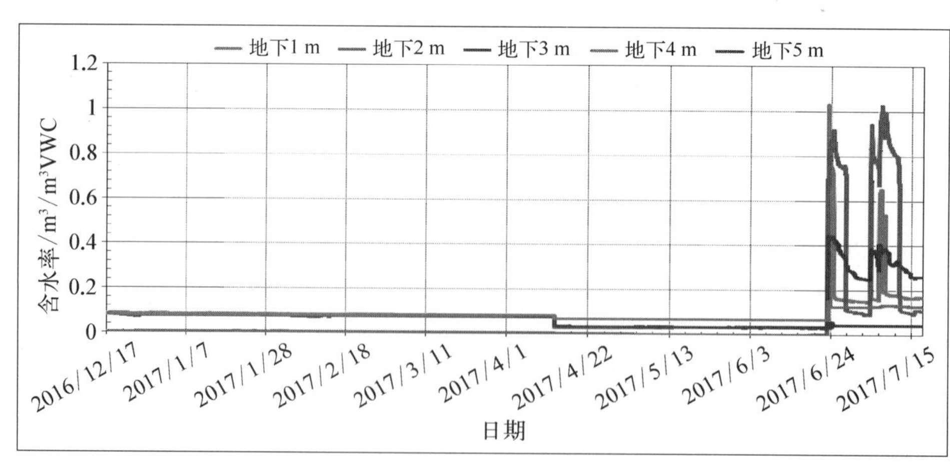

(b)

图5　土壤三参数记录[(a) 土壤盐分,(b) 土壤体积含水率]

可以认为，影响空气含水量的主要因素是大气降水，而大气降水降落到地面，难以下渗至地下潜水，大量积聚在地表至地表以下3米的范围内。当空气温度升高时，此处的水分大量蒸发而出，从而带动室内空气含水量升高。

3. 室内环境总体比较

图6表示不同监测区域室内标高 ±0.000的空气温度和相对湿度变化。如图6(a)所示，各监测区域内相同高度位置的平均空气温差约3℃，变化规律一致；全年地表温度维持在0℃以上。如图6(b)所示，各监测区域内相同高度位置的平均空气相对湿度差约为15%，变化规律一致；全年地表处于湿度较高的状态。由此，可以认为5个监测区域的环境状况基本一致。

(a)

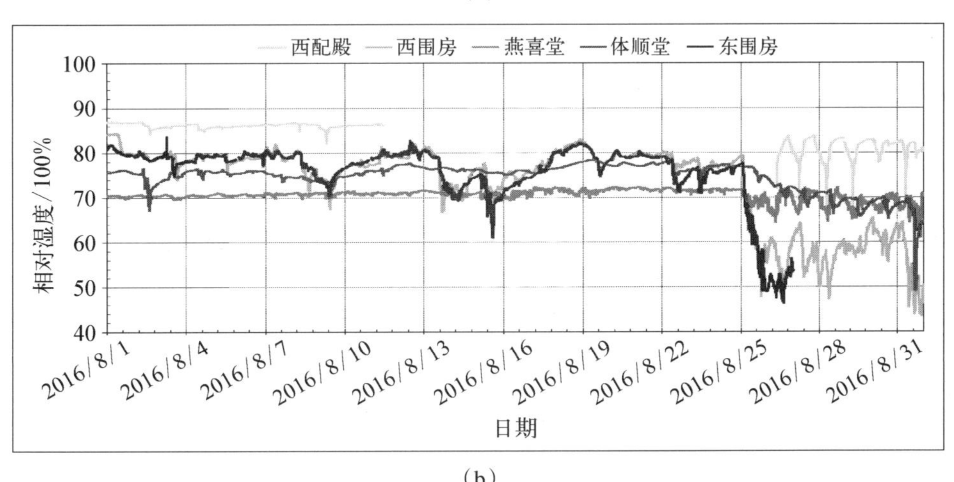

(b)

图6　被监测区域室内标高 ±0.000处空气温湿度月变化比较[(a) 空气温度,(b) 空气相对湿度]

4. 讨论

养心殿建筑直接接地，基础部分热容大，地面及附近墙体的温度表现出夏低冬高、全年变化幅度小的特点，当室内空气温度、湿度波动时，建筑底部区域易出现冷凝结露现象。同时，由于养心殿区域地基构造密实，渗透系数小，大气降水难以下渗到下部土体，加之排水系统失效，导致地表以下3米范围内的土体含水量高。在室外空气温度、湿度的波动影响下，地基中的水分在砖材表面发生蒸发和冷凝的周期循环，并带动可溶盐在砖材表层下方集聚，加剧了养心殿砖材的风化现象。

总体来说，建筑室内霉菌和盐析病害滋生的主要原因是地基的常年高湿导致的室内高湿，推测排水系统失效与大气降水的难以下渗是养心殿地基高湿的核心原因。

四、结论与展望

本文针对故宫养心殿的病害现状，基于地上的温度、湿度和地下的温度、水分、可溶盐等的监测结果，初步对故宫养心殿的主要环境风险因素和病害成因进行了分析和评估，研究结果将有助于养心殿的修缮和预防性保护方案的制定。进一步的研究中，将基于室内外的监测数据，建立建筑本体的水热迁移模型，并加入通风、日照、降雨等环境因素，定量计算建筑本体的结露、霉菌繁殖、盐析等病害的发生位置、速度及强度，进一步为养心殿的修缮和保护提供更加完整的理论依据。

参考文献

[1] 于平陵、张晓梅：《西安城墙东门箭楼砖坯墙体风化因素研究报告》，《文物保护与考古科学》1994年第2期，第7—15页。

[2] Sedlbauer K. Prediction of mould fungus formation on the surface of and inside building components, Doctoral Dissertation, 2014.

[3] Li Y., Ogura D., Hokoi S., et al. Effects of emergency preservation measures following excavation of mural paintings in Takamatsuzuka Tumulus. *Journal of Building Physics*, 2012, 36(2): 117-139.

[4] 夏寅、李蔓、张尚欣等：《遗址博物馆内土遗址本体可溶盐和霉菌危害预防与治理的进展》，《文物保护与考古科学》2013年第4期，第114—119页。

[5] 史文娟、汪志荣、沈冰：《夹砂层土壤水盐运移实验研究》，中国水利水电出版社，2010年。

馆藏水陆画保护修复研究
——以山西省闻喜县博物馆藏水陆画的保护修复为例

孙文艳
（山西博物院文保中心）

摘　要：水陆画是具有特殊宗教历史价值的文物，对其的保护、修复不能损伤这一价值。本文以山西省闻喜县博物馆藏水陆画的保护修复为例，论述水陆画宗教价值的保护。

关键词：闻喜县博物馆藏水陆画基本情况　宗教意义　宗教意义的保护

一、前言

水陆画在历史上是寺庙内举行水陆道场时，配合水陆法会的举办而悬挂的宗教题材的绘画。所以，水陆画主要反映的是宗教价值。笔者在撰写水陆画的保护修复方案和保护修复水陆画的过程中发现，修复师更注重画心的保护修复，修复突出了文物的艺术价值。其实水陆画的装裱形式和装裱材料的颜色也是水陆画宗教价值的体现部分，修复师在保护修复过程中，要铭记不可忽略体现水陆画宗教价值的任何因素。

本文通过对山西省闻喜县博物馆藏水陆画的保护修复，阐述对水陆画保护修复的观点和具体操作过程。

二、山西省闻喜县博物馆藏水陆画的概况

1. 现场调查

闻喜县博物馆藏水陆画成画于明清时期，为绢本重彩工笔绘画，以佛教、道

教为题材，但主要反映道教内容。画面构图巧妙、多样，利于突出主题；文物绘画功力深厚，用笔流畅，富有变化；用色成熟，鲜艳而不媚俗；人物情态多姿，表达细致，震撼人心。如此重要的文物，既是闻喜县博物馆的重要藏品，又是山西古代绘画的重要组成部分，被列为国家二级文物。

此次保护修复的水陆画主要描绘了道教的相关内容。文物尺幅较大，大者画心横154厘米，纵195—204厘米；小者画心横89—154厘米，纵160—176厘米。此批文物的装裱形式为双色裱，装裱材料使用的是纺织品和纸。地杆为整根木棒或树枝，未安装轴头，而是采用地杆长出画幅两头的部分，作为保护文物和辅助卷、展书画的保护性部件，相当于轴头的功效。

此批文物曾在寺庙内举行道场仪式时使用，后经流传数个保存地点，目前文物存在两种情况：一是天头破损严重，天头以下部位保存尚好，只存在物理损伤，如撕裂、折痕、虫洞等；一是损伤严重，同时存在物理和化学病害，文物出现空鼓、糟朽，甚至絮化。

2. 文物价值的有效保存方法

闻喜县水陆画流传至今仍能保留较为完整的故事情节、人物形象，以及艳丽的色彩，主要归功于以下有效的保护手段：（1）装裱对文物的保护作用。装裱对文物不仅有装潢效用，还起着重要的保护作用。42件文物中，有33件文物因裱料尚存，而使画心完整地流传至今。有6件文物，由于上部或下部裱料不复存在，其裸露在外的画心出现残损状况。有3件文物在流传过程中裱料几近全无，其画心受到严重侵扰，绢层与命纸全部脱离，危及文物生命。可见裱料对文物的保护有相当重要的作用。（2）使用、流传过程中，拥有者对文物采取的保护手段。一是有半数文物只是天头破损严重，为能张挂，使用者或将破损的天头卷裹于天杆上，用棉线缝连；或用纸张将天头和天杆粘接在一起。二是在画背贴纸加固。三是现代保管人员使用透明胶带加固断裂和即将掉落的部位。这些保护手法对文物的流传都起到了积极作用。

三、闻喜县博物馆藏水陆画的保护修复

1. 保护修复原则的确立

水陆画的价值不单体现在艺术方面，更为突出的是宗教方面的价值，故而在保护修复时，要保护好它的这一价值。水陆画的宗教价值不仅体现在绘画内容方面，还表现在它的装裱形式以及裱料的材质和颜色上。因此对其的保护修复

原则要注意以下几条：

（1）画意不能受损，气韵不得消减。

（2）保护修复过程中，不能损伤绘画颜料的明度、色度及饱和度。

（3）修补材料要在材质和结构上与文物保持一致。

（4）不更改装裱形式及裱料颜色。

2. 保护修复材料的确定

为了掌握文物的材料属性，亦是为了选择补、配保护修复材料，我们对文物各部位的材料进行了检测分析。

（1）用肉眼可断定的材料是：画心底材和裱料使用的是纺织品，命纸和覆褙使用的是纸质材料，画意使用的是墨及颜料。

（2）使用Dino Capture 2.0手持LED显微镜和哈氏切片器，配合透光生物显微镜，对纺织品进行组织结构和材质的检测。经检测分析可知：无论是画心还是纺织品的裱料，其组织结构均为平纹结构。从纵向检测可见，纤维表面光滑。从横切面检测可看出，纺织品纤维的横截面有的为等边三角形，有的为半椭圆形。经检测，文物中的所有纺织品为绢（图1、图2）。

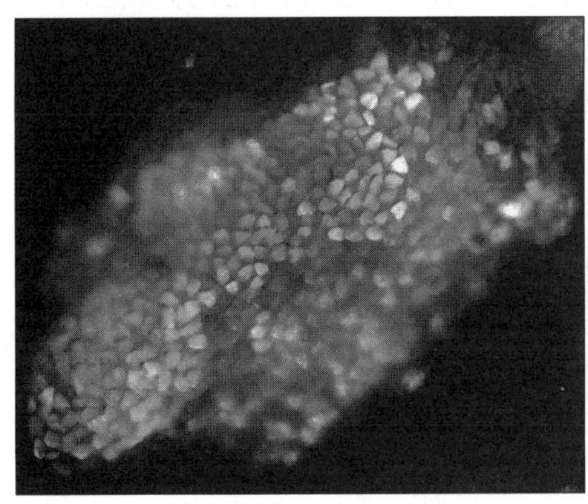

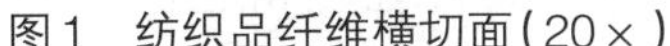

图1　纺织品纤维横切面（20×）

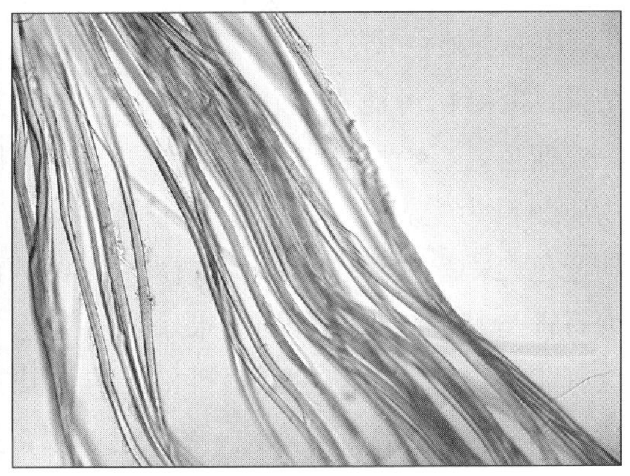

图2　纺织品纤维纵向检测（20×）

（3）使用生物显微镜检测纸质材料。我们选取不同文物的命纸、托纸、褙纸内层及褙纸外层纸样做了纸张纤维检测，通过显微镜观察，我们看到，这些纸张纤维均以韧皮纤维为主，兼有麻纤维，纤维表面布满糨糊（图3）。

（4）使用激光拉曼、电镜-能谱以及偏光显微检测颜料。

仪器：一为法国HoRIBA公司生产的XpLORA共焦显微拉曼光谱仪，采用氩离子激光器，配备三个激光器，分别为532 nm、633 nm、785 nm；物镜为50×；

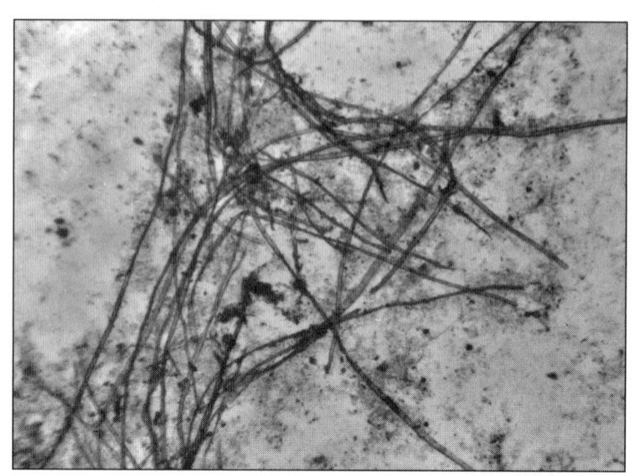

图3　纸张纤维（4×）

光斑尺寸为1微米；光栅1 200；采用5×10秒扫描频次。二为Olympus产BX 51P型偏光显微镜。三为扫描电子显微镜（SEM）（型号：FEI-Quanta 650）和能谱仪（EDS）（型号：OXFORD-X-MaxN 50）。

颜料检测：

红色，文物上使用的红色以朱砂为主，无论是红色还是大红色，抑或是深红色，其主要显色成分均为硫化汞。颜色的深浅变化是硫化汞与其他颜料相混的结果，如深红，可能为朱砂与墨相混合的结果。

蓝色，文物上使用的蓝色，有植物质颜料（如花青），也有矿物质颜料，并以矿物质颜料为主。矿物质蓝颜料经检测，为石青。画面中蓝色有浅蓝色、天蓝色、湖蓝色、深蓝色等，应为两种情况：一种为研磨不同粗细程度的石青颜料；一种为石青与其他颜料混合的结果。如浅蓝色，可能为石青系列中颗粒较细的三青，也可能为青色颜料与白色颜料相混的结果。

绿色，文物上有果绿色、深绿色、墨绿色、绿色等不同色相，使用三种检测手段进行检测发现，绿色系列中的矿物颜料为石绿和石青。在绿色系中存在石绿颜料容易理解，那石青颜料的存在又是为什么呢？原因应是石青与黄色颜料调和后呈绿色的缘故。检测时只检测出石青颜料而未检测出黄色的矿物颜料，说明黄色颜料为植物质。

肉色，该色为调和色，经检测，该调和色中有朱砂和水白铅矿。

其他颜料虽也使用，但绘画中以上几种颜料的使用频率最高，量也较大。综上所述，闻喜博物馆藏水陆画使用的颜料主要为矿物质颜料，少数为植物质颜料，故而文物历久如新。

依据保护修复原则，需为其定制与文物画心和裱料材质、颜色、厚度等方面接近或一致的材料。通过考察，我们选定湖州双绫纺织厂生产的绢为保护修复用料；并购置了与水陆画绘画颜料化学结构、色相等参数一致的“姜思序”牌的矿物颜料和植物颜料，作为全色材料。

3. 保护修复过程

此次保护修复过程中，为了能更好地保护水陆画的宗教价值，我们做了如下工作。

（1）濒危文物的修复

此类病害状态的文物，裱件基本不复存在，有的画心与命纸分离，绘画内容有脱落，画意有损；有的无命纸，画心绢丝强度尚存；有的命纸部分存在，绢丝强度较弱。保护修复采取了全面揭裱的方法。

首先，用轻柔手法，对文物表面进行物理清尘。

其次，揭裱褙纸。命纸视情况而定，对于存有画意的命纸，要回贴到原位，其他部位补托命纸。无画意且保存较差的命纸，轻轻揭去，更换新的命纸。

最后，由于文物原裱料不复存在，修复时采用与文物裱料材质、颜色一致的定制绢作为修复使用的装裱材料。

（2）保存状况较好的文物的修复

此类病害的文物，对于画心，揭裱时保留命纸。天头破损严重，故天地更换定制材料制作。圈档和裱边，视文物原裱件情况而定，保存状况好的，重新托裱后，装裱于文物上；保存状况差的，则选用定制材料装裱于文物之上。

4. 修复结果的测定

为了验证保护修复方法对文物的干预度，我们对文物修复前后进行了Lab检测。

通过大量修复前后检测数据的对比发现，数值变化与科学保护修复规律一致，现列举文物不同部位、不同颜料的Lab检测数据以揭示保护修复方法是否得当。所用仪器为SC-80C全自动色差计。

（1）不同颜料的Lab检测

选取不同文物的红、蓝、白、绿、棕等颜料进行检测。本文选取其中的三个检测数据，以作说明。

选取这些颜料进行检测是因为所选颜料大多为矿物质，在其色系中颜料颗粒最大，在保管和修复过程中最容易失胶掉落，对其进行Lab检测，最能反映保护修复对其的干预是否合理（见表1至表3）。

表1　红色颜料修复前后的Lab检测

<table>
<tr><td rowspan="6">分析检测一</td><td colspan="2">文物号</td><td>WB218</td></tr>
<tr><td colspan="2">取样部位</td><td>衣服袖子红色</td></tr>
<tr><td rowspan="2">检测结果</td><td>修复前</td><td>ΔE: 72.75; *L: 48.77; *a: 42.88; *b: 26.71; Wr: 8.77</td></tr>
<tr><td>修复后</td><td>ΔE: 70.78; *L: 46.34; *a: 43.83; *b: 30.34; Wr: 6.86</td></tr>
<tr><td colspan="3"> 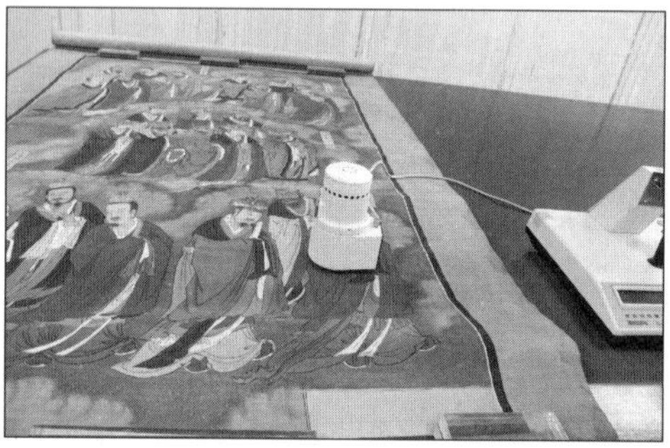</td></tr>
<tr><td colspan="2">检测结果描述</td><td>明度值下降，红色值上升，黄色值上升，白度值下降。色差变化2个值</td></tr>
</table>

表2　蓝色颜料修复前后的Lab检测

<table>
<tr><td rowspan="6">分析检测二</td><td colspan="2">文物号</td><td>WB199</td></tr>
<tr><td colspan="2">取样部位</td><td>头青色</td></tr>
<tr><td rowspan="2">检测结果</td><td>修复前</td><td>ΔE: 133.1; *L: 41.36; *a: −7.24; *b: −11.71; Wr: 17.95</td></tr>
<tr><td>修复后</td><td>ΔE: 141.9; *L: 39.09; *a: −9.78; *b: −20.91; Wr: 20.48</td></tr>
<tr><td colspan="3"> </td></tr>
<tr><td colspan="2">检测结果描述</td><td>明度值下降，绿色值略大，蓝色值上升，白度值下降</td></tr>
</table>

表3　绿色颜料修复前后的Lab检测

分析检测三	文物号		WB199
	取样部位		衣服绿色
	检测结果	修复前	ΔE: 122.5; *L: 49.56; *a: −14.05; *b: 9.3; Wr: 15.01
		修复后	ΔE: 125.5; *L: 46.96; *a: −17.66; *b: 10.10; Wr: 13.00
	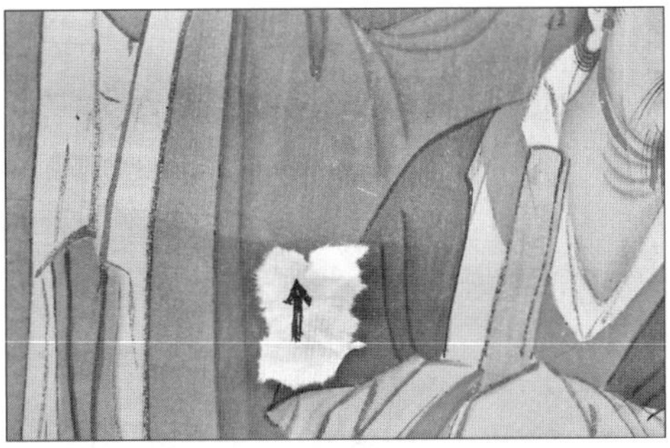		
	检测结果描述		明度值下降,绿色值上升,黄色值微升,白度值下降

（2）不同部位的Lab检测

具体结果如表4、表5所示。

表4　画心绢修复前后的Lab检测

分析检测四	文物号		WB199
	取样部位		画心绢空白处
	检测结果	修复前	ΔE: 98.27; *L: 58.56; *a: 5.8; *b: 20.41; Wr: 16.86
		修复后	ΔE: 95.33; *L: 58.18; *a: 5.84; *b: 25.87; Wr: 14.34

	检测结果描述		明度值基本未变,红绿数值基本未变,黄色值上升,白度值下降

表5　黄色圈档清洗前后的Lab检测

<table>
<tr><td rowspan="6">分析
检测五</td><td colspan="2">文物号</td><td>WB200</td></tr>
<tr><td colspan="2">取样部位</td><td>黄色圈档</td></tr>
<tr><td rowspan="2">检测
结果</td><td>修复前</td><td>ΔE: 81.96; *L: 66.01; *a: 10.45; *b: 41.09; Wr: 13.68</td></tr>
<tr><td>修复后</td><td>ΔE: 82.53; *L: 68.77; *a: 7.66; *b: 44.29; Wr: 14.28</td></tr>
<tr><td colspan="3"> </td></tr>
<tr><td colspan="2">检测结果描述</td><td>明度值提高，黄色值提高，白度值上升。色差变化0.57个值</td></tr>
</table>

（3）结论

颜料的Lab检测结果显示保护修复后颜料的明度值除白颜料上升外，其余均有所下降，这是由于文物在保护修复前落有灰尘，经保护修复后颜料变得洁净，纯度提高，故白颜料明度变高，其余色相颜料的明度下降。

红绿、黄蓝数值的变化，是由色相决定的。凡纯色，则相应数值变大，如绿颜料经保护修复后绿色值上升，红颜料经保护修复后红色值上升。调和色则是呈色的颜料颜色数值提高，如黄绿色，保护修复后，绿色数值增大，黄色数值上升。又如紫色，保护修复后红色数值增加，蓝色数值增加。

白度数值与明度升降一致。明度、红绿、黄蓝及色差的数值虽有变化，但变化幅度不大，说明保护修复方法得当。

不同部位的Lab检测结果显示，画心和圈档上除了灰尘污染外基本无其他病害的部位，修复后明度值上升，黄色数值上升（黄色值上升是由于这些材料本身就是黄色，经保护修复后此部位更加干净，色泽较保护修复前鲜艳），色差值变化不大，说明保护修复方法得当。

对于圈档等部位有污渍处，保护修复后的明度得到提升，黄色值提升，色差变化较大，说明保护修复方法得当。

综上所述，从Lab检测结果看出此次保护修复方法得当，效果较好。

四、结语

此次的保护修复，不仅仅加固了水陆画的脆弱部分，恢复了其原有的平整性和柔软度，也使水陆画的艺术形象更为清晰，恢复了其艳丽的色彩。最为重要的是，我们的保护修复并不是将水陆画看成艺术品，不是为了追求恢复它的艺术性而进行的修复。我们通过保留水陆画原有的装裱样式和裱材颜色，使水陆画的宗教价值得以延续，使水陆画的研究者有更多的信息可供深入研究，这才是此次保护修复的重要意义所在（见图4、图5）。

图4　保护修复前

图5　保护修复后

论残碎彩绘陶器的保护修复
——以青州香山汉墓出土彩绘陶器为例

王景勇
（河北省文物保护中心）

摘　要：本文以青州香山汉墓出土彩绘陶器为例，详细论述了残碎彩绘陶器的保护修复流程、材料、手法等。在保护修复中，发现了当时遗留在残片中的制造痕迹，通过整理分析，在西汉彩绘陶器的制胚工艺和彩绘工艺上有所发现，为今后残碎彩绘陶器的保护修复和西汉彩绘陶器的工艺研究提供了资料。

关键词：残碎彩绘陶器的保护修复　制造痕迹　制作工艺

一、青州香山汉墓出土的残碎彩绘陶器

2006年6月，山东省青州市香山之阴的谭坊镇大赵村在建设取土过程中发现一处汉代墓葬陪葬坑。山东省文化厅随即组织山东省考古所、潍坊市博物馆和青州市博物馆联合组成一支考古队，对陪葬坑进行了抢救发掘，出土了大量精美文物，其中彩绘陶器种类多样、色彩丰富，对研究当地西汉时期的历史、社会、艺术、丧葬制度具有重要的价值。

文物出土后，先后成功保护修复了一部分相对完整、精美的文物。本文以剩余的大量残碎彩绘陶器为例，详述残碎彩绘陶器的保护修复和保护修复中的发现。

二、残碎彩绘陶器的保护修复

1. 保护修复原则

以“抢救为主，保护第一，合理利用，加强管理”为大原则，具体操作中遵循

不改变文物原状原则、最小干预原则、保护修复材料可再处理原则、文物整体协调性原则。

2. 病害分析

这批残碎彩绘陶器的主要病害有13种：残断、裂隙、泥土附着物、植物残留痕、其他附着物、泥浆痕迹、空鼓、起甲、彩绘层脱落、酥粉、剥落、结晶盐、划痕。其中最为常见的就是残断，一件文物断成几十块甚至上百块。

3. 检测分析

借鉴秦始皇帝陵博物院在陶胎、颜料、褐色有机层、彩绘胶接材料方面的分析数据，对文物有进一步认识。

（1）陶胎分析

陶胎的组成成分与秦汉时期北方一般陶器的原料基本一致，都属于易熔黏土，矿物组成主要为石英，还有部分长石类矿物，原料可能是山东地区黄河流域的沉积黏土。烧成温度大都集中在900℃—1 000℃之间。手工制作的陶胎结构不均匀、致密，其内部基质气孔个体差异较大，气孔较多而且小，含量为5%左右，呈现不规则形。

（2）颜料分析

黑色颜料为石墨结构的炭黑。有两种红色颜料：赤铁矿和朱砂。紫色颜料是中国紫（$BaCuSi_2O_6$）。白色颜料是碳酸钙（$CaCO_3$）。

（3）褐色有机层分析

陶鼎内未受到污染的有机底层物质主要由生漆材料制作。

（4）彩绘胶接材料分析

彩绘陶俑紫色、红色、褐色彩绘层中的胶接材料和马腿与马身粘接处的胶接物为动物蛋白胶。

4. 与较完整彩绘陶器保护修复流程的不同

这批残碎严重的文物出土后，经过十年的室内保存，陶质已经完全干透，彩绘层相对稳定，但文物相当残碎，且堆放在一起的碎片不一定是一件文物，为了更好地开展工作，在保护修复的流程上有所不同，先分选、拼对、粘接，再进行其他保护修复。

5. 保护修复实施步骤

（1）分选、拼对

首先，在众多碎片中分选、拼对出每件文物的碎片，分箱保存。分选时，可以根据文物基本形制、陶胎质地、颜色、厚度等多方面因素进行合理分类分件。

（2）粘接

粘接前，仔细地拼对，根据残块大小、角度、位置等合理规划粘接顺序。为减少粘接中缝隙过大、累计误差，一般按一个方向顺序粘接的前提下，先粘接大块，留钝角缺失。然后，清洁茬口，涂刷隔离层。隔离层干燥后，再在茬口上涂抹环氧树脂胶粘接，之后，可以用沙袋、沙坑等进行定型（见图1）。

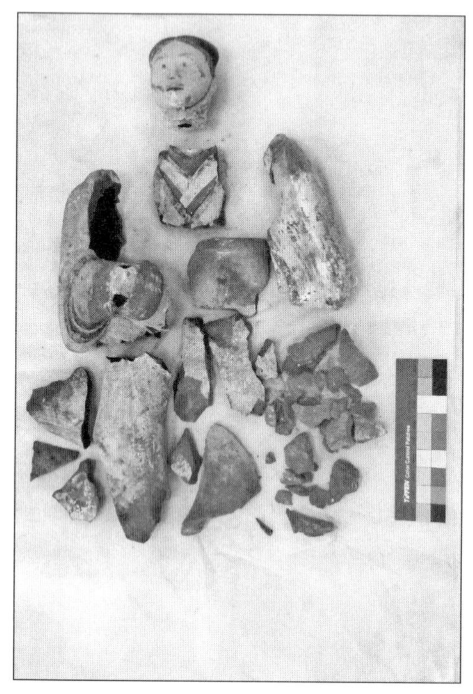

图1　陶俑粘接前后

（3）清洗及加固

将文物表面的污染物清洗干净，并及时对可能脱落的彩绘层进行加固是保护工作的重要一步。清洗中发现彩绘层空鼓、起甲、酥粉的，先进行加固、回贴，再进一步清洗。

清洗：在不破坏文物彩绘层和胎体的前提下，尽可能去除污染，恢复文物原始外貌，根据不同的污染物选用不同的清洗方法。但对于相当顽固的污染不过度清洗，待日后技术进步时再行处理。

加固：彩绘层酥粉的，根据面积大小选择喷涂或点涂1.5%的明胶纯水溶液的方法加固，加固剂浓度根据实际情况适当调节，低浓度多次数的加固效果更好。面积大的，喷涂；面积小的，点涂。每次加固干燥后，用棉签擦拭，检查加固的效果。一般需要喷涂两遍。

回贴：彩绘层起甲、空鼓的，需要进行回贴，加固剂用3%的明胶纯水溶液。先用小毛笔蘸50%酒精水溶液对起甲、空鼓的彩绘层进行湿润软化；再用1毫升注射器将加固剂沿起甲、空鼓的边缘注入，适量加固剂使陶胎和彩绘层之间产生引力作用，彩绘层会自然贴覆陶胎；最后，用自制小扑子进行按压，使彩绘层贴紧陶胎，完全干燥后，检查回贴效果。

（4）补全

在有依据的前提下，尽可能进行补全，恢复文物原状，增加文物的稳定性和完整性。由于文物的制作工艺为模塑结合，在补全时，可以参照左右对称、上下对称、中心对称、同种器物造型补全。结构性缺失的，不随意臆想捏造。补全位置的石膏面低于文物原断面茬口，茬口清晰，有可识别性。

根据缺失位置的不同情况进行补全，小缝隙用毛笔勾缝，大缝隙用调刀腻缝，大面积的缺失根据情况翻模补全。

翻模，根据情况选用蜡片、油泥、牙科打样膏。蜡片，相对轻薄，但一般只能翻出轻微的弧度，需要修补相对平面的用蜡片；油泥，可以翻出一定的形状，但硬度不够，容易变形，缺失面积较小，且有一定形状，用油泥翻模补全，油泥接触文物的一面外隔离保鲜膜，防止油泥粘在文物上造成污染；牙科打样膏，软化后可以翻出较复杂的造型，且硬化后不变形，适用于像马腿之类立体造型的翻模，在参考的马腿上裹一层保鲜膜，然后用温水软化的打样膏翻模补全。

一些特殊位置的补全，例如陶牛腹部缺失，这类相对密封的位置，可以借助特殊工具，如气球、报纸、棉花、纸胶带等，作为支撑工具（图2）。

图2　利用气球支撑补全

（5）随色

为了增加文物的展览性，遵循文物整体协调性原则、可辨识性原则，在勾缝、补全的白色石膏表面，适当随色，尽量接近周围颜色，但要有区别。文物缺失面积较大的，不随意臆造纹饰及色彩，随文物陶胎的颜色。随色时，先在补全位置涂一层漆片酒精溶液，再以调好的颜色粉随色（图3）。

图3　陶奁随色前后

（6）固色封护

对部分文物彩绘大面积酥粉的进行喷涂固色。固色材料仍选用统一材料明胶纯水溶液，浓度为1.5%，根据彩绘层稳定程度的不同，喷涂次数在1遍到3遍之间。喷涂后，彩绘层得到更好的保护。

三、保护修复中的发现

1. 制作工艺

由于此批文物残碎严重，能够更好地观察陶片上的制造痕迹，通过对制造痕迹、检测分析结果、文物保护修复后的造型的系统分析，确定这批文物采用先分块模制，再拼接整合，最后细节捏塑的方式制作。

（1）分块模制

从文物外形和内侧制作痕迹可知，陶胎先期制作时，是分区分块模制。陶马、人俑和牺牲俑都是头、身、肢体分区模制，其中头和身腹部是中空的，要分块模制。

同种文物的外形基本一致，且通过内窥镜观察文物内侧，有往模具中涂抹按压的痕迹，可以确定陶胎制作时是模制。

（2）拼接整合

身腹部分，分块模制后，再拼接在一起，合缝线处重叠，再覆盖一层陶泥使接缝牢固。从内外侧拼对接缝可得出，陶马、人俑和牺牲俑的头为左右拼接，马头正上方中间有明显的拼接痕迹，沿马头中线一条断断续续的裂隙，为拼接后打磨或雕刻成平面的。陶马、牺牲俑的腹部为上下拼接。人俑的身腹部为前后拼接。

（3）细节捏塑

经过分块模制、拼接整合后，陶胎粗体形成，再在粗胎上进一步修饰。例如：马的躯干外部普遍涂一层细泥，经过打磨使表面光滑平整，显得马体肌肉十分丰满。在马胸部堆贴泥块，雕刻出凸块状胸肌，双肩处覆厚泥以显示肩胛的高大宽博。中型陶马耳朵捏塑在马头上。陶马的四肢经过细致的刻削打磨，圆的地方溜圆而有光泽，扁的地方棱角分明，皮肉、骨节的关系清楚。

2. 制造痕迹

在修复过程中发现陶马烧制的排气孔处于腹部或背部，有方形、圆形、三角形，形状不同，位置不同，没有明显规律，似为制作工匠按个人习惯随性而为（图4）。

多数分体陶马分体连接处有刻画文字或符号，尤其是马腿上。例如“甲”“三王”“○”“山”“×”“申”等。这些符号可能是工匠代号，也可能是分体之间对接代号，具体作用仍需考证（图5）。

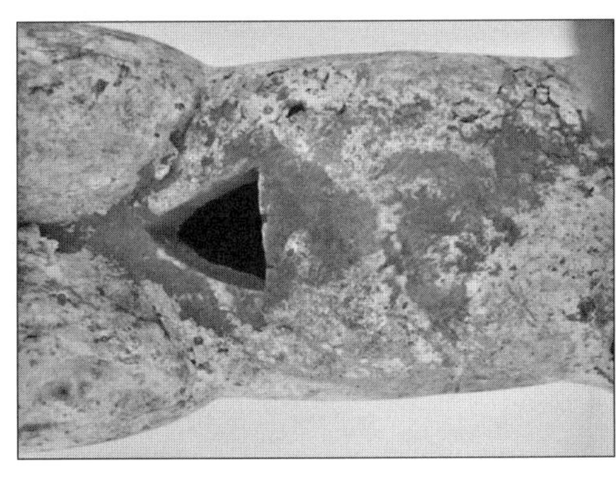

图4　排气孔

图5　刻画符号

3. 彩绘纹饰

这批文物中，彩绘纹饰保留较好的有陶马和人俑，所以在彩绘纹饰部分侧重讨论这两类文物。

（1）陶马

陶马皆通体施彩，以白色、红色、紫色、黑色为主。彩绘笼头、胸带、肚带、鞧带、马鞍等，马具齐全，图案精美，尤其是马鞍部分。

从图6中可以清楚地看到马鞍的几个部分：鞍垫、马鞍主体、鞍桥、参扣、胸带、肚带、鞧带。鞍垫，位于最下方的是防滑的紫色素面鞍垫，应为椭圆形，绘画时随马体型勾勒线条，呈现立体感，表现了当时绘画技艺的高超水平；马鞍主体，位于鞍垫上有画成六边形的马鞍，从马鞍边缘三层线条勾勒可看出，马鞍虽有一定高度，

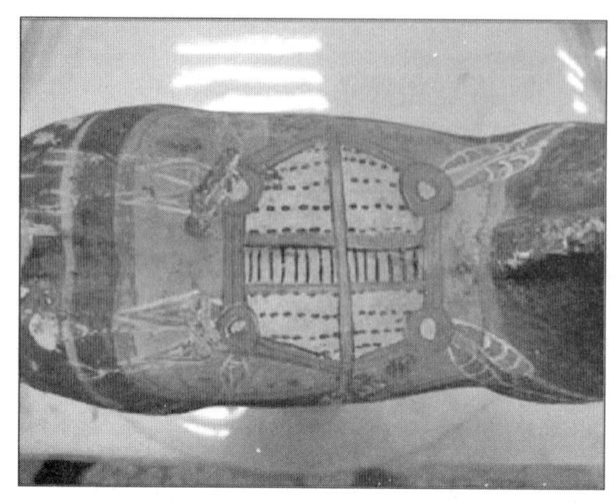
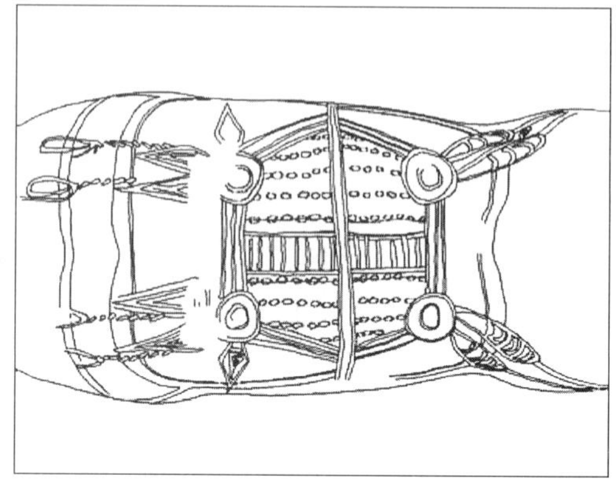

图6　马鞍线图

但仍不是很高，且马鞍上布满纹饰，以乳丁纹为主，应是马鞍上起防滑作用的；鞍桥，马鞍主体绘画时，前后两端的收拢效果，即低鞍桥的表现形式；参扣，鞍桥四角有圆形参扣，用于系带固定；胸带、肚带、鞧带，分别从前到后穿过参扣将马鞍固定在马背上。胸带和鞧带穿过参扣，有带头纹饰，旁边分别有造型不同的垂饰，胸带垂饰圆角，鞧带垂饰尖角，且都垂落其他穗状装饰物，造型飘逸，富有动感。

通过观察可以发现，马鞍构造基本相同，但局部装饰会有所差别，尤其是胸带和鞧带垂饰造型不同。

（2）人俑

人俑，可分为立俑和骑俑，每类人俑在服饰彩绘上都有所区别。

立俑，分为仪仗俑和侍俑。仪仗俑，黑发，前额发髻左右平分，头后束发，面部施以白彩或粉彩，眉毛、眼睛、胡子施黑彩，嘴唇施红彩，脸型方正，神态肃穆。身穿三重衣，右衽，里衣为红色，中衣是带有白色领口的衣衫，外衣是广袖曲裾深衣，下摆喇叭形，垂至脚面，领口袖口施红色彩绘。双手拱于胸前，拳心有上下贯穿的洞。侍俑，相对仪仗俑体型较小，头戴红色武弁，部分额前系红色抹额，面施白彩或粉彩，五官清晰，神情专注。多数身穿双重衣，里衣是圆领长袍，外衣是右衽窄袖衣，袖口领口施红彩，衣长及膝，穿白色裹腿。双臂90度朝前，双手握拳，拳心上下贯穿孔洞（图7）。

骑俑，分为三类。

Ⅰ类，头身一体，面施白彩，眉眼胡须施黑彩，唇施红彩，脸型上宽下窄，神态沉稳。身穿两重衣，两层衣服以彩绘形式表现。里衣是白色圆领窄袖袍服，外衣是白色右衽广袖曲裾，领口施红色彩绘。左臂弯曲向前，右臂弯曲贴覆身前，没有手部。右肋下有孔洞（图8）。

图7　侍俑

图8　Ⅰ类骑俑

Ⅱ类，和上述类型相似，区别在于身穿的两重衣以雕塑形式表现，手握拳，中空。

Ⅲ类，头身分体，前额发髻左右平分，面施粉彩，眉眼胡须施黑彩，唇施红彩，五官立体清晰，脸型圆润饱满，神态英武。身穿三重衣，里衣是白色或紫色圆领衣，中衣是红色右衽窄袖袍服，领口、袖口施白色彩绘，外衣是白色右衽广袖曲裾，领口、袖口施深红色彩绘。右手在身侧自然下垂，手握拳，左手弯曲贴覆身前，左肋下有孔洞。

参考文献

鹿习健：《浅谈陶器考古修复中的模补方法》，《中国陶瓷》2014年第9期。

周麟麟、兰德省、容波：《彩绘陶器保护修复规范化操作初步研究——以山东青州汉墓出土彩绘陶马为例》，《文博》2009年第6期。

刘永华：《中国古代车与马具》，上海辞书出版社，2002年。

王燕玲：《山东青州香山汉墓出土彩绘陶俑初探》，《文物春秋》2010年第2期。

宝船厂遗址出土大型木构件脱水保护效果分析

王　军
（南京市文化遗产保护研究所）

摘　要：南京明代宝船厂遗址出土大型饱水木构件的脱水加固保护，采用了复配PEG法进行保护，通过树木生长锥取样扫描电镜显微分析的方法，对加固剂的渗透深度和渗透程度进行了分析研究，评估了大型木构件的脱水保护的效果，探索实践了一种针对大型木构件脱水保护效果评估的方法。

关键词：木构件　饱水　效果　PEG

引言

饱水木器是出土文物中重要的一类，饱水木器文物的保护修复经过国内外专家几十年的实践与探索，已经形成了较为成熟的保护修复工艺技术体系，尤其是PEG及其复配液填充法在饱水木器脱水加固定型保护中应用极为普遍，取得了大量的成功案例，如浙江杭州萧山独木舟脱水加固[1]、四川成都商业街船棺脱水加固[2]、山东蓬莱明代古船脱水加固[3]等。南京明代宝船厂遗址出土大型木构件脱水保护在陈中行、奚三彩两位研究员的指导下，采用了PEG复配液（聚乙二醇、二甲基脲、尿素）由低浓度向高浓度逐步渗透加固的方法，取得了较好的保护效果，木构件尺寸、形态保持了稳定，外观颜色无加深；保护效果的科学评估在南京林业大学潘彪教授的指导下借鉴了林学树木研究中常用的树木生长锥取样，结合扫描电镜显微观察的方法，探索了一种木构件的加固效果评估的方法。

一、取样方法

采用瑞典产Haglof C0600型树木生长锥，对8个木质构件进行取样。为了尽可能真实地反映木构件脱水加固处理的效果，取样部位远离木构件端部50厘米以上，与木材纹理垂直方向钻取样品。取样大小：直径5.5毫米，长度6.0—7.0厘米。对样品分别标号，如图1所示。

（1）生长锥钻取

（2）提取木芯

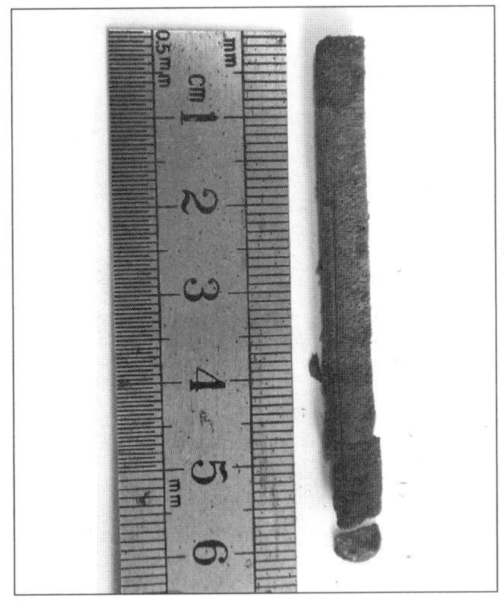

（3）取样形态和大小

（4）取样后构件

图1　木构件取样

二、分析方法

对8个木质构件，沿深度方向（垂直纹理方向），分外（距离木构件表面1.5厘米）、中（距离木构件表面4.5厘米）、内（距离木构件表面7.0厘米）三段，分别进行取样，对样品进行干燥、抽真空和喷金处理，制得扫描电镜观察样品。然后在日立TM-1000台式扫描电子显微镜下进行观察和照相。

三、结果分析

（1）木构件外层处理效果

外层距离木构件表面1.5厘米，如图3所示。比较处理前木构件细胞形态（图2），表明木材各类细胞（包括导管、木纤维、轴向薄壁细胞）中均填充了处理树脂。

（2）木构件中层处理效果

中层距离木构件表面4.5厘米，如图4所示。与图2比较，表明木材各类细胞填充树脂程度不同，其中，木材主要组织木纤维中基本充满了树脂，部分导管和轴向薄壁细胞填充了树脂。

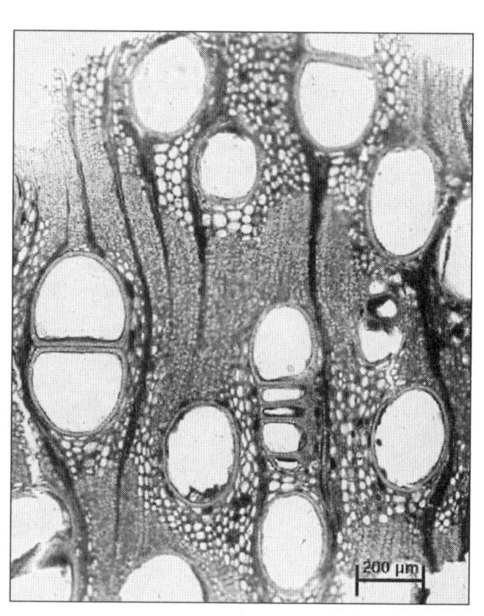

图2　处理前木构件细胞形态

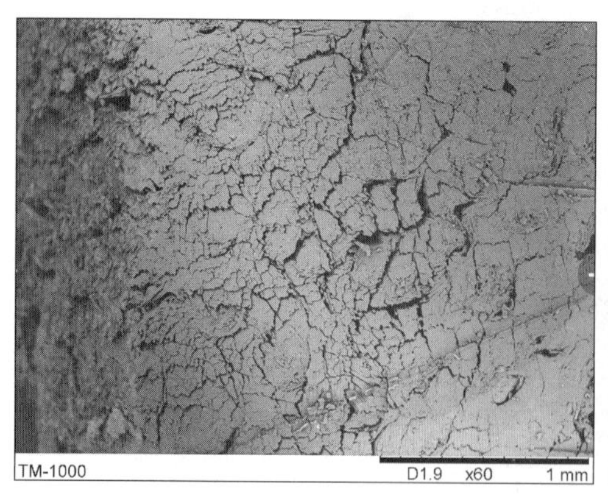

（1）60倍

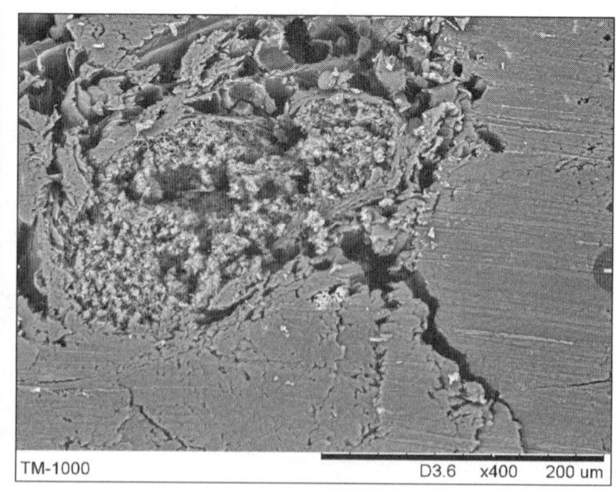

（2）200倍

图3　处理后木构件外部扫描电镜观察

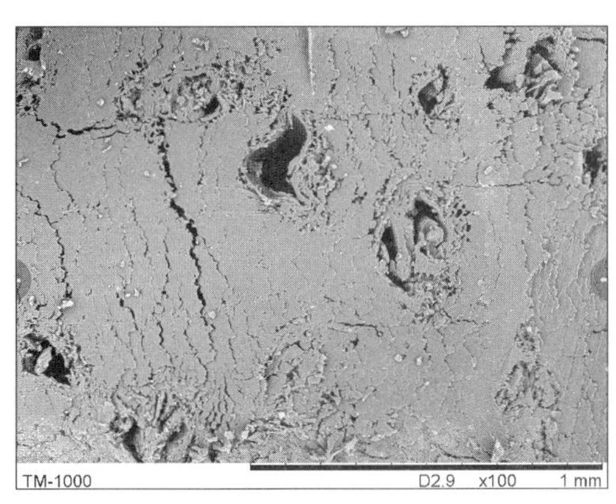

（1）100倍

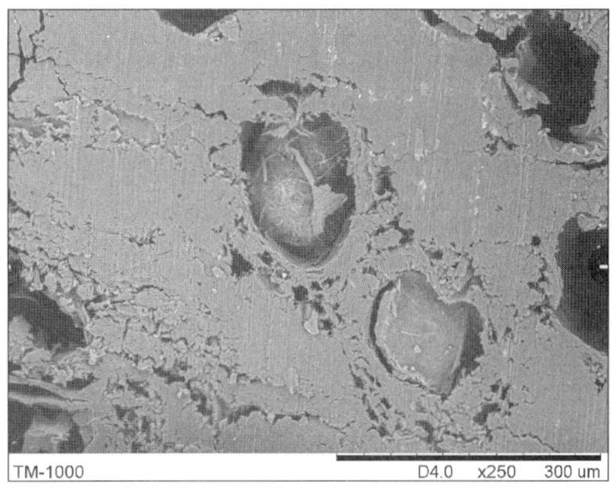

（2）250倍

图4 处理后木构件中部扫描电镜观察

（3）木构件内层处理效果

内层距离木构件表面7.0厘米，如图5所示。与图2比较，表明木材各类细胞部分填充了处理树脂，其中，木材主要组织木纤维中大多充满了树脂，部分导管填充了树脂，少部分轴向薄壁细胞中填充了树脂。

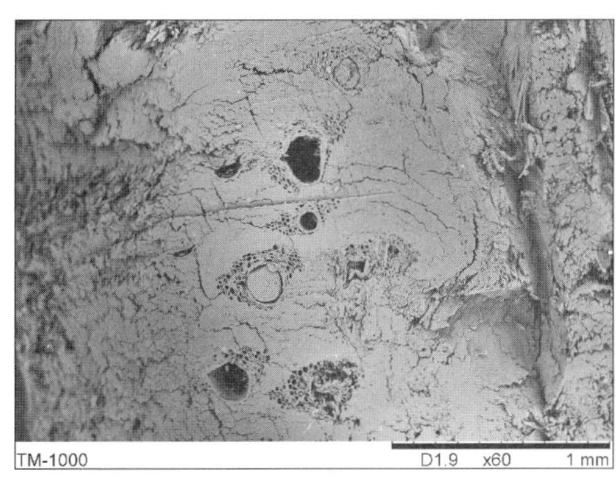

（1）60倍

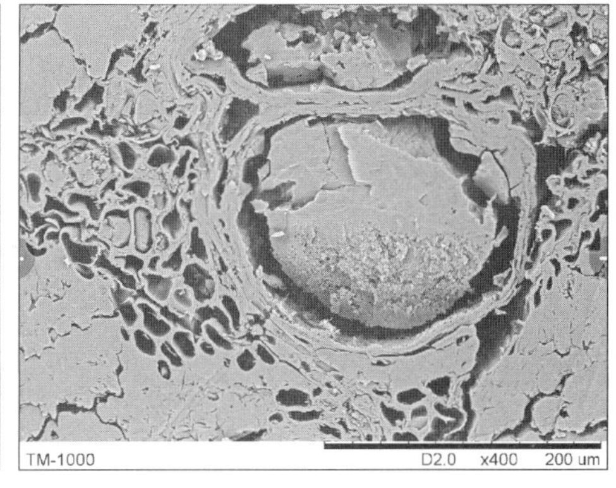

（2）400倍

图5 处理后木构件内部扫描电镜观察

木构件深度不同树脂填充程度不同，主要与至表层距离有关，随着与构件表面距离加大，因外部细胞中已充满树脂，使得树脂难以向内渗透。木构件内部，各类细胞在不同深度下填充树脂程度不同，与不同细胞类型的细胞特征有关，如细胞壁上纹孔大小（影响细胞渗透能力）、细胞中本身内含物填充堵塞与否。格木因导管中纹孔为聚合物纹孔，同时具有部分树胶，影响渗透性；渗透较为困难的是轴向薄壁细胞，因内部树胶含量丰富、存在晶体、纹孔小等因素所致。

四、出土木构件的脱水树脂填充处理结果与讨论

从上述木构件不同深度取样，在电子扫描电镜观察来看，经过多年的浸渍处理，树脂已渗透至离木构件表层至少7厘米的深度。木材的主要细胞木纤维中基本充满了树脂，对木材细胞起到了足够的支撑作用，可以有效地起到阻止木材在正常环境下因空气湿度变化而产生的尺寸不稳定和开裂现象的发生；同时因树脂具有抗菌耐腐的特性，起到防止木构件在自然环境中霉变和腐朽的作用。

此外，饱水漆木器的脱水加固保护，由于材质、尺寸、造型、工艺等诸多方面的差异，通过不同的材料与工艺保护处理的漆木器其保护效果的评估由于受到取样的限制，大多根据经验来调整保护的进程，对于大型饱水木构件则有取样分析的可能性，树木生长锥取样结合扫描电镜显微分析的方法，为科学地评估大型饱水木构件脱水加固效果提供了一种选择，并且能够直观、有效地反映树脂渗透加固的深度与程度。

参考文献

[1] 陈中行、陈丽臻、李澜等：《杭州萧山跨湖桥遗址独木舟原址脱水加固定型保护》，科学出版社，2013年，第142—154页。

[2] 肖嶙、白玉龙：《成都商业街船棺葬出土棺木保护概述》，《江汉考古》2014年第S1期，第157—163页。

[3] 袁晓春、张爱敏：《蓬莱四艘古船保护技术解析》，《中国文物科学研究》2013年第1期，第81—84页。

明代威海海防卫所城池与其影响下的海草房村落军事防御关联研究

梅　青　王　茜

（同济大学建筑与城市规划学院）

摘　要： 明初时期山东的海防体系还不完善，沿海一带时常遭受倭寇侵扰，山东沿海倭寇海患较为严重。面对严重的海患问题，明统治者制定了设立海防军事设施来加强沿海防御的决策，即卫所海防体系。史料记载，威海从明代开始就设立了卫、所、寨等完备的海防设施。山东威海设立了威海卫、成山卫和靖海卫三卫。威海也因寓“威震东海”之义得名。

海防军屯的官兵在此地生活久了，便留在这里成家立业。有的撤兵房为县置，即弃军从田；久而久之，这些人便留在此地，这些海防设施随着时代的变迁逐渐演变成城市或者村庄。历史上，威海海草房传统村落民居形成的来源之一就为屯田兵户，军事防御思想从村落选址、村名的由来、村庄布局、建筑的形制和细部等方面都可体现。由卫所演化发展而来的村落选址也具有防御性的特点——依高、据险、控海、通达。

清朝裁撤三卫，原址保留。时至今日，当年守卫海疆的重要军事要塞沦为残破损毁的城墙和城门，其余的保存也不甚完整。

本文通过还原志书和真实历史资料中对明代海防卫所及城池之中的建筑的记载，研究海防卫所之下城池与建筑和村落的军事防御思想的关联，发掘明代威海海防卫所在历史上的作用，肯定其历史地位和军事价值，并提出针对性的保护策略，希望能对今后的历史遗迹的保护工作和全国范围内海防影响下村落和建筑的延续发展做出微薄的贡献。

关键词： 明代　抗倭　建筑　海防卫所　海草房　村落

一、威海自古以来的历史地位与卫所的建立

1. 威震东海的军事要塞与将军之城

山东省威海市，位于我国最东端的胶东半岛，东、北、南三面濒临黄海，与朝鲜半岛隔海相望，是中国大陆距离日本、韩国最近的城市。威海市历史悠久，据古文化遗址出土文物考证，早在新石器时代，就有人类在此生息繁衍。《史记·夏本纪》云："海岱惟青州，嵎夷既略。"《史记·秦始皇本纪》载："二十八年，始皇东行郡县"，"并勃海以东，过黄、腄，穷成山，登之罘，立石颂秦德焉而去。"明洪武三十一年（1398年），为防御倭寇，析文登县（今威海市文登区）辛汪都三里置威海卫，寓"威震东海"之义，成为海防前哨与军事重镇。历史上这里便是军将辈出的地方，是中国近代第一支海军北洋海军的发源地、甲午海战的发生地。新中国建立以来这里曾出过百位将军、将帅、国家领导人，是名副其实的将军之城。

2. 明朝抗倭与洪武建卫

明初山东的海防体系还不完善，沿海一带倭寇之患一直存在，倭寇海患较为严重。

面对严重的海患问题，明朝统治者制定了设立海防军事设施来加强沿海的防御的决策，即卫所海防体系，开始设立卫、所、寨等完备的海防设施。明洪武三十一年（1398年）五月，为防御倭寇，在文登县境内北部、东部和南部分别设立威海卫、成山卫、靖海卫。威海等卫的设置，有效地抵御了倭寇对境内沿海的骚扰，巩固了海防，居民得以安宁。明代，威海的社会环境相对稳定，促进大批外地人入籍，增加了当地人口，促进了境内开发，为明朝中后期及清代乃至而后的社会发展创造了有利条件。

二、威海卫城聚落体现的军事防御思想

1. 卫城中着重军事防御的传统村落选址

胶东地区地貌由平原、丘陵、沿海山地和岛屿组成，村落选址一般在地形相对平缓的平原或丘陵之间缓和的谷地。渔村村落选址依山傍海，村落的布局形态总体上是沿海岸线自然曲折。胶东地区传统村落的选址除了考虑因地制宜、风水问题外，受到卫所体系影响的传统村落还会考虑到军事防御等功能，规模较大的会逐步演化成城市的雏形，今天威海市中心城区的环翠区就是历史上的"威海卫"，是威海市唯一建制区和政治、文化、经济中心；规模较小的逐渐演化成

村落或因建制的取消而消失。清朝初期，由于军事体制变动，裁卫并所，清雍正十三年（1735年）裁成山卫设县，雍正帝钦赐嘉名荣成，荣成县建置自此开始。

在明初的卫所体系影响下，这些由卫所演化发展而来的村落具有以防御性为首要条件的特点，除具有一般性村落的圩墙、外围沟渠等防御设施外，其选址特点还具有“依高、据险、控海、通达”的共同特点。

威海卫城属低山丘陵区，中部和东南部高于西部和西北部。周围低山丘陵与平原低地相间分布。靖海卫故城地势筑于西北高、东南低的山冈坡地上。原卫城内有居民，即靖海卫村。成山卫三面环海，一面接陆，是大陆伸向海洋的最远处。势由西北向东南倾斜，平均海拔25米，海拔虽然不高，但地形复杂，群山连绵，丘陵起伏，沟壑纵横。这里是京津的门户，重要的军事要冲，历史上记载了其重要的地理及军事地位。三处卫所都占据较高的有利于俯攻的有利地势，能够有效地防御对方袭击；背山面水，可利用周围的高山和险峻的海岸行御敌之策；面对大海，视野开阔，便于观察敌情；交通便利，面对敌情可以迅速撤离到周围的防御设施内。

2. 村落建筑形态布局与村落军事防御思想的关联

以威海宁津街道传统村落空间形态来看，村中海草房建筑呈行列式布局，村落整体的房屋布局整齐划一、平行排布：同排房屋的房基左右平行且处于同一水平线，也保证了街道的整齐性（图1）。海草房的建筑布局充分体现了封建社会家族制度和军防亦兵亦农制度的时代烙印，也体现了邻里平等的民俗观念。整齐划一、似兵营的排布适应了防卫需要：兵营式排布的海草房首先要考虑不影响军队出动，并能对重要目标进行隐蔽伪装；道路设置则要根据使命任务进行调整，确保每一条道路、每栋建筑都有效服务于打仗。按照打仗标准建设的“营房式民

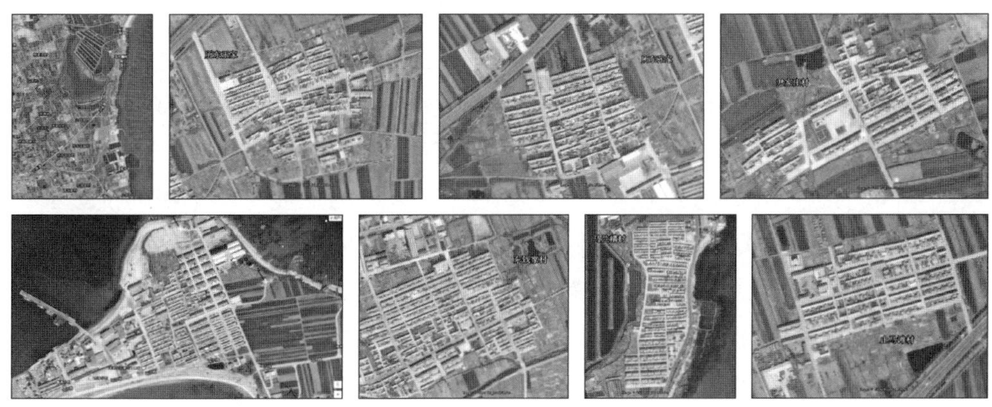

图1　行列式布局的海草房民居

居”，可使部队出动速度大幅提升。建筑正对着道路，遇有紧急情况，官兵可直接从建筑中快速出动。军民结合、耕战结合、可攻可守，行列式布局的建筑便于战争管理，作为屯兵练兵的场所、战备出动的基地，应该把具备打仗和备战、防御功能放在建设首位。

“兵营式”排布的海草房在其所体现的文化特征上，是“平等观念”的体现。兵营里是一排排整齐的窗口和规整、重复交叉的道路，分格均匀。行列式布局的房屋成排成行地布置，这种形式能使海草房争取最好的朝向，因此，它可以使大多数主要房间得到良好的日照条件，向阳保暖，并有利于通风，形式上比较整齐。

3. 卫所体系影响下海草房民居的形成以及村名的由来

威海海草房传统民居的形成，与当地的自然、地貌条件密不可分，与海防军事的发展也是相辅相成的（图2）。海草房在历史上形成的几种基本形式之一为屯田兵户。明代以前，威海虽有驻军，但因兵员少、军属少，还没在海草房区域带形成军属民居气候。自明代起，国家重视海防军事建设，大量官兵、移民定居沿海，海防军屯的官兵，由于在此地生活久了，便留在该地成家立业。有的是撤兵房为县置，即弃军从田；久而久之，这些世袭官员便留在此地，之后发展了许多村庄，给这里带来了兴盛和繁荣，海草房民居也随之成为屯田军户的家园。

图2　威海海草房

从海草房区域一带村落的建村时间和来源等情况看，有百分之四十的村子建于明代，其中大多数源自屯田、世袭的军官和世籍军士。就荣成市宁津镇宁津所村来说，该村始建于明洪武十二年，原为宁津守御千户所，取海上安宁之意，是洪武年间国家在威海所设立的二卫一所之一。该村的形成与当年明朝抗倭屯兵筑海防有着很大的关系。现在该村为宁津镇驻地，经历四百多年沧海桑田，但仍然可以找到原有的痕迹和传统海草房的面孔。

宁津所附近的几个典型海草房乡村，如原国务院副总理谷牧的家乡东墩，目前还保留着完整的家谱和祠堂，每年正月里要祭拜列祖列宗。而该村建村的历史经过就记录在这家刘氏宗谱中：“吾村始祖珍善于明嘉靖年间（1522—1566年）

自文登高村卜居于此，以墩命名为东墩，墩系明太祖洪武年间（约1560年）为御倭寇而建。”

在宁津所西北方向有个海草房村叫万马邢家，该村村志中是这样记载的：“明朝嘉靖年间（1522—1566年），始祖邢栋由云南省原了子县邱家山迁徙此定居成村，因先祖以牧马为业，故命名万马邢家。”

位于东楮岛与宁津连接部的马栏耩村，东西两侧临海，南北两侧较低，整个村落位于相对较高的耩上，明天启年间建村，因村处宁津所原官兵建栏养马之地，地势较高，故名马栏耩。

位于宁津东北的止马滩村，形成于明万历年间，姜姓建村，名姜家疃。后王姓迁入，以村临宁津所骑兵巡哨止马之海滩，更名止马滩。

4. 卫城防卫设施与建筑细部

威海的成山卫、靖海卫和威海卫都有城墙、城门、护城河（壕沟）、墩堡、炮台等防卫设施。卫所形状规整，绝大多数是正方形，少数是长方形，少数带内城或外城，设一到四门不等，个别有内城，有的设壕沟。地势较高处一般设有烟墩或瞭望台。

建立卫所多是就地取材，省工省时，“掘河聚泥，复砌以石”。夯土中大多夹杂石块。城墙由夯土构成，有的用石块砌基，青砖包墙。现在所见只有残段的青砖、并不多见的大石墙基和历经千年风沙的夯土墙体。

烟墩，又名峰猴、斥喉，即烽火台，是古代用烽燧报警的土堡哨所。古时，在高敞易瞭望的地上堆土成墩，每墩的距离五到十里不等。墩上置烽、燧，遇警则燃烧发出信号。《墨子・号令》载：“与城上烽燧相望。昼则举烽，夜则举燧。”据明《筹海图编》，明洪武九年（1376年），威海境内设烟墩196处，烽墩即为墩堡，其作用大抵相当于现今的观通站与哨所。威海卫12处，成山卫19处，靖海卫26处。这些烟墩位于沿海高地或山丘上，要么完全人工堆筑，要么利用山丘加工而成，形状多为圆锥形。有的为了加固，防止水土流失，外包石块。

古时所谓的炮不用火，而是“以机发石”。从明成祖开始，掌握了制作火炮的方法。火炮一出现，便成了军队必备的兵器。据清乾隆版《威海卫志》：“威海卫炮台三座，一在长嘴、一在教场头、一在祭祀台。”

卫所体系影响下海草房民居旧石山墙上还镶有“拴马石”，可以拴牲口。墙上的拴马石作为过去胶东富裕人家的标准，依然见证着历史。海草房蓬松的海草屋顶，形似马鞍，又像船只的形状，具有屯田兵户与海洋文明的象征意义。

三、结论：价值、消亡与保护

威海的卫所及建筑遗存具有重要的历史地位与军事价值，蕴含了独特的海洋地域和民族文化内涵，但由于历史和自然环境等原因几乎损毁殆尽，仅剩下近代修复的城门和残垣断壁，缺乏系统性维护和管理，但其所在环境的地形地貌并未发生根本性变化，故城的地基基本格局依然可见，甚至复原有迹有循，对研究海防建筑的城池格局、自然景观、人文风貌和建筑历史具有重要价值。

海防建筑是山东半岛乃至黄渤海共同的文化遗产，其历史地位决定其文化品质和精神内涵。威海海防建筑这一文化遗产在发展当代旅游产业、丰富城市精神内涵、带动传统海草房村落经济发展等方面拥有美好的前景，必将发挥积极有效的推动作用。建议对海防建筑遗址进行旅游景区规划方向的引导，重塑海防建筑的历史地位。对于威海海防建筑而言，由于历史原因，经历了岁月考验，主体建筑不同程度地遭受了破坏，很多甚至是毁灭性的。单纯就现状进行保护是无法实现的。因此，在规划中应当确定以地景特性为主的整体保护和修缮复原的保护策略。

对故城的建筑要素保护资源，包括城墙、城壕、城门楼、炮台、信号台、衙署等建筑空间体系、传统民居、各种海草房民居构件要素的修缮和复原建设；对村落居住空间，包括街道景观、空间尺度以及单体建筑的用材、居住环境等修复保护与转型。对村落具有保护价值的海草房民居，可以建立海草房生态博物馆，继承传统的同时也要满足现代的需求。要将传统向现代转型首先需要经过价值评估——分析其优势与劣势，了解什么样的乡土元素是一直延续的以及产生的原因，怎样发展进步，其他元素为什么会消失，以及如何找到可替代元素以谋求新的生机，对地域文化与历史，包括艺术、民俗宗教信仰等予以发扬与继承。

参考文献

中国古籍善本书目编辑委员会编：《中国古籍善本书目（史部）》，上海古籍出版社，1990年。

李祖年：《光绪文登县志》，天津古籍出版社，2010年。

王士任：《威海卫志》，天津古籍出版社，2013年。

《中国地方志集成·山东府县志辑54·光绪文登县志·同治重修宁海州志》，清同治三年（1864）。

李天骘：《荣成县志》，清道光二十年（1840）。

黄成助：《靖海卫志》，成文出版社，1968年。

《光绪增修登州府志》一、二册，清光绪七年（1881）。
梅青：《中国传统民居的类型》，香港中文大学出版社，1996年，第101—105页。
张玉强：《明代山东海防的营、卫、所体制》，http://www.cnki.net。
孔德静：《印迹与希冀——明清山东海防建筑遗存研究》，青岛理工大学硕士学位论文，2012年。
秦耕：《威海卫建筑特色形成探究》，山东大学硕士学位论文，2009年。
吴天裔：《威海海草房民居研究》，山东大学硕士学位论文，2008年。
刘志刚：《探访中国稀世民居海草房》，海洋出版社，2008年。

元代杭州、龙泉、景德镇与清宫旧藏“传世哥窑”

王舒颖
（上海交通大学人文学院）

摘　要：本文通过分析元代江浙行省的地域因素、经济基础、劳动力条件，同时排除当时同属江浙行省的龙泉窑和景德镇两地的可能因素，再综合杭州老虎洞的制瓷基础、器物特征、科技检验结果、交通运输等条件，得出清代皇宫流传下来的这批“传世哥窑”与元代杭州老虎洞的联系最紧密的结论。

关键词：传世哥窑　老虎洞　龙泉　景德镇

清宫旧藏“传世哥窑”与文献所记载的“哥窑”是何关系，曾经是学界讨论的重点。自1996年发现至2001年间，经杭州市文物考古所几次对杭州凤凰山老虎洞的调查和考古发掘，对于老虎洞元代地层出土瓷片的相关分析结果使一些学者认为“传世哥窑”就是元代老虎洞的产物，但对此的详细论述至目前还为数不多。笔者赞成“传世哥窑”是元代老虎洞产物的观点。虽然老虎洞出土瓷片的化验已较全面深入，但是作为讨论主体的清宫“传世哥窑”的化验瓷片极少，样本是否权威仍待商议。因此，这方面还是有亟待解决的难题。毕竟国宝不容破坏，完全依赖科学检验还是有一定局限的。

以往的论证没有过多地将当时的龙泉和景德镇与杭州的关系以及江浙行省的情况综合考虑进来，对元代手工业设置、地理交通这些方面切入也较少。毕竟在元代时，此三地都属富庶的江浙行省管辖，并且都是有历史、有渊源的造瓷名地，三地之间以及产品门类、职能上各司其职的表现都能反映出它们之间的区别与联系。

一、传世哥窑为元代产物的可能性表现

1. 文物出土

1953年上海青浦县（今青浦区）元代任氏墓群中出土的簋式炉（见图1），1970年南京市中华门外明初汪兴祖墓出土的盘（见图2），1976年韩国新安海底沉船打捞中发现的立耳鼎式炉，1977年发现的安徽省安庆市元代瓷器窖藏出土的米黄釉把杯和米黄釉盘（见图3），1975年江苏溧水出土的元代晚期前后开片型器物[1]（见图4），杭州老虎洞南宋官窑旧址元代晚期地层出土的哥釉瓷器（见图5），以上各类出土器物外观上都具备哥窑器开片的特征，尽管在材质的化学成分上存在差异，但仍可证明元代存在与“传世哥窑”同类样式的瓷器烧造的客观事实。

图1　上海元代任氏墓出土灰青釉簋式炉[2]

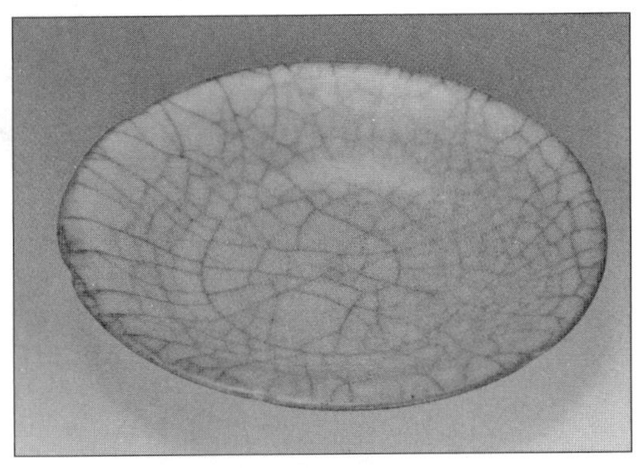

图2　南京明代汪兴祖墓出土青灰釉折腰盘[3]

图3　安庆元代窖藏出土米黄釉盘[4]

图4　溧水窖藏出土细颈小瓶[5]

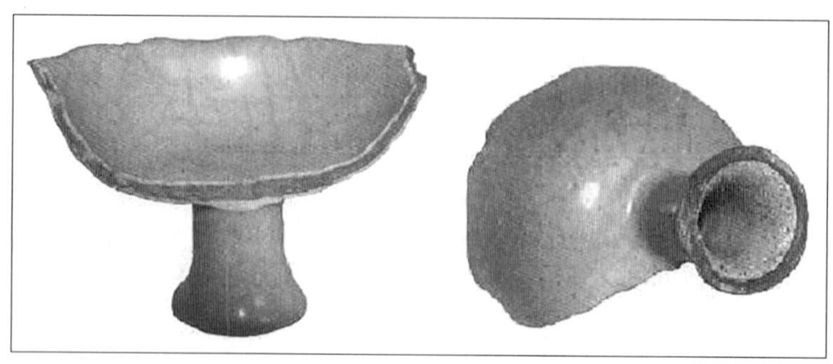

图5 杭州老虎洞窑址出土元代高足杯T39②[6]

2. 文献记载

元《至正直记》:

> 乙未(至正十五年)冬在杭州时,市哥哥洞窑者一香鼎,质细虽新,其色莹润如旧造,识者犹疑之。会荆溪王德翁亦云,今日哥哥窑绝类古官窑,不可不细辨也。"[7]

明初《格古要论》:

> 旧哥窑,色青,浓淡不一,亦有铁足紫口,色好者类董窑,今亦少有。成群队者,元末新烧者,土脉粗糙,色亦不好。[8]

元代后期《至正直记》提及的"哥哥窑","哥哥洞窑"肯定与"哥窑"有联系。文中的"今日哥哥窑"指的是元代的事情,其产品品质极佳——"绝类古官窑"。现在所见的"传世哥窑"确实为绝类宋官窑(见图6、7),与文中所记特征吻合。

在明代《格古要论》提到的"旧哥窑"中,"旧"可指宋,也可指元。又言"元末新烧者,土脉粗糙,色亦不好","旧"若指元代的话,即是代表这个时期在元末之前。结合分析这里对"元末新烧"的描述与《至正直记》中对元后期器物的描述,"元末"则可指在成书之年即至正二十三年(1363年)之后到元灭亡即1368年间的一段时期,条件成立。所以《至正直记》中对元后期"今日哥哥窑"的称赞与《格古》中对"元末新烧"的贬低,可以不矛盾。

总之,元代确实在生产"哥瓷"这种瓷器,并且确实有瓷窑与"哥窑"存在联系,即"哥哥窑""哥哥洞窑"。

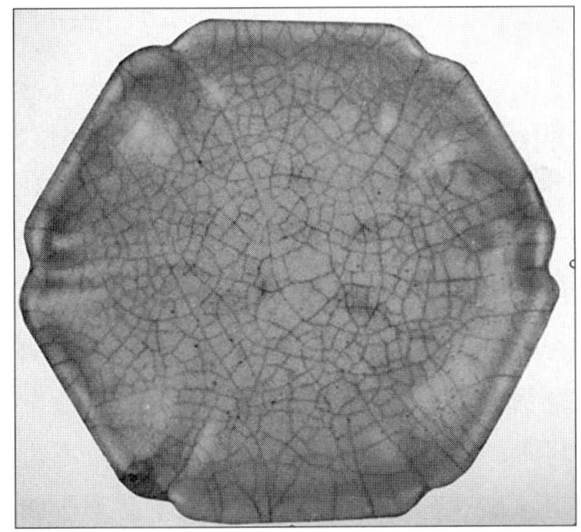
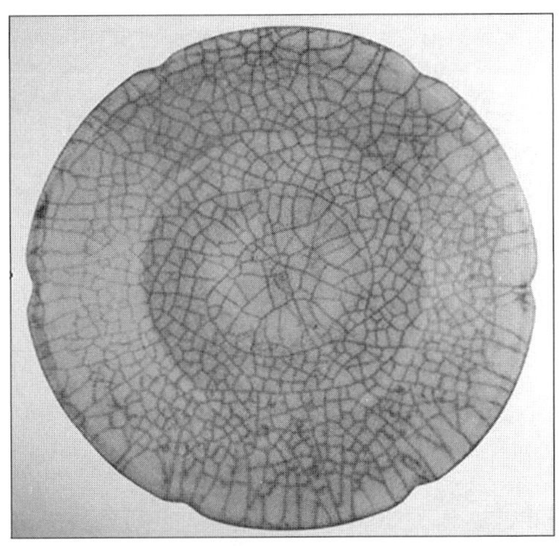

图6　官窑葵花盘与哥窑葵花瓣口盘（清宫旧藏）

图7　官窑葵瓣口碗与哥窑葵瓣口碗（清宫旧藏）

蒙古军对江南的征服不可能不伴随杀戮与破坏，但总的来说，还是受到相当程度的节制[9]。在农业生产基础原本就比较好的南方各地，当时的社会经济基本上可维持南宋原有水平，随着社会逐步稳定，反而得到一定程度的发展。不但史实资料可反映“传世哥窑”与元代存在一部分联系，而且元朝当时基于南宋雄厚的制瓷业基础继续从事生产的状况，在社会环境、生产条件、制作技术方面满足了似“传世哥窑”类官精品的生产。

二、元代江浙行省之制瓷业

中原地区原有比较发达的农业、手工业和商业，但是在蒙金、宋元战争动乱中受到严重的创伤。江南地区（江浙、江西、湖广三省辖地）的经济在战争中受破坏较少，加之原来社会生产水平已高于其他地区[10]，所以成为元代主要的经济来源地。

自唐朝中叶中国经济重心从中原南移开始，尤其是宋廷南迁后，江南人口就持续增长。根据《元史·地理志》所记各路户口数字，长江中下游已成为全国人口最稠密的地区。金朝末年的战乱，曾造成中国北方人口的锐减。元朝建立和统一全国后，又面临北方人口大量向长江中下游经济繁荣地区流徙的问题，迁徙人口仍以汉人居多，奠定了当时“汉民就食南方者多”的局面。当时“全国4/5的人口集中在了江南的江浙、江西、湖广三省”[11]。元代的农业生产技术基本上沿袭前代，亦有所改进[12]。江南地区的三个行省比较起来，属江浙行省农业最发达[13]。南宋时期太湖流域就出现了“苏湖熟，天下足”的局面，其经济地位不言而喻。发达的农业创造了地域的富庶，富庶的环境养育了更多的人口，手工业属于从农业生产中分离出来的劳动密集型产业，充足的劳动力带动了手工业的繁荣和商品经济的发展，这便是工艺美术进步的前提条件。

中国窑业自宋金“靖康之战”，发生了空前深刻的变化，在此之后，北方名窑日趋萧条，而南方窑场则因宋室南渡与经济、文化重心的南移，广泛地吸取北方的先进技术，出现了十分昌盛的局面[14]。福建在唐代的瓷窑遗址数量是2个，到了宋代则是23个；浙江在唐代是18个，到了宋代达到了34个（浙江和福建在元代的行政区域划分中同属江浙行省）。从两宋时期南方主要古窑址分布情况看，19处中有16处都在元代当时的江浙行省辖区内，剩余3处位于江西行省[15]。从总体来说，元代手工业仍是前代的继续，没有重大的变化[16]，江浙行省制瓷业仍呈现一派繁荣发达之景象。

蒙古政权在征战扩张过程中，特别注意搜罗各地工匠，组织他们进行生产，为其所用。由于元朝政府的重视，手工业在前代基础上有不少新的进展。有些是前代没有的新事物，有的则是前代虽已出现，但只有到了元代才得以推广，这些新的进展，使元代手工业的许多部门得到发展[17]。

三、排除传世哥窑产自龙泉、景德镇的可能性

根据现在宫中所藏的“传世哥窑”实物来观察它的外貌特征，胎、釉大致有这样的表现：

（1）胎体大都是紫黑色、铁黑色，也有棕色。整体来看，胎色偏深偏黑。

（2）釉属于无光釉，很厚，釉色有米白、蛋白、象牙白、奶酪黄、青黄、粉青、灰青，有时甚至米白而影红。相比白瓷而略青，相比青瓷而显白，但整体上来看，是

偏白调的。

(3) 釉面有开片,不像南宋官窑那样大的开片,而是作网纹冰裂状,也有裂成很密的鱼子纹。裂纹有两种上色形式:紫黑色裂纹缠绕着细丝状金黄色细纹的所谓“金丝铁线”和单一紫黑色裂纹。

与黑胎青瓷相关的瓷窑址,目前已知主要有三个地方,即龙泉、杭州和景德镇[18]。

1. 龙泉窑系

龙泉窑系是南方最主要的青瓷系统,窑址主要分布在以今浙江龙泉为中心的浙南山区。形成龙泉地区青瓷风格的制品起于北宋。不同时代虽有风格变化[19],但釉色皆为青。仔细观察可知,南宋龙泉瓷釉色青绿偏蓝,而元代的釉色则较为浓绿,釉的透明度要比南宋时高(见图8、9)。

那么,像传世哥窑这般的瓷釉特征,似乎不太吻合龙泉窑系历来的青瓷传统。

在宋代对外贸易输出商品中占主要地位的便是瓷器,南方青瓷中属龙泉窑最为有名。从南宋以后,海运中心由广州转移到泉州,先后在温州、宁波等地设立市舶司,同时南宋统治者的对外贸易方针促使了龙泉瓷业的发展,使外销规模

图8 龙泉窑青瓷(南宋)[20]

图9 龙泉窑青瓷(元)

大增。到了元代,统治者又奖励互市,注重与海外各国的贸易和往来,元代龙泉窑青瓷更是一跃而成为世界性的商品。1976—1984年间对韩国新安海底发现的一艘元代沉船进行发掘研究,共打捞了各类文物22 000多件,其中青瓷12 359件,青白瓷、白瓷5 303件,青瓷中除有少数几件高丽瓷器和元代哥窑型瓷器外,都是龙泉青瓷,数量惊人[21]。在日本、韩国、菲律宾、印度尼西亚、越南等国家也都曾发现大量元代龙泉窑青瓷。元代景德镇虽也出口商品瓷,但其销量和影响方面还是大不如龙泉窑系青瓷。

龙泉窑是以民用生产为主体的窑系,产品大量供给国内外,生产始终受市场需求的支配。南宋龙泉窑每窑可装烧瓷器两万件,如果每月装烧七八次,一座窑的月产量即有10万多件。元代海外贸易空前发展,龙泉青瓷生产数量猛增,考古调查中发现的窑址数量高出宋代三至四倍。出口东西洋的瓷器有大瓮、小罐、盆、水埕等,其造型和纹饰都是元代龙泉瓷中常见的器型。

可见,龙泉产品主要是用来销售的。虽然历来也有向宫廷进贡精品的任务,但在明代以前未曾担当过组织某项生产专门提供宫廷需要的“官窑”职责。“传世哥窑”所反映出来的宫廷专有身份也不符合龙泉产品的商品性质。

经1956年对龙泉大窑等地的考古发掘,研究结果证明其黑胎青瓷(称“龙泉哥窑”)同文献中记载的“哥窑”瓷器的特征相吻合,也颇像南宋官窑,但“名为

‘哥窑’的宫中传世品则绝非龙泉大窑烧制”[22]。虽然2014年龙泉南区窑址发现了新的黑胎青瓷瓷片，但在更多的窑址方面的确切证据缺乏的情况下，我们只能认为龙泉具备烧造此类器物的条件，并不能直接证明传世哥窑的烧造地点即是在龙泉。因此，宫中所藏“传世哥窑”与浙江龙泉窑系的联系甚微。

2. 景德镇窑系

景德镇“青花瓷”是元代瓷器最为人熟知的标志，但元代瓷器市场并非景德镇青花瓷的天下。

在元末孔齐所著的《至正直记》中，记载了元末的士大夫阶层所喜好的定窑、官窑、哥窑和景德镇御土窑（即枢府器），而没有涉及青花瓷器。韩国新安海底打捞的文物中没有发现青花瓷器也是值得注意的。据有关研究，新安海底沉船的年代是元代中期，那么我国青花瓷器这时应尚未大量销往东洋国家，在韩国、日本的出土情况可以作为旁证。可见，这种与人们已经习惯了的素瓷风格大相径庭而且意境迥然不同的青花瓷器在元中期及之前并没有在汉文化圈广泛推广。现今闻名的具有伊斯兰美术特点的造型高大、装饰富丽的成熟型青花风格是元中后期的事情，绝不是一开始就有的。

从龙泉青瓷风格每个阶段的变化看，也可反映出“风格”不会因朝代更替而立即改头换面，人们的“审美观念”也不会随朝代的更替立即弃旧从新。如果无强制条件，两者之间是没有必然联系的。景德镇在五代生产青瓷和白瓷，所烧白瓷的白度达到70%以上，甚是优质。在宋代，受来自北方制作技术的影响，景德镇发展了青白瓷，色白而微泛青，仍继续烧造“洁白不疵”的瓷器，胎土洁白。元王朝出于“国俗尚白，以白为吉”[23]的需要，照样会保留着这种优良的白瓷传统，这也正是元朝把瓷业中心设置在景德镇的原因之一。尽管当时龙泉青瓷品质精美，影响巨大，但朝廷还是把全国唯一的一个官方瓷局设置在以生产白瓷而著名的浮梁县。

景德镇元初官匠仅160名左右，其时的官匠和民窑匠人相比，是微乎其微的，其时的生产恐怕只止于朝廷祭器与皇家用瓷[24]。虽生产水平较其他瓷窑来说已较完善，但整体水平仍不及当时龙泉窑发达，那么就更无法与原南宋官窑相比了。“传世哥窑”身上虽存在偏“白”的特征，但是按当时景德镇的情况看，应该没能力生产此种厚乳浊釉的“类官”精品。况且景德镇也没有制黑胎釉裂纹瓷器的历史，后来明清时期生产的仿哥窑产品倒是不少。

因此，笔者认为，元代早期能够生产“传世哥窑”的地方不是龙泉，也不是景德镇，而最有可能的应是原南宋官窑。

四、杭州老虎洞窑概述

1. 杭州老虎洞窑址曾是南宋官窑所在地

现普遍认为杭州老虎洞遗址就是当时南宋修内司官窑窑址，在元代时继续生产仿官窑的器物[25]。生产时代并无间断，说明原有工艺能够完好地传承。元朝夺取临安时并没有造成毁灭性的破坏，城镇依然繁荣，人们的生产生活基本维持原有水平。在《马可·波罗游记》中也有对元代临安（书中称“京师城”[26]）雄伟富丽景象的细致描述。因此，元代早期杭州老虎洞窑生产类似官窑器般精美绝伦的器物完全有可能，传世哥窑或许就是此时的类官产品。

也正是在元代早期，窑业生产才能维持南宋的水平。后来，官府手工业局、院的官吏对应役的匠户和其他劳动者常常采取克扣公粮、延长劳动时间等手段，进行剥削和压迫……杭州局、院的工匠“类多单人细户，或内府需器用，急工集局，昼夜并作，而有寒饿色”[27]。残酷的剥削和严苛的工匠制度摧毁了生产积极性，致使产品质量大不如早先。

元王朝建立之初，找一个有基础的优良窑场为宫廷生产总比从零开始要容易得多。杭州是南宋的都城所在，拥有专为宫廷组织生产的一套官窑系统。就元朝建国之时北方社会生产各方面的凋敝情形和游牧民族出身的统治阶级对手工业的重视角度看，元朝政府不可能闲置这块宝地不用。同样，《元史》中也记录了皇家祭器中有“青瓷牲盤（盘）”，传世实物有许多龙泉窑青瓷大盘，有不少可能就是宫廷中使用的“青瓷牲盘”[28]。这说明宫廷并不排斥汉文化审美的青瓷器物，那么官窑风格的产品为宫廷所用又何尝不可呢？官窑在南宋灭亡后，还被元朝继续使用了一段时间，这一现象是完全可以理解的。

2. 传世哥窑与官窑器外观特征之联系

原来的官窑在元朝时期除保留了南宋传统外，受新统治阶层审美喜好的影响肯定是有的。从表面现象看，有以下几点：

（1）釉色。“传世哥窑”相比于官窑器来说，大体釉色有偏“白”调的倾向。因此，结合元人“尚白”之风，元代官窑的产品存在从前朝釉色主要偏“青”转向偏“白”的可能，从器物上表现出“白”的特点，以迎合新统治阶层的需要。

（2）开片装饰。元代的器物表面装饰相比前朝明显增多。从龙泉窑瓷器元代装饰增多的变化上可以得到证实，青花瓷和釉里红的产生就更能反映注重装饰的倾向。“开片”也属釉面的一种美化形式，而且更自然天成。为了强化其裂纹的装饰效果而采取专门渗色是可以理解的，这种现象在南宋官窑开片器上看不到。官窑器的纹色只是胎色的外露，而“传世哥窑”是渗入染料的。“渗色”恰可理解为是对釉面装饰的强化手段，从而显示对装饰的刻意雕琢。

（3）胎色。宫中“传世哥窑”胎色有黑、灰黑、深棕，官窑器也具此“深胎色”的特征，能显示出它与南宋官窑的前后传承。老虎洞元代地层出土的瓷片胎色也包括了黑、灰黑、灰黄带青，也反映了老虎洞窑在胎色方面与“传世哥窑”的共通性。

（4）垫烧方式。老虎洞早期地层的瓷片堆积坑中存有的少量窑具中除匣钵外，有垫类窑具和支钉类窑具，从完整和可复原的标本中见有5支钉和6支钉，出土数量最多的器型是鼎式炉，多采用支垫结合的方法。晚段的发掘器物从支钉痕观察，以5支钉和6支钉为主，不少器物有圈足露胎，也有支钉痕，支烧方法也应该是支垫并用。发掘的支钉垫饼主要有5支钉和6支钉两种，窑具制作较规整，钉柱表面细致光洁[29]。观察绝大多数官窑以及传世哥窑整器，规整的垫烧痕迹与上述描述的情况完全对应，但不排除极个别器物采用其他支钉形式。

3. 传世哥窑与老虎洞元代瓷片检验结果之联系

除外观联系之外，相关科学研究也显示出故宫“传世哥窑”与元代老虎洞窑的关联。

（1）老虎洞窑元代堆积层出土的瓷片胎的化学组成点处在SiO_2比较低的区域，北京故宫博物院提供的一个所谓传世哥窑瓷片，它的化学组成点则处在老虎洞窑元代堆积层的区域内。

（2）（老虎洞）元代堆积层出土瓷片釉中含有较低的CaO和较高的K_2O（Na_2O），所谓传世哥窑瓷片釉的化学组成点和老虎洞元代堆积层的瓷片釉相似，也是含有较低的CaO和较高的K_2O（Na_2O）。

（3）钙长石和小气泡是形成釉质乳浊和具有玉质感的主要原因。元代堆积层出土的瓷片釉的显微结构含有较少的钙长石和较多的小气泡，所谓传世哥窑瓷片釉的显微结构也是含有较少钙长石和较多小气泡[30]。

因此，“北京故宫博物院提供的所谓传世哥窑瓷片胎釉的化学组成和显微结构与杭州老虎洞窑元代堆积层出土瓷片胎釉的化学组成和显微结构比较接近”[31]。

4. 京杭大运河为杭州物资运至大都创造优势

从景德镇与龙泉的窑场设置到运输路线都可看出瓷窑对“水路”的依赖。瓷器不同于其他物品，它重而易碎，船舶载物量大、价廉且安全系数高。地处水乡海隅,这也正是南方地区瓷业能不断兴隆的一项先天优势。

瓷器作为贸易商品,其运输方式除水路外也用陆路。陆运过程的复杂和艰辛程度在《万历野获编》的相关记载中即可明晓[32],陆运提高了商品的成本,水路的优势远远高于陆路。

元代的水路交通虽已十分发达,有"适千里者如在户庭,之万里者如出邻家"[33]的豪言,但海道与河道仍有区别。销往国外则不论,就国内南北运输来讲,采用内河运输的安全性无疑高于海运。海运载量虽大,但对于供统治阶层享用的玩物,不存在"载量"的问题,必然是要选择最稳妥的运送方式。

自京杭大运河全线筑成后,濒临钱塘江的杭州成了当时南方重要的交通枢纽,而运河成为南方物资运至大都最便捷、最稳定的内河渠道。元世祖至元十六年(1279)灭宋[34]。至元十三年(1276)正月,开始开凿南北大运河的第一期工程——"穿济州漕渠"。至元二十八年(1291),开凿大都至通州的河道(通惠河),第二年秋季竣工,使北上的漕船能够一直开进大都城。也就是说,元朝还未完全消灭南宋朝廷之前就已经开始修建大运河,在消除各方势力、实现统一13年后,连通京、杭的运河就已经形成了。因此,在元朝早期,瓷器可从杭州直接运至京城,而老虎洞窑址在今杭州市上城区凤凰山与九华山之间的狭长溪沟西端,就在钱塘江附近。京杭大运河的开通强化了大都与杭州之间的联系。因此从这个层面上讲,杭州的优势是显著的。而在制瓷方面,运河沿线当时也并无其他瓷窑可与前朝官窑相媲美。

参考文献

[1][5]郑建明、林毅:《长兴石泉明墓出土"传世哥窑"型器物及相关问题略论》,《文物》2015年第7期,第70页。

[2][3][4]图片来源:张浦生、邓禾颖:《浅析苏、沪、皖地区墓葬、窖藏出土的"官哥窑"器之产地》,《南宋官窑文集》,2004年,第215—222页。

[6]图片来源:王光尧:《从考古新材料看章氏与哥窑》,《故宫博物院院刊》2004年第5期,第62—67页。

[7]〔元〕孔齐:《静斋至正直记》卷之四"窑器不足珍"条,四库全书存目丛书·子部239·小说家类,齐鲁书社,1995年,第239—283页。

[8]〔明〕曹昭:《格古要论》卷下"古窑器论·哥窑"条,影印文渊阁四库全书·子部177·杂家类,台湾商务印书馆,1986年,第107页。

[9]郑师渠、任崇岳:《中国文化通史(辽西夏金元卷)》,北京师范大学出版社,2009年,第13页;白寿彝、陈得芝:《中国通史》第八卷 中古时代·元时期(上),上海人民出

版社,1997年,第432页。
[10] 陈高华、史卫民:《中国经济通史·元代经济卷》(上),中国社会科学出版社,2007年,第6页。
[11] 同上书,第19页。
[12] 同上书,第69页。
[13] 同上书,第7页。
[14] 刘新园:《元代窑事小考——兼致约翰艾惕思爵士》,《景德镇陶瓷学院学报》1981年第1期,第71—82页。
[15] 李炳辉:《故宫博物院藏文物珍品大系——两宋瓷器(下)》,上海科学技术出版社,2002年,第17页。
[16][17] 陈高华、史卫民:《中国经济通史·元代经济卷(上)》,中国社会科学出版社,2007年,第196页。
[18] 郑建明、林毅:《长兴石泉明墓出土“传世哥窑”型器物及相关问题略论》,《文物》2015年第7期,第76页。
[19] 周丽丽:《关于龙泉青瓷几个问题的认识》,《东南文化》2006年第3期,第71—77页。
[20] 图片来源:浙江博物馆:《浙江纪年瓷》,文物出版社,2000年。
[21] 李剑:《宋元时期的外销瓷研究》,南京航空航天大学硕士学位论文,2007年,第33页。
[22] 朱伯谦、王世伦:《浙江省龙泉青瓷窑址调查发掘主要收获》,《文物》1963年第1期,第27—39页。
[23]〔元〕陶宗仪:《南村辍耕录》,中华书局,1959年,第18页。
[24] 刘新园:《元代窑事小考——兼致约翰艾惕斯爵士》,《景德镇陶瓷学院学报》1981年第1期,第71—82页。
[25] 杭州老虎洞窑址:《南宋修内司官窑》,《中国文物报》2001年6月13日。
[26] 梁生智:《马可·波罗游记》,中国文史出版社,1998年,第200页。
[27] 陈高华、史卫民:《中国经济通史·元代经济卷(上)》,中国社会科学出版社,2007年,第32页。
[28] 陆明华:《元代景德镇官窑烧造及相关问题研究》,《上海博物馆集刊》2005年,第216—228页。
[29] 张玉兰:《老虎洞窑瓷片堆积坑出土瓷器制烧工艺初探》,《南宋官窑文集》,文物出版社,2004年,第200—207页。
[30] 结论来源:李家治、张志刚等:《杭州凤凰山麓老虎洞窑出土瓷片的工艺研究》,《建筑材料学报》2000年第4期,第297—304页。
[31] 李家治、张志刚等:《杭州凤凰山麓老虎洞窑出土瓷片的工艺研究》,《建筑材料学报》2000年第4期,第297—304页。
[32]〔明〕沈德符:《万历野获编》,中华书局,1959年,第780页。
[33]〔元〕王礼:《麟原集》前集六卷,影印文渊阁四库全书·集部159·别集类,台湾商务印书馆发行,1983年,第416页。
[34] 钱穆:《国史大纲(修订本)》下册,商务印书馆,1996年,第637页。

从陆子冈到常世琪：传统手工技艺与工匠精神的当代传承

吴　玢
（华中师范大学历史文化学院）

摘　要："工匠精神"的提出对我们这个时代有着重要的意义，而中国古代社会不乏"工匠精神"。陆子冈和常世琪，一古一今，都凭自己独特的手工技艺，完美地践行了"工匠精神"的内涵，在各自时代成为玉雕行业的执牛耳者。但是，传统手工技艺在当今社会遇到了不小的挑战，如何传承和应对，就成为每一位工匠必须面对的难题。因此，一名匠人要能够在风云变幻中始终坚守传承中华传统文化的匠心，这才是工匠精神的精髓。

关键词：陆子冈　常世琪　手工技艺　工匠精神　传承

李克强总理于2016年的政府工作报告中首次提出了"工匠精神"，引起了全社会的广泛关注和讨论。而中国古代社会，可以说是一个手工业发达的社会，因此传统的工匠精神也产生于这一时代，它源于手工工匠们对技术的钻研、对职业的尊重、对创新的认同，以及对文化的推崇。作为非物质文化遗产的一个重要组成部分，尽管当代社会机器大工业占据了主流，传统手工技艺依然起着不可替代的作用，因此工匠精神的传承，不仅有利于在全社会形成一股尊重手工劳动、尊重普通工匠的风气，同时也推动了如今"大国工匠"的崛起和转型，特别是在传统文化的保护方面，促进了手工技艺顺应时代的改革。下面笔者特选取玉雕行业古、今的代表人物——陆子冈和常世琪，来探讨工匠精神如何完成从传统到当代的传承。

一、玉雕行业的传统与当代

琢玉技术自殷商时期以来就存在了，在隋唐以后造型愈加精美，图案也愈加丰富。特别是在明代，由于匠籍制度的松绑，更是诞生了一批杰出的琢玉工匠，他们多数集中在苏州地区，因此有“良玉虽集京师，工巧则推苏郡”[1]的说法。而在众多能工巧匠当中，尤以陆子冈最为时人称赞，甚至可以说是标杆式人物，引领了“子冈玉”的艺术形式（图1）。他的作品往往小而精美，开启了后世玉雕作品大都以造型小巧为主的先河，这一点显然与明代文人追求时尚有关。当时，因为陆子冈的技艺高超，文人纷纷与其交往，在熟谙文人的喜好之后，陆子冈对玉雕技术进行了革新，更是开创了琢玉匠在玉器上落款的先例，这种独特的风格也影响了后世琢玉工匠的创作习惯。

图1　子冈牌

改革开放以来，玉雕行业飞速发展，市场需求的迅速扩大，使得玉雕艺术创作者的地位得到了明显提高，摆脱了传统工匠身份地位低下的限制，也因此带动了一大批玉雕工艺师的涌现。这其中就以全国工艺美术大师、中华特技玉雕艺术大师、亚太手工大师、湖北省“玉雕”非物质文化遗产传承人常世琪最为突出。常世琪自己研究玉雕设计和微雕书画，并首创玉雕、微雕相结合的雕刻形式，熔微雕、玉雕艺术为一炉，其中的代表作“白玉佛中佛”深受业界和藏家赞赏（图2）。

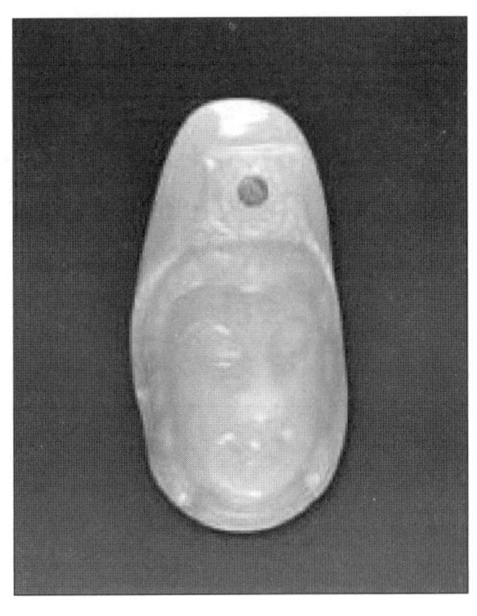
图2　白玉佛中佛

玉雕行业的发展，离不开从古到今的每一位工匠的贡献，不论是传统玉雕代表匠人陆子冈，还是当代玉雕大师常世琪，都对玉雕事业倾注了毕生的心血（常世琪从事玉雕行业已达五十多年）（图3），他们都很好地践行了工匠精神的精髓。每一个玉雕人在传

图3　2015年5月25日下午，“常世琪大师从艺五十周年研讨会”在全国政协礼堂举行。

统“切割—打磨—雕刻—抛光”的技术基础上，都给予了不同程度的革新，不少作品甚至是倾力合作完成的，制作过程完美地呈现出了新时期玉雕艺术工作者的智慧和创造力。但是，在市场经济潮流冲击下，传统手工技艺出现了一定程度的断层：很多人不甘于坐冷板凳，从业人数急剧下降；大量粗制滥造、投机取巧的现象出现；行业道德规范制约缺失，新的艺术设计理念缺乏。以上种种都表明，工匠精神从古代延续到今天，不仅仅在玉雕行业，包括其他每一类传统手工技艺的发展都是不可或缺的。换言之，“工匠精神建立了人与物的亲密关系。对于匠人而言，产品不仅是商品更是艺术品，它的好坏代表着自己的声誉、尊严与道德品格。对于消费者而言，每个产品都是独一无二的，展现着匠人的个性，也展现着人性的温暖”[2]。换言之，传统手工技艺在当代的发展需要重新找回工匠精神的精髓，并顺应时代的变化传承下去。

二、传统工匠精神的内涵

在中华民族五千年历史长河中，工匠们因着其职业阶层的特殊属性，形成了别具一格的精神气质，这个精神气质一直影响着我们今天的手工技艺传承人。而传统工匠精神的内涵，又表现在以下四个方面。

首先，工匠精神是一种专注投入的钻研精神。

陆子冈作为古代琢玉匠的引领人物，常世琪作为当代玉雕界首屈一指的大师，都是几十年如一日地钻研玉雕技术。陆子冈熟习传统琢玉技术，将多种雕刻技法如立雕、镂雕、浮雕和阴阳线刻等融会贯通，享有“吴中绝技”之首的美誉。常世琪大师曾与四川陈荫山在共同研制开发的十二支工艺手枪上，嵌入5×10毫米大小的象牙片，上刻有“四大金刚”以及《西游记》《白蛇传》《西厢记》《红楼梦》等中国传统故事题材，被当作高档礼品首次在德国纽伦堡国际展览中心展出，引起轰动，真可谓中国古老文化艺术与微雕艺术的完美结合。

工匠在打造自己的作品，特别是创作精品时，表现出的是一种高度专一、心无旁骛的工作状态，这种专注使得每一位工匠在造物过程中，能够集中全力，细心钻研每一道工序，甚至在某些时刻，工匠与手中的作品能够合二为一，前者将自己的全部心血、情感投射于作品之上，后者在工匠手上展现出了自己的"灵魂"，两者结合，成就了一个个有生命力的艺术品。"百工居肆以成其事，君子学以致其道"，玉雕工匠们常年刻苦钻研，反复思考，使得他们能够始终追求更高、更强的技艺，最大限度地避免瑕疵，最终达到炉火纯青的境界。

其次，工匠精神是一种高度认同的职业精神。

陆子冈的技术十分高超，"子冈玉"不仅在当时为达官贵人所追求，而且盛名传到了宫廷内。明穆宗朱载垕曾命他在玉扳指上雕刻百骏图，于是他采用虚拟的手法，仅仅用三匹马就营造出万马奔腾的气势，深受皇帝喜爱，自此陆子冈的玉雕作品也成了皇室御用品。常世琪应吉尼斯世界纪录亚洲分会邀请，赴新加坡举办个人微雕作品展览并表演绝技。在长2厘米的头发正反两面刻字308个，经该分会检测鉴定合格，刷新了吉尼斯微雕世界纪录，并获颁荣誉证书，并且该记录至今无人能破。

每一个人，只有对自身职业有着高度的认同，才能够在工作中具有强烈的使命感并达到一个很高的境界，工匠也不例外。他们对自己职业的认同基础来源于生存的需要，凭借手工技艺作为安身立命的途径。更重要的一点是工匠对自身技艺的认同感。虽然在中国古代，工匠居于社会下层，但是仍有不少技术高超的工匠步入仕途，甚至位居高官。与此同时，也有部分工匠得到了不少文人的赞赏，这显然是工匠在为他人服务的过程中寻找到了满足感。因着这份高度认同的职业精神，工匠们总是保持着一份敬畏之心，数十年如一日地坚持着，并善于在频繁渺小的手工造物活动中发掘乐趣，获得精神上的宝贵财富。

再次，工匠精神是一种追求卓越的创新精神。

《苏州府志》曾记载："陆子冈，碾玉妙手，造水仙簪，玲珑奇巧，花如毫发。"一个"妙"字恰如其分地反映了陆子冈作为琢玉匠的贡献，他积极追求技术的创新，甚至出现了"白玉易得，一牌难求"的场景。而常世琪也是经过多年的挖掘，恢复了濒临灭绝的"稀世微雕宝珠"工艺，其"微雕宝珠光学透视装置"更是在1990年获得了国家专利。此外，他开创了微雕、玉雕相结合的先河，把微雕技艺直接用于玉雕作品之中，使人们在欣赏玉雕艺术的同时，又欣赏到微雕绝技，填补了中国玉雕工艺史上没有微雕艺术的空白，使玉雕作品更具欣赏收藏价值，对推动中华传统文化和玉雕艺术繁荣发展起到了十分积极的作用。

无论是传统的工匠，还是当代的工艺师，大多数都不满足于现有的作品，而是寻求如何提升其质量，达到极致。在这个过程中，工匠们一步步追求技术的卓越和创新，积极开发研制新作品。只有这样，一门手工技艺才能得以一代代保存下去，并日臻完善。

最后，工匠精神是一种引领时代的文化精神。

明代的陆子冈带动了整个苏州地区琢玉业的发展，众多琢玉匠涌入苏州，名家荟萃，形成了宫廷御用玉器作坊，一时间苏州玉器之精美誉满全国，甚至有不少流通到了周边国家。可以说，陆子冈带动了苏州玉器市场的发展，引领了明清两代文玩收藏的时尚潮流。他的刻款方式独树一帜，多在不明显的部位（如器底、器背、把下、盖里等），采用图章式印款。而常世琪将玉雕、微雕相结合，这项绝技也为当代玉雕业的发展指明了新的方向，即不再拘泥于传统的玉雕题材，根据时代的变迁和市场需要有所拓展，在继承传统文化的基础上推陈出新。

对于像玉雕这样一些从古代到当代一直延续存在的传统手工技艺而言，其在我们当今社会中扮演着两种角色：一是经济上的流通商品；二是文化上的艺术作品。这两个角色并不矛盾，艺术市场为文化传承带来了新的活力，文化传承又促进了艺术市场的繁荣。在二者互动过程中，都离不开传统工匠精神的传承。

三、传统工匠精神的传承

传统工匠精神要在当代社会传承下去，离不开以下三点：

第一，精益求精的信念回归。

提到传统工匠精神，大家首先想到的就是一丝不苟的严谨要求，即要求工匠们在从事手工造物活动中始终保持一种精益求精的态度，为此还采用了“物勒工名”的制度，即在器物上刻上工匠的名字，一旦“工有不当，必行其罪，以究其情”[3]。“物勒工名”制度一开始是一种被动的、强制性的责任认定方式，即古代工匠们要在自己创作的物品上刻上自己的名字，作为日后质量检测的凭证，一旦发现不合格，就要追究该工匠的责任。而到了后来，就引申为“诚信”和“品牌”的代言人，即主动地、积极地“物勒工名”，就代表着一种独特的符号和信誉，以便跟同类型物品区分开来。比如前文提到的“子冈牌”玉、清代的“张小泉”剪刀等，都成为著名的商标。虽然市场竞争在某种程度上催生了对精益求精的要求，但在名匠看来，精益求精是一种信念追求，来源于内心对职业素养的高度敬畏之心。而针对当代社会粗制滥造、过度追求量化的普遍现象，清华大学建筑学院教授提出了重视细节设计的“精致性”口号。虽然是在建筑领域要求“选材精良、做工精湛”，但其实适用于所有的手工技艺领域。总之，“物勒工名”也好，“精致性”也好，归根到底就是要求工匠在设计、制作、生产、流通的每一道环节中都要认真完善、遵守精益求精的信念。尤其在如今传统手工技艺逐渐被丢失的环境下，更凸显了对作品品质的追求。因此回归精益求精的信念，是工匠精神传承过程中最核心的内容，也从另一个侧面反映出工匠的自我觉醒和地位的提升。

第二，道技合一的儒者风范。

中国古代最早的一部手工业方面的著作《考工记》曾提到：“知者创物，巧者述之，守之世，世谓之工。”还提到“三材既具，巧者和之”，“六材既聚，巧者和之”[4]。就是说一个能工巧匠，最终要达到“和”的层面，实现至善至美的统一。这既是中国古代儒家传统思想的核心，更是中国工匠毕生追求的最高境界。孔子在儒家经典《论语》中就提出了“志于道，据于德，依于仁，游于艺”[5]的儒者风范，而这四点集中于每一位工匠身上，最根本的就是要求他们在造物实践活动中不仅讲究技艺的高超，更离不开道德的束缚，应顺应大道，品德高尚，具有“道技合一”的风范。儒家思想是中国古代的正统思想，至今还影响着各行各业人士的行为规范，传统手工技艺领域也不例外。要成为一名合格的“哲匠”，必须从技能、良心、信誉、忠诚上培养素养，即所谓“工，巧饰也，象人有规榘也”。由此观之，追求技艺和作品的精益求精并非“哲匠”的人生追求，实质上是借助于手中的技艺上升为对人生真谛的超越，即所谓“道”。从“游于艺”到“志于道”，道技合一，才是工匠精神传承过程中最本质的前提。

第三，坚守中华文化的匠心。

纵然传统手工技艺在中国古代被定义为“奇技淫巧”，但仍然作为传统文化的一部分影响深远。而文化自古以来都在一定程度上体现了不同时代人们的思想内涵，因此传统手工艺作品均反映了当时的物质文化情况，每一件手工艺品都被赋予了文化生命力，烙刻着时代的痕迹，流传至今。而当前社会不断变革转型，工业化飞速发展，在物质文化繁荣的基础上，以高科技应用为代表的现代机械化生产方式不断冲击着传统手工技艺的生产方式，久而久之传统手工技艺逐渐被边缘化，真正有内涵、有文化的产品越来越少了，由此更凸显出“工匠精神”的重要性。

“工匠精神”不仅仅是每一位工匠的精神，更应是全社会每一个人的精神。这其中，就要求我们有责任做好中华传统文化的传承和整理，其主旨就是2016年习近平总书记提出的一项号召——“不忘初心”。当前需要有更多的传统手工艺工匠能够坚守匠心，将我们中华民族的优秀文化一代一代传下去，创作出更多有血有肉的“艺术生命”，并致力于转变当代的艺术观念。特别是近年来国家积极倡导提高文化软实力，增强文化自信，可以说，传统工匠精神在传承过程中最直接的诠释就是坚守中华文化的匠心，展开非物质文化遗产的保护工作，为传统手工技艺开辟出一块新的生存发展空间。

四、对非物质文化遗产传承的启示

在国家“非物质文化遗产”（以下简称“非遗”）申报工作如火如荼的宣传开展下，越来越多的传统手工技艺进入了这个名单，不少工匠成为传承人。可以说，在“非遗”背后，这些坚守工匠精神的传承人渐渐开始探究寻求如何更好地、更有效地开展“非遗”传承保护工作，让越来越多的人关注我们特有的民间文化，抢救濒临灭绝的传统手工技艺。如何从过去重申报、轻保护，抑或是重保护、轻传承的方式走向“保护—传承—创新”的路径，避免走入博物馆式“只能观看，不能实用”的死胡同？针对传统手工技艺的传承保护，国家提出了生产性保护的方式，即“在具有生产性质的实践过程中，以保护非物质文化遗产的真实性、整体性和传承性为核心，以有效传承非物质文化遗产技艺为前提，借助生产、流通、销售等手段，将非物质文化遗产与其资源转化为文化产品的保护方式。‘生产性’是这类非物质文化遗产项目的共有属性，这些非物质文化遗产项目的文化内涵和技艺价值要靠人的手工创造来体现，只有在生产实践中，其传统工艺流程、核心技艺等才能实现保护、传承和弘扬”。这就要求我们这些非物质文化遗产传承人必须在“非遗”项目传承保护中重塑“工匠精神”的核心。具体要从以下三个方面着手：

其一，转变观念，提升传统手工技艺的地位。

对于传统手工技艺自古以来就存在着一种根深蒂固的偏见，加上工匠的地位大多比较低下，即便是在今天，这一偏见仍然没有发生根本的改变，传统的手工技艺者依然没有得到应有的关注，只有少数几个大家、名家在社会上有着很高的知名度和广泛的宣传基础。因此当务之急，就是要转变观念，打破固有的偏见，提高广大传统手工技艺者的创作积极性，给予其财政上的支持，提升传统手工技艺的地位。近年来，玉雕行业更多的是注重材料的选择，而非技艺的提升，但随着国民文化素养的提高和整个行业的推进，对技艺的注重将得到越来越多的认可。再加上时代的发展，工具、理念的进步，现当代玉雕艺术早已突破传统局限，有了更为丰厚深远的艺术内涵和独树一帜的艺术魅力。以常世琪为首的当代玉雕艺术家们在原有的基础和核心艺术表现形式上，充分挖掘雕刻载体，并在题材、材质、形式上精益求精，有效地推动了玉雕行业的繁荣发展。

其二，师徒传授，开创传统手工技艺新领域。

传统手工技艺的传承大多依赖于师徒传授和父子相传，如今在玉雕行业，常世琪也培养了不少杰出的玉雕艺术大师。如何通过师徒传授，重塑这些艺术大师的形象，用他们的高超技艺和干一行爱一行的奉献精神引领传统手工技艺一代一代传承下去，是我们应该探讨的一个问题。玉雕行业除了传统的师徒传授之外，也积极开创新的传承领域，比如袁嘉琪大师作为湖北省“非遗”传承人，首创在高校开设玉雕本科专业，培养出大批玉雕专业人才，并积极推广到其他手工技艺。这种模式使得在校学生告别了传统的“只懂实践，不懂理论”的学习模式，有着良好的理论素养和创作技能，推动了更多年轻的传统手工技艺爱好者投入其中。

其三，行业制约，保持传统手工技艺生命力。

在中国古代社会，要保持工匠的责任心和保证产品的质量，除了基于官方和自我双重监督制度——“物勒工名”以外，更离不开每一类手工行业内部的自治与整顿，即“行会制约”。从明清时期开始，许多手工行业都出现了工匠团体，进而演变为行会组织，比如苏州地区建筑行业的“香山帮”等。这些行会组织通过制定本行业的行规、行业标准、信仰支撑等来维持本行业的发展。对本行业内部各工匠而言，行会具有利益诉求、秩序维持和调解纠纷的功能，能够合理有效地保证该行业机制正常运转。而目前来说，传统手工技艺行业“正在由浮躁的井喷式发展逐渐纳入正常轨道，但是各种相关制度仍然有待于进一步完善，特别是相关的细节需要更加具体并落实到位”[6]。大多数手工技艺行业从业人员复杂多样，难以制定相应的行规，但是最基本的职业操守和道德准则却是每一位手工技艺者的准入门槛，特别是对于“工匠精神”的培育更是不可缺少的。

作为“非遗”项目的传统手工技艺，更是因为每一位传承人身体力行地践行工匠精神，才能够流传至今。“而非遗的保护和命运走向，最终亦取决于工匠精神的重塑，工匠精神是非物质文化遗产项目传承和保护的必然条件”[7]，因此对非物质文化遗产的传承保护，可以在顺应市场趋势的前提下，弘扬工匠精神，以此保持传统手工技艺的生命力。

五、结论

现在国家重提“大国工匠”“工匠精神”，实际上就是要回归精致文化、品质文化。一名真正的能工巧匠，不管从事何种手工技艺，都应该传承中国古代的工匠精神，这样流传下来的作品也好、技艺也好，才能被时人和后人称赞。当工匠的个人劳动达到一个更高的境界时，工匠精神才能彰显。反过来，当工匠的个人劳动不再是当代社会的主流时，工匠的不忘初心、坚守的精神仍然是机器大工业时代不可或缺的重要部分。既然要回归精致文化，就要求我们每一位工匠也好，其他行业的从事者也好，要有一种心无旁骛、质量第一的责任感，从一言一行上践行工匠精神的内涵。回到传统手工技艺上而言，从陆子冈到常世琪，从传统琢玉匠到当代玉雕工艺师的转变，正是传统的手工技艺在当代的升华，也使传统手工技艺有了越来越广阔的发展空间。工匠之工在于“手工”，而传统工匠精神要在当代传承，实质上就是保护我们传统的手工技艺等非物质文化遗产，除了文章提到的几点外，这离不开每一位匠人的匠心和社会大众的共同努力。

参考文献

[1]〔明〕宋应星著，潘吉星译注：《天工开物》，上海古籍出版社，1998年，第314页。
[2] 肖群忠、刘永春：《工匠精神与当代价值》，《湖南社会科学》2015年第6期，第6—10页。
[3] 杨天宇：《礼记译注》，上海古籍出版社，2004年，第209页。
[4] 张道一：《考工记注译》，陕西人民美术出版社，2004年，第209页。
[5] 张燕婴：《论语译注》，中华书局，2006年，第88页。
[6] 辛婷、辛夷：《陶瓷艺术工匠精神的当代发展研究》，《中国陶瓷》2016年第12期，第96—98页。
[7] 周秀梅：《工匠精神与非物质文化遗产保护》，《艺术评论》2016年第10期，第66—70页。

吴忠成吉思汗纪元地契修复记

吴春龙
（内蒙古包头市固阳县文化馆）

摘　要　本文从成吉思汗纪元吴忠田房草契的内容分析这一文献资料的历史价值，对保护修复方案制定及修复保护过程进行了全程记录，并结合拍摄的图像，展示了田房草契经修复后的新面貌，诠释了修复的作用。

关键词　地契　文献　修复　保护　思考

一、前言

地契作为中国旧时买卖土地的双方所立的法律文据，其中载明土地数量、坐落地点、四至边界、价钱以及典、买条件等，由当事人双方和见证人签字盖章，是转让土地所有权的证明文件。地契由卖方书立，由买方保存，作为土地所有权凭证。契约分白契与红契，未向官府纳税加盖官印的称白契，经官府加盖官印并纳税的称红契。用今天的话讲，白契没有法律效力，属小产权；而红契是向政府纳过税，经验证盖章，具有法律效力。本文修复的地契属于红契，是吴忠于成吉思汗纪元七三六年（即1941年）购买房地的一份契约文书，1958年又加盖"固阳县私房社会主义改造国家经租专用章"，距今七十多年，属珍稀文献。但是由于纸张的脆弱性，易老化、腐蚀、虫蛀、人为损坏等因素，不易保藏。

有着两千多年历史的传统装裱与揭裱修复就是伴随着纸绢类文物保护的产生而发展的，实践证明传统修复技艺对纸质文物的保护是现代保护技术所不能取代的，是最科学有效的保护方法。虽然科技发展对纸绢类文物实施特殊气体、化学液体等试探性保护，使纸绢寿命得以延长。但是，对于已经存在因保护不善造成的皱褶、粘连、破洞、折裂等问题还是需要修复人员动手给它们“治疗”“美容”。现代的“新特药”与“先进诊疗设备”及科学管理只有在传统修复工艺的基础上辅助应用，才能实现纸绢文物的科学保护。

二、历史价值

（1）成吉思汗纪元“田房草契”是购买人吴忠于成吉思汗纪元七三六年（即1941年）购买房地的一份契约，距今七十多年。据史料记载，成吉思汗纪年是日本扶植的伪蒙疆联合自治政府使用的纪元，即以1206年铁木真称成吉思汗之年为成纪元年。由于使用期短，留存的相关文献稀少。

（2）地契加盖“固阳县私房社会主义改造国家经租专用章”圆形公章并在印章上用蓝墨水写有“经租1958年12月31日”，同时在地契右上方空白处用蓝墨水写“吴忠”两字，表明此地契在1958年收回国家经租，见证了国家经租私有房产的历史。

（3）契约中出现的“義和乡”在1999年出版的《固阳县志》中没有相关记载（《固阳县志》中已注明：缺一乡名），见证了行政区划的撤并与地名更改的历史。

（4）契约加盖“固阳县第一区義和乡乡公所”长方形印章及乡长“贾凤鸣”方形名章和签名，表明此地契经政府收过房屋交易税等费用，是政府承认的官方契约（见图1）。

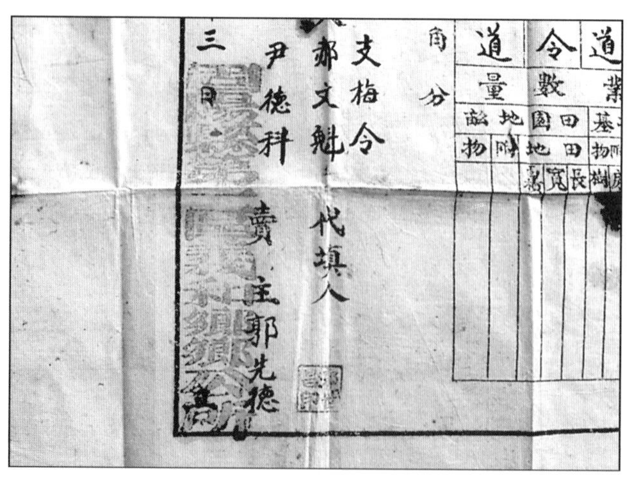

图1

（5）地契以“弓”为计量单位。经过考证得知1弓 = 5尺 = 1.5米。

以上几点都能成为反映当时历史的物证，因该地契较为珍贵，需要进行科学保护修复。

三、草契内容

立出卖契约人郭先德今将原置到义和乡南镇村房基地/房一段/所，面积附物四至及图表如左表情愿照表列各项售卖与吴忠永远管业，邀同公证人议定买价国币捌拾元△角其洋当日交清并无短欠官租杂派随业过割倘因售业发生纠纷由卖主完全负责不得丝毫涉及买主所有权言词不凭草契为证。

产业图形四至暨数量表（表中图形为长方形），东西为25弓，南北为17弓，四至东赵子介西大道南支梅令北大道产业数量房院场基田园地亩地基长二五弓宽一七弓面积十七分七厘田地长宽面积附物房树按地色核计每年应纳官租洋元角分

乡长贾凤鸣“贾凤鸣章”（印章）中证人支梅令 郝文魁 尹德科代填人（郝世昌印章）卖主郭先德

成吉思汗纪元七三六年二月二十三日

草契左下角加盖一长条形印“固阳县第一区義和乡乡公所”（印章）。草契左侧中有一圆形印“固阳县私房社会主义改造国家经租专用章”（印章），印中有蓝墨水钢笔字迹“经租58年12月31日”。草契右上角空白处有蓝墨水钢笔字迹“吴忠”。

四、保存现状

由于购买人吴忠及其他保管人保护不善，又历经七十多年的自然风蚀、老化及折叠磨损，草契展开出现折裂破损严重、陈年油污水渍等现象（见图2修复前正面照片）。

修复前检查发现以下问题：

（1）折裂严重（见图3破损局部）。

（2）左边中下部有一圆形公章不是采用传统印泥所盖，而是见水即洇散的红

色染料墨水，还有公章中“经租”两字和右上角“吴忠”两字都是用蓝墨水写的，见水则晕，成为修复难点（见图4、5修复前后局部）。

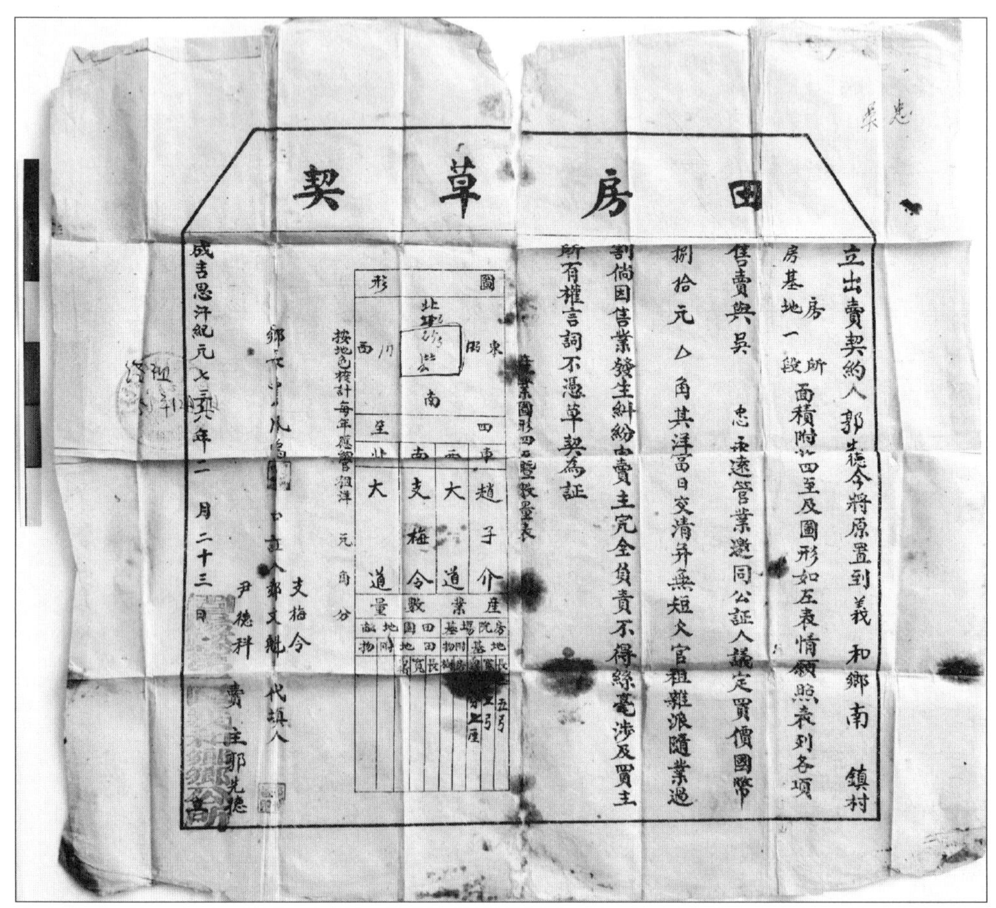
田房草契

立出賣契約人郭先德今將原置到義和鄉南 鎮村

房基地一段 所 房 面積附以四至及圖形如左表情願照表列各項

售賣與吳 忠 承遠管業邀同公証人議定買價國幣

捌拾元 角其洋當日交清并無短欠官租雜派隨業過

割倘因售業發生糾紛由賣主完全負責不得絲毫涉及買主

所有權言詞不憑草契為証

成吉思汗紀元七三六年二月二十三日

賣主郭先德

圖2

图3

图4

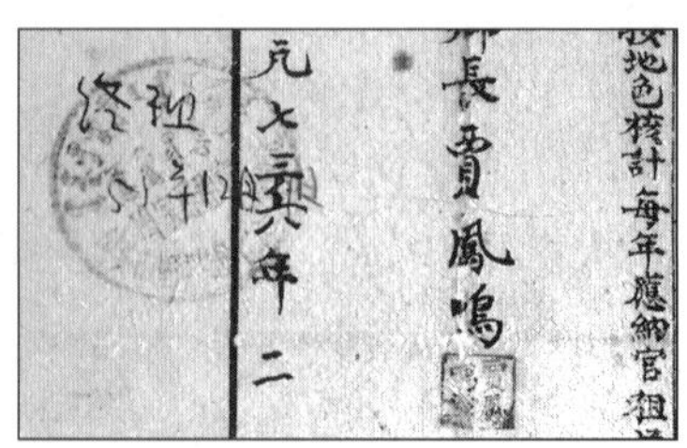

图5

五、保护修复方案

笔者也是第一次修复此类文献资料，作为纸质文物，它又与修复书画藏品有所不同，地契作为一种文献资料，缺损的字迹原则上是不需要接笔的。修复方案如下：

（1）根据文献规格和便于保护，选用镜片装，镶入镜框内。

（2）依据“修旧如旧，最小干预”的修复原则，文献上的油污、水渍、锈迹不作处理，四边不裁切，尽量保持原状。

（3）为避免洇色，采用飞托法，采用难度较大的单层命纸镶边纸的方法进行。

（4）采用浅米色梅花冰纹图案的花绫挖镶，镶料采用整体挖镶而不是简易的四条边粘贴的方法。

六、实施修复过程

（1）修复环境。因条件所限，本次修复工作环境只能将温度控制在20—25度，湿度控制在50%—65%之间。

（2）挖镶。为了美观与上档次，选择了浅米色梅花冰纹图案的花绫进行整体挖镶，镶硬距条。

（3）覆褙，采用干覆法。

（4）上墙绷平。

（5）修复后的保护：打蜡、装框。

修复后的正面照片见图6。

七、修复档案

修复后的资料保存，包括带有色标、钢尺的原始正背面、透光照片，精确到毫米的画心长宽尺寸，修复后的正背面、透光照照片，各种需要测量的长宽尺寸，修复保护所用的托纸、褙纸、绫绢、颜料等修复材料的商标品牌、厂家、品名型号，修复后的重量，修复保护过程中所用的保护材料，修复保护的操作工艺。完善的修复档案能为日后藏品跟踪保护和书画文物修复科学化提供理论依据。

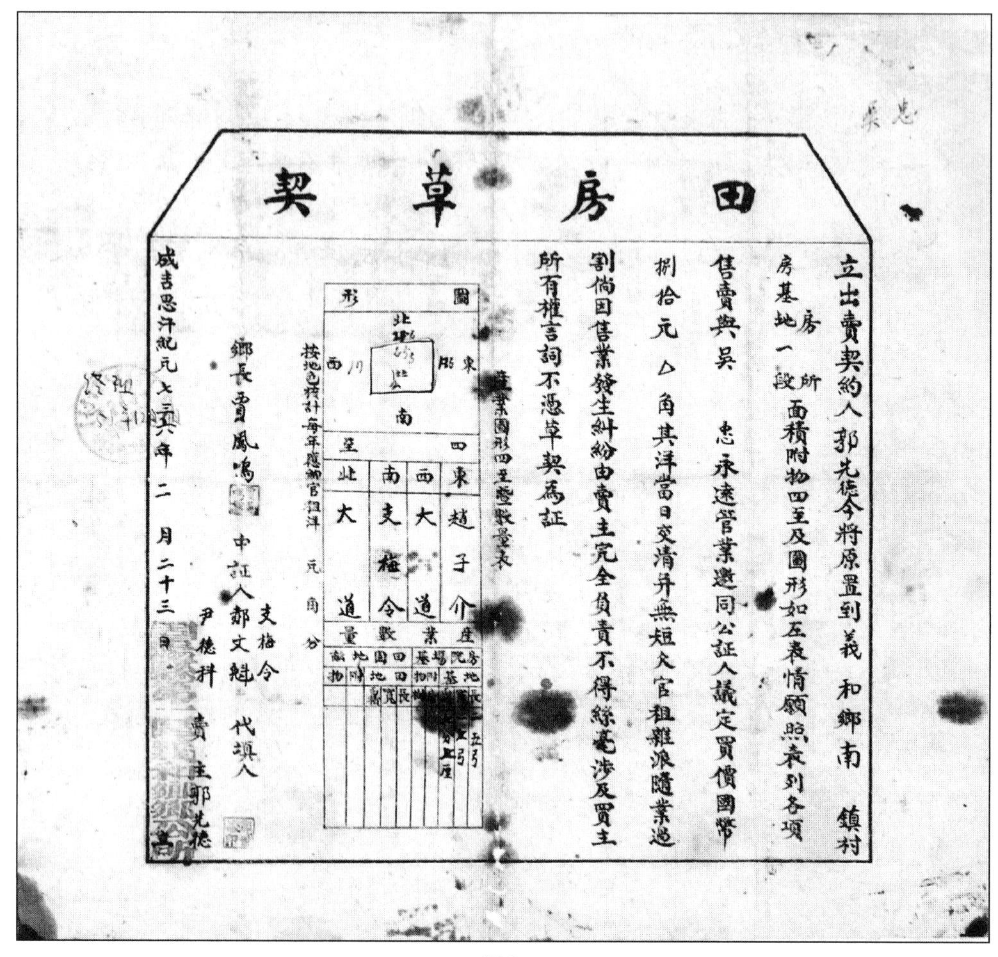

田房草契

立出賣契約人郭光德今將原置到義和鄉南　鎮村

房基地一段房所面積附物四至及圖形如左表情願照表列各項

售賣與吳　忠永遠管業邀同公証人議定買價國幣

捌拾元　角其洋當日交清并無短欠官租雜派隨業過

割倘因售業發生糾紛由賣主完全負責不得絲毫涉及買主

所有權言詞不憑草契為証

四至	
東	趙子介
西	大道
南	支梅令
北	大道

按地已積計每年應納官租洋　元　角　分

鄉長曹鳳鳴

中証人郝文魁　支梅令

代填人尹德祥

成吉思汗紀元七百三十六年二月二十三日

賣主郭光德

图6

八、修复保护总结

通过修复，使田房草契的表面色泽较修复前整洁平展，做到字迹、印章清晰，基本无变化，纸张物理性能经过可逆性的糨糊粘贴命纸、褙纸，使其抗裂强度明显提高，修复后装入画框内保存又便于欣赏和研究。但美中不足的是受修复工作条件、环境、修复资金等影响，有如下遗憾：

（1）由于拍摄环境、设备所限，室内的自然光线不足、灯光亮度不够，尤其是修复前后拍照的光源环境不相同、照相机镜头和专业摄影拍摄等因素，导致拍摄图片像素小，色彩与实际有差异，造成档案资料不准确，对日后研究不利。

（2）缺乏用于检测材料的高科技检测设备，无法提供此次修复的科学理论数据。

（3）有些修复材料无法选用最科学的好材料。

（4）限于当今还没有国家修复标准可以参照，受经济条件与体制等限制又无法进行专家会诊并参与修复方案制定，只能全凭笔者的“临床”经验与行规进行修复，因而无法创造条件通过专家组评定、验收。

九、思考

地契作为见证土地权属变更的重要历史资料，真实地反映了我国不同历史时期的土地所有权制度、土地权属变更与对土地的管理制度，修复保护好地契这类文献资料对研究各历史时期土地和社会制度变迁具有参考价值。

明拓泰山金刚经拓片墨迹加固研究*

杨 娟 韦 荃 于 甜 文金梁 杜少飞
（四川博物院）

摘　要： 拓片是我国特有的传统艺术表现形式，由于受自然环境的长期侵蚀，传世拓片出现墨迹脱落病害比较常见。本文通过对拓片墨迹脱落成因分析、固色材料及加固工艺等研究，并结合四川博物院馆藏明拓泰山金刚经拓片墨迹的加固保护，研制了一种适宜于拓片墨迹加固的固色剂。试验分析和应用结果表明，固色剂能有效提高墨迹的附着力，且不影响拓片按传统工艺修复，研究成果为拓片墨迹的固色保护提供了支撑。

关键词： 拓片　墨迹　固色剂　加固

一、引言

四川博物院作为西南地区最大的综合性博物馆，藏品丰富，现藏有古籍碑帖类文物8 257件（21 122幅）。因传世过程中的保存条件有限、馆舍多次变迁、人员更替、陈列展览等因素的影响，馆藏古籍碑帖拓片出现了墨迹脱落、脱裱、虫蛀、糟朽等病害，加之四川地区气候潮湿，保存环境不易控制，墨迹脱落病害异常普遍。拓片正因有了黑与白的颜色对比，其上图符比原拓物更加清晰鲜明，视觉效果对比强烈，充分展现了被拓对象的神韵[1]。因此，拓片墨迹的保存情况在很大程度上影响到文物的整体价值。现以四川博物院馆藏的《明拓泰

* 本文为四川省科技计划资助项目（2017GZ0405）。

山金刚经拓本》墨迹的加固保护为例，采用超景深显微镜和扫描电镜从微观的角度对拓片墨迹脱落的原因进行分析，并介绍了一种适宜于拓片墨迹加固的固色剂。

二、墨迹保存状况及脱落成因分析

1. 墨迹保存状况

四川博物院馆藏的《明拓泰山金刚经拓本》共计938幅，白字黑底，原拓物为泰山经石峪摩崖刻经，字符长47.5厘米、宽53.8厘米。该套拓本建馆以来一直存放于我院文物库房内，通过前期的病害调研发现，拓片主要存在脱墨、虫蛀、颜色晕染等病害，墨迹表面有大面积白色析出物（见图1a），通常称之为“墨霜”[2]。经统计，938幅拓片均存在严重脱墨病害，墨迹一触即掉。拓片墨迹脱落主要有以下三种情况：首先，该套金刚经拓片曾经过装裱，从拓片表面十字交错的黑色折痕可以说明，拓片在装裱前以折叠形式存放时发生了墨迹脱落，导致墨色沿折线晕染，如图1b所示；其次，字迹笔画处的墨色晕染为拓片在装裱过程中发生了跑墨现象，如图1c所示；最后，拓片正面和背面的黑色摩擦痕为拓片在传世过程

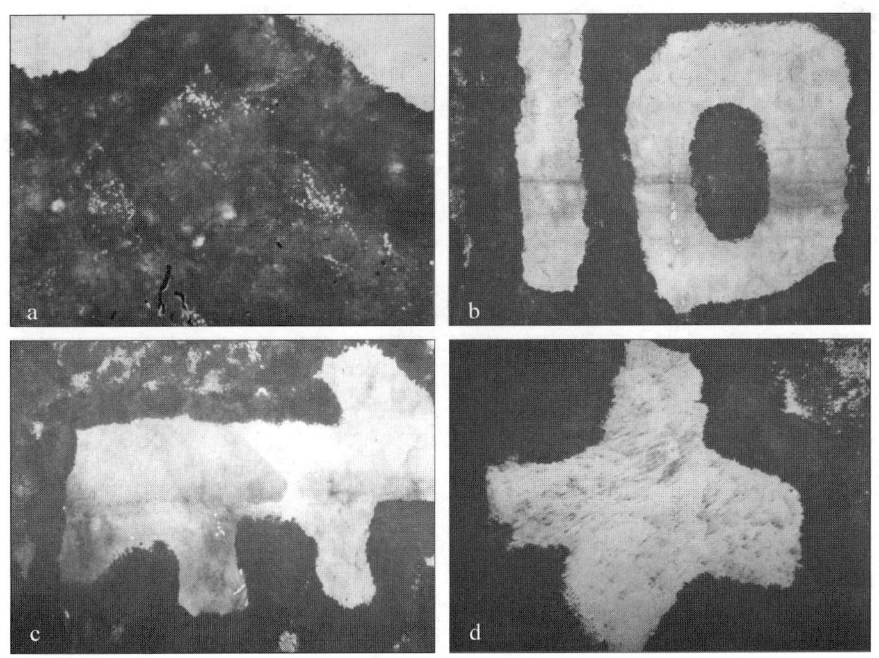

图1　拓片墨迹保存情况

中因摩擦等因素导致墨迹脱落，如图1d所示。从墨迹脱落的情况可以说明，该套金刚经拓片从拓制完成至今均存在脱墨病害。

2. 墨迹脱落的成因分析

采用超景深显微镜和扫描电镜对拓片墨迹进行了微观结构观察，观察结果如图2所示。

图2a和图2b为拓片墨迹的超景深显微图像，图2a中可见墨迹层结构酥松，且存在明显开裂和大面积脱落。采用厚度测定仪对拓片的厚度进行了测量，通过计算可知墨迹层的厚度为0.01—0.12 μm。图2b为拓片墨迹表面泛白部位的超景深显微图像，可以观察到墨迹表面有大量白色絮状物堆积。

图2　拓片墨迹的微观观察结果

图2c和图2d为拓片墨迹的扫描电镜图像，从图2c中可见墨迹中烟灰与胶分布不均，大部分烟灰失胶析出，少部分烟灰被胶包裹。图2d可明显观察到墨迹表面有网状交织的霉菌孢子和孢子囊梗等霉菌的特征结构，表明拓片在传世过程中曾遭受霉菌的侵蚀。

通过扫描电镜进一步对失胶的墨迹放大观察，观察结果见图2e，经测量，烟灰粒径约为80 nm，失胶后的烟灰团聚成絮状，团聚体间隙为1 μm左右，间隙较大。

结合拓片墨迹的保存情况和微观形貌观察结果可以得出拓片墨迹易脱落的原因主要由以下两方面因素导致。一方面，拓片用墨质量不佳。由于墨中烟灰颗粒主要依靠动物胶的结膜作用粘附于纸张表面，墨中胶含量少，烟灰易成团堆积，从而导致墨层厚（厚度为0.01—0.12 μm），团聚堆叠的烟灰大多数依靠表面能和重力作用附着于纸面，相对于动物胶的结膜黏结作用，表面能和重力作用则很微弱，因此拓片在折叠收藏、装裱等过程中，受外界摩擦等影响烟灰极易发生脱落。

另一方面，拓片霉变是加速墨迹脱落的重要因素之一。由于自然界中霉菌孢子无处不在，加上我省气候具有气温高、雨量多、湿度大等特点，墨迹中的动物胶在受潮后极易滋生霉菌，霉变后的胶料黏性降低，胶是直接将烟灰和纸面黏结的媒介，从而导致烟灰颗粒在纤维表面的附着力下降，极易发生失胶脱落，霉变失胶引起墨迹易脱落的示意图如图2f所示。

三、墨迹加固

1. 已有加固措施的不足

通过文献调研可知，拓片固色主要有两种：一为胶矾水加固[3]。胶矾水是由动物胶（主要采用明胶）、明矾和水按一定比例兑制而成，具有防腐、固色和增加纸张机械强度等性能，通过明胶成膜达到固定墨迹的作用。二是锅蒸拓片[4]。通过加热的方法促使墨中的胶质再次恢复黏性，防止墨迹晕洇。一方面，锅蒸拓片熏蒸温度为100℃以上，高温会加速拓片等有机质文物整体老化。另一方面，金刚经拓片因年久老化、霉变等因素导致失胶严重，高温熏蒸难以使胶料恢复黏性。

为进一步验证胶矾水和明胶水对拓片墨迹的加固性能，采用不同浓度的胶矾水和明胶水对拓片脱墨样品进行加固实验。通过表1中的实验结果可知，胶矾水和明胶水对易脱落墨迹的加固效果并不理想，加固后的墨迹仍存在掉墨现象。

表1　胶矾水和明胶水对拓片脱墨样品的加固效果

名　称	质量百分数(%)	加固效果
明胶水	胶1	墨迹大量脱落
明胶水	胶2	墨迹大量脱落
明胶水	胶4	墨迹表面泛光,且墨迹部分脱落
胶矾水	胶3,矾1	墨迹表面泛光,墨迹脱落
胶矾水	胶2,矾2	墨迹表面轻微泛白,大部分脱落
胶矾水	胶1,矾3	墨迹表面泛白,部分脱落

将胶矾水滴在载玻片上,自然干燥后可以发现,胶矾水成膜后有大量白色晶体析出,如图3所示,说明拓片样品表面泛白与胶矾水中明矾的结晶析出密切相关。近年来,随着胶矾水对纸质文物的危害作用日益凸显,众多文保工作者提出在纸质文物保护修复过程中应慎用或禁用胶矾水[5]。

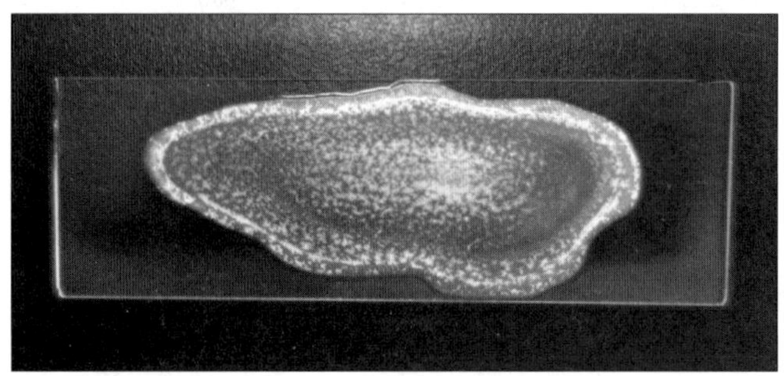

图3　胶矾水成膜后析出的白色晶体

2. 固色剂的研制

因传统墨中的黏合剂为动物胶(大多数为明胶),基于已有加固措施的不足和失胶烟灰粒子间隙大等原因,我们开展了明胶的改性实验,实验研究以明胶为主体,采用在明胶中添加阳离子絮凝剂提高明胶对烟灰粒子表面的吸附性和包覆性能,从而获得具有优良加固性能的拓片墨迹固色剂(以下简称固色剂)。

固色剂的制备方法如下:

(1) 配制絮凝剂,将絮凝剂配制成质量分数为1.2%的水溶液;

(2) 将明胶配制成2%的明胶水溶液;

（3）再将1、2配制的溶液按质量比1∶1均匀混合，用电动搅拌器低速搅拌2小时，即得固色剂。

3. 加固工艺及加固效果

为避免修复过程中墨色发生晕染对拓片造成次生损害，经过多次实验研究得出加固工艺如下：先在拓片画心正面铺一层薄宣纸，再用柔软的羊毛刷涂刷固色剂，待固色剂均匀渗透至墨迹层后，再轻轻揭去宣纸，在自然条件下晾干，如图4所示。

加固剂通过薄宣纸均匀渗透

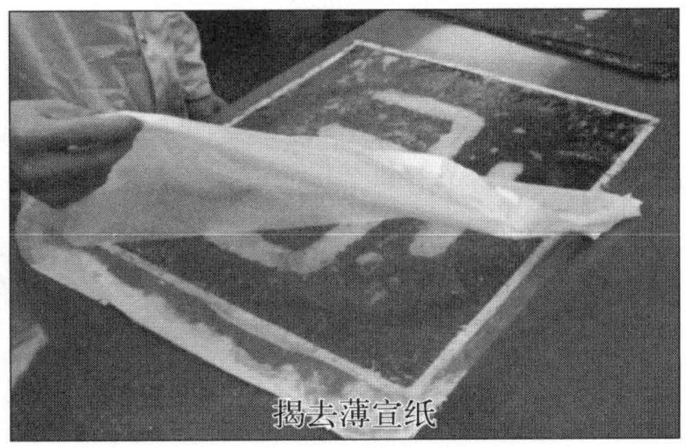
揭去薄宣纸

图4　加固工艺

采用超景深显微镜和扫描电镜观察未加固与加固墨迹表面的微观形貌结构，观察结果如图5所示。从中可见加固前墨迹松动，有裂纹，加固后裂纹被胶填充，说明固色剂能通过结膜作用将松动的烟灰重新黏附于纸表面。

加固前

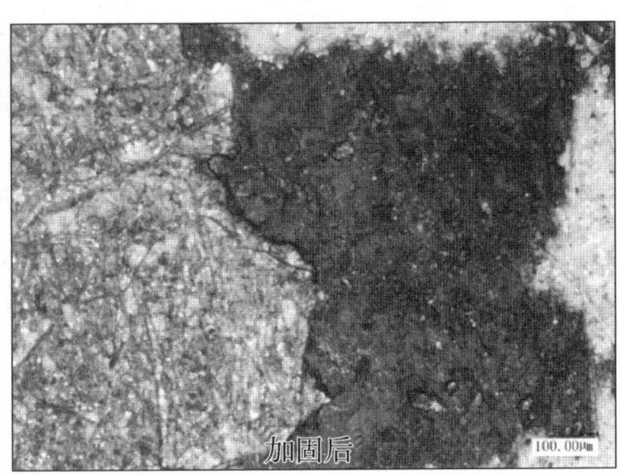
加固后

图5　拓片墨迹加固前后对比

图6为加固与未加固墨迹的扫描电镜图像，通过对比可知，未加固墨迹结构酥松，烟灰粒子间的空隙大，而加固后烟灰粒子的空隙部分被胶填充，说明固色剂可通过结膜作用有效提高烟灰的附着力。

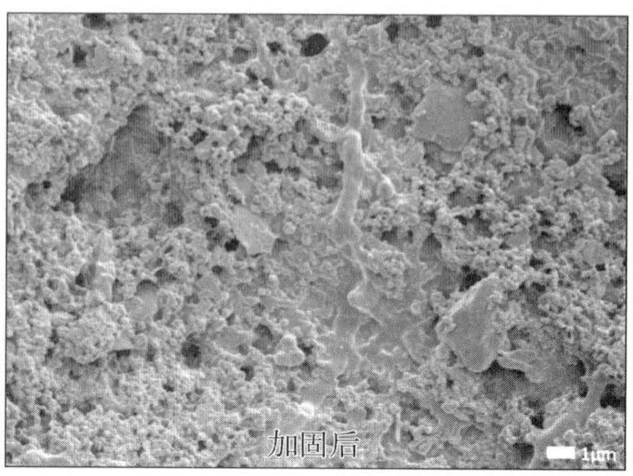

图6　拓片墨迹加固前后微观形貌对比

对加固与未加固拓片表面的亲疏水性能进行了测试，结果如图7，可见未加固表面为疏水性，加固后变为亲水性。由于烟灰失胶后孔隙增大，形成了空气间隙层，致使水滴很难向墨迹表面铺展，因此结成一个圆球。而加固后的墨迹层因固色剂填充了空气间隙，使得空气层消失，所以水滴能在墨迹层表面铺展。

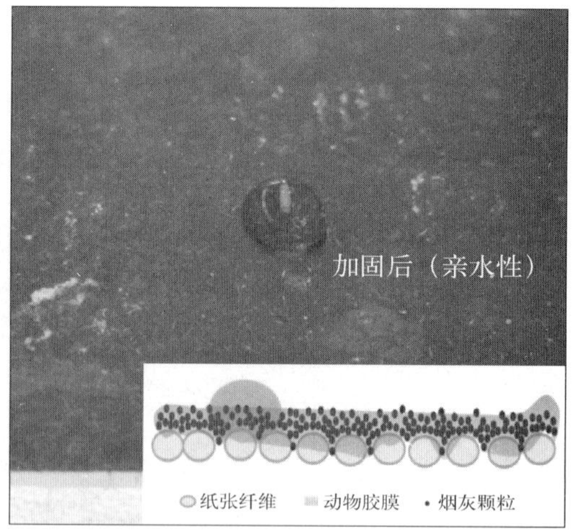

图7　加固与未加固墨迹表面亲疏水性测试

图8为金刚经拓片按传统工艺揭裱重装前后的对比照片。可见，拓片墨迹经加固后，能按揭除旧覆褙纸及命纸、托补画心、全色、托染镶料、镶活、覆褙、上墙挣平、研光剔边等传统工序进行揭裱重装。

图8　拓片修复前后对比照片

四、结果讨论

（1）拓片用墨质量不佳和墨中动物胶料霉变老化共同导致拓片墨迹易脱落；

（2）固色剂能有效提高拓片墨迹的附着力；

（3）固色剂在有效加固拓片易脱落墨迹的同时，不影响拓片按传统工艺修复，该研究为拓片墨迹固色保护提供了技术支撑。

参考文献

[1] 汤德良、叶筠筠：《闲谈拓片》，《东南文化》2001年第2期，第42—49页。

[2] 吴来明、徐方圆、解玉林等：《古墨保存自然老化问题的调查研究》，《文物保护与考古科学》2006年第4期，第1—5页。

[3] 孙冬岩：《谈岳飞〈满江红〉拓片的修复探索》，吉林艺术学院，2015年。

[4] 韩宝鑫：《古籍善本修复与保护》，《黑龙江史志》2011年第5期，第52—52页。

[5] 徐文娟：《明矾对宣纸耐久性影响的研究》，《文物保护与考古科学》2008年第4期，第47—50页。

张大千临摹敦煌壁画布本作品材质与工艺的科学分析
——以《张大千临五代圣天公主》为例

姚　雪　韦　荃　黄怡凡
（四川博物院）

摘　要： 为探究馆藏张大千临摹敦煌壁画布本作品的材质与工艺，以四川博物院库房内保存的《张大千临五代圣天公主》为例进行研究。分别从制作材料和绘制方法这两个方面探究了这一作品的制作工艺，采用超景深显微镜、纤维仪、手持式X荧光光谱仪、扫描电镜、拉曼光谱仪对作品的载体材料、打底层和颜料层进行分析。对该作品绘制材料和绘制工艺的科学分析，为后期对同类作品进行保护研究提供了参考和依据。

关键词： 张大千　敦煌　材料　工艺

一、引言

张大千是我国近代著名国画大师，与毕加索并称“东张西毕”，齐名于国际画坛[1]。1941年至1943年，张大千先生率子侄门徒一众人等赴敦煌开展壁画临摹工作，共计临摹敦煌壁画276幅[1-3]，在当时社会引起广泛反响。有关绘画艺术的研究认为，临摹敦煌壁画是张大千个人绘画风格发生转变的一个临界点，在此之前其个人绘画风格清新俊逸[3]，敦煌之行之后其绘画风格瑰丽雄奇，颇有隋唐遗风，晚年自创泼墨泼彩山水技法也是以敦煌壁画中丰厚浓重的色彩应用为源头的[4]，临敦煌壁画这一时期的作品对于研究张大千个人绘画风格及中国传统绘画技法有重要意义。敦煌莫高窟具有极高的历史和艺术价值，但历经千年自然侵蚀和人为破坏，部分壁画现今已经破损不堪。张大千当年的临摹均采用

“原型原色”的复原性临摹方法进行[1]，一定程度上反映出了近一个世纪前敦煌壁画的原貌[1]。1953年和1955年张大千家属遵先生叮嘱将大陆家中的183件临敦煌壁画作品捐献给四川省博物馆（现四川博物院），1956年将其余61幅作品捐献给台北故宫博物院。

目前，四川博物院收藏的临敦煌壁画作品一部分用于日常展陈，一部分原状保存于博物院库房未经展出。这批未经展出的作品以布本居多，含少量纸本作品，绘制时在矿物颜料中加入少量动物胶，属于以有机质为主的复合型文物。由于大多数作品尺寸较大，为便于收藏，捐赠者以折叠形式保存、捐赠入库，折叠处由于受力不均出现折痕、纤维断裂、载体层糟朽等现象；复合型文物不同材质间收缩系数和热膨胀系数差异较大，在四川潮湿多雨的气候条件下出现了颜料层脱粉、画面破损、扭曲变形等问题。但文献中对这批临敦煌壁画作品的制作材质、制作工艺等均没有明确记录，这为科学制定保护修复方案带来了一定困难。本次研究以原状保存的一幅布本作品《张大千临五代圣天公主》作为研究对象，采用超景深显微镜、纤维仪、手持式X荧光光谱仪、扫描电镜、拉曼光谱仪对作品的载体材料、打底层和颜料层进行材质和成分分析，以科学分析手段对这一时期作品的制作工艺进行探究，为后期制定具有一定针对性的保护修复方案提供参考，为其他学科深入研究张大千这一时期书画作品提供基础素材，并奠定理论基础。

二、《张大千临五代圣天公主》材质与工艺

《张大千临五代圣天公主》未经装裱，布本，长198.5厘米，宽135.2厘米（见图1）。作品整体保存较好，无明显污染物，无明显破损。画面内容完整，通篇有白色打底，打底层上绘有颜料层，打底层和颜料层有局部脱落。作品背部正中可见画布拼接痕迹，左下角有作品原始编号“130”和“全”字标记，左上角粘贴有纸条（见图2），纸条长约23.5厘米，宽约4.5厘米，内容为“□窟 第十窟 张大千临榆林窟 □夫人李氏像 甬道左高宽同前曹义金像 昂吉格郎同画”。据此可知此作品临摹于榆林窟，与“曹义金像”为同一洞窟作品，是张大千与藏族画师昂吉、格郎共同完成的。下面分别对这幅作品的载体、打底层和颜料层进行材质分析。

1. 绘制材料

现有文献对这一批作品的材质没有详细记载，仅提出由于石窟壁画较大，需要对画布进行拼接，拼接后在画布表面涂施胶粉，反复打磨7次后方可使用，绘画

图1　张大千《临五代圣天公主》正面

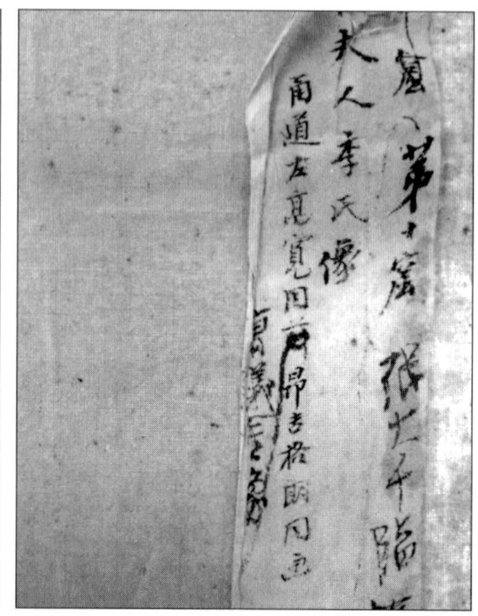

图2　背面字条

颜料为当地购买的矿物颜料，主要有石青（藏蓝）、石绿（藏绿）、朱砂等[1][5]。对该作品进行观察，作品由白色画布作为载体层，载体层上均匀涂施有白色打底层即文献中记载的胶粉，画面主体内容绘制在打底层之上（见图3）。

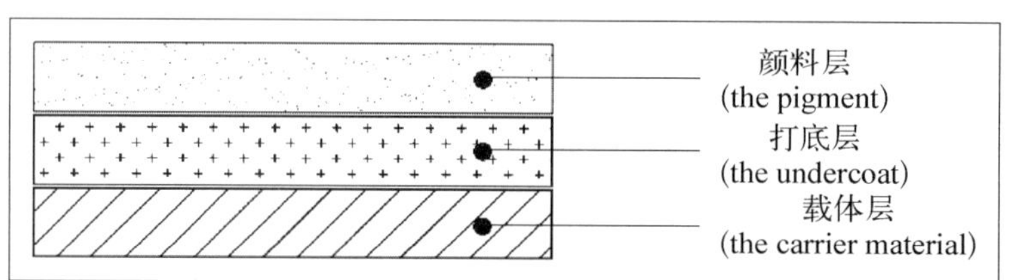

图3　剖面结构示意图

（1）画心载体层

画心载体层正面均匀完整地覆盖有白色打底层，肉眼几乎看不出编织痕迹，背面没有打底层覆盖，质地厚实，编织紧密，无明显污渍和破损，保存状态较好。拟采用超景深显微镜观察画布的保存状态和编织方法（见图4和图5），采用纤维分析仪和扫描电镜观察纤维形态鉴别纤维种类（见图6和图7）。

从50倍放大图像看，画布以两根经线、两根纬线为一个单元，以一上一下的编织方式交织而成，这是纺织品最简单的平纹编织方式。单根线头的100倍放大图像显示（见图5），每一根线由两股纤维束以螺旋方式扭转而成。

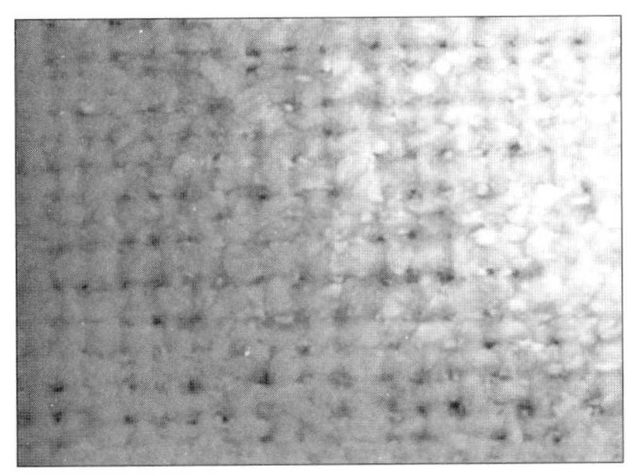

图4　平纹编织方式(50倍)

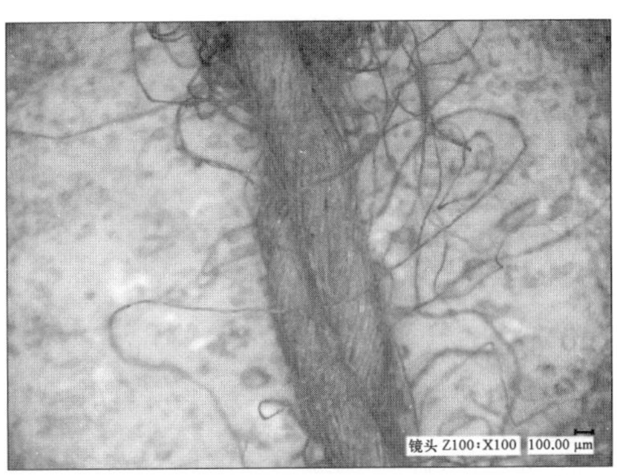

图5　单根线结构(100倍)

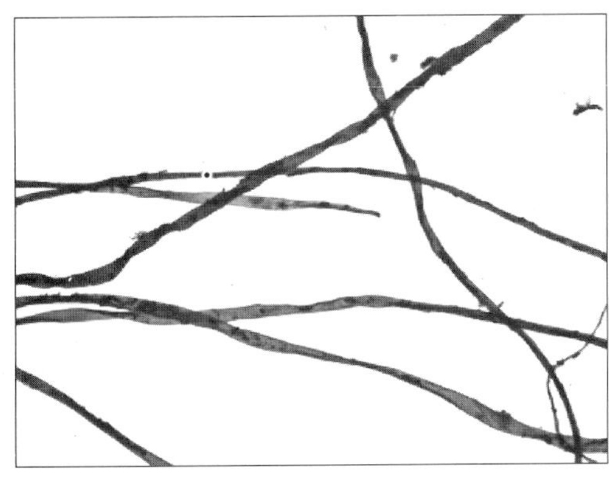

图6　纤维微观形貌1(纤维分析仪100倍)

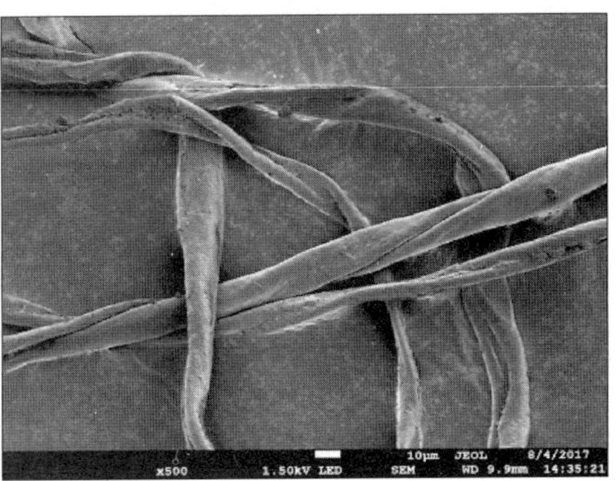

图7　纤维微观形貌2(SEM 500倍)

脱落的纤维经染色后呈酒红色,周围附着有黑色颗粒物(见图6),应为打底层或灰尘残留。显微镜下观察,纤维表面光滑,长度较长,推测为棉纤维。为进一步验证推论,采用扫描电镜观察纤维微观形态(见图7),500倍SEM模式下观察纤维纵向呈扁平带状,沿长度方向有螺旋形扭转,截面呈不规则腰圆形、有中腔,具有明显的棉纤维特征。

画心载体层是平纹编织的棉布,保存状态较好。

(2) 画面打底层

资料中记载,在画布拼接好之后,需正反两面反复涂施胶粉,打磨七次至表面光滑方可作画,一方面打底层遮盖了画布的拼接痕迹,保证了画面的完整性,同时这样制作的打底层显色度高,耐久性好。拟采用数码相机和超景深显微镜对正反面打底层的表面形态及现状进行观察,采用能谱分析得出其主要组成元素,最后采用XRD分析确定打底层的成分。

作品正面打底层保存较完整（见图8），表面整体较光滑，呈乳白色但局部完全脱落，已经露出载体层，少数区域脱粉现象较严重；在超景深显微镜下对作品背面多处进行观察，背面载体层表面未覆盖白色打底物质（见图9）。采集作品脱落物质，显微镜下观察以白色打底层成分为主，夹杂有不同颜色的颜料颗粒（见图10）。

图8　正面打底层完整（20倍）

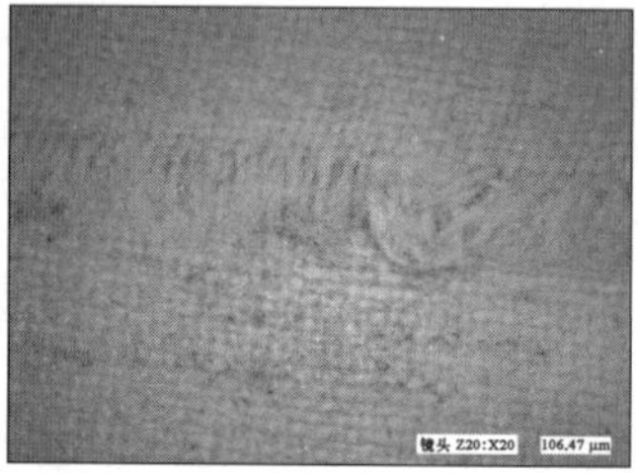

图9　背面无打底层（20倍）

图10　脱落颜料（100倍）

采用元素分析与成分分析相结合的分析手段进一步研究打底层的成分。图11和图12分别是打底层的能谱分析图像和XRD分析结果。

在背散射（BSE）模式下观察，图11右上角中较亮的部分为颜料，较暗的部分是打底层，在二次电子模式（SEM）下对打底层部分进行能谱分析，分析结果显示，打底层的主要组成元素为S和Ca，原子个数百分比约为1∶1，据此推测主要成分应为$CaSO_4$。XRD测试结果显示（图12），脱落的粉末中主要成分为$CaSO_4$（石膏），另外还含有一定含量的HgS（朱砂），这是因为该作品中大面积使用红

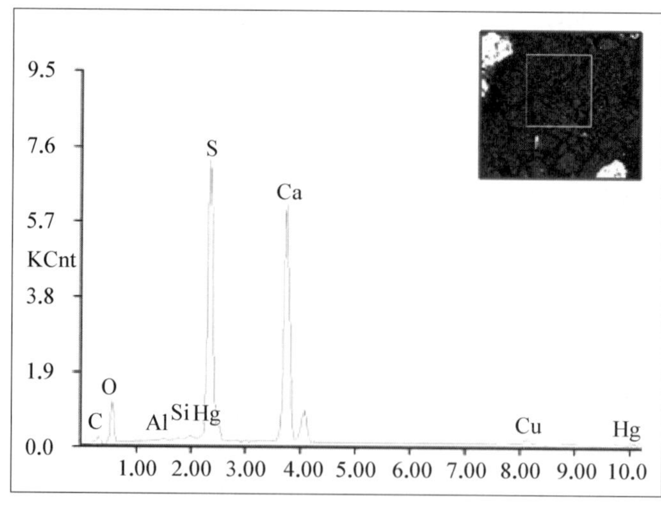

图11　打底层能谱图

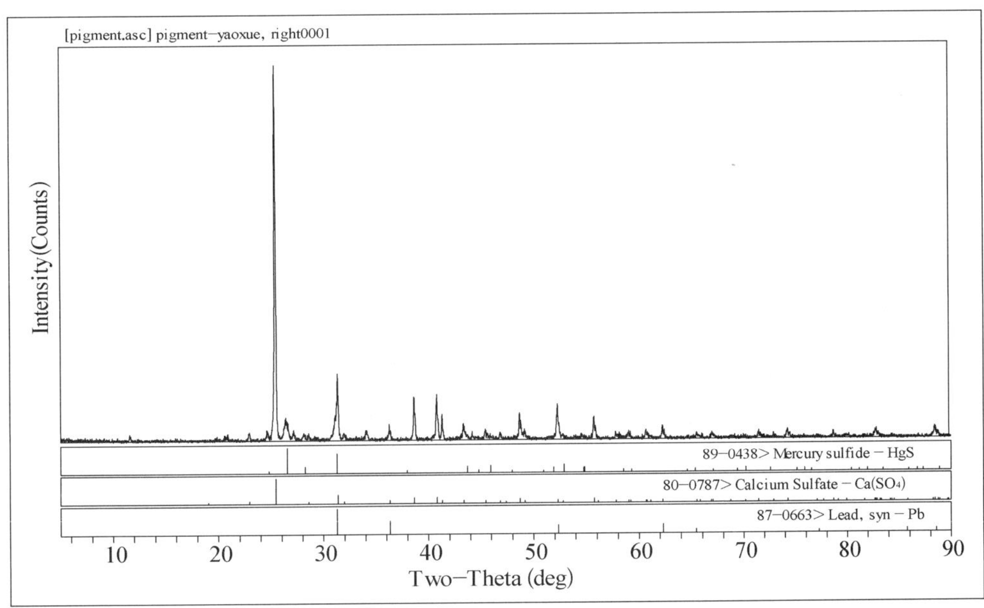

图12　打底层XRD谱图

色，且脱落面积相对较大。通过元素分析和结构分析结果相互印证，确定打底层成分为石膏（$CaSO_4$）。

该作品正面通篇涂施白色打底物质，打底层整体保存较好，但局部脱粉严重，经测试打底层成分为石膏（$CaSO_4$）。

（3）颜料层

资料中记载绘制使用的是当地购买的矿物颜料，有明确文字记载的有朱砂、石青、石绿这三种[1][4][5]。该作品大面积使用红色、橘色、黄色、蓝色和绿色，图10颜料样品100倍放大图像中可以清晰地看出不同颜料颗粒，颜料颗粒背面均有白色打底层物质，颜料质地细腻，无颗粒感，红色颜料颗粒较多，其余颜色较少，绿色和黄色颜色较浅，颜料颗粒在进行分析时容易受打底层物质及其他物质的干扰，因此应进行分离。

由于该作品较大，采用拉曼光谱仪的便携式光纤镜头直接在画面测试效果不佳，拟将不同颜料颗粒分别固定在导电胶和载玻片上，单独进行能谱测试和拉曼分析，最大限度地避免其他物质对目标物质的信号干扰。

能谱分析结果显示红色颜料的主要组成元素是S和Hg（见图13），两种元素的原子个数百分比约为1∶1，推测成分应为朱砂（HgS）；对红色颜料进行拉曼光谱测试（见图14），测试条件为785 nm激光器，10%激光功率，1 200光栅，20倍镜头，

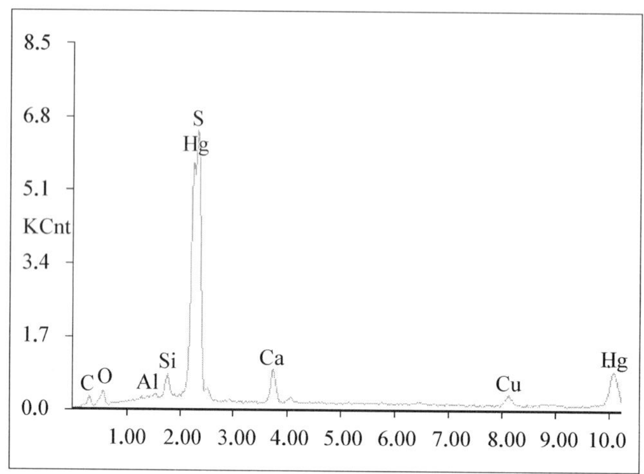

图13 红色颜料能谱图

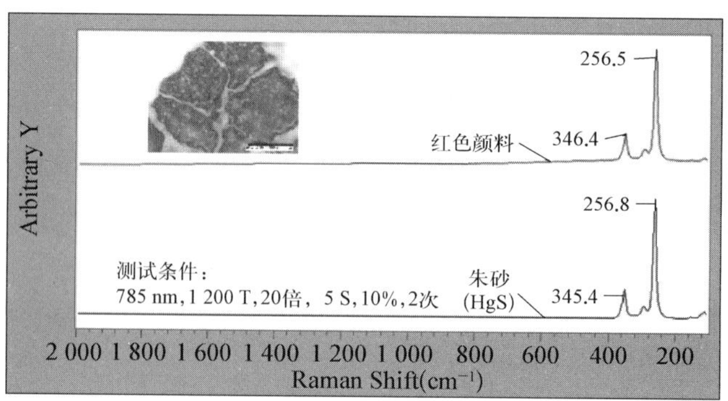

图14 红色颜料拉曼谱图

曝光时间5秒，循环次数2次，测试结果显示，红色颜料的特征峰为256.5 cm^{-1}和345.4 cm^{-1}，和朱砂的特征峰匹配一致，结合元素分析结果，可知红色颜料为朱砂。

测试中发现橘色颜料由两种物质组成，能谱分析显示其中一种橘色颜料含Pb元素含量较多（见图15），原子数量百分比占18.85%，是除C和O以外含量最高的元素，推测橘色颜料中含有铅丹（Pb_3O_4），对该颜料进行成分测试。测试条件采用785 nm激光器，10%功率，1 200光栅，20倍镜头，10秒曝光时间，2次循环，测试结果显示该颜料的特征峰位置在124.4 cm^{-1}、95.51 cm^{-1}、548.64 cm^{-1}，与铅丹（Pb_3O_4）特征峰基本一致（见图16），结合能谱分析基本确定橘色颜料中含有铅丹（Pb_3O_4）；在对橘色颜料的拉曼分析中发现局部颜色较深的区域特征峰与铅丹并不相同，对比后发现该物质特征峰与铁红（Fe_2O_3）较为接近（见图17），推测橘色颜料中夹杂有一定量的铁红。

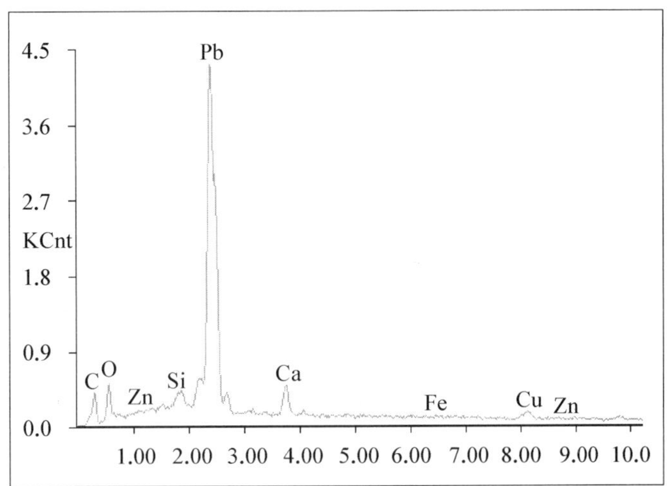

图 15　橘色颜料能谱图

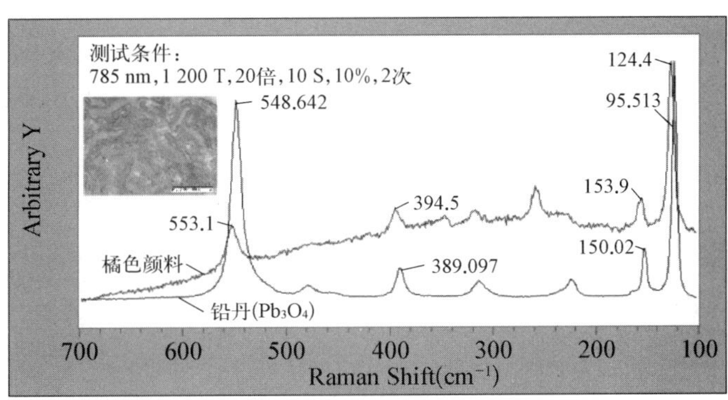

图 16　橘色颜料拉曼谱图 1

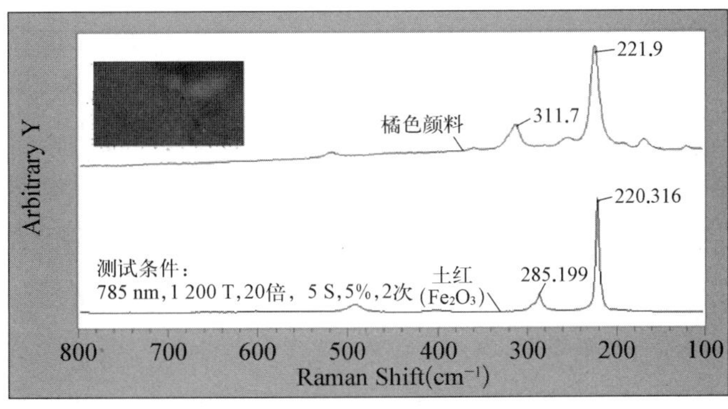

图 17　橘色颜料拉曼谱图 2

黄色颜料的能谱分析显示颜料中Ca和Pb元素的信号较强(见图18),其中Ca元素主要来自打底层石膏($CaSO_4$),仅凭借Pb元素无法确定该颜料中的显色物质。采用532 nm激光器,在0.5%激光功率,10秒曝光时间,1 800光栅,50倍长焦镜头,2次循环条件下进行测试,结果显示,黄色颜料特征峰为361.2 cm^{-1}、842.1 cm^{-1},与铅铬黄($PbCrO_4$)特征峰位置基本一致(见图19),结合能谱分析结果,初步推定黄色颜料为铅铬黄($PbCrO_4$)。

绿色颜料能谱结果显示该颜料中主要组成元素为Cu(见图20),占原子质量比的63.29%,原子数量比为30.55%,结合文献记载推测该物质应为石绿($CuCO_3 \cdot Cu(OH)_2$)。采用532 nm激光器,在1%激光功率,10秒曝光时间,1 800光栅,2次循环条件下进行测试,结果显示,该物质拉曼特征峰为175.5 cm^{-1}、430.1 cm^{-1},与石绿($CuCO_3 \cdot Cu(OH)_2$)特征峰基本一致(见图21),基本确定绿色颜料为石绿。

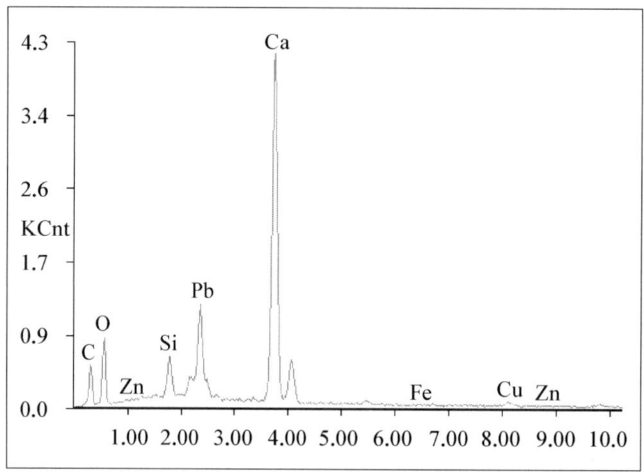

图18　黄色颜料能谱图

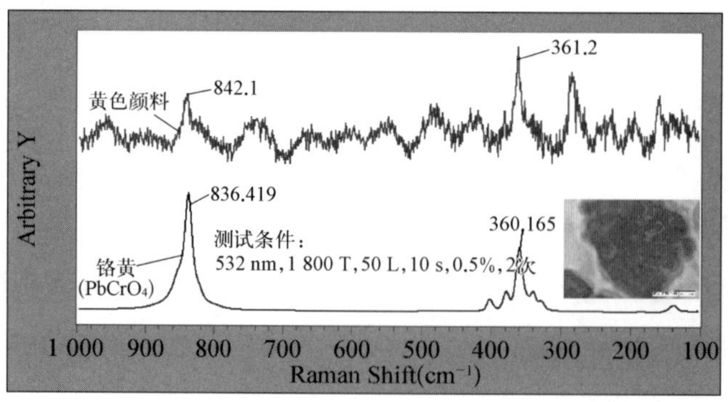

图19　黄色颜料拉曼谱图

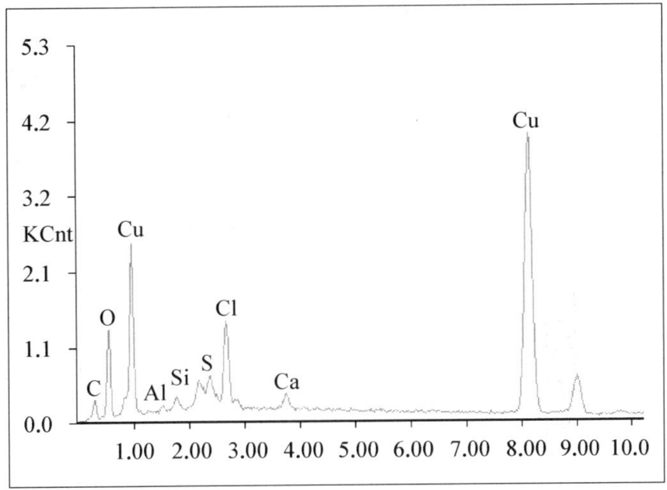

图20 绿色颜料能谱图

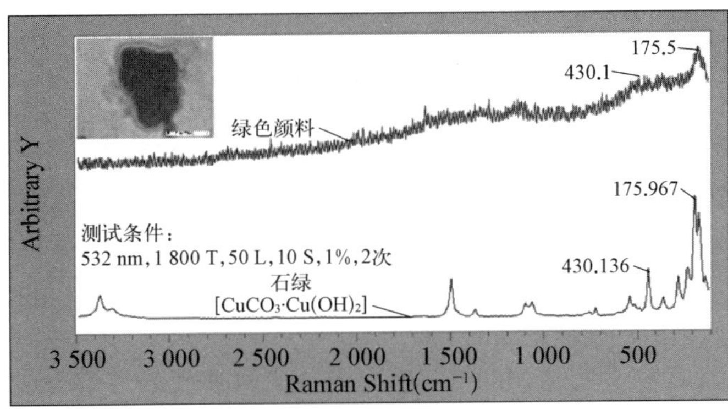

图21 绿色颜料拉曼谱图

能谱结果显示蓝色颜料中主要显色元素为Cu（见图22），除C、O、Ca等主要元素外，Cu元素原子质量百分比及原子序数百分比含量均较高，结合文献记载，推测该物质为石青（$2CuCO_3 \cdot Cu(OH)_2$）。采用532 nm激光器，在5%激光功率，10秒曝光时间，1 800光栅，50倍长焦镜头，2次循环条件下测试，结果显示，蓝色颜料拉曼特征峰在141.8 cm^{-1}、252.5 cm^{-1}、390.2 cm^{-1}处，和石青（$2CuCO_3 \cdot Cu(OH)_2$）的特征峰相吻合（见图23），结合文献记载和能谱分析结果，基本确定蓝色颜料为石青。

2. 绘制工艺

文献记载这批作品均由藏族画师按照唐卡制作工艺进行加工[1、2][5、6][8]。首先根据作品大小裁剪拼接画布，正反面涂施胶粉后反复打磨光滑，固定在木框

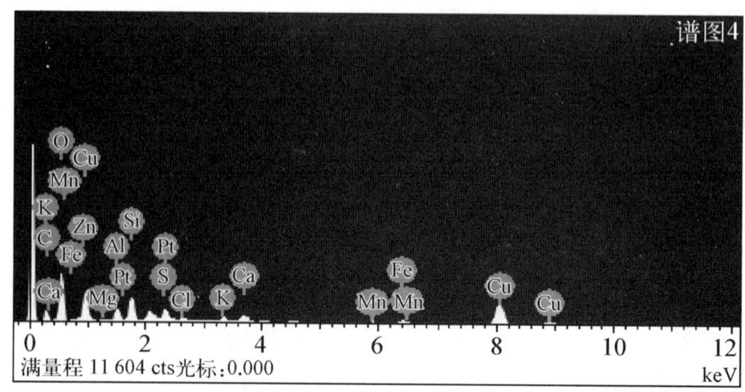

图22　蓝色颜料能谱图

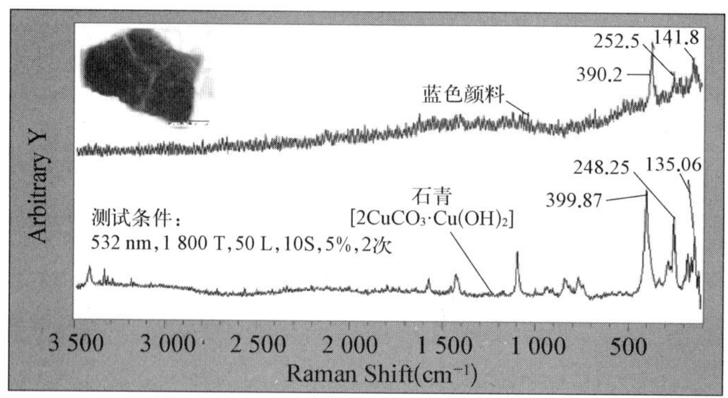

图23　蓝色颜料拉曼谱图

上[1][4][6];将蜡纸覆于壁画表面[4][6][7],描摹出具体线条后放在画布后面,迎着强光描摹出画面的内容,画面中不重要的部分和大部分涂色由藏族画师及门徒完成[9]("制色及涂描花边之事,则番僧为之"[8]),最后由大千先生亲自完成人物面部五官、手部、足部等重要部位的绘制及定稿[2][7]。

传统绘画唐卡一般在棉麻质地画布正面施加胶和白垩土的混合物作为打底[10、11],将正面打磨光滑后,再用卵石干磨一遍背面,达到软化、平整画布的目的,最后用线绳绷于木质画框上[10-12]。在制作好的画布上用木炭条起画稿,之后依次进行着色、勾线、描金勾金,最后开眼[10-13]。

总结文献资料中制作工艺的共同步骤,初步认为这一批作品的制作流程包括画布拼接、涂施打底层、打磨、炭条起稿、上色、勾线、五官及手部绘制。下面将根据实物资料中包含的信息对以上制作流程进行印证。

在作品背面沿长度方向的中缝上有明显的布料拼接的痕迹(见图24),图中未见两幅布料有缝制痕迹,推测拼接方式为粘接。图中显示画布背面没有施加打底层，画布编织方式清晰，棉纤维交错处未见有打底层颗粒。图25为画布正面，白色打底层均匀嵌在棉纤维相交处，较完整地覆盖在载体层之上，打底层平整光滑，应经过打磨。图26为画布边缘的固定痕迹，有原始线头残留，其余孔洞排列整齐，推测为画布固定于木框上的痕迹。

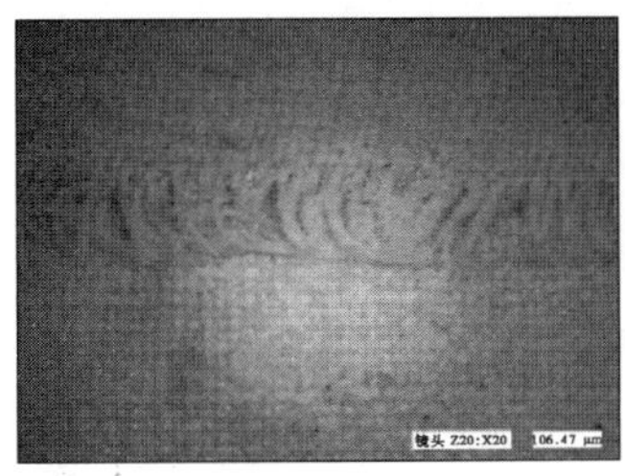

图24　画布拼接

图25　正面涂施打底并打磨

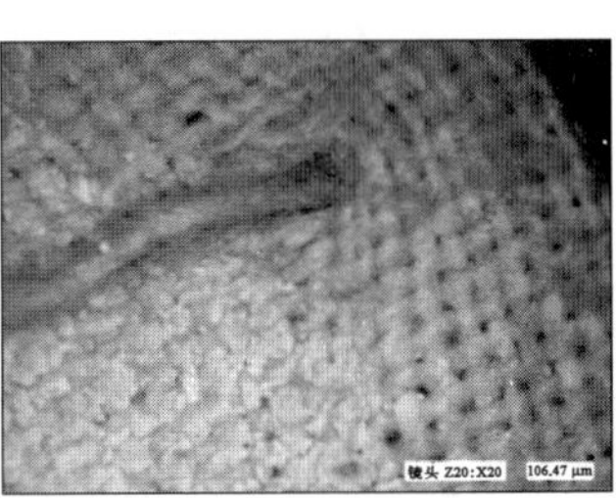

图26　木框固定

根据对载体层与打底层的观察，初步确定文献中关于拼接画布、涂施打底层并打磨光滑、将画布固定于木框上的记载基本可信，但实物资料中载体层背面未见打底层，与文献记载不符，结合唐卡制作工艺中背面干磨这一步骤推测文献中记载的两面均涂施打底层应为后人误传。

文献记载，张氏团队临摹时将蜡纸直接覆盖在壁画表面绘制白描线稿，根据白描稿再在画布上临摹。图27是本幅的纸本白描稿，从图27和图1内容对比上看，画面内容及细节基本一致，白描稿上用符号标注了每一块区域的颜色，可以确定文献中关于纸本白描稿的记载属实。在作品多处发现有炭条描绘的线稿痕迹（图28），这些线稿大多在打底层之上、颜料层之下，在颜料较厚重且保存较好的部位不易发现。在高倍数超景深显微镜下对局部颜料脱落区域进行观察，可以看见断续相连的线稿。图29中是画面中人物颈部的饰品，在高倍数显微镜下观察，颈部的红色网格状饰品与肉色下层隐约可见的黑色线条基本一致，黑色线条应为原始线稿，红色线条为上色后的定稿线；图29中串珠状饰品涂色区域并没有超出或覆盖其边界

图27　张大千临五代圣天公主白描稿（纸本）

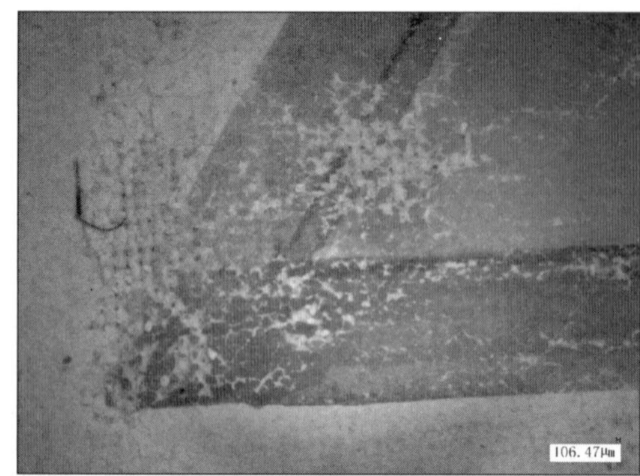

图28　炭条起稿

图29　上色勾线

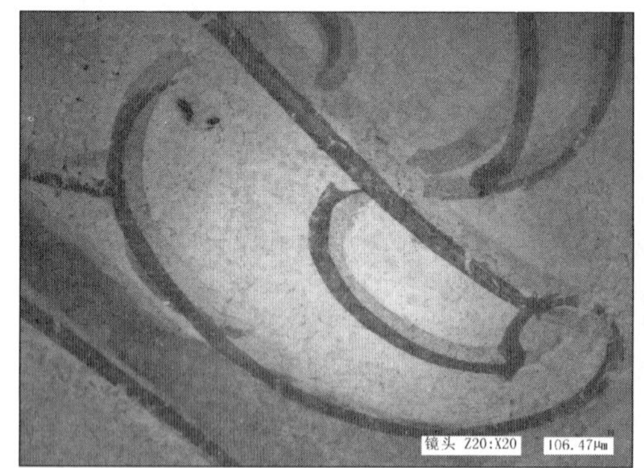

图30　五官及手部绘制1

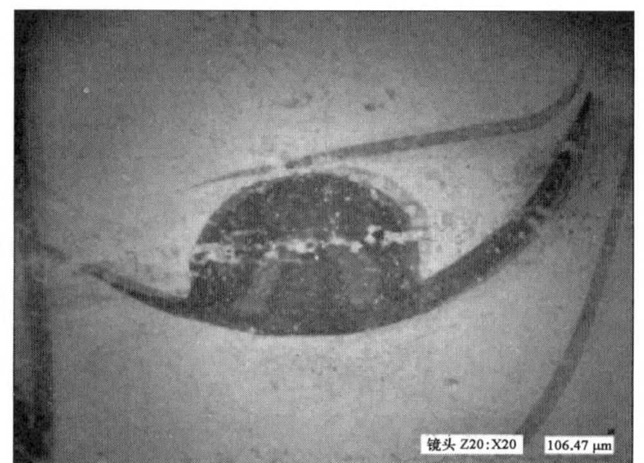

图31　五官及手部绘制2

线，推测操作时先上色后勾线。图30与图31为人物手部与眼部，据文献记载结合作品背后字条内容可以确定此处为大千先生亲作。

在超景深显微镜高倍数模式下对作品的细部进行观察，作品载体层、打底层和绘画痕迹中隐含的关于作品制作的相关信息基本可以印证文献中关于这一批作品的制作工艺的说法。现将其制作流程整理如下：选材—拼接画布（粘接）—在画布正面涂施石膏和胶的混合物—多次打磨至画布正面光滑—画布背面干磨—固定上木框—绘制纸本白描稿—根据白描稿用炭条在画布上起线稿—用矿物颜料上色—用朱砂或者墨定稿—绘制手部及五官等细节。

三、结论

通过对《张大千临五代圣天公主》这一幅原状保存的布本作品的科学分析，基本明确该作品载体层、打底层和颜料层的制作材料和绘制工艺，得出如下结论：

（1）该作品未经装裱，本体为平纹编织的棉布，载体层保存状态较好，编织方式紧密。文献中未记载这批作品所用画布材质，本次研究补充了文献中关于这批作品载体层的结论，但关于这批作品中是否还采用其他材质的载体，仍需进行进一步研究。

（2）经EDS元素分析和XRD物质结构分析，基本确定打底层成分为石膏，与文献中记载的白垩土（$CaCO_3$）有出入。显微观察显示，打底层仅附着于画布正面，画布背面无打底层痕迹，文献中记载的画布正反两面均涂施打底层的记载与实物资料不符，应为后人误传。本次研究对象中打底层保存状态较好，脱落面积较小。

（3）经EDS和拉曼光谱分析，基本确定红色颜料为朱砂（HgS），橘色颜料为铅丹（Pb_3O_4）和铁红（Fe_2O_3）的混合物，黄色颜料为铬黄（$PbCrO_4$），绿色颜料是石绿（$CuCO_3 \cdot Cu(OH)_2$），蓝色颜料为石青（$2CuCO_3 \cdot Cu(OH)_2$），与文献中记载的使用矿物颜料的种类基本一致。

（4）布本作品的制作流程如下：选材—拼接画布（粘接）—在画布正面涂施石膏和胶的混合物—多次打磨至画布正面光滑—画布背面干磨—阴干后固定上木框—绘制纸本白描稿—根据白描稿用炭条在画布上起线稿—用矿物颜料上色—用朱砂或者墨定稿—绘制手部及五官等细节。

（5）对这幅作品材质和制作工艺的分析为同类作品的科学研究提供了方法流程上的借鉴，为这批布本作品后期制定保护修复方案提供了科学依据。

参考文献

[1] 刘再聪：《张大千与敦煌学》，《敦煌学辑刊》1998年第2期，第121—131页。

[2] 刘芳：《张大千与敦煌》，《大匠之门》8[C]，2015年，第4页。

[3] 王炜民：《张大千对敦煌壁画研究的贡献》，《阴山学刊》1996年第2期，第35—37、45页。

[4] 李莉：《试析张大千临摹敦煌壁画的意义》，山西大学硕士学位论文，2013年。

[5] 李永翘：《历史不容扭曲（上）——张大千在敦煌并无毁损壁画情事》，《荣宝斋》2005年第2期，第258—265页。

[6] 魏学峰：《论张大千临摹敦煌壁画的时代意义》，《敦煌研究》2006年第1期，第16—19、119页。

[7] 李廷华：《敦煌轶事——王子云、张大千、常书鸿》，《书屋》2004年第7期，第34—41页。

[8] 张大千：《莫高窟记·自序》，《张大千先生遗著莫高窟记》，台北故宫博物院，1985年。

[9] 陈滞冬:《梦魂三匝绕敦煌——纪念张大千先生临摹敦煌壁画六十周年》,《四川文物》2003年第2期,第84—88页。
[10] 孜强·边巴旺堆:《刍议藏传绘画技法之勉塘派唐卡绘画技法》,《西藏艺术研究》2007年第4期,第63—66页。
[11] 曹海梅:《传统工笔绘画与唐卡绘画的差异性比较——以绘制仿唐卡十一面千手千眼观音画为例》,《美术教育研究》2013年第8期,第8—9页。
[12] 刘冬梅:《藏族传统绘画嘎玛嘎赤画派唐卡材料与工具研究》,《西藏艺术研究》2015年第1期,第36—46页。
[13] 杨翔凤:《论唐卡的可持续发展——以绘画唐卡为例》,《戏剧之家》2015年第2期,第128—130页。

利用气相色谱质谱联用仪探究微生物对蛋白类彩绘胶料成分的影响

张晓英[1]　杨　璐[2]

(1 湖南省考古研究所,2 西北大学文化遗产学院)

摘　要: 彩绘胶料的准确鉴定对于彩绘工艺的研究及其保护都具有重要意义,但彩绘胶料在微生物的影响下其组成成分可能会发生变化,导致鉴定结果出现偏差。本文通过对比五种常见彩绘胶料(全蛋、蛋黄、蛋清、牛奶、动物胶)在微生物老化前后其11种氨基酸含量的变化,研究微生物对彩绘胶料的影响,结果发现微生物老化后Ser以及动物胶中的Hyp百分比下降,而Glu、Pro等氨基酸百分比增加,该研究结果丰富了胶料的老化研究内容,并有利于进一步准确鉴定胶料成分。

关键词: 微生物　彩绘胶料　氨基酸　气相色谱质谱联用仪

一、前言

色彩斑斓的彩绘承载着丰富的信息,不仅有助于历史重现,也有利于彩绘的传统工艺及其保护修复研究[1]。我国有大量彩绘从地下出土,长期埋藏的彩绘易受地下环境的影响。彩绘由颜料及胶料构成,其中胶料以蛋白质的使用最为广泛[2],并且蛋白质是微生物良好的营养源,纵观墓葬及遗址,有机生物体埋藏在地下后,在微生物的作用下被完全分解,所以胶料也极有可能受到微生物的侵蚀。在微生物的影响下胶料中各氨基酸相对含量可能会发生变化。同时,很多地上的石窟壁画、建筑壁画等也存在霉菌侵蚀[3]。相关学者[4]对于颜料变黑现象的研究中就认为颜料变黑与微生物有密切联系。因此,研究微生物对胶料的影响不仅对出土彩绘文物的胶料有意义，对于分析地上霉菌侵蚀彩绘也有重要参考价值。但目前关于胶料的老化研究主要集中在光老化[5-7]、颜料老化[8-9]、污染气体老化[10]及其他相关的老化研究[11-13]方面。对微生物造成胶料氨基酸的变化报道较少。本文利用GC-MS探究土壤埋藏过程中微生物对蛋白胶料氨基酸成分的影响，通过微生物老化5种现代参考样品（皮胶、蛋黄、蛋清、全蛋、牛奶），分析胶料老化前后氨基酸百分比的变化情况。

二、实验内容

1. 实验材料及设备

测试的11种标准氨基酸（美国西格玛公司，各氨基酸浓度均为2.5 mol/L）包括丙氨酸（Ala），甘氨酸（Gly），缬氨酸（Val），亮氨酸（Leu），异亮氨酸（Ile），丝氨酸（Ser），脯氨酸（Pro），天冬氨酸（Asp），苯丙氨酸（Phe），谷氨酸（Glu），羟脯氨酸（Hyp），正亮氨酸（Nor）；N-（特丁基二甲基硅）-N-甲基三氟乙酰胺（简称MTBSTFA，美国西格玛公司）。

其他材料有：氨水（四川西陇化工有限公司，分析纯），盐酸（西安化学试剂厂，分析纯），吡啶（天津市光复精细化工研究所，色谱纯），甲醇、甲酸、乙腈、三乙胺（天津市科密欧化学试剂有限公司，色谱纯），三氟乙酸（成都艾科达化学试剂有限公司）。

所用仪器有：KQ-50E型超声波清洗器（昆山市超声仪器有限公司），MDS-8G型微波消解仪（上海新仪微波化学科技有限公司），Agilent7890A-5975C气相色谱质谱联用仪（美国安捷伦科技有限公司），Agilent色谱柱（型号DB-5MS，成分为5%二苯基-95%二甲基硅氧烷），Agilent OMIX固相萃取柱（美国安捷伦C4 100 μL）。

2. 实验样品

实验样品为两组，一组为五种现代参考样品：牛奶、蛋清、蛋黄、全蛋、皮胶。皮胶根据《天工开物》的记载，利用传统的方法萃取，其他胶料直接使用。另一组为对应的微生物老化胶料，将样品涂覆于载玻片后埋藏在土壤中，实验土壤来自韩休墓葬考古现场，埋藏深度约5厘米，老化时间为6个月。

老化6个月后，载玻片上均出现了绿色霉菌，即所谓的“绿霉菌”。同时在彩绘文物表面也常常发现这样一类霉菌，如在对兵马俑[14]的霉菌调查中就发现绿霉菌是主要霉菌之一。霉菌本体主要生长在表面，从内部吸取营养，因此为了防止霉菌本身蛋白质的影响，将表面绿霉菌及表面颜料刮去，再分析下层胶料。

3. 实验过程

前处理主要包括萃取、消解和衍生三个步骤。第一步，利用氨水萃取蛋白质，并通过C4柱去除微量杂质；第二步，在微波辅助消解仪的作用下将蛋白质水解成氨基酸；第三步，利用衍生试剂中稳定易挥发的基团，取代氨基酸中极性基团中的氢离子，使其转化为挥发性好、稳定性高的衍生物，衍生反应完成后即可上机分析。

色谱分析条件为：色谱柱DB-5MS（30 m × 0.25 μm × 0.25 μm）；载气为He（99.999%），流速1.5 mL/min；升温程序初始温度100℃，保持2分钟后以6℃/分钟的速度升温至280℃；分析时间为40分钟；不分流模式；进样量为2 μL。

三、实验结果及讨论

1. 老化前后胶料中氨基酸的含量

根据仪器谱图中11种氨基酸的出峰面积，结合各氨基酸的工作曲线及日回收率，得到现代及微生物老化胶料氨基酸百分比。每类胶料均分析10次，结果见表1（现代参考胶料）及表2（微生物老化胶料）。

表1　现代参考样品11种氨基酸百分比（%）

	Ala	Gly	Val	Leu	Ile	Ser	Pro	Phe	Asp	Glu	Hyp
W1	10.21	7.68	9.98	11.61	6.06	3.92	10.37	8.66	16.34	15.17	0.00
W2	9.81	8.01	9.90	11.17	6.02	4.27	10.50	8.77	16.49	15.07	0.00
W3	8.99	9.81	8.67	9.50	6.70	4.84	10.17	8.28	17.11	15.93	0.00
W4	10.60	7.99	10.81	11.16	6.05	4.33	9.63	7.47	17.03	14.92	0.00
W5	9.43	8.05	11.33	10.96	7.58	4.07	8.92	6.89	16.44	16.34	0.00
W6	9.18	7.84	11.04	10.69	7.36	5.29	8.62	8.06	16.03	15.90	0.00
W7	10.51	7.18	10.88	10.83	7.23	4.21	9.89	7.47	15.53	16.27	0.00
W8	9.58	8.75	9.70	9.83	6.07	4.98	9.33	8.60	16.97	16.19	0.00
W9	10.48	8.56	10.46	9.51	6.05	4.31	10.77	7.52	16.92	15.40	0.00
W10	9.86	8.21	10.26	10.6	6.59	4.48	9.80	7.95	16.55	15.70	0.00
Y1	8.58	7.82	9.31	11.57	8.12	5.51	9.53	7.29	17.58	14.68	0.00

续 表

	Ala	Gly	Val	Leu	Ile	Ser	Pro	Phe	Asp	Glu	Hyp
Y2	9.37	7.85	9.99	11.82	8.05	5.38	8.57	7.07	16.49	15.41	0.00
Y3	9.46	7.88	11.86	11.10	7.75	5.47	8.18	6.93	15.67	15.73	0.00
Y4	10.52	8.71	10.36	9.17	6.69	5.45	9.65	7.22	17.56	14.65	0.00
Y5	9.89	8.73	10.97	9.55	7.21	4.51	9.47	6.32	17.33	16.02	0.00
Y6	8.36	7.88	9.61	11.18	7.05	5.39	9.93	7.77	17.55	15.28	0.00
Y7	9.54	7.45	10.55	12.01	7.92	5.43	8.74	6.71	16.49	15.16	0.00
Y8	9.61	7.77	10.83	10.71	7.91	5.07	10.14	6.36	16.91	14.71	0.00
Y9	9.61	8.97	10.09	11.28	7.70	4.74	10.49	6.51	15.93	14.68	0.00
Y10	9.26	8.35	9.84	11.34	7.82	4.91	9.65	6.79	16.66	15.38	0.00
A1	10.4	7.37	10.19	10.44	8.31	4.14	8.91	7.17	17.72	15.34	0.00
A2	10.35	7.79	10.34	10.55	8.24	3.47	9.23	7.02	17.55	15.47	0.00
A3	8.98	7.89	9.89	11.08	7.23	5.91	9.64	7.94	16.36	15.08	0.00
A4	9.86	8.17	10.93	11.68	6.91	5.16	8.99	6.21	16.71	15.38	0.00
A5	10.64	7.08	11.33	10.18	7.74	3.95	8.90	7.39	17.27	15.52	0.00
A6	10.29	8.87	9.80	8.65	6.19	5.89	9.78	7.21	17.33	15.98	0.00
A7	8.84	9.16	8.56	10.33	7.20	5.21	9.91	7.02	17.80	15.98	0.00
A8	9.39	6.98	9.81	10.88	6.65	5.84	10.67	8.43	16.83	14.51	0.00
A9	9.87	6.76	10.62	11.84	7.21	4.31	9.57	8.51	16.2	15.11	0.00
A10	10.03	7.86	10.00	10.46	6.88	4.56	9.59	7.88	16.93	15.79	0.00
M1	4.92	2.91	9.36	15.03	8.60	3.54	13.78	6.60	10.45	24.81	0.00
M2	5.02	2.71	9.37	14.26	7.92	3.71	13.83	6.80	11.19	25.20	0.00
M3	6.31	3.93	9.99	13.91	7.99	3.47	14.75	6.06	9.96	23.62	0.00
M4	5.89	3.64	10.61	14.69	8.40	3.10	12.80	6.69	10.25	23.93	0.00
M5	5.35	3.59	9.78	14.02	7.11	3.70	14.58	6.16	10.59	25.11	0.00
M6	6.15	3.78	10.01	15.3	7.90	3.14	13.85	5.21	10.77	23.89	0.00
M7	6.13	4.67	11.22	15.03	9.22	3.02	12.72	5.48	8.61	23.89	0.00

续 表

	Ala	Gly	Val	Leu	Ile	Ser	Pro	Phe	Asp	Glu	Hyp
M8	4.90	3.80	10.14	13.30	7.80	3.10	14.50	6.52	11.02	24.91	0.00
M9	5.06	3.20	8.83	14.04	6.82	3.46	14.87	7.40	11.12	25.20	0.00
M10	5.53	3.55	9.98	14.32	7.67	3.30	14.06	6.25	11.18	24.17	0.00
G1	9.67	29.93	3.21	4.41	2.14	3.81	13.46	4.35	7.86	11.33	9.82
G2	9.17	28.96	3.10	4.65	2.01	4.31	13.89	4.49	7.83	11.45	10.15
G3	9.14	28.51	3.41	4.28	1.92	2.37	14.27	4.03	8.95	12.83	10.30
G4	9.90	28.64	3.86	4.40	2.25	3.14	14.44	4.52	7.53	11.64	9.70
G5	10.62	29.01	4.68	5.18	2.45	2.16	11.72	4.62	8.45	11.00	10.12
G6	10.89	28.93	4.16	4.93	2.68	2.44	12.70	4.02	8.04	11.70	9.51
G7	9.05	27.75	4.20	5.22	2.30	3.35	12.45	4.81	8.03	12.30	10.54
G8	8.85	27.75	3.89	5.24	2.21	2.70	13.26	4.27	7.84	13.52	10.46
G9	9.52	28.25	3.10	4.21	1.91	3.54	14.57	4.60	8.57	11.80	9.94
G10	11.09	29.87	5.27	3.07	1.93	3.30	13.02	2.67	8.70	11.28	9.77

说明：表中W为全蛋，Y为蛋黄，A为蛋清，M为牛奶，G为皮胶。

由表1可知，在分析的10组数据中，同种胶料的各氨基酸含量比较接近，鸡蛋（全蛋、蛋黄、蛋清）胶料各氨基酸百分比比较接近，含较高的天冬氨酸。牛奶中谷氨酸含量明显偏高。皮胶的氨基酸百分比平均值也有其独有的特征，主要是含有较高的甘氨酸，以及独有的特征氨基酸——羟基脯氨酸。

表2　微生物老化后胶料中11种氨基酸百分比（%）

	Ala	Gly	Val	Leu	Ile	Ser	Pro	Phe	Asp	Glu	Hyp
W1	10.02	8.58	9.80	9.95	6.63	1.63	12.02	7.15	16.50	17.72	0.00
W2	10.34	8.44	10.47	10.53	5.83	0.59	12.69	7.32	15.41	18.38	0.00
W3	10.11	8.74	11.56	11.17	7.01	1.83	10.43	8.26	14.68	16.20	0.00
W4	10.98	8.76	11.98	11.03	7.04	1.05	10.02	8.73	14.13	16.28	0.00
W5	8.82	6.72	9.10	11.87	7.29	2.35	11.01	8.05	16.55	18.25	0.00

续 表

	Ala	Gly	Val	Leu	Ile	Ser	Pro	Phe	Asp	Glu	Hyp
W6	9.17	7.01	9.57	11.73	7.90	2.50	11.50	8.37	16.12	16.13	0.00
W7	10.27	8.12	9.95	10.15	6.51	2.49	11.96	7.14	16.05	17.37	0.00
W8	10.81	8.51	10.90	11.09	5.88	0.61	12.51	6.72	16.94	16.03	0.00
W9	9.92	8.18	10.24	10.38	6.17	2.09	12.47	8.16	15.75	16.64	0.00
W10	12.12	8.72	9.89	10.73	6.30	1.34	12.26	7.60	14.97	16.06	0.00
Y1	10.39	7.94	8.74	9.57	8.21	2.51	12.80	6.66	16.68	16.49	0.00
Y2	10.13	8.01	9.19	10.98	6.64	1.91	13.42	7.02	16.77	15.92	0.00
Y3	10.57	8.29	9.67	10.67	6.97	2.55	11.71	6.86	16.51	16.20	0.00
Y4	10.77	8.24	9.18	9.84	8.56	2.46	12.42	7.09	15.33	16.10	0.00
Y5	9.75	9.32	9.75	11.35	7.17	1.12	12.01	6.66	15.86	17.02	0.00
Y6	9.55	9.54	10.59	10.94	7.80	1.12	11.80	7.50	15.30	15.87	0.00
Y7	10.32	9.12	9.64	9.91	8.02	2.60	12.31	6.05	15.40	16.64	0.00
Y8	10.36	9.21	9.75	11.45	6.81	0.90	11.68	6.62	15.90	17.31	0.00
Y9	10.53	9.15	9.41	10.52	6.53	2.28	12.86	6.38	15.81	16.53	0.00
Y10	10.07	8.89	9.92	10.74	7.64	1.15	12.84	6.55	15.44	16.75	0.00
A1	9.83	8.21	11.00	9.50	6.84	2.69	12.72	7.10	15.71	16.41	0.00
A2	9.92	8.77	10.69	9.07	6.54	2.93	13.07	6.81	15.71	16.49	0.00
A3	9.60	8.81	9.95	9.17	7.37	3.02	12.67	7.02	16.24	16.16	0.00
A4	8.44	8.70	9.51	9.27	7.76	2.86	12.30	7.78	16.25	17.12	0.00
A5	9.64	8.77	10.66	9.51	7.28	1.62	11.41	7.46	16.15	17.51	0.00
A6	9.48	8.86	10.82	9.06	7.38	1.18	11.86	7.25	16.53	17.59	0.00
A7	10.32	9.12	9.64	9.91	8.02	2.60	12.31	6.05	15.40	16.64	0.00
A8	10.36	9.21	9.75	11.45	6.81	0.90	11.68	6.62	15.90	17.31	0.00
A9	9.94	8.43	9.94	9.27	6.52	2.33	13.38	7.99	15.73	16.48	0.00
A10	9.90	8.34	10.53	9.34	6.59	1.27	13.84	7.06	15.89	17.25	0.00
M1	6.13	4.73	8.98	11.65	6.72	2.04	16.01	6.30	10.53	26.90	0.00

续　表

	Ala	Gly	Val	Leu	Ile	Ser	Pro	Phe	Asp	Glu	Hyp
M2	5.91	4.83	8.88	12.05	6.80	1.67	16.80	6.16	10.28	26.60	0.00
M3	5.84	5.01	9.02	13.45	6.35	1.69	15.81	4.95	10.63	27.25	0.00
M4	5.94	4.86	9.24	13.03	7.46	2.27	14.79	5.63	10.50	26.28	0.00
M5	6.09	4.91	10.54	11.88	6.90	1.04	16.79	4.86	10.43	26.56	0.00
M6	6.04	5.09	11.19	12.68	7.19	1.35	15.05	4.82	10.22	26.45	0.00
M7	5.57	5.09	10.35	11.82	6.96	1.22	16.37	5.74	10.85	26.04	0.00
M8	5.70	4.53	9.98	12.62	6.70	1.16	15.45	6.91	10.98	25.97	0.00
M9	6.13	4.93	9.80	12.14	6.48	0.98	17.49	5.56	10.63	25.85	0.00
M10	6.09	5.16	9.99	12.95	6.61	0.64	15.90	5.40	10.45	26.81	0.00
G1	10.10	30.12	2.42	2.81	1.35	2.50	17.06	3.52	7.73	14.63	7.76
G2	10.38	30.42	2.76	3.21	1.49	2.81	17.87	3.13	6.91	12.95	8.07
G3	9.95	30.96	2.63	2.79	1.45	2.22	16.76	2.78	7.49	15.08	7.89
G4	10.14	30.66	3.31	3.98	1.88	2.06	16.92	3.56	7.49	12.92	7.07
G5	9.96	28.83	2.70	3.29	1.59	1.83	17.78	3.93	7.88	13.63	8.57
G6	9.83	29.73	2.34	3.22	1.77	1.42	16.89	4.19	9.07	14.29	7.26
G7	9.27	29.06	3.27	3.53	2.09	0.97	17.07	4.44	9.37	14.02	6.92
G8	9.63	29.23	3.42	4.37	2.61	0.66	15.41	4.55	8.60	13.83	7.69
G9	9.73	29.86	2.61	3.56	1.52	1.83	17.38	3.96	7.97	13.56	8.02
G10	9.97	29.67	2.68	3.62	1.57	0.87	17.10	3.73	8.36	14.44	7.98

说明：表中W为全蛋，Y为蛋黄，A为蛋清，M为牛奶，G为皮胶。

由表2可知，在分析的10次数据中，老化后的三种蛋类胶料、牛奶以及皮胶中的各氨基酸都比较接近。

2. 胶料氨基酸95%置信区间

通过老化前后平均百分比及95%置信区间的上下限排除实验误差及系统误差，分析11种氨基酸的变化情况，95%置信区间结果见表3。

表3　95%置信度下老化前后各胶料中氨基酸百分比范围

	Ala	Gly	Val	Leu	Ile	Ser	Pro	Phe	Asp	Glu	Hyp
现代全蛋平均	9.87	8.21	10.31	10.58	6.57	4.47	9.80	7.97	16.54	15.69	0.00
现代全蛋下限	9.40	7.63	9.67	9.99	6.07	4.12	9.24	7.46	16.13	15.26	0.00
现代全蛋上限	10.34	8.79	10.95	11.18	7.08	4.82	10.36	8.48	16.94	16.11	0.00
老化全蛋平均	10.03	8.09	10.38	10.89	6.73	1.62	11.48	7.95	15.85	16.98	0.00
老化全蛋下限	9.34	7.37	9.49	10.38	6.19	0.96	10.64	6.92	14.96	16.18	0.00
老化全蛋上限	10.72	8.81	11.27	11.40	7.28	2.28	12.31	8.98	16.73	17.77	0.00
现代蛋黄均值	9.42	8.12	10.40	10.93	7.60	5.22	9.41	6.91	16.83	15.15	0.00
现代蛋黄下限	8.91	7.71	9.81	10.18	7.22	4.94	8.82	6.54	16.27	14.76	0.00
现代蛋黄上限	9.93	8.53	10.99	11.68	7.98	5.50	10.00	7.28	17.39	15.54	0.00
老化蛋黄均值	10.23	8.71	9.56	10.59	7.52	1.90	12.27	6.81	15.97	16.44	0.00
老化蛋黄下限	9.89	8.16	9.10	9.98	6.92	1.28	11.76	6.45	15.46	16.01	0.00
老化蛋黄上限	10.57	9.25	10.02	11.19	8.12	2.51	12.78	7.16	16.48	16.88	0.00
现代蛋清均值	9.85	7.78	10.16	10.63	7.30	4.88	9.51	7.43	17.09	15.38	0.00
现代蛋清下限	9.35	7.14	9.55	9.90	6.76	4.16	9.07	6.86	16.64	15.03	0.00
现代蛋清上限	10.35	8.43	10.78	11.35	7.83	5.59	9.96	8.00	17.53	15.73	0.00
老化蛋清平均	9.74	8.72	10.25	9.55	7.11	2.14	12.52	7.11	15.95	16.89	0.00
老化蛋清下限	9.36	8.49	9.85	9.04	6.73	1.55	11.97	6.71	15.70	16.52	0.00
老化蛋清上限	10.13	8.95	10.63	10.06	7.49	2.72	13.07	7.51	16.19	17.26	0.00
现代牛奶平均	5.53	3.58	9.92	14.40	7.97	3.36	13.96	6.33	10.44	24.51	0.00
现代牛奶下限	5.07	3.13	9.38	13.89	7.41	3.15	13.35	5.80	9.83	24.00	0.00
现代牛奶上限	5.98	4.03	10.47	14.9	8.53	3.57	14.58	6.85	11.05	25.01	0.00
老化牛奶平均	5.90	4.88	9.76	12.40	6.89	1.56	15.88	5.67	10.55	26.51	0.00
老化牛奶下限	5.74	4.72	9.06	11.86	6.60	1.19	15.25	5.03	10.33	26.15	0.00
老化牛奶上限	6.06	5.04	10.47	12.94	7.17	1.92	16.52	6.31	10.77	26.87	0.00
现代皮胶平均	9.79	28.76	3.89	4.56	2.18	3.11	13.38	4.24	8.18	11.89	10.03
现代皮胶下限	9.21	28.22	3.37	4.09	2.00	2.62	12.71	3.80	7.85	11.33	9.79
现代皮胶上限	10.37	29.3	4.40	5.03	2.36	3.61	14.04	4.67	8.51	12.44	10.27

续 表

	Ala	Gly	Val	Leu	Ile	Ser	Pro	Phe	Asp	Glu	Hyp
老化皮胶平均	9.89	29.83	2.85	3.40	1.78	1.81	16.95	3.76	8.06	13.90	7.78
老化皮胶下限	9.61	29.18	2.50	2.94	1.43	1.19	16.32	3.23	7.34	13.28	7.21
老化皮胶上限	10.17	30.49	3.21	3.86	2.13	2.43	17.58	4.28	8.78	14.52	8.35

由老化前后各氨基酸平均值结合统计学中95%置信度误差范围，对于老化前后在95%置信度下含量不存在交叠区域的氨基酸，认为其显著降低或显著增加，在95%置信度下有一定重合范围的认为氨基酸变化不显著。将5种胶料（全蛋、蛋黄、蛋清、牛奶、皮胶）各氨基酸的变化情况列为表4。

表4　微生物老化后5种胶料中氨基酸的变化

胶料	显著减少	显著增加	变化不显著
全蛋	Ser	Pro、Glu	Ala、Gly、Val、Lue、Ile、Phe、Asp
蛋黄	Ser	Pro、Glu	Ala、Gly、Val、Leu、Ile、Phe、Asp
蛋清	Ser、Asp	Gly、Pro、Glu	Ala、Val、Leu、Ile、Phe
牛奶	Leu、Ile、Ser	Gly、Pro、Glu	Ala、Val、Phe、Asp
皮胶	Ser、Hyp、Val	Pro、Glu	Ala、Gly、Leu、Ile、Phe、Asp

由表4可知，在分析的5种胶料中总体变化的趋势基本一致，主要是Ser减少，Pro、Glu上升，部分胶料中仅个别氨基酸发生变化，这种变化可能与胶料的种类有关系。

3. 主成分分析法分析胶料变化

主成分分析法（PCA）是鉴别彩绘胶料种类最常用的方法，该方法能将胶料中多个氨基酸变量构成的多维数据降维，使其分布在二维平面上，通过文物彩绘胶料与参考胶料的距离判断胶料种类。

图1为PCA分析老化前后胶料在平面图上的分布，由图可知，老化后的样品比较一致地向下偏移。因此通过成分矩阵图及因子贡献率判断老化前后的变化，进一步分析发现，老化前后胶料矩阵图有所变化，如图1所示，氨基酸位置总体比较靠近，Gly、Hyp、Ile、Val、Leu、Phe、Asp、Pro位置在横轴方向贡献率较大，纵轴方向主要为Glu、Ala等氨基酸。值得注意的是，11种氨基酸在老化前后，除了Ser变化非常明显外，其他位置都比较靠近。

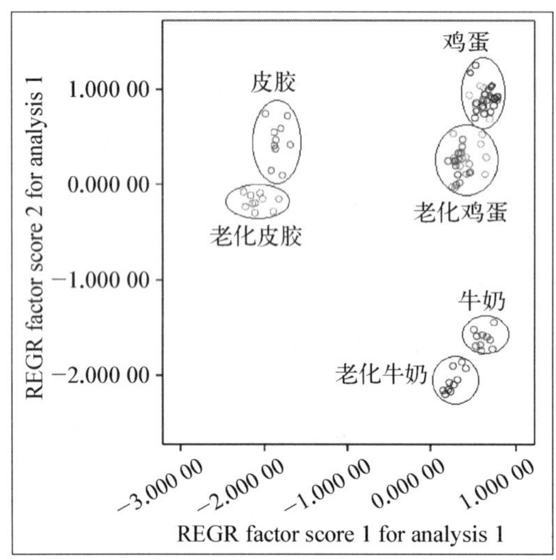

图1　微生物老化前后各胶料PCA分布图

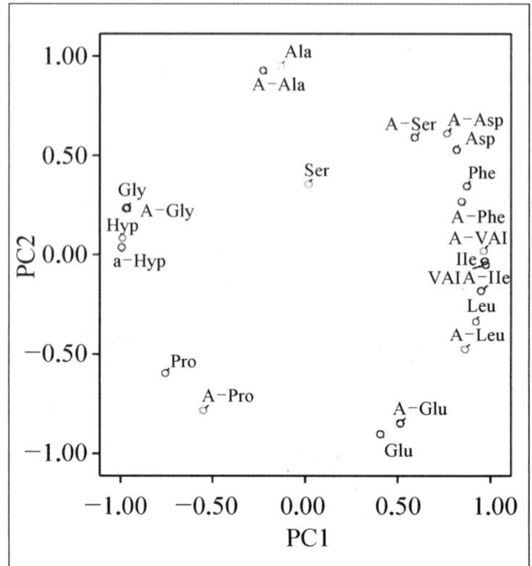

图2　老化前后各成分矩阵图
（图中带A的为微生物老化后的氨基酸）

表5为老化前后胶料中11种氨基酸的第一成分贡献率与第二成分贡献率，由表5可知，两类胶料中前两个主成分的累计贡献率均可反映蛋白质中11种氨基酸的绝大多数信息。

表5　第一主成分与第二主成分贡献率（%）

	第一主成分贡献率（%）	第二主成分累计贡献率（%）
现代胶料	61.401	91.406
微生物老化胶料	62.041	87.277

4. 讨论

（1）氨基酸本身影响因素

首先，氨基酸侧链基团的疏水性对蛋白质的性能有较大影响，如结构、溶解性、持水性等。现在越来越多的学者已经认识到，氨基酸残基的亲疏水作用力是维持和稳定蛋白质构象的主要作用力[15-16]。

在检测的11种氨基酸中，含疏水性侧链的主要有Gly、Ala、Val、Leu、Ile、Phe、Pro等，极性中性氨基酸有Ser、天冬酰胺、谷酰胺等[17]。但Ser是脂肪族中含亲水基（—OH）的氨基酸，其疏水性几乎是组成动物胶原蛋白氨基酸中最低的一种，因此Ser极易溶解在水中。同时，动物胶中特有的Hyp也含有亲水基。

在微生物存在的条件下，Ser、Hyp相对于其他氨基酸可能更容易发生水解。而Pro、Phe的疏水性都比较大，不易溶解于水中。

其次，氨基酸还会被解离，Asp与Glu含有两个羧基，第二个羧基在pH为6—7的条件下完全解离，所以，在酸性条件下，Asp、Glu含量可能降低[18]。

最后，氨基酸还会发生脱酰胺作用及脱氨基作用。蛋白质中含有谷酰胺可以发生脱酰胺作用生成Glu。Glu老化后呈上升趋势，部分原因可能是一些谷酰胺转化成了Glu。同时，除Pro外的一般氨基酸均可以与亚硝酸作用，生成α-羟基羧酸，并放出氮气，这可能是Pro在老化后氨基酸呈上升趋势的原因之一。另外，Ser容易氧化生成丙二酸[13]，导致Ser含量降低。

（2）微生物代谢的影响

蛋白质可以为微生物的生长代谢提供能量，微生物可以合成自身需要的氨基酸，能将谷氨酸合成脯氨酸，将天冬氨酸合成甲硫氨酸、苏氨酸，进而转化为异亮氨酸[19]，有的微生物甚至还可以过量累积某些氨基酸。这就导致合成的原料氨基酸减少，而合成氨基酸含量增加。同时，微生物也能发酵产生新的物质，如Glu为一种常见的工业发酵产品。在此次实验中，检测结果发现Glu比例增加，可能是微生物发酵产生了Glu，导致其相对含量增加[20]。

综上所述，本次实验中，Ser含量降低的原因可能是其疏水性差，易溶解在水中。Pro一方面由于其疏水性好，溶解度低，另一方面不易与亚硝酸反应，同时Glu在一定条件下还会生成Pro。Glu含量较高首先是因为其疏水性好，其次谷酰胺脱酰胺可以生成Glu，而且在微生物发酵过程中也可能会产生Glu，使得Glu相对含量增加。虽然天冬酰胺可以脱酰胺生成Asp，但由于Asp会转化为甲硫氨酸、苏氨酸等氨基酸，同时Asp在酸性环境中易发生脱羧反应，并会被微生物合成别的氨基酸，结果导致其相对含量降低。

四、结论

微生物对胶料的老化研究具有重要意义，本文通过对比微生物老化前后胶料中11种氨基酸百分比变化，并且通过统计学中95%置信度下氨基酸含量的误差范围，发现Ser、Hyp在微生物的影响下相对含量降低，而Pro、Glu相对含量增加，除此之外的部分氨基酸也均出现了不同程度的变化。通过PCA分析发现，微生物老化前后胶料出现明显偏移，11种氨基酸矩阵图也都发生了一定偏移。影响蛋白质中各种氨基酸含量的原因主要有氨基酸的疏水性、微生物及氨基酸的化学性质。本次实验初步研究了微生物对蛋白胶料的影响，为文物胶料的准确分析奠定了基础。

参考文献

[1] Akmal A. Sakr, Mohamed F. Ghaly, EI-Sayed F. Geight. Characterization of grounds, pigents, binding media, and varnish coating of the Angel Michael' icon, 18th century, Egypt. *Archaeological Science Reports*, 2016, 9: 347–357.

[2] G. Gautier, M. P. Colombini. GC–MS identification of proteins in wall painting samples: a fast clean-up procedure to remove copper-based pigent interferences. *Talanta*, 2007, 73 (1): 95–102.

[3] E. J. Llorent-Martínez, A. Domínguez-Vidal, R. Rubio-Domene. Identification of lipidic binding media in plasterwork decorations from the Alhambra using GC–MS and chemometrics: Influence of pigents and aging. *Microchemical*, 2014, 115 (3): 11–18.

[4] María Teresa Doménech-Carbó, Stepanka Kuckova, Juana de la Cruz-Cãnizares. Study of the influencing effect of pigents on the photoageing of terpenoid resins used as pictorial media. *Chromatography A*, 2006, 1121: 248–258.

[5] Maria Perla Colombinia, U. Francesca Modugnob, Elena Menicagliet al. GC–MS characterization of proteinaceous and lipid binders in UV aged polychrome artifacts. *Microchemical*, 2000, 67 (1): 291–300.

[6] E. Manzano, J. Romero-Pastor, N. Navas. A study of the interaction between rabbit glue binder and blue copper pigent under UV radiation: A spectroscopic and PCA approach. *Vibrational Spectroscopy*, 2010, 53 (2): 260–268.

[7] E. Manzano, J. Romero-Pastor, N. Navas. A study of the interaction between rabbit glue binder and blue copper pigent under UV radiation: A spectroscopic and PCA approach. *Vibrational Spectroscopy*, 2010, 53 (2): 260–268.

[8] E. J. Llorent-Martínez, A. Domínguez-Vidal et al. R. Rubio-DomeneIdentification of lipidic binding media in plasterwork decorations from the Alhambra using GC–MS and chemometrics: Influence of pigents and aging. *Microchemical Journal*, 2014, 115: 11–18.

[9] Na Wang, Ling He, Xiang Zhao. Comparative analysis of eastern and western drying-oil binding media used in polychromic artworks by pyrolysis-gas chromatography/mass spectrometry under the influence of pigents. *Microchemical*, 2015, 123: 201–210.

[10] A. Herrera, N. Navas, C. Cardell. An evaluation of the impact of urban air pollution on paint dosimeters by tracking changes in the lipid MALDI –TOF mass spectra profile. *Talanta*, 2016, 155: 53–61.

[11] D. Erhardt, C. S. Tumosa, M. F. Mecklenburg. Long-term chemical and physical processes in oil paint films. *Studies in Conservation*, 2005, 50 (2): 143–150.

[12] K. Keune, J. J. Boon. Analytical imaging studies of cross-sections of paintings affected by lead soap aggregate formation. *Studies in Conservation*, 2007, 52 (3): 161–176.

[13] Gabriella Leo, Ilaria Bonaduce, Alessia Andreotti et al. Deamidation at asparagine and glutamine as a major modification upon deterioration/aging of proteinaceous binders in mural paintings. *Analytical Chemistry*, 2011, 83(6): 2056.

[14] 张兴群、张志军、张孝绒:《秦俑霉菌区系调查及其危害》,《文博》1999年第1期,第76—80页。

[15] 李卫林、曹健、汤克勇等:《胶原蛋白结构和稳定性关系研究》,《中国皮革》2005年第23期,第14—16页。

[16] 史小红、范倩:《氨基酸疏水性对蛋白质结构的影响》,《中国科技信息》2015年第22期,第15—18页。

[17] 彦真、张英起:《蛋白质研究技术》,第四军医大学出版社,2007年,第97页。

[18] 汤克勇:《胶原物理与化学》,科技出版社,2012年,第3—14页。

[19] 杰奎琳・布莱克著,蔡谨译:《微生物学:原理与探索》(原著第六版),化学工业出版社,2007年,第99页。

[20] 刘志恒:《现代微生物学》(第二版),科学出版社,2008年,第489—492页。

数字散斑法检测泉州湾宋代海船船木干缩湿胀特性初步研究

李胜利[1]　赵　东[1]　费利华[2]　赵　健[1]　焦亮亮[1]
（1 北京林业大学工学院，2 泉州海外交通史博物馆）

摘　要： 木质材料的干缩湿胀特性一直是木质材料及其结构工程中关注的重点问题。目前，文物保护领域对古木材质的物理特性分析研究还比较少。根据泉州湾宋代海船的文物属性和自身特点，本研究采用无损检测技术研究泉州湾宋代海船船木的干缩湿胀特性。通过数字散斑相关法在湿度梯度性变化的情况下对该船木的径弦向尺寸进行测定，探讨了船木的干缩湿胀规律，确定了泉州湾宋代海船较佳的保存环境湿度值。研究结果表明：在干缩湿胀过程中，泉州湾宋代海船船木的含水率与环境湿度之间呈正相关关系变化，径向变形尺寸大于弦向，在环境湿度值约55%时保存比较稳定。本研究结果为泉州湾宋代海船控湿保存提供了参考依据。

关键词： 泉州湾宋代海船　干缩湿胀　径弦向变形　数字散斑法

随着文物保护事业的快速发展，无损检测技术在木质文物的保护中得到越来越广泛的应用[1]。以木材为主要构件建造的泉州湾宋代海船（图1），在缺乏成熟经验技术的情况下保存了40多年，目前，船体整体结构基本稳定，其较好的保护状况开创了我国大型古沉船保护的先例。但是，由于船体处在开放式展示且缺乏环境调控设施，保存环境状况不符合“稳定、洁净”的预防性保护的基本要求，已不利于船体的长期稳定保存[2]。其中保存环境相对湿度的不稳定是主要的影响因素之一。为了更好地对泉州湾宋代海船进行保护，避免船体进一步劣化，进行泉州湾宋代海船稳定保存的最佳环境研究势在必行。

国内外对大型出水古代沉船保护的历史已有50多年，但是由于各地船体沉没时间、沉没环境、使用材质、发掘方式和保存状况各不相同，使得古代沉船船体材料的物理力学特性各异[3]。因此，本研究针对泉州湾宋代海船的自身特点，在测定了船木木材纤维饱和点的基础上，利用数字散斑相关方法对船体木材的干缩湿胀特性进行试验研究，分析船体木材在环境湿度作用下的径、弦向尺寸变化规律，初步确定了泉州湾宋代海船稳定保存的环境湿度值。

图1　泉州湾宋代海船

一、原理概述

1. 基本原理

数字散斑相关方法（Digital Speckle Correlation Method，DSCM）是根据变形前后采集的物体表面的两幅图像（散斑场）的相关性来获取物体的变形场和应变场[4]。三维数字图像相关法是基于双目立体视觉和二维数字散斑相关原理的三维变形测量方法[5]。其通过双目相机从不同角度对试样进行拍摄，以灰度图的形式记录变形前后物体表面的散斑图像[6]。散斑图像涉及的是变形过程中的多个阶段，每个阶段包含左、右2幅散斑图像。如图2a所示，三维重建过程中，所有阶段的左图像都以阶段0（未变形）的左图像为参考图像进行相关匹配，所有阶段的右图像都以该阶段的左图像为参考图像进行相关匹配。匹配完毕后，对于任意阶段的左右两幅散斑图像，利用标定得到的相机内、外参数，按照三角测量原理就可以重建对应的三维点坐标。由于散斑分布的随机性，散斑图像上每一点的周围区域（称为子区）的散斑分布和其他点的周围区域中的散斑分布互不相同，故散斑图中以某点为中心的子区可以作为该点变形和位移信息的载体。首先，在参考图像中以待测像素点$P(x, y)$为中心选取一个尺寸为$(2N+1)\times(2N+1)$像素的图像子区，称为参考子区，同时在目标图像中以相应的像素点为中心选取尺寸为$(2M+1)\times(2M+1)$像素的搜索子区，在其中以每个像素点为中心取与参考子区同样尺寸的子区，称之为目标子区；随后，将参考子区和搜索子区中的每一个目标子区进行相关计算，得到相关系数的极值点，该点的位置即为相应的目标子区的位置，进而通过目标子区的中心点$P'(x', y')$和参考子区的中心点的坐标之差即为待测点$P(x, y)$的位移矢量$\boldsymbol{d}$。对参考图像中感兴趣区域（Region of Interest，ROI）内的每个像素点进行上述操作，即可得到试件感兴趣区域的位移场（见图2）。相关函数是进行相关运算的关键，归

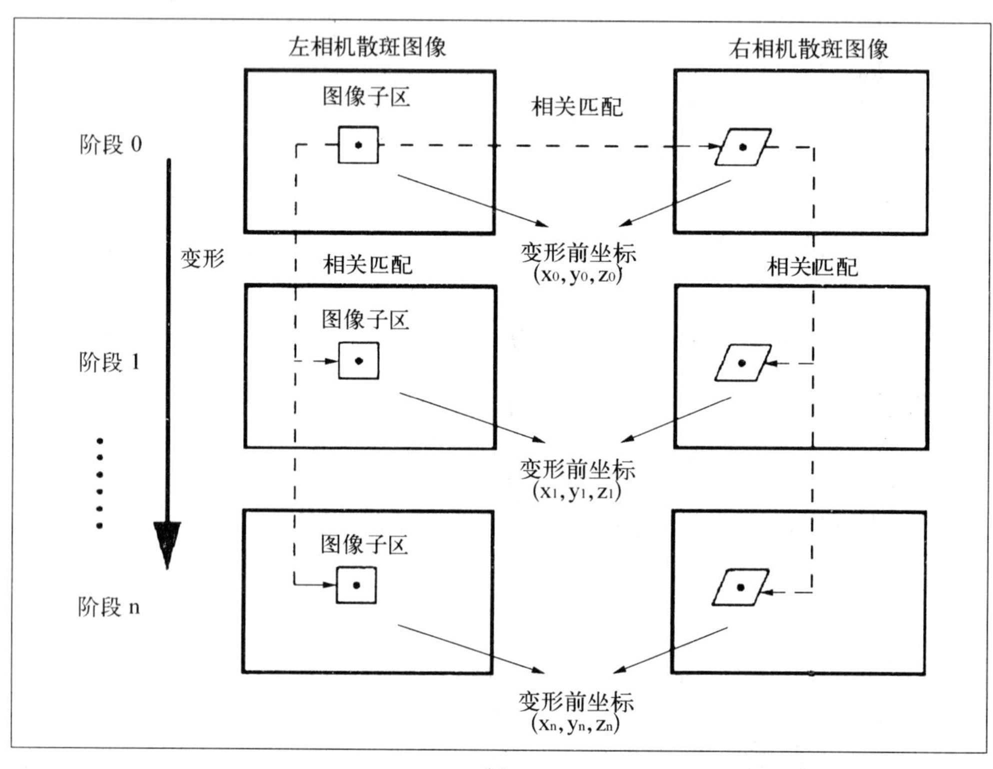

(a)

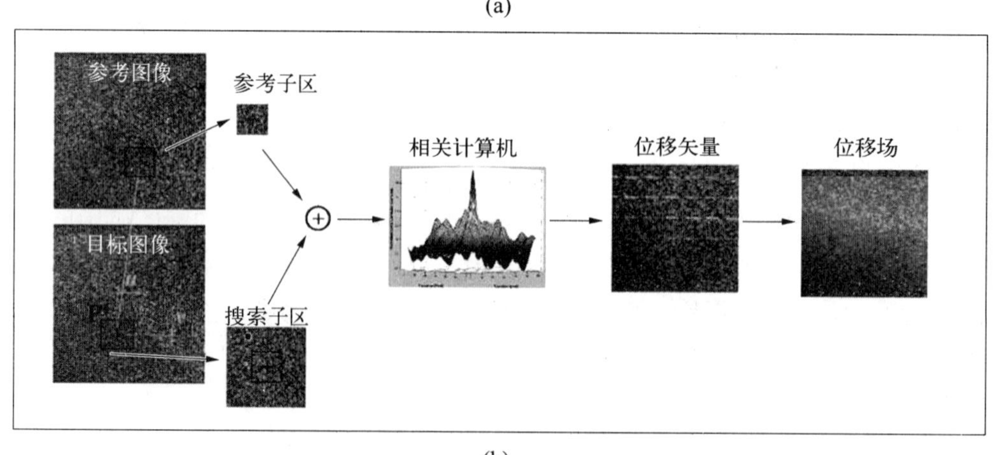

(b)

图2 （a）三维重建的相关匹配过程；（b）数字散斑相关计算原理图

一化协方差相关函数采用相关图像子区内的灰度均方差来对实现协方差相关函数的归一化，使相关系数的取值范围为[−1，1]。当两图像子区具有相同特征时，相关函数值为1；完全不一致时，相关函数值为0；完全相反时，相关函数值为−1。如果参考图像子区灰度与目标图像子区灰度之间存在线性变化，根据归一化协方差相关函数对灰度线性变换的不变性，其仍能够较好地评价它们之间的相似程度。同时，归一化协方差相关函数能起到突变特征变化的效果，使得相关系数矩阵单峰峰顶形状更尖锐，易于图像子区的搜索。归一化协方差相关函数表达式为：

$$C(u, v)=\frac{\sum_{x=-M}^{M}\sum_{y=-M}^{M}[f(x, y)-f_m][g(x+u, y+v)-g_m]}{\sqrt{\sum_{x=-M}^{M}\sum_{y=-M}^{M}[f(x, y)-f_m]^2}\sqrt{\sum_{x=-M}^{M}\sum_{y=-M}^{M}[g(x+u, y+v)-g_m]^2}} \quad (1)$$

其中 $f_m=\frac{1}{(2M+1)^2}\sum_{x=-M}^{M}\sum_{y=-M}^{M}f(x, y)$，$g_m=\frac{1}{(2M+1)^2}\sum_{x=-M}^{M}\sum_{y=-M}^{M}g(x+u, y+v)$ 分别为变形前的参考图像子区和变形后的目标图像子区的灰度平均值。

2. 位移场计算

由于散斑图像是以像素为单位的离散灰度分布，无论采用何种相关函数进行相关搜索时，其搜索窗口只能以整像素为单位进行，因此相关搜索所能获得的位移值只能是像素的整数倍[7]。而真实的位移往往不一定为整像素值，而且整像素的位移精度在实际应用中也是远远不够的。因此，需要进行亚像素搜索。基于相关系数插值的亚像素定位法对整像素相关搜索结果及其周围的8个点组成的相关系数矩阵进行插值或拟合，得到一个连续曲面，然后求得该曲面的最值点作为亚像素位移的求解结果。二次曲面拟合是一种常用的基于相关系数插值的亚像素位移计算方法，其计算亚像素位移的基本原理是：搜索到的整像素位移点的相关系数矩阵可以通过插值、拟合成连续曲面，而该连续曲面的最值点即为匹配的目标图像子区的中心点，于是可以得到亚像素位移。具体的方法如图3所示。拟合窗口大小选为3×3，点5为整像素位移点，其余的8个点为点5周围8个方向的相邻点。以该点为原点建立直角

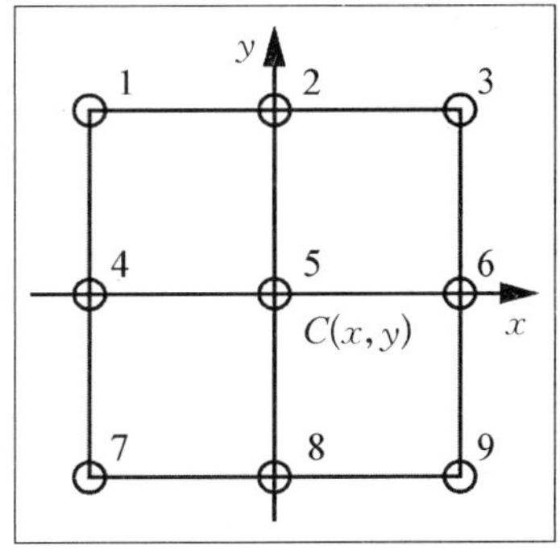

图3　二次曲面拟合法示意图

坐标系，计算点5的整像素位移为x_0和y_0，然后利用9个点的相关系数进行曲面拟合，得到最值点坐标Δx, Δy。那么总的位移则为$x_0+\Delta x$, $y_0+\Delta y$。

(x, y)点及其周围相邻各点相关系数可用二元二次函数表示：

$$C(x_i, y_i) = a_0 + a_1 x_i + a_2 y_i + a_3 x_i^2 + a_4 x_i y_i + a_5 y_i^2 \tag{2}$$

对于$n \times n$的拟合窗口就有$n \times n$个公式(2)，通过最小二乘法可以求得二次曲面的待定系数a_0, a_1, …, a_5。

函数$C(x, y)$在拟合曲面的最值点还满足以下方程组：

$$\begin{cases} \dfrac{\partial C(x, y)}{\partial x} = a_1 + 2a_3 x + a_4 y = 0 \\ \dfrac{\partial C(x, y)}{\partial y} = a_2 + 2a_5 y + a_4 x = 0 \end{cases} \tag{3}$$

由上面的方程组可以解得曲面拟合的极值点位置，即对应的亚像素位移：

$$\Delta x = \frac{2a_1 a_5 - a_2 a_4}{a_4^2 - 4a_3 a_5}, \ \Delta y = \frac{2a_2 a_3 - a_1 a_4}{a_4^2 - 4a_3 a_5} \tag{4}$$

二、泉州湾宋代海船船木干缩湿胀特性试验

1. 试验材料

以泉州海外交通史博物馆提供的泉州湾宋代海船船木——杉木作为研究对象，由于试验主要研究船木横截面径向和弦向尺寸变化，因此沿其横截面截成厚度为4毫米和10毫米两种尺寸规格的试件，如图4所示，其化学与物理力学性质如表1和表2所示[8]（注：表2中泉州湾宋代海船船木纤维饱和点和含水率由本文实验测定[9]）。

图4　试件

表1　泉州湾宋代海船船木（杉木）化学性质[10]

灰　分	苯乙醇抽提物	综纤维素	木　素	聚成糖
9.36%	3.02%	49.70%	34.11%	7.55%

表2　泉州湾宋代海船船木（杉木）物理力学性质

纤维饱和点	含水率	气干容重（g/cm^3）	顺纹抗压强度（kg/cm^2）	弦向抗弯强度（kg/cm^2）
44%	18%	0.407	243	585

2. 试验设备与方法

试验在北京林业大学工学院力学实验室进行。为了保证试验过程中恒温恒湿箱内相对湿度稳定，选择大气环境湿度为30%—40%。

试验如图5所示，试验前用电子分析天平（精确至0.1 g）称量试材的质量，并测定其初始含水率。然后，将试材放置于恒温恒湿培养箱中，设定培养箱的温度为25℃，湿度为60%，利用三维数字散斑变形测量系统观测木材试件的RT面（即横截面），并采集图像，持续24小时后称量试件的质量，并将培养箱的湿度调整为55%，继续采集图片，同样在24小时后再次称量试件的质量，同时将培养箱的湿度调整为50%，继续采集图像，持续24小时后再次称量试件的质量，完成湿度变化的周期性试验，试验整个过程持续72小时。

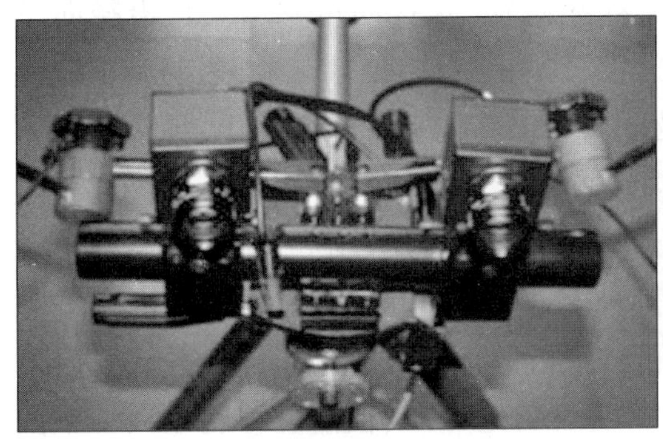

（a）数字散斑相关系统　　（b）试件干缩湿胀试验

图5　泉州湾宋代海船船木干缩湿胀特性试验图

试验结束后，对所有采集的位移变形图通过建立散斑域，选取种子点，计算得到木试件在湿度梯度性变化下（60%—55%—50%）的全场位移，即弦、径向尺寸的变化。

3. 试验结果与分析

（1）含水率

干缩湿胀过程中古船木试件的含水率发生变化[11]。本文根据文献提供的方法计算了不同环境相对湿度时古船木试件的含水率，结果如表3所示[12]。

表3　不同相对湿度时古船木材试件的含水率

相对湿度 / 试材厚度	<40%	60%	55%	50%
4毫米	18%	19.5%	19.5%	18.9%
10毫米	18%	21.5%	21.3%	19.6%

从表3可以看出，在大气环境（湿度为30%—40%）时古船木试件的初始含水率为18%，将其放置于相对湿度为60%的恒温恒湿培养箱24小时后，古船木试件处于湿胀过程，其含水率均有增大。当相对湿度由60%下降到55%，再由55%下降到50%，放置时间均为24小时，古船木试件处于干缩过程，其含水率减小。试验结果表明，古船木试件含水率与环境相对湿度之间的变化为正相关性。

（2）径向和弦向位移

木试件含水率变化的同时，其尺寸也随之变化。通过测量系统软件处理得到试验24小时后的径向和弦向的位移场，如图6所示。图中颜色由红到蓝的变化，表明观测截面（RT面）的位移变形存在差别，在径向位移增大且沿径向呈现非均匀梯度变化，最大位移为0.802毫米，最小位移0.235毫米，表明其径向变形并不均匀，类似地，弦向位移增大的同时也沿弦向呈现梯度变化，最大位移为0.187毫米，最小位移0.045毫米，表明其弦向变形亦不均匀。

由图6可以看出，古船木试件的径、弦向变形存在着明显的梯度变化，为了说明试件的径、弦向位移变化情况，绘制了径、弦向位移与时间关系曲线图。

图7是厚度为4毫米的古船木试件（简称试件Ⅰ）在72小时内的径、弦向位移变化曲线图，可以看出在环境湿度梯度性变化时，其径向位移明显大于弦向位移。本研究将其变化过程分为三个阶段：第一阶段是0—12小时，环境湿度为60%，在这一阶段试件的径向位移线性增加，增加幅度约为0.4毫米，弦向位

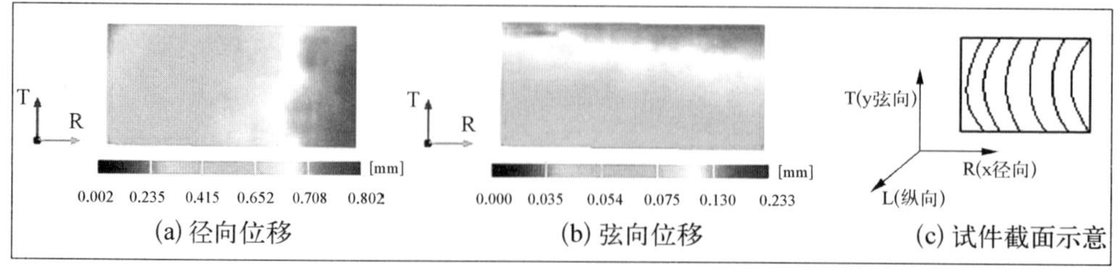

图6　木试件径向和弦向位移变形场

移变化平缓；第二阶段为12—48小时，试件的径向位移继续线性增加，变化幅度为0.2毫米，小于第一阶段，而弦向位移线性减小，减小幅度不大；48—72小时为第三阶段，环境湿度由55%降低到50%，试件的径向位移发生突变，在较短时间内增大了0.2毫米，随后继续线性增加，增加幅度进一步减小，而弦向位移先减小，后逐渐平缓。

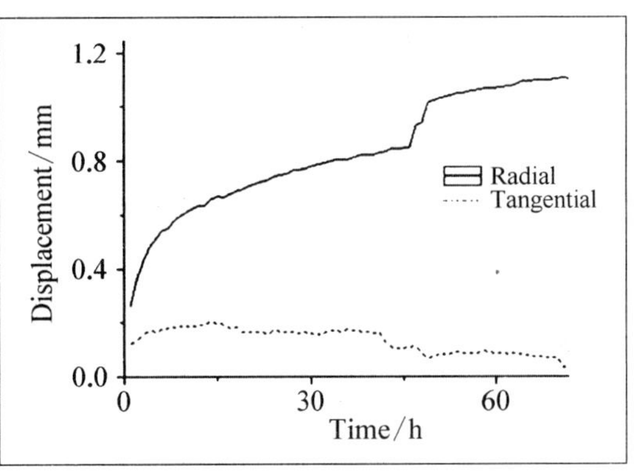

图7　试件Ⅰ的径、弦向位移—时间曲线图

图8为厚度分别为4毫米和10毫米的古船木试件径、弦向位移曲线变化图。从图8(a)可看出，其径向位移的变化趋势和大小基本相同，在环境湿度由55%变为50%时都发生了突变。从图8(b)可以看出，二者的弦向位移却不同，古船木试件的厚度尺寸越大，其弦向位移变化也越大。当环境相对湿度减小时，随着时间的增加，二者的弦向位移差越来越小。

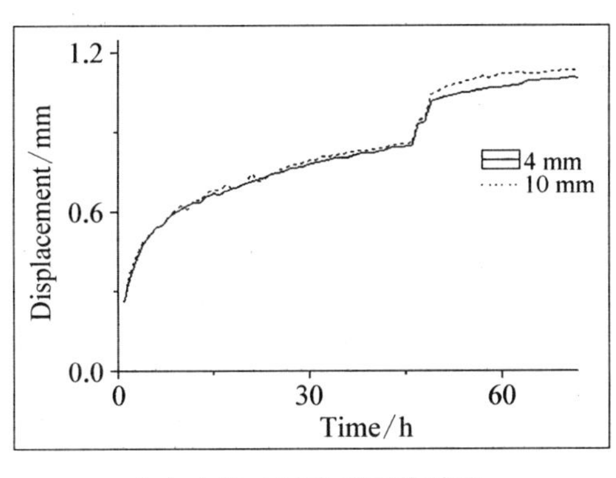

(a) 古船木试件径向位移图

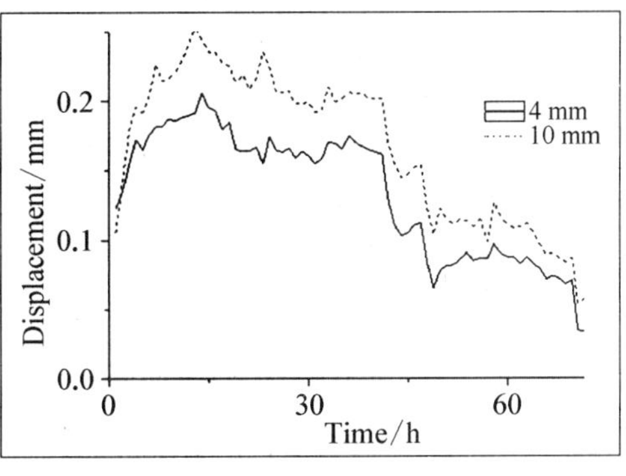

(b) 古船木试件弦向位移图

图8　厚度分别为4毫米和10毫米的古船木试件径、弦向位移曲线变化图

三、结论

本文利用数字散斑相关方法研究了古船木在环境湿度梯度性变化作用下的径、弦向尺寸变化情况，根据试验结果得出以下结论：

(1) 由于泉州湾宋代海船船木的纤维饱和点大于现代木材，因此其干缩湿胀特性不同。

（2）采用数字散斑相关方法检测古船木的干缩湿胀过程，发现船木的含水率与环境湿度之间呈正相关性变化。

（3）环境相对湿度对古船木径向变形影响明显，径向位移变化大于弦向。而且，在温度为25℃、环境湿度为55%时，泉州湾宋代海船船木稳定。

参考文献

[1] 费利华、李国清：《泉州湾宋代海船保护40年回顾、现状与分析》，《文物保护与考古科学》2015年第4期，第95—100页。

[2] 费利华：《泉州湾宋代海船保存现状的调查研究》，《中国文物科学研究》2014年第3期，第74—79期。

[3] 陈家昌、黄霞、陈晓琳、陈中行：《出土饱水木质文物的腐蚀病害类型与保护研究进展》，《材料导报》2015年第11期，第96—101、128页。

[4] 赵健：《数字散斑相关方法及其在工程测试中的应用研究》，北京林业大学，2014年。

[5] Davim J. P., Rubio J. C., Abrao A. M. A novel approach based on digital image analysis to evaluate the delamination factor after drilling composite laminates. *Composites Science & Technology*, 2007, 67(9): 1939-1945.

[6] Jeong B., Young G. *Tensile Properties of Loblolly Pine Strands Using Digital Image Correlation and Stochastic Finite Element Method*. 2008.

[7] Peng, Mingkai, Ho, YiChieh, Wang, WeiChung, et al. Measurement of wood shrinkage in jack pine using three dimensional digital image correlation (DIC). *Holzforschung*, 2012, 66(5): 639-643.

[8] 徐靖：《古木材纤维饱和点初探》，《中国文物保护技术协会第五次学术年会论文集》，中国文物保护技术协会、故宫博物院文保科技部，2007年，第4页。

[9] 陈森、蒲建华、齐秀云等：《干缩法、力学法、电学法测定木材纤维饱和点的研究》，《南京林业大学学报（自然科学版）》1985年第4期。

[10] 陈承德等：《泉州湾宋代海船船体木材的研究》，泉州湾宋代海船科学讨论会论文，1979年。

[11] 马尔妮、赵广杰：《木材的干缩湿胀——从平衡态到非平衡态》，《北京林业大学学报》2006年第5期，第133—138页。

[12] 马尔妮：《木材的水分吸着和干缩湿胀——从静态到动态的研究》，《湖北农业科学》2013年第21期，第5121—5125页。

韩方论文

한국 사찰건축채색의 보존방안

한경순
(건국대학교)

中文摘要: 韩国传统木建筑彩绘主要分为丹青和壁画。虽然丹青是指在木材上装饰彩绘,壁画是在壁体上的绘画,但总体都可称为丹青。4世纪佛教传入后,寺院建立,形成了以壁画为主流的佛教艺术。无论是壁画还是丹青,主要病害原因是,木建筑上的壁画受到周边恶化环境的直接和间接影响。同时,建筑结构、修缮或管理不足等人为因素也是毁损的主要原因。韩国寺庙壁画保护历史从1916年荣州浮石寺祖师堂壁画的保护开始,截至目前经历了一个世纪,逐步得以发展。由于早期考虑泥土制作的壁画特性时,对保护材料研究得不够充分,使用了欧洲的材料和工艺,直到现在不好的结果仍然在出现。特别是1980—1990年间主要使用丙烯酸系固着剂和石灰灰浆,现在产生了很多问题。2000年以后,吸取以前经验教训,以科学研究为依据,壁画保护技术得以发展,此外,还实施了对过去修缮和保护过的壁画进行再保护的措施。最近揭示的现实保护方案如下:(1)建筑彩绘的保护需要系统的方案体系,寺庙、宫殿周边环境需要定期检查,如降低周边湿度、阻止屋顶漏水等。(2)无论是出现了病害危机还是对损伤彩绘的正确处理,都需要做到以下两点。首先,研究彩绘表面污染物清洗方案。清洗时要保留历史痕迹,不能改变艺术价值。其次,为了阻止由于老化产生的彩绘剥落,对保护材料的研究开发很有必要,特别是对传统素材和黏结剂的研究。(3)认识的变化。普通人也认识到了寺庙文物保护的迫切性。

1. 연구배경

한국에 불교가 들어온 4세기부터 사원이 건립되고 벽화를 비롯한 많은 불교장엄들을 하였으나 현존하는 불교사원의 건물은 17세기 이후의 것이 대부분이다. 시기가 이른 것은 고려후기와 조선전기의 건물로 14채가 전한다. 이들 중 당시 벽화가 남아있는 곳은 3곳이며 1377년에 중수(重修)한 부석사 조사당 내 벽화 6점이 고려후기에 제작된 벽화로 가장 이른 시기의 불교사원 벽화이다. 벽화와 단청이 원형다운 모습을 보이는 불교사원은 대부분 18. 19세기의 건물들이다. 대부분 건물 수리과정에서 개칠(改漆) 및 가칠(加柒)로 인하여 색상의 변형이 심한 상태이다. 한국 사찰벽화의 경우, 주로 흙으로 건물의 벽을 마감한 후에 제작된 것들이 대부분으로 흔히 토벽화(土壁畵)라고 부른다. 이는 중국 일본 등 동북아시아의 사찰벽화에서도 나타나는 공통된 특성이다. 동북아시아의 사찰이 대부분 목조건물로 지붕을 제외하곤 건물부재에 사용되는 모든 부재는 목재이며 부재사이에 흙벽을 형성하고 있어 대부분 흙벽에 채색된 벽화가 대부분이다. 이외에도 건물 마감재질별로 회벽(灰壁)에 그려진 벽화와 종이를 벽에 붙여 그린 첩부(貼付)벽화가 있다. 한국 사찰벽화의 보존역사는 1916년 영주 부석사 조사당 벽화의 보존을 시점으로 현재까지 한 세기에 걸쳐 점진적인 발전이 이루어졌다. 그러나 보존을 위한 초기의 노력은 흙으로 조성된 벽화의 특성을 고려한 보존재료의 적합성에 대한 연구가 미흡한 상황에서 유럽의 재료 및 공법이 적용되었는데, 현재까지도 만족스럽지 못한 결과들이 나타나고 있다. 특히 1980～1990년대에 주로 사용된 아크릴계 고착제와 석회모르타르를 사용한 경우 현재 다양한 부작용이 발생하고 있다. 2000년 이후부터는 과거의 시행착오를 교훈으로 보다 과학적 연구를 통한 근거와 진보적 기술을 배경으로 벽화보존의 발전을 추구하고 있으며, 과거 보수 및 보존처리 되었던 벽화에 대한 재 보강 개념의 보존처리도 실시되고 있다. 최근에 토벽과 회벽에 그려진 벽화에 대한 관심과 인식이 높아지면서 '국가중요문화재' 로 지정되고 관리되는 수가 늘어났고 이를 위한 보존관련연구도 활발히 진행 중이다. 그에 비해 목재에 제작된 단청의 경우는 관련된 연구가 매우 미약하다. 전통목조건축물 수리 시 보존에 대한 조치가 제대로 이뤄지질 않아 많은 부분들이 훼손되어 있는 상태이다. 사찰채색에 대한 중요성이 비교적 늦게 인식되었던 우리나라는 보존철학과 윤리에 대한 체계적인 논의가 부족한 상태에서 손상된 문화재를 보수하는 실질적인 작업에 열중한 결과 많은 시행착오를 겪었다. 이에 본 연구에서는 한국 전통건축물의 채색보존의 문제점과 시기별로 전개되는 연구 성과를 중심으로 살펴보고, 주요 연구방향과 문제점을 고찰하고자 한다.

2. 사찰벽화 보존 관련연구현황

현재까지 진행된 사찰벽화 보존관련 연구는 주로 1980년도 초반부터 이루어졌으며, 2000년도 이후부터 보다 활발한 연구 성과들이 나타나기 시작한다. 해방이후의 벽화 보존과 관련된 기록은 희박하고 건물보수 보고서에서 일부 확인할 수 있기 때문에 여기에서는 1980년부터 2012년 현재까지 국내에서 이루어진 사찰벽화 보존관련 연구를 조사하여 정리하였다.(그림 1) 1980년 이후 2012년 현재까지 국내 사찰벽화의 보존관련 연구실적은 총 71건으로 조사되었다. 이 중에서 사찰벽화 보존관련 이론에 관한 연구는 12건이며, 광학적 조사 및 비파괴분석 등의 과학적 조사연구는 22건이 발표되었다. 또한 손상된 벽화의 보존처리 과정에 대한 보존처리 연구는 11건, 벽화 보존현황 조사연구는 17건이다. 벽화의 현황 및 보존상태, 재질분석과 안전진단 그리고 체계적인 보존처리가 함께 이루어진 종합적인 연구는 9건으로 조사되었다. 연구 빈도는 2000년도 이후부터 활발하게 진행되었다. 분석·조사에 관한 연구 빈도가 가장 높게 나타났으며 보존연구와 현황도 높게 조사되었다. 사찰벽화 보존관련 연구는 2000년대 초반까지는 저조하였으나, 2000년대 이후부터 연구 성과들이 활기차게 제시되기 시작한다. 이러한 경향은 1990년대부터 점진적으로 보존관련 연구와 함께 보존처리가 활성화되기 시작하면서부터 나타난 것으로 볼 수 있다. 1990년대 초반까지는 연구 빈도가 낮으며, 2000년대 초반까지 연구 빈도는 다소 증가하나 큰 차이점 없이 이어진다. 당시는 벽화 보존처리가 활발하게 이루어지기 시작하던 시기로서, 주로 실질적인 보존처리에 치중하고 점적인 분석조사가 이루어졌다. 따라서 보존처리를 위한 과학적 조사가 병행되는 연구사례가 미비하였고, 보존처리를 진행하면서 관련 연구의 필요성이 제기되는 과도기적 단계였던 것으로 보인다. 2000년대에 들어서면서 사찰벽화 보존에 관한 연구는 전대에 비해 다양하고 폭넓게 이루어지기 시작하였다. 벽화의 손상요인과 보존방안 등 이론적 연구와 함께 보존처리에 적용할 수 있는 실질적인 실험연구들이 실시되었다. 또한 벽화 안전진단과 과거에 처리된 보강물질에 대한 연구 등 기존에 나타나지 않았던 발전적인 연구 성과들이 발표되었다.

3. 사찰벽화 보존처리 주요 동향

3.1 국내 최초 후불벽화 해체 보존(1999년)

1997년 1월 16일 안동 봉정사 대웅전의 후불화를 보수하는 과정에서 후불벽에 그려진 벽화가 발견되었다. 이 벽화는 15세기 초기 법화경변상도의 양식적을 보이고 있어, 1435년에 제작된 것으로 추정 되며 조선후기 영산회상도 연구에 중요한 자료이다. 1997년 당시 벽화의 상태는 고주의 뒤틀림으로 인해 중깃을 중심으로 벽체가 크게 세 등분으로 파손되여 구조에 심각한 영향을 미치고 있었다. 또한 채색층은 박리·박락과 함께 오염물과 곰팡이로 인한 손상이 일부 발생된 상태였다. 2000년도에 후불벽화에 대한 전면 해체 보존처리가 착수되었으며, 적외선 조사 및 안료분석과 함께 벽체의 일부를 제거하고 중량을 감소시키는 stacco 방식의 해체 및 보강법을 적용한 보존처리가 약 3년간 진행되었다. 해체된 벽화의 중량 감소와 변형된 벽체의 평활도를 복원하기 위해 벽체의 두께가 40 mm가 되도록 초벽과 중벽층 일부를 제거하고, 제거된 면은 황토를 사용하여 보강하였다. 경량의 aluminium 소재 구조물을 벽체 배면에 부착하고, 목재를 사용한 프레임을 설치하였다. 벽화면 균열 및 유실부위에 대한 복원과 함께 표면에 고착된 이물질에 대한 세척작업 그리고 채색층에 대한 고착처리(PVAc, 1～3%)가 이루어졌다. 벽화는 보존처리가 완료된 후 2009년 4월 22일 보물 제1614호로 지정되었고, 경내의 수장고에 별도로 보관 중에 있다.

3.2 과거 해체된 벽화의 원형 복원(2005년)

강진 무위사 극락전 내벽 사면벽화는 30점으로써, 현재 박물관에 보관되고 있다. 원래는 극락전 내부에 장식되어 있었으며, 동벽의 설법도 벽화와 서벽의 아미타불은 벽화는 후불벽화와 같은 시기에 그려진 것으로 고려불화의 양식을 계승하고 있고[4], 나머지 벽화는 대부분 조선후기에 마감층을 덧바르고 새로 그려진 작품이다. 총 1956년부터 해체되기 시작한 벽화들은 최종 1979년까지 해체 및 보존처리가 실시되었고, 1984년에도 일부 채색층 보강이 이루어졌다. 1984년까지는 벽체에서 발생된 파손부위를 석회 모르타르로 보강조치 후, 각재와 합판으로 제작한 보호틀에 벽화를 보관하였다. 채색층 고착처리는 아크릴계와 이소시아네이트계의 합성수지가 사용되었다. 이러한 보수물질은 시간이 경과함에 따라 벽화에서 분리되거나 박리・박락되는 손상을 나타냈다. 2005년에는 과거 처리된 부분에 대한 보완 개념으로 보존처리가 실시되었다. 벽화에 손상을 일으키는 보수부위를 선별하여 제거하였으며, 토양을 사용하여 재 보강하였다. 채색층은 과거 합성수지로 변화된 물성을 감안하여, 저농도의 초산비닐계수지(PVAc, 1~3%)로 고착처리 하였고, 벽체는 Aluminum honeycomb을 사용하여 구조를 보강하였다. 2005년 보존처리는 벽체의 많은 부분을 제거하지 않고, 경량의 지지체를 적용하여 벽체의 원형을 보존하면서 구조적 안정성을 갖도록 하였다.

3.3 첩부 벽화의 보존처리(2008년)

여수 흥국사 대웅전 수월관음벽화는 동양의 사원벽화에서는 드물게 나타나는 대형 첩부벽화이다. 법당내 후불화와 유사한 양식으로 인해 17세기에 조성된 것으로 추정되는 벽화는 흙으로 벽체가 조성되었으며, 닥섬유질 종이로 벽면을 마감하여 벽화를 그렸다. 2008년도에 국내에서 최초로 첩부벽화에 대한 보존처리가 이루어졌다. 벽화는 중깃을 따라 벽체의 수직균열이 발생하였으며, 마감층과 종이 간의 박락 그리고 채색층의 손상을 나타내고 있었다. 벽화의 제작기법 및 구조, 물성조사 등의 분석 및 조사가 실시되었으며, FT-IR분석결과 채색층 제작에 사용된 아교계의 유기물이 검출되기도 하였다. 보존처리는 벽화 손상부위에 대한 종이 개방작업 후 토양과 도박풀을 사용하여 벽체를 보강하였였으며, 손상된 지류층과 채색층에 대한 보강이 실시되었다. 손상된 지류층은 전분풀과 닥지를 사용하여 접합하였으며, 벽체는 토양과 도박풀로 보강하고, 손상된 채색층은 저농도의 아교를 사용하여 고착처리하였다. 지류와 벽화전문가로 구분하여 신중한 보존처리가 이루어졌으며, 벽화에서 나타나는 재질별 손상을 막을 수 있었다.

3.4 과거 보존처리된 벽화의 재처리(2013년)

금산사 미륵전의 내 외벽에 장식된 벽화는 총 187점이며, 건물의 중. 개수와 함께 여러 차례 개채되었을 것으로 추정된다. 벽화는 흙으로 조성된 조선시대 사찰벽화의 전형적인 구조 및 양식을 계승하고 있으나, 1992년 진행된 보존처리 이후 벽화의 구조 변화가 생겼다. 1992년부터 1993년까지 2, 3층의 벽화는 스타코 아 마셀로(stacco a masllo) 및 스트라포(strappo) 공법으로 해체 보존처리가 실시되었으며, Paraloid B-72(1～10%) 를 사용한 채색층 경화처리가 실시되었다. 이후 벽화는 야외에 노출된 상태로 벽화면과 구조보강층이 분리되거나 채색층과 마감층이 변형 및 이탈되는 등 손상이 가속화 되었다. 현재 미륵전 벽화는 1993년 이후 발생된 손상에 대한 안정화 조치와 구조 보강작업이 이루어지고 있다. 보존처리는 벽화 물성에 대한 분석과 손상상태 및 요인에 대한 다각적인 조사와 함께, 손상부위에 대한 복원작업이 실시된다. 벽화면 보강작업은 합성수지물질(Paraloid B-72)에 대한 고착상태를 분석 후 열적외선 照射를 통한 固形體 緩和작업이 실시된다. 벽체 보강작업은 과거 보강된 후 손상이 발생된 구조층을 제거 하고 남아있는 원벽체층을 황토보강제와 경량구조물을 적용하는 재 보강이 이루어지고 있다.

4. 사찰벽화 및 단청에 대한 보존관리방안

4.1 주변 정비 및 점검의 필요성

사찰 벽화나 단청의 주된 손상원인은 습도로 채색면보존에 많은 영향을 미치고 있다. 특히 단청의 지지체인 나무와 채색면은 습기에 민감한 재료적 특성을 갖고 있다. 습기로 인한 피해는 모든 유형문화재에도 영향을 주며 보존을 위한 중요한 문제점이기도 하다. 단청이 있는 사찰은 자연환경에 노출되어 있어 필요에 따른 인위적인 환경을 조성하기 어려운 여건의 한계성을 갖고 있다. 효율적으로 관리하는 방법을 통하여 습기 유입을 최소화하는 방안이 현실적일 것이다. 이를 위한 주변 환경의 관리방안에 대하여 다음과 같은 내용들을 제안한다.

4.1.1 기와지붕의 정기적인 점검

지붕은 건축물에 있어 외부의 환경영향을 가장 직접적으로 받는 부분이다. 사찰건물의 지붕은 기와지붕으로 일반적인 수명을 70년을 정하고 있으나 주변의 환경조건에 따라 많은 편차가 있으므로 정기적인 점검이 필수적이다. 기와에 대한 점검은 도구를 이용하여 직접 타진하는 방법과 육안관찰로 가능하며 정밀한 점검은 휴대용 X-ray조사기를 이용하면 정확한 손상상태를 점검할 수 있다. 기와의 주된 손상원인은 동절기 동파에 의해 진행되는데 기와의 품질이 나쁘거나 지붕의 배수가 원활하지 않을 때 손상이 심하다. 이러한 원인으로 손상이 진행되면 교체를 통하여 보완하며 지붕의 원만한 배수상태를 정기적으로 점검하여 기와의 수명을 늘릴 필요가 있다. 전통소재를 기반으로 외부환경에 보존력이 우수한 기와의 생산도 추가적으로 연구할 필요가 있다.

4.1.2 건물 주변 환경관리

판벽화의 보존을 위한 건물 주변의 습기를 제어할 수 있는 정기적인 정비가 필요하다. 주변 정비를 위한 첫 번째로 주변 배수로 시설정비이다. 배수가 원활하게 진행되는지를 수시로 점검하여야 하며 배수로에 주변 토사나 낙엽 등이 유입되거나 잔존하지 못하도록 조치한다. 특히, 태풍과 우기(雨氣)가 지나면 반드시 점검이 필요하다. 두 번째로는 건물의 후면에 대한 정비이다. 사찰건물은 산지가람(山地伽藍)의 특성상 건물 후면인 북쪽은 음지이며 산지의 경사면과 맞닿은 곳으로 항상 습윤한 상태이다. 주변 초목(草木)을 정비하고 경사지와의 공간을 충분히 유지하도록 한다. 이는 목조건물주변의 통풍이 원활하도록 정비하는 데 목적이 있다. 세 번째로는 건물 하부지면(下部地面)에 대한 정비이다. 건물 마루 밑으로 유입된 수분은 지반을 약화시키며 벽화의 직, 간접적인 영향을 준다. 마루와 지반사이에는 일정한 공간을 항상 유지하도록 하고 통풍이 원활하도록 한다. 네 번째로 주기적인 방충, 방미작업이 필요하다. 앞서 언급한 흰개미와 벌에 의한 피해를 막기 위해서다. 상기 기술된 점검 및 관리를 위하여 정기적인 점검 지침서가 마련되어야 하며 시행은 관련 지자체에 의해 진행되는 것이 필요하다.

4.2 채색표면 오염물질의 제거 방안

시간이 경과하면서 쌓인 축적물과 과거의 그릇된 수리과정으로 인해 대다수의 오래된 벽화는 표면이 오염되어 있다. 오염물질들은 침전물, 변형물, 과거 보수작업으로 인한 잔여물, 고착재료, 가칠 등이다. 채색면을 오염하고 있는 대표적인 물질들은 지방, 단백질, 황화칼슘 등으로 만족할 만한 수준까지 제거하기 위해서는 산성의 약품들이 효과적이다. 그러나 판벽이나 토벽의 그림은 광물질과 무기물로 구성되어 있어서 산성에 매우 약하다. 보존처리 현장에서 약산이나 희석된 산을 이용하여 세척하는 경우도 있으나 부담감이나 위험성에서는 벗어날 수 없다. 최근까지 진행된 오염물제거작업은 부드러운 털의 붓을 이용하여 먼지를 털어 내거나, 증류수와 알콜을 이용하여 벽화 표면의 먼지를 가볍게 제거하는 정도에서 세척작업을 마무리하고 있다. 약품을 사용한 세척이 필요시 다음의 사항을 유의하면 만족할 만한 결과를 얻을 수 있을 것이다. 대표적인 오염물질을 제거하고 벽화나 단청의 안정성을 확보하기 위해서는 알카리(Alkali) 약품의 적용이 필요하며 다음과 같은 이점을 제공한다. ① 가수분해에 의한 지방물질을 제거하는데 도움을 준다. ② 팽창을 야기 시키는 단백질 요소를 제거하는데 도움을 준다. ③ 벽화에 보이는 가장 해로운 오염 염분인 석고(Gypsum)를 용해할 수 있다. 사용 가능한 알카리 성분들은 크게 두 가지 종류로 탄산암모늄(Ammonium carbonate)과 음이온 교환수지(Anion exchange resins)이다. 이들은 휘발성이 강해 사용 시 벽화의 유공에 침투하지 않으며 채색 표면에서만 활동하므로 특히 판벽화를 대상으로 적합하다.

4.3 채색면 접착 및 고착처리 방안

채색면이 결속력을 잃어 박리(剝離)되었거나 색채의 분말화가 일어났을 때 인위적으로 접착과 고착을 통하여 손실위험에 처해진 그림을 보존한다. 서구의 경우, 벽화나 일반 회화의 수명을 연장시키기 위한 고착처리연구를 오래 전부터 진행하였다. 전통 유, 무기재료에서 합성수지에 이르기까지 다양한 종류를 적용하였고 프레스코벽화나 유화를 대상으로 연구되었다. 현재까지 이상적이고 완벽한 고착처리재료는 개발되거나 적용의 한계성이 있음을 밝혔다. 과거 30년 전부터 우리나라의 사찰벽화는 서양의 연구 자료에서 검증된 합성수지를 이용하여 보존처리 되었다. 합성수지를 접착제로 사용한 벽화가 문제가 발생되거나 노화되면 더 강성의 합성수지를 사용하여야 된다. 이러한 문제점은 과거에 처리된 사찰문화재에서 쉽게 발견할 수 있다. 합성수지를 대체할 수 있는 재료는 전통적으로 사용해왔던 아교나 해초(海草)풀을 활용한 처리가 가능하며 장기적 보존을 위한 해결책이다. 이를 위한 현장적용을 위한 열화 및 물성 검증 실험이 필요하다.

4.4 무분별한 사찰건물수리의 지양

한국의 사찰건물의 수명을 대개 100년 정도로 본다. 건물에 기록된 상량문이나 중수기록을 보면 평균 100년 정도 주기마다 대수리를 통하여 그 형태를 유지하여 왔음을 알 수 있다. 세심한 점검과 적절한 유지관리를 통한다면 수명은 연장될 수 있으며 그렇지 않은 경우에는 불과 십여 년 만에도 수리가 필요한 상태가 된다. 또한 너무 쉽게 판단하여 건물해체수리를 결정하는 경우도 있는데 이러한 모든 형태의 수리를 통하여 벽화나 단청은 적던 크던 간에 손상이 불가피하다. 일반적으로 사찰건물 수리 시 건물의 중심 골격인 나무부재를 해체하여 조사하고 부재를 교체하거나 일부 보완을 하여 재사용한다. 이 과정에서 부속적인 위치를 갖고 있는 단청은 나무부재도 함께 해체되며 건물 조립할 때 제외되거나 일부 조립되는 경우가 발생된다. 건물해체과정에서 해체된 벽화도 재조립이 되어야 하지만 제외되는 경우가 발생되는데, 이유는 벽화의 구조적 열화로 인하여 조립이 불가능하거나 나무부재를 해체 후 조립할 때 발생되는 형태의 변형으로 인하여 기존의 벽은 제자리를 잃게 되는 경우이다. 이러한 벽화들은 별도로 전시관이나 창고에 보관되는데 벽화의 본질인 건물의 부속물로써의 생명을 잃게 된다. 사찰건물의 해체수리가 어떠한 이유로 인해 불가피하다 해도 쉽게 결정하거나 진행되어서는 안 된다. 벽화나 단청의 훼손은 지금도 전통사찰수리현장에서 쉽게 볼 수 있다.

5. 결론

벽화나 단청의 주요 손상원인들은 살펴보면, 목조건물에 그려진 벽화는 주변의 영향을 직, 간접적으로 받으며 열악한 환경조건을 갖고 있다. 아울러 건물의 구조적인 원인과 수리나 관리 부족으로 인한 인위적 원인도 벽화의 주된 손상원인이 된다. 이에 따른 현실적인 보존방안을 다음과 같이 제언 해본다.

첫 번째, 건물 채색을 보존을 위해서 체계적인 관리시스템을 마련하여 사찰 전각의 주변 환경을 주기적으로 점검하여야 한다. 주변 습기를 최소화할 수 있는 환경과 지붕 누수에 의한 직접적 피해를 막을 수 있을 것이다.

두 번째로 손상위기에 있거나 손상된 채색면의 올바른 보존처리를 위하여 두 가지 목적의 연구노력이 필요하다. 먼저 채색표면의 오염물제거방안을 위한 연구로 세척은 시간의 흐름에 대한 표시를 남기면서 미학적으로 거짓되며 해로운 것들을 제거하는 일이다. 다른 하나는 노화되어 채색이 박락되는 현상을 막기 위한 이상적 처리재료의 연구개발이 필요하며 전통소재 및 접착제를 대상으로 한 적용연구가 필요하다.

세 번째로는 인식의 변화가 필요하다. 일반인들의 사찰문화재보존에 대한 인식은 차후에 두더라도 관련 전문가나 관계자의 인식변화가 무엇보다 시급하다.

위에 기술된 방안들은 예술분야, 환경공학분야, 고분자화학분야 등 융. 복합적 연구가 필수적으로 이뤄져야 한다.

사찰 내에 장엄을 목적으로 제작된 벽화와 단청이 원형 그대로 남아있는 곳이 불과 몇 군데 없는 점을 인식하고 지금부터 관리나 수리지침에서 빠트리거나 소홀히 다루지 말아야 한다. 아울러 전통목조건물의 최종 해체수리에 대한 결정도 신중히 진행되어야 한다.

백제시대 송산리6호분 벽화 제작기술 및 재료특성

이화수[1] 조하진[2] 한경순[3]
(1충북대학교 · 2국립문화재연구소 문화재보존과학센터 · 3건국대학교)

中文摘要: 本研究针对百济时代松山里六号坟壁画的制作技法及材料特性进行了科学分析。经过对勾缝试料进行EDS化学成分显示,主要检出了钙(Ca)、硅(Si)、铝(Al);而在土壤的底层主要检出了铝(Al)、硅(Si)、铁(Fe)和钾(K)等。对底层的矿物结晶状分析结果显示,石英(Q, Quartz)、白云母(M, Mouscovite)和伊利石(I, Illite)为组成矿物的成分;对底层试料的粒度分析结果显示,其分布情况为粗粒砂约1.1%、中粒砂约4%、细粒砂约17.7%、极细粒砂约20%、粉砂以下大小的约为57%。通过化学成分及矿物结晶状分析和粒度分析,可以确认在底层主要使用了风化土或细粒质土壤,而在勾缝试料的黑色中检出了铁(Fe)为主成分的物质,可推定使用的是四氧化三铁(magnetite, Fe_3O_4)成分的颜料。底层白色的彩色物资中检出了钙(Ca)为主成分,可推定使用的是合粉($CaCO_3$, Oyster Shell White)或白药($CaCO_3$, Chalk)等颜料。

1. 서론

1927년 조선총독부에서 발행한 <소화 2년도 고적조사보고서>에서 송산리 고분군의 조사가 최초로 실시되었고 1930년대 일본의 아마추어 고고학자 가루베지온이 발굴상태의 기록을 남겼다. 송산리 고분군에 대한 조사는 1991년에 이루어졌다(Gonæu National University. 1991).

송산리 고분군에 대한 과학적 종합적인 조사는 1996년 5월 1일부터

1997년 4월 30일까지 수행되었다(Suh *et al.*, 1997). 이후, 1998년에서 1999년 사이에 실시된 보수공사 후의 현황에 대한 송산리 고분군의 2차 보존과학적 조사를 1999년 10월 1일부터 2000년 9월 30일까지 수행하였다(Gongju National University. 2000).

2010년에는 송산리 6호분을 대상으로 한 벽화의 상태와 환경조사를 중심으로 연구가 진행되었으며(Korean National University of Cultural Heritage. 2010), 2013년에는 송산리 고분군 친환경 공조시스템 개발을 위한 벽화 환경 및 보존상태 등에 대한 과학적이고 종합적인 연구가 이루어졌다(Korean National University of Cultural Heritage. 2013).

1933년 발굴 당시와 1970년대 조사 자료를 비교해 보면 벽화가 심하게 훼손되었음을 알 수 있으며, 현재 남아있는 벽화 채색층 일부와 마감층의 장기적인 보존을 위해서 우선적으로 고분벽화의 재료적 특성과 제작기술에 대한 규명이 필요하다.

2. 연구방법

벽화의 제작기법 및 재료특성을 파악하기 위해서 우선적으로 육안조사를 통한 벽화 제작상태를 조사한 후 디지털 현미경촬영과 적외선 촬영을 실시하였다. 줄눈 및 벽화 마감층 그리고 채색층 등 벽화를 구성하는 재료의 특성을 조사를 위해 고분내부에서 박락된 시료를 대상으로 미세조직 및 화학성분 그리고 광물 결정상 분석을 실시하였다.

2.1 광학적 조사

송산리 6호분 벽면을 대상으로 휴대용 디지털 현미경(DG-3, Scalar. Co. , Japan) 촬영을 실시하고 채취된 박락편은 광학현미경으로 조사하였다. 또한 벽화 표면의 밑그림 조사는 휴대용 적외선촬영카메라(IRIS VC, Bresiani Co., Italy)를 이용하여 진행하였다. 적외선 촬영은 최소기록거리 1 m, 최대 4 m, 3.5배 Zoom기능의 700, 800, 1 000 nm 적외선 필터가 장착된 렌즈를 사용하였다.

2.2 재질분석

줄눈과 벽화 마감층, 채색층 시료를 대상으로 전계방사형 주사전자현미경

과 에너지분산형 X-선 분광장치를 이용하여 사용된 재료의 입자의 크기, 형태, 및 기질을 관찰하고 화학성분을 조사하였다. 또한 각각의 재료를 구성하는 광물 조성과 토양입자크기 분포도를 파악하기 위해 XRD분석(XRD, D/MAX-2500/PC, Rigaku, Japan) 과 입도분석(Mastersizer 2000, Malvern, UK / Analysette 3, FRITSCH, Germany)을 실시하였다.

3. 연구결과

3.1 광학적 조사결과

3.1.1 현황 조사

송산리 6호분은 지하로 묘광을 파고 연도를 갖춘 횡혈식 묘실과 경사진 긴 배수로가 설치된 백제고분의 일반적인 축조방식을 보이고 있으며, 대부분의 학자들은 연대를 6세기 초로 추정하고 있다. 각 벽면은 문양이 새겨진 전(塼)을 이용해 길이쌓기가 일곱 줄, 세워쌓기가 한 줄로 번갈아가며 축조되었다. 길이쌓기 층과 세워쌓기 층을 하나로 묶을 때 모두 네 개의 층으로 구분되는 패턴적인 장식 요소를 부여했다. 벽 사면에 사신도와 일월도를 제작하기 위하여 토양을 이용해 마감층을 조성하였으며, 표면 굴곡, 붓 자국으로 흙손을 사용한 미장은 이루어지지 않은 것으로 보인다.

3.1.2 디지털 현미경 조사

디지털 현미경을 이용해 벽화표면의 안료와 채색상태, 마감층의 균열상태 등을 조사한 결과, 채색층 부분에서 백색의 안료입자가 확인되었으며 마감층에서는 다양한 균열 양상이 나타났다. 또한 마감층 표면에서 고르게 염 결정화가 확인되었다.

3.1.3 적외선 조사

적외선조사는 사면 벽을 대상으로 715 nm, 850 nm파장대의 영역을 조사한 결과 밑그림의 흔적을 찾아볼 수 없었다. 남벽의 주작부분은 다른 벽에 비해 마감층이 견고히 남아있어 715 nm, 850 nm, 1 000 nm로 각각 파장대의 영역조사를 통해 실시하였고 주작부분의 일부로 보이는 가운데 선 하나를 발견할 수 있었다.

3.2 재질 분석

3.2.1 SEM-EDS

줄눈시료에서는 주사전자현미경에서 10 μm 크기 이하의 불규칙한 형태의 광물 입자들과 각진 기둥모양의 전형적인 석고 입자들이 관찰된다. EDS 화학성분 분석 결과에서는 칼슘(Ca), 실리콘(Si) 알루미늄(Al)이 주피크로 검출되었다.

또한 줄눈 시료에 흑색의 채색층에서는 철(Fe)을 주성분으로 하는 물질이 검출되었다. 이는 자철석(magnetite, Fe_3O_4)계통의 안료로 추정되며, 미세조직이 거친 입자가 아닌 형태로 미루어 자철광을 분쇄하지 않고 인공으로 제조하여 사용된 것으로 추정된다. 벽화에 먹을 사용할 경우 채색두께가 매우 얇은 것이 특징이나, 송산리 6호분 시료의 경우에는 마감층 위에 흑색의 층위가 밀도 있게 형성되어 있다.

벽화 마감층에서는 EDS 결과에서 칼슘(Ca)이 많이 관찰되었으며 이는 벽체의 줄눈에 사용된 재료의 영향에서 기인하는 것으로 보인다. 입자크기 분석결과 30 μm 이하의 비교적 균일한 크기를 가지는 판상의 광물 입자들이 불규칙하게 응집체를 형성하고 있는 것으로 확인되었다. 불규칙한 입자는 실트질과 점토질의 광물입자들이 혼합되어 사용되었기 때문인 것으로 판단된다.

조사과정에서 획득한 극소량의 마감층 채색시료에 대해 SEM-EDX를 사용한 분석결과, 백색의 채색물질은 칼슘(Ca)이 주성분으로 검출되어 합분($CaCO_3$, Oystershell White)이나 백악($CaCO_3$, Chalk) 등의 안료가 사용되었을 것으로 추정된다. 채색층의 단면에서 밀도 있게 채색된 층위가 형성되어 있으며, 미세조직과 화학성분에서도 탄산칼슘의 결정구조가 확인되었다.

3.2.2 XRD분석 결과

송산리 6호분 벽화 마감층 시료에 대한 광물 결정상 분석결과에서는 석영(Q, Quartz), 백운모(M, Mouscovite), 일라이트(I, Illite)가 구성광물로 동정되었다. 이는 주원료가 모래와 암석이 풍화되어 생성된 풍화토 또는 점토에 함유되어 있는 대표적인 광물의 결정상이다.

3.2.3 입도분석 결과

송산리 6호분 벽화 마감층 시료에 대한 입도 분석결과 광물입자들의 크기 분포는 극조립사 크기의 입자들이 포함되어 있지 않았으며, 조립사 약 1.1%, 중립사 약 4%, 세립사 약 17.7%, 극세립사 약 20%, 그리고 실트 이하의 크기가 약 57%의 분포 범위를 갖는다. 즉 마감층 제작에 대부분 세립사 이하의 토양이 사용되었으며, 소량의 중립사 이상의 모래가 혼합된 것으로 추정된다.

4. 고찰 및 결론

종합적 분석조사 결과 송산리 6호분 벽화는 석회 모르타르를 사용하여 전돌을 쌓아 고분내부를 축조하였으며, 토양(진흙)을 사용하여 마감층을 조성 후 백색의 단일색으로 채색하였다.

마감층에 채색된 백색의 경우 합분($CaCO_3$, Oystershell White)이나 백악($CaCO_3$, Chalk)이 사용된 것으로 추정되며, 한국 고대 고분벽화에서 백색은 연백($2PbCO_3 \cdot Pb(OH)_2$, Lead White)이 주로 사용된 것과는 다른 경우에 속한다. 또한, 일반적으로 동양권에서 흑색은 먹을 위주로 사용한 반면, 송산리 6호분에서 흑색을 자철석(Fe_3O_4, Magnetite)으로 사용하였다. 이와 같은 흑색물질은 한국 고대벽화에서는 전무한 물질로써, 이에 대해서는 보다 심도 있는 연구가 필요할 것으로 판단된다.

벽화를 제작하기 위해 조성된 마감층은 30 µm 이하 균일한 입자 분포 및 판상형의 형태적 특징과 함께 광물결정상 분석 그리고 입도분석을 통해 세립질 토양의 함량이 높은 진흙 반죽을 사용하여 조성한 것을 알 수 있었다.

토양으로 조성된 송산리 6호분 벽화 마감층은 주변 습도에 따라 수분량을 달리하게 되고 그에 따라 물리적 손상을 일으킬 가능성을 내포하고 있다. 특히, 입도분석 결과에 따르면 벽체의 체적비를 유지하고 내구성을 보강할 수 있는 조립사 및 중립사의 함량이 부족하고 상대적으로 실트 이하와 같이 미분부 입자크기의 토양을 다량 함유하고 있다. 이러한 조건은 흡습과 방습으로 인해 체적비의 변화를 가져오며 마감층 내부에 응력을 발생시켜, 장기적으로 균열과 박리 등의 물리적 변화를 유발하게 된다. 최근 연구결과에 따르면, 고습한 환경임에도 불과 하고 미세한 습도변화에 의해 생긴 수분변화로 인해 토양 마감층이 건조될 수 있다는 것이 확인 되었다(Cho, 2017).

따라서 송산리6호분 벽화와 같이 세립질 토양으로 구성된 마감층의 경우는 특히 환경변화에 민감하게 작용할 수 있으므로, 재료적 특성을 면밀하게 고려한 보존방안이 마련되어야 한다.

References

Gong-ju National University, 1991, Tomb of King Muryeong in Baek-Je, Bae-je Culture Investigation Laboratory. (in Korean)

Suh M.C. Lee C.W, Jeong G.O., Kim D.H., 1997, A Study on the Construction Method of the Songsanri Tombs Using Geophysical Exploration Method, *Journal of Conservation Science*, Vol. 7, 61–70. (in Korean with English abstract)

Gong-ju National University, 2000, In-situ Status and Conservational Strategy of the Muryong Roayl, The Second Integrating Report. (in Korean)

Korean National University of Cultural Heritage, 2010, Study on the Conservation of Mural Painting in Tomb No.6 at Songsanri, Baekje. (in Korean)

Korean National University of Cultural Heritage, 2013, Study on the Development of Eco-friendly Duct System of Ancient Tombs of Songsan-ri in Gongju. (in Korean)

Cho H.J., 2017, Study on Physical Change of Earth Finishing Layer by Drying in Ancient Mural Tomb, Korean National University of Cultural Heritage, Buyeo. (in Korean)

전도된 석조문화재의 보존을 위한 안정성 평가

정민호[1] 이보현[1] 정종현[2] 서정호[3]
(1 국립경주문화재연구소 · 대구한의대학교 보건학부 · 공주대학교 문화재보존과학과)

中文摘要: 摩崖如来立像高约6.8米、宽约4米、厚度约2米,重量约80吨,位于山斜坡,头朝下倒下,雕刻的鼻子距离岩层约5厘米,当前位置的稳定性如何?本文通过GPR勘探和弹性波勘探,考察了地下水位上升到摩崖如来立像底面时的情况,利用LFAC 2D随地下水位的变化分析了其稳定性。分析结果为,地下水位因降水而上升到泥土沙石表面时,泥土沙石层的支撑力降低,从而摩崖如来立像表面会发生快速的风化和侵蚀,岩石的支撑点摩擦力也会减小,因此认为有必要采取搬迁等对策。

1. 서 론

경주 남산 열암곡에서 2007년 5월 22일 마애여래입상이 발견되었다(그림1). 당시 이곳에는 열암곡 석불좌상의 보수와 정비를 위하여 유실된 부재의 여부와 사역 배치를 확인하는 발굴조사 과정에서 발견되었다. 이곳은 경주 남산 남쪽 중턱의 경사면으로 노두에서 떨어져 나온 큰 핵석이 산 경사면을 따라 흩어져 있는 곳으로 마애여래입상은 조각된 면이 상부가 경사방향으로 바닥을 향한 채 약 35도 경사면에 엎어진 상태로 발견되었다. 암석의 높이는 약 6.8 m, 너비 약 4 m, 두께 약2 m이다. 마애여래입상의 코는 바닥의 암반과 불과 5 cm 거리를 두고 엎어져 있고 불상의 높이는 약 5.1 m, 너비는 약 1.8 m, 0.5 m정도 양각으로 조각되어 있으며, 무게는 약 80톤으로 추정된다.

산 중턱에 경사지게 전도된 마애여래입상은 크게 두 지점으로 지탱하고 있는데 상부의 두상에 집중된 2개의 포인트 접촉 지점과 하부의 무릎에 면으로 접촉하고 있다. 이 세 지점은 전체적으로는 무게 중심의 오른쪽에 치우쳐 있어 편심 하중에 의한 응력이 집중되고 있다. 상부를 지탱하고 있는 암석은 작은 전석으로 개별적인 암체로 형성되어 있고 하부 지지암석은 암반과 연계되어 있다. 따라서 독자적으로 변형에 대한 구속력을 확보하고 있다고 판단하기는 어려우며 충격에 의한 파손과 풍화에 따른 내구성의 저하로 상태는 매우 불안정하다. 마애여래입상의 무게 중심이 하부는 오른쪽으로 상부는 왼쪽으로 치우쳐 있어 응력 부담이 한쪽 방향으로 가중되고 있다(그림 2, 3).

그림 1　발견당시

그림 2　하부 지지구조

그림 3　암반과 이격거리

마애여래입상은 고고학적, 문화유산적 보존가치가 큰 역사적 유물로서 거동 시 야기될 문제에 대하여 사전에 철저한 검증이 필요하다. 거동 시 사용할 공법에 따라 마애여래입상 표면에 균열이 발생할 수 있고 휨 응력, 인장 응력이 발생하여 최악의 경우 마애여래입상이 2개 이상으로 분할될 수도 있다. 또한 마애여래입상의 하중이 하부 지반에 국지적으로 집중 됨에 따라 하부 지반의 침하 및 파손이 발생할 수 있다. 유한차분법(Finite Difference Method)을 사용하는 2차원 프로그램인 FLAC 2D에 의한 수치해석을 분석하여 지하수위의 변화에 따른 현재의 위치에서 마애여래입상의 안정성을 평가 하였다.

2. 해석 사면의 개요

2.1 경주 남산 일원에 대한 지질 구성

연구지역의 지질은 하위로부터 백악기의 퇴적암류와 화산암류, 백악기말-제3기초의 심성암류, 제3기 화산암과 퇴적암류가 분포한다(Kim and Kim, 1997; Koh, 2001). 백악기 퇴적암은 하양층군의 대구층(Tateiwa, 1929), 진동층(장기홍, 1975), 또는 울산층(박양대와 윤형대, 1968)에 대비되며, 주로 사암과 셰일로 구성되어 있다. 마애여래입상이 위치한 지역은 불국사통 화강암지역의 산릉과 경상계 대구층의 지역으로 비교적 낮은 지세를 이루고 있다. 열암곡 마애여래입상이 위치하고 있는 수계는 NS방향, NNE방향의 단층 및 단구에 의해 NS방향, NNE방향의 수계가 압도적으로 많이 발달되어 있다.

2.2 마애여래입상 주변의 지형요소

연구지역의 수계유역을 기초로 국립지리원에서 제공하는 수치형지도와 미국 지질조사국의 수치고도 자료를 활용하여 경주 남산 열암곡 마애여래입상 주변을 형성하고 있는 산지의 지형을 구성하는 개별적인 인자들의 특성을 분석하여 재해위험도를 평가하였다(그림 4, 5).

그림 4 3D 위성 사진

마애여래입상이 위치한 지점에서 서쪽으로 약 20m 떨어져 계곡부가 존재하고 있고 위쪽의 계곡에 비하여 경사가 매우 급하게 형성되어 있어 전체적으로 불리한 경사도를 보이고 있다(그림 6). 방위도는 비교적 단순한 형태로 계곡이 발달한 남북방향으로 지형의 위험도는 보통

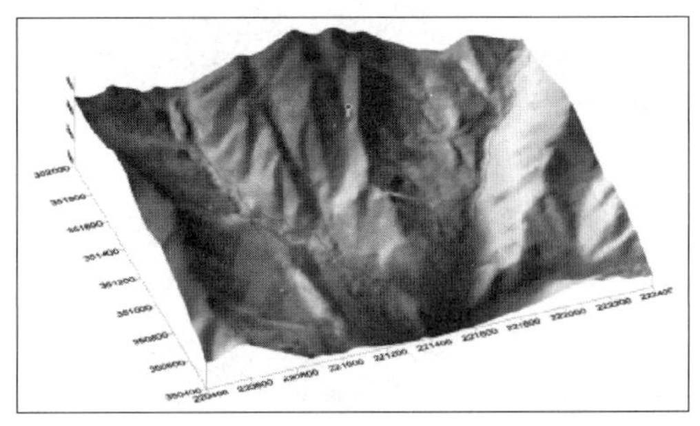

그림 5 3D지형도

에 해당된다(그림 7). 그림 8과 같이 상부지역으로부터 잠재적인 수렴 양을 나타내는 상부사면 기여면적은 지표수의 수렴 영향을 받을 수 있는 지형으로 나타나고 있다. 습윤지수도 마애여래입상이 위치하고 있는 지점을 중심으로 좌측의 계곡부에 유수의 흐름이 집중되고 있어 산사태 발생의 취약한 구조 지형으로 판단된다(그림 9). 지표수 흐름의 수렴, 발산, 흐름속도와 침전 이송 과정의 변화를 지시하는 잠재구배율 중 접선구배곡률은 마애여래입상상 주변 계곡부 중 좌측부가 위험 또는 매우 위험에 해당하는 값을 나타내고 있다(그림 10). 윤곽구배곡률 또한 마애여래입상이 위치한 지점을 중심으로 위험도가 증가하는 것이 확인된다(그림 11). 분석 결과 마애여래입상 주변 지형의 특성은 향후 산사태나 비탈면 붕괴 가능성을 검토할 때 마애여래입상 주변 지역은 유수가 집중되고 상대적으로 붕괴에 취약한 지형 형상을 가지고 있는 것으로 판단된다. 따라서 주변 지역에 대한 산사태 예방방안을 종합적으로 검토되어야 한다.

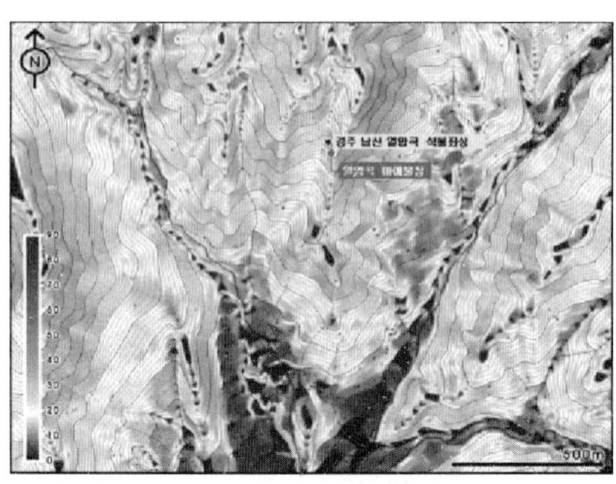

그림 6 경사도

그림 7 방위도

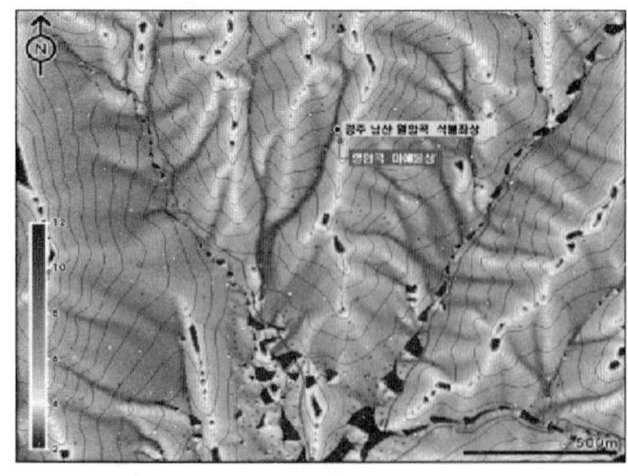

그림 8 기여면적

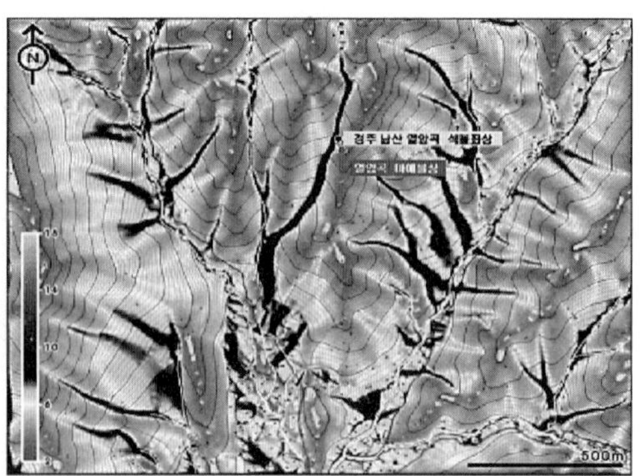

그림 9 습윤지수

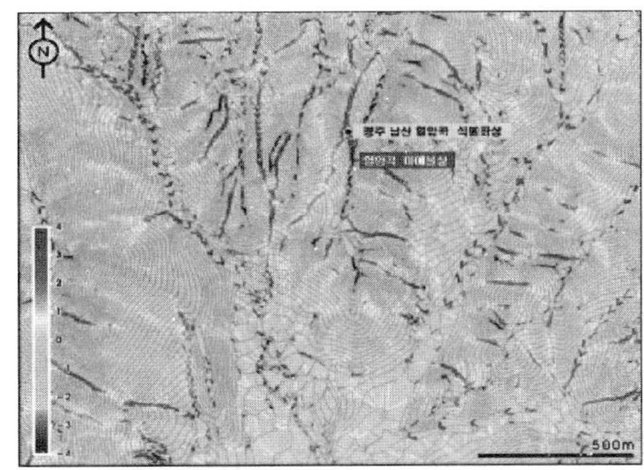

그림 10 접선구배곡률

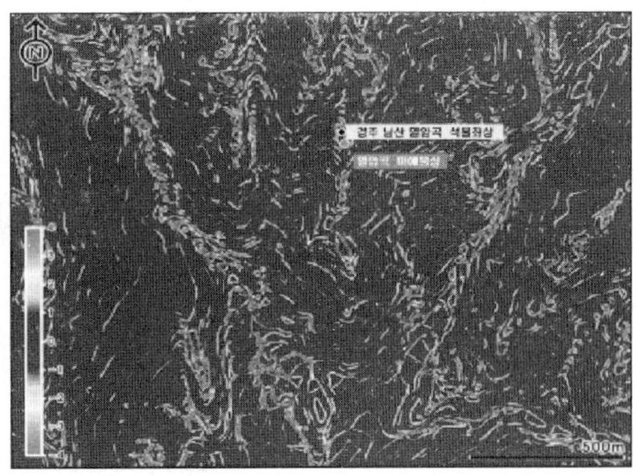

그림 11 윤곽구배곡률

3. FLAC 2D에 의한 현 위치에서 안정성 평가

3.1 검토개요 및 조건

FLAC의 특징으로는 연속체 물질의 선형 및 비선형 거동 해석이 가능하며, interface elements를 이용하여 미끄러짐 또는 분리가 발생할 수 있는 면을 시뮬레이션 할 수 있다. 또한 지하수 및 압밀 모델, 평면변형, 평면응력, 축대칭 기하학 모델을 구성할 수 있다. 그리고 프로그램 함수인 FISH function를 지원하므로 좀 더 현실성 있는 시뮬레이션을 가능하도록 한다.

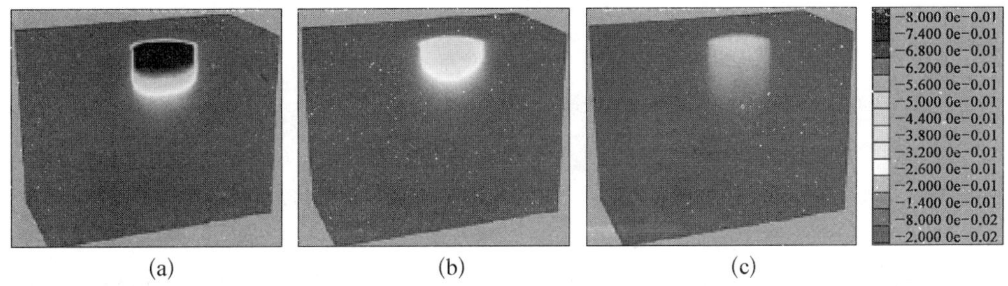

그림 12 지반 수직 변위 (a) 원 지반, (b) 개량 후, (c) 개량(× 1.2)

유한차분법(Finite Difference Method, FDM)을 사용하는 대표적인 2차원 프로그램인 FLAC 2D를 사용하여 현 위치에서 마애여래입상상 하부지반의 하중집중 현상과 침하 안정성을 평가하는 지지점 안정성 분석을 시행하였다. 일반적으로 사용되는 지반의 역학적 모델인 Mohr-Coulomb Model을 사용하여 지반의 변위 분포, 변위 발생량 등을 검토하여 안정성 해석을 연구하였다. 기존 마애여래입상 단면도 및 탄성파 탐사 4개의 측선을 분석한 결과 마애여래입상 주변의 지하수위는 GL-2～-5 m 내외에 분포하고 있을 것으로 판단된다.

그림 13은 3개의 측선 탄성파속도 자료를 이용하여 3차원 분석 결과로 머리가 위치한 곳에는 성토 구간과 토사층이 깊은 곳으로 나타나 기반암선이 깊이 분포하고 있고 발이 위치한 곳으로 갈수록 기반암선이 지표와 가까워지고 있음을 보여준다. 이와 같은 FLAC의 특징을 이용하여, 마애여래입상의 하중 70톤을 고려한 현 위치에서의 안정성 평가를 수행한 후 이전 시 마애여래입상의 하중이 국지적으로 제한 될 경우를 감안한 응력집중현상에 따른 지반의 파쇄와 침하를 예측할 것이다.

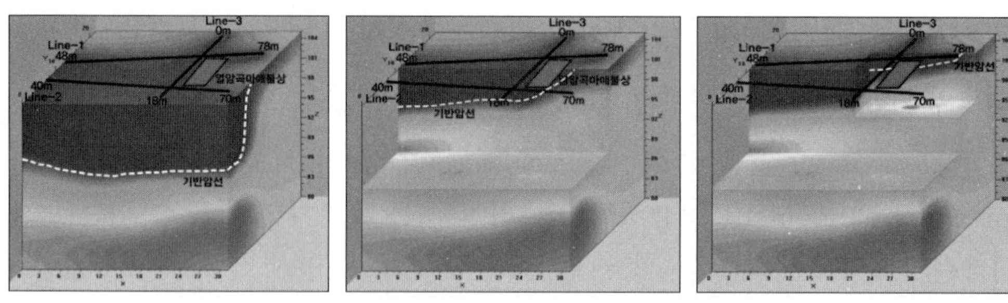

Figure 13　3D drawing of analysis on the elastic waver around the rock-carved triad Buddha located at Yeolam-gok, Namsan, Gyeongju City

3.2　FLAC 2D 모델링

단면도 및 탐사자료를 이용하여 그림 14과 같이 사면 형상을 모델링 하였다. 현재 불상의 침하를 방지하기 위하여 석축이 쌓여 있는 상태이므로 이를 반영하였다.

(a)　(b)　(c)

Figure 14　Cross section drawing (a), stone wall(b) and slide modeling(c) on the rock-carved triad Buddha located at Yeolam-gok, Namsan, Gyeongju City referred to modeling.

3.3 FLAC 2D 해석에 사용한 지반 정수

해석에 사용한 지반 정수는 암석 실내 실험 결과를 활용하여 Table 1과 같은 물성 값으로 FLAC 2D 모델링 하였다. 지표의 두께는 탄성파 탐사를 통해 구한 값인 1.5 m를 사용하였으며, 마애여래입상에서 석축까지의 거리는 약 5 m로 반영하였다. 현재 지하수위는 GPR 탐사와 탄성파 탐사를 통해 지표 하부 1 m로 적용하였고 현재 지하수 수위에서의 안정성을 검토한 후 지하수위가 마애여래입상 저면까지 상승하였을 때를 고려하여 안정성 검토를 실시하였다.

Table 1 Ground base constants used for FLAC 2D analysis

Classification	Unit volume weight (t/m^3)	Cohesion (MPa)	Internal riction angle (ϕ , °)	Modulus of elasticity (GPa)	Poission ratio
Sand (Sedentary deposit)	1.79	0.05	32.0	0.02	0.35
Original ground base, stone wall	2.50	5	40.0	20	0.25
rock-carved triad Buddha	2.50	13	57.3	48.0	0.387

3.4 지하수위가 마애여래입상 하부 1 m 때 해석 결과

Figure 15와 같이 지하수위가 마애불상 하부 1 m 일 때 최대 변위는 성토한 부분과 석축이 만나는 곳에서 0.07 mm가 발생하였고, 마애여래입상 인근에서의 최대 변위는 0.002 mm가 발생하였다. 최대 변위가 발생한 성토 지역에서는 Figure 16(a, b)와 같이 인장 응력에 의한 소성 변형이 발생하였다.

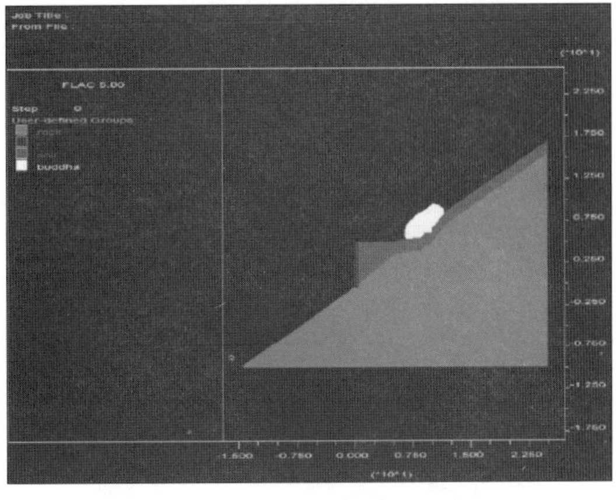

Figure 15 Ground base boundary at the modeling of FLAC 2D

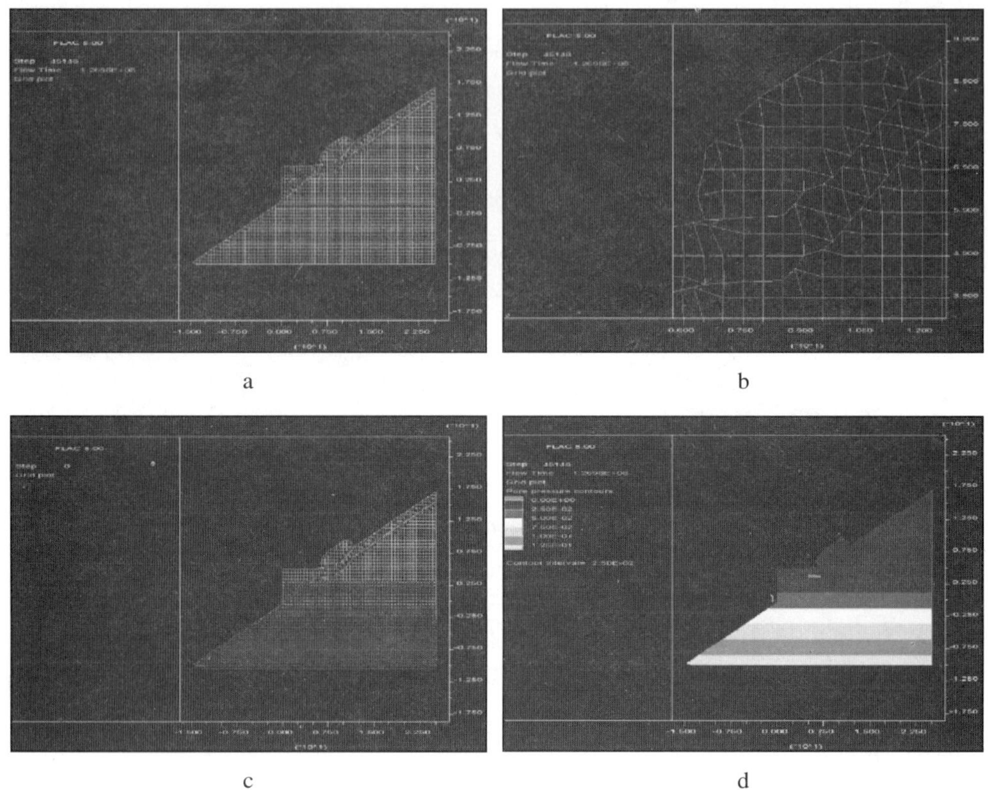

Figure 16 Result of reviewing the underground water level at lower 1m of the rock-carved triad Buddha -Displacement by the entire slide(a), displacement near to the Buddha (b), the initial pore pressure condition on the model of numerical analysis, (c) the pore pressure condition after analysis (d)

3.5 지하수위가 마애여래입상 저면과 동일할 때 해석 결과

Figure 17과 같이 사면에서의 최대 변위는 0.3 mm로 지하수위가 마애여래입상 하부 1 m 일때와같이 석축 인근에서 발생하였고 지하수위가 마애여래입상 저면과 동일할 때 마애불상 인근의 최대변위는 0.04 mm로 나타났다.

4. 결 론

경주 남산 열암곡 마애여래입상 주변 지형의 특성은 향후 산사태나 비탈면 붕괴 가능성을 검토할 때 중요한 요소 중에 하나이다. 연구 지역의 주변 지형의 특성 및 수계의 상태를 파악하기 위하여 수치지형도를 활용하여 경사도,

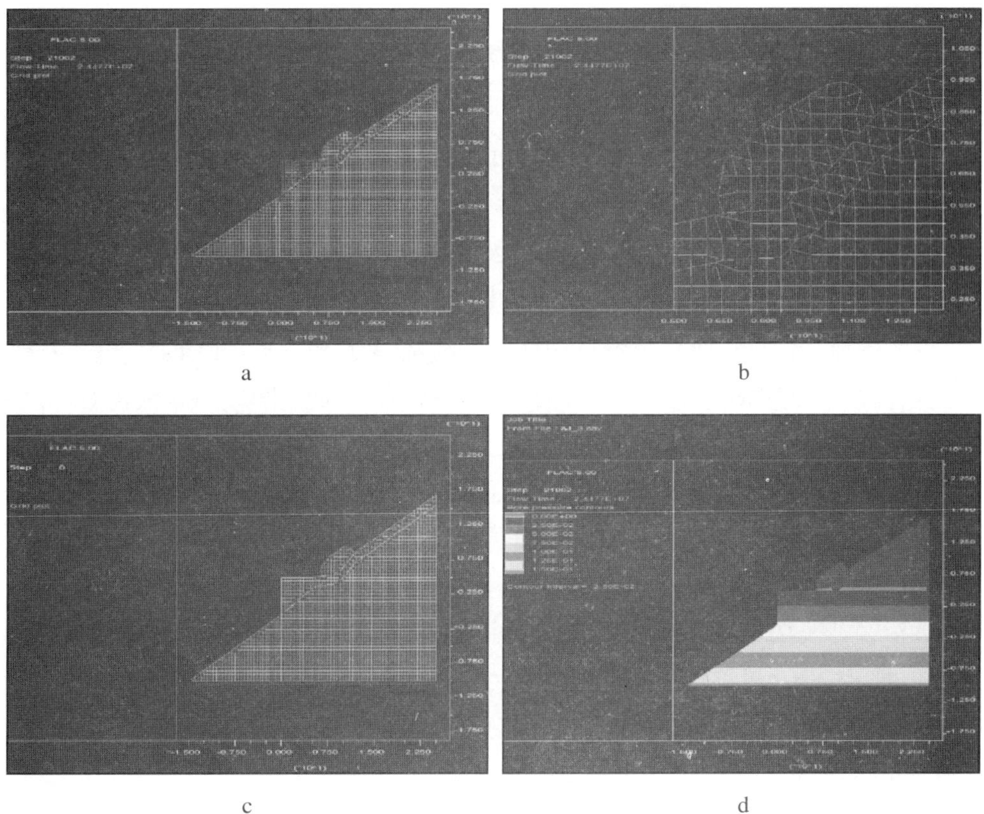

Figure 17 Result of reviewing the underground water level is at the bottom of the rock-carved triad Buddha-Displacement by the entire slide(a), displacement near to the Buddha (b), the initial pore pressure condition on the model of numerical analysis, (c) the pore pressure condition after analysis(d)

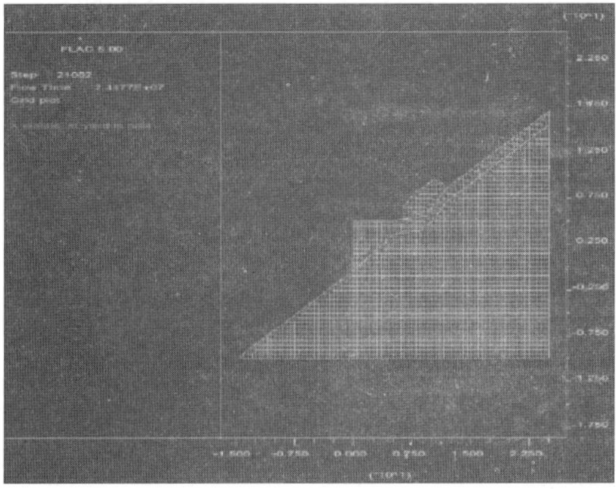

Figure 18 Only the elastic range exists when the underground water level is at the bottom of the rock-carved triad Buddha

벡터도, 방위도, 상부사면 기여면적, 습윤지수, 접선구배곡률과 윤곽구배곡률도를 작성하였다. 지형 분석 결과, 마애여래입상 주변 지역은 유수가 집중되고 상대적으로 붕괴에 취약한 지형 형상을 가지는 것으로 확인된다. 따라서 전도된 마애여래입상을 입불하는 방법에 있어 전반적인 지형적 특성을 고려한 방안이 제안되어야 할 것이며, 추가적으로 입불 후에도 주변 지역에 대한 산사태 예방 방안을 종합적으로 고려하여야 할 것으로 판단된다.

FLAC 2D를 이용한 열암곡 마애여래입상 하부 지반의 침하 안정성 평가 해석을 통해 사면의 대부분이 원지반과 전석 등으로 구성되어 있다는 가정하에 현 위치에서 안정성 평가 결과 지하수위에 의한 영향은 크지 않은 것으로 나타났다. 이는 대부분의 변위가 성토부에서 발생하고 그나마 석축의 영향으로 변위가 억제되고 있기 때문인 것으로 볼 수 있다. 그러나 집중 강우 시 강수로 인해 지하수위가 토사표면까지 상승하게 되면 토사층의 지지력이 떨어질 뿐 아니라 불상면의 풍화 및 침식이 빠르게 진행되고 지표토양을 침식시켜 결과적으로 세류침식으로 인한 지지점의 마찰력이 감소한다는 점에서 볼 때 큰 규모의 강우에 대비하여 이전 등의 대책을 세울 필요가 있는 것으로 판단된다.

사사

이 연구는 교육 과학 기술부가 후원하는 국립 과학 재단 (NRF)을 통한 기초 과학 연구 프로그램 (No.2016-R1D1A1B03-936168)의 지원을 받았다. 이 연구는 2015 년 대구 한의대 기린 재단 (2015-901-14)에서 지원 한 것입니다

References

Ministry of Land, Infrastructure and Transport, 2009, Guide to Structural Foundation Design Standards, Korea Geotechnical Society, pp.677-678.

Kim Won-young, Chae Byung-gon, 2009, Characteristics of Rainfall, Geology and Failure Geometry of the Landslide Areas on Natural Terrains, Korea, *Journal of the Korean Society of Engineering Geology*, Vol.19, No.3, pp.331-344

Park Yon-joon, Chae Young-soo, Yoo Gwang-ho, Baik Young-sik, 1999, Slope Stability Analysis by Slice Method and Finite Difference Method- A Comparative Study-, *Collection of Dissertations of Korea Geotechnical Society*, Vol. 15,

No.6, pp.263-272.

4. Jin Kwang-min, Lee Min-jung, Kim Young-seog, 2009, Geological study on the collapse of a carved stone Buddha statue in Yeolam valley of Namsan, Gyeongju, Korea, *Journal of the Geological Society of Korea*, Vol. 45, No. 3, pp. 235-247.

Han Jung-hoon, Song Jae-joon, 2007, Study on Applicability of Stereophotogrammetry to Rock Joint Survey, *Tunnels and Underground Spaces*, Vol. 17, pp. 139-151.

Yang Hong-seok, 2013, A Study on Shear Behavior of Soil-Rock Interface and Slope Stability Analysis, Doctoral Dissertation of the University of Seoul, pp.59-90.

Itasca Consulting Group, 2008, 4.0th ed. Particle flow code in 2 Dimensions, Minneapolis: Itasca Consulting Group.

Itasca Consulting Group, 2005, 5.0th ed. FLAC 2D, Minneapolis: Itasca Consulting Group.

Yoon, J., 2007, Application of experimental design and optimization to PFC model calibration in uniaxial compression simulation, *International Journal of Rock Mechanics and Mining Sciences*, Vol. 44, pp. 871-889.

ITASCA, 2005, Theory and Background, Itasca Consulting Group, Inc.

ITASCA, 2005, FLAC/ Slope User's Guide, Itasca Consulting Group, Inc.

조명광원에 의한 채색시편의 가속노화실험

강대일[1] 유수령[1] 박혁수[1] 손유라[1] 유재형[2] 이진환[2]
(1 한국전통문화대학교 보존과학과 · 2 한국조명연구원)

中文摘要: 为了克服博物馆照明的局限性,最近大家在不断尝试改善方案或者运用新的光源来替代传统光源,特别是对新一代LED光源的研究越来越多。本研究利用LED、LED-Blue、荧光灯和卤素灯等照明,评价了各种光源对彩色韩纸样品和染色丝绸样品的影响。在累计照度上,本实验使用的照明和距离条件具备与博物馆相似的照度条件。实验结果表明,将来可能会发生因为光照导致展览文物变色的现象,随着照度的增加,色差值越来越大,还需要更多具体的实验来验证这一现象。本实验结果可为不同光照条件对书画类和纺织品类文物的影响进行评价,同时,期待这些结果能成为文物退变色相关研究的主要基础信息。

초록

유물에서 발생된 변색의 정도를 명확하게 평가하기 위해서는 유물을 구성하는 각각의 재질에 대한 빛에 반응정도를 우선 파악하여야 한다. 본 실험에서는 서화류 의사시편을 대상으로 LED, LED-Blue, 형광등, 할로겐 조명을 사용한 가속노화실험을 통해 광원 조건에 따른 영향을 평가하였다.

1. 서론

최근 박물관에서는 기존 조명의 한계를 극복하기 위한 개선방안이나 새로운 광원의 적용을 시도하려는 노력들이 계속되고 있으며, 특히 차세대 조명 광원인 LED에 대한 연구가 증가하고 있는 추세이다.

본 연구에서는 한지 채색시편, 비단 염색시편을 대상으로 LED, LED-Blue, 형광등, 할로겐 조명을 사용하여 광원 조건에 따른 영향을 평가하였다.

2. 재료 및 방법

2.1 의사시편 제작

2.1.1 한지 채색시편

서화류 의사시료는 한지(경북 의성 백닥, 채색용 28～29 g/ms, 배접용 32～33 g/ms)에 아교(막대아교, 일본 봉황, 1.7%)포수한 후 3회 채색하였다. 안료는 적색계통과 황색계통의 두 종류로 하였으며, 빛에 대한 견뢰도가 다르도록 무기안료와 유기안료의 두 조건으로 구분하였다. 적색은 진사(Cinnabar)와 랙(Lac), 황색은 밀타승(Litharge)과 등황(Gamboge)이 사용되었다.

2.1.2 비단 염색시편

의복용 숙견에 천연 염색을 한 염색시편을 사용하였다. 의사시료는 견(상주 함창 명주, 32.8 cm*16.38 m)에 염료를 5회 염색하였다. 염색시편 제작에 사용된 색상은 전통 의복에서 대표적으로 사용된 적색, 황색, 청색계통의 세 종류로 하였다. 각각의 색상은 빛에 대한 견뢰도가 다르며, 적색은 소목, 황색은 치자, 청색은 쪽으로 선정하였다.

2.2 가속노화실험

광원은 LED, LED-Blue, 형광등, 할로겐으로, 일반적으로 시판되는 조명을 대상으로 하였다. 자체 개발 가속노화장치는 외부 조명이 차단되고, 광원과 시료의 거리 조정이 가능하다. 각 광원별로 세 단계의 거리차이(500, 900, 1 300 mm)를 두고, 빛을 완전히 차단시킨 대조군까지 총 13조건으로 실험을 진행하였다. 실험에 사용된 조명의 광원 조건은 다음과 같다.

		전광선속 [lm]	CRI	전복사속 [mW]	CCT	전력 [W]
광원 특성	LED	919.61	81.57	2 962.31	2 546.63	11.77
	LED-Blue	113.29	–	3 237.01	–	10.67
	형광등	1 123.74	87.80	3 419.12	7 481.82	18.26
	할로겐	847.86	99.54	5 294.99	2 925.69	52.80

2.3 분석 및 평가

스캐너(PERFECTION V700PHOTO, EPSON, Japan)와 색차계(Spectro-guide, BYK Gardner, Germany), 실체 현미경(SMZ1500, Nikon, Japan, ×50배율로 측정)을 이용하여 실험 전·후 시편의 상태를 분석 및 기록하였다. 가속노화실험이 완료된 후 전·후 결과에 따른 육안조사 및 색차값을 측정하여 안료의 변색 정도를 평가하였으며, 각각의 색상에서 실험 후 가장 큰 색도 변화값을 보인 무기·유기안료를 주사전자현미경(SEM, JSM-6400, JEOL, Japan)과 에너지분산형 형광엑스선분석기(EDS, INCA X-stream, OXFORD, England)를 이용하여 안료의 화학성분 및 미세조직 변화를 관찰하였다.

3. 실험 결과

가속노화실험 결과 한지 채색시편에서는, 스캔을 이용한 표면분석에서는 네 가지 광원이 채색 시편에 미치는 영향이 명확하게 확인되지 않았으나, 색도 분석 결과 광원 조건별로 변색으로 인한 각기 다른 색차값을 나타냈다. 시료를 구성하는 재질별로 변색 정도의 경향이 다르게 나타났으며, 광원 종류, 거리, 안료 재질의 세 가지 조건 모두 가까운 거리에서 가장 높은 색변화를 보였다. 가장 큰 색차값을 보인 순서는 밀타승, 랙, 등황, 진사이며, SEM-EDS로 시편의 표면을 분석한 결과 화학성분 및 안료의 미세조직에서는 큰 변화를 발견하지 못했다.

비단 염색시편에서는, 스캔을 이용한 표면분석에서는 시편의 색이 전체적으로 밝아진 것을 확인할 수 있었으며 실체현미경 사진에서도 같은 양상을 보였다. 색도 분석 결과 염색시편 역시 광원 조건별로 변색으로 인한 각기 다른 색차값을 나타냈다. 가장 큰 색차값을 보인 순서는 치자, 소목, 쪽이며 치자와 소목은 할로겐 광원에 의한 변색의 색차값이 가장 크다는 공통점을 보였다.

	distance (cm)	Gamboge	Litharge	Cinnabar	Lac
LED	50	0,855	0,766	0,632	0,882
	90	0,634	2,047	0,504	0,783
	130	0,591	2,259	0,484	0,639
	Control Group	0,437	1,943	0,371	0,534
LED -BLUE	50	0,427	5,514	0,437	0,871
	90	0,574	4,750	0,3693	0,899
	130	0,341	4,999	0,286	0,701
	Control Group	0,437	1,943	0,371	0,534
Fluorescent Lamp	50	0,400	3,372	0,397	0,635
	90	0,354	2,650	0,399	0,557
	130	0,383	3,025	0,638	0,513
	Control Group	0,437	1,943	0,371	0,534
Halogen Lamp	50	1,246	0,978	0,864	0,737
	90	0,881	2,322	0,793	0,886
	130	0,578	0,599	0,676	0,663
	Control Group	0,437	1,943	0,371	0,534

	distance (cm)	Gradenia	Sappan Ligum	Natural Indigo
LED	50	2.124	1.173	0.504
	90	1.563	1.031	0.336
	130	1.110	0.608	0.844
	Control Group	0.842	0.504	0.468
LED -BLUE	50	1.462	0.677	0.339
	90	1.046	0.394	0.418
	130	0.899	0.466	0.502
	Control Group	0.842	0.504	0.468
Fluorescent Lamp	50	0.803	0.414	0.453
	90	0.688	0.479	0.244
	130	0.750	0.518	0.565
	Control Group	0.842	0.504	0.468
Halogen Lamp	50	3.140	1.591	0.640
	90	2.114	1.165	0.429
	130	1.445	0.971	0.604
	Control Group	0.842	0.504	0.468

4. 고찰 및 결론

본 실험에 사용된 조명 및 거리 조건은 적산조도로 볼 때 실제 박물관과 유사한 조도 조건을 가질 수 있으므로, 실험결과는 장차 발생될 수 있는 광원에 의한 전시유물의 변색 가능성을 시사한다. 하지만 적산조도를 상승시킬 경우 색차값의 경향성이 더 크게 나타날 수 있으므로 보다 다양하고 구체적인 실험검증이 필요하다. 금번 실험 결과 서화류, 직물류에 대한 광원 조건에 따른 영향을 평가할 수 있었으며, 이와 같은 결과는 문화재 변·퇴색 관련 연구에 있어 주요 기초 정보로 활용될 수 있기를 기대한다.

충전제에 따른 우레탄 수지의 물성 변화 연구

이미영[1] 이은숙[1] 강효양[1] 위광철[2]
(1 한서대학교 문화재보존과학연구센터 · 2 한서대학교 문화재보존과학과)

中文摘要: 在文物保存处理时,作为结合、复原材料使用的环氧树脂因其高强度和硬度,存在成形困难的问题,硬化后产生的黄变现象会导致违和感,而因此进行再处理会加重文物的疲劳度等,出现多种问题。为了改善这些问题而开发的聚氨酯树脂,具有低收缩、低黄变、可逆性等优秀的特点,与之前使用的材料相比,在物理性质方面类似,确认是可以代替环氧树脂的材料。

聚氨酯树脂在开发时,希望达到使用填充剂调配成糊状后作为复原剂使用的目的。开发过程中以Talc为填充剂进行了试验。但是Talc使树脂重量变重、加工性变差等,产生了变化。

因此,本研究利用Aluminum Hydroxide(以下称AH)、Magnesium Hydroxide(以下称MH)两种填充剂,将通过物理性质试验确认与原来使用的填充剂的差异,比较优缺点。

本研究使用2014年开发的低收缩、低黄变、可逆性优秀的聚氨酯树脂,与各种填充剂(Talc, MH, MH)混合制成糊状,进行作为文物复原剂的优缺点比较。试验结果显示,根据填充剂的种类不同,发现硬度、抗拉强度、粘着力、磨损率等的变化,AH和MH填充剂混合的情况下,与混合了Talc的试片相比,除了硬度值以外所有物理性质的测量结果都较高。但是从变化量来看,与本来使用的Talc呈现相似的物理性质。

根据上述结果,判断各种填充剂混合使用的方法也是可行的。以本研究为基础,我们通过进一步的研究及开发,判断可以将与各种填充剂混合的性能更优

的聚氨酯树脂用作文物保存处理材料。

1. 서 론

최근 문화재의 보존처리 방법 및 재료 개발에 대한 연구가 활발히 이루어지고 있으며, 특히 문화재 보존처리에 많이 사용되고 있는 에폭시 수지를 대체할 수 있는 재료의 개발을 위해 많은 연구가 진행되고 있다.

문화재 보존처리 시 접합, 복원 재료로 사용되고 있는 에폭시 수지는 높은 강도와 경도로 인한 성형의 어려움이 있으며, 경화 후 발생하는 황변현상으로 인한 이질감과 이로 인한 재처리로 유물의 피로도가 증가하는 등의 다양한 문제를 나타내고 있다. 이러한 문제점을 개선하고자 개발된 우레탄 수지는 저수축 및 저황변, 가역성이 우수하며 기존에 사용되어온 재료들과 물성면에서도 유사해 에폭시 수지를 대체할 수 있는 재료로 확인되었다.

우레탄 수지는 충전제를 이용해 페이스트 형태로 배합하여 복원제로 사용이 가능하도록 개발되었으며, 개발 시에는 Talc를 충전제로 이용해 실험을 진행하였다. 그러나 Talc 는 수지의 중량이 무거워지고 가공성이 낮아지는 등의 변화가 나타났다.

이에 본 연구에서는 Aluminum Hydroxide(이하 AH), Magnesium Hydroxide(이하 MH) 2종의 충전제를 이용해 기존에 사용된 충전제와의 차이를 물성실험을 통해 확인해보고 장·단점을 비교해 보고자 한다.

2. 실험 방법

시편 제작은 저황변 우레탄 수지 원액과 충전제인 Talc, Aluminum Hydroxide, Magnesium Hydroxide 3가지를 40～50Wt.%로 배합하여 실리콘 틀을 이용해 제작하였다.

물성 실험방법은 경도 비교를 위한 Showa경도(TECLOCK社, JISK K 7215 D Type), 인장강도(DAE YEONG PRECISION社의 DYUL-2 재료 만능시험기), 접착강도(Dfelsko社의 Positest-AT-A 접착강도계, 50×50×10 mm 제작된 태토 시편), 가공성 비교를 위한 마모율(테이버 마모시험기 COAD.101) 테스트를 실시하였다.

3. 결과 및 고찰

경도 실험결과 우레탄 수지의 원액은 74.5Hs의 결과 값을 나타냈으며, 충전제로 Talc 가 혼합된 시편은 72Hs, AH가 혼합된 시편은 76Hs로 가장 높은 경도 값을 보여주었다. 가장 낮은 경도 값은 MH로 68Hs가 측정되었다.

인장강도 실험결과 원액은 188㎏/㎠의 결과 값을 나타냈으며 충전제가 혼합된 시편은 모두 원액보다 낮게 측정되었다. 이들 중 Talc가 혼합된 시편이 32 kg/ cm^2으로 가장 낮은 인장강도 값을 보여주었으며, AH는 45 kg/ cm^2, MH는 49 kg/ cm^2을 나타내었다.

접착력 실험결과 원액은 2.07㎫의 결과 값을 나타냈으며 MH가 혼합된 시편은 1.34㎫의 결과 값을 으로 확인되었다. AH가 혼합된 시편은 1.47㎫로 가장 높은 접착력을 보여주었으며, Talc가 혼합된 시편은 1.25㎫로 가장 낮은 접착력을 나타내었다.

마모율 실험결과 원액은 0.91%의 변화량을 나타냈으며 원액과 유사한 변화량을 나타낸 시편은 Talc가 혼합된 시편으로 1.09%의 변화량을 보여주었다. AH가 혼합된 시편의 마모율은 1.12%, MH가 혼합된 시편은 1.13%로 각각 우레탄 수지 원액과 Talc과 혼합된 시편 보다 높은 마모율을 보여주었다.

Table 1 Total physical property result of urethane

상품명	접착력 (MPa)	마모율(%)	인장강도 (kg/cm^2)	경도 (Hs)
우레탄 원액	2.07	0.91	188	74.5
우레탄(Talc 50wt%)	1.25	1.09	32	72
우레탄(AH 50wt%)	1.47	1.12	45	76
우레탄(MH 50wt%)	1.34	1.13	49	68

4. 결 론

본 연구에서는 2014년도에 개발된 저수축, 저황변, 가역성이 우수한 우레탄 수지를 이용해 각종 충전제(Talc, MH, MH)를 혼합해 페이스트 형태로 제조하여 문화재 복원제로서의 장·단점을 비교하해 보았다. 실험 결과 충전제의 종류에 따라 경도, 인장강도, 접착력, 마모율 등의 변화를 확인할 수 있었으며, AH와 MH 충전제를 혼합할 경우 Talc가 혼합된 시편에서 보다 경도값을 제외한 모든 물성 측정 결과가 높게 나타났다. 그러나 변화량으로 보아 본래 사용되었던 Talc와 유사한 물성을 나타내는 것으로 사료된다.

이런 결과로 보아 각각의 충전제를 혼합해 사용하는 방법도 적합할 수 있을 것으로 판단되며, 본 연구를 기반으로 지속적인 연구 및 개발 등을 통해 각종 충전제가 혼합된 보다 우수한 우레탄 수지가 문화재 보존처리재료로서 사용될 수 있을 것으로 판단된다.

보존과학 분야에서 이미지 분석의 활용(Ⅰ)

유우식[1] 김규호[2]
(1 미국웨이퍼마스터스 주식회사 · 2 국립공주대학교)

中文摘要: 纸质文物保护修复时,可以使用图像分析法进行病害评价。利用计算机进行的图像分析,可以很大程度上修正它的客观性、再现性及定量化作业结果。例如,流出国外后于2016年12月从美国归国的1725年所绘松广寺的五佛图,利用图像分析法对其颜料剥落面积进行了定量分析。结果表明,颜料的剥落面积达到0.1平方厘米以上的地方有91处,剥落面积超过此图总面积的3.86%。其中有6个剥落面积较大的地方,总和占总剥落面积的84.9%。由此计算出颜料剥落区域的平均面积为1.2平方厘米。此方法可以推定颜料剥落面积和剥落特征。本文通过图像分析法,定量化分析了18世纪韩国佛画的特征。

요지

지류문화재의 보존과 복원의 평가에 기존의 수동 검사방법에 추가적으로 이미지분석 기법을 사용할 수 있다. 컴퓨터를 활용한 이미지 분석결과는 평가결과의 객관성, 재현성 및 정량화 작업을 크게 개선할 수 있다. 예를 들어, 국외로 유출되었다가 2016년 12월에 미국에서 반환된 1725년에 그려진 송광사의 오불도의 손상된 부분을 이미지 분석을 통하여 안료의 박락 면적에 관하여 정량분석을 실시하였다. 정량분석 결과에 따르면 안료의 박락 면적이 0.1 cm^2 이상인 부분이 91개소로 그림 전체면적의 3.86 %이상인 것으로 판명되었다. 안료의 박락 면적이 큰 상위 6개 영역의 합은 총 안료 박락 면적의

84.9%를 차지하는 것으로 나타났다. 안료 박락 영역의 평균면적은 1.2 cm^2로 계산되었다. 안료 박락 모드는 안료 박락 면적과 박락 특징을 통하여 추정이 가능하다. 이를 기초로 18세기 한국의 불화의 특징을 이미지 분석을 통하여 정량화를 시도하였다.

1. 서 론

일반적으로 서화를 포함한 지류문화재는 자연적인 변색과 열화로 인한 훼손이 발생하며 보존환경이나 보존방법에 따라 훼손 정도가 차이를 보인다. 특히, 문화재에 대한 인식이 성숙하지 못했던 시기에 국외로 반출된 지류문화재는 회복이 불가능할 정도로 훼손 상태가 심각한 경우도 있다. 이와 같이 훼손된 지류문화재의 원래 및 현재의 상태를 객관적으로 분석, 평가하여 훼손 및 진행 상태에 대한 자료를 수집하여 객관적인 평가와 효과적인 보존관리가 도입되어야 한다. 본 연구에서는 주기적으로 촬영된 지류문화재의 이미지 분석을 통한 데이터베이스화 기법의 활용 방안을 제시해 보고자 한다.

사진 촬영은 문화재의 발견과 조사단계에서부터 이루어지는 작업으로 사진기술이 개발된 이후에 지속적으로 사용되고 있는 방법이다. 많은 양의 사진이 촬영되고 있지만 실제로 그 활용되는 사진은 극히 일부이며 그 활용도가 높은 편이라고 하기는 어렵다. 그 이유는 사진을 과학적인 분석의 대상으로 인식하기 보다는 촬영 당시의 상태를 기록하는 정도로 인식하는 오랜 습관 때문일지도 모른다. 촬영 당시의 상태를 기록하는 사진의 특성을 활용한 연구 또는 관리대상 문화재의 주기적인 촬영한 사진을 통하여 문화재의 열화의 정도와 보존상태의 객관적인 기준을 마련하고 정량적으로 평가할 수 있다면 문화재의 관리, 보존방법의 개선에도 도움이 될 것이다. 나아가서는 정량분석을 염두에 둔 사진 촬영 기법을 보편화할 수도 있다.

사진 촬영과 촬영된 이미지 분석은 문화재의 비접촉, 비파괴적 조사와 기록 방법에서 유용한 방법으로 제시할 수 있다. 이 분석법이 확립되고 보급될 수 있다면 보존 분야에서 불필요한 취급을 줄이고 우발적인 훼손의 가능성도 상당부분 줄여나갈 수 있을 것이다. 본 연구에서는 이미지 프로세싱 소프트웨어를 사용한 보존과학분야에서의 이미지 분석의 활용 사례로 국외로 반출되었다가 최근에 국내로 환수된 조선시대 불화의 훼손상태와 불화의 구도 등의 특징의 정량화를 방법을 소개하고자 한다.

2. 분석대상 및 분석방법

2.1 분석대상

분석 대상은 2016년 12월초에 미국 포틀랜드박물관에서 국내로 40년 만에 귀환된 송광사 오불도의 공개 사진을 선정하였다. 송광사 오불도는 '관약왕약상이보살경'(觀藥王藥上二菩薩經)을 바탕으로 그린 '오십삼불도' 중의 하나로 1725년 제작된 것으로 알려져 있다 (Fig. 1). 작품 크기는 가로 117㎝, 세로 157㎝이다. (Table I) 여러 부위에서 다양한 형태 및 크기의 채색 안료가 박락된 상태로 훼손 정도가 심한 편이다.

Fig. 1 *Songgwangsa* Temple's painting of Five Buddhas, returned from the Portland Museum of Art, USA in December 2016.

송광사 오불도는 1970년대 초에 도난당한 것으로 알려져 있다. 1960년대부터 1980년대까지 약 30년간 서울에서 작품활동을 해왔던 미국인 예술가가 골동품점 구석에 찢기고 구겨져 있는 것을 구입하여 표구사에서 수리하고 소장하다가 미국 포틀랜드박물관에 기탁하였다고 한다. 이후에 오불도가 도난된 문화재라는 사실이 확인되자, 포틀랜드박물관은 기탁자에게 이 사실을 알리고 송광사로 반환하기 위한 협의를 시작하여 도난된 지 40여년만에 환수하였다. 기증자가 구입했을 당시에 이미 훼손이 많이 진행된 상태였던 것으로 알려져 있으나 당시의 사진이 남아있지 않아서 보존 상태를 정확하게 알 수는 없다. 다만, 반환 후에 촬영된 사진을 바탕으로 채색 안료의 박락 상태를 확인해 보고자 하였다.

Table I Dimensions of the returned *Songgwangsa* painting of Five Buddhas.

Dimensions of Painting	
Width	117 cm
Height	157 cm
Area	18,369 cm^2

2.2 분석방법

오불도의 사진 이미지에서 채색 안료가 박락된 흰색의 바탕 부위를 이미지 분석기법으로 추출하고 각 바탕 부위에 대하여 위치 좌표값, 면적, 둘레 길이 등을 포함한 기하학적 특징과 안료의 결손 정도에 대하여 정량화하였다. 또한, 광배 직경과 불체의 특징 부위를 수치화하여 불화 구도의 정량화도 시도하였다.

이미지 분석은 PicMan (미국 WaferMasters, Inc.)이라고 하는 이미지 프로세싱 소프트웨어를 사용하여 실시했다. 디지탈 이미지의 파일 형식은 BMP, JPG, PNG, TIF, GIF등 거의 모든 형식의 파일을 분석할 수 있다. PicMan은 반도체 및 최첨단 나노 일렉트로닉 소재의 전자현미경 이미지와 생명과학분야의 형광현미경 이미지를 분석하기위하여 개발된 것이나 디지탈 이미지의 특성상 공통점이 많아 문화재 보존과학분야에서도 최첨단 이미지 분석기술의 활용을 시도하게 되었다.

디지탈 이미지의 각화소의 RGB(R: Red (빨강), G: Green (녹색), B: Blue (파랑)) 색상및 밝기 정보를 분석하여 불화의 각 부분의 색도정보를 정량분석하고 길이, 각도, 반경, 구도에 관한 기하학적정보를 불화의 크기정보를 바탕으로 축척의 기준을 삼아서 컴퓨터의 화면을 통하여 이미지 파일상에서 측정하였다. 또한 채색 안료의 박락된 영역의 모양과 크기가 불규칙하고 위치 또한 일정하지 않아 실물에서도 박락된 부분의 면적과 빈도를 측정하는 것이 쉬운 일이 아니다. 특히 손상되기 쉬운 문화재의 경우에는 작업시간, 조건등에 많은 제약이 따르게 된다. 이미지 분석을 통해서 이러한 작업을 하게 되면 비접촉, 비파괴 분석이 가능하고 시간에 구애받지 않고 필요한 만큼 재측정 또한 가능하여 문화재의 면밀한 조사 또한 가능해진다. 기간을 두고 촬영한 사진을 비교하게되면 분석대상의 열화, 변색, 오염, 훼손의 진행 정도에 대한 정량화가 가능하다.

오불도의 중앙의 약간 상단의 이미지에 임의의 직선을 긋고 그 직선이 지나가는 위치의 모든 화소의 색상(RGB성분)과 밝기를 0~255 (8 bit 정보) 범위의 신호강도 분포를 RGB각각의 색상의 선으로 표시하였다. 또한 RGB의 평균치를 검은색선으로 표시하였다 (Fig. 2). 채색 안료가 박락된 부분은 흰색의 종이가 노출되어 는 것을 볼 수 있으며 그곳을 통과하는 직선부분의 색상정보는 RGB성분 모두 높은 값을 보여 흰색에 가까운 색상임을 확인할

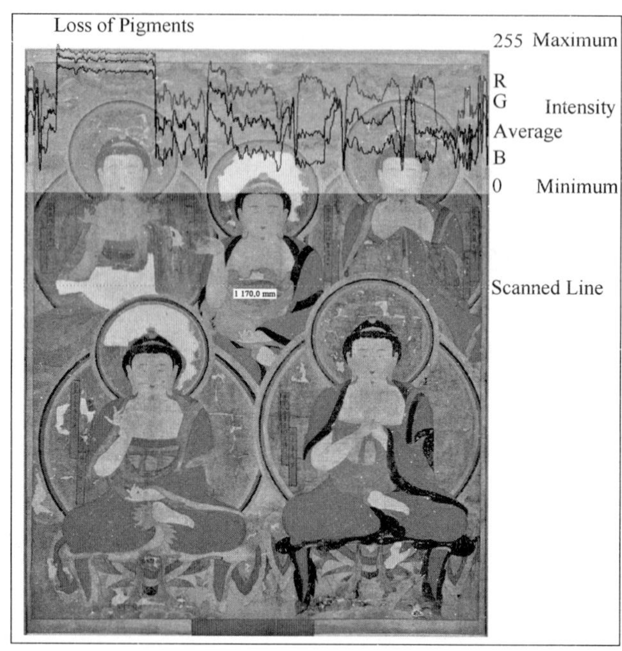

Fig. 2 Color analysis of *Songgwangsa* Temple's painting of Five Buddhas for pigment loss damage assessment.

수 있다. 이처럼 RGB색상의 신호강도 분포를 분석하여 채색 안료가 박락된 부분의 면적을 이미지 분석을 통하여 비접촉, 비파괴적인 방법으로 구할 수 있다. 일정한 영역을 지정하면 그 지정된 영역내에서 채색 안료가 박락된 부분의 개수, 면적 및 분포를 자동으로 산출할 수 있다.

3. 분석결과

안료 결손 면적을 손쉽게 확인하기 위하여 RGB의 보색인 CMYK(C: Cyan, M: Magenta, Y: Yellow, K: Key) 모드로 변환하여 실제 이미지에서 흰색으로 나타난 부분이 검은색 (K)으로 표시되도록 하여 부처님 상호 이외의 안료 결손영역을 쉽게 인식하고 자동으로 추출할 수 있도록 하였다. 결손부분을 인식하게 되면 결손부분의 윤곽을 추출하고 그 면적, 외주의 길이, 평균직경, 결손영역이 형상정보를 좌표값과 함께 정리하여 출력하게 하였다. 부처님의 광배의 반경과 폭도 측정하였으며 광배의 중심이 수직선상에 있는지의 여부도 확인하였다(Fig. 3).

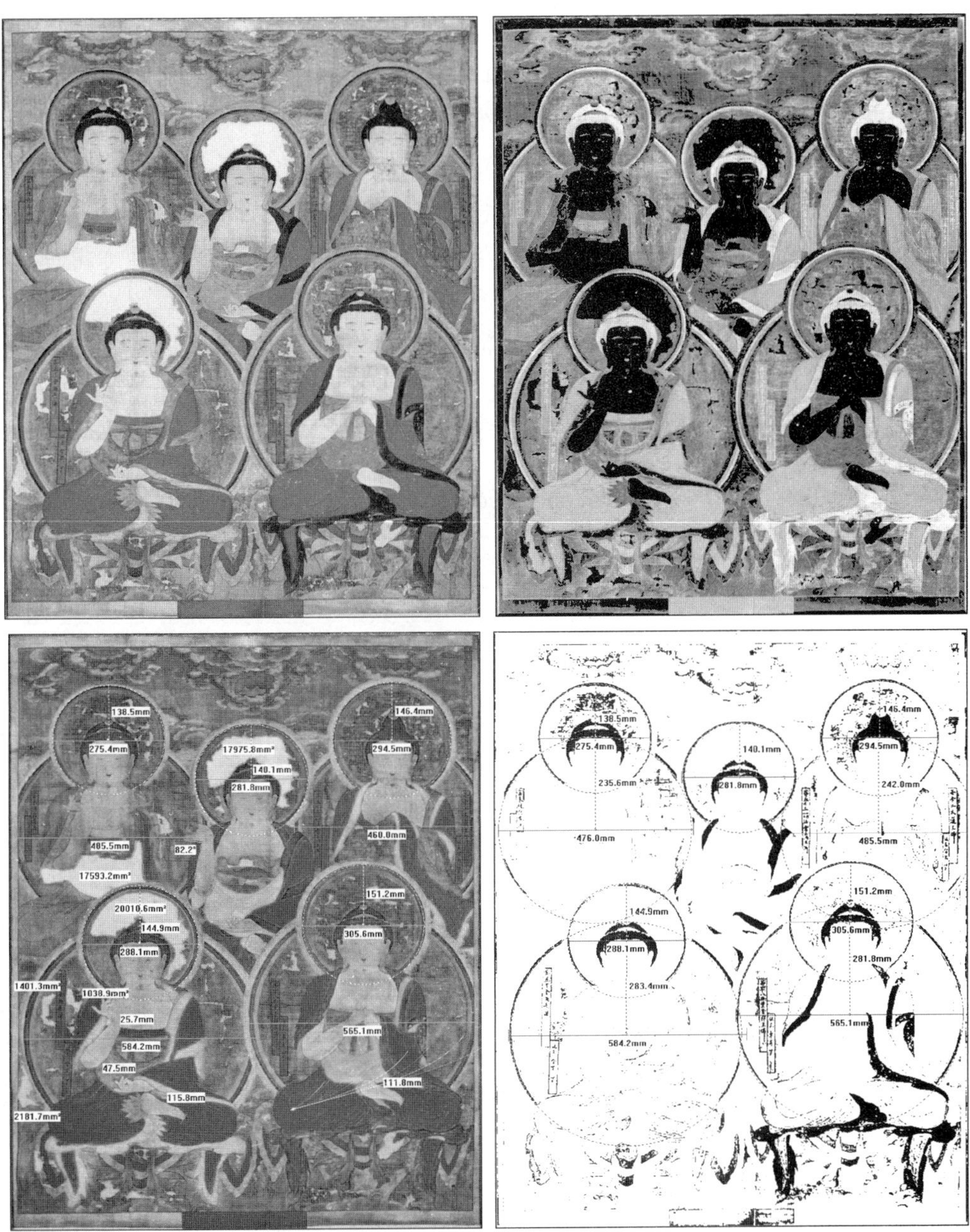

Fig. 3 *Songgwangsa* Temple's painting of Five Buddhas and its image analysis examples shown for the assessment of damaged area, characters and painting styles of interest.

오불도에서 안료 결손 면적이 0.1 cm^2 이상인 곳은 91개소로 오불도 전체 면적 18,369 cm^{2}의 약 3.86%에 차지하는 709 cm^{2}이다 (Table II). 이중에서 상대적으로 안료 결손도가 높은 6개소는 결손부의 면적이 602 cm^2 로 전체 안료 결손 면적의 84.9%을 차지한다. 그리고 나머지 85개소는 안료 결손 면적이 107 cm^{2}로 1개소의 평균 면적은 약 1.3 cm^{2}에 해당한다. 안료 결손 영역이 큰 것으로 보아 기증자가 구입할 당시에 형체를 알 수 없을 정도로 구겨지고 찢겨져 있었다고 진술한 점을 참고로 판단하면 비교적 두껍게 채색된 불화 안료가 벽에서 뜯어내는 과정과 운반하기 쉽게 말거나 접는 과정에서 균열이 발생하여 결손으로 이어졌다고 판단된다. 결손 영역이 작은 부분도 이러한 과정에서 발생한 안료층의 균열에 의해서 발생했을 가능성이 크다.

Table II　Summary of damage assessment on the returned painting of Five Buddhas using the image available to the public.

Damage Size in Order	Area (cm^2)
1	201.1
2	179.8
3	175.9
4	21.8
5	14.0
6	10.4
Number of Isolated Damages (>0.1 cm^2)	91
Total Area of Damage	709 cm^2
Percentage of Total Damaged Area	3.86 %

이중광배의 직경과 부처의 신체부위의 특징도 정량화하여 오불도의 구도를 수치화하는 작업도 병행하여 18세기초의 불화의 특징과 구도를 자료화한 결과, 작은 광배와 큰 광배반경의 범위는 각각 13.85～15.12 cm와 23.56～28.34 cm이고 그 비율 범위는 1.65～1.96의 값으로 측정된다 (Table III). 중앙에 위치한 부처님의 경우에는 이중광배의 구도가 아닌 작은 광배만이 그려져 있고 나머지 네 부처님중 두분의 광배는 약간 중심이 어긋나게 그려져 있음을 확인 할 수 있었다. 좌우 부처님의 광배의 중심의 높이에 차이가 있는 것도 확인되었다. 이와 함께 불화의 구도와 특징을 수치화하여 시대별로 데이터베이스화 된다면 문화재의 분류, 관리, 보존 분야에서 유용

한 자료로 활용될 수 있다.

안료 색도를 분석하여 시대별로 사용된 안료와 채색 및 변색 특성을 모니터링하고 이를 정리한다면 문화재의 수리와 복원작업에도 귀중한 자료로 활용될 수 있을 것으로 기대된다. 촬영된 이미지를 단순한 감상의 대상이 아닌 중요한 정보로 인식하고 정량화된 자료로 정리하는 것이 필요하다. 이를 위하여 분석에 적합한 이미지를 고민해 볼 필요도 있다.

Table III Radii of small and large halos and their ratios.

Buddha Location in Painting	Radius of Small Halo	Radius of Large Halo	Radius Ratio (Large Halo to Small Halo)	Remarks
Top Left	13.85 cm	23.56 cm	1.70	Centered
Top Right	14.64 cm	24.20 cm	1.65	Off Centered
Middle	14.01 cm	N/A	N/A	No Large Halo
Bottom Left	14.49 cm	28.34 cm	1.96	Centered
Bottom Right	15.12 cm	28.18 cm	1.86	Off Centered
Average	14.42 cm	26.07 cm	1.79	

4. 결 론

지류문화재의 훼손 상태는 현장에서 육안 검사와 수작업을 기초로 조사자의 견해에 따라 정리되는 것이 일반적인 방법이다. 이와 함께 촬영된 사진 이미지를 대상으로 앞서 기술된 이미지 분석 기법을 활용하여 안료 결손부위 위치, 면적, 기하학적 특징 등을 정량화하고 이를 보존에 필요한 기초 자료로 활용될 수 있다면 체계적이고 객관적인 보존 관리에 활용될 수 있다.

본 연구를 통하여 이미지 분석기법을 객관적이고 정량적인 자료취득의 수단으로 활용할 수 있음을 확인하였다. 이러한 이미지 분석기법의 활용은 지류문화재에 국한되지 않고 석조문화재, 건축문화재 등 다양한 분야에서도 활용이 가능하다. 특히 접촉에 의하여 손상되기 쉬운 문화재의 경우 비접촉, 비파괴적인 방법으로 자료를 취득할 수 있는 대안적인 방법이 될 수 있다. 이미 취득된 이미지 정보를 활용하여 추가분석과 비교분석도 가능한 장점을 활용하면 문화재 보존과학분야에서 새로운 활용방안의 개발이 기대되는 분야라고 할 수 있다.

사적 제 455호 아차산 일대 보루군 홍련봉 1·2보루 출토 철제대도의 제작기술 연구

오승준[1] 김서한[2] 신우철[2] 위광철[3]
(1 한국고고환경연구소·2 한서대학교 문화재보존과학연구센터·3 한서대학교 문화재보존과학과)

中文摘要: 史迹第455号阿且山一带堡垒群红莲峰1、2堡垒中出土无机类铁质大刀一件,研究团队希望通过显微组织观察及分析,了解其制作技术。

铁质大刀的金属显微组织分析结果显示,刃部(a)整体观察到铁氧体和珠光体的混合组织,背部(b)均匀分布着细微结晶致密存在的铁氧体和珠光体。身部的上端部(c)越往中央,碳含量越低,铁氧体组织的占比提高。非金属夹杂物的成分通过SEM-EDS分析的结果显示,刃部发现FeO以及SiO_2、MgO、CaO成分,背部发现FeO以及SiO_2、Al_2O_3、CaO成分。身部的前端部分发现FeO以及SiO_2、Al_2O_3、CaO成分。

铁质大刀的显微组织全部是碳含量低的铁氧体组织占优势,局部发现珠光体组织。制作大刀的材料推测是碳含量较低的亚共析钢,背部和身部前端部分的结晶呈现微细化的现象,可见加工量集中于背部。非金属夹杂物的分析结果显示,在玻璃体的基础上形成了方铁体和铁橄榄石。

1. 서 론

철제대도는 깎고 자르는 용도와 기능을 가지고 있으며, 일상 생활에서 사용되는 도구일 뿐 아니라 전쟁에서 무기로서 찌르거나 베는 살상용 도구로 철이 보급되기 시작하면서 급속도로 발전하였다. 특히 빈번하게 일어나는 전

쟁으로 인해 철제 무기들이 발전하였고 그 중에서 도(刀)는 무장의 기본으로서 매우 중요한 유물이다.

사적 제 455호 아차산 일대 보루군 홍련봉1·2보루에서는 철제대도, 철모, 철준 등 무기류와 철부, 철겸, 철착 등 농공구류, 철제 족집게, 철호 편 등 생활용구류, 철제 재갈, 철제 차관, 철제 교구 등 마구류가 다량 출토되었다. 이 중에서 무기류인 철제대도 한 점에 대해 미세조직 관찰 및 분석을 통해 제작기술을 파악해 보고자 하였다.

2. 연구 방법

아차산 홍련봉 출토 철제대도는 전체 길이 75.8, 신부 길이 64.6, 신부 폭 3.4, 신부 두께 0.6~0.7 병부 길이 11.2, 병부 폭 1.8, 병부 두께 0.4로 나타났으며, 신부의 단면형태는 역삼각형, 병부의 단 면형태는 장방형이다. 신부의 배부는 직선형으로 편평하며, 인부는 뾰족하게 날이 잘 세워져 있다. 신부 폭 은 일정하다가 선단부에서 삼각형으로 좁아진다. 신부와 병부 연결부인 관부는 인부와의 경계가 거의 없으며, 배부는 각이 져 완만하게 연결된다. 관부의 위치가 바뀐 양상을 띤다. 병부의 평면형태는 장방 형이며, 말단부 모서리가 말각되어 다소 둥글다. 목질은 신부 뒷면에만 부착되어 있다. 목판에 놓여 있었던 것으로 추정된다.

금속학적 미세조직을 위한 분석시료는 유물의 파손을 최소화하여 시료를 채취하였으며, 채취한 시료는 에폭시 수지로 마운팅(mounting)하여 샌드페이퍼의 조밀 순서에 따라 #300, 500, 1000, 1200, 2400, 4000의 순서대로 연마한 후 물로 세척하였다. 이후 연마포(MD-MOL, MD-NAP, Struers)와 연마제(DP-suspension 3 μm, 1 μm Struers)를 이용하여 미세연마를 실시하였다. 연마 후 3%의 나이탈(HNO3+Ethyl Alcohol)용액으로 시편을 부식시킨 후 물과 Ethyl Alcohol로 세척하였다. 미세조직은 광학현미경을 이용해 부위별로 배율을 달리하면서 조직을 관찰하였다. 미세조직 내에 존재하

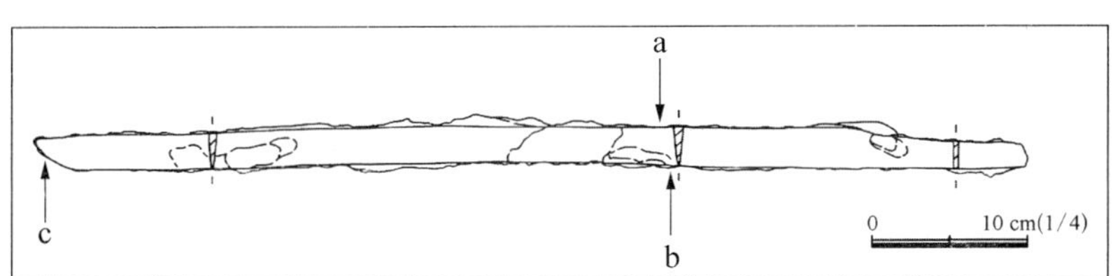

는 비금속개재물은 주사전자현미경(Scanning Electron Microscope: SEM, MIRA3) -에너지분산형분광계(Energy Dispersive Spectrometer: EDS, QUANTAX 200, Bruker)를 이용하여 조사하였다.

3. 결과 및 고찰

철제대도의 금속미세조직 분석 결과 인부(a)에서는 페라이트와 펄라이트 혼합 조직이 전체적으로 관찰되며, 배부(b)는 미세화된 결정립의 조밀한 페라이트와 펄라이트가 균일하게 분포하고 있다. 신부의 선단부(c)에서는 중앙부로 갈수록 탄소함량 줄어들어 페라이트 조직의 분율이 높아진다. 비금속개재물의 성분을 SEM-EDS로 분석한 결과 인부에서는 FeO과 더불어 SiO_2, MgO, CaO의 성분이 확인되었으며, 배부에서는 FeO과 더불어 SiO_2, Al_2O_3, CaO의 성분이 확인되었다. 신부의 선단부에서는 FeO과 더불어 SiO_2, Al_2O_3, CaO의 성분이 확인되었다.

4. 결 론

아차산 홍련봉유적에서 출토된 철제대도 1점에서 시료를 채취하여 금속학적 분석을 실시하였으며, 미세조직 분석을 통해 고대 고구려시대의 제철・제강법을 파악하고, 철제대도의 실질적인 기능과 역할에 대해 연구한 결과 다음과 같은 결론을 얻을 수 있었다.

철제대도의 미세조직은 모두 탄소 함량이 낮은 페라이트 조직이 우세한 가운데 부분적으로 펄라이트 조직이 발견되는 양상을 보인다. 대도를 만든 소재는 탄소 함량이 적은 아공석강으로 추정되며, 배부와 신부의 선단부의 결정립이 미세화된 것으로 보아 가공량은 배부에 집중된 것으로 보인다. 비금속개재물의 분석결과 유리질 바탕에 우스타이트와 파얄라이트가 형성되었다.

아차산 홍련봉유적에서 출토된 철제대도는 고대제철법으로 생산된 순철을 이용해 철기의 용도에 맞게 형태를 성형, 가공하여 제작한 것으로 추정되며, 별도의 열처리 공정은 확인되지 않았다. 단, 분석된 시료의 외부층은 부식이 심해 분석을 할 수 없어 본 연구 결과만으로는 전체적인 제작기법을 단정하기에는 어려움이 있어 분석데이터를 축적해 비교연구자료로 활용한다면 고구려시대의 철기 제작기술에 대한 정보를 얻을 수 있을 것으로 사료된다.

청동주조 토제범의 재질과 제작기법 연구
— 경주 동천동 출토 토제범을 중심으로 —

손다님[1] 양희제[2]
(1 국립경주문화재연구소 · 2 경주대학교)

中文摘要: 本研究对出土于庆州东川洞的土制范的实地测量复原图、组成矿物、粒度及物性实验、细微有机物、色差及主要成分进行了研究。内范与外范的截面分为内部(第一层位)和外部(第二层位), 有机物混合在外部。截面因热性和脱模剂呈现色变特性。第一层位是X射线透射率高的矿物, 是高矿物, 利用偏光显微镜可以观察到石英颗粒。而在SEM观察中, 截面内部从中心开始发生龟裂, 外部也呈现类似的且空隙大的现象。构成矿物的粒子大小分类为微砂质植壤土, 内范与外范相同, 比率约为2.7比1和2.9比1。在物性实验中, 内范吸水率为27.36%, 外范吸水率为31.09%, 虽然内范与外范的密度和吸水率相似, 但他们的孔隙率却不同。截面色差的原因, 应该是为了脱模方便, 在第一层表面用烟熏过或在第一层表面涂上了墨水。组成矿物分析结果显示, 内范与外范相同, 但是只在内范检测到磁铁矿。主要成分分析的SiO_2平均含量为72.14%, Al_2O_3的平均含量为14.48%。副成分Fe_2O_3为4.50%, K_2O为3.01%。Na_2O、MgO、CaO、TiO_2、P_2O_5和MnO的含量都小于2%。

1. 서론

이 연구는 동천동 유적출토 토제범을 대상으로 내범과 외범의 복원도를 작성하고 제작방법을 연구하였다. 내범과 외범의 구성입자 입도와 조성광물을 분석하고 미시적 관찰과 물성시험을 통해 재질을 연구하였다. 또한 토제범 단면의 색도차와 주성분을 분석하고 주조된 금속용기의 탈형을 위해 부가적으로 사용되는 탈형제를 검토하였다. 이 연구는 고대 금속용기 제작기술을 연구하는 기초자료로 이용될 것이다.

2. 연구대상 및 방법

토제범의 구성 재질과 제작기법을 연구하기 위해 내범 4점과 외범 4점을 시료로 선정하였다.『慶州 東川洞 古代都市遺蹟 宅地造成地區 內 7B/L』의 실측도에 근거하여 복원도를 작성하였다. 실체현미경(Nikon SMZ 800 / INFINITY1-1C)과 X-선(SOFTEX KOREA, M-150)을 정밀관찰하고, 편광현미경(Nikon ECLIPSE LV100D/ Digital SIGHT DS-Fi 1)과 X-선 회절분석기(Philips X-pert MTD)로 조성광물을 분석하였다. 단면의 색차는 색차계(CM- 2600d)로 측정하고 입도, 흡수율과 밀도를 시험하였다. 성분분석을 위해 주사전자현미경(SEM, Hitachi S-2300)과 휴대용 XRF(BRUKER T-1 Turbo)를 이용하였다.

3. 연구결과

1. 연구대상 내범과 외범의 단면은 내측이 짙은 회색이고 중앙은 검은색에 가까우며 최외측은 황갈색이다. 토제범 단면은 금속용기와 맞닿는 내측에 세립질 층위가 있고 제1층위와 제2층위로 구분되며, 제2층위는 혼입된 유기물로 인해 기공이 발달하였다.

2. 복원도에서 외범의 최외경은 약 33.5 cm. 높이는 17.8 cm이고 내범의 최외경은 21.5 cm, 높이가 12.5 cm이다. 토제범에서 제작할 수 있는 용기는 굽이 없고 구연부 최외경이 24.8 cm, 높이가 9.2 cm이며, 용기의 두께는 구연부가 약 0.28 cm, 저부는 약 0.31 cm 이다.

3. 실체현미경 관찰결과, 금속용기와 맞닿는 제1층위가 약 1 mm이하의 세립질 입자로 치밀하다. 외측인 제2층위는 제1층위의 구성과 유사하나 다소 굵은 입자가 점점이 관찰되고 혼입된 유기물로 인해 기공이 발달하였다.

4. 편광현미경 관찰결과, 제1층위의 미사질의 광물은 대부분 석영이고 SEM 관찰에서 제1층위는 입자의 입도는 밀실하나 공극이 확대된 양상이다. 제2층위(단면의 중앙)는 균열이 발달한 양상이고 외측의 기질은 공극이 있

고 잔류된 유기물이 관찰된다.

5. 입도분석결과, 내범과 외범은 입도가 유사한 미사질식양토이고 미사질과 점토의 구성비는 각각 약 2.7 : 1과 약 2.9 : 1이다. 물성시험결과, 흡수율은 각각 23.13%와 26.39%이며, 밀도는 각각 1.18와 1.18이며, 공극율은 각각 27.36%와 31.09%로 나타났다.

6. 토제범 단면의 색도차는 금속용기와 맞닿는 내측이 주물로 인한 열과 유기물로 인한 색상변화를 암시하고, 내측에서 단면의 중앙까지 색상이 변화는 제1층위의 표면에 탈형을 위해 그을음 입히거나 또는 제1층위를 먹물로 수비하였을 가능성이 있다.

7. 연구대상 내범과 외범의 조성광물분석결과, 내범의 조성광물은 석영, 조장석, 정장석, 철방해석, 자철석, 괴타이트, 적철석이고, 외범은 석영, 조장석, 정장석, 괴타이트가 동정되었으며, 주성분 분석에서는 SiO_2의 평균함량이 72.14%, Al_2O_3는 14.48%이다.

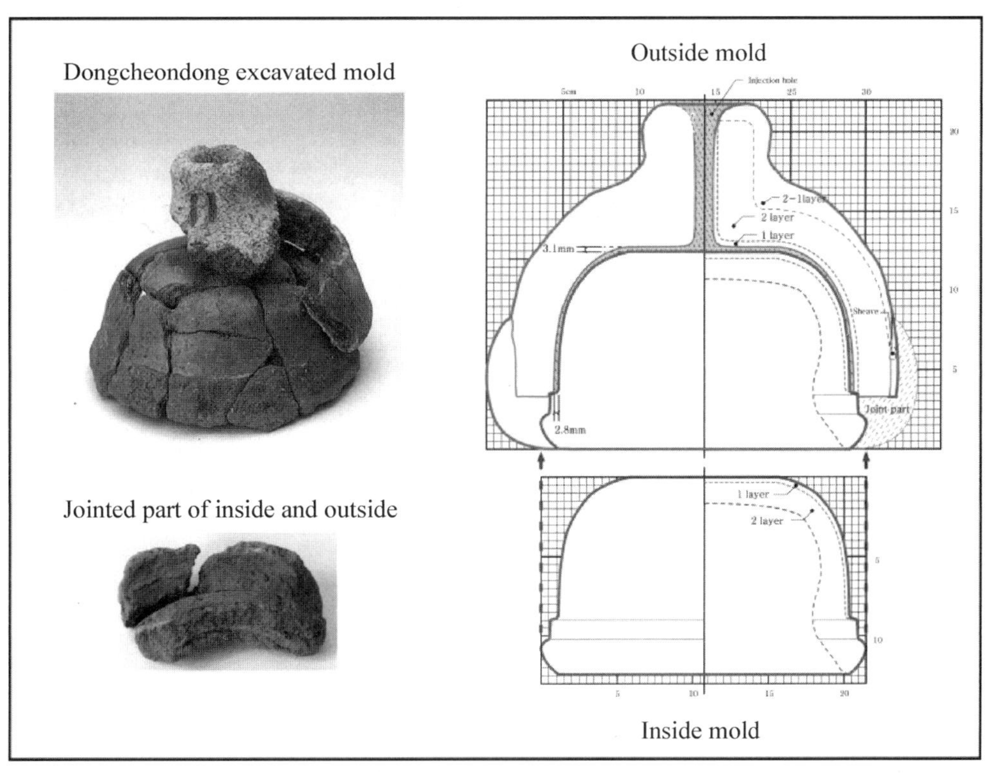

Fig.1 Restoration picture of Bronze Casting Earthen mold excavated from Dongcheondong

고대제철복원실험을 통한 철기제작기술 연구*

김수기[1] 양슬기[1] 김재휘[2] 이남규[3] 신경환[4]
(1 용인대학교대학원 문화재보존학과 · 2 용인대학교 문화재학과 · 3 한신대학교 한국사학과 · 4㈜ 경원텍 금속기술연구소)

中文摘要: 古代炼钢工艺是使用固体低温还原法把铁矿石制成还原状态而分离铁和杂质，再把还原的块炼铁或海绵铁反复锻打，挤出夹杂物，按照锻铸或铸造工序最终完成炼钢。但是古代炼钢的传统技术，目前已经处于失传的状态。本研究作为复原古代炼铁技术研究的一环，以古代炼铁复原试验生产的还原铁块为对象，经过精炼、锻炼及成型锻造工序，制作铁梃及铁镰1把，铁矛2支，并对此铁器进行了金属学方面的分析。

分析结果显示，整个铁器出现铁氧体(ferrite)组成的基质，因部分表面渗碳，形成了珠光体(pearlite)，也显示其硬度大幅度上升。尤其，对这些铁器进行热处理之后急速冷却表面时，可观察到马氏体(martensite)，而这一部分的硬度很高。还有，对非金属夹杂物的EDX分析结果显示，大部分由FeO-SiO_2-Al_2O_3系列的琉璃质熔渣(slag)组成；而测定出FeO较高的原因，是由于无法还原的原石成分滞留在熔渣(slag)引发的。通过观察到的组织状态与三元相图的结晶温度可知，与既有被分析的铁器出现类似的情况。

通过本研究复原了利用固体低温还原法的古代铁器制作工艺。与此同时，本文可作为弄清出土的古代铁器生产工艺必要的研究资料，有其参考价值。

* This work was supported by the National Research Foundation of Korea Grant funded by the Korean Government(NRF-2014SIA5B6037922).

1. 연구 목적 및 방법

고대 제철유적의 사례를 통해 오늘날 단절되어버린 제철기술 전 과정을 복원하는 것을 목표로 하며, 고고학, 보존과학 및 금속공학 등 다양한 분야의 전공자들이 융합연구팀을 구성하여 연구를 진행하였다. 이를 통해 이론의 적용과 과학적 규명 등 각종 연구의 발전에 기여하고 전통적 철물의 생산과정 복원, 보존 및 활용을 목적으로 한다.

이를 위해 고고학, 금속공학, 문헌, 민속 등 여러 분야의 고증자료들을 취합해 노의 구조와 조업매뉴얼을 설계하였으며, 고체저온환원법에의한 제련을 토대로 정련단야, 단련단야, 성형단야 등 일련의 단야작업을 거쳐 철기를 제작하고 그 결과를 분석하였다.

각 공정에서 시료를 채취하여 시편을 제작하였으며 제작, 분석한 시편의 양이 많아 본 연구에서는 각 공정별 특징이 가장 잘 나타나는 일부에 관해서만 언급하였다.

2. 실험진행과정

2.1 제련

제련로는 발굴조사된 고대 제련로 중 잔존상태가 비교적 양호한 밀양 임천리 유적의 제련로를 모델로 하였으며, 구조는 <Figure 1>과 같다. 실험을 진

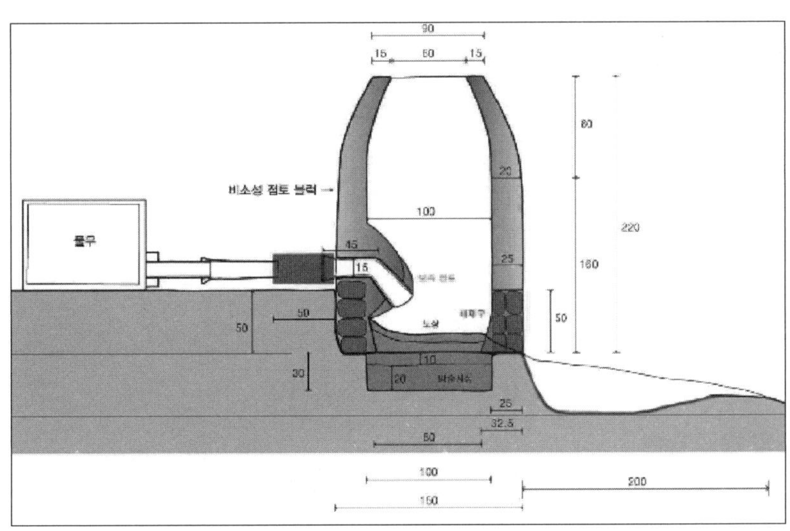

Figure 1. 제련실험로 도면 (밀양 임천리 유적 기초)

행하며 광석, 목탄, 황토를 투입하였고 고정식 온도계와 이동식 온도계를 사용하여 온도를 측정하였다. 실험이 종료된 후 생성물을 수습하여 회수율을 측정하였으며 내용은 <표 1> 과 같다.

표 1. 제련실험 조업내용

투입량	광석 : 410 kg / 목탄 : 929.3 kg / 황토 : 82 kg
노 내 온도(℃)	평균 1,198℃ / 최소 1,130℃ /최대 1,248℃
송풍관 온도(℃)	평균 1,367℃ / 최소 1,200℃ / 최대 1,500℃
수습량	88.6 kg / 21.61%(회수율, 무게비)

2.2 정련단야

정련단야로는 경주 황성동 유적 단야로를 모델로 하였으며 구조는 <Figure 2>와 같다. 제련실험을 통해 생상된 괴련철을 투입하고 실험 종료 후 생성물을 수습하여 무게를 측정하였으며, 고정식 온도계 2개와 이동식 온도계를 이용하여 노 내 온도를 측정하였다. 내용은 <표 2>와 같다.

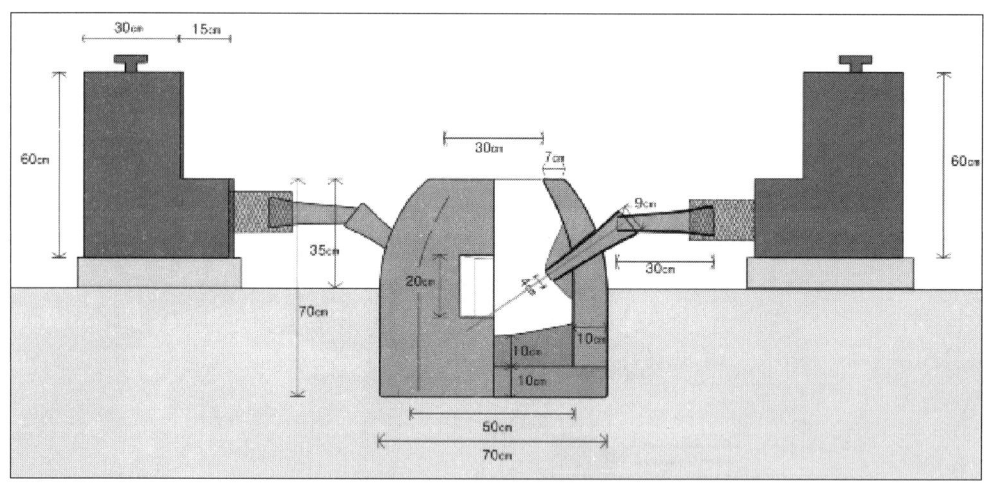

Figure 2. 정련단야로 도면 (경주 황성동 유적 기초)

표 2. 정련단야 조업내용

괴련철 총 투입량	21.208 kg
제련 후	11.06 kg
노 내 온도(℃)	평균 1,205.7℃ / 최소 901℃ / 최대 1,400℃

2.3 단련 · 성형단야

단련단야로와 성형단야로는 동일한 로를 사용하였으며, 밀양 금곡 유적 단야로를 모델로 하였다. 단련단야를 통해 불순물을 제거하여 봉상철정 2점을 완성하였으며, 이를 바탕으로 성형단야를 실시해 철겸 1점, 철모 2점을 최종 제작하였다. 그 내용은 <Figure 3>과 <표 3>과 같다.

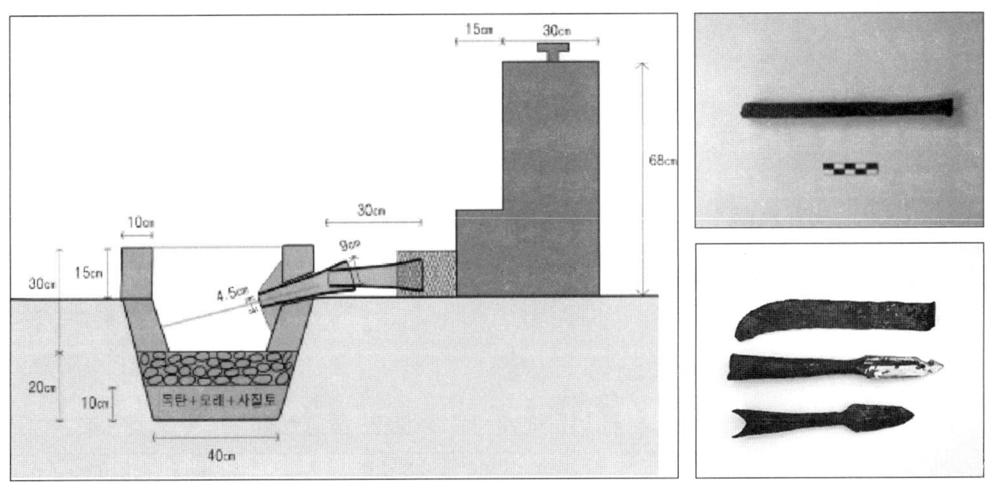

Figure 3. 단련, 성형단야 실험로 도면 (밀양 금곡 유적 기초) 및 결과물 사진

표 3. 단련, 성형단야 조업내용

	단련단야	성형단야
조업 결과	봉상 철정 2점 완성 (300 g-18겹, 680 g-2겹)	철겸 1점, 철모 2점 완성
노 내 온도(℃)	평균 1,225.7℃ / 최소 901℃ / 최대 1,483℃	평균 1,226.1℃ / 최소 954℃ / 최대 1,424℃

3. 미세조직분석 (금속현미경 / SEM-EDX)

3.1 환원괴

환원괴는 <Figure 4>와 같이 대부분 ferrite 기지조직에 비금속개재물이 혼재되어있는 상태이며 일부 환원괴에서는 pearlite 조직도 혼재한다. C/S성분 측정을 통해 탄소/유황 평균 0.043wt% / 0.022wt%로 모두 낮게 확인되

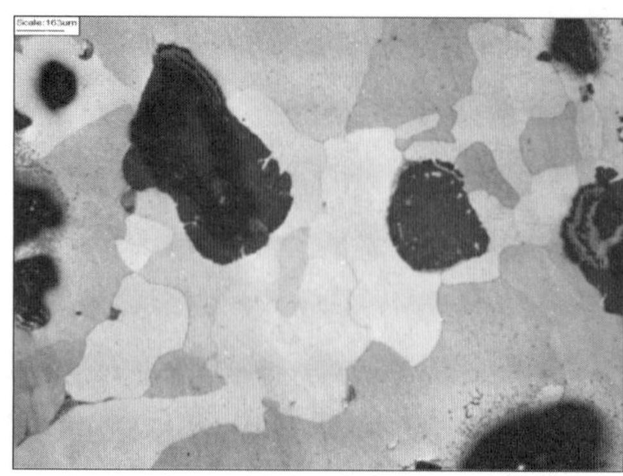

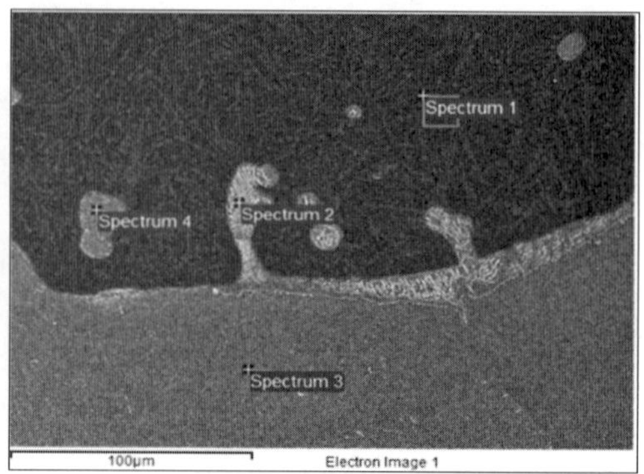

Figure 4. 소형철괴 UD-11 x50 미세조직 (좌) , SEM-EDX 분석 (우)

며 경도는 평균 120.9Hv로 전형적인 ferrite 기지의 환원괴로 확인되었다. <표 4>는 환원괴의 비금속개재물 성분 분석 및 온도추정결과로, 비금속 개재물 중 SiO_2가 주성분인 부분은 환원이 원활하게 이루어진 경우이며, FeO가 주성분인 경우는 환원이 미흡한 상태이다. 고체저온환원법의 지표조직인 Wüstite가 비금속개재물 내에서 확인된다.

표 4. 환원괴 비금속개재물 성분 및 온도추정

시편명	위치	성분							
		MgO	Al_2O_3	SiO_2	K_2O	CaO	TiO_2	FeO	FAS
UD-4	2	8.79	2.32	36.35	0.66	1.18	—	50.69	1 250℃
	3	—	15.47	57.47	3.29	7.75	—	16.00	1 480℃
UD-5	3	1.03	14.52	52.59	4.17	10.80	2.60	14.29	1 475℃
UD-6	4	1.68	14.32	57.30	3.29	9.67	2.64	11.11	1 470℃
UD-10	2	1.01	15.84	54.55	3.86	9.75	1.77	13.22	1 473℃
UD-11	1	2.48	14.81	56.57	3.11	3.91	—	19.13	1 474℃
UD-12	2	—	6.61	8.61	2.69	—	26.94	55.15	1 330℃
	3	7.04	9.49	52.53	6.82	9.38	1.89	12.85	1 500℃

3.2 철정

<Figure 5>에서처럼 정련과 단접을 반복하며 탄소량이 다른 3개의 조직층으로 구분되었으며 조직과 조직 사이 층상구조에 다량의 비금속개재물 확인된다. 전체적으로 조밀한 형태의 ferrite 기지조직이 확인되며 표

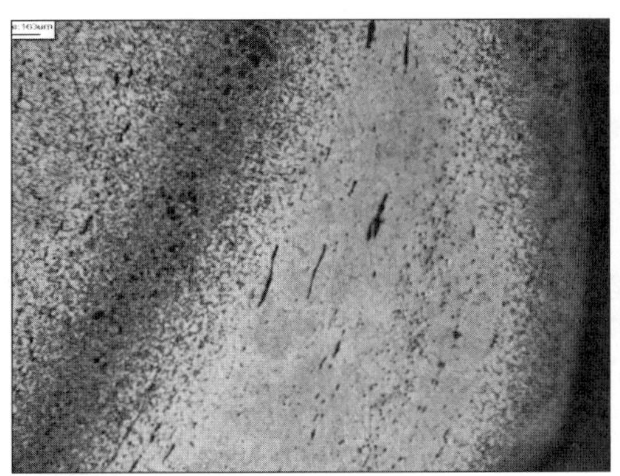

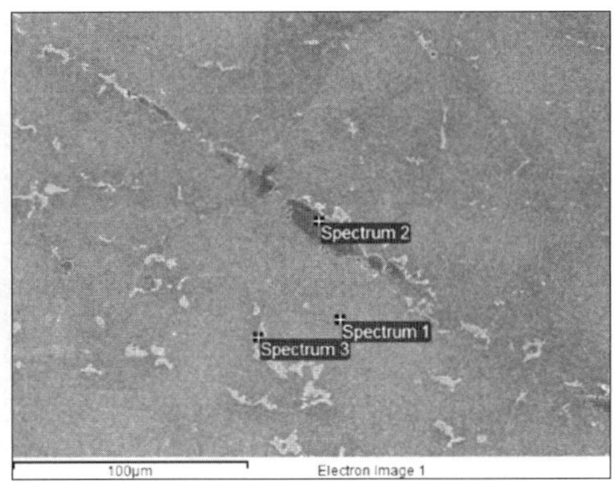

Figure 5. 철정 UBE-2 x50 미세조직 (좌), SEM-EDX분석 (우)

면에 pearlite층이 관찰되며 경도는 기지조직 117.7～138.9 Hv, 표면 146.2～180.2 Hv로 표면에 침탄이 이루어져 Pearlite가 형성된 것으로 확인된다. 비금속개재물은 FeO SiO_2 Al_2O_3 계 유리질 slag 임을 확인하였으며, <표5>를 보면 주성분은 모두 FeO로 가열 및 단타과정에서 SiO_2 성분이 용융되어 제거된 것으로 추정된다.

표 5. 철정 비금속개재물 성분 및 온도추정

시편명	위치	성분							
		MgO	Al_2O_3	SiO_2	K_2O	CaO	TiO_2	FeO	FAS
UCJ-4	2	3.23	9.37	37.01	2.30	3.24	1.31	43.53	1 086℃
UCJ-6	1	2.04	8.90	32.87	2.19	2.41	—	51.59	1 087℃
UBE-1	2	—	4.38	19.70	1.24	1.09	—	73.60	1 200℃
UBE-2	2	0.95	6.29	22.37	1.28	1.95	—	67.16	1 088℃
	3	—	5.80	24.89	1.21	1.80	—	66.29	1 085℃

3.3 완성품

각 인부, 배부, 공부의 금속현미경 관찰 결과 기지조직은 모두 ferrite 조직으로 확인되었으며, 인부와 같이 표면에 강도가 필요한 경우 <Figure 6>과 같이 표면 일부가 침탄되어 pearlite와 ferrite가 혼합된 양상을 보인다. 열처리를 실시한 철모의 경우 인부 표면에서 Pearlite와 급랭조직인 martensite가 확인되며 경도측정결과 ferrite 기지조직은 평균 105.5～152.8 Hv, 열처리 조직인 pearlite는 323.59～566.2 Hv, martensite는 949.83～1 076.72

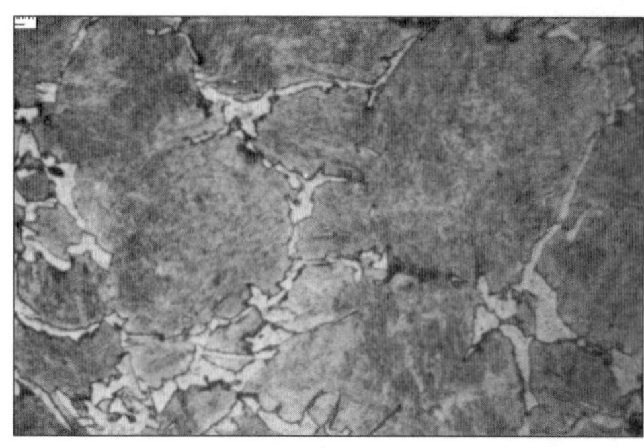
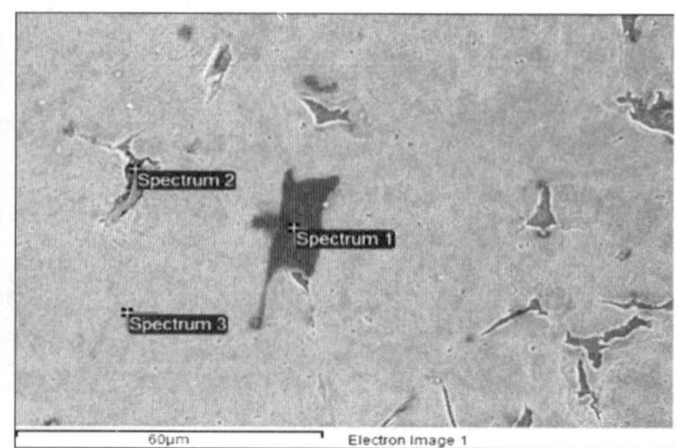

Figure 6. 철모 UCM-7 인부내부 x500 미세조직 (좌), SEM-EDX분석 (우)

Hv로 측정되어 인부에 적합한 강도임을 확인하였다. 비금속개재물은 FeO SiO_2 Al_2O_3계 유리질 slag로 주성분인 FeO는 환원되지 못한 광석의 성분이 잔존해 있는 것으로 추정된다. 비금속개재물 성분 및 온도추정 결과는 <표 6>과 같다.

표 6. 완성품 비금속개재물 성분 및 온도추정

시편명	위치	성분							
		MgO	Al_2O_3	SiO_2	K_2O	CaO	FeO	FAS	FCS
UCM-1	1	1.39	6.47	26.30	1.21	2.59	62.03	1 085℃	—
UCM-4	3	1.44	6.97	31.80	1.96	3.48	54.35	1 095℃	—
UCM-5,6	2	1.57	5.52	28.71	—	1.29	62.91	1 090℃	—
	3	2.52	1.39	31.07	—	2.78	62.23	—	1196℃
UCM-7,8	1	—	7.24	53.01	10.17	3.62	25.95	1 520℃	—
	2	—	1.86	16.56	2.52	1.48	77.58	1 210℃	—
UCG-2	1	—	10.82	48.58	5.56	—	35.04	1 410℃	—
UCG-3	2	—	12.00	53.06	3.08	—	31.86	1 440℃	—
	3	0.71	1.42	6.48	—	0.70	90.69	1 359℃	—

4. 성분 간 비율 비교분석

<Figure 7>은 SEM-EDX 분석 데이터를 산화물식으로 변환한 후 성분 간 비율을 계산하여 비교분석한 것을 삼각좌표로 나타낸 것으로, SiO_2는 광석과

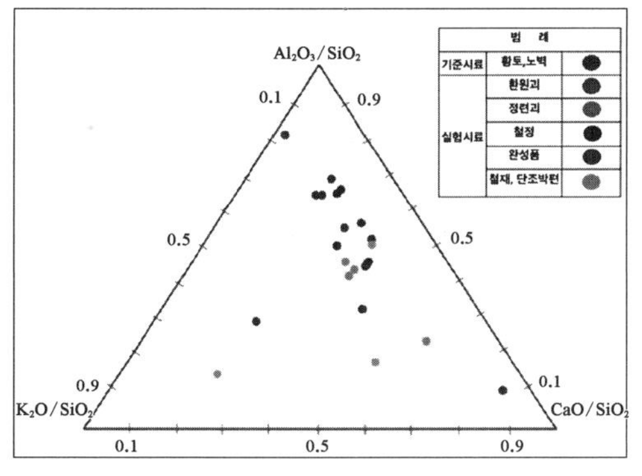

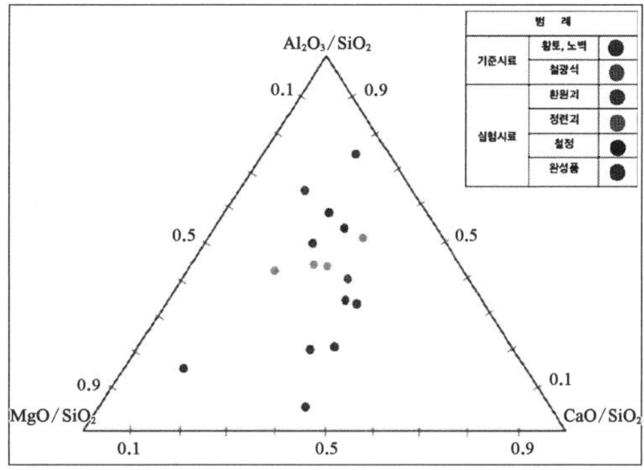

Figure 7. 성분 간 비율 비교 삼각좌표

황토에 관계없이 고르게 높은 비율로 분석되어 비율 계산의 기준으로 삼았다.

기준시료의 Al_2O_3/SiO_2 값은 광석은 평균 0.21, 황토와 노벽은 평균 0.46으로 약 2배가량 황토와 노벽의 Al_2O_3/SiO_2 값이 더 높게 나타났다. 황토의 CaO/SiO_2 값은 0.01, K_2O/SiO_2는 0.16으로 낮게 나타났으며 광석은 CaO/SiO_2와 MgO/SiO_2가 평균 0.39로 높게 나타났다.

이를 볼 때 시료의 비금속개재물 중 제련괴의 경우 철광석의 값과 유사하며 나머지는 황토 또는 노벽의 성분비와 유사함을 알 수 있었으며 CaO/SiO_2는 대부분의 시료에서 모두 0.4 이하로 나타나는데 이는 석회질 조재제를 사용하여 조업하지 않았을 가능성을 보여주는 것으로 실제 실험 시 첨가하지 않은 것과 일치한다.

5. 조업온도 추정

실험 각 단계에서 고정식 온도계와 이동식 온도계를 이용하여 온도를 측정하였으며, <Figure 8>은 제련실험의 온도계 설치 위치를 표시한 것이다. 생성물의 비금속개재물 정출온도를 FCS와 FAS계 상태도를 이용하여 추정하였으며 이와 함께 측정한 조업온도는 <표 7>과 같다.

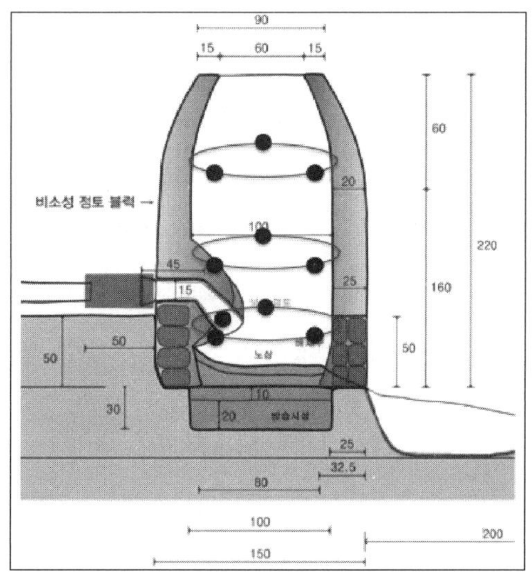

Figure 8. 제련실험로 온도계 설치 위치

제련실험 시 송풍관 온도가 1,200~1,500℃ 인 것을 보았을 때

송풍관 앞쪽과 노 중앙부는 노의 표면보다 온도가 더 높은 것을 확인할 수 있으며, 생성물의 비금속개재물 정출온도는 조업 시 측정한 온도 범위 내에 있음을 확인하였다.

표 7. 조업온도 측정치 및 FAS/FCS 추정온도

	조업온도	FAS /FCS
제련실험	노 표면 1,198～1,248℃ 송풍관 1,200～1,500℃	1 250～1,500℃
정 련, 단련단야	정련단야로 901～1,400℃ 단련단야로 901～1,483℃	1,085～1,200℃
성형단야	954～1,424℃	1,085～1,520℃

6. 결론

(1) 비금속개재물 분석결과 고체저온환원법의 지표조직인 Wüstite가 조사된 대부분의 시편에서 관찰되는 것으로 보아 고체저온환원법에 의해 제련한 철 소재를 사용한 것과 일치함을 확인하였다.

(2) 전체적인 조직 양상은 ferrite 기지조직에 표면이 부분적으로 침탄되어 pearlite가 형성되어 있는 탄소강의 성질을 보이며 정련과 단접을 반복하며 내부조직이 개선되고 표면침탄이나 조직을 개선할 수 있음을 확인하였다.

(3) 반복적인 합단과정을 거침에 따라 겹침층이 나타나며, 그 사이에 가는 일자 형태의 연신된 비금속개재물이 관찰된다. 비금속개재물의 주성분인 FeO는 환원되지 못한 철광석이 남아 있는 것으로 추정되며 SiO_2 성분은 공정과정 중 용융되어 제거된 것으로 판단된다.

(4) 철기단계에서 인부를 담금질 및 단조 함으로써 pearlite와 급랭조직인 martensite가 형성되며 경도 또한 비약적으로 증가된 것을 확인하였다. 이는 탄소가 낮은 고대철기제작에서도 온간이나 냉간 가공을 통해 경도를 상승시킬 수 있는 것으로 판단된다.

(5) CaO/SiO_2, Al_2O_3/SiO_2, MgO/SiO_2, K_2O/SiO_2 의 등의 비로 보아 실험 당시 실제 사용한 원료의 성분과 비슷한 경향을 띠는 것을 확인하였으며, 석

회질 조재제를 첨가하지 않은 것을 성분비를 통해 확인할 수 있었다. 또한 FAS, FCS 산화물삼원상태도로부터 Wüstite의 정출온도와 제철 조업온도를 추정한 결과 실험 당시 조업온도 범위 내에 위치함을 확인하였다.

(6) 추후 발굴을 통해 출토된 여러 고대철기의 데이터 및 고대제철복원실험의 데이터를 축적하고 비교하여 그 생산공정을 밝히는데 중요한 연구자료로 활용이 가능할 것으로 사료된다.

References

Korean Association for archaeological Heritage, 2012, *Iron Manufacture Remains of the Korean Peninsula.*

Jung-won National Research Institute of Cultural Heritage, 2014, *Natural Science Analysis Report of Excavated Artifacts from the Jungwon area.*

Jung-won National Research Institute of Cultural Heritage, 2016, *Natural Science Analysis Report of Excavated Samples from Gyeongsang Province.*

Metal Technology Institute, 2013, A study of the ancient Korean iron production technology, Choi Y.M, 2016, *A Study of Iron Making Technology in The Central Region of Ancient Korea Peninsula.*

Shin K.H, Etc., 2015, A Study on the Production method, of Stone Build Type Iron Manufacture Furnace, *The Journal of Korean Field Archaeology*,Vol.22.

Kim K.I., Lee N.K., 2016, Archaeological interpretation and use about the metallurgical analysis of iron making artifacts, *Go-mun-hwa* Vol. -No.88.

Kim K.I., 2017, An Essay on the Furnace Structure of Big Smithies for Ancient Iron-making and the Restoration of Operation Methods-Focusing on the iron-making sites of Hwangseong-dong and Imcheonri, *Journal of Korean Archaeological Studies Hankuk Go-go-Hakbo* No.103.

진도 쌍계사 벽화의 재질 및 제작특성 연구

李나라[1] 유영경[1] 이화수[2]
(1 한국전통문화대학교 · 2 충북대학교)

中文摘要: 最近在维修工程中发现的"珍岛双溪寺大雄殿"内部壁画，其色彩层厚、具有光泽等体现了与韩国寺刹壁画不同的特点。本研究通过显微镜观察、粒度分析、XRD和SEM-EDS等对双溪寺大雄殿内部壁画进行了科学调查及分析，了解了其壁画的结构及材质特性。分析结果显示，双溪寺大雄殿壁画的壁体以初壁层、底层、彩色层为层位结构，使用沙子和风化土等土壤建造了壁体，可确认采用了传统的寺刹壁画土壁体建造方式。但是，彩色层底面有使用石灰的底漆层，其彩色层的厚度约为120 μm，具有比通常寺刹壁画彩色层更厚的特点。而且，此壁画中还可确认主要出现在油画作品的彩色层裂痕现象及多处光泽与有厚度的笔墨等，观察到类似于油画技法制作的绘画表面特点。研究结果显示，珍岛双溪寺大雄殿壁画由土壤建造了其壁体，而彩色层采用了使用干性油的油画技法。通过此次科学性分析调查，发现朝鲜时代的寺刹壁画采用了尚未在其他地方观察到的独特的壁画制作方式。

초 록

최근 보수공사 중 발견된 "진도 쌍계사 대웅전" 내부 벽화는 채색층이 두껍고, 광택이 있는 점 등 국내 사찰벽화와는 상이한 특징을 나타냈다. 이에 본 연구에서는 쌍계사 대웅전 내부벽화를 대상으로 현미경 조사, 입도분석, XRD, SEM-EDS 등을 통한 과학적 조사 및 분석을 실시하여 벽화의 구조 및 재질특성을 파악하였다. 분석결과, 쌍계사 대웅전 벽화의 벽체는 초벽층, 마감층, 채색층의 층위 구성을 보이고 모래와 풍화토 등의 토양을 사용하여 벽체를 제작한 점 등으로 미루어 볼 때 전형적인 사찰벽화의 토벽체 제작양식을 반영하고 있는 것으로 확인되었다. 그러나 채색층 아래에 회를 사용한 바탕칠층이 있고, 채색층의 경우에는 두께가 약 120μm 일반적인 사찰벽화 채색층에 비해 두꺼운 특징을 보였다. 또한 유화작품에서 주로 관찰되는 채색층의 균열현상이 나타나거나 여러 곳에서 보이는 광택과 두께감 있는 붓터치가 확인되는 등 유화기법으로 제작된 회화의 표면과 유사한 특징들이 관찰되었다. 연구결과, 진도 쌍계사 대웅전 벽화는 흙으로 벽체를 조성하였으나 채색층은 건성유를 사용하는 유화기법으로 제작된 것으로 조사되었으며, 금번 과학적 분석조사를 통해 조선시대 사찰벽화에서는 관찰되지 않는 특이한 벽화 제작양식을 확인할 수 있었다.

1. 서 론

전남 진도군 소재 “진도 쌍계사 대웅전(시도 유형문화재 제121호)”의 보수공사 중 내부에 그려진 벽화 19점이 발견되었으나, 벽화 도상과 재료, 제작기법에 있어 기존의 사찰벽화와는 다른 특징들이 확인되었다. 벽화는 현재 화면 보호를 위해 표접(facing) 처리하여 사찰 내 가설 창고에 보관 중에 있으며, 본 연구에서는 측벽화 신중도와 산수도 벽화를 대상으로 채색층 구성상태와 벽체 재질 분석 등 과학적 분석조사를 실시하여 벽화 제작상태에 관한 특성을 면밀하게 파악하였다.

Figure 1. 신중도(대웅전 서벽 중앙 하단)

Figure 2. 산수도(대웅전 서벽 중앙 상단)

2. 연구방법

2.1 벽화 채색층 조사

쌍계사 대웅전 벽화 채색층 표면을 디지털 현미경(G-Scope, Genie Tech, KO)을 이용하여 특이사항을 파악하였다. 또한 조사대상 벽화 외곽에서 박락된 채색층 파편을 수습하여 광학현미경(SMZ18, Nikon, JP)을 이용하여 단면 분석조사를 실시하였다.

2.2 벽체 구성 분석

대웅전에서 분리된 산수도 벽화 측면에 노출된 단면에 대하여 육안조사와 두께 측정을 통하여 벽체 층위 조사를 실시하였다.

2.3 벽체 재질특성 분석

산수도 벽화에서 박락된 벽체 시료를 초벽층, 마감층, 석회 바탕칠층으로 분류하여 층위별 재질분석을 실시하였다. 입자크기별 분포도를 통한 물성 파악을 위하여 초벽층과 마감층 입도분석을 하였다. X-선 회절분석(XRD, Mini Flex 600, Rigaku, JP)을 통해 광물 결정 동정을, 주사전자현미경과 에너지분산형 X-선 분광분석장치(SEM-EDS, Coxem, EM-30AX, KO)를 이용하여 미세조직 및 화학성분을 분석하였다.

3. 연구 결과

3.1 벽화 채색층 조사

벽화 채색층 표면 조사결과, 채색의 두께가 일반적인 토벽화에 비해 매우 두껍고 광택과 붓질의 흔적, 유화에서 관찰되는 균열현상과 물감이 건조되지 않은 상태에서 여러 색상들이 혼용되며 채색된 특징 등이 관찰되었다.

이에 단면 분석 결과, 약 0.5-0.8 mm의 두께의 석회 바탕칠층 위에 조성된, 채색층은 약 120.20 μm의 두께의 적색층과 그 위에 약 35.35 μm의 두께의 황색층이 겹쳐 채색된 것이 확인된다.

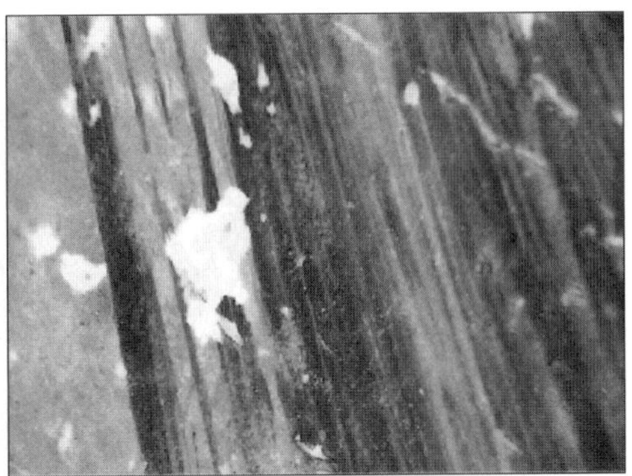

Figure 3. 채색층 표면 세부

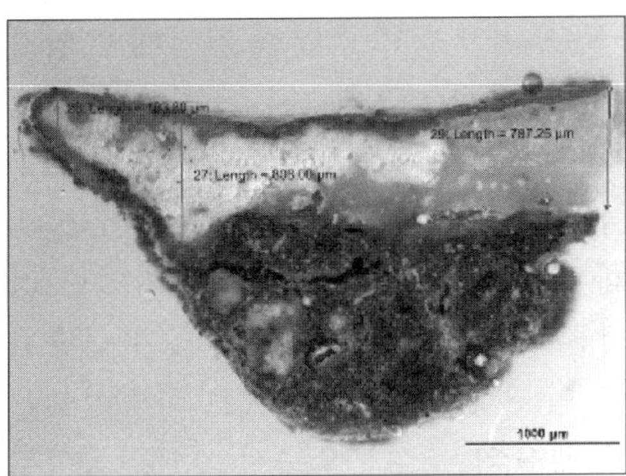

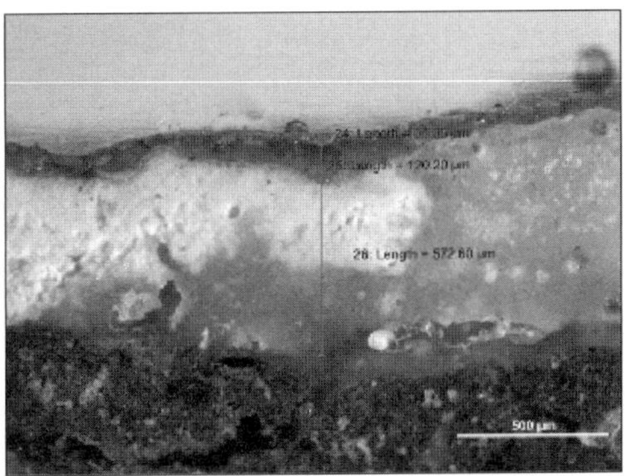

Figure 4. 채색층 단면 분석

3.2 벽체 구성 분석

눌외와 설외를 새끼줄로 엮어 골조를 마련하였고, 벽체의 평균 두께는 100 mm로 조선시대 사찰벽화 두께와 유사하다. 벽체의 중벽층은 확인되지 않으며 짚여물과 토양을 혼합한 초벽층과 고운 토양과 모래를 혼합한 마감층, 그 위에 얇은 석회 바탕칠층으로 세개의 층위가 확인된다.

초벽층은 90~98 mm 두께로 내외부에서 맞벽을 쳐서 제작한 흔적이 관찰되며, 내벽측에서만 확인되는 마감층은 약 6~8 mm 두께로 일정하게 조성되어 있다. 석회 바탕칠층은 내외부벽에서 관찰되며 얇은 내벽측 바탕칠층에 비해, 외벽층 석회 바탕칠층은 크게 10 mm 이상의 두께로 두껍고 불규칙하게 조성되어 있다.

3.3 벽체 재질특성 분석

건식 체가름에 의한 입도분석 결과 초벽층 광물입자들의 크기는 중립사 이상 약 28.9%, 세립사 약 48.4%, 실트 이하 약 22.7%의 분포도를, 마감층 광물입자들의 크기는 중립사 이상 약 26.4%, 세립사 약 29.3%, 실트 이하 약 44.3%의 분포도를 나타냈다.

XRD 분석결과, 석회 바탕칠층에서는 방해석(Calcite)과 석영(Quartz)이 검출되어 석회에 모래 등의 토양을 혼합한 모르타르로 판단되며 초벽층과 마감층은 모래의 주 구성광물인 석영, 장석류 및 운모류의 광물 결정상이 검출되었다.

미세조직 분석결과, 바탕칠층의 광물들은 미세하고 균일한 결정체의 입자들로 이루어져 있으며, 초벽층과 마감층은 다양한 입자크기의 광물들이 서로 응집체를 형성하고 있다.

각 층위별 시료에 대한 화학성분 분석결과, 석회 바탕칠층 광물에서는 O, Ca, Si, Fe, Ti이 검출되었고, 이는 석회와 그에 혼합된 토양에서 기인한 것으로 보인다. 초벽층과 마감층 시료의 광물에서는 O, Si, Al, Fe, K이 검출되었으며, 추가적으로 초벽층에서 Ti과 Ca이 확인되었다. 검출된 화학성분은 대부분 암석을 구성하는 조암광물과 점토광물의 주성분으로서, XRD 분석결과와 종합하여 볼 때, 쌍계사 벽화의 토벽은 모래와 풍화토를 혼합하여 제작한 것으로 추정된다.

4. 결 론

진도 쌍계사 대웅전 벽화를 대상으로 채색층과 벽체에 대한 과학적 분석조사를 실시하였다. 벽체층은 모래와 풍화토를 혼합하여 제작한 것으로 추정되며, 벽체의 층위 및 두께를 고려하였을 때 전형적인 조선시대 사찰벽화 제작양식을 반영한다. 하지만 석회 바탕칠층 위에 채색층의 두께감, 광택, 혼색과 붓 자국, 그리고 균열상태 등을 미루어 볼 때, 식물성 건성유 전색제로 안료와 혼합해 그리는 유화(油畫) 기법의 특징들이 나타났다. 이에 본 과학적 분석 연구를 통해 진도 쌍계사 대웅전 벽화는 일반적인 사찰벽화에서 확인되지 않는 특이한 제작기법 양식을 지니고 있음을 확인할 수 있었다.

유물 변색특성 평가를 위한 LED 가속노화 실험 연구

김지원[1] 이유정[2] 박민정[2] 김규린[3] 이화수[4] 강대일[2]
(1한전통문화대학교 문화유산전문대학원 문화재수리기술학과 ·
2한국전통문화대학교 문화재보존과학과 · 3한국조명연구원,
4충북대학교 목재종이공학과)

中文摘要: 本研究利用两种不同色温的LED光源, 对文物材料的纤维进行了老化实验。实验结果表明, 不同颜色的样品, 变色程度不同, 原因是光的反射和吸收波长带不同; 辐射通量比光通量对文物老化产生的影响更大, 照明的演色性可能会导致展示的文物变色。虽然本实验所用材料仅限于有机物, 还需要更多的实验条件进行具体验证, 但还是可以掌握到光源条件对文物材质产生的影响。期待本研究成为研究文物变褪色的重要资料。

초록

본 연구에서는 색온도가 다른 두 LED 광원을 사용하여 유물의 바탕재인 섬유를 대상으로 열화실험을 진행하였다. 그 결과, 시편 색상에 따라 변색 정도가 다르게 나타나며 이는 유물의 열화에 영향을 주는 광원의 영향은 전광선속(lm)에 의한 것보다는 전복사속(mW)에 주요하게 작용함을 시사한다.

1. 서론

최근 박물관에서는 기존 조명의 한계를 극복하기 위한 개선방안이나 새로

운 광원의 적용을 시도하려는 노력들이 계속되고 있으며, 특히 차세대 조명 광원인 LED에 대한 연구가 증가하고 있는 추세이다. 본 연구에서는 유물의 바탕재인 섬유와 객관적 평가를 위한 Blue Wool Standard를 대상으로 LED 광원에 의한 가속열화실험을 실시하였으며 각기 다른 두 종류의 LED조명을 대상으로 열화실험에 따른 변·퇴색 경향을 파악하였다.

2. 실험 방법

2.1 가속열화실험 시편

유물을 구성하는 바탕재 중 대표적으로 빛에 민감한 재질인 지류, 직물을 선정하여 특성을 다르게 한 두 종류의 LED 조명광원을 대상으로 열화실험을 진행하였으며 명주 염색 시편을 대상으로 염료에 대한 안정성 실험을 실시하였다. 지류는 평량이 다른 두 종류의 한지를 사용하였으며, 직물은 화견, 명주, 삼베를 사용하였다. 또한 객관적 평가를 위해 Blue Wool Standard를 각 실험 조건 당 한 개소를 부착하였으며, 한국산업표준 KS K ISO 105-B02를 참고하였다.

2.2 실험 및 평가

광원은 주광색 LED, 단파장대를 증폭시킨 LED-Blue 두 종류의 조명을 대상으로 자체 개발 가속노화장치를 이용하여 175 mm의 거리에서 실험을 진행하였다. 가속열화실험이 완료된 후 전·후 결과에 따른 색차값을 측정하여 각 시편의 변색 정도를 평가하였다. 색도는 분광색차측정계(CR-400, MINOLT, Japan)로 KS M ISO 5631-1을 참고하여 5포인트 측정하였다. 실험에 사용된 조명의 광원 조건은 다음과 같다.

		Total luminous flux [lm]	CRI	Total radiation flux [mW]	CCT	Electric power [W]
Attribute	LED	919.61	81.57	2 962.31	2 546.63	11.77
	LED-Blue	113.29	—	3 237.01	—	10.67

3. 실험 결과 및 고찰

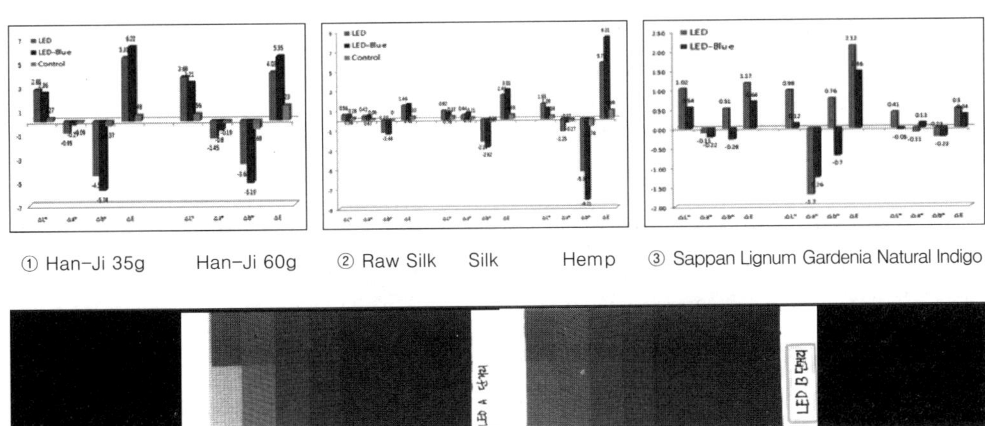

① Han-Ji 35g Han-Ji 60g ② Raw Silk Silk Hemp ③ Sappan Lignum Gardenia Natural Indigo

한지의 경우 포톤 1개당 에너지가 높은 blue 영역에서 흡수율이 높게 나타나고 있고 red 영역으로 갈수록 흡수율이 낮게 나타나는데 Blue-LED와 주광색 LED의 스펙트럼을 보면 한지의 흡수율이 높은 blue 영역의 빛에너지가 높은 광원이 Blue-LED로 이에 의한 열화가 더 높게 나타났음을 알 수 있다. 한지의 평량에 따라 열화 정도의 차이를 보인 것은 두께 때문이라고 판단된다. 평량 35g 한지의 두께는 평균 97.8 μm이며, 60g 한지의 두께는 평균 152.6 μm로 약 1.6배의 차이를 보인다.

화견과 명주의 변색 반응은 광분해에 기인한 것이라고 판단된다. 견직물은 페닐알라닌, 트립토판, 티로신 등 아미노산으로 구성되어 있는데, 이는 광산화에 취약하다고 알려져 있다. 광분해에 의해 피브로인 중의 펩타이드(-CONH-) 결합이 파괴되거나 고분자쇄 사이의 가교결합을 유발하게 된다. 따라서 세리신이 함유된 생견 직물인 화견과 대부분의 성분이 피브로인으로 구성된 숙견 직물인 명주를 비교했을 때, 명주에서 변색 정도가 더 크게 나타난 것으로 생각된다.

명주 염색시편에서는 두 조건의 광원 중 주광색 LED에서의 색도 변화값이 더 크게 나타나는 경향을 보였다. 본 실험에서는 다른 시편들과 다르게 $\triangle L^*$의 값이 더 크게 나타났는데 CIE $L^*a^*b^*$에서 L값은 광택도를 의미하는 것으로, 열화가 진행될수록 광택도가 떨어진다고 할 수 있다. 또한, 염색 시편에서 색상에 따라 광원별 차이를 보이지 않는 것은 염료 고유의 견뢰도에 따른 내광성 차이가 열화 정도의 원인에 더 크게 기인하기 때문이라고 생각된다. 이에 대해서는 추후 견뢰도를 고려하여 다양한 색상의 염료를 대상으로 한 연구가 필요하다고 사료된다.

가속열화실험 후 두 광원에서 Blue Wool Standard의 변색 양상은 대조되는 결과를 보였다. 우선 주광색 LED에서는 3단계의 변색을 나타낸 반면, Blue영역 단파장대를 증폭시킨 LED-Blue에서는 1단계에서 그쳤다. 이는 지류 및 직물을 대상으로 한 실험과는 반대되는 결과이며, 가속노화실험 중 Blue Wool Standard가 Blue영역대의 파장을 반사하여 지류 및 직물 시료에 비해 열화의 영향을 미미하게 나타난 것으로 추정된다.

연구결과 가속열화시험에서 대상물의 노화에 영향을 주는 광원의 영향은 그 간 제시되었던 전광선속(lm)에 의한 것보다는 전복사속(mW)에 의해 주요하게 작용한 것으로 보인다. 광원의 경우는 Q=hc/람다(파장)에 의해 파장이 짧을수록(청색쪽으로) 포톤 1개당 에너지가 더 높으며 이에 의한 노화가 진행됨을 알 수 있다. 따라서 광원의 파장은 유물을 구성하는 재질의 주요 특성인 각각의 색상에 따라 주요하게 작용하는 것으로 판단된다.

4. 결론

파장 특성이 다른 두 LED 조명이 다양한 재질로 구성된 유물에 미치는 영향을 파악하기 위해 가속노화실험을 수행하였으며, 다음과 같은 결과를 얻었다.

가속노화실험 결과 시편 색상에 따라 변색 정도가 다르게 나타나며, 빛의 반사 및 흡수 파장대가 다르기 때문인 것으로 판단된다. 이는 유물의 열화에 영향을 주는 광원의 영향은 전광선속(lm)에 의한 것보다는 전복사속(mW)에 의해 주요하게 작용함을 의미하며, 조명의 연색성에 따른 전시유물의 변색 가능성을 시사한다.

이번 실험에 사용된 재질은 유기물에 한정되어 있어 보다 다양한 조건에서의 구체적인 실험검증이 필요하지만 유물 재질에 대한 광원 조건의 영향을 파악할 수 있었으며, 변・퇴색 관련 연구에 있어 주요 정보로 활용될 수 있기를 기대한다.

日方论文

機器分析による正倉院宝物の材質調査

成瀬正和
（東北芸術工科大学）

中文摘要：正仓院宝物不仅对于日本，对世界而言也是最重要的文化遗产之一。这些宝物大部分为8世纪的物品，且不只有日本制品，也有来自中国和朝鲜半岛的制品。

1948年起正仓院事务所委托外部的研究员开始进行特别调查，1983年起伴随着X线衍射装置的配备，开启了由事务所内部职员亲自进行自然科学调查的序幕。到目前为止，事务所先后添置了X射线荧光分析仪（XRF）、傅里叶变换红外光谱仪（FTIR）、扫描电子显微镜（SEM）、可见分光光度计、荧光分光光度计、高效液相色谱仪（HPLC）等科学分析仪器。

1983年开始对金属器物、无机颜料进行科学调查，对黏结材料与有机颜料的科学调查分别始于2000年和2005年。

在正仓院留传下来的54枚铜镜中，经XRF分析可以区分开唐镜与官营工房制作的国产镜。其中，唐镜含铜（Cu）约70%、含锡（Sn）约25%、含铅（Pb）约5%；国产镜含铜（Cu）约80%、含锡（Sn）约20%、含铅（Pb）约2%、含砷（As）约1%—3%。

对于无机颜料，根据以往的推算有10种颜料被使用。通过XRD及SEM的调查，确认了超过20种颜料。特别是底层材料包含的白色颜料，单白色颜料就超过了10种。其中包括了在中国秦代被广泛使用的磷灰石，以往在日本被认为15世纪以后才开始使用的以贝壳为原料的碳酸钙颜料等。

通过可见分光光度计和荧光分光光度计分析，正仓院宝物所使用的染料包括茜、红花、胭脂、黄蘖、青茅、蓝、紫、苏枋等。通过近年开始的HPLC调查，茜除了日本茜以外，还检测出了被认为是朝鲜半岛制的以西洋茜为原料的毡子。

通过FTIR分析，对正仓院宝物所使用的黏结材料进行了调查。除确认了黏结木材与木材所使用的胶外，还确认了作为装饰用的宝石与螺钿被黏结到宝物表面所使用的乳香（提取物），以及淀粉糊与大豆糊的使用。

弄清楚文化遗产所使用的各种材料，不仅与材料史与技术史有关，从充实文物保护基础信息的观点来讲也十分重要。中、日、韩三国研究者间的合作调查也是必不可少的。

1. はじめに

正倉院宝物は日本にとってだけでなく、世界にとっても最も重要な文化財の一つである。宝物のほとんどは8世紀のもので、日本だけではなく中国や朝鮮半島で製作された。本論文では正倉院宝物の科学的調査によって得られた幾つかの成果を紹介する。

正倉院宝物は現在正倉院宝庫（図1）にはなく、1953年と1962年に建てられた鉄筋コンクリート造の収蔵庫にある。これら収蔵庫は空気清浄および空気調和の設備を備えており、相対湿度や温度が制御されている。

第1図　正倉院宝庫

日本では現在、ほとんどの価値の高い文化財は文化庁の管轄下にある。いっぽう正倉院宝物はその例外であり、1949年以来、宮内庁の管轄下にある。1950年に日本学術会議は宮内庁に対して、正倉院宝物の保存のために、それらに用いられている材料や技術についての自然科学的調査を行うよう要望した。この要望に対し、宮内庁に所属する正倉院事務所は正倉院宝物の自然科学的調査や宝物にとって良好な保存環境を探るための独自の努力を開始した。

正倉院事務所から委嘱された外部スタッフによる特別なテーマに基づく調査は1948年から始まり、また事務所の内部スタッフによる調査はX線回折装置が導入された1983年から実施されるようになった。現在までにX線回折装置（XRD）、蛍光X線分析装置（XRD）、フーリエ変換赤外分光分析装置

(FTIR)、走査電子顕微鏡(SEM)、可視分光分析装置、蛍光分光分析装置、高速液体クロマトグラフ(HPLC)などの科学分析機器が正倉院事務所に導入されている。

金工品や無機顔料についての科学的調査は1983年から、接着剤についての調査は2000年から、有機色料についての調査は2005年から始まっている。

外部と内部の研究者による科学的調査でこれまで約170種の材料が確認されている。

2. 蛍光X線分析法による青銅鏡の調査

金工品、特に銅製品の調査はXRFにより行われてきた。同法は文化財を構成する材料に含まれる元素に関する情報を得るためには不可欠な方法である。銅製品中に含まれる元素の定量は波長分散型の蛍光X線分析装置にて、非破壊で行ってきた。

正倉院宝物中には54枚の青銅鏡がある。青銅鏡の定量的研究はその多くはAからCの三つのタイプに分けることができることを示している。タイプAに属する鏡は銅(Cu)約70%、スズ(Sn)約25%、鉛(Pb)約5%を含む。タイプBに属する鏡は銅(Cu)約80%、スズ(Sn)約20%とヒ素(As)1～3%を含む。タイプCに属する鏡は銅(Cu)、スズ(Sn)、鉛(Pb)、ヒ素(As)を含んでいる。

表1には分析の実施された正倉院の青銅鏡の化学組成を示した。表1中に示した太文字は第2代目の蛍光X線分析装置(1997～)を用いて得られた定量値であり、他は初代の蛍光X線分析装置(1983～1996)による半定量値である。

表1　正倉院青銅鏡の化学組成

The Numbers of the Mirrors	Cu (%)	Sn (%)	Pb (%)	As (%)	Other Elements	Type
N42-01	**70.7**	**24.4**	**4.1**	**0.5～1.0**	**Ag (0.2) / Fe**	**A**
N42-02	**70.3**	**25.0**	**3.9**	**0.5～1.0**	**Ag (0.2) / Fe**	**A**
N42-03	**70.3**	**23.3**	**5.3**	**0.5～1.0**	**Ag (0.2) / Fe**	**A**
N42-04	**70.1**	**23.0**	**4.9**	-	**Ag (0.2) / Ni / Fe**	**A**
N42-05	**69.3**	**23.9**	**6.2**	-	**Ag (0.2) / Ni / Fe**	**A**

續 表

The Numbers of the Mirrors	Cu (%)	Sn (%)	Pb (%)	As (%)	Other Elements	Type
N42-06	**68.6**	**23.6**	**6.4**	+	**Ag (0.2) / Ni / Fe**	**A**
N42-07	**70.7**	**24.6**	**4.7**	**1.0**	**Sb / Ag (0.2) / Ni / Fe / Ti**	**A**
N42-08	**70.0**	**24.4**	**5.5**	**1.0**	**Ag (0.2) / Ni / Fe / Ti**	**A**
N42-09	**70.2**	**24.1**	**6.1**	–	**Ag (0.2) / Ni / Fe**	**A**
N42-10	**70.5**	**25.0**	**5.6**	–	**Ag (0.1) / Ni / Fe**	**A**
N42-11	**70.6**	**23.8**	**5.8**	–	**Ag (0.2) / Ni / Fe / Ti**	**A**
N42-12	**68.9**	**24.9**	**4.9**	–	**Ag (0.5) / Ni / Fe**	**A**
N42-13	**70.0**	**23.8**	**5.4**	–	**Ag (0.2) / Ni / Fe**	**A**
N42-14	**69.6**	**24.8**	**5.1**	–	**Ag (0.2) / Ni / Fe**	**A**
N42-15	**70.4**	**23.3**	**5.5**	**1.0**	**Sb / Ag (0.1) / Ni / Fe**	**A**
N42-16	**70.3**	**24.1**	**5.2**	–	**Sb / Ag (0.2) / Ni / Fe**	**A**
N42-17	**70.3**	**24.3**	**5.3**	–	**Ag (0.2) / Ni / Fe**	**A**
N42-18	**69.9**	**24.0**	**5.6**	–	**Ag (0.1) / Ni / Fe**	**A**
S70-01	**68.2**	**23.3**	**5.9**	–	**Ag (<0.1) / Ni / Fe**	**A**
S70-02	**71.5**	**23.2**	**6.2**	–	**Ag (0.1～0.2) / Fe / Ni**	**A**
S70-03	70	23	5	1.5	Fe / Ni / Ag / Sb	
S70-04	70	22	5	1	Fe / Ni / Ag / Sb / Bi	A’
S70-05	**70.1**	**21.6**	**5.3**	**0.5**	**Sb (4) / Ag (0.2) / Fe / Ni**	
S70-07	74	24	4	–	Fe / Zn / Ni / Ag	A
S70-08	66	22	4.5	+	Fe / Ni / Ag	A
S70-09	67	27	6	+	Fe / Co / Ni / Zn / Ag	A
S70-10	70	25	5	+	Fe / Ni / Ag	A
S70-12	**71.2**	**23.0**	**4.9**	**0.8**	**Ag (<0.1) / Fe**	**A**
S70-13	70	25	0.8	1	Ag / Fe	C
S70-14	78	20	+	2	Fe / Zn / Ag / Sb / Bi	B
S70-16	77	20	0.5	2	Fe / Ag / Bi	B

続 表

The Numbers of the Mirrors	Cu (%)	Sn (%)	Pb (%)	As (%)	Other Elements	Type
S70-20	75	23	0.5	2	Fe / Ag / Sb / Bi	B
S70-21	80	23	+	2	Fe / Ag / Sb / Bi	B
S70-23	77	20	0.5	2	Fe / Zn / Ag / Bi (0.5)	B
S70-24	80	21	+	2	Fe / Ni / Ag / Bi	B
S70-25	82	20	+	2	Fe / Ni / Ag / Bi	B
S70-26	77	23	+	2	Fe / Ni / Ag / Bi	B
S70-31	73	24	2	0.5	Fe / Ni / Ag / Bi	C
S70-32	75	20	3	3	Fe / Ni / Ag / Bi	C
S70-33	75	16	3	2	Fe / Ni / Ag / Sb / Bi	C
S70-34	75	24	2.5	0.5	Fe / Ni / Ag / Sb	C
S70-35	75	25	0.8	3	Fe / Ni / Bi	C
S70-36	70	20	7	2	Fe / Ni / Ag / Sb	C
S70-37	80	20	+	3	Fe / Ni / Zn / Ag / Sb / Bi	B
S70-38	80	20	+	3	Fe / Ni / Ag / Sb	B

The values in bold-face; quantitative values. The other; semi-quantitative values.

図2にはタイプAに属する鏡を示した。これらは螺鈿鏡や平脱鏡あるいは鋳造技術が優れた鏡からなっている。1937年に京都大学の小松茂、山内淑人は主として古代の中国で製造された56枚の鏡の化学組成について報告した（小松・山内 1937）。正倉院のタイプAに属する鏡の化学組成は小松や山内によって報告された前漢から唐に至る中国鏡の化学組成と一致する。それ以降も他の化学者によって前漢から唐に至る鏡の同様な化学組成がさらに確認されている。上海博物館には、その化学組成が示された前漢鏡が3枚展示されているが、その値はタイプAの鏡と一致している。それゆえタイプAに属する正倉院鏡は唐で製造されたものと結論できる。

タイプBに属する正倉院鏡（図3）は日本の官営工房で製造したものと考えられる。タイプBの化学的特徴の一つは銅（Cu）とスズ（Sn）を主成分として含み、鉛

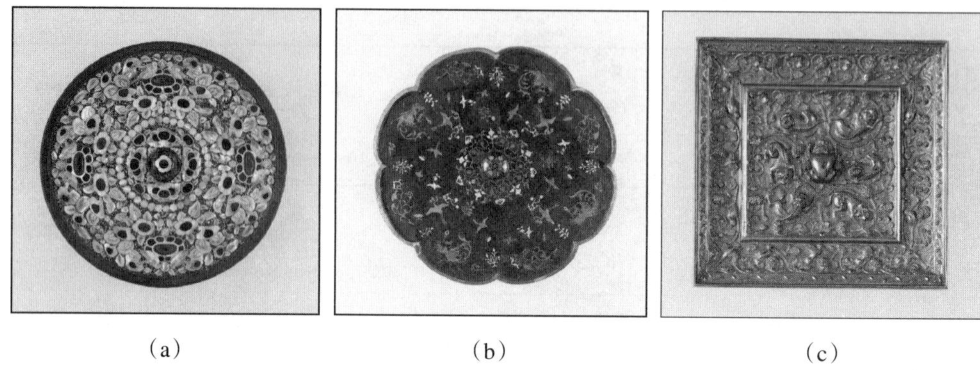

(a) (b) (c)

第2図　タイプAに属する正倉院の青銅鏡　(a)螺鈿鏡(N42-11)(b)平脱鏡(N42-12)(c)海獣葡萄鏡(S70-10)

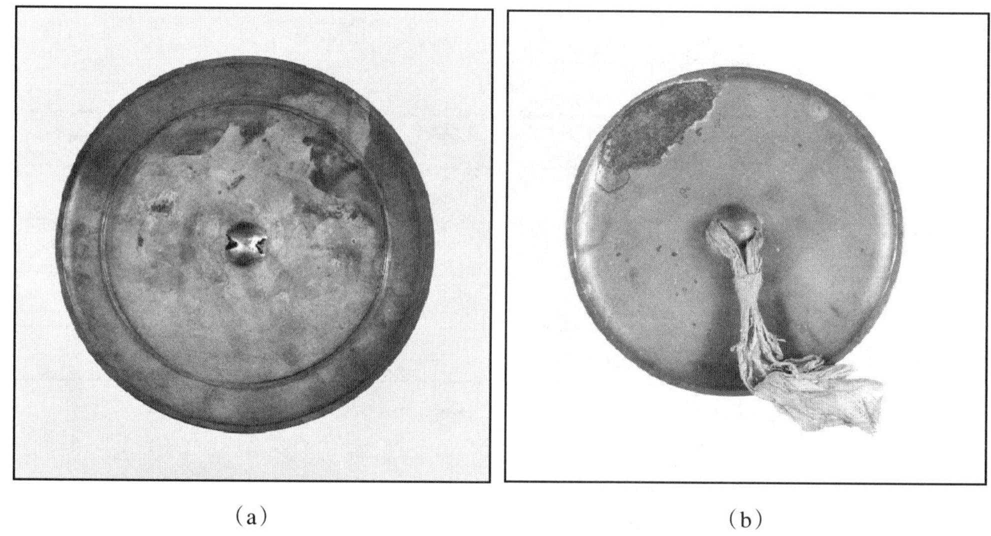

(a) (b)

第3図　タイプBに属する正倉院の青銅鏡　(a)中型の素文鏡(S70-16)(b)小型の素文鏡(S70-24)

(Pb) は痕跡量程度である。この特徴は仏教寺院の建設に関する正倉院文書に記載された青銅鏡の化学組成と一致する。ヒ素 (As) について言えば、8世紀の主たる銅鉱山であった山口県の長登鉱山から採れる銅鉱石の不純物であると考えられている。

タイプCに属する正倉院鏡について論証は省くが、日本の私営工房で製造された鏡と考えられる。

3. 無機顔料の調査

正倉院宝物に用いられた下地材を含む無機顔料の調査について以下に記述する。

X線回折装置は正倉院事務所では最も活躍している装置の一つであり、これは結晶質の無機物質の同定に利用してきた。図4にはエネルギー分散式のX線分析装置用半導体検出器を付加する第2代のX線回折装置を示した。試料すなわち正倉院宝物の表面への焦点合わせはX線管球と比例計数管からなるゴニオメーターの垂直移動によって行う。図5はXRD測定のため、3人の内部スタッフが四絃琵琶のセッティングを行っているところである。作業では装置が宝物に当たらぬよう注意しながら、満足すべき位置に宝物をセットするのである。

走査電子顕微鏡はまた顔料の調査に不可欠である。正倉院事務所に導入されたSEMは大型試料台を有する低真空タイプの装置である。

正倉院の伎楽面は、東大寺大仏開眼会などの法要に用いられたものである。奈良時代以来ずっと未修理であったが、1993年より少しずつ修理が行われるようになった。伎楽面からの微小な破片は他の伎楽面からの破片と混ざらぬよう、同じ包みの中に入れられて、保存されてきた。この顔料の微小片はSEMによる粒子形状

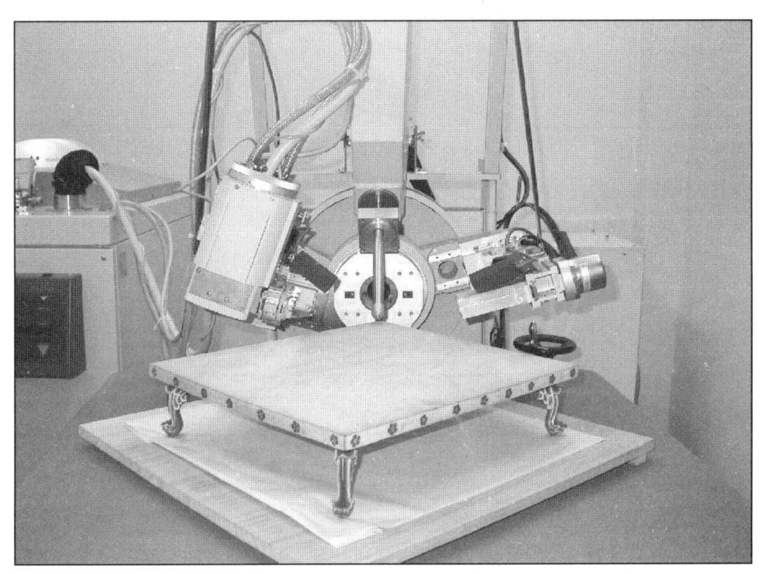

第4図　正倉院事務所の半導体検出器付X線回折装置

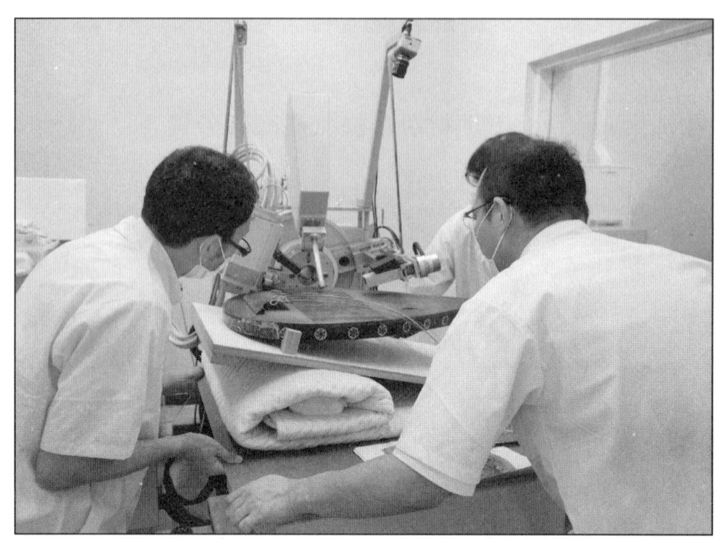

第5図　X線回折による測定のため四絃琵琶を設置しているところ

の観察に供されてきた。

さらに、SEMや後述するHPLC分析に用いる試料は正倉院宝物から脱落した微小片である塵芥から選ばれることもある。正倉院には多くの染織品の断片や若干の器物の破片からなる塵芥が詰まった唐櫃が2、3ある。塵芥の整理作業は約100年の間続けられている。

図6に示す八弁形の献物几は多くの種類の顔料で塗られた宝物のひとつであり、朱（赤）、鉛丹（橙）、岩緑青（緑）、岩群青（青）、鉛白（白）、塩化物系鉛化合物と赤色の有機色料の混合物（ピンク）が用いられている。

第6図　多種類の顔料が用いられている八花形の献物几
（正倉院宝物）

図7に示す漆金箔絵盤もまた多くの種類の色材で飾られており、朱（赤）、鉛丹（橙）、岩緑青（緑）、岩群青（青）、鉛白（白）、金箔（金）が用いられている。さらに最近の可視分光分析法による調査によって赤や紫色の部分でエンジの使用が確認された。

表2には機器分析によって確認された正倉院宝物の無機顔料の一覧表を示した。普通の字体で示した顔料は山崎一雄博士が宝物に利用された顔料と推定し（山崎1968）、その後XRDなどの自然科学的手法で同定されたものである。ボールド体で示した顔料は1983年以降主にXRDによって新たに見出された顔料である。

(a) 全姿

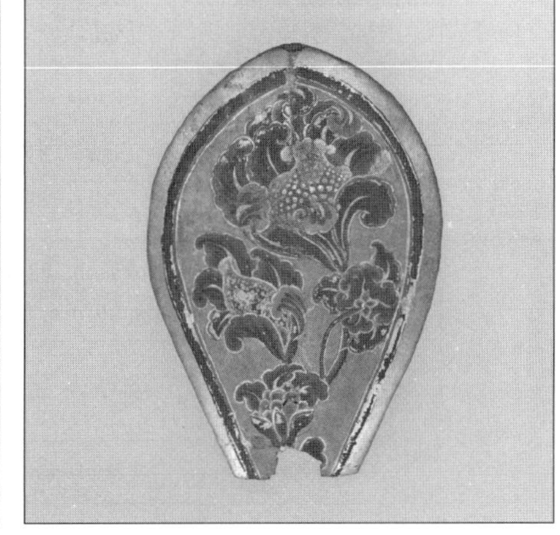

(b) 宝物から脱落した木製の蓮の花弁

第7図　多種類の顔料が用いられている漆金薄絵盤（正倉院宝物）

表2　一覧表（分析機器により確認された正倉院宝物に用いられた無機顔料）

Color	Modern Pigment Name	Pigment Name in the Nara Period	Chemical Formula	Mineral Name
White	Lead White	*Karagofun* (唐胡粉)	$2PbCO_3 \cdot Pb(OH)_2$	Hydrocerussite
	********	*Yamatogofun* (倭胡粉)	$PbCl_2$	Cotunnite
			$PbOHCl$	Laurionite
			$Pb_2Cl(O,OH)_{2-X}$ $x = 0 \sim 0.32$	Blixite
	Lead Sulfate	********	$PbSO_4$	Anglesite

续 表

Color	Modern Pigment Name	Pigment Name in the Nara Period	Chemical Formula	Mineral Name
White	*Kaigaragofun etc*	********	$CaCO_3$	Calcite / Aragonite
	********	********	$Ca_5\ (PO_4)_3\ (OH,F,Cl)$	Apatite
	White Earth	*Hakudo* (白土)	$Al_4Si_4O_{10}\ (OH)_8$	Kaolinite
			$KAl_2AlSi_3O_{10}\ (OH)_2$	Muscovite
			Silicate	Volcanic Ash
Red	Cinnabar	*Shusha* (朱沙)	HgS	Cinnabar
	Red Ochre	*Sido* (紫土)	Fe_2O_3	Hematite
	Red Lead	*Tan* (丹)	Pb_3O_4	Minium
Yellow	Orpiment	*Shio* (雌黄)	As_2S_3	Orpiment
	Yellow Earth	********	$FeOOH$	Limonite
Green	Malachite	*Rokusho* (緑青) · *Byakuroku* (白緑)	$CuCO_3 \cdot Cu\ (OH)_2$	Malachite
	********	銅緑 or 塩緑 *	$Cu_2\ (OH)_3Cl$	Atacamite or Palatacamite
	********	********	$CuC_2O_4 \cdot nH_2O$	Moolooite
	Green Earth	********	$K\ (Mg,Fe^{2})\ (Fe^{3}, Al)\ Si_4O_{10}\ (OH)_2$ or $K\ (Mg, Fe^{2})\ (Fe^{3},Al)\ (Si, Al)_4O_{10}\ (OH)_2$	Celadonite or Gluaconite
Blue	Azurite	*konjyo* (金青) · *Byakusei* (白青)	$2CuCO_3 \cdot Cu\ (OH)_2$	Azurite
	********	********	$Fe_3\ (PO_4)_2 \cdot 8H^2O$	Vivianite
Gold	Gold	*Kinpaku* (金薄) · *Kindei* (金泥) · *Kinboku* (金墨)	Au	Gold
Silver	Silver	*Ginpaku* (銀薄) · *Gindei* (銀泥) · *Ginboku* (銀墨)	Ag	Silver

******** Corresponding pigment name is not known.

* Chinese Character.

有色の無機顔料で、もっともしばしば宝物に用いられる顔料は山崎博士が述べているように、朱（赤）、鉛丹（橙）、岩緑青（緑）、岩群青（青）、金、銀である。いっぽう白色顔料については山崎博士の推定に比べて多くの種類が明らかになっている。今日までに20種を超える無機顔料が分析機器によって同定されている。

3.1 白色顔料

鉛化合物の白色顔料は鉛白（水白鉛鉱）のみならず、塩化物系鉛化合物や鉛の硫酸塩などである。「貝殻胡粉」と呼ばれる貝殻をすり潰した炭酸カルシウム顔料は、従来日本では15世紀以降に使われ始めたと考えられていたが、XRDやSEMによって同定されている。さらにカルシウム化合物顔料のひとつとして、リン灰石も同定されている。白土についてはカオリナイト、白雲母および火山灰をそれぞれ成分とするものの3種が確認されている。

3.1.1 鉛化合物系白色顔料

日本では白色顔料について化学的方法により鉛（Pb）が検出された場合、その顔料は鉛白すなわち二炭酸二水酸化三鉛［$2PbCO_3 \cdot Pb(OH)_2$］と考えられていた。しかしながら実際には、正倉院宝物中では他の鉛化合物である塩化鉛［$PbCl_2$］、塩化水酸化鉛［PbClOH］、塩化酸化鉛［$Pb_2Cl(O, OH)_2$］や硫酸鉛［$PbSO_4$］などがXRDによりしばしば確認されてきた。このことは白色部分について鉛（Pb）が検出されても、鉛白の存在を証明したことにはならないことを示している。

図8にはそれぞれ鉛白、塩化鉛、塩化水酸化鉛、塩化酸化鉛が用いられた正倉院宝物を示した。

塩化鉛、塩化水酸化鉛、酸化鉛は鉛（II）イオンの存在する酢などの酢酸水溶液に水酸化イオンとともに塩化物イオンを加えることによって、製造することができる。生成物の種類はそのときの最終PHによって決まる。これら鉛化合物は日本製と考えられる。これらは献物几や献物箱などに用いられ、鉛白よりも多く見つかっている。鉛白を製造するための似たような方法では塩化物イオンの代りに炭酸イオンを必要とする。この方法は鉛白の湿式製造法に相当する。鉛白の製法としては、密閉した容器内で金属鉛板を酢酸蒸気に曝し、約70℃を保ちながら2、3ヶ月放置する乾式法が良く知られている。唐では鉛白の一般的製法は乾式法ではなく湿式法であった可能性が高い。なぜなら日本での塩化物系鉛化合物の製法は、鉛白の

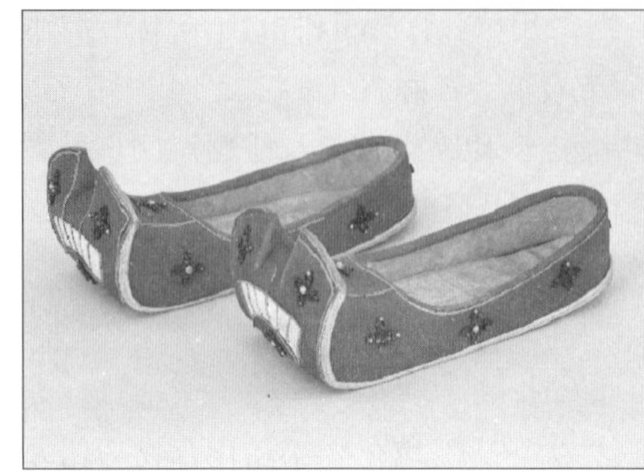

(a) 御禮履；鉛白

(b) 献物几；塩化鉛

(c) 献物箱；水酸化塩化鉛

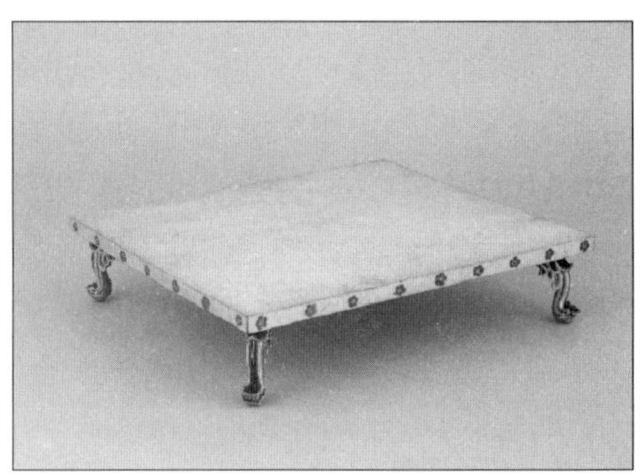

(d) 献物几；酸化塩化鉛

第8図　鉛化合物顔料が用いられた正倉院宝物

湿式法による製造法を参照したと考えられるからである。

3.1.2　炭酸カルシウム系白色顔料

正倉院宝物では炭酸カルシウム［$CaCO_3$］から製造した白色顔料もみつかっている。これら白色顔料は数種の原料からなる。

図9aに示した伎楽面は方解石の白色顔料が塗られている。方解石はXRDにより確認している。図9bのSEM像に見えるように、この顔料は殻質層としてのカキの葉状構造からなる粒子である。図10aに示す伎楽面は方解石とアラレ石からなる白色顔料が塗られているが、このことはXRDで確認されている。図10bに示すSEM像はこの顔料がカキ殻のみではなく殻質層として真珠層構造を有する他の貝殻からも製造されていることを示している。

このほか、大理石あるいは石灰岩由来の炭酸カルシウム顔料も正倉院宝物で見つかっている。

(a) 全姿　　(b) 顔料粉末のSEM像

第9図　カルサイトの炭酸カルシウム顔料が用いられている正倉院伎楽面

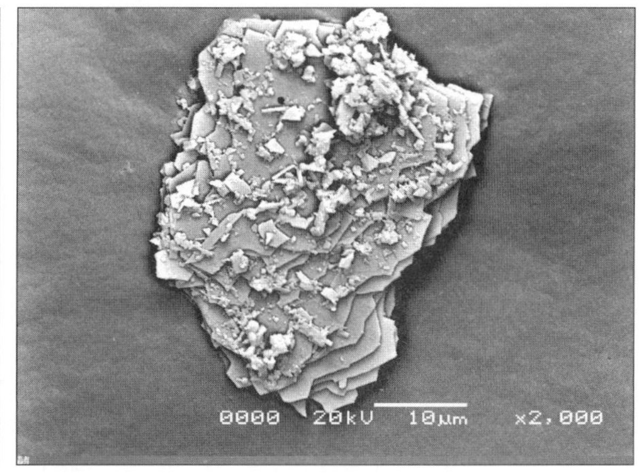

(a) 全姿　　(b) 顔料粉末のSEM像

第10図　カルサイトとアラゴナイトの炭酸カルシウム顔料が用いられている正倉院伎楽面

リン灰石もまた正倉院伎楽面（図11a）に白色顔料として使用されていることをXRDにより確認している。この顔料は日本では以前は知られていなかった。宝物中に用いられたリン灰石顔料の起源はわからない。しかしながらこのリン灰石顔料の原料は、これらのSEM像（図11b）が示すように顔料の粒子形状は丸く、角張っていないことから判断して、動物の骨や歯を砕いて作製したものではないものと考えられる。このリン灰石顔料の粒子形状は秦代の陶俑に用いられているそれとよく似ている（Herm.C., 2001）。

(a) 全姿　　(b) 顔料粉末のSEM像

第11図　リン灰石が用いられている伎楽面(正倉院宝物)

3.1.3　白土

白土は一般的に言えば、カオリナイトや白雲母などの粘土鉱物から採取した白色顔料であり、実際それらは正倉院宝物中で確認されている。しかしながら白土と呼ばれる白色顔料の実体もまたそれほど単純ではない。図12aに示した伎楽面は白色下地として火山灰からなる白土が塗られている。X線回折図形はその顔料が非晶質であることを示し、そのSEM像(図12b)は顔料の粒子がバブルウォール型火山灰の微小片であることを示している。

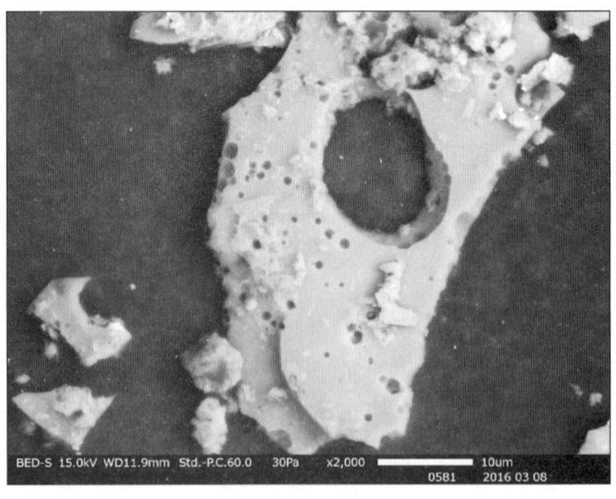

(a) 全姿　　(b) 顔料粉末のSEM像

第12図　火山灰からなる白土が用いられている正倉院伎楽面

3.2 赤および橙色顔料

3種の赤および橙の無機顔料が正倉院宝物中で見つかっている。四酸化三鉛［Pb_3O_4］に相当する鉛丹と、硫化水銀［HgS］に相当する辰砂、三酸化二鉄［Fe_2O_3］に相当するベンガラである。これら顔料は目的に応じた使い方がされている。正倉院宝物に用いられた他の赤色顔料は有機色料であるエンジで、最近可視分光分析によって確認されている。

3.3 黄色顔料

三硫化二ヒ素［As_2S_3］に相当する石黄は黄色の無機顔料として正倉院宝物でしばしば確認されてきた。酸化水酸化鉄［FeO（OH）］に相当する黄土は宝物中にめったに認められない。ガルシニア属の種々の木から採取される有機化合物樹脂である藤黄はおそらく、正倉院宝物にもっとも多く用いられた黄色顔料であるが、今日まで自然科学的手法では確認できていない。

3.4 緑色顔料

3.4.1 銅化合物系緑色顔料

正倉宝物の中で、用いられているほとんどの緑色顔料は炭酸二水酸化二銅［$CuCO_3 \cdot Cu(OH)_2$］に相当する岩緑青である。加えて、塩化三水酸化二銅［$Cu_2Cl(OH)_3$］に相当するアタカマイトまたはパラタカマイトや、シュウ酸銅水和物［$CuC_2O4 \cdot nH_2O$］に相当するムールーアイトが岩緑青を伴う形で、XRDによって幾つかの宝物で検出されてきた。銅化合物系緑色顔料の多様性は、銅の検出をもって直接的に岩緑青の存在を証明することにはならないことを示している。

アタカマイトまたはパラタカマイトは、その顔料が中央アジアや敦煌莫高窟などの中国の西方で広く用いられていたことから、使用されている正倉院宝物は、唐からもたらされたものと考えられる。アタカマイトやパラタカマイトはその時代に中国で「銅緑」や「塩緑」と表記された。

ムールーアイトは孔雀石の劣化生成物のひとつとして知られている。しかしながら正倉院宝物に見出されるムールーアイトは宝物に塗った後に生成したものではなく、塗る前にその状態で得られたものと考えられる。純粋なムールーアイトは淡青色であり、孔雀石を伴うムールーアイトは水色っぽい緑色顔料として使用されたものと考えられる。

3.4.2　他の緑色顔料

おそらくセラドナイトを成分とする緑土が幾つかの正倉院宝物から発見されてきた。

3.5 青色顔料

正倉院宝物に用いられた青色顔料のほとんどは二炭酸二水酸化三銅［$2CuCO_3 \cdot Cu(OH)_2$］に相当する岩群青である。二リン酸鉄八水和物［$Fe(PO_4)_2 \cdot 8H_2O$］に相当する藍鉄鉱は正倉院宝物でXRDにより確認された非常に珍しい青色顔料である。藍は有機の青色顔料であり、最近になって可視分光分析によって宝物で同定されている。

3.6 日本で用いられた無機顔料の変遷

表3には紀元前1万5年前から11世紀に至る日本の無機顔料の年表を示した。この表の中で縦長長方形の領域は正倉院宝物の調査を通して明らかになった8世紀に用いられた無機顔料相を示している。日本では紀元4世紀以前は赤と黒がほとんど用いられていた。北部九州に装飾古墳が築かれるようになる5、6世紀になると、粘土や土から得られる数種の顔料が加わった。6世紀の中葉に仏教が日本に伝来すると、僧侶や技術者あるいは工人が仏教寺院の建設や、仏像あるいは仏具の製造にかかわる技術を携えて、主として朝鮮半島から渡来した。顔料に関しては、鉱物性顔料や人造顔料あるいは植物や昆虫から造られる色料がこのとき加わり、顔料の種類を増加させた。中国における秦代の顔料発展の段階は日本の6～8世紀の段階と同じであった。朝鮮半島での顔料の発展の段階はほぼ日本と同様か、やや先行するものであった。

中国、韓国、日本での顔料技術の発展や移転の詳細はそれぞれの国においての顔料研究の発展によって、さらに明らかになることが期待される。

4. 染料の調査

染料などの有機色料の非破壊調査は、光学ファイバーを備えた可視分光装置や蛍光分光分析装置によって実施している。染料の同定は正倉院宝物から得られたそれぞれのスペクトルと製造した標準試料のスペクトルとの比較によって行っている。それ

表3 日本における紀元前15,000年から紀元11世紀の無機顔料の年表

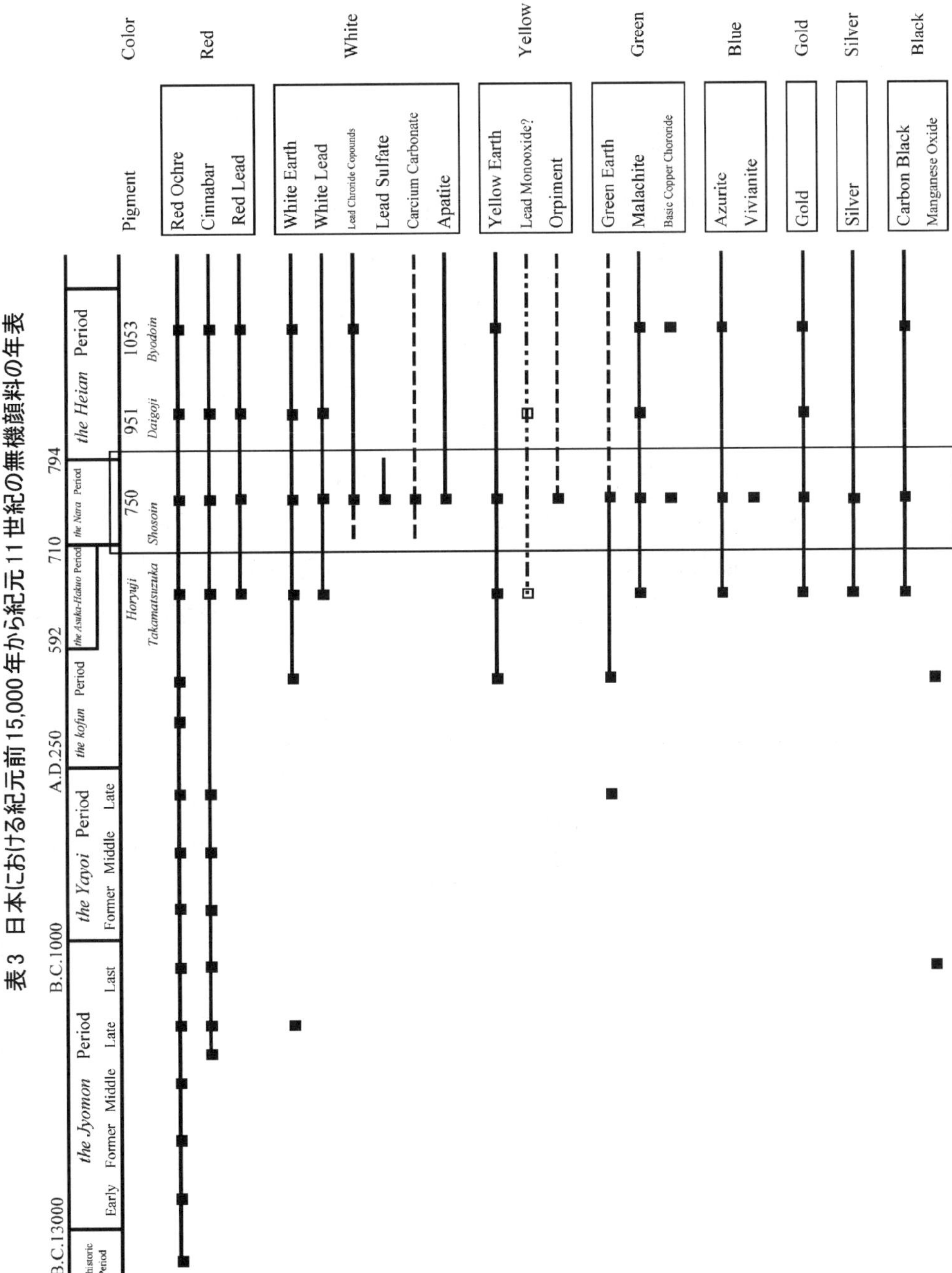

ぞれの分光法は当時用いられた全ての染料同定には有効ではないが、これらの方法を併用することによって、条件が良ければ、アカネ、ベニバナ、スオウ、キハダ、カリヤス、アイ、ムラサキの同定を行うことができる。

染料の化学成分の同定のためのHPLCによる調査は2012年から始まった。

4.1 分光分析法による染料の同定

表4は主として分光学的方法によって正倉院宝物に確認された染料と被染物の関係を示したものである。茜は馬毛や皮革をのぞく、多くの被染物において確認されてきた。紅花は主に麻製品で確認されている。エンジは、象牙や鹿角の染めのみに確認されており、絹や麻では確認されていない。赤色の蘇芳については象牙の染めにおいて確認されている。最近HPLCによる調査によって色氈から得られたウールより紫色の蘇芳が確認された。黄蘗、刈安は、いずれも絹や麻の染めに用いられている。藍は唯一の青色の染料であり、皮と鹿角を除いた多くの被染物で確認されている。宝物において確認される多くの紫色染料は紫根である。黄色の黄櫨と支子、黒あるいは茶色の橡は古文献に基づけば、正倉院の染織品に使われているものと推定できるが、これまでのところ科学的手法では確認されていない。

表4 正倉院宝物中に確認された染料と被染物の関係

Color	Dyestuffs	Materials dyed							
		Silk	Bast fiber	Paper	Wool	Horse hair	Leather	Ivory	Antler
Red dye	Mader	○	○	○	○	—	—	○	○
	Safflower	○	○	○	—	—	—	—	—
	Sappanwood	—	—	—	○	—	—	○	—
	Lac	—	—	—	—	—	—	○	○
Yellow dye	*Kihada*	○	○	—	—	○	—	—	—
	kariyasu	○	○	—	—	—	—	—	—
Blue dye	*Indigo*	○	○	○	○	○	—	○	—
Purple dye	*Murasaki*	○	—	—	—	○	○	○	—

○: identified —: not identified

Haze, Kuchinashi and Turubami are not found to date

図13に示す竹帙は経巻をまとめて包むためのものであり、竹ひごと赤色、橙色、黄色、緑色、青色、紫色、淡紫色などの色で染められた錦や糸で作られている。そこには茜、黄蘗、刈安、藍、紫根などが用いられている。この錦は黄色染料の黄蘗と刈安の染め糸が同居する珍しい例である。

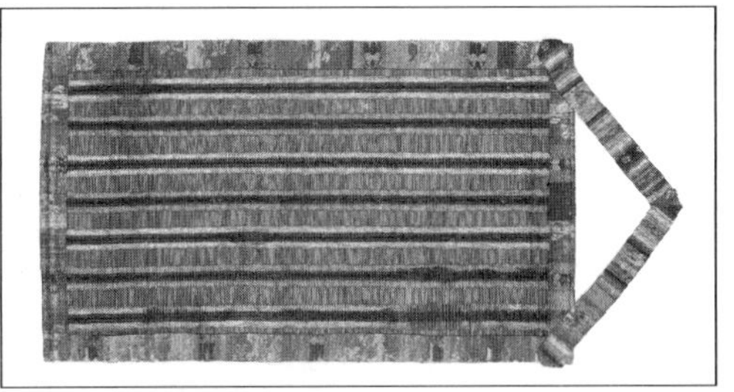

第13図　多くの種類の染料が用いられている竹帙（正倉院宝物）

図14に示す染織品は献物几のテーブルクロスである。中央の部分と周囲の部分には別の種類の錦が使われ、そこには茜、紅花、黄蘗、藍、紫根などが用いられている。注目されるのは、紅花が絹において確認されたことである。紅花は外部調査員による50年前のペーパークロマトグラフ法による調査では確認されなかった。

第14図　多くの種類の染料が用いられている几褥（正倉院宝物）

4.2 高速液体クロマトグラフ法による染料の調査

HPLCは化学成分に基づき、染料を同定することを可能にしている。染料に含まれる化学成分は染織品の小片より採取される色糸から抽出している。この方法によって正倉院の染織品から日本茜（*Rubia akane* M）と西洋茜（*Rubia tinctorum* L.）の2種類の茜が同定されている。

図15には西洋茜が使用されている色氈を示した。西洋茜は地中海沿岸から中央アジア、中国、朝鮮半島に分布し、現在天然の茜原料として広く流通している。西洋茜は主成分としてアリザリン、パープリン、プソイドパープリンなどのアントラキノン化合物を含む。この色氈の毛から抽出された染料のHPLCのクロマトグラフはこれらのアントラキノン化合物の存在を示している。この色氈は新

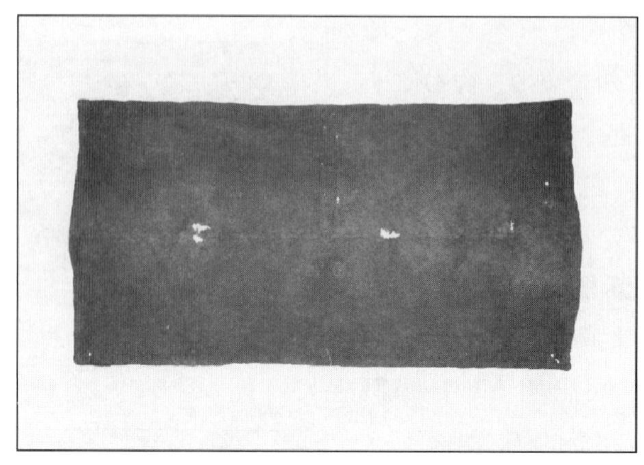

第15図　西洋茜が用いられている色氈(正倉院宝物)

羅からの製品ではないかと考えられてきた。

日本茜は日本、中国、朝鮮半島に分布し、この染料の主成分はプソイドパープリン、ムンジスチン、パープリンなどである。これが確認された染織品は国産品と考えられてきたものである。

その時代の東アジアで使用された茜の種類ついては謎が多く、中国、朝鮮半島での科学的調査の進展また期待される。

図16には紫色の蘇芳が使用されている色氈を示した。これは正倉院宝物の中でHPLCによって蘇芳染料の主成分であるブラジレインが検出されたはじめての染織品である。この色氈は紫色に見え、また布のラベルにはシコンを意

(a) 全体の姿

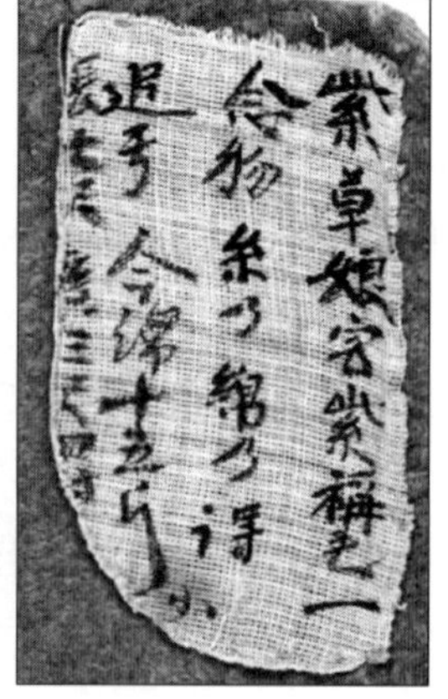

(b) 付されたラベル

第16図　蘇芳が用いられている色氈(正倉院宝物)

味する「紫草」という文字が書かれ、従来染めには紫根による紫が使われているものと考えられていた。文字に書かれていることが本当かどうか確かめるのも、文化財科学の重要な使命である。なおこの色氈はラベル上に古代の朝鮮半島では贈り物を意味する「念物」という文字が見えることから、新羅製と考えられてきた。

5. フーリエ変換赤外分光分析法による接着剤の調査

FTIRは有機化合物中の官能基に関する情報を得る方法であり、1997年頃から正倉院宝物に用いられた接着剤や塗料の調査に利用している。正倉院事務所では特に赤外分光分析は全反射（ATR）法で測定をしている。それは宝物からのサンプリングなしに、宝物をATR用の結晶に押し当てるだけで赤外線吸収スペクトルの取得が可能となっている。しかしながら、この測定は宝物を傷つけぬよう、また結晶を壊さぬよう、非常に気を遣う作業である。

正倉院宝物の接着剤調査の結果、次のようなことが明らかになった。木と木の接着には通常膠が使用されており、また玉類や螺鈿と器物本体との接着には通常乳香が用いられている。さらに木と紙の接着のためのデンプン糊や、あるいは紙と紙の貼り継ぎのためのダイズ糊が確認されている。漆が接着剤として利用されている例は肉眼的には認められるものの、今のところFTIRでは確認されていない。

図17に正倉院宝物における乳香の接着剤としての使用例を示す。乳香は、カンラン科植物、ボスェリア属植物から採れる樹脂で、その産地はソマリアなどのアラビア海沿岸地域である。薫陸はインド乳香とも言い、ウルシ科のピスタキア属植物から採れる半化石化樹脂のことである。乳香は薫陸といくつかの化学的特徴がよく似ており、これらは歴史的にしばしば混同されてきた。正倉院文書には薫陸が接着剤に利用されたことを示す記述があり、それゆえ私たちは接着剤に関する実験において比較試料に両者を加えた。

乳香が東アジアの文物に接着剤として利用されていることは、はじめての知見である。工芸品の調査において接着剤としての乳香使用の可能性は、今後注意されるべきであろう。

(a) 全姿

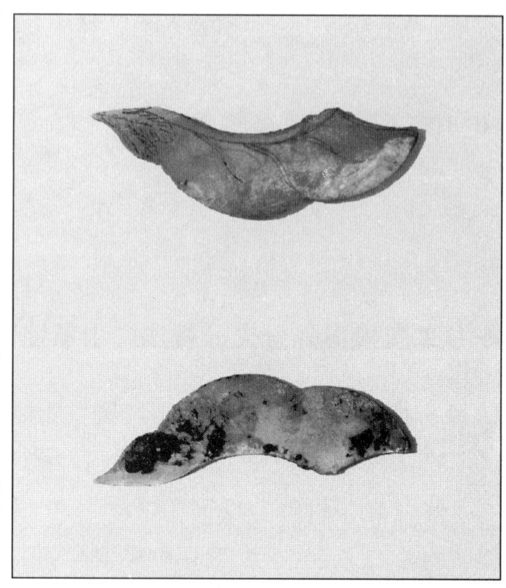

(b) 接着剤としての乳香。この宝物から脱落した螺鈿の裏面に付着している

第17図　五絃琵琶(正倉院宝物)

6. さいごに

以上述べたように、科学的調査によって、正倉院宝物に用いられた金属、顔料や染料などの色料、接着剤について詳しい知見が得られている。正倉院宝物には日本製のみならず中国製や韓国製の文物もあり、それゆえにそこに使用されている製作技術や材料はその時代の東アジアのそれを反映している。

正倉院宝物から得られた結果を、中国や韓国における同様な調査によって得られた結果と比較することは、東アジアのモノづくりの技術の歴史の解明に,またこれら文物の保存のために非常に有用である。

この分野における日中韓三国の協力はこれからますます重要になってゆくであろう。

(謝辞　中村力也博士には多くの有益な意見をいただき感謝いたします)

参考文献

小松茂・山内淑人 (1937) 古鏡の化学的研究、東方学報8、京都大学人文科学研究所.

山崎一雄 (1968) 正倉院絵画の技法と顔料『正倉院の絵画』宮内庁正倉院事務所編、日本経済新聞社, 155-162.

Herm. C. (2001) Analysis of painting materials. In *Monuments & Sites II — The Terracotta Army of the First Chinese Emperor Qin Shihuang,* edited by C. Blansdorf, E. Emmerling and M. Petzet. International Council on Monuments and Sites, 370-376.

再使用を目的とした古瓦の保存修復：日本の事例

西浦忠輝
（国士舘大学イラク古代文化研究所）

中文摘要：在日本的木造古建筑中，瓦非常重要。早在1980年，日本就开始了通过合成树脂强化和修复再利用退化的古瓦的尝试。具体来说，是通过防水性硅胶树脂溶液的浸渍完成基部强化和添加防水性，以及通过工业树脂等来修复成形。在实际应用这些技术时，充分的基础研究必不可少。对于保存修复后的耐久性，也通过劣化促进试验获得了良好的结果。但是，为了了解真正的耐久性究竟有多长，只能等待实际岁月的考验。本文是一篇针对早在1980年对重要文化遗产定光寺观音堂古瓦进行的保存、修复措施（具体来讲是平瓦的强化防水措施和轩丸瓦片的修复措施）、基础实验的内容和应急措施，以及经过近40年的重新使用后目前的状态等一系列情况的调查报告。

1. はじめに

日本の古建築において、瓦は極めて重要である。劣化した古瓦を合成樹脂により強化、修復して再利用する試みは1980年頃から行われるようになった。具体的にはシリコーン樹脂の含浸による基質強化と防水性の付与、エポキシ樹脂等による修復成形である。これらを実際に応用するについては、充分な基礎研究を基にしていることはいうまでもない[1][6]。保存修復後の耐久性についても、劣化促進試験によって良好な結果を得ている。しかしながら、真の耐久性を知るためには、実際の年月の経過を待つしかない。

本発表では、1980年に行った重文・定光寺観音堂古瓦の保存、修復処置について、その基礎実験の内容を含めて紹介し、再利用後35年経過後の状態について報告するものである。

2. 定光寺観音堂

定光寺は瀬戸内海の弓削島にある臨済宗寺院で、東福寺七世無為昭元（応長元年<1311>没）の開設と伝えている。観音堂の創立については明らかでないが、現在の堂は室町時代末期の手法を示している。この堂は小規模で簡素なものであるが、組み物の形式など類例の少ない手法を用いており、細部の手法には古式なところもある。主要部は当初材の保存が良く、特に軒廻りに一式古材が残されているのは貴重である。瓦もほとんどが古い。1979年9月～1980年11月に全面解体修理された［図-1］[2]。

図1　定光寺観音堂（左：修理前、右：修理後）

定光寺観音堂の瓦はそのほとんどが当初のものと思われ、また品質的にすぐれているため保存状態も良好であった。そこで屋根の葺き替えにおいてはできるだけ当初瓦を再使用する方向で検討され、その結果、平瓦は全体の47%（809/1 728）、丸瓦は36%（176/484）、軒丸瓦は54%（58/108）が再使用可能と判断され、使われることになった。

このうちの平瓦の一部300枚について実験的に保存（強化、防水）処理が行われた。尚、この際、軒丸瓦（巴瓦）8個の保存修復もあわせて行った。

3. 瓦の保存修復処理

3.1　平瓦の保存（強化、防水）処理

古平瓦の保存処理は解体修理現場で行った。古瓦300枚を風乾し墨で番号を付けた。内法70×40×23 cmの合板製の槽内にポリエチレンシートを敷き、そこに古瓦を並べて入れた。そこに含浸強化防水用シリコーン樹脂溶液<メチルトリエトキシシランオリゴマーのトルエン、メタノール混合溶媒溶液［商品名：SS-101］[3]>に触媒［商品名：触媒C］を2.5%加えたものを、瓦が完全に浸るまで注入し、ふたをしてそのまま放置した。2時間経過後に取り出し、風乾した［図2］。300枚中の20枚について、含浸前後の重量を測定し樹脂液含浸量を求めた。この樹脂液含浸量のわかっている処理古瓦20枚と無処理古瓦5枚を東京国立文化財研究所に送り、物性試験に供した。残りの処理瓦280枚のうちの256枚が実際に再使用された[4]。

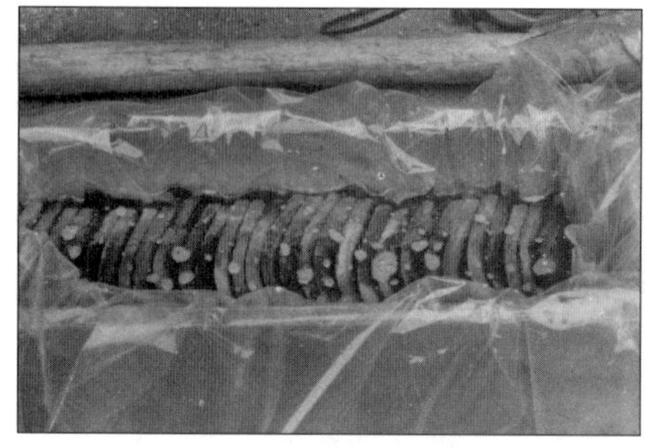

図2　平瓦の強化撥水処理（シリコーン樹脂の含浸）

3.2　処理平瓦の物性試験

現地で3週間風乾してから東京国立文化財研究所に送られてきた樹脂処理瓦20枚について、60℃の乾燥器中で24時間乾燥後に秤量し、含脂率を求めた［= 4.1 ± 0.8%］。

樹脂処理瓦と無処理瓦を105℃の乾燥器中で24時間乾燥後に秤量してから水中に浸漬し、一定時間後の重量から吸水率を測定した［図3］。

試験後、十分に風乾してから更に60℃の乾燥器中で24時間乾燥後、樹脂処理瓦の半分（10枚）と無処理瓦（5枚）を梱包し、冷暗所に保管した。残りの樹脂処理瓦10枚を東京文化財研究所屋上の曝露台に設置した（1980）。

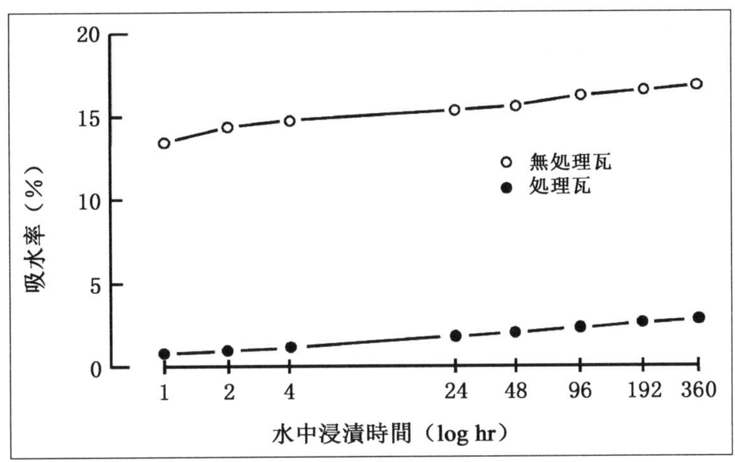

図3　処理瓦の吸水率（処理直後）

屋外曝露した樹脂処理瓦を20年が経過した2000年に曝露台から取り外し、冷暗所に保管しておいた樹脂処理瓦および無処理瓦とともに、屋外曝露前と同じ条件で吸水率試験に供した。

試験結果を図4に示す。図4から明らかなように、樹脂処理瓦の吸水率は屋外曝露20年経過後も処理直後とほぼ同程度の低い値を示している。すなわち樹脂処理による防水（撥水）効果は屋外条件で20年間ほぼ完全に保持されることが証明されたといえる。水中浸漬初期の段階で吸水率がやや高まっている。これは、ごく表面層で樹脂の撥水効果が減じ（撥水基<−CH3>が切断、消失し）、表面層の濡れが高まったためと考えられる。しかし、内部の樹脂の撥水基は

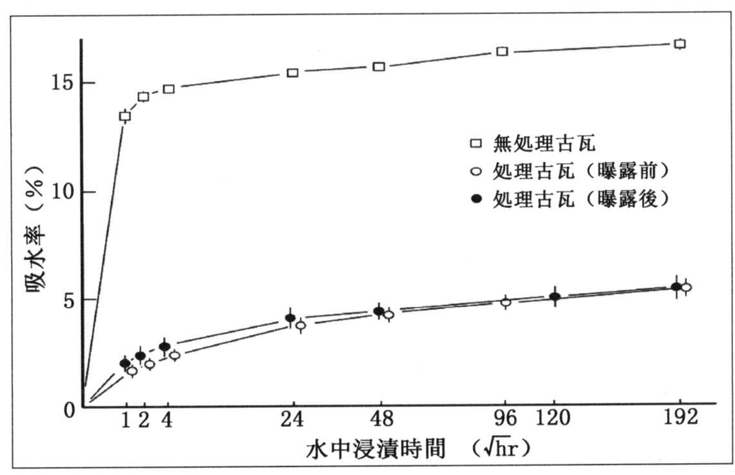

図4　処理瓦の吸水率（屋外暴露20年後）

保持されているので、全体的には依然として高い防水性を保持しているということになる[5]。

3.3 軒丸瓦（巴瓦）の修復処置

欠損部充填成形用人工擬瓦の加工性、耐久性を調べるために種々の材料について、実験室で比較試験を行った。その結果、次の二通りの配合を採用した。

＜Ａ＞エポキシ樹脂100部、瓦粉30部、ガラスマイクロバルーン40部、松煙適量

＜Ｂ＞エポキシエマルジョン100部、瓦粉100部、ガラスマイクロバルーン40部、松煙適量

これらを比較すると、耐久性、色調では＜Ａ＞のほうが優れているが、充填盛り付け作業性および硬化後の成形加工性については＜Ｂ＞のほうが優れている。比較的単純な欠損部の充填には＜Ａ＞を、複雑な飾部の成形には＜Ｂ＞を用いることとした。定光寺観音堂の軒丸瓦8個を処置し、再使用した。一例（＜Ａ＞適用）を図5に示す。

図5　軒丸瓦（左：修復前、右：修復後）

4. 35年後の状態調査結果

保存修復処置瓦が再利用され、定光寺観音堂の解体修理が完成した1980年11月から、約35年後の2016年3月に、現地を訪れ、定光寺ならびに上島町教育委員会の協力の下、瓦の状態調査を行った。

4.1 建物全体の状態

全体に古色がかった感じはあるが、基本的には修理完成直後と変わっておらず、

良い状態にある。ただ、背面で、木板の収縮に伴う隙間の拡大が見られ、若干の手直しが必要と思われる。

4.2 保存処置平瓦の状態

保存処置平瓦は、屋根の東西南北四面それぞれの中央部分に2列ずつ葺かれているが、外見からは変化が認められない。劣化し防水機能が低下すると、表面風化による褪色や微生物の着生による変色が起こるが、そのような変化は全く認められなかった。良い状態にあると判断できる。

4.3 修復処置軒丸瓦の状態

修復処置を施した軒丸瓦8個は、屋根の東西南北四面に2個ずつ葺かれている。瓦としての機能を十分果たしており、形態的な劣化はほとんど見られない。ただ、樹脂擬瓦による盛り付け修復部分については、かなりの外見上の変化が、程度の差はあるが、認められる。特に、盛り付け修復箇所の大きいもの（6.<B>適用）については、その傾向が顕著である。一方、修復箇所の小さいもの（6.<A>適用）では、変化が小さい。図-5に示した修復瓦の現状を図6に示す。

図6　再用軒丸瓦の状態（左：修復前、中：修復直後、右：再用35年後）

5. おわりに

文化財の保存修復への合成樹脂の応用は1960年代に遡る。その耐久性に関わる、種々の問題が生じており、追跡調査が行われている。1980年に始まった瓦の保存修復処置についても、今後、継続的に調査されることを期待したい。

参考文献

[1] 西浦忠輝「瓦の保存・修復に関する研究[I]: 再使用を目的とした古瓦の強化処置」、保存科学第20号.57-66 (1981).

[2] (財) 文化財建造物保存技術協会「定光寺観音堂修理工事報告書」、(有) 真陽社 (1980).

[3] 西浦忠輝ほか「石材保存用樹脂の評価試験[I]～[V]」、文化財保存修復学会第14～17, 19回大会発表要旨集. (1992-1997)

[4] 西浦忠輝「瓦の保存・修復に関する研究[II]: 重文・定光寺観音堂の古瓦の保存・修復処置」、保存科学第20号.67-75 (1981).

[5] 西浦忠輝、高品正行「古建築の保存を目的とした古瓦の強化防水処理－屋外曝露20年後の処理瓦の物性－」、文化財保存修復学会第22回大会発表要旨集、32-33 (2000).

[6] Tadateru Nishiura. Conservation of Old Rooftiles for Reuse, The Conservation of Stone II, Centro Per La Conservazione Delle Sculture All'Aperto, 699-709 (1980).

羅漢寺無漏窟の保存環境について

森井順之[1]　三谷紘平[2]
（1 東京文化財研究所,2 中津市教育委員会）

中文摘要：罗汉寺石佛是指在耶马溪中罗汉寺区域内的释迦如来石像以及五百罗汉像，其绝大部分的造像安放在被称为无漏窟的洞窟中。通过近些年的调查，我们掌握了这些造像在延元四年（1339年）由开祖円笼昭觉以及中国高僧逆流建顺所共同制作的史实。平成二十六年（2014年），罗汉寺的石佛被评为国家指定重点文物，我们借此契机探讨了其保存管理的方法。我们在安放大部分石佛的无漏窟洞窟内东西侧放置了温湿度数据采集器，进行长期微环境监测，尤其针对冬季白天东侧的最高、最低温度进行了确认。现场观察时，凝灰岩质的罗汉寺石佛，因其使用的石材种类不同，保存情况各异，在无漏窟东侧因干燥引起盐害的情况以及严重风化的造像较多。由以上的结果，我们确认了洞窟南侧有缺口，冬季太阳高度较低时阳光可以直接照入窟内，进而使洞窟东侧的石佛保持干燥。对无漏窟的温湿度环境以及造像保存状态的掌握，为今后的保存管理计划的提出积累了有效的数据。

1. はじめに

羅漢寺は大分県中津市の国指定名勝・耶馬溪のなかにある仏教寺院であり1337年に円龕昭覚が開山した。その後、1339年に中国から逆流建順という僧侶が羅漢寺を訪れ、円龕昭覚とともに五百羅漢像を造立したと伝えられている。この五百羅漢像をはじめとする羅漢寺境内にある石仏は、2014年に羅漢寺石仏として

Fig.1 Gohyaku-rakan statues in the Murokutsu cave

国の重要文化財指定を受けることとなった。

羅漢寺石仏の多くは無漏窟と呼ばれる洞窟内に安置されており、現在までほとんど配置を変えることはなかったとされている (Fig.1) 。保存状態は比較的良好ではあるが、今後は重要文化財としてより高い保存管理が求められている。

そこで著者らは、適切な保存管理計画の立案を行うため、無漏窟にある五百羅漢像の現在の保存状態および保存環境について把握を行った。ここでは、その結果および今後保存管理を行ううえで必要な項目について提案を行った。

2. 五百羅漢像にみられる劣化

五百羅漢像の多くが安置されている無漏窟内は概ね、屋外と比較して温度変化は小さく、湿度は高くその変化は小さい。そのため、主に下記に示す劣化がみられる。

2.1 着生生物繁茂

無漏窟は高湿度であるため結露回数も多いと考えられ、そのため着生生物の繁茂も著しい。Fig.2は無漏窟西側の五百羅漢像群であるが、藻類が多く着生する。また、藻類が着生した五百羅漢像は無漏窟西側に多くみられた。

Fig.2 Algae growth on the surface of the Gohyaku-rakan statues

2.2 塩類析出

Fig.3は無漏窟東側の五百羅漢像群であるが、奥に安置された羅漢像の表面に白い付着物がみら

れる。分析の結果、テナルダイト(硫酸ナトリウム)であることが確認された。

2.3 劣化が著しい像について

Fig.4は十王立像・広目天立像であり、本像は無漏窟内で確認される中で劣化が著しい部類に属する。無漏窟内の石仏群に用いられている石材は凝灰岩製であるが、その石質にはばらつきが多く、この図で見られる広目天立像は表面が他の像と比較して黒っぽく、腰部では剥離、塩類析出、藻類の着生がみられる。

Fig.3 Crystallization (Thenaldite was found on the surface of the statues)

Fig.4 The statue with remarkable deterioration

3. 無漏窟内の環境調査および結果

無漏窟内にある五百羅漢像は、その石質や位置の違いにより主な劣化現象および劣化の進行もばらつきがある。これらの主な劣化要因について把握するため、無漏窟内の温湿度連続計測(Fig.5)および、季節ごとの日光の入射状況に関する記録を行った。温湿度データロガーは、窟内で結露が多くみられたことから、Onset社製HOBO Pro V2(温湿度)を用いた。

温湿度連続計測の結果の一部をFig.6および7に示す。Fig.6は気温変化を示したものである。一年を通じて東側のほうが西側に比べて高温で変化していたことが確認できた。また、夏場の気温は小さな変化であるのに対し、冬場は大きな変化であることが確認された。

Fig.7は相対湿度の変化を示したものである。一年を通じて比較的高い湿度のまま変化している。しかしながら、気温変化の大きい冬期において相対湿度の化も大きいことが確認された。

Fig.8は温湿度データロガー測定位置周辺および中央部においてカメラを設置

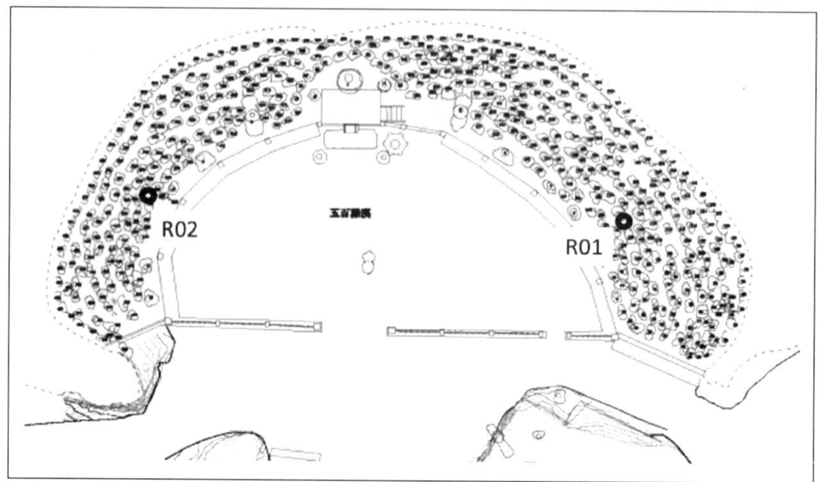

Fig.5 Measuring points of the temperature and humidity data logger

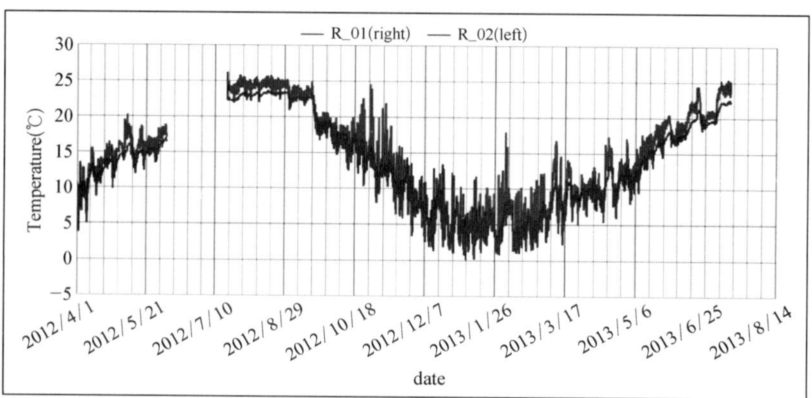

Fig.6 Temperature change in the Murokutsu cave

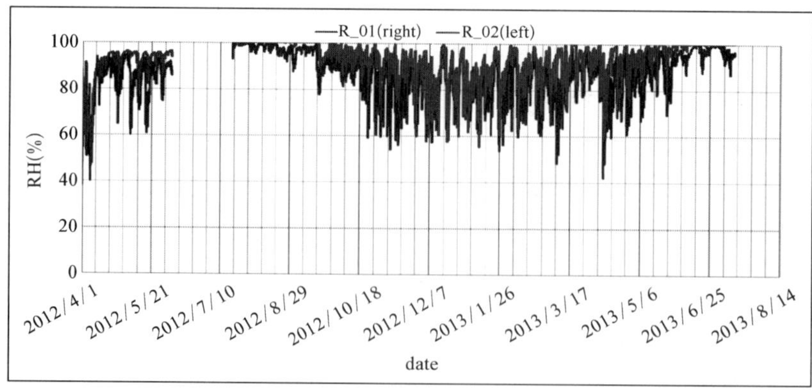

Fig.7 Relative humidity change in the Murokutsu cave

Fig.8 Time lapse images for measuring sunlight invention. (a) were taken around R-02 (left, west), (b) were taken around R-01 (right, east), (c) were taken around the center of the cave

し、晩秋のとある1日を対象にカメラを設置し、定点撮影を行った結果である。日付および時間は各写真の右上に記載してある。無漏窟西側の定点撮影結果 (a) は10：30ごろに最も日が差すことが確認できているが、1時間ほどで通常の窟内の照度に戻ることが確認された。

無漏窟東側 (b) は14時ごろから日が差しはじめ、16時くらいになると無漏窟奥側まで光が差し込むことが確認された。中央部 (c) では日中を通じて比較的光は差し込まず暗いことが確認された。

これらの結果より、冬期に無漏窟東側のほうが乾燥しており西側は一年を通じて湿潤であること、一日の変化は夏期に比べて冬期のほうが大きいことが確認できた。また、定点観測の結果、太陽高度の高い夏期に比べて太陽高度の低い冬期のほうが光が差し込みやすく、温湿度変化に大きな影響を与えていることが確認された。

4. おわりに

羅漢寺無漏窟に安置される五百羅漢像をはじめとする羅漢寺石仏について、より高い保存管理を行うために必要な保存状態の調査を行った。その結果、凝灰岩の石質にばらつきがみられるため像ごとに保存状態に違いがみられる、東側に塩類析出がみられる像が集中すること、西側に藻類繁茂がみられる像が集中することが確認された。温湿度計測および現地での観察の結果、東側に比べて西側のほうが高湿度であること、とくに冬期は東側への太陽光の浸入による乾燥が生じることが明らかとなった。今後はこれらの結果をもとに保存管理計画の立案を進めて行く予定である。

参考文献

M. Morii, Research of Anti-freezing for the Buddhist image carved on tuff cliff by closing shelter, Archi-Cultural Translations through the Silk Road 2nd International Conference, Mukogawa Women's University, Nishinomiya, Japan, July 14 -16, 2012, *Proceedings*, pp.197-200 (2012).

M. Morii and W. Kawanobe, Method for cleaning epiphytes on stone monuments, *International Symposium on the Conservation and Restoration of Cultural Property 2012*, National Research Institute for Cultural Properties, Tokyo, pp.75-86 (2013).

X線CTを活用した文化財の修復履歴の解明

今津節生
（奈良大学）

中文摘要: 近年来,从日本开始,中、韩等东亚各国的博物馆均引进了X射线CT扫描仪(CT)。目前欧美利用CT进行文物调查的研究还较少,现在对于东亚各国博物馆来说,正是对世界发表研究成果的绝好机会。自2005年以来,九州国立博物馆使用CT积累了大约超过24 000多件的三维数据。由于博物馆具有安全运输和展示文物的功能,因此积累了大量的数据。对于运送到博物馆进行展览的文物,在经过收藏者的许可之后可以进行CT调查。CT调查的最主要目的是对文物进行健康检查。文物的健康检查与人一样,可将其作为对文物维护和预防有用的基础信息,在将来能够发挥作用。本文以对于一件文物的健康检查的成果为例,介绍了针对文物修复履历的调查结果。

1. はじめに

文化財はその内部に文化財が生まれるに至った経緯や技術、使われ方や修理などの歴史、信仰や願いなど多くの情報を抱えている。しかし、これまで文化財の内部構造調査は文化財修理のような限られた機会に特定の人が観察し記録するか、X線透過や超音波探傷検査のような二次元の画像調査が行われてきた。ところが近年、X線CTスキャナ（CT）を核にして、3Dデジタイザや3Dプリンタ等の三次元計測機器を使い、文化財を記録することにより、非接触・非破壊で目には見えない文化財の内部情報を多くの人が共有することができるようになっ

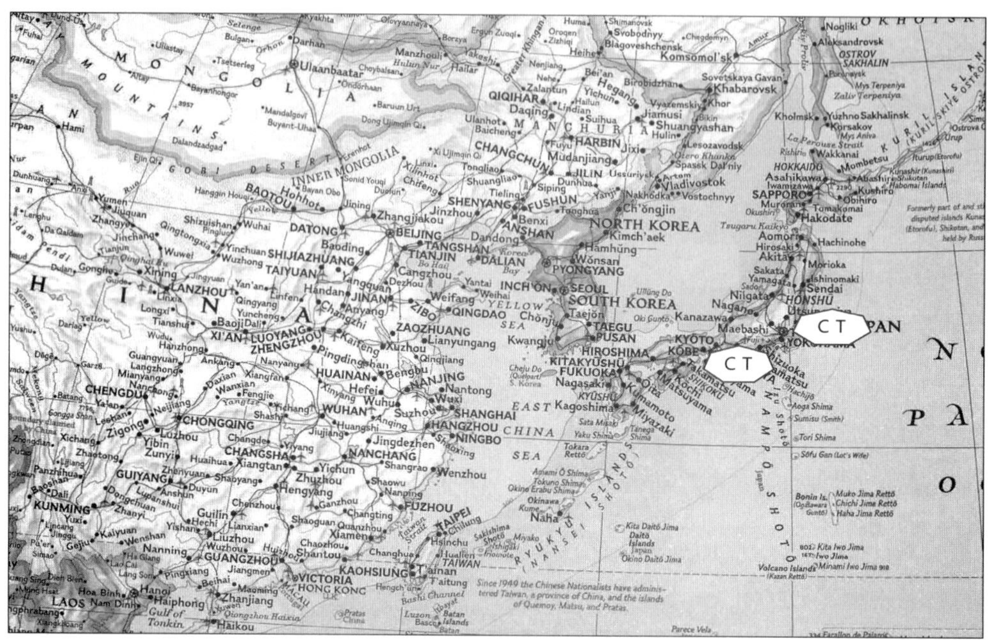

Fig.1 X-ray CT introduced to East Asia in the 20st century

た。しかも、計測した詳細な三次元データを繰り返して何度も再現し、時には3Dプリンタで出力したデジタル模型を手元に置いて多くの研究者が検討することもできる。

九州国立博物館では2005年の開館直後から文化財の科学的調査に文化財用の大型CTを導入して文化財の構造や技法、修復履歴、真贋判定などを非破壊で調査してきた。CT、3Dデジタイザなどを用いて文化財の三次元データを蓄積してきた。これらの3Dデータは国宝・重要文化財等の文化財が安全に運搬し展示することができる博物館という特別な場を使い、所蔵者との信頼関係を構築しながら計画的かつ継続的に計測を実施したことによって初めて蓄積することが可能になった。

この新しい調査方法によって、写真や手実測などの二次元的な記録方法からでは導き出すことができない製作技術の解明や修理の履歴・材料の違い、さらには施主や制作者の信仰や願いにも通じる文化財の内部情報が記録できる。私達はこれらの三次元情報を様々な分野の研究者が共有し繰り返し観察することによって、議論と共に新しい研究基盤が創出される。その結果、市民への研究の還元と文化財の活用がよりいっそう進展すると考えている。これまでに蓄積してきた三次元データを美術史・工芸史・考古学・保存・文化財科学・修復技術など多分野の研究者が解析し活用することによって、これまでにない新しい研究基盤を創設することができる。具体的には、文化財の構造・技法や材質の解析、保存・修復に関する情報の蓄積、博物館展示や学校教育への活用の可能性がある。

2. 研究の方向性

私達は内部構造を記録するCT（YXLON International K.K.、Y.CT Modular320FPD）や複雑な表面情報を高精細に記録する3Dデジタイザ（GOM社製、ATOS-Ⅲ）を使って文化財の三次元デジタルデータを蓄積し、実測や解析から文化財の構造・技法を解析し、研究情報を誌面で公開してきた。蓄積した研究成果はそれぞれの専門分野の研究にとって基礎情報となっている。しかし、文化財の三次元情報は二次元で表現した誌面以上の豊富な情報を内包している。3Dデータは実物と同じく観察する人の発想と視点によって様々な情報を引き出すことが可能である。CTスキャナや3Dデジタイザで計測した精密三次元データは、個々の専門分野を超えて研究・保存・教育など多角的に活用できる可能性を秘めている。

文化財の3Dデータを蓄積し解析して活用する研究は3つの方向に集約できる。先ず、① 文化財の内部構造や制作技法に関する研究を飛躍的に進展するこ

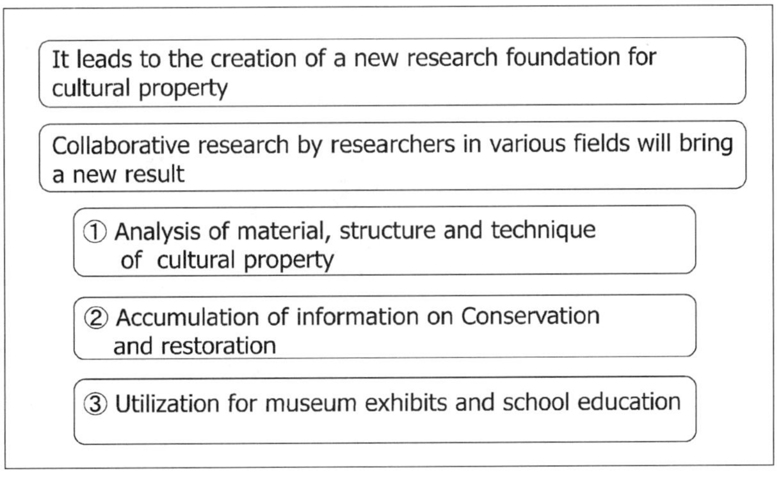

It leads to the creation of a new research foundation for cultural property

Collaborative research by researchers in various fields will bring a new result

① Analysis of material, structure and technique of cultural property

② Accumulation of information on Conservation and restoration

③ Utilization for museum exhibits and school education

Fig.2 X-ray CT analysis and accumulation of cultural property

とが期待できる。また、CTデータの最小単位となるボクセルは位置情報と透過度情報をもつので、輝度解析やパターン解析を行うことによって文化財の材質を推定することが可能になる。次に、② "健康診断"として、保存・修復必要な基礎情報を得ると共に、文化財の予防的保存に役立てることが可能になる。また、③ 3Dデータを使って博物館の展示や学校教育への活用が可能になる。フルカラーの3Dプリンタ(3D Systems社製ZPrinter 450・650)で作成したデジタル複製品は、本物を理解するための最適なハンズオン資料として、市民や学生が文化財を理解するために広く役立てることが期待できる。

Fig.3 Old photo before restoration (taken in 1894)

3. 文化財の修復履歴を探る

CT調査で最も期待されるのは文化財の状態把握である。私たちの日常生活の中で、病院で定期的に健康診断を行い、安心して日常生活をおくることが定着しているように、国民の宝である文化財の健康診断を定期的に行うことは重要である。たとえば、奈良県興福寺の阿修羅像は製作されてから1280年の間に、厳しい環境変化に置かれ、幾多の災害を乗り越えてきた。明治以降の修理は記録されているものの、それ以前の記録はない。記録のない過去にどのような修理が行われてきたのか?長年の間に虫食いは進んでいないのか?構造的に脆弱な部分は存在しないのか?表面に見える細かな亀裂

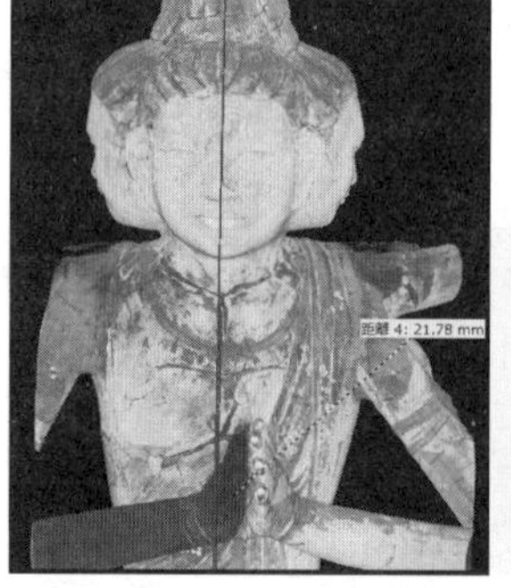

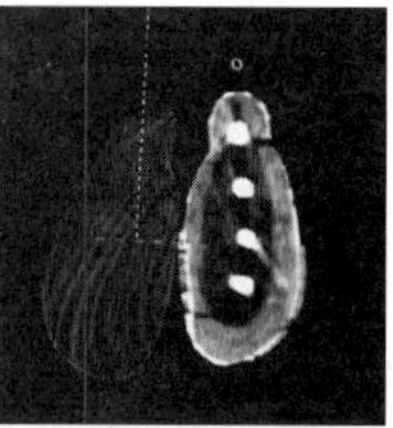

Fig.4 Position of both hands of Asura statue

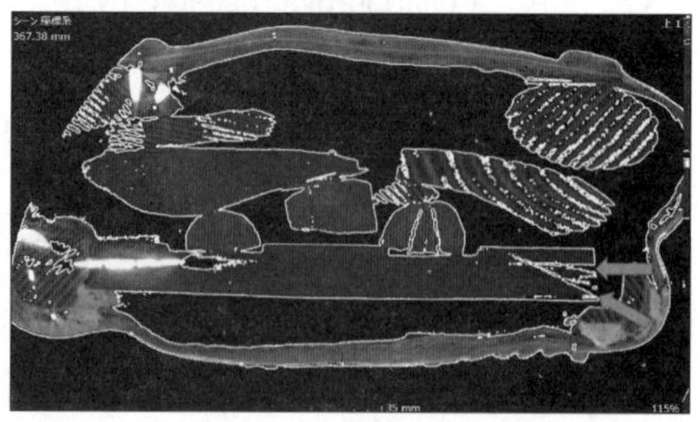

Fig.5 Traces of nails to fix the shoulder and arm

はどこまで進んでいるのか？このように表面の観察からではわからない健康状態を把握できれば、今後の維持管理に重要な情報となる。さらに、定期的に健康診断を行えば、小さな変化を発見することが可能となり、将来の修理計画を立案する上でも役立つことが期待できる。

阿修羅像は奈良時代以来、火災や地震、戦災などをくぐり抜けて現在に伝えられてきたが、転倒などで6本ある腕のうち数本が損なわれている。1888年に撮影された諸仏の集合写真でも合掌手の手先が欠損しているのが確認できる。現在の阿修羅像は1902～1905年に日本美術院の新納忠之介氏らが修理した。この修理で最も正面に近い左右2本の腕（第一手）のうち、ひじから先がなくなっていた右腕などが木彫で補われた。2本の腕は体の正面より僅かに左寄りの位置で合掌する姿になり現在に伝えられてる。CTによる3次元データの計測値から見ても現在の合掌した両手は正中線から22 mm左寄りに位置しているのがわかる。ところが、修理前の1894年に撮影された写真を見ると、阿修羅像の右の第一手が欠失している。他にも、現在の阿修羅像との違いが見える。左手の位置が身体の中心から左にずれていること、修理前の写真の左手の手のひらは外にむかって開いており合掌していたにしては不自然なこと、修理前は両脇がしまりひじが下がっているのに対して現状はひじが外に広がるように張っていることなどである。

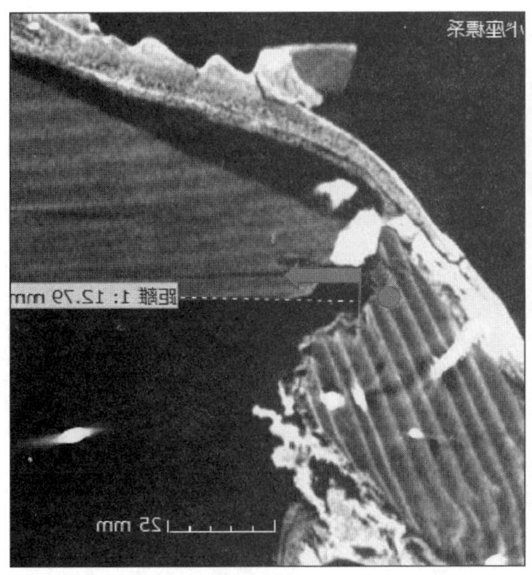

Fig.6 Traces of nails to fix the shoulder and arm

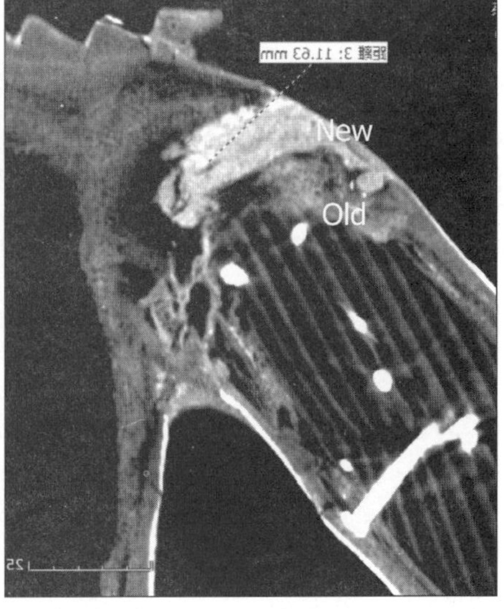

Fig.7 New and old repair trace

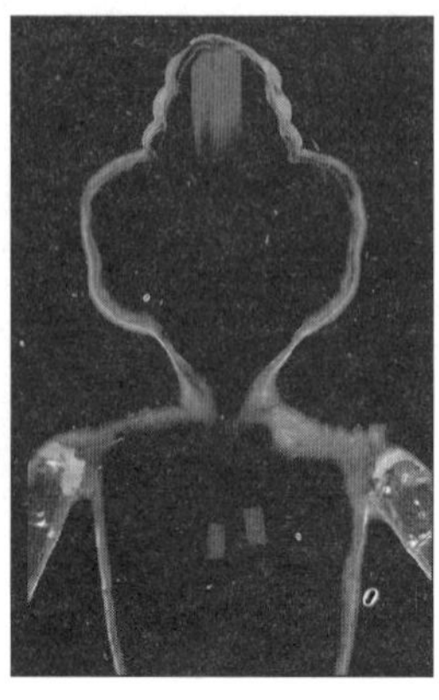

Fig.8 Crack remaining in old pictures

CTデータの解析によって阿修羅の修理履歴が明らかになった。第一手の両腕は明治の修理以前に破損していたことが判明した。修理前に撮影された明治27年の写真に写っている亀裂部分をCTで観察すると、同じ場所に接着した痕跡を確認した。おそらく、修理前の写真を撮影した時点では、阿修羅像の第一手は両腕がぐらつく状態だったと考えられる。

さらに、両腕のわきの下に木屎漆と思われる接着剤が詰められており、両ひじを外側へ開き気味に押し上げていたことが判明した。さらに左肩の内部を見ると、肩と腕を固定する釘が抜けて隙間ができていた。釘穴の位置を元に戻すと両腕は脇が締まり左腕は斜め右上に13 mm移動する。これらの観察結果から阿修羅像を当初の形に復元すると、両腕は脇が締まり、左腕は斜め上に移動することになる。その結果、両手は正中線にほぼ合致すると推定される。

4. まとめ

X-ray CTを用いた文化財の調査は博物館の重要性を更に高めることが期待できる。私達はX-ray CTを用いて文化財の内部構造を非破壊で短時間に調査することによって、これまで知ることができなかった様々な新しい情報を得ることができる。X-ray CT調査によって得られた三次元データには文化財の構造や技法、保存や修復に関する豊富な情報を含んでいる。この3Dデータを活用することで文化財の予防保存にも役立てることができる。私達はX-ray CTから得た3Dデータを、文化財の修復・運搬・防災などの基礎情報として役立てることが期待される。X-ray CTを使った文

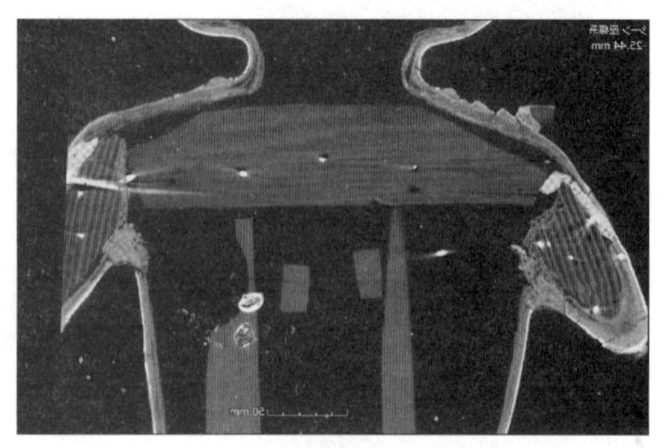

Fig.9 Restoration traces of Asura

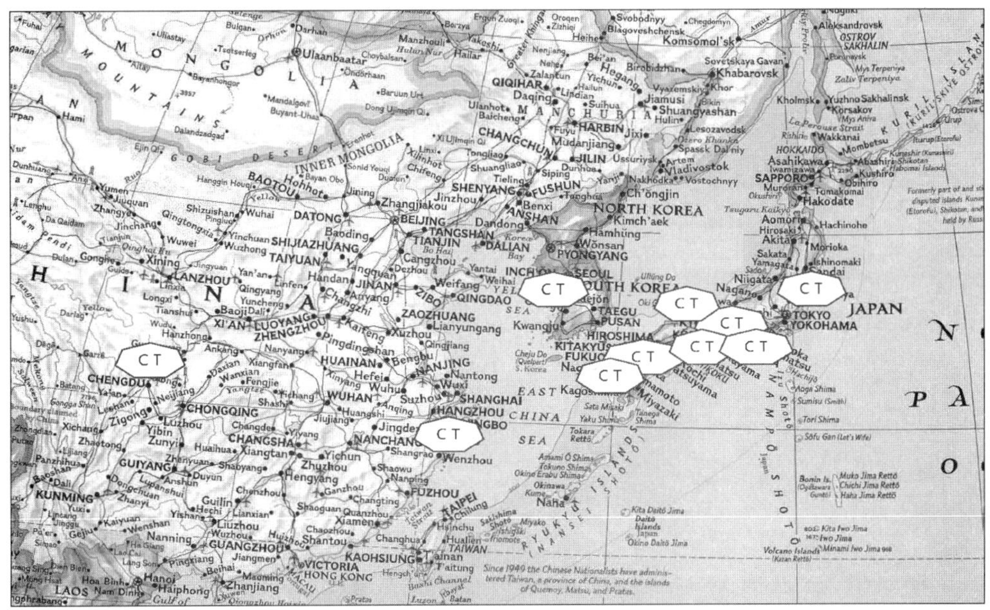

Fig.10　X–ray CT introduced to East Asia in the 21st century

化財調査への活用は欧米でもまだ進んでいない状況である。X-ray CTを世界に先駆けて導入した東アジア各国の博物館は、いまこそ世界に向けて研究成果を発信できる絶好の機会を得ている。

（謝辞：本研究はJSPS科研費16H01828の助成を受けたものです）

参考文献

Setsuo IMAZU. Clarification of the Conservation and Restoration History of Cultural Property Using X-ray CT, Symposium of Conservation of Cultural Heritage in East Asia in Shanghai, 2017. 7. 24

今津節生，山崎隆之，矢野健一郎，楠井隆志，赤田昌倫，金子啓明「X線CTデータから見た興福寺阿修羅像の修理痕跡」、『文化財保存修復学会第34回大会研究発表要旨集』2017.7.1.

今津節生、「CTスキャンによる阿修羅像の健康診断」、興福寺中金堂再建記念・興福寺シンポジウム『阿修羅像を未来へ受け渡すために』奈良大学、2017.9.23.

漉嵌を用いた古文書補修における料紙と補修紙の接着強度について
—捨て糊の必要性—

宇都宮正紀[1]　加藤雅人[2]
（1奈良大学,株式会社修美；2東京文化財研究所）

中文摘要： 在日本，考虑到日本文物的特点及其后续的灵活应用方法，以及参考欧洲为了修复大量的纸本文物而开发的机械纸浆补洞技术后，开发与应用了新技术“漉嵌”。在该技术中有“捨糊”(机器抄纸前步骤，类似涂抹水糨糊)这一工法。本研究的目的是为了客观地评估“捨糊”的有效性。

首先在准备好的纸上使用漉嵌技术填充纤维后作为样品，进行两种强度测试以评估接合处的黏合强度。测量样品的拉伸强度表明，相比较于单单靠纸表面的纤维与填充纤维之间的氢键结合，通过“捨糊”工法制成的样品取得了两倍的黏合强度。此外，在模拟日常翻页时所施加的负荷的剥离试验中，进行了“捨糊”的样品显示出大约4倍的强度。

综上所述，通过“捨糊”可以增强填充纤维的黏合强度，特别是在翻页时，“捨糊”能使纸保持更好的稳定性。

1. はじめに

大量の古文書文化財、古文書資料群の修理するために導入されたリーフキャスティングは、日本において「手漉き」による流し漉きを模した抄紙機を開発するなど、楮紙等の和紙に対応出来るよう日本独自の改良を加え、「漉嵌」として実用化されている。この修理方法は、料紙と同質な楮などの原料繊維を水中に分散させ、本紙欠失部分に流し込み、それと同形の補修紙を本紙に直接形成する方法である。図書資料などがリーフキャスティングで修復される場合、流し込む紙料は本紙の裏面に残留することを前提とし、時として本紙の補強のための裏打ちの効果も期待して行われる。現在、国内において漉嵌と言われる場合も、本紙裏面へ補修繊維が残留することが前提で作業が行われていることが一般的である。

日本の古文書資料は楮繊維を原料とした紙が多く、その繊維長は6 mm～21 mmと他の繊維より比較的長い。特に近代以降に楮紙が抄紙される場合は、流し漉きと呼ばれるように繊維を縦横に揺らしながら抄紙し、抄紙された紙は楮の繊維が並び、地合いの良い紙となる。そのためヨーロッパの技術をそのまま移植したような漉嵌では、いわゆる「溜漉き」に近い状態で欠失部分に繊維が補填され、補填部分と本紙部分とで違和感が生じる。また、本紙裏面においても、抄紙中に水が徐々になくなることによって楮の繊維が斑に残留し、応力集中や吸放湿時の挙動の不均一さの原因となる。そこで日本の古文書に利用できる漉嵌補修「長繊維を用いた漉嵌において、形成した補修紙が違和感を呈さず、本紙の裏面に可能な限り繊維を残留させず、かつ本紙と補修紙との接着力も充分に保てる漉嵌」手法の検討を行ってきた。

開発当初、古文書に同質の繊維を流し込み、圧力をかけて脱水し、乾燥することで、料紙繊維と補修紙繊維間の水素結合による十分な結合力が得られると考えた。結合力を増すために、丁寧に叩解した繊維を用いたり、料紙の風合を変わるほどの圧力をかけ実験を繰り返したが、実際に、ページをめくる、巻くという「取り扱い」動作によって補修紙が剥がれてしまう接着強度しか得られなかった。

このことから、虫損部分の断面は鋏で切った様な断面に近く、毛羽立ちが少ないため、欠失部分に形成した補修紙が乗っているだけの状態になったためと考えた。

流し込む繊維紙料に接着剤として薄めた小麦澱粉糊を混ぜる手法も検討したが、接着強度は増すものの、柔軟な楮本紙に比較して補修紙が堅くなり、また表面も本紙と比較して平滑ではなく荒れている感じとなった。

通常の古文書補修においては、欠失部分の周囲に小麦澱粉糊を塗布し、補修紙を充て、段差を削り取るという方法が採られる。漉嵌補修においても、同様に本紙欠失部分の周囲に小麦澱粉糊を予め塗布したところ、取り扱いに十分な接着力を得ることが出来た。この作業を「捨て糊」と呼ぶこととし、現在も漉嵌補修の工程の一つとして取り入れている。しかしながら、これらの開発においては客観的な評価を行っていなかったため、本研究は力学的な試験を行うことで、捨て糊の有効性を客観的に評価することを目的とした。

2. 力学強度試験による評価

2.1.1 引張試験による評価

美濃紙 (岐阜県美濃市: 美濃竹紙工房製・楮紙・3.5匁[*3]・坪量19～20 g/m²) を本紙とし、その同じ美濃紙から戻した楮繊維を原料として漉嵌を行い、以下のa～lの12種の試料を作製し、JIS P8113に基づく引張試験を行い (写真1、2参照)、接着部における強度の評価を行った。引っ張り速度は10 mm/分。各試料から10枚の試験片を採り、得られた結果のうち、最大値と最小値を除いた8枚の数値を統計的に処理した。

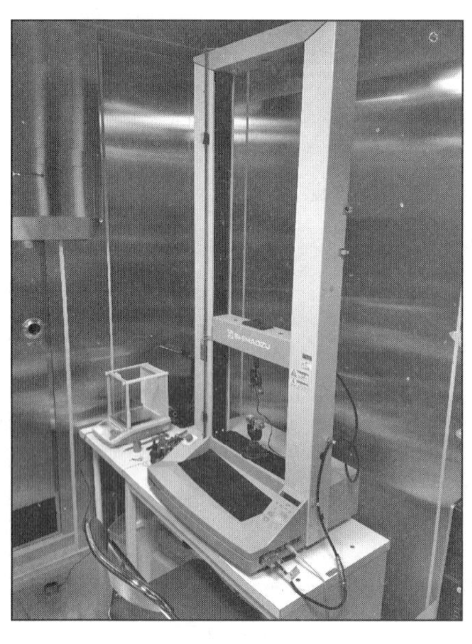

写真1

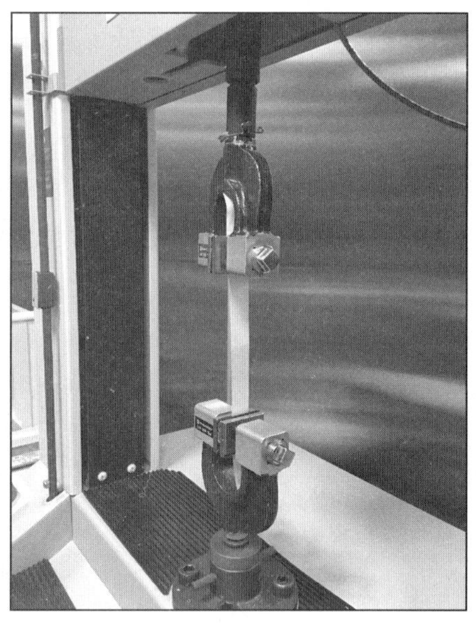

写真2

a: 劣化処置: 無・抄紙辺: 裁ち切り・捨て糊: 無し
b: 劣化処置: 無・抄紙辺: 裁ち切り・捨て糊: 布海苔＋小麦澱粉糊
c: 劣化処置: 無・抄紙辺: 裁ち切り・捨て糊: 小麦澱粉糊のみ
d: 劣化処置: 無・抄紙辺: 食い裂き・捨て糊: 無し
e: 劣化処置: 無・抄紙辺: 食い裂き・捨て糊: 布海苔＋小麦澱粉糊

f: 劣化処置: 無・抄紙辺: 食い裂き・捨て糊: 小麦澱粉糊のみ
g: 劣化処置: 有・抄紙辺: 裁ち切り・捨て糊: 無し
h: 劣化処置: 有・抄紙辺: 裁ち切り・捨て糊: 布海苔+小麦澱粉糊
i: 劣化処置: 有・抄紙辺: 裁ち切り・捨て糊: 小麦澱粉糊のみ
j: 劣化処置: 有・抄紙辺: 食い裂き・捨て糊: 無し
k: 劣化処置: 有・抄紙辺: 食い裂き・捨て糊: 布海苔+小麦澱粉糊
l: 劣化処置: 有・抄紙辺: 食い裂き・捨て糊: 小麦澱粉糊のみ

劣化処置: JIS P8154に基づき、105℃、湿度制御なしの条件下で4週間、乾燥加熱処置した。

裁ち切り: 丸包丁(片刃)を使用して裁断した。(写真3参照)

食い裂き: 少量の水とへらを用いて直線的に楮紙を裂き、毛羽立たせた。

捨て糊: 本紙欠失部の周囲1.5 mmに糊代として糊を塗布した。(写真4参照)

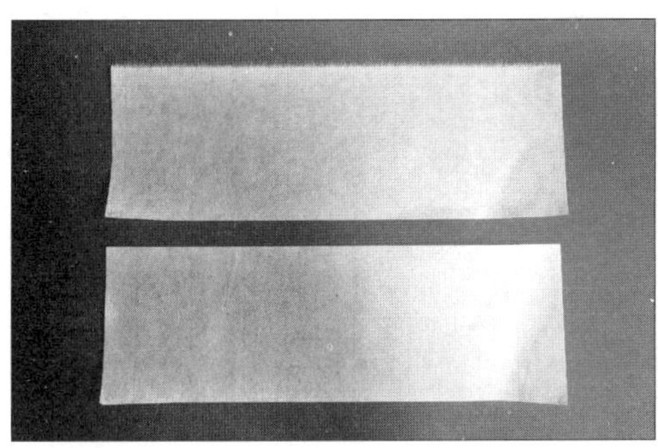

写真3

写真4

布海苔+小麦澱粉糊: 修復作業において小麦澱粉糊に粘度を持たせる必要がある場合に布海苔抽出液を混合し使用することがあることから、本研究においても検討した。

抄紙は漉嵌用抄紙機にて行った。(写真5参照)

写真5

2.1.2 実験結果

図1と図2に結果を示した。縦軸は最大荷重を示している。

本紙側が裁ち切りの場合、捨て糊をしないものでも約15Nを示し、捨て糊を施した試料においては、最大35Nを示した。

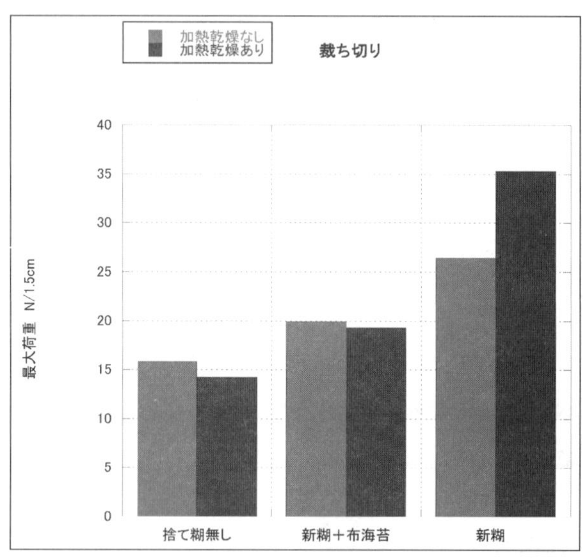

図1 （裁ち切り）

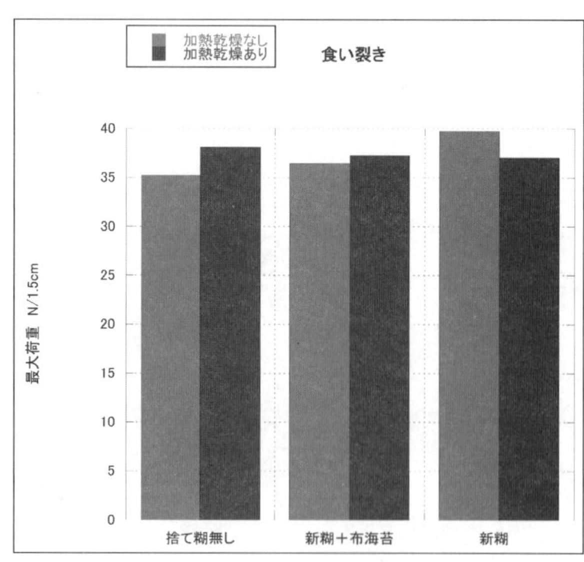

図2 （食い裂き）

裁ち切り試料の補填には、捨て糊をすることで接着強度が向上することが明らかになった。

方、本紙側が食い裂きの場合、捨て糊の有無に関わらず、35～40Nを示した。

食い裂きの試料では抄紙辺の繊維が毛羽立っており、その繊維が繊維間結合に寄与することで、水素結合のみでも強固な接着力が発現したと考えられる。

2.2.1 剥離接着強さ試験—180°剥離

2.1において、一般的な接着強度しては捨て糊が有効である事が示された。本項では、巻いたり折り畳んだりといった、実際の古文書の取り扱いにおける挙動を検討した。

古文書の取り扱い時に起きる現象を再現するために、写真12のようなアクリル板を作製し、両面テープにて試験片を貼付け、補修紙を本紙から剥がすように引っ張り、その強度を調べることとした（写真6参照）。引張速度は10 mm/分で行った。

写真6

今回の試料には江戸時代のものと推察できる楮紙の古文書を使用し、下記の6種を作製した。坪量は、αが83.3 g/m^2、βが34.5 g/m^{2}である。

α-1: 1.5 cm巾・抄紙辺: 裁ち切り・捨て糊: 無し

α-2: 1.5 cm巾・抄紙辺: 裁ち切り・捨て糊: 小麦澱粉糊＋布海苔

α-3: 1.5 cm巾・抄紙辺: 裁ち切り・捨て糊: 小麦澱粉糊のみ

β-1: 1.5 cm巾・抄紙辺: 裁ち切り・捨て糊: 無し

β-2: 1.5 cm巾・抄紙辺: 裁ち切り・捨て糊: 小麦澱粉糊＋布海苔

β-3: 1.5 cm巾・抄紙辺: 裁ち切り・捨て糊: 小麦澱粉糊のみ

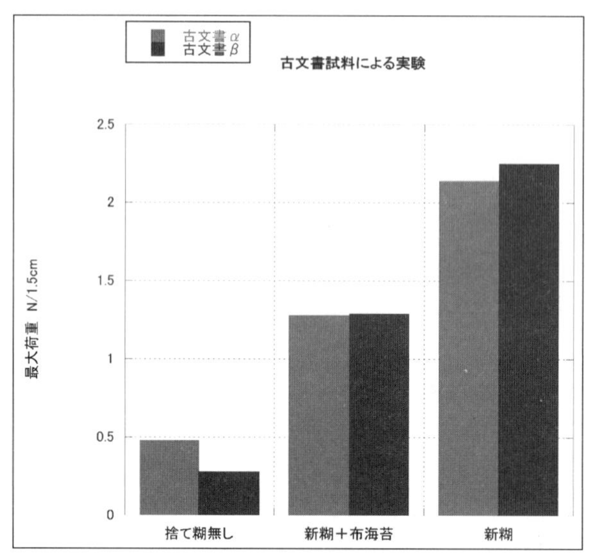

図3 （古文書）

2.2.2 実験結果

全ての紙料において、接合点で外れるのでなく、アクリル板と接着していた両面テープが剥がれることとなった。つまり本紙と補修紙は想像以上に強固な接着がなされており、その接着力はアクリル板と両面テープとの接着力を上回っていることを示している。

2.3.1 剥離接着強さ試験−45°剥離

2.2を踏まえ、また実際に古文書等を取り扱うときの角度も考慮し、写真15の様なアルミ製の台を作製し、試験片を両面テープを使用して貼り付け、45度で引っ張り、抄紙部分が外れるまでの強度を測定した。(写真7参照)

試験片は2.2の実験に使用したものと同じものを使用した。引張速度は10 mm/分った。

写真7

2.3.2 実験結果

図3に結果を示す。本紙αにおいてもβにおいても、全ての試験片にて本紙と補修紙の接合

部分が剥がれており、測定値は剥がれた時点のものである。

捨て糊がない場合は、0.28～0.48Nというごく小さな力で剥がれるのに対し、新糊で捨て糊を施したものは2Nを超え約4倍の荷重に耐えた。

捨て糊を施したものは、施していないものの、約4倍の負荷に耐えた。

実際に手で紙料を引き剥がしてみたところ、捨て糊を施していないものは、何らかのきっかけで容易に剥がれるが、捨て糊を施している試料は抄紙辺が堅くなることもなく、無理に引き剥がそうとしなければ、簡単に剥がせない接着状態であった。

3. 結論

水に分散しているセルロース系繊維が、脱水とともにシート形成する際には繊維間の水素結合のみでも紙となる。一方で、既に表面ができている紙に水に分散させた繊維を乗せた場合、水素結合のみである程度の接着をするが、容易に剥がれてしまい、一枚の紙として扱うに十分な接着力を得ることは出来無い。これは楮紙の古文書に漉嵌で楮繊維を補塡した場合でも同様であり、補填繊維の接着力が足りず、閲覧などの活用に際して容易に剥がれてしまう。漉嵌による実際の修理に際しては、本紙裏面に可能な限り楮繊維を残留させず、欠失部分の周囲にかかる繊維部分のみで補修紙を接着することが必要となるため、あらかじめ欠失部の周囲に糊を塗布して、繊維を流し込み、圧をかけ脱水することで接着する、つまり糊代部分に糊で接着する。今回の実験において、漉嵌時のこの糊代部分における糊を用いた接着「捨て糊」が必要であることが力学的な評価からも証明された。

参考文献

宇都宮正紀.修理技術漉嵌2.修復8.岡墨光堂,2004: 36-41.
大江礼三郎.紙とは.紙と本の保存科学.岩間書店,2011: 13-35.
大林賢太郎.漉嵌.修復6.岡墨光堂,2000: 40-43.
岡山隆之.紙の物理的性質の測定.紙と本の保存科学.岩間書店,2011: 65-84.
増田勝彦.修復材料としての紙.紙と本の保存科学.岩間書店,2011: 37-47.
増田勝彦.漉嵌機の和紙修理への応用（速報II）.表具の科学.東京文化財研究所,1977: 150-154.

東日本大震災に被災した画仙紙における真鍮箔から析出した緑色腐食生成物の洗浄処置

大山龍顕
（東北芸術工科大学）

中文摘要：在日本东部大地震中被破坏的屏风，其宣纸所使用的黄铜箔中析出了绿色腐蚀生成物。该生成物以铜为主要成分，并由铜引起了纸的劣化。为此，我们参考使用了低浓度硝酸水溶液和真空吸附台的方法。其结果不仅使对绿色腐蚀生成物的清洗成为可能，并且我们还发现相比保留些许绿色腐蚀生成物，对其进行完全清洗对作品本身而言负担更少。这为今后的修复工作提供了一个新的选择。

1. はじめに

本発表で対象となる事例は東日本大震災による津波に被災した屏風に起こったものである。画面（画仙紙）の周りに使用された真鍮箔の台紙と重なった箇所に緑色腐食生成物が析出して鑑賞の妨げとなっていた損傷事例に対してのものである。この緑色腐食生成物は銅（Cu）を成分としており、津波による塩の影響で真鍮から析出したものであると考えられた。この析出物は鑑賞の妨げとなるだけでなく銅の影響から紙を劣化させる要因ともなる。そのため、可能な範囲で除去をすることが望ましいと考えられた。しかし、紙に析出した銅の分析などの研究は行われているものの、紙の洗浄についての研究については知られていない。そこで、様々な検証を行い有効な除去方法について検討した内容について報告したい。

2. 対象作品

作品の概要は以下の通りである。

作 品 名　「山水図」

作　　者　伝平福百穂

形　　状　六曲一双屏風

材質技法　紙本墨画淡彩

制 作 年　不明

寸　　法

＜修理前＞

本　　紙　縦143.3 cm×横41.3 cm

全　　体　縦171.0 cm×横690.0 cm

＜修理後＞

本　　紙　変更なし

全　　体　変更なし

所　　蔵　リアス・アーク美術館

Fig.1　修復前の屏風

Fig.2　汚れが著しく、特に本紙の周囲に腐食生成物が析出している

各扇に貼られた本紙寸法は縦143.3 cm×横41.3 cmとなっており、箔地に糊代分、約3 cmが重なり貼られていた。B隻の左上から右下にかけて、緑青の析出と砂などの汚れの付着が著しく、特に本紙の周囲に緑青の痕跡が残ることで鑑賞上、大きな妨げとなっていることが調査時から懸念されていた。

3. 処置の検証

緑色腐食生成物に対する洗浄処置の有効性を検証するため、サンプルを用いて検証した。

＜試料作成＞本紙と同様の画仙紙（『紅星牌』厚口）に真鍮箔を押した台紙に貼り、人工海水（「マリンアート」）を刷毛で塗布した。乾燥後、3回程塗布を繰り返した後は蒸留水の噴霧と乾燥を1日おきに3週間程繰り返した。緑色腐食生成物の析出は2週間程で目視により確認できるようになり、3週間たったところでパネルから剥がして試料とした。

Fig.3　強制劣化試験のサンプル

洗浄のテストでは吸水紙上に緑青を再現した試料を置き、水、エタノール、アセトン、過酸化水素水、希硝酸を用いて部分的に洗浄テストを行った。水のみでは浸透することも難しく、エタノールは浸透するものの緑青に対しての洗浄効果は得られなかった。希硝酸（10％水溶液）を塗布したところ高い洗浄効果が得られた。

次に、処置により起こるとみられる本紙の変化について検証を行うこととした。

＜強制劣化＞試料の紙片は本紙と同じ洗浄処置を行ったもの、洗浄処置をしていないものなどを用意し、デジケーターに糸に通して中空に浮いた状態で設置した。湿度60％、摂氏80度の環境で負荷を与え、30日間保管して変化を観察した。

＜結果＞

強制劣化前、後の変化は目視観察からも顕著に確認することができた。画像で示したのは画仙紙の試料だが、緑青の残存しているbの資料は茶褐色に変色が進んでおり、洗浄、脱酸を行ったaは生紙のまま強制劣化させたcと比較しても変色が著しいとは見えない。希硝酸や緑青の残留により、処置後にかえって劣化が進み変色が起ることが懸念されたが、目視観察からは洗浄、脱酸による効果が確認されるものとなった。これにより緑青が残存している試料bの変色が著しいことが確認された。

4. 緑色腐食生成物の洗浄処置

本紙の周辺部に析出した緑色腐食生成物についてもサクショテーブル上で洗浄を行うこととした。洗浄は旧裏打ち紙が残った状態で行った。

① サクションテーブルに湿らせた吸取紙を敷き、ポリエステル不織布で挟んだ本紙を表が上にして重ねて敷き、噴霧器で本紙全体に水を与えながら吸引することにより、本紙の汚れを吸取紙に移動させ、全体の汚れと共に本紙に残った海水

の塩分などを除去した。

② 緑色腐食生成物の析出箇所に、エタノール水溶液（20%程度）を塗布後、硝酸水溶液（硝酸0.1～0.3%）を筆で塗布しサクションテーブルで吸引しながら洗浄した。

③ 硝酸水溶液を使用して洗浄した箇所は、最後に脱酸のために水酸化マグネシウム1%炭酸水溶液を塗布して洗浄し中和した。

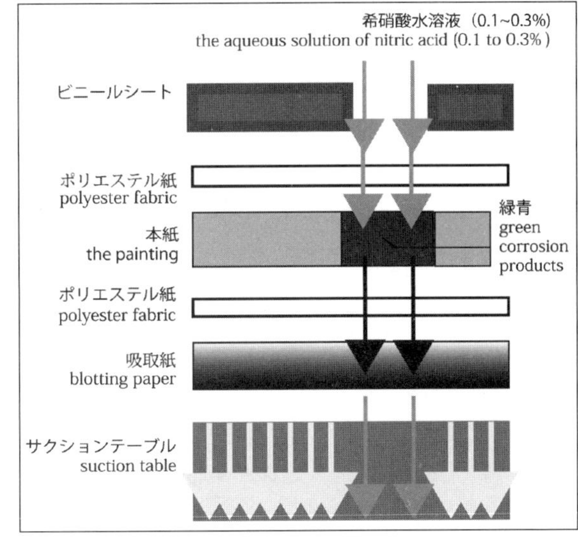

Fig.4　洗浄処置の模式図

④ 硝酸水溶液で洗浄後、脱酸剤塗布後の本紙のpHをそれぞれ計測し、本紙がph6～7であることを確認した。洗浄後は敷き干しにより乾燥させた。

その後、旧肌裏打ち紙を除去後、本紙周辺の緑青の析出していた箇所には裏面に水酸化マグネシウム水溶液を再度塗布した後に肌裏打ちを行った。

Fig.5　修復前

Fig.6　修復後

5. まとめ

処置に使用する酸により紙の劣化が進むことは避けなければならない。そのため、本紙と同様のサンプルを用いた検証を行った。これにより、希硝酸水溶液を用いて洗浄を行なった方が、緑色腐食生成物が残存した状態よりも本紙の保存性が維持できることを確認した。そして、低濃度の希硝酸水溶液とサクションテーブルを使用した洗浄方法を考案し修復を行った。今回の洗浄処置は特殊だが有効な洗浄処置になったと考えている。

（本研究の一部は文化財保護・研究助成財団の研究助成「紙本作品に付着した真鍮箔由来の緑色腐食生成物の除去に関する研究」により実施した研究成果の一部となっている。また、本発表はJSPS科研費16K12380の助成を受けて行った）

参考文献

大山龍顕.津波被災作品の保存修復に関する考察-屏風に析出した真鍮白由来の緑色腐食生成物の洗浄処置-.東北芸術工科大学　文化財保存修復研究センター紀要No.5.2015, 3-9.

星恵理子・北田正弘.和紙の変色に及ぼすCu合金（真鍮箔）の影響.文化財保存修復学会第25回講演要旨集, 2003, 68-69.

星恵理子・北田正弘.緑青焼けの分析的研究.文化財保存修復学会第23回講演要旨集, 2001, 11-12.

陳剛・勝亦京子・稲葉政満.中国書画用紙の保存性.文化財保存修復学会第23回講演要旨集2001, 13-14.

坂本雅美.紙の寿命.マテリアル学会誌, 2002, 18-21, 2002.

東日本大震災に被災した石巻文化センター書画作品の保存修復における一考察

大山龍顕
（東北芸術工科大学）

中文摘要：本文是针对遭受海啸灾害的作品在紧急情况下关于临时保管、保存修复、分阶段进行保存修复处理的报告。对象为宫城县石卷文化中心所收藏的书画作品。笔者作为从受灾地抢救出来的作品的修复人员参加了三个阶段的工作。首先，为了妥善保管从当地抢救出来的作品进行了相应的处置。其次，确认将作品转移到安全的地方临时保管。最后，考虑到作品保存的需要，在进行各种修复处理后再将作品归还到宫城县。各个阶段都有难题。在第一个阶段中，是将受地震灾害一个月以上受潮的作品弄干燥并安全地保管，特别需要紧急处置的窍门和判断能力。第二阶段中，要确保安全进行熏蒸并记录作品的状态。第三阶段中则是需要什么样的修复处理的问题。此外，书画作品从开始修复已经过了4年。很多的作品从受灾、抢救性修复再回到日常的保管活动需要很长的时间，并不是全部的作品都已处理完。但是，我想，经过修复，能将作品安然无恙地归还，是这项长期处理工作的一个成果。

1. はじめに

本研究は東日本大震災に被災した書画作品の修復に関するものである。東日本大震災の発生から六年が経過しており、震災に対する対応についても、すでに多くの研究や報告がなされている。しかしながら、被災した作品にはレスキュー活動以後、今もまだ修復が続いているものがあることから、現在も取り組むべき課題であるといえる。また、修復を終えた作品について報告できる状態となってきたことで、文化財レスキュー活動から作品の保存修復へと繋がる取り組みを振り返ってみることができる。これらのことから、災害への対応を考察することができることは、今後の災害対策を考える上でも重要である考えたためである。これらのことが、東日本大震災についての本研究の目的である。活動としての実体験を踏まえることは客観的な視点を損なう危険があるものの、災害への取り組みには有効な一例となると考え、保存修復における伝統技術を津波被災作品に活用した事例の比較検討を行った。

2. 震災の状況と文化財レスキュー活動

2.1 被災時の状況（3月～4月）

筆者が所属する東北芸術工科大学は東北の山形という街にある。2011年3月11日には筆者も大学で作業をしていた。14時46分に発生した地震で大学も揺れ、停電となった。しかし、大学には大きな被害はなく私たちの修復室では壁に掛けた木の定規が落ちた程度であった。停電は町全体で発生して信号機も動いていなかった。

東日本大震災の被害の規模については各分野から様々な資料が提示され、甚大な被害であったことが知られている。津波が与えた沿岸部の被害は東日本全体に広がり、岩手県、宮城県、福島県の沿岸部は特に甚大な被害を受けた。

災害時の文化財に対する対応策は日々進歩しており、文化財防災ウィールなどによりガイドラインが示されていた。しかしながら、地域全体が壊滅するといった状況に対しての対応策はなかった。今回のような大規模災害ではガイドラインに沿って活動する、あるいは専門家が現地に入ってすぐに活動するのは極めて難しい被災状況であったといえる。人的被害が甚大だった上に、文化財の被害は有形，無形のほぼ全ての種別の文化財に及んでおり、被災した全体を把握することも困難な状態であった。そのため、現地で活動を行えたのは限られており、3月中には、個人の修復家が独自に被災地に入って活動していたが、当センターで独自に被災地に訪れることができたのは、ガソリンの供給が戻った4月に入ってからとなった。しかし、実際に被災地に行っても現地でできることは限られる。当時、芸工大でも作品を引き受ける体制は整っておらず、作品の処置を行うための保管スペースや作業環境の十分な準備はできず、作品を預かることはできなかった。

2.2 東北地方太平洋沖地震被災文化財等救援委員会の発足

2011年4月1日には東北地方太平洋沖地震被災文化財等救援委員会（以下，救援委員会）が発足し東京文化財研究所を事務局として文化財レスキューが始まる。救援委員会から依頼を受けた全国美術館会議などにより4月27日～29日に救済された宮城県石巻文化センターの作品が今回の対象作品である。石巻文化センターは津波被害を受けた宮城県石巻市の沿岸部にあった美術館である。筆者はこの美術館から救出され県内の他の美術館に移動した後の応急処置から参加した。4月に入ると、大学にも被災した作品の修復の相談が個別にあったために石巻市に調査で訪れた際に写した石巻文化センターの周辺は津波により町が失われており、道には水が溜まって川のようになっていることがわかる。

2.3 石巻文化センターの文化財レスキュー活動

石巻文化センターの救援活動について、全国美術館会議の報告書を元に時間を追ってみる。

現地からの搬出作業が 4月27日に始まり、29日に宮城県美術館に移送されている。移送された資料の点数は212件であり、そのうち、日本画の作品は7件のみとであった。数としては多くはない。移送された作品は宮城県美術館の一画に保管された。そこから、筆者は応急処置のために4月30日から参加をした。道路交通網の復旧が進み山形からは日帰りで行き、まずは数日間通い、紙作品と日本画作品の応急処置に参加して処置を行った。依頼を受けた全国美術館会議の担当者らにより、修復スタッフが一定期間ごとに入れ替わりで参加する体制が組まれていた。その後は、5月28日頃に再度参加した。

Fig.1　石巻文化センター、2011年4月

最後まで残っていた紙作品の乾燥処置を終わらせ、始まりと終わりを見ることになった。その後、各分野で保管することになり、6月7日には大学に彫刻と日本画が移送されてきた。この時、作品は応急処置までは行い保管をして預かるという方針とされており修復まではしないことになっていた。

大学では担当者により大学に移送された作品の写真撮影、調書作成が行われた。応急処置により乾燥が進んだため、安全性は確保されていたとはいえ、大学のセンター内に一定期間保管するためには、カビへの対策は懸念された状態が続いた。そのため、翌年2012には預かった作品の燻蒸処置が行われ、その後は保管されていた。

大学内で2014年に担当を引き継いだ頃には各機関に預けられた彫刻や油絵などは担当者間での連絡が進んだことで、作品の修復へと作業段階が進んでいた。そこで、全国美術館会議を通じて、石巻市と相談を進め2015年より修復へと進んだ。

3. 応急処置

3.1 応急処置の概要

応急処置を行なった作業場所は宮城県美術館の一画にあるガレージを使用した。処置に使用する修復材料なども当初は限定されて、少しずつ物資を集めながら作業が進められていた。津波被災から2ヶ月近く経ったにもかかわらずまだ全体が濡れた状態であった。応急処置で行った内容は全国美術館会議のスタッフにより、乾燥から殺菌消毒の大きな流れが作られていた。① 作品の乾燥、② 応急処置、可能な範囲の殺菌消毒と洗浄、③ 美術館内で一時的な保管ができる状態にすることが作業の主な方針であった。各分野の担当者が具体的な作品の扱いを分担する中で私は紙の資料などの処置に参加し、日本画の修復家は他にいなかったため日本画も担当し、応急処置も行なった。作品は全体にカビが広がっていたものがほとんどで、五月に入り気温の上昇を考えると緊急性が高いとみられる作品の処置が優先され、また担当者の期間が限られていたために大型の作品から処置を進める必要があった。

3.2 応急処置の内容

① 作品の乾燥では石巻文化センターから移送されてきた状態は薄いビニール

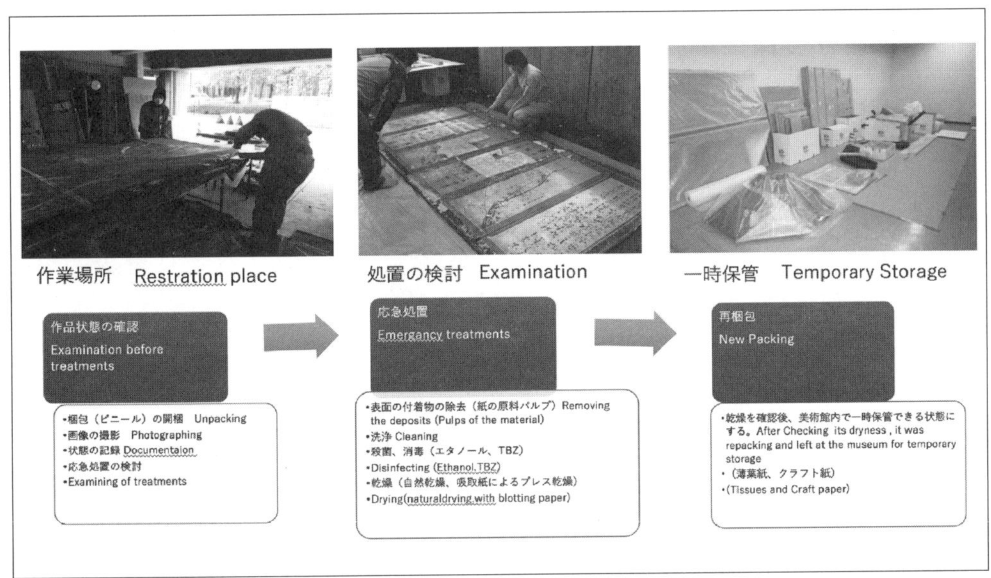

Fig.2　応急処置

製の梱包材で巻かれていて、密閉に近い状態のものもあったため、カビの発生を考えると、できるだけ早く開梱して処置を進める必要があるとみられた。

初期の作業スペースの状態はガレージ内に会議用の長机などが置かれ作業台となっていた。作業台や大きな作品は駐車場スペースにビニールシートを広げて作品の状態を記録して、その場で必要な応急処置を判断する必要があった。

② 応急処置、可能な範囲の殺菌消毒と洗浄、では、作品の状態は様々だったが、石巻文化センターの近くには巨大な製紙工場があったため、そこから流出した原料パルプが大量に作品に付着していた。表面に付着したパルプの除去、水洗も含めたできる限りの洗浄、エタノールの噴霧による殺菌をして、そして紙の修復家の方と相談し防カビ剤としてチアベンタゾール（TBZ）を噴霧して防カビ処置を行なった。

③ 美術館内で一時的な保管をするためには作品全体をしっかりと乾燥させておく必要があった。そのため、大きな作品は作業場所の手前に広げたビニールシートの上で自然乾燥を行った。細かな紙資料については吸取紙に挟んで乾燥を進め、乾燥の程度を確認しながら何度か吸取紙を交換して完了させた。乾燥を確認後、薄葉紙とクラフト紙などを用いて梱包して美術館内の保管場所に運び保管を行なった。

4. 応急処置から保存修復へ

4.1 唐獅子図

応急処置前の作品についてみる。対象作品は唐獅子図である。画面全体の汚れや破損がみられ、画面左上部には近くにあった製紙工場から流出した原料パルプが付着していた。付着した量に違いはあったが、ほぼ全ての作品に付着していたため、応急処置時に可能な範囲で除去を行なった。

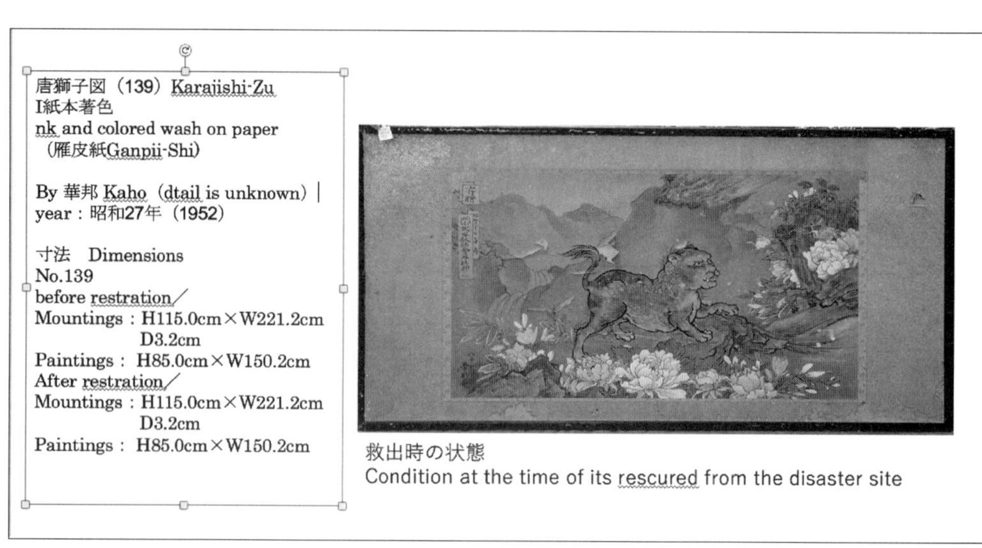

Fig.3 唐獅子図

応急処置を終え、大学に移送されてきた状態は既にパルプの除去を進めた状態となっていた。震災前の状態は不明なため、震災で受けた損傷がどの程度だったのかはわからないが、裏面に広がった巨大なシミが浸水の様子を示していた。しかし、傷んだ額作品の状態と大きな違いはないところまで処置が進んでいた。

そこで、修復では通常の額作品に対する修復処置に則って処置を行うことにした。解体をして、本紙と内部のパネルに分け、本紙には顔料の剥落止めを行い、ドライクーニングとウェットクリーニングにより汚れを除去し、旧裏打ち紙を交換して、骨組みと和紙により新調したパネルに張り込み、再表装をするといった修復処置を行なった。今回の津波の被災作品では海水の塩分や汚れを除去する作品の安定化が行われているが、修復までの実施に時間がかかったことで、一時保管の経過による作品の変化が見られなかったことと、内部の構造を新調したことから、通常の修復におけるクリーニングを行なった。

修復後の状態と比較をすると修復の改善箇所がよくわかる。学校に寄贈されていた際の寄贈者名が地域の史料となるため、裏面も本紙と同じようにクリーニングをして貼り直した。修復前と比べると、損傷も収まっている。損傷は補紙に描くことはせず、地色の補彩まで行なった。

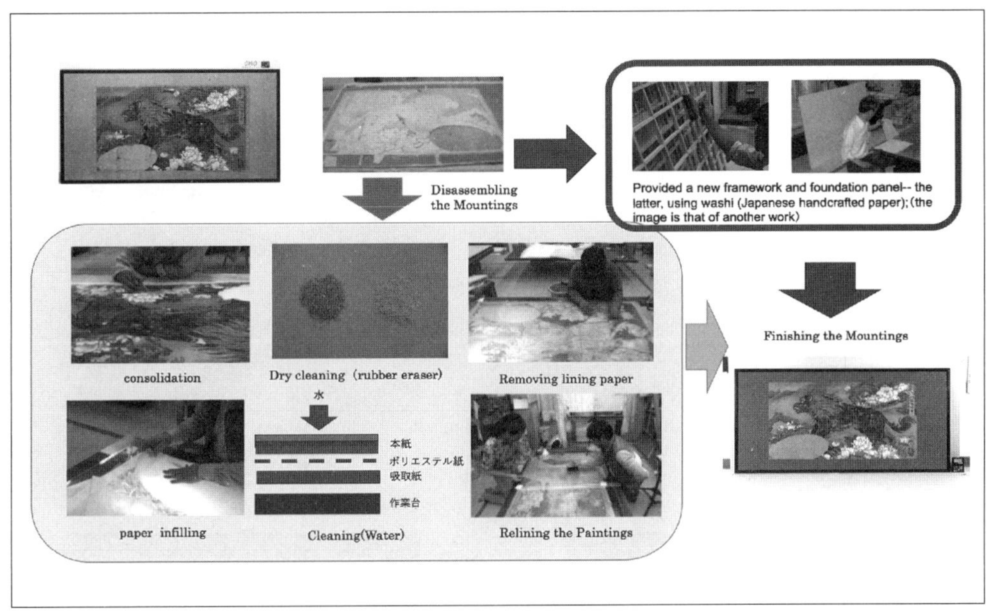

Fig.4　修復の概要

4.2 猛虎図

猛虎図の掛軸では、桐箱に入っていたため大きな損傷はみられなかった。しかし、応急処置の時点で桐箱の内部にはカビが広がり、掛け軸全体にカビが広がっていたことがわかる。

そこで、猛虎図も解体して修復を行なった。概要は順番に修復前の調査、剥落止めによる絵具の定着状態の補強、掛軸の解体、本紙の洗浄を行った。この時、本紙のカビはサクションテーブル上で3%程度の過酸化水素水を塗布して吸引しながら、可能な範囲で除去を行なった。その後、肌裏紙を交換、再表装を行った。カビが広がっていた上下の裂と一文字については新調することとした。修復によりカビの印象は弱くなり、表装は旧表具の雰囲気をあまり変えないようにした。

猛虎図 Moko-zu (151)
掛軸　Hanging Schroll
絹本著色
Ink and colored wash on silk
By 伝駒井源琦　Genki Komai
Year　unknown

Before restraion
Mountings
H198.0cm×W62.0cm
Paintings
H113.9cm×W49.6cm
After restration／
Mountings
H204.2cm×W61.8cm
Paintings
H114.8cm×W49.6cm

救出時の状態
Its condition at the time of its rescured from the disaster site

応急処置後
After emergancy treatments

Fig.5　猛虎図

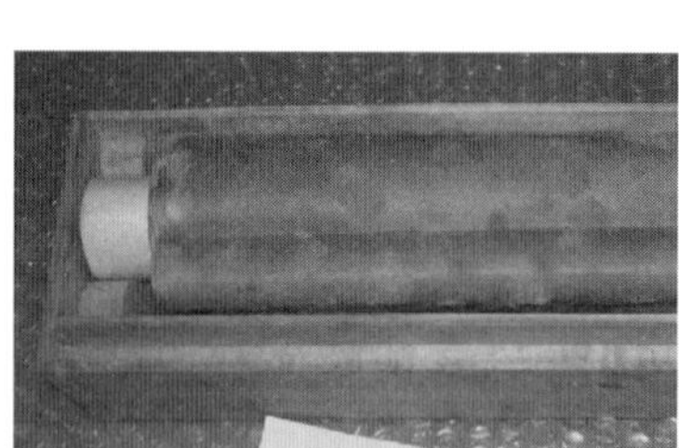

保存箱内部　Inside the storage box

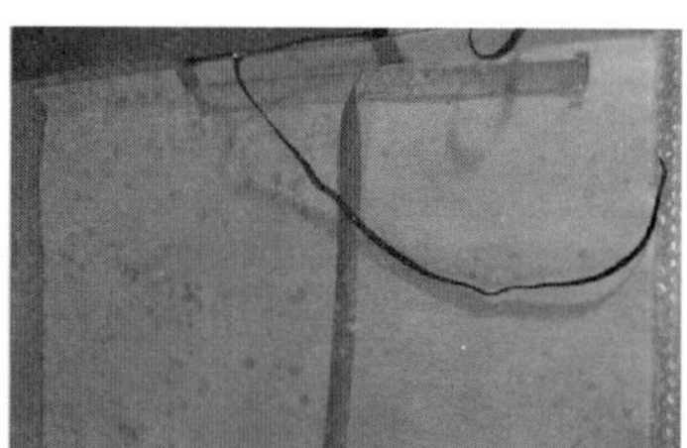

表装部（上下）　Mounting

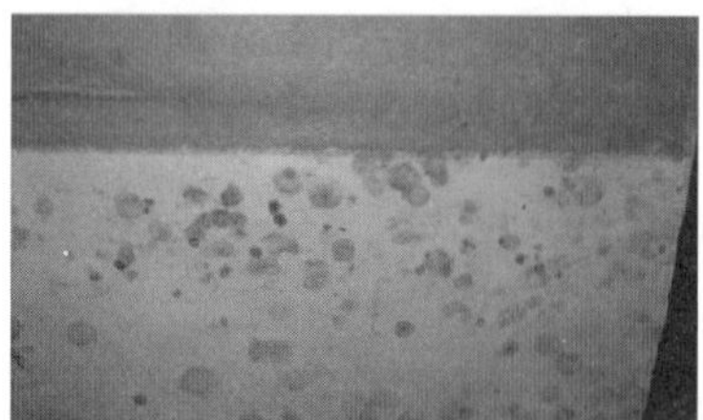

裏面の総裏紙　Backing Paper

本紙の上部　The Paintings

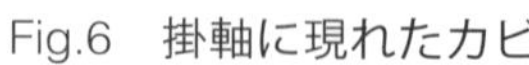

Fig.6　掛軸に現れたカビ

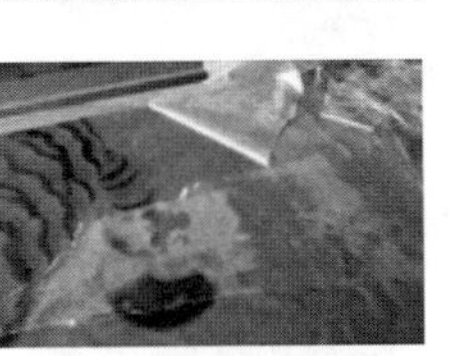

1) 記録調査Examination and Documentation
2) 剥落止めThe pigments were consolidated with a 1% solution ,three times of Isinglass
3) 表装の解体Disassembling the Mounting
4)洗浄処置Washing the paintings
5)旧裏打ち紙の除去Removing the lining papers
6)裏打ち紙の染め、新規の裏打ちDyeing the lining papers, Relining the paintings
7)表装裂（一文字、上下）の選択Selecting the Preparing the Mounting Fabrics (Ichimonji,Jo-ge)
8)切り継ぎと中裏打ち、総裏打ち、Assembling the Mountings, Adding the Final backings
9)掛軸装に仕立てるFinishing the Hanging Scroll
10)修理後の記録撮影Photographic Documentation

Fig.7　修復の概要

4.3 石巻銭場絵巻

絵巻物の状態は表装されていない状態であった。軸にあたる部分がダンボール紙の紙管だったため、水が侵入したことで全体が濡れていた。そのため、応急処置の時点で絵の具の定着など状態を確認したのち、一度、蒸留水につけて全体を再度浸水させて水洗するという大胆な処置を行なった。その後、応急処置を他の修復家の方に引き継ぎ、その方により、ポリステル不織布を使い中性紙の紙管に巻いた状態で大学へと移送され、一時保管を行なっていた。

紙の損傷や汚れ、紙継ぎの外れた箇所や付箋が取れた箇所などの損傷もみられたものの、大学に保管中には変化は見られず状態は安定していた。そのため、保管状態を改善させて、より安全な保管と取り扱いをできるように処置を進めることとした。本紙の汚れなどは部分的に水洗して吸取紙で脱水しながら除去し、損傷部は補紙をするなどの処置を行った。また、新たに紐と表紙と奥付に軸棒をつけた巻子装とした。表紙はあえて本紙の色調に近い和紙を用いて史料として残っていた状態に近くした。本紙の横折れの予防のため中性紙の太巻きをつけ、当初のまくりの状態と比べ保存環境が改善したといえる。

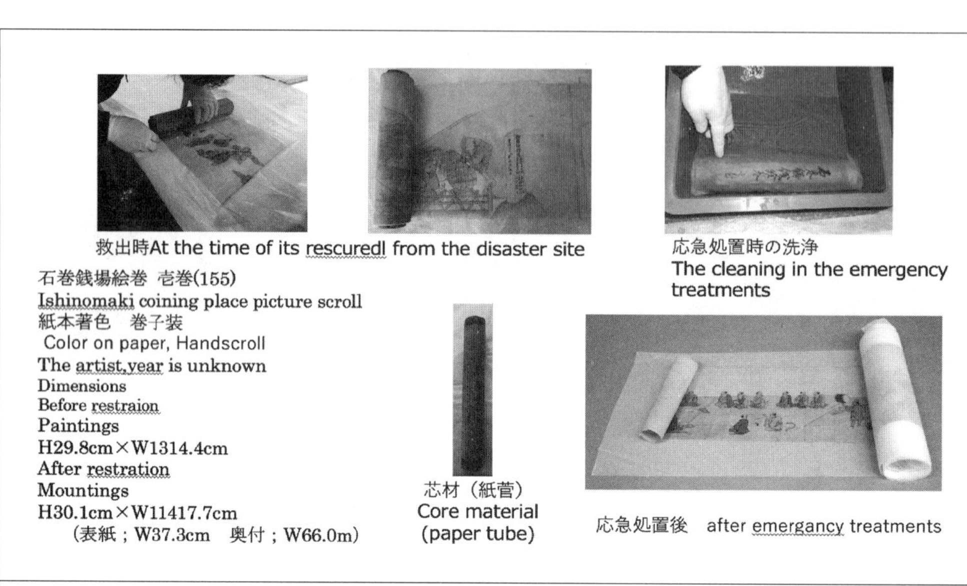

Fig.8 石巻銭場絵巻

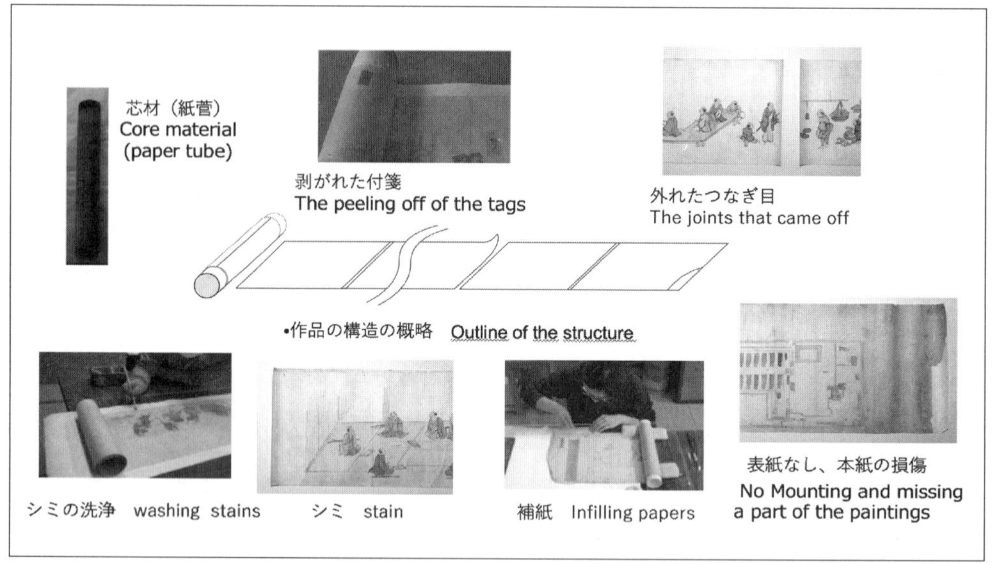

Fig.9 修復処置

4.4 作品の返還

対象となった作品は図に示した7件である。救済時の状態から応急処置を経た時点で、修復後の状態と大きな差がない段階まで印象が改善していたことがわか

る。保存修復が進んだことから、レスキュー活動を経て、作品の返却につながったことは大きな成果となった。また、作品の状態により実施した内容は表装を解体した修復から、応急処置の延長的な処置、保管状態を一部のみ改善したものと対応に幅の生まれることとなった。この対応の違いは作品の内容と応急処置時の状態によるものとなっている。但し、処置の内容が本格的な修復であった作品は、確かに損傷が深刻だったものの、通常の保存修復と比べて特別に深刻な状態であったということではない。これは現地からの救済や応急処置の効果があったことともに、これまでの保存修復の伝統技法を活用することから対応ができたことによる成果となっている。修復の実施までに数年間が経過したことで、作品の状態を確認する期間が生まれたことも修復を進める上で有効であったとみることはできるため、応急処置の際に安定して保管ができる状態であれば、保存修復を急ぐ理由はないともいえる。しかし、実際には修復を行う予算的な問題を度外視することはできない。そのため、応急処置から修復に至るまでの計画は考慮する余地があったかもしれない。とはいえ、一時保管を行なっていた時点ではまだ震災から日常に戻っていたとは言い難かったことを考えると対応の時期にはさらに検討が必要だといえる。

5. 結びに

今回の文化財レスキュー活動から保存修復までの経過をまとめてみることとする。

応急処置を行う上で、被災した現地やその近くでできることは思った以上に限られている。実際の作品に対しての処置はその内容も重要だが、どこで処置を行い、保管できるようにするかを計画することで処置できる内容が変わり有効なものとなった。

そして、修復を行ったことで、傷んだ作品を日常の保存管理の中に戻すことに繋がった。しかし、一時保管が整っているとすれば、これは日常の文化財の保存修復と大きな差はないとみることもできる。ところが、災害への対応では復興に関する予算といった実情が関係して修復を行う期限が生まれるということが起こる。そのため、一時保管からいつ修復に移るかも重要となる。

当初、一時保管を続けるという方針だったことを守り続けたことで、修復が遅れたようにみえてしまうことは皮肉だといえる。

最終的には、緊急時の対応策は限られているともいえる。そのため、日常の保存管理の中で文化財に対する災害時の対応策を具体化させておくことが最も有効な

Table 1 応急処置から保存修復へ

	151	155	139	140	135	152	142
	猛虎図	石巻銭場絵巻	唐獅子図	唐獅子図	北上河畔	孫子演陣	六曲屏風
救出時 the time of rescue					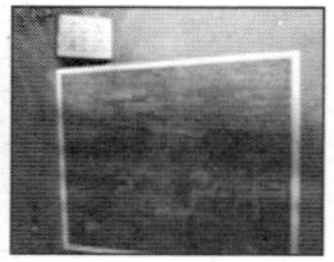		
応急処置 after emergency treatments			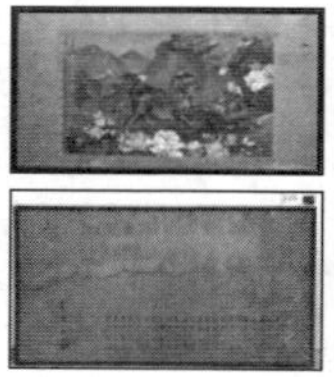	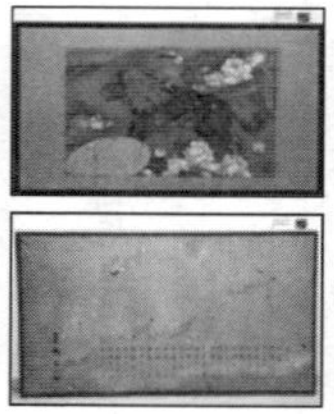			
修復後 after restoration			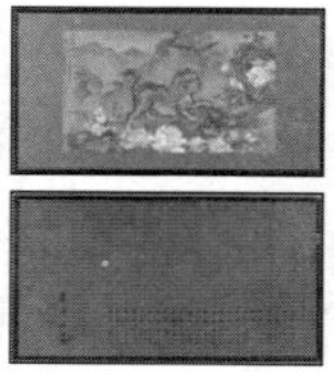	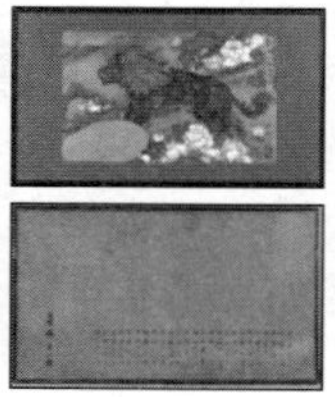			～2017

被災作品に対する保存修復への手段となるということができる。予防保存への取り組みは既に文化財保存の中に組み込まれているものではあるものの、多くは日常の中での作品に対する損傷やリスクを対象としており、実際の災害時の対応についてはより具体的な対応策を検討し、準備する余地があるといえる。

東日本大震災以降にも、各地で大地震などの災害が発生しており、本研究が災害時の被災作品への対応の一助となることを願っている。

（本研究はJSPS科研費16K12380の助成を受けて行いました）

参考文献

The Complication of Reports on the Japanese Council of Art Museums' Rescue Operation for Cultural Properties Affected by the Great East Japan Earthquake Related Disasters, Japan, The Japanese Council of Art Museums, 2015.

"Stabilization Processing", Japan, The Committee for the Multi-Organizational Co-operative Project for Preserving and Restoring Cultural Assets Damaged by Tsunami on March 11th, 2011, 2014.

積雪寒冷地域の遺構内の融雪水の浸透に関する調査研究

石﨑武志　澤田正昭
（東北芸術工科大学）

中文摘要： 北海道、东北等寒冷地区，冬天常有积雪，气温回升后积雪会融化渗入遗迹内部。在这样的气候条件下，遗迹内部的水分状态会发生变化，这与遗迹的劣化密切相关。本文主要报道本年度三内丸山遗迹与遗迹周围的积雪状况等观测记录结果。

三内丸山遗迹是距今4 000—5 500年前后期绳文时代的聚落遗迹。为监测三内丸山遗迹的儿童墓中的浸水状态，在遗址中设置了定时相机，一天拍摄一次照片进行记录。在调查渗透的水分与气温的关系时发现，在气温较高的1—2天之后，儿童墓中可以发现渗水，在凹凼处可以看到水的涌出。这一现象是由于在冬季较高温的天气里，融雪和降雨使得水分向地面渗入，这些水从拱顶周围进入儿童墓的遗址之中而形成的。此外，在今后的研究中，可以从现地设置的地下水位计和水分分布测定仪中得到定量的监测结果，定量地把握拱顶周围的土地中水分的特性、水分的流动以及水分渗透的相关系数，以此为基础确立相关的保护方法和对策。

1. はじめに

北海道、東北地方などの積雪寒冷地域では、冬季に積雪があり、外気温が高くなると積雪が解け、遺跡の中に水が浸透する。この様な条件では、遺跡内部の水分状態が変化し、遺跡の劣化に繋がると考えられる。ここでは、青森県、青森市にある三内丸山遺跡周囲の気象観測を行い、合わせて地中の温度変化、積雪状況の変化などの観測を行った。以下に観測結果について報告する。

2. 三内丸山遺跡の子供の墓周辺の環境

三内丸山遺跡の子供の墓では、周囲環境の温湿度を測定するために、子供の墓ドーム外に温湿度データロガーを設置すると共に、ドーム内には、南北に温湿度データロガーを設置し、30分ごとにデータを取得した。また、ドーム内には、遺構内の水の浸みだし状況を見るためにタイムラプスカメラを設置し、1日に1回撮影を行った。青森市気象台での平均気温、三内丸山遺跡子供の墓ドーム外部の気温測定結果を図1に示す。三内丸山遺跡の方が、若干低くなっているが、変化傾向は、ほぼ対応している。

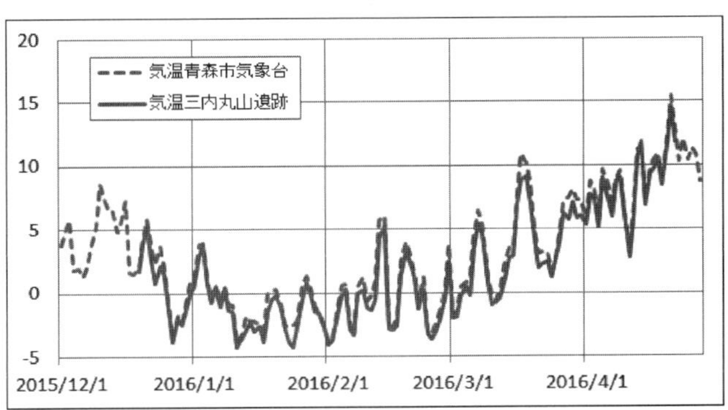

図1　青森市気象台での日平均気温測定結果(点線)、子供の墓外部の日平均気温測定結果(実線)

青森気象台で観測された最深積雪量の測定結果を図2に示す。

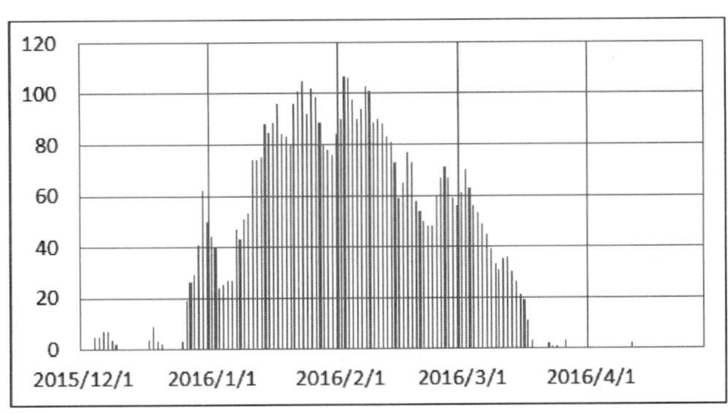

図2　青森市気象台での最深積雪量測定結果(2015/12/1～2016/4/30)

また、図3に、青森市気象台での降水量、図4に青森市気象台での降雪量の測定結果を示す。

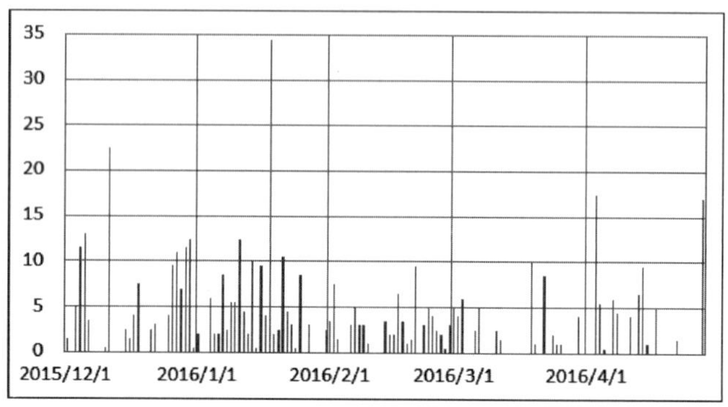

図3　青森市気象台での降水量(単位mm)(2015/12/1～2016/4/30)

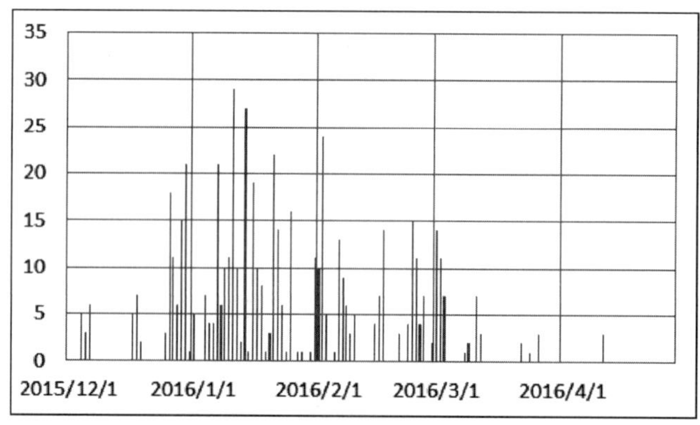

図4　青森市気象台での降雪量(単位cm)(2015/12/1～2016/4/30)

なお、図3での降水量は、降雪による水分量も含んでいる。また、一般に降雪1 cmで、ほぼ降雨量1 mmに相当している。降雨量から、降雪による水分量を差し引きすれば、実際に、雨として降った量と考えられる。

下記の期間は、気温も高く、降雨があったと記録されているため、融雪水とともに、子供の墓ドーム周辺で、地面に水が浸透したものと考えられる。その水が、徐々に子供の墓内部に浸透し、子供の墓の遺構部分に出てきたものと考えられる。

3. タイムラプスカメラによる遺構の撮影

タイムラプスカメラでは、1日に1回、2月26日までは、午前9時33分、その後は、午前10時06分に撮影を行った。下記の気温は青森市気象台で測定されたデータである。

写真1　2016/1/2(平均気温3.8℃、最高気温5.6℃)降雨

写真2　2016/1/3(平均気温3.9℃、最高気温4.8℃)降雨

写真3　2016/2/13(平均気温5.8℃、最高気温11.1℃)降雨

写真4　2016/2/14(平均気温6.1℃、最高気温14.7℃)降雨

写真5　2016/2/15(平均気温-2.7℃、最高気温1.3℃)降雪

写真6　2016/2/16(平均気温-2.6℃、最高気温0.2℃)降雪

写真7　2016/2/17（平均気温-2.1℃、最高気温0.6℃）降雪

写真8　2016/2/18（平均気温2.4℃、最高気温7.2℃）降雨

写真9　2016/2/19（平均気温4.0℃、最高気温8.3℃）降雨

写真10　2016/2/20（平均気温3.0℃、最高気温5.5℃）降雨

写真11　2016/2/21（平均気温1.5℃、最高気温5.6℃）降雨

写真12　2016/2/22（平均気温-0.7℃、最高気温1.5℃）降雪

写真13　2016/2/23（平均気温1.2℃、最高気温6.0℃）降雪

写真14　2016/2/24（平均気温-3.0℃、最高気温0.7℃）降雪

写真15　2016/3/6(平均気温4.6℃、最高気温10.5℃)降雨

写真16　2016/3/7(平均気温6.5℃、最高気温10.3℃)降雨

4. 子供の墓遺構内の水の浸透と気温の関係

子供の墓ドーム内で、2015/12/19～2016/4/22の期間、温湿度測定を行うと共に、1日に1回 (2/26まで9: 33、その後10: 06) 子供の墓遺構の写真をタイムラプスカメラにより撮影した。写真により、子供の墓中央部の窪みに水が出てきた日は、下記の通りであった。

Case1 2016/2/15～2016/2/17

Case2 2016/2/20～2016/2/22

Case3 2016/3/7～2016/3/10

Case4 2016/3/17～2016/3/20

それぞれの期間の前後の子供の墓ドーム外部の日最高気温、平均気温、最低気温および青森市気象台による降水状況結果は、下記の通りである。

表1 Case1 2016/2/15～2016/2/17

	最高温度	平均温度	最低温度	昼	夜
2016/02/12	6.6	-0.5	-8.9	薄曇一時晴	曇後一時雨
2016/02/13	8.9	4.3	0.1	曇時々雨	雨時々曇、霧を伴う
2016/02/14	13.1	5.2	0.7	雨時々曇一時霧、大風を伴う	雪時々雨後一時曇
2016/02/15	0.6	-2.8	-5.6	雪一時曇	雪時々曇
2016/02/16	-0.2	-3.0	-6.4	雪一時曇	雪一時曇
2016/02/17	0.9	-2.6	-4.1	雪一時曇	雪時々曇、あられ
2016/02/18	8.5	1.4	-4.3	晴時々雨一時曇、みぞれ	雨時々曇

この結果から、13日、14日の気温が高かったため、融雪水、雨が浸透し、子供の墓の遺構に水が浸透してきたものと考えられる。融雪してから子供の墓遺構に水が出てくるまで2日ほど遅れがある。

表2 Case2 2016/2/20～2016/2/22

	最高温度	平均温度	最低温度	昼	夜
2016/02/17	0.9	-2.6	-4.1	雪一時曇	雪時々曇、あられ
2016/02/18	8.5	1.4	-4.3	晴時々雨一時曇、みぞれを伴う	雨時々曇
2016/02/19	7.8	3.3	-0.8	曇時々雨一時晴	曇時々晴
2016/02/20	4.9	2.4	-2.2	曇時々雨	雨時々みぞれ
2016/02/21	4.3	1.2	-1.5	雪時々雨一時みぞれ、あられ	雪時々曇
2016/02/22	1.1	-1.3	-6.8	曇一時雪	曇一時晴
2016/02/23	5.3	0.3	-7.2	曇時々雪一時雨	雪一時みぞれ
2016/02/24	0.2	-3.2	-5.6	雪	雪
2016/02/25	1.2	-3.6	-6.7	雪時々曇一時晴	雪
2016/02/26	1.4	-3.1	-7.5	雪時々曇一時晴	曇時々晴一時雪

この結果から、18日、19日、20日の気温が高かったため、融雪水、雨が浸透し、子供の墓の遺構に水が浸透してきたものと考えられる。融雪してから子供の墓遺構に水が出てくるまで2日ほど遅れがある。

表3 Case3 2016/3/7～2016/3/10

	最高温度	平均温度	最低温度	昼	夜
2016/03/05	6.5	-0.2	-8.3	晴	晴後曇一時雨
2016/03/06	9.1	3.5	-3.1	曇時々雨	雨後一時曇
2016/03/07	9.7	5.4	0.0	曇時々晴	曇一時晴
2016/03/08	11.5	4.6	-0.3	曇時々晴一時雨	曇一時雪
2016/03/09	4.3	0.8	-1.8	雪時々曇	曇時々晴一時雪
2016/03/10	3.6	-1.0	-6.1	曇一時雪	雪時々曇一時晴
2016/03/11	3.1	-0.7	-5.0	雪時々晴一時曇	雪時々曇

この結果から、6日、7日、8日の気温が高かったため、融雪水、雨が浸透し、子供の墓の遺構に水が浸透してきたものと考えられる。融雪してから子供の墓遺構に水が出てくるまで1日ほど遅れがある。

表4　Case4 2016/3/17～2016/3/20

	最高温度	平均温度	最低温度	昼	夜
2016/03/12	4.8	-0.4	-5.4	曇時々晴一時雪	晴一時曇
2016/03/13	8.0	1.2	-7.9	曇後一時雨	曇後晴
2016/03/14	11.4	2.8	-4.2	晴後曇一時雨	曇時々晴
2016/03/15	6.5	2.9	-1.6	晴時々曇	曇時々晴
2016/03/16	11.0	7.0	2.9	晴一時薄曇	晴
2016/03/17	15.6	8.9	2.1	快晴	晴後薄曇
2016/03/18	17.7	9.2	0.9	曇	曇後雨
2016/03/19	9.9	7.0	4.0	雨後一時曇	曇後一時雨
2016/03/20	7.9	4.3	-1.2	雨時々曇一時晴、あられ	晴時々曇
2016/03/21	7.3	2.0	-4.4	晴一時雪	曇時々晴

この結果から、13日～18日の気温が高かったため、融雪水、雨が浸透し、子供の墓の遺構に水が浸透してきたものと考えられる。ただし、この期間は、積雪量が少ないため、融雪水の量が少なく、子供の墓に水が浸透するまで時間がかかったものと考えられる。融雪してから子供の墓遺構に水が出てくるまで4日ほど遅れがある。

5. まとめ

子供の墓内部の水の浸透と気温の関係を調べたところ、気温の高い日の1日、2日後に、子供の墓内部に水の浸透が見られ、窪み部分に水がわき出てくる様子が見られた。これは、冬季に、気温の高い日に融雪や降雨により水が地面に浸透し、ドーム周辺からこの浸透水が流入し、子供の墓の遺構部分に出てくるものと考えられる。今後は、ドーム周辺の土の水分特性や透水係数などを測定し、水の流れを定量的に把握し、保存対策手法の構築に結びつけていきたいと考えている。

（謝辞　本研究は、JSPS科研費JP16H03105の助成を受けたものです）

考古系博物館における環境振動と展示空気質の改質

松井敏也[1]　奥山誠義[2]　河崎衣美[2]　跡見洋祐[1]　北井利幸[2]　柳田明進[3]　今尾文昭[2]
（1 筑波大学，2 奈良県立橿原考古学研究所，3 奈良文化財研究所）

中文摘要：本研究旨在通过对考古博物馆的环境振动和空气质量的调查，对威胁考古文物展示和收藏的因素进行定量评估。

对收藏室、展厅以及展示柜内的振动调查表明，未监测到由于博物馆位置环境所带来的振动（交通振动等）。这可能是相关振动源距离较远的缘故。调查中明确了馆内存在的主要振动源。在收藏库中，不同位置所测得的振动差异较大，展示设备可能引起了较大振动。此外还监测到参观者步行所引起的振动。

通过空气质量调查，明确了源自AHU设备（空气处理机）和源自展示柜自身的空气污染物的差异，并在展示柜中检出了空气污染物。在上述监测结果基础上，采用了化学滤网风机过滤设备（FFU），使展示柜内空气循环净化，并随后做出成效评估。

1. はじめに

考古系博物館のコレクションは美術館などと比較し、そのコレクションは発掘品であるために、展示や収蔵に耐えるように保存処理が施されていることが多い。そのため光や温度湿度などといった保存環境も美術品と比べてそれほど注意がなされず、環境振動や空気成分についても同様である。本研究では考古系博物館での環境振動と空気質を計測し、考古系コレクションの展示、収蔵における脅威について定量評価することを目指した。

2. 奈良県立橿原考古学研究所附属博物館の沿革

調査対象の博物館は1940年設立の大和国史館を前身に、1973年に奈良県立考古博物館となる。1974年に県立機関となり、研究所附属考古博物館となる。1980年に現在の建物が完成し、開館する。1997年には展示室をリニューアルし、現在に至る。

敷地面積は9 553 m^2であり、内建築面積が約3 770 m^2、延床面積は約4 798 m^2である。収蔵資料数は約10万点（土器・石器・木器・金属器・繊維・紙資料など）で、常設展示資料数は1万点におよぶ。

収蔵資料は発掘調査で出土した考古資料（土器・石器がほとんど）が中心となり、一部に古典籍、刀剣なども含まれる。年間の利用者数は約45 000人である。

3. 振動調査の概要

博物館をとりまく環境から発生する振動の調査を実施した。環境振動には見学者の歩行に伴う振動、博物館の管理に伴う振動、博物館の立地に依存する振動などがある。館内の96箇所の地点で三軸微振動計を用い、それぞれ1分間計測した。使用した機器は昭和測器製の三軸サーボ加速度計Model-2205を用いた。計測は来館者がいない時を待ち、展示ケースの場合は遺物の近傍に測定器を静置し行なった。測定条件は以下の通りである。

Measurement Condition

Sampling interval: 200 μs (5 000 Hz)

Measuring time: 1 min.

Output unit: Velocity (mm/s)

Measuring range: ± 0.4 mm/s

Measurement points: 96points (1F: 72, 2F: 24)

4. 振動結果

図1に振動を調査した展示ケースの一つを示す。図2にこの展示ケース内の平常時の振動解析結果を示し、図3にはケースの近傍を来館者が歩行した時のケース内の振動を、図4には展示ケースに付帯する手すりを揺らした際のケース

内の振動の解析結果を示す。それによると手すりを揺らした際に展示ケース内に低周波の振動が伝播していることがわかった。また、展示ケース近くのシャッターを開閉する際にも同じ振動が検出された。他のケースでも同様な解析結果が得られ、展示ケースの仕様が展示するコレクションの劣化要因になりうることを示している。

図5は2階の計測ポイントから得られた振動から算出された実効値を元にその強度分布を示した図である。青色は振動の低い箇所を示し、赤色になるほど大きいことを示す。館内でも場所により違いがあることがわかる。2階には同じ仕様の収蔵庫が並ぶが、振動の大きさに10倍以上の違いが見られた。このことは振動源が収蔵庫外にあることを示している。検討の結果、振動が大きかった収蔵庫は1Fにある機械室の直上の部屋であることがわかり、その影響と考えられた。1Fの機械室は除振台により床振動は減衰されていたが、天井部分にはそのような装置がないため機械による振動が伝播していると考えられた。

図1　Display case A

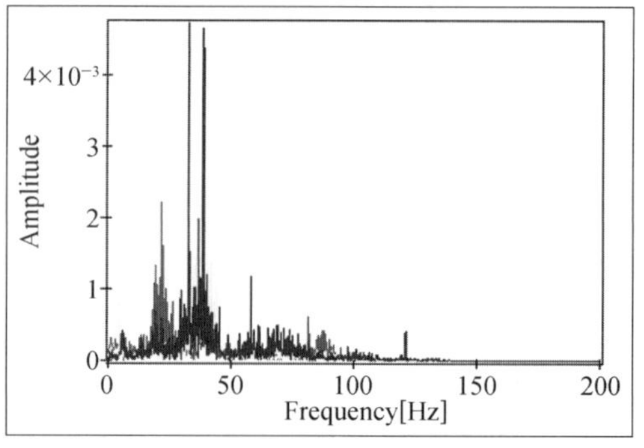

図2　Enviromental vibration in display case A

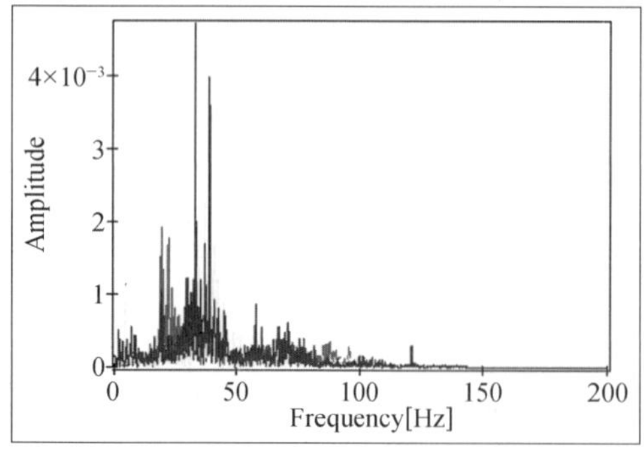

図3　Walking near the display A

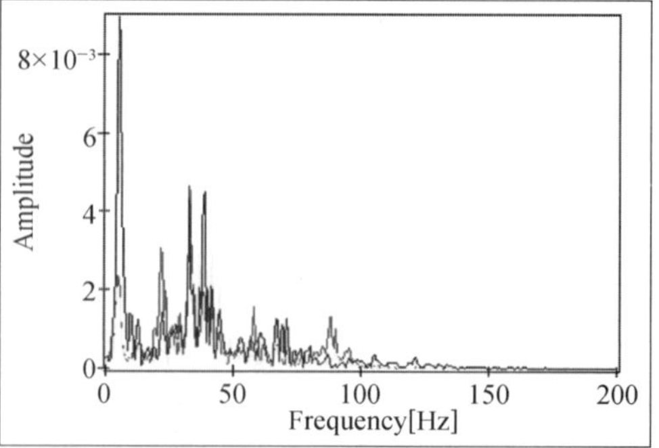

図4　Swinging with the handrail of the display A

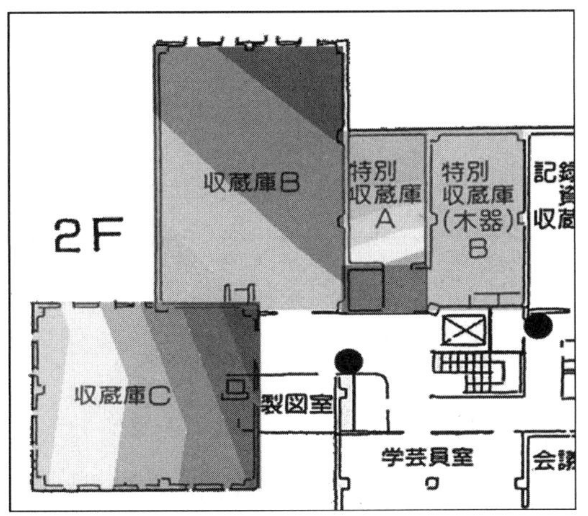

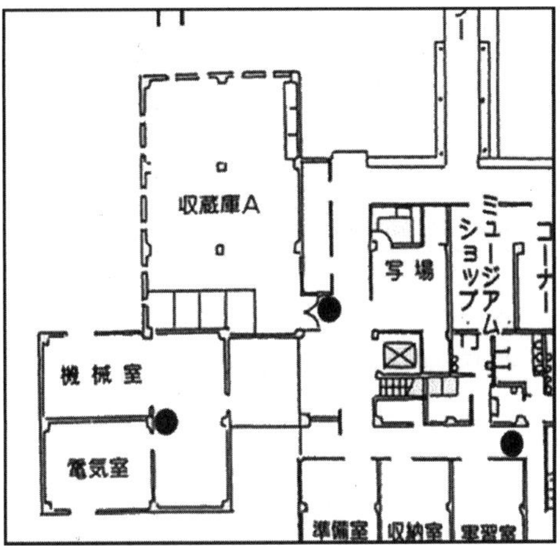

図5　2階(Left)の環境振動マッピング(一部).Right: Ground floor

収蔵庫内の振動分布から特別収蔵庫においては重要度の高いまたは脆弱な資料ほど奥側に保管する方が良いことが提言できた。

以上のことから、遺物の置かれた環境の把握はリスクの低減化に貢献することが示唆され、展示計画の立案や展示ケースの仕様策定の情報となる。同じ収蔵庫であっても、保管する位置によるリスクを示すことができるなど、考古遺物の展示、収蔵における予防保存において、今後振動計測が果たす役割は大きくなるであろう。

5. 空気質調査の概要

測定項目と計測方法はTable1のとおりである。また簡易計測法として、検知管を用いた測定も行った。検知管は0.01～0.4 ppm、10 ppbからの検出が可能であり、検知管と精密分析法との相関は取れており、簡便かつ安価である程度の濃度判定が可能である。

Table 1　空気質調査項目と計測条件

Target	Measurement	Flow(L/min)	Time(h)
Acidity	Testing discoloration	—	24
Organic Acid	Impinger/IC	1.0	24
Inorganic & Alkali	Impinger/IC	1.0	24
Aldehydes	DNPH/HPLC	0.5	24

续 表

Target	Measurement	Flow (L/min)	Time (h)
VOC	TENAX/GC-MS	0.1	1.5
Airborne Bacteria	Air sampler	100	2 min

6. 空気質結果とその改質

酢酸とギ酸はほとんどの展示空間で基準値を超え、特にいくつかの展示ケースでは基準値より二桁も多い値を得るなどその有機酸量は非常に多く、早急に対応する必要があった。これらの部屋ではアンモニアも基準値より二倍以上の値を示し、ホルムアルデヒドとアセトアルデヒドも観覧スペースよりケース内の濃度が高く、展示ケース内の汚染が深刻であることがわかった。

これらの結果を受けて、空気質の改質に取り組むことになった。改質はファンフィルターユニットを用いた強制的な空気循環による清浄化である。これはファンに除去したいガス種に合わせてフィルターをセットするもので、ここでは検出された濃度からフィルターに入れる吸着剤の種類と量を選択した。改質にあたっては、展示ケース内の汚染ガスの放散速度を算出した。その結果、およそ1日で基準値を超えるガスが放散していることが判明し、展示ケースの改修が行われた。改修内容は壁構造板の貼り替え、壁紙貼り替え、床カーペットの交換、展示台の新調などである。これらに用いる資材については文化庁との協議を経て、文化財に対する悪影響が比較的低いと考えられる資材を使用した。さらにこれらの新しい内装材からの新たな放散ガスを抑制するためにケミカル除去シートをケース内に静置した。これらの改質の結果、展示ケース内の空気質は大幅に改善された。現在はモニタリングを継続、推奨値以下で推移している現状である。Table2にその推移を示す。

Table 2 改質前の空気質（一部）と改修後の経過

μg/m^3	Before Renovation Aug. 2015	Nov. 2016	Jan. 2017	Mar. 2017	Apr. 2017	May 2017	Jun. 2017
Organic acid	1 520	218	470	422	374	132	247
Ammonia	81	<10	<10	<10	<10	10	15
Formaldehyde	97	126	64	88	63	74	49

7. まとめ

日本の考古系博物館は建造から数十年経過していることが多く、老朽化している。展示空間や空調設備のリニューアルは難しく、また処理された遺物も経年劣化している。保存処理に関する研究や新たな遺跡や遺物の科学的解明も重要であるが、保存処理や温度湿度が安定である博物館に入れれば大丈夫ではなく、博物館に置くリスクも考える必要がある。過去に処理された遺物のコンディションチェックを収蔵や展示する施設と関連付けて行う必要がある。振動や空気質のモニタリングはこのことに対し新たな知見を与えてくれる調査法になり得るだろう。このような総合的な資料の処理、保管、展示、活用システムが進むことを期待する。

（謝辞　本研究は科学研究費［課題番号25242025］の助成を受けて実施された。また振動解析においては秋田大学川村洋平教授から多くの助言と協力を頂いた。ここに感謝する）

モンゴル古代壁画の保存：ショロンブンバガル壁画に用いられた絵画材料の科学的調査

オドフー　アンガラグスレン[1]　高妻洋成[2]
（1京都大学大学院人間・環境学研究科，2奈良文化財保存科学研究所）

中文摘要：Shoroon Bumbagar墓葬位于蒙古布尔干省的巴彦诺尔村。该墓葬的位置于2001年被确认。2011年7月至8月间对该墓葬进行了发掘调查。墓道中存在变质岩固结力和凝聚力不足、石灰地仗层以及绘画层的剥离剥落、绘画层表面的盐类结晶现象、泥质地仗层内部的盐类结晶现象等问题。墓道以及天井的木质支柱和壁画面上产生了霉菌。本研究旨在明确2017年3月至4月间墓葬保存环境的现状，明确墓道、天井、墓室以及临时保护棚内的温湿度变化。另外本研究还对该墓葬壁画所使用的彩绘材料进行了调查。对于壁画石灰层和彩绘层所使用的分析方法为：光学显微镜观察、X射线荧光分析（XRF）、X射线衍射分析（XRD）、可视光光谱分析、扫描电镜能谱分析（SEM/EDX）。在墓道和墓室的13处进行采样并在25处实施了X射线荧光分析。分析中仅仅检测出Ca、Fe、Si、K、S、Al、Ti等7种元素。4个红色颜料样品中检测出较高Fe含量。3个红色颜料样品中检测出较高Ca含量。石灰地仗层中主要检出Ca元素。

はじめに

ショロンブンバガル墓は、ツール川の谷に位置しており、北側にはウラン・カルム寺院、前方にマイカン山がある。この墓は、2001年に存在が明らかにされ、2011年の7月から8月にかけて、モンゴル科学アカデミーの歴史学専攻とカザフスタンのユーラシア大学の考古学者のチームによって発掘調査が行われた。ショロンブンバガル墓は、墓室に向かう道が緩やかな坂状の内部構造であることが明らかになった。この墓は42メートルあり、地表から墓室に到るまでの坂は深さ7メートルである。長い廊下の壁には壁画が描かれている（図1）。

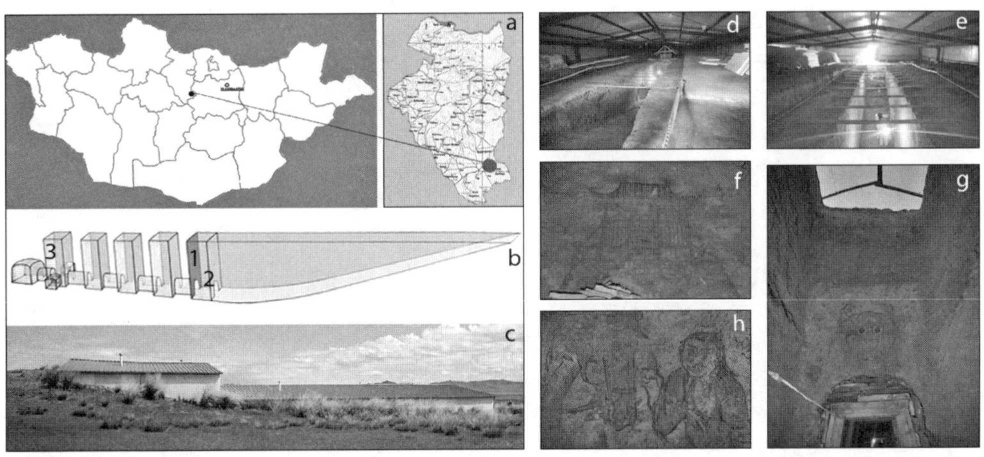

Figure 1　(a) 墓の場所，(b) 墓の構造，(c) シェルター写真，(d, e) シェルターの中，(f) 壁画/5th well, picture b-3/, (g) 壁画/1st well, picture b-1/, (h) 壁画/1st well, picture b-2/

壁画の構造と現状

墓は堆積盆地の特徴を持つ地域に位置付けられ、地層の主たる成分は、表層は変成岩、主たる成分はフィライトと片岩である（Claudio Margottini, 2014）。剥落した壁の絵は、モルタル層、石膏と彩色の層でできている。墓の全体的な環境から、壁画を安定して保存し、墓を外部環境の影響から保護するために覆屋が建設されたが、墓道、立坑、墓室の一部にはいくつかの問題がある。墓とそれらに付随するものは、大きく三つの状態に分類される。

- まず墓道部分では、岩の接着力および凝集力が失われていること、彩色表面の微生物、プラスター層と彩色層の剥落、彩色層での塩の白華現象とモルタル層での塩の結晶化、壁画の退色などがあげられる（図2）。
- 廊下と立坑では、木製の支柱と壁画表面に、菌類が生育している（図3）。
- 最後に墓室では、温かく湿った空気が冷たい壁の表面で凝集し水分となるため、壁の上部に水分がみられる。

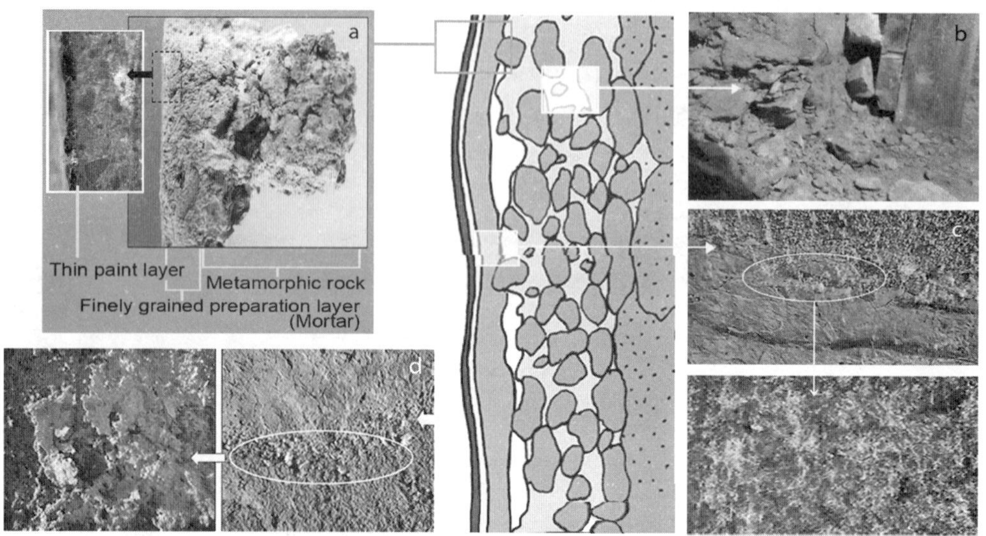

Figure 2 （a）彩色層写真，（b）岩の接着力および凝集力が失われている，（c）彩色層での塩の白華現象とモルタル層での塩の結晶化，（d）プラスター層と彩色層の剥落

Figure 3 （a）木製の支柱と壁画面にカビが生えている、（b）木製の支柱/2011/、（c）木製の支/2016t/

分析方法

壁画のプラスター層および彩色層に使用した分析方法は、光学顕微鏡による観察、蛍光X線分析（XRF）、可視分光分析、走査電子顕微鏡分析（SEM）である。また、壁画表面の塩類の同定には、X線回折分析（XRD）を用いた。

温湿度の測定は、墓室、立坑、墓道でおこなった。

分析条件

光学顕微鏡観察は、Leica Z16 APOA，Leica MZ16デジタル顕微鏡をもちいた。

XRF分析は、EDAX社製、EAGLE IIIを使用し、測定条件はMoターゲット、管電圧および電流を40 kVおよび30 μAに設定し、測定時間を100秒とした。XRD分析は、Rigaku社製Smartlabを使用し、測定条件はCu-Kα線、40 kVを使用し、40mAの管電流を使用した。スキャン範囲（2θ / θ）は5～90°である。SEM分析に使用した装置は、JOEL社製JSM-IT100である。これらの分析のため、赤色の顔料で彩色された3つの壁画の試料を選んだ。

結果と考察

1. 試料の分析：試料は、羨道と墓室の壁画から採取した13点である。成分分析では、赤い色料の試料と下地、モルタルについて明らかにすることができた。しかし、黒色、茶色、明灰色の色料については、Ca、Fe、Si、K、S、Al、Tiのみが顕著にみられた。また、可視分光分析では、試料1、試料10について特徴を明らかにした。赤い色料の試料におけるスペクトルは、750 nm周辺で鋭いピークを示し、580 nm周辺で小さなショルダーピークを示し、そこから右肩上がりに鋭いピークを示している（表3）。

XRFの結果および光学顕微鏡とSEMの結果を表1および2に要約する。同定された色および元素は、表1の最後の2列に記載されている。

2. 塩の結晶化について：結晶化した塩は壁の表面で顕著にみられた。特に、多くの塩がみられたのは冬から春にかけての墓道部分である。我々は、墓道部分から塩の試料を採取し、XRD分析で同定した、この結果、テナルダイトと石英が検出された（図6）。

3. 温度および湿度：HOBO Pro V2の温湿度データロガーを用い、2017年3月9日から4月16日まで、15分間隔で記録をおこなった。冬季は、墓の立坑は、フォーム材でおおわれている。しかし、この墓は4月3日から4月16日にかけ、ショロンブンバガル墓の安定化と古代壁画の保存と保全に関するワークショップが開かれた。墓道、立坑、墓室で記録された温度は安定しており、覆屋の内部温度よりも高い（図4）。また、墓室部分の温度は他の部分と比較して高くなっている（図5、No.9）。測定箇所No.5は他の箇所に比べ安定していない。これは、外気からの換気が関係している可能性がある。気温と湿度の測定は、覆屋（図4.No.11）、墓道（No1、No2、No3、No10）、立坑（No4、No5、No6、No7）墓室（No8、No9）である。

Table 1 ショロンブンバガル古墳から採取したサンプルリスト、XRF分析結果

Sample	Identified points of the sample			Elements determined by XRF
Number 1	Red color			Ca, Fe, Si, K, S, Al, Ti
Number 1		Mortar		Fe, Ca, Si, K, Al, Ti
Number 2	Black color			Ca, Fe, Si, K, S, Al, Ti
Number 3			Plaster	Ca, Fe, Si, K, Al, S, Ti
Number 4	Brown color			Ca, Fe, Si, K, S, Al, Ti
Number 5	Red color			Ca, Fe, S, Si, K, Al, Ti
Number 5		Mortar		Fe, Si, Ca, K, Al, Ti, S
Number 6	Red color			Ca, Fe, S, Si, K, Al, Ti
Number 7	Light grey color			Ca, Fe, S, Si, K, Al, Ti
Number 8			Plaster	Ca, Fe, S, Si, K, Al, Ti
Number 9	Black color			Ca, Si, Fe, K, Al, S, Ti
Number 9			Plaster	Ca, Fe, Si, K, Al, S, Ti
Number 10a	Red color			Fe, Ca, Si, K, S, Ti, Al, Mg, Ci
Number 10a		Mortar		Fe, Si, Ca, K, Al, Ti
Number 10b	Red color			Fe, Ca, Si, K, S, Al, Ti
Number 10b			Plaster	Ca, Fe, Si, K, S, Al, Ti
Number 33	Black color			Ca, Fe, Si, S, K, Al
Number 33	Red color			Fe, Ca, Si, K, S, Al, Ti
Number 33		Mortar		Fe, Si, Ca, K, Al, S, Ti
Sample BT3	Red color			Fe, Ca, Si, K, S, Al, Ti
Sample BT3			Plaster	Ca, Fe, Si, K, Al, S, Ti
Sample BT3		Mortar		Si, Fe, Ca, K, Al, Ti, S
Sample CHM-3	Black color			Ca, Fe, Si, K, Al, Mn, Ti
Sample CHM-3			Plaster	Ca, Fe, Si, S, K, Al, S, Ti
Sample CHM-3		Mortar		Fe, Si, Ca, K, Al, Ti

Table 2 ショロンブンバガル古墳から採取したサンプルリスト、デジタル顕微、SEM、XRF分析結果

Sample	Location of the sample	The picture of the optical microscope		Scanning electronic micrographs	Identified point/ red/	Identified point/ mortar and plaster/
Sampling BT3	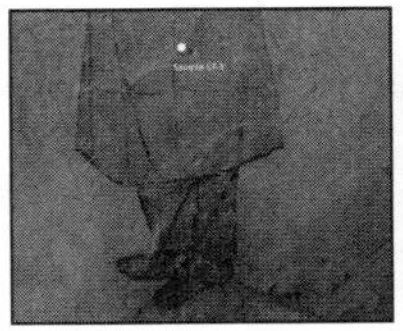		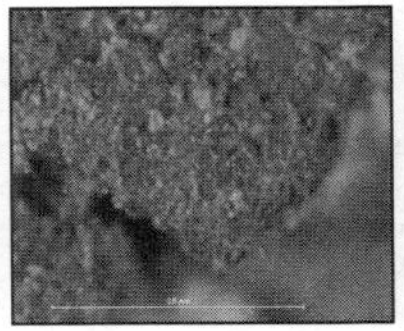	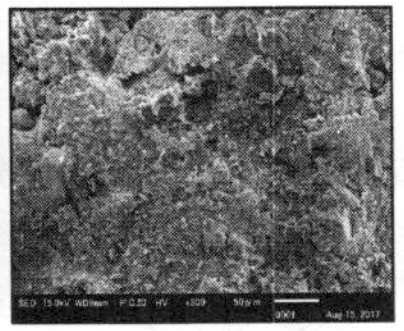	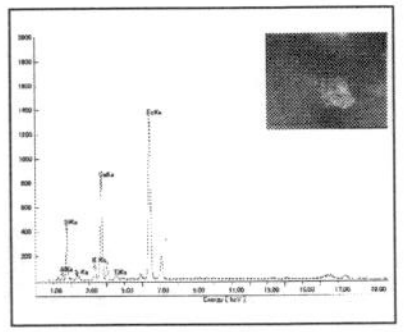	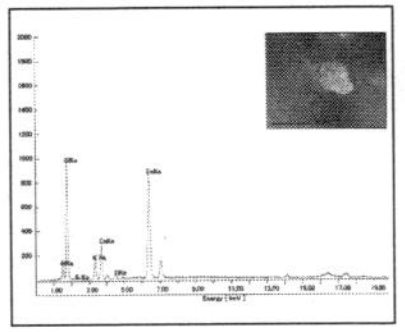
Number-10	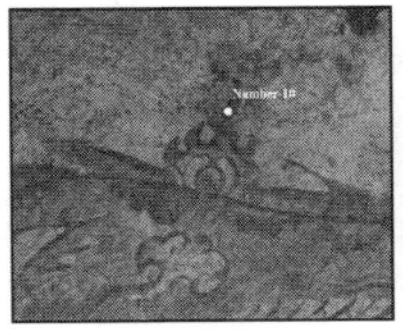		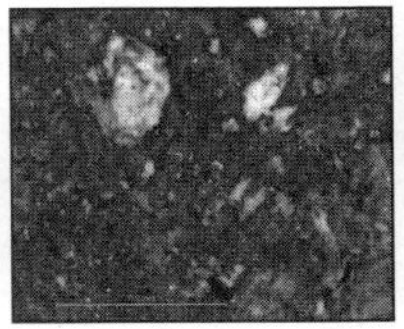	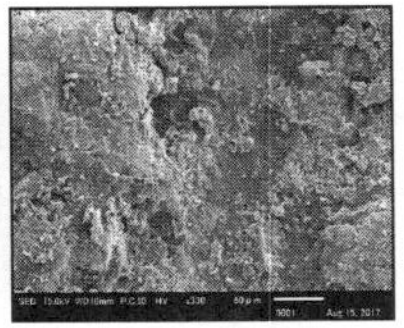	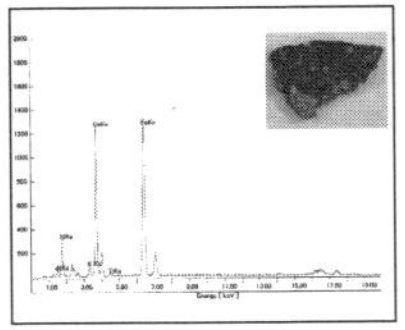	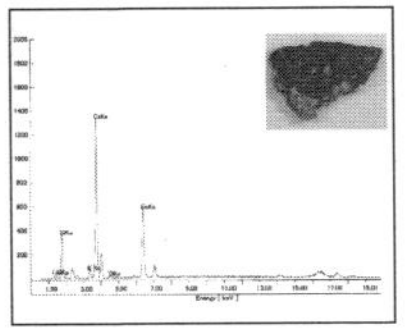
Number-33	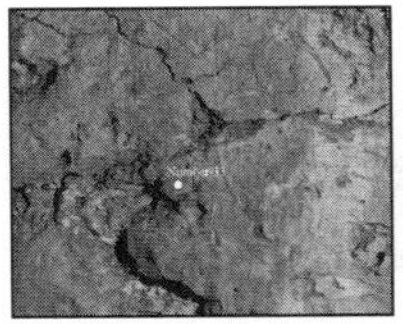				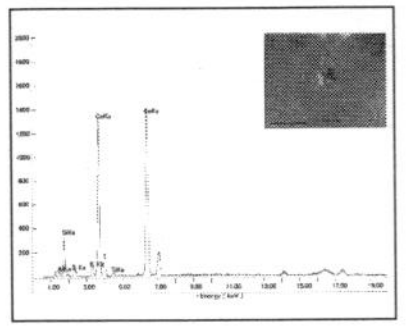	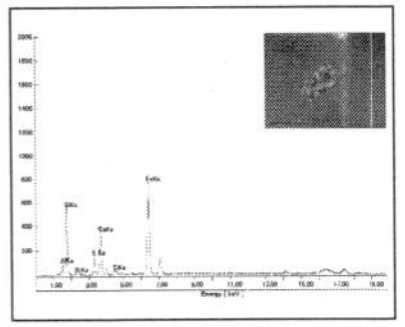

Table 3　ショロンブンバガル古墳から採取したサンプルリスト、可視分光分析結果

Sample	Location of the sample	The picture of the optical microscope	The result of the visible spectroscope analysis
Number-1			
Number-10			

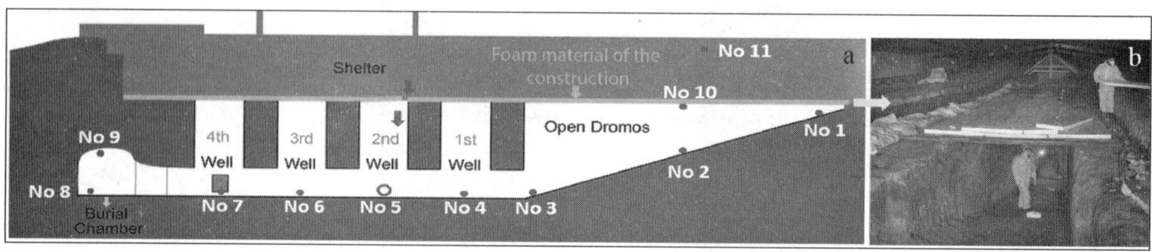

Figure 4　(a) HOBO Pro V2の温湿度データロガーの場所，(b) 冬の保存環境

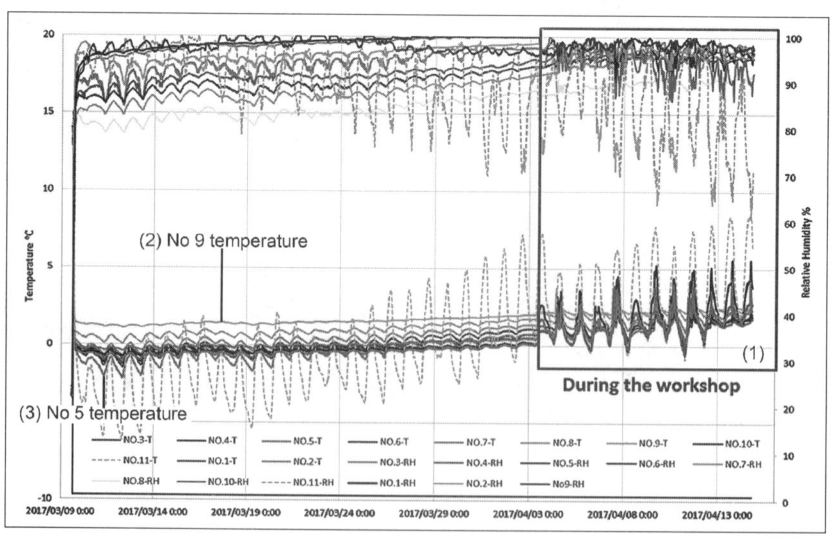

Figure 5　温度、湿度

結論

本研究では、壁画とプラスターに使用された赤色や黒色の色素を明らかにするため、XRF分析やSEMでの観察などさまざまな分析方法で、13点の試料の分析をおこなった。XRF分析は25ポイントでおこなった。この分析では、Ca、Fe、Si、K、S、Al、Tiの7つの元素のみが検出された。Feは、赤色顔料（No.10a、No.10b、No.33、試料BT3）で塗装された4つの試料で多くみられた。Caは赤色顔料（No.1、No.5、No.6）で塗装された3つの試料で多くみられ、Caはプラスターでも検出された（No.3、No.8、No.9、No.10b、試料BT3、試料CHM-3）。Feはモルタルで多く検出された。XRF分析は真空中で行ったが、低原子番号の元素はほとんど検出されず、特に試料中の黒色顔料（No.2、No.9、No.33、試料CHM-3）はCaであった。赤色顔料の試料の分析には可視分光分析を使用した。波長750 nm周辺では急な勾配が、そして、約580 nmの周辺で小さなショルダーピークが検出された。また、XRD分析により、墓道部分の壁上の塩の同定をおこなった。可溶性の塩はNa_2SO_4であった。

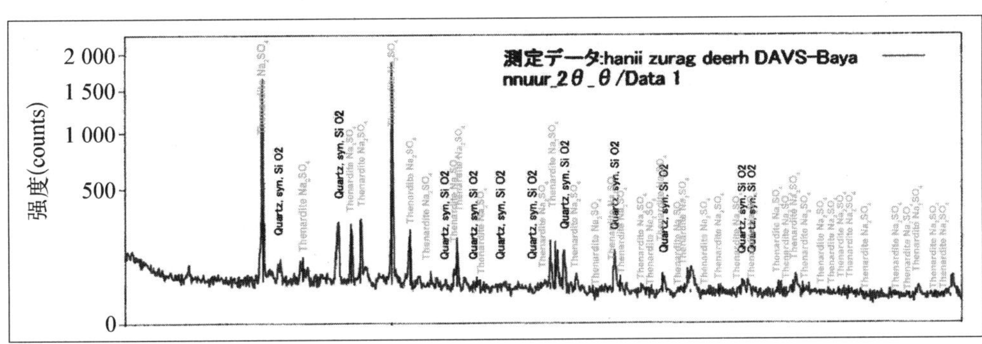

Figure 6　XRD分析結果（thenardite、quarz）

本研究では、覆屋、墓道、立坑、墓室内の温度と相対湿度を1ヶ月間測定した。No5の温度は他の部分よりも安定していない。おそらく、第5の立坑の空間を通る空気により、外気と内気との間の空気交換が行われる。墓室の温度は、墓道よりも安定して暖かく、高湿状態である。墓道、立坑、墓室の温度と相対湿度の変動は、覆屋よりも小さいことがわかった。

参考文献

Claudio Margottini. Report on The Bayanuur Tomb, Geamechanical Conditions and Mural Painting Conservation Problem, Rome (Italy), 2013, pp.4-16.

Claudio Margottini. Report on first workshop on the stabilization of archaeological tombs at the site of Shoroon Bumbagar of Mount Maikhan and preservation-conservation of ancient mural paintings, Rome (Italy), 2015, pp.6-8.

Rodolfo Luján Lunsford. Report on first workshop on the stabilization of archaeological tombs at the site of Shoroon Bumbagar of Mount Maikhan and preservation-conservation of ancient mural paintings, Rome (Italy), 2015, pp.45.

Rodolfo Luján Lunsford. Report on Second workshop on the stabilization of archaeological tombs at the site of Shoroon Bumbagar of Mount Maikhan and preservation-conservation of ancient mural paintings, Rome (Italy), 2016, pp.621.

Maurizio Guerra. Report on Second workshop on the stabilization of archaeological tombs at the site of Shoroon Bumbagar of Mount Maikhan and preservation-conservation of ancient mural paintings, Rome (Italy), 2016, pp.5-19.

Soichiro Wakiya, Noriyoshi Kuwabara, Shuichi Hokoi and Daisuke Ogura. Deterioration of Remains Exhibited in the Excavation site Exhibition Hall, Heijyo-kyu Palace Site, 2015.

Odkhuu Angaragsuren. Report of workshop-Second workshop on the stabilization of archaeological tombs at the site of Shoroon Bumbagar of Mount Maikhan and preservation-conservation of ancient mural paintings, Nara (Japan), 2016.

Ochir, L. Erdenebold. Royal tomb of ancient nomads in Central Asia, Ulaanbaatar, Mongolia, 2012.

モンゴル出土木製遺物の保存科学的な研究
—モンゴルの草原地帯におけるにおける出土木材の特徴と保存—

メンドバザル　オユントルガ　今津節生
（奈良大学）

中文摘要： 在蒙古，曾经被埋藏在冻结或者饱和湿度环境下的文物常常在发掘出土后，马上将面临极度干燥的地上环境。基于此现状，需要确立适用于蒙古自然环境和当地木质出土文物特质的保存处理方法。

针对饱水木质文物的保存方法，各国研究者已进行了诸多面向实用的实验性尝试。另一方面，西伯利亚、蒙古等草原地区地下往往存在大规模的墓葬，并随葬豪华的葬品。地下埋藏环境低温潮湿，由于这种稳定维持的低温和湿度环境，木材不会因细菌和真菌腐蚀完全崩坏，常常以类似饱水木材的状态被发现。但是不同于饱水木材的情况，饱和湿度环境下发现的木质文物不仅木材本体，彩绘等部分的保存状态也极为良好。这些文物从国际视角来看也是极为珍贵的。本文将对蒙古出土木质文物的特质进行阐述。

はじめに

ユーラシア大陸の北東部に位置するモンゴルでは、これまで幾多の遊牧国家が生まれ、東西の歴史や文化に大きな影響を与えてきた。考古学的な発掘調査の件数は年間100件を超えている。しかし、出土遺物をどのように保存し将来に残していくかについては草原特有の問題がある。日本とは違ってモンゴルの出土木製品は多くの場合、飽和水蒸気に満たされた状態か乾燥状態にある。草原で出土されている出土木製品は、常に低温の地下空間の中で飽和水蒸気環境が維持された場合に限って、木材がバクテリアや腐朽菌によって完全に崩壊することなく、水浸出土木材と同じような状態で発見されることがある。モンゴルの草原地帯で飽和水蒸気環境を維持して発見された木材は、日本のような水浸状態とは異なり、外気の影響を受けて短時間に乾燥して変形する。飽和水蒸気に満たされて発見された木材は、モンゴルのような乾燥環境では発掘直後から乾燥が始まり短時間で劣化してしまう。草原地帯から発掘された出土木製遺物の特徴となる劣化過程を検討するためにモンゴルの草原地帯の発掘調査で出土した木材を用いて、木材表面から内部への状態変化を走査電子顕微鏡（SEM）で観察した。

遺跡の情報

今回はアイルギーンゴズゴル遺跡から発見された木棺の保存状態について報告する。この遺跡はウランバートルから西北へ400 km、オルホン県に位置している鮮卑時代（紀元1世紀）の遺跡である。2015年にモンゴル歴史国立博物館の考古学研究室により発掘調査が行われた。出土木材の状態 は地下6 mの空間で発見された木棺は低温で高湿度環境で発見された。この地下空間は飽和水蒸気に満たされ湿潤状態であり、発見された木材の含水率は30%～80%と少ない。そのため、草原の乾燥した外気に触れた瞬間に木材は乾燥して変形する。

調査方法

発掘現場は地上では気温35℃、湿度20% RHの乾燥した環境に対して、深さ6mの地下空間では気温6℃、湿度90% RHであった。発見した木材を密閉して実験室に運んだ。木材の一部を真空凍結乾燥した後に細胞壁の劣化状態を電子顕微鏡で観察した。また、現状の含水率と飽和含水率（maximum moisture content）を測定した。

- SEMによる細胞壁の観察

表面から内部へ3 mm毎に切断して木材細胞の変化を走査電子顕微鏡（SEM）で観察した。

- 飽和含水率の測定（maximum moisture content）

1. 表面から劣化状態の異なる部位を3分割した。
2. 減圧下で水を含浸し飽水状態にした。
3. 減圧と常圧を繰り返し、常圧に戻して放置した。

4. 減圧下で気泡が出ないことを確認し飽和含水量とした。

5. 105℃で乾燥して乾燥質量を測定した。

飽和含水率＝（飽和含水量-乾燥質量）/乾燥質量）*100

調査結果

草原で出土された木材の細胞壁（SEM*1 000）　樹種：マツ属

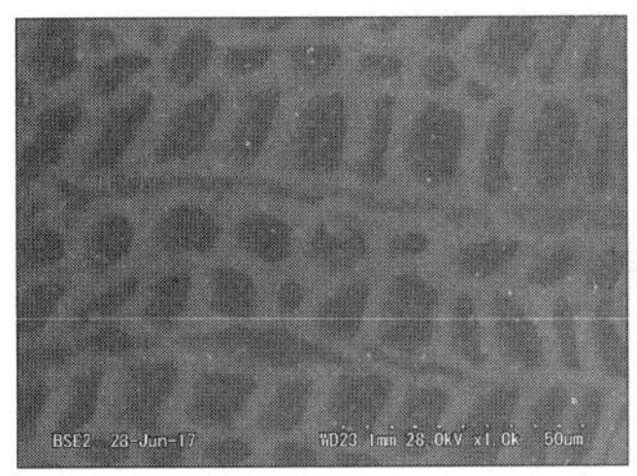

表層から6 mm（1 000倍）

表層から3 mm表面（1 000倍）

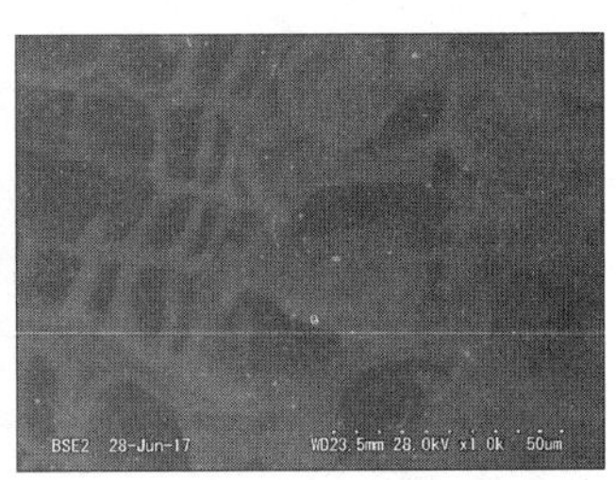

表層（1 000）

図1　草原で出土された木材の細胞壁（SEM*1 000）

モンゴルの草原地帯において、飽和水蒸気環境で出土した出土木製遺物の細胞壁の構造による変化は木材の表面に近い部分は一次壁と二次壁が分解されて細胞間層だけが残っている。これに対して、内部の方には細胞間層だけでなく一次壁と二次壁も比較的健全な状態である。

飽和水蒸気を飽和含水率に換算することによって、草原出土木材が極めて劣化していることが確認できた。

① 表層　含水率1 170%

② 表面から3 mm　含水率560%

③ 表面から6 mm　含水率260%

図2　飽和含水率としての比較（乾燥前後）

まとめ

モンゴルの草原地帯の遺跡から発見される出土木材は、日本・中国・韓国などのように酸欠状態の水中で飽水状態を維持して埋蔵される場合とは異なり、低温で飽和水蒸気に満たされた空間で埋蔵されている。草原地帯では発掘によって外気に触れた瞬間から極度の乾燥状態に置かれて短時間のうちに変形する。変形の原因は激しい劣化状態にあり、木材の劣化状態は飽和含水率に置き換えると1 000%を超える極めて劣化した状態にあることが判明した。

（本研究の一部が、日本学術興会外国人特別研究員による科学研究費で行った研究成果であることを記して感謝の意を表します）

参考文献

アンドラス　モルガス、今津節生　2003　「木製文化財の保存と展望-ヨーロッパにおける遺跡出土木材の保存法を中心として」遺跡の保存と調査.

今津節生　1999　糖アルコール含浸法による保存処理法の実例・出土木製品の保存科学的研究-奈良県四条古墳出土木製品の保存処理に関する共同研究、奈良県立橿原考古学研究所.

酒井温子・今筆節生・西藤清秀　1997年12月30日出土木製品に残る劣化痕跡の解析　文化財科学会　考古学と自然科学第35号.

日本の板木にみる職人の知恵と技

安藤真理子[1]　清水宏至[2]　今津節生[2]
（1 同志社大学文化遺產情報科学研究センター，2 奈良大学）

中文摘要： 木版印刷是东亚各国共通的文化，各国都有用木版印刷术制作而成的代表印刷物，诸如中国的《金刚般若波罗蜜经》、韩国的高丽版《大藏经》以及日本的"浮世绘"等。木版印刷由笔耕（画师）、雕师、压师三种高难度的技工完成。然而，尽管各国的木版印刷物能够得以完成与手工艺者高超的技术密不可分，但针对手工艺者精密的技术和时间特征等方面以三维的形式呈现出来的研究却寥寥无几。本研究运用高精密度的三维数字化转换器和X射线CT扫描仪，旨在探究日本的版料中所遗留的手工艺者的智慧和技艺。

本文认为三维数字化转换器、X射线CT扫描仪和3D打印机技术也可以运用到版料研究之中。在精致的雕刻、浮世绘和刻本上所使用的多色套印等技术和内部调查中，详细的观察必不可少。而在浮世绘和刻本中使用到的日本独有的多色套印技术和精致的雕刻技术，同样也需要进行细致的观察。另外，文字的修正和与时俱进的文字内容的订正，以及版料的内部结构（接合法和树木的种类）等无法从印刷物表面了解到的信息都可以从版料中知晓。把相关数据通过3D打印来实现视觉化、立体化，使得在二维观点中无法知悉的信息得以进一步明朗化。

尽管木版印刷是东亚共通的文化，但这项文化却在各国逐渐衰退。随着木版印刷文化的衰落，这种文化的载体（笔耕、雕师、压师、发行处）也在逐渐减少，用木材制作而成的版料也因灾害、废弃、再加工、虫害而渐渐消失。众所周知，版料是宝贵的文化遗产，对其价值的发扬光大和妥善地保存不仅仅关乎本国的文化保护事业，同时也关乎东亚共通的文化保存和继承。相关的国际性工作需要在本学会的相互协助下逐步推进。

1. はじめに

中国で開発された木版印刷は東アジア共通の文化であり、中国の金剛般若波羅密経、韓国の高麗版大蔵経や日本の浮世絵のように、各国には木版印刷で制作された代表的な印刷物がある。木版印刷は筆耕（絵師）、彫師、摺師の高度な技術によって成し遂げられる。しかし、職人達の高度な技によって各国の木版印刷が完成されることは当然のことと認識されているにも関わらず、職人達の精緻な技術や時系列的特徴等の情報が3次元的に凝縮されている板木自体の研究が行われていないのが現状である。本研究は高精細3次元デジタイザとX線CTスキャナを使用し、日本の木版に遺された職人の知恵と技の解明を目指すものである。

2. 資料・高精細3次元デジタイザ・CTスキャン

2.1 資料

高精細3次元デジタイザには、奈良大学図書館所蔵の『出雲物語』板木を用いた。CTスキャナには奈良大学博物館所蔵の『日本神皇之道其源』板木を用いた。

『出雲物語』板木は1830年に刊行され、京都の浮世絵師 森川保之が挿絵を担当した。現在、主版と薄墨版が残されているが、版本から現在は見つかっていない（もしくは消失した）赤色の板木が有った事が分かる。薄墨版は墨の濃淡で絵の陰影を表現する技法の為の版で版本の挿絵でありながらも、重ね摺りの手法が用いられている。

『日本神皇之道其源』は神道関連の摺物の板木である。本来であれば、上部に図像が配されていたようであるが、当該板木からは分離され図像の板木は見つかっていない。

図1　出雲物語版木・出雲物語版本(奈良大学図書館所蔵)
主版、薄墨版と赤色版(未発見)を重ねて摺ることにより挿絵が出来上がる。

2.2 高精細3次元デジタイザ

ATOS Ⅲ　Model400　GOM (九州国立博物館設置) を使用した。

日本の板木は薬研彫りで彫られているが、彫りの緻密さから断面を画像化する事は困難であるために現在までは図解に留まっていた。薬研彫りは、余分な顔料が溜まりにくく、丈夫で刷毛払いが良いために反面の損傷や摩滅も少ない。3次元計測で実物の薬研彫りを詳細で断面的に観察出来る事は、彫りの技とその形状、形状から導き出される摺りに対しての耐力や摩滅具合に対しての効用検証に繋がり、非常に有効である。

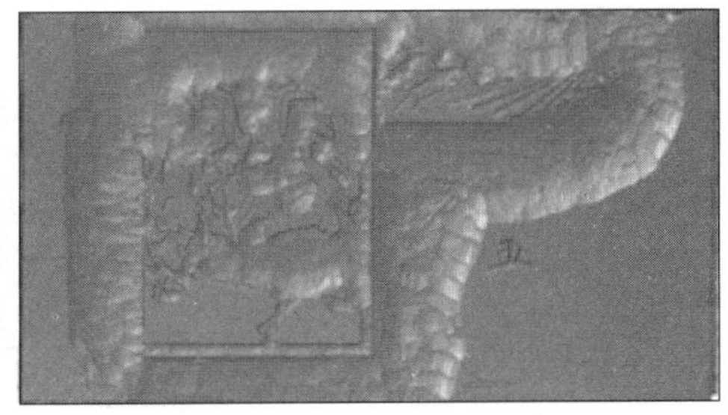

図2　出雲物語板木の3D高精細デジタイザ

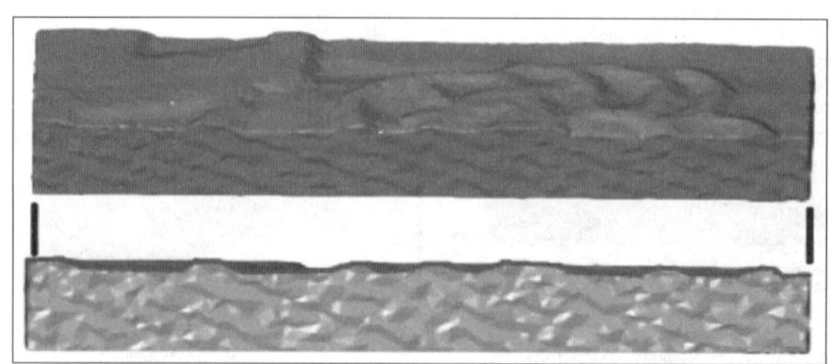

図3　出雲物語板木の断面図（3D高精細デジタイザ）

2.3 X線CTスキャナ

X線CTスキャナ（YXLON INTERNATIONALY. CT Modular320FPD、九州国立博物館設置）を使用した。

X線CT調査によって、『日本神皇之道其源 板木』本体と別材の間に金釘が2本存在する事が明らかとなった。この2本の金釘の検出により、『日本神皇之道其源 板木』板木を職人がどのように構成したかが判明した(2)。A材とB材を2本の金釘で接合した後に、接合した材を3本の金釘で本体に留めて構成している。360°かつ内部を観察出来る事から板木の構造を把握する事が可能であった。

図4　日本神皇之道其源　板木（奈良大学博物館所蔵T2374）

図5　CT画像

3. 3Dプリンタによる更なる理解

高精細3次元デジタイザとX線CTスキャンで得られたデータを3Dプリンターで出力すると、触感や視覚で断面の確認が可能であり、現在の木版職人とのより活発な議論、さらなる薬研彫りや構造、木版技術に対しての知見が進む(3)。

また、3Dプリンタで出力する事によって普段は手にとって観察することが出来ない文化財の観察やより活発な議論が期待できる。

今回は、日本神皇之道其源 板木を3Dプリンタで出力した。日本神皇之道其源板木には先述したように2つの材を2本の金釘で接合した後に大きな金釘で本体に打ち付けていることがX線CTスキャンで判明した他、入木がどれくらいの厚さで嵌まっているかが判明した。X線CTスキャンのデータから各材や釘、入木を3Dプリンタで出力し、実際にその嵌め込み方や構成を確認出来た。

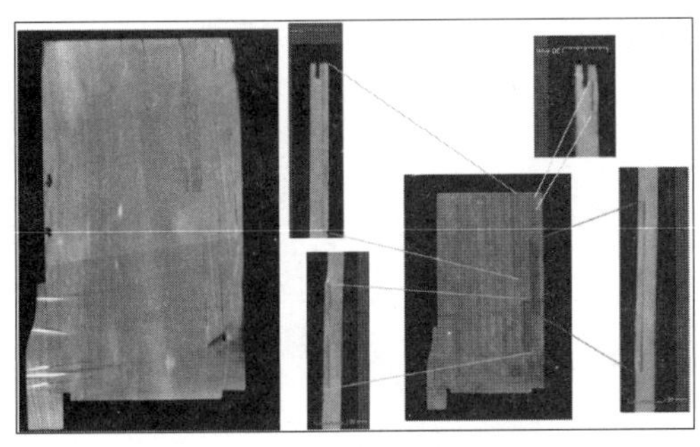

図6 CT画像

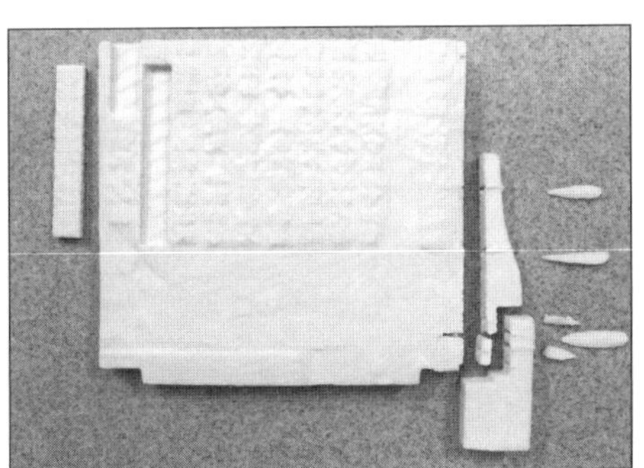

図7 CT画像

4. まとめ

東アジア共通の文化である木版印刷について、緻密な彫りとともに様々な加工がされる板木について3次元計測やX線CTスキャナ計測が有効である事を示した。自国にある資料を他国に持って行き、議論を深める事は難しいが、3次元計測、X線CTスキャナ計測とともに手にとって観察することが可能な3Dプリンターで制作した資料であれば、他国に持っていく事が可能である。議論や相互理解による、東アジア全体の木版印刷研究の促進は明白である。

さらに、木版印刷は東アジア共通の文化であり、各国で研究がおこなわれているものの相互協力や研究の共有ができていない現状である。今後も本学会を通して、木版研究の促進を目指す必要がある。

（本研究は赤田赤田昌倫氏（国立アイヌ民族博物館準備室）、田中麻美氏（九州国立博物館）、奈良大学図書館、奈良大学博物館にご協力いただき、DNP文化振興財団2016年度グラフィック文化に関する学術研究助成を受けています。厚く御礼申し上げます）

参考文献

栗田美由紀、金子貴昭、永井一彰，板木さまざま，奈良大学博物館，2013.
安藤真理子，板木の保存-文化財としての保存、職人の知恵・工夫・技の保存-，立命館大学アート・リサーチ17号，91-100 (2016) .
K. Takenaka, Artificer of wood-block print (private communication).

16世紀キリスト教メダルの金属組成分析

稗田優生[1]　浅野ひとみ[2]
(1 大分県立歴史博物館,2 長崎純心大学)

中文摘要: 我们针对1588年沉没的西班牙舰队吉罗纳号上发现的12枚信仰奖章进行了调查研究。结果表明,与吉罗纳号从西班牙殖民地那不勒斯被召回的事实毫无矛盾,奖章就是在意大利制作而成的假设成立。据悉,在日本国内发掘的奖章当中,从府内(大分)挖掘出的铅制奖章是在日本或其他亚洲国家制作而成的。但是,并没有找到关于其起源的依据。通过对府内型奖章所使用的铅进行铅同位体分析得知,该奖章是在圣托矿山(泰国)生产出来的。根据本调查的荧光X射线分析结果,吉罗纳号的信仰奖章的金属构成与府内型奖章的构成并不相同。以上结果似乎能够成为府中型奖牌的制作地并非欧洲的证据。

1. はじめに

水中考古学の分野で、世界的に各地の海で沈没船が引き上げられることが多くなってきた。イギリスなどでヨーロッパの艦隊、難破船が発見され、東アジアでも1970年代以降、韓国や中国の沈没船が発見されている[1][2]。2011年、2015年に鷹島海底遺跡(長崎県)から、元寇沈没船が発見され、引き揚げられた積荷の科学的調査や積荷の保存処理作業も進められている[3]。

筆者らは覚醒する禁教期キリシタン文化について(科学研究費基礎研究B「覚醒する禁教期キリシタン文化」課題番号: JP16H03514)、2016年から調査・研究を進めている。本発表はアルマダの戦いで1588年ベルファストのラカダ沖で沈没したジローナ号の積荷から発見されたキリスト教メダルを対象に、進めた調査結果をもとに考察する。

16世紀、海運業が盛んなネーデルラントの反乱により、スペインは海上でも攻撃を受けるようになった。エリザベス1世が1585年にオランダを支援して介入すると、この反乱はスペインとイングランドの対立と連動することになった。イングランド人の私掠船による大西洋航路への襲撃が続くなか、1587年にカトリック信徒である前スコットランド女王メアリ・ステュアートがエリザベス1世の命で処刑されると、スペイン王のフィリップ2世はイングランドへの直接侵攻を決め、1588年にリスボンからスペイン艦隊をイギリス討伐の目的で派遣した[4]。これがアルマダの戦いである。スペイン艦隊はもともと穏やかな地中海での戦闘が得手であり、大時化や荒波のイギリス海峡での戦闘には不慣れであったため、イギリス艦隊の反撃と暴風により、アルマダの戦いは敗北を喫した。スペイン艦隊を構成していた艦船は機動部隊船から、兵士や補給品、弾薬などを運ぶ輸送補給船など、タイプはさまざまであった[5]。ジローナ号はナポリより招集された4隻のガレアス船のうちの1隻であり、武装化された物資供給船だった[6]。

ジローナ号は1588年9月にラカダ岬で大嵐にあい、沈没し、乗船していた1 300人のうち、10人しか生き残らなかった[7]。1967年、ベルギーの考古学者Robert Stenuitが発掘調査を行い[8]、発掘されたジローナ号の積荷は、現在アルスター博物館（ベルファスト）で保管・展示されている。

アルスター博物館の協力のもと、ジローナ号の積荷から発見された16世紀のキリスト教メダルについて、2016年に光学調査・蛍光X線分析を行う機会を得た。16世紀のキリスト教メダルの金属組成から、当時流通していたメダルの材質や産地について考察する。

2. 調査方法

キリスト教メダルの科学分析は一般的に非破壊的な手法が用いられる。光学顕微鏡を用いた観察、走査型電子顕微鏡を用いた観察、比重測定、X線撮影、蛍光X線分析が知られている[9]。偏光顕微鏡によって、表面が磨かれているのか、腐食しているかを観察できる。走査型電子顕微鏡による結晶の観察は鋳造方法を明らかにすることができる。比重測定もまた、メダルの調査方法の一つで、メダルでよく知られている材料を例に挙げると、比重が約7.3の場合はハンダ、約8.4-8.7の場合は真鍮あるいは青銅、9.9より大きい比重の場合は鉛-スズ合金である[9]。

本調査はポータブル蛍光X線分析装置（オリンパスイノベックス社製DP2000）をアルスター博物館へ持ちこみ、メダルの蛍光X線分析を行った。あわせて光学顕微鏡を用いた図様の観察も行った。

3. 成果

ジローナ号のメダル12点について、4点：スズ製、3点：鉛・スズ製、2点：銀製、2点：真鍮、1点：鉛製であることがわかった[10]。真鍮製のメダル2点のうち、1点は金が検出され、金泥塗が施されていると示唆される。真鍮材料に含まれる亜鉛に関して、含有濃度によって鉱物の不純物として検出されたのか、鋳造のために意図的に含まれたのかを判断した。すなわち、亜鉛が7%以上含まれると、意図的に加えられたとみなすが[11]、真鍮製メダルは2点とも7%以上含有されることから、不純物として検出された亜鉛ではなく、真鍮製メダルを製作しようとして加えられた亜鉛と判断される。

これら12点のメダルは図様から、ローマで製作された信仰メダルであるとわかった[12]。ルネッサンス期におけるイタリア製メダルの化学組成としては、青銅（銅・スズ・鉛）、真鍮（銅・亜鉛・鉛）、ブリキ（銅・スズ・亜鉛・鉛）、ピューター（高スズ・鉛・銅ほか）、鉛・スズ（高鉛・スズ）、純銅が知られている[13]。ジローナ号のメダルはまさにこれらの材質と一致する。鉛・スズ製メダルのうち1点のみ、表面がアレハンドロ・ファルネシオ枢機卿（r.1534-1589）の肖像、裏面が教会と思われる建物が見受けられ、その中に「1577」と明記されている[14]。そのほかは、「キリストと聖母マリア」が表裏に表されたメダルである。12点のうちほぼ半数にスズが含まれており、それらの図様は「キリストと聖母マリア」を表したものに多かった。今後、図様と材質の関係について考察する必要があるだろう。

4. 結論

これらのキリスト教メダルは、メダルの図様からイタリア製と目され、ジローナ号が当時スペインによって支配されていたナポリから招集された事実と合致する。そして、メダルの材質からも当時イタリアで流通していたメダルの材質と一致する。

メダルと同じ信仰具であるプラケットの材質はメダルの材質と類似し、青銅、真鍮、純銅、銅・銀合金[15]が知られている。メダルやプラケットに用いられる材料の産地の解明は、製作地にも関連し重要なことである。

例えば、銅材料については北イタリアに位置するベニスやセレニッシ共和国の領土にあるアゴルド渓谷、インペリナ渓谷、ゾルド渓谷で1417年から採掘されていることがわかっている[16]。そのほか、ドロミーティ山地、チロル、ドイツやハンガリーでは顔料の材料として知られる銅が主成分のマラカイト、アズライトをも入手することができる[16]。15～16世紀に作られたメダルは北イタリアで作られたとされ[17]、これらのメダルは青銅あるいは鉛材料で鋳造されている[18]。また、ルネッサンス期の青銅合金はイタリア北部あるいはフィレンツェ、他のヨーロッパの国で確認されている[16]。15～16世紀の北イタリアで製作されたメダルは、これらの北イタリア銅産出地から銅材料を入手していた可能性が考えられる。

このように銅が産出する場所から銅鉱石を採取して、その後金属材料へ精錬していく。精錬技術や鉱山の鉱脈によって、製品の中に含まれる不純物に特徴が表れることがある。逆に、不純物から鉱山を特定できる可能性、精錬技術を解明できる可能性が十分にある。先述の北イタリアで産出した銅材料に、鉄や鉛、亜鉛が不純物として含まれる場合は、ゾルド、アゴルド、カドレ渓谷で産出した銅材料であるとされている[16]。ジローナ号の真鍮製メダルを見てみると、鉛と鉄をそれぞれ約2%含有する。鉛と鉄の含有濃度から不純物であることは間違いない。この真鍮製メダルの銅材料は、北イタリア地域から産出した銅材料を用いている可能性が考えられる。

同時代の日本は、フランシスコ・ザビエル（1506—1552）の宣教によって府内町（大分市）にキリスト教が伝わり、大友宗麟（1530—1587）配下、キリスト教小国家建設が目されていた。中世大友府内町遺跡で発見された純鉛製の府内型メダルの制作地は日本またはアジアと考えられている。府内のメダル[19]は16世紀後半に製作されたとされ、ジローナ号のメダルと製作時期は同じである。ジローナ号のキリスト教メダルの金属組成はスズ製や鉛・スズ製、府内町で発見されている16世紀のメダルの金属組成は鉛であることから、金属組成は一致しない（表1）。

今回の調査でもヨーロッパの同時代作例と類型・金属組成は一致せず、非ヨーロッパ作例である証左となり得るだろう。

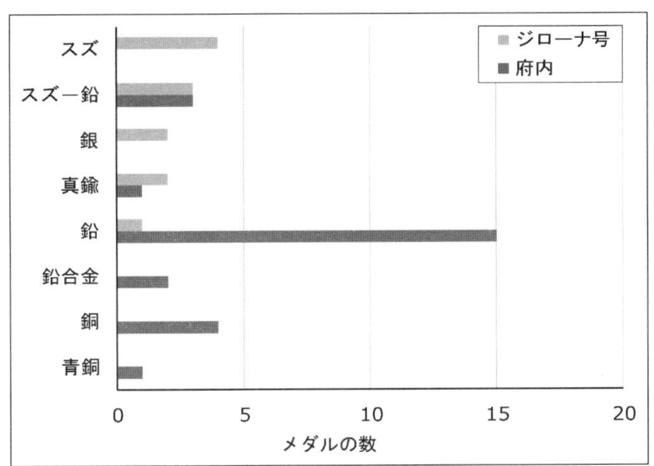

表1　ジローナ号と府内の比較

［本発表は科学研究費助成事業(研究代表者：浅野ひとみ　基盤研究B　課題番号：16H03514　「覚醒する禁教期キリシタン文化」)の研究成果の一部を含んでいる］

参考文献

［1］辻尾榮一「中国広東省汕頭市「南澳Ｉ号」明代沈没船について」,『人文学論集』, 32, pp.45-50, esp.p.45.

［2］江本義理『文化財をまもる』, アグネ技術センター, 1997, pp.111-144.

［3］中田敦之「国指定史跡「鷹島神崎遺跡」と今後」,『月刊考古学ジャーナル』, 641, 2013, pp.8-13

［4］立石博高、内村俊太『スペインの歴史を知るための50章』, 明石書店, 2016, p.131.

［5］アンガス・コンスタム『図説スペイン無敵艦隊』, 原書房, 2011, p.290 (コンスタム 2011) .

［6］マイケル・ルイス『アルマダの戦い スペイン無敵艦隊の悲劇』, 新評論, 1996, p.77.

［7］コンスタム2011：p.275.

［8］コンスタム2011：p.289.

［9］Eugene FARRELL. Non-Destructive Instrumental Analysis of Medals, *Italian Medals*, 21, 1987, pp.35-43, esp.pp.35-41(FARRELL 1987).

［10］Hitomi ASANO. A Study on Devotional Medals Excavated from the Spanish Armada Wrecks Preserved in the Ulster Museum (Belfast), *Junshin Studies in Humanities*, 23, 2017, pp.1-17, esp.pp.14-15, (ASANO 2017).

［11］Letizia BONIZZONI, Anna GALLI and Gianluca POLDI. *in situ* EDXRF analyses on

Renaissance plaquettes and indoor bronzes patina problems and provenance clue, *X-RAY SPECTROMETRY*, 33, 2008, pp.388-394, esp.p.393 (BONIZZON et al. 2008).

[12] ASANO 2017: p.12.

[13] FARRELL 1987: p.42.

[14] ASANO 2017: p.6.

[15] BONIZZON et al. 2000: pp.388-390.

[16] BONIZZON et al 2008: pp.393.

[17] Mark JONES. Medal-Making in France 1400-1650: The Italian Dimension, *Italian Medals*, 21, 1987, pp.57-71, esp.p.63 (JONES 1987).

[18] JONES 1987: p.67.

[19] **Kōichi Gotō. Chūsei Ōtomo** Funai-Machi Ato Shutsudo no Kinzoku Seihin (中世大友府内町跡出土の金属製品), *Hiroshima University Graduate School of Letters Department of Archaeology 50th Anniversary Thesis and Essay Anthologies*, 2016, pp.449-514, esp.pp.507-509.

中世の日本の版本料紙に使用されたデンプン粒について

坂本昭二[1,2]　Léon-Bavi VILMONT[2]
（1 龍谷大学，2 Sorbonne Universités, Centre de Recherche sur la Conservation（CRC, USR 3224））

中文摘要： 我们使用偏光显微镜分析了3张13世纪的经切样品。样品量非常小且含有颗粒状物。分析结果显示，在偏光显微镜下，颗粒有十字交叉现象出现，颗粒在碘染液的染色下呈现紫色。这与淀粉粒的特征十分吻合。虽然样品量小，但其中含有大量的淀粉粒。因此，我们可以分析其形状并利用统计学方法统计其颗粒的大小。分析结果如下：颗粒平均直径为5.6 μm，标准差为1，形状为不规则的多边形，这与水稻的淀粉粒显微形态吻合。此分析结果印证了文献中关于日本造纸工匠使用水稻淀粉作为填料的记载。

1. はじめに

日本では7世紀頃から多くの仏教経典が作られるようになり、その中には書写されたものや印刷されたものもある。幸い、日本は他国に比べて現存している古文書の数が多いので、古文書を入手することも比較的容易である。しかしながら、市場に出回っている古文書は元の形態をとどめていないことも多い。例えば、鑑賞のために切断されてしまった古文書の紙片は古筆切と呼ばれ、特に経典の古筆切は経切とも呼ばれる。コレクターは様々な古筆切を収集してそれらを新たに本の形態に装幀し直す（古筆手鑑と呼ばれる）こともしばしば行った。

筆者はこれまでに多数の日本の中世の仏教経典の紙の分析を行ったが、それらのいくつかに粒状物が多数含まれていることを確認している[1]。本稿では、古筆切が多数収録されている「歴代古紙聚芳」の中から粒状物を含んでいる3点の経切の分析を行った（図2 (a)、3 (a)、4 (a) 参照）[2]。これらはすべて印刷された大般若波羅蜜多経で、それぞれ1225年、1285年、1295年の記年を持っていた経切である（図1及び表1参照）。本稿ではまず、顕微鏡観察によって粒状物がデンプン粒であることを示し、次にデンプン粒のサイズと形状からコメデンプンの可能性が高いことを示す。

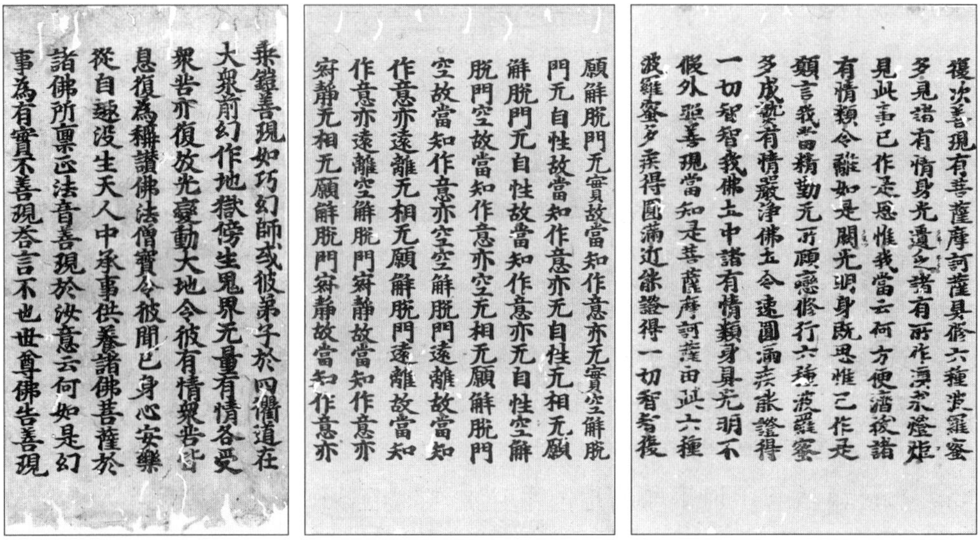
乗鎧善現如巧幻師或彼弟子於四衢道在
大衆前幻作地獄傍生鬼界无量有情各受
衆苦亦復放光震動大地令彼有情衆苦皆
息復為稱讃佛法僧寶令彼聞已身心安樂
從自趣沒生天人中承事供養諸佛菩薩於
諸佛所稟正法音善現於汝意云何如是幻
事為有實不善現荅言不也世尊佛告善現

願解脱門无實故當知作意亦无實空解脱
門无自性故當知作意亦无自性无相无願
解脱門无自性故當知作意亦无自性空解
脱門空故當知作意亦空无相无願解脱門
空故當知作意亦空空解脱門遠離故當知
作意亦遠離无相无願解脱門遠離故當知
作意亦遠離空解脱門寂静故當知作意亦
寂静无相无願解脱門寂静故當知作意亦

復次善現有菩薩摩訶薩具修六種波羅蜜
多見諸有情身光遺乏諸有所作須求燈炬
見此事已作是思惟我當云何方便濟彼諸
有情類令離如是闇无明身既思惟已作是
願言我當精勤无所顧戀修行六種波羅蜜
多成熟有情嚴淨佛土令速圓滿疾能證得
一切智智我佛土中諸有情類身具光明不
假外照善現當知是菩薩摩訶薩由斯六種
波羅蜜多疾得圓滿速能證得一切智智復

図1　経切; 左: 大般若波羅蜜多経 巻49 (1225 AD), 中央: 大般若波羅蜜多経 巻76 (1285 AD), 右: 大般若波羅蜜多経 巻517 (1295 AD)

2. 顕微鏡分析

デンプン粒が持つ特徴として、偏光クロスニコル観察において十字模様を示すこと、そして、ヨウ素で染色すると紫色になるヨウ素デンプン反応がよく知られている。本分析では、キーエンス社製のVHX-1000を使用して上記3点の経切から各々サンプリングした試料について偏光観察、及び、ヨウ素デンプン反応を調べた。

まず偏光クロスニコル観察では、図2 (b)、3 (b)、4 (b) に示すように、すべての試料の粒状物に十字模様が現れることを確認した。次にヨウ素で染色した結果、図2（c）、3（c）、4（c）に示すように、粒状物の色が紫色に変化した。これらの結果は粒状物がデンプン粒であることを強く示唆するものである。

次に、これらデンプン粒と見られる粒状物がどの植物からのものかについて検討した。幸いにも図2、3、4に示すように試料には大量の粒状物が含まれており、これらの形状と粒径についての統計的な分析が可能であるので行った。この結果、粒径に関しては表1に示すように、平均粒径がおよそ5.6 μmで、その標準偏差がおよそ1であった。形状はいびつな多角形のものが多い。これらの特徴を持つものはコメデンプンとダイズデンプンであるが、ダイズはその成長にしたがってデンプンが失われていくのでこのような大量のデンプンが見つかるとは考えにくく、ダイズデンプンである可能性は低い[3]。従って、これらの粒状物はコメデンプンである可能性が高い。

表1　粒状物の粒径

Title	Vol.	Date	Date	Number of Sample Particles	Average Diamiter	Standard Diviation	Min.	Max.
大般若波羅密多経	49	嘉禄元年	1225	125	5.58	0.86	3.73	9.75
大般若波羅密多経	76	弘安八年	1285	75	5.71	0.97	4.16	7.72
大般若波羅密多経	517	永仁三年	1295	135	5.55	1.04	2.82	9.16

3. まとめ

13世紀の記年を持つ日本の印刷された経切の紙3点に含まれている粒状物を分析した結果、偏光クロスニコル観察下での十字模様とヨウ素染色による紫色の呈色から、粒状物がデンプン粒の可能性が高いことを示した。さらに大量に含まれている粒状物の形状と粒径を調べることによって、粒状物がコメデンプンである可能性が高いことを示した。

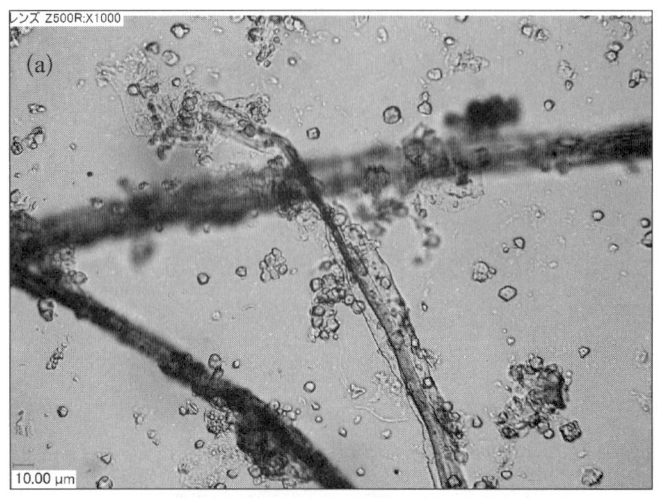

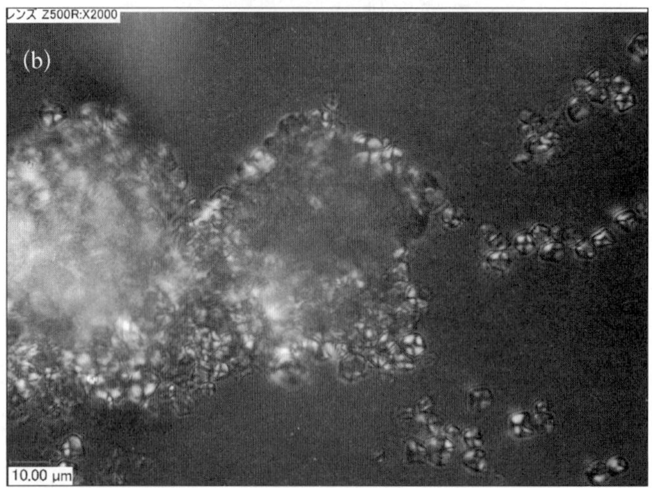

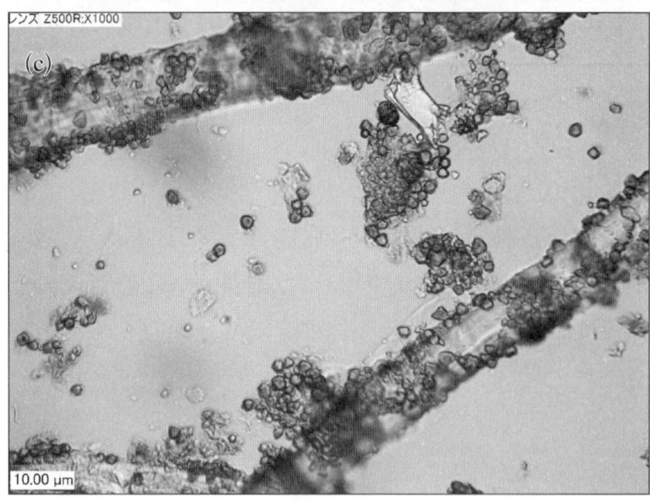

図2　(a)多数のいびつな多角形の粒状物と楮繊維
(b)偏光クロスニコル観察下での十字模様
(c)ヨウ素染色によって紫色に変化した粒状物

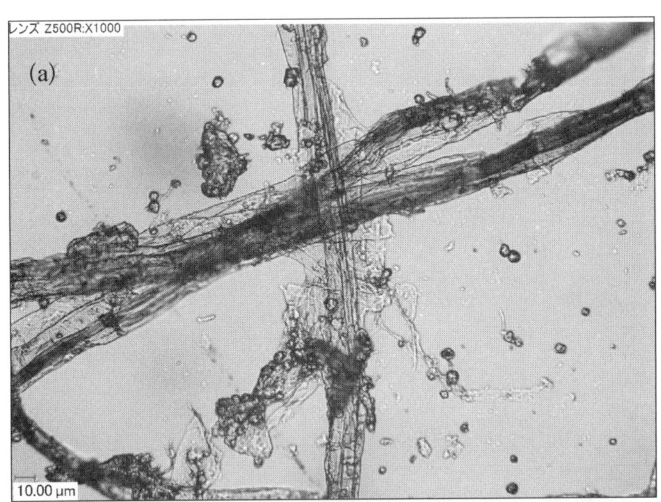

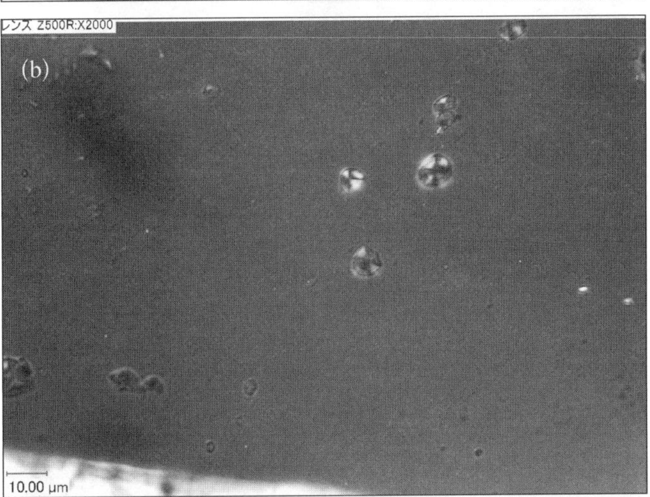

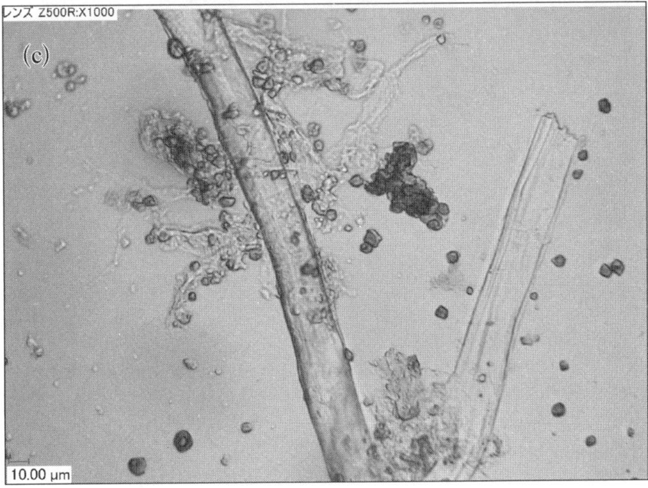

図3　(a) 多数のいびつな多角形の粒状物と楮繊維
(b) 偏光クロスニコル観察下での十字模様
(c) ヨウ素染色によって紫色に変化した粒状物

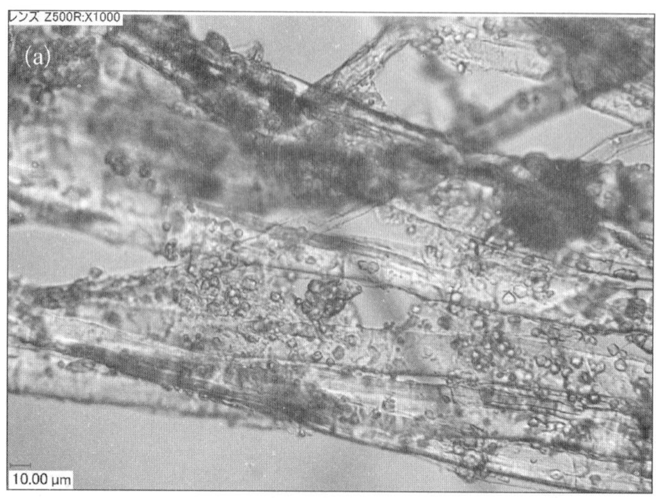

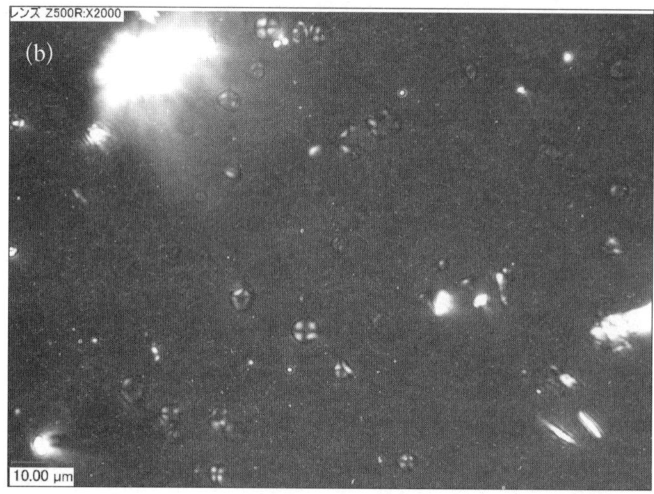

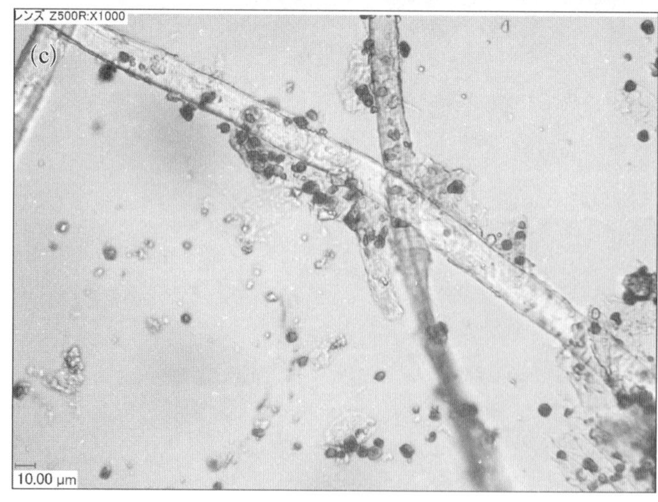

図4　(a)多数のいびつな多角形の粒状物と楮繊維
(b)偏光クロスニコル観察下での十字模様
(c)ヨウ素染色によって紫色に変化した粒状物

日本では紙を作る際に米粉を混ぜる手法があったことはよく知られている事実であるが、本研究で得られた結果はこの事実を裏付けるものである。

（謝辞：本研究を進めるにあたって御助言をいただいたCentre de Recherche sur la Conservationの韓賓氏に感謝いたします。また、本研究は科研費JP16H03101, JP16H05638の助成を受けたものです）

参考文献

［1］坂本昭二，小田寛貴．中世の版本料紙の比較分類，Proceedings of the 2015 International Symposium on Conservation of East Asian Cultural Heritage in Nara, 2015, 86-87.

［2］反町茂雄．歴代古紙聚芳，文車の会，1982.

［3］坂本昭二，岡田至弘．敦煌漢文文書の紙に使用されている粒状物の分析，考古学と自然科学，2017, 72, 63-75.

高麗版経典用紙の分析

坂本昭二[1,2]　小田寛貴[3]
（1 龍谷大学，2 Sorbonne Universités, Centre de Recherche sur la Conservation (CRC, USR 3224)，3 名古屋大学宇宙地球環境研究所）

中文摘要：蜀版《大藏经》是世界上最古老的大藏经印刷品，并散播到高丽和日本等临近的国家。朝鲜于显宗二年（1011）开始制作本土大藏经印版并于显宗时期（1010—1031）完成，史称初雕版。不幸的是，在1232年，初雕版在元朝的进攻中烧毁。之后，新的雕版在1236—1251年间重新制作，史称再雕版。在本研究中，我们研究了一经切样品，其书有“高麗版 大般若経第九十二”，并有柱题“大般若第九十二　第二十二張　月”。首先，根据古文字学的特征分析，此经切具有高丽再雕版的特征，即每列14个汉字，2条平行的上下界限，在柱题上有“張”字。其次，通过显微分析，纤维取向只在有印刷的一面，并有大量构树纤维。第三，此经切碳十四测年结果显示为13世纪晚期。综上所述，此经切可鉴定为13世纪晚期的高丽再雕版。

1. はじめに

中国で作られた蜀版大蔵経（北宋版または開宝蔵とも呼ばれる）は最初の印刷された大蔵経で、蜀において開宝五年（972 AD）から太平興国八年（977 AD）にかけて版木の雕造が行われ、北宋の首都であった開封に設置された印経院において983年から印刷が行われた。この大蔵経は正式な仏教経典として高麗や日本など国外にも輸出された。高麗には成宗十年（991 AD）に蜀版が輸入されたことが知られているが、高麗ではこれをもとにした高麗版の雕造が顕宗二年（1011 AD）から始まり第8代高麗王の顕宗の時代（1010 AD～1031 AD）に完成した。これは高麗初雕版と呼ばれるものである。残念ながら1232年の元の来襲によってこの初雕版の版木は焼失してしまった。しかし、元の退散を祈願して再度の雕造が高宗二十三年から三十八年（1236～1251 AD）にかけて行われた。これは高麗再雕版と呼ばれるものである。これらの両高麗版は日本にも大量に輸出されている。日本に伝わったこれらの版本は各地のお寺、博物館、個人蔵などに現存している。本稿では「高麗版 大般若経第九十二」の説明書きが付されている切断された経切について調べた（図1左参照）。この経切の左端には「大般若第九十二　第二十二張　月」と書かれた柱題があり、この経巻が大般若波羅蜜多経の巻九十二で、この紙がこの巻の第二十二紙であることを示しており、「月」は大般若波羅蜜多経の巻九十番台を示す千字文である。

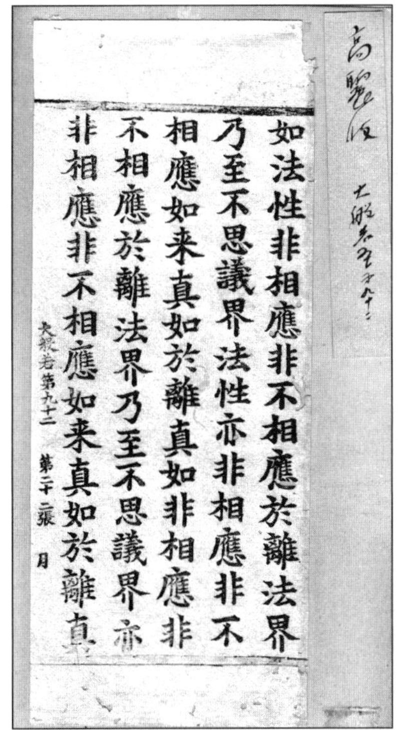
高麗版　大般若第九十二

如法性非相應非不相應於離法界
乃至不思議界法性亦非相應非不
相應如来真如於離真如非相應非
不相應於離法界乃至不思議界亦
非相應非不相應如来真如於離真

大般若第九十二　第二十二張　月

図1　左: 経切，右上に「高麗版 大般若経第九十二」の説明書きが付されている。　右: 透過光画像のb^* チャンネルにコントラスト強調の処理を施した画像。上下方向に3本の糸目模様、水平方向に多数の簀の目模様がある。

2. 書誌学的分析

古い経典が比較的多く現存している日本では、これらに関する古文書学や書誌学的な研究が多数報告されている。仏教経典では1行17字詰の書式が一般的であるが、版本経典では、蜀版、高麗版、金版が1行14字詰の版式であることが知られている。これは高麗版と金版が1行14字詰の版式であった蜀版を模倣して作られたためである。しかしこれらの間でも若干の違いがあることが知られており、蜀版には界線がないが、高麗版と金版には上下界線がある。このことから本経切が蜀版でないことがわかる。さらに、高麗初雕版は柱題に記載されている紙数の単位に「丈」や「幅」の字を用いているのに対して、高麗再雕版は蜀版と同様に「張」の字を用いている[1]。従って、本経切は高麗再雕版の特徴である、1行14字詰、上下界線、柱題での「張」の字の使用、を満たしている。

3. 紙分析

3.1 目視観察及びデジタル画像解析

目視観察とデジタル画像解析から以下の法量や特徴を得た。

紙高: 28.6 cm

紙幅: 11.2 cm

界高: 22.6 cm

紙厚: 0.12 mm

簀の目: およそ 3.85 lines/cm (図1右参照)

糸目: 図1右に示すような3本の糸目模様が確認でき、各糸目幅は左からおよそ4.4 cm と4.2 cm

仏教経典に使用される紙は黄色に染色されることが多いが、この経切は染色されていないようである。

3.2 顕微鏡分析

次に、高解像デジタル顕微鏡 (Keyence VHX-1000) を用いて紙表面の観察を行った。この結果、印刷面には上下方向の繊維配向が見られたが、反対に裏面には繊維配向は見られなかった (図2参照) 。また、偏光観察を用いて繊維を観察したところ、薄膜に覆われた繊維を多数確認できた (図3参照) 。さらに、紙の中に多数の方形結晶が含まれていることも確認できた（図4参照）。これらの特徴は、カジノキ（*Broussonetia papyrifera*）、桑（*Morus alba*）、楮（*Broussonetia kazinoki* × *Broussonetia. papyrifera*）を原料にして作られた紙（本稿ではこれらから作られた紙を総称して楮紙と呼ぶ）の特徴と一致する。これらの樹皮から抽出された靭皮繊維の多くに薄膜に覆われたものがあり、またこれらの樹皮から作られた紙には樹皮に含まれている方形及びクラスター形状のシュウ酸カルシウム結晶が製紙過程を経ても取り除かれずに紙に混入している。一方で、大麻、苧麻、竹、雁皮、三椏などから作られた紙にはこのような特徴は見られない。従って、本経切の顕微鏡観察結果は楮紙であることを示している。楮紙は高麗時代には一般的に作られていたことが知られている[2]。

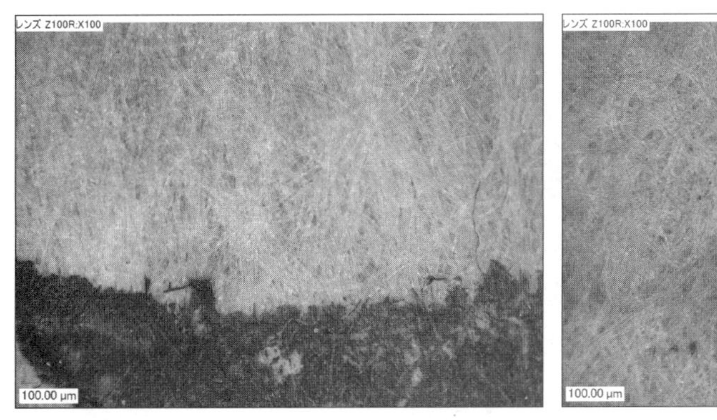

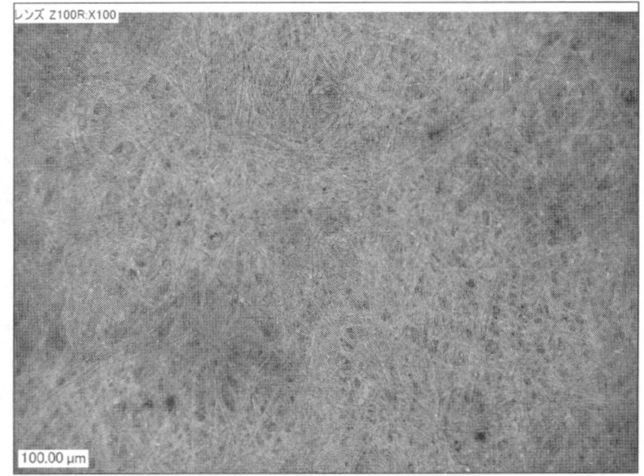

図2　左：表面（印刷面）の紙表面。繊維配向が上下方向に見られる。　右：裏面の紙表面。繊維配向が見られない。

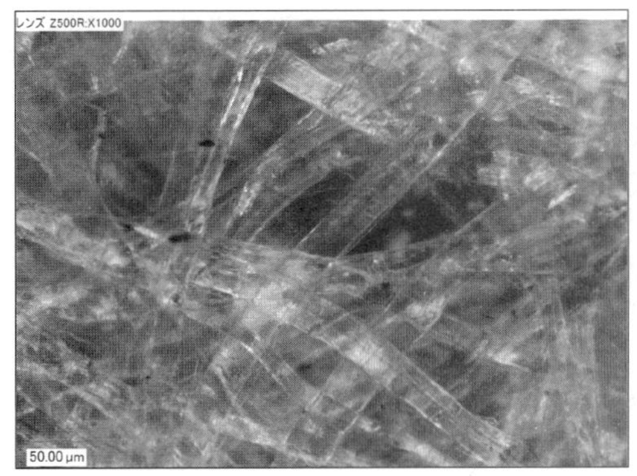

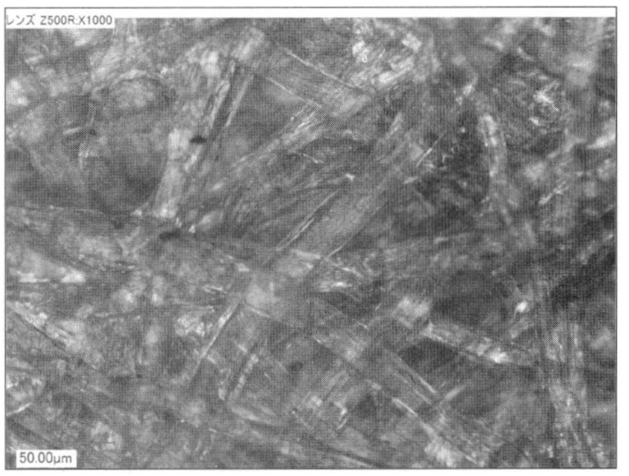

図3　楮繊維。左：偏光クロスニコル観察画像。繊維を包む透明の薄膜が見られる。　右：偏光オープンニコル観察画像。繊維を包む虹色の薄膜と繊維表面の皺が見られる。

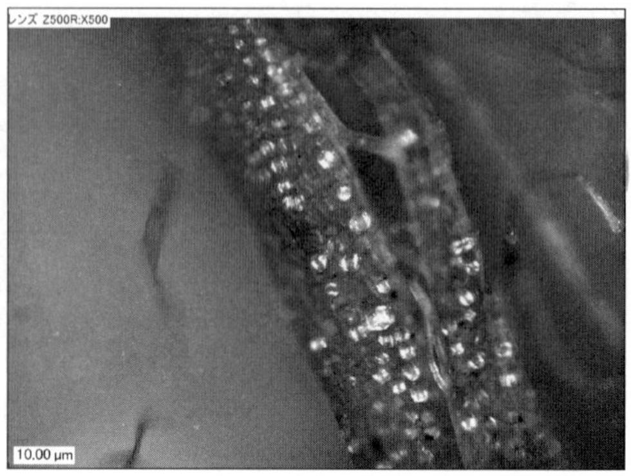

図4　左：中央に方形結晶　右：多数の方形結晶

4. 年代測定

再雕版の版木は現在も韓国の海印寺に現存しているので13世紀から20世紀に至るまで多数の高麗版が印刷されている。従って、本経切の説明書きには高麗版と書かれているが、いつ頃印刷されたものであるかは定かではない。この問題を明らかにするために年代測定を行った。ただし、年代測定の結果は印刷された年代ではなく、楮の枝が切り取られた年代を推定するものである。この結果、この経切の紙は13世紀後半に作成されたものと推定された（表1参照）。

表1　経切の年代測定結果

	14C age [BP]	Calibrated 14C dates [cal AD]
av. ± 1σ	693 ± 19	1279（1285）1291
± 2σ	± 39	1274（1285）1298, 1371（）1378

上述したように高麗初雕版の版木は1232年に焼失し、再雕版が1251年に開板した。従って、年代測定の結果も経切は初雕版ではなく、再雕版であることを示している。

これまでに、巻末の刊記の情報から高麗版の印刷年代に関する研究もなされているが、これまでに知られている最も古い印刷年代のわかる高麗版は霊鳳山龍岩寺に奉納されたもので1318年のものである[3]。日本では大谷大学所蔵の高麗版に1381年の記年があることが知られている[4, 5]。従って、本経切はこれらよりも古いものである可能性が年代測定によって示された。

5. まとめ

古文書学、書誌学、紙質分析、年代測定の観点から経切を分析したが、高麗再雕版の特徴と異なる点を示すことはできなかった。金版についてはほとんど現存しておらず、不明な点が多く、日本にもほとんど現存していないようである。従って、本経切は高麗再雕版の可能性が高い。また、年代測定の結果はこれまでに知られていた高麗版よりも古いものが日本に存在している可能性を示した。

(謝辞　本研究を進めるにあたって御助言をいただいたCentre de Recherche sur la Conservationの韓賓氏に感謝いたします。また、本研究は科研費JP16H03101, JP16H05638の助成を受けたものです)

参考文献

[1] 山本信吉.古典籍が語る,八木書店,2004,173-268.
[2] 朴英璇.韓紙の歴史,和紙文化研究,2004,12,32-48.
[3] 李智冠.大蔵経伝来最長造本印経考,韓國佛教文化思想史:伽山李智冠스님華甲紀念論叢,巻上,伽山佛教文化研究院,1992.
[4] 馬場久幸.北野社一切経の底本とその伝来についての考察,佛教大学総合研究所紀要,2013 (2),101-117.
[5] 馬場久幸.日韓交流と高麗大蔵経,法蔵館,2016.

栃東優勝額の保存修復：油絵具で彩色された写真

長峯朱里
（東北芸術工科大学）

中文摘要： 在东北艺术工科大学文化财产保存修复研究中心进行保存的枥东优胜框，是采用在单色照片上以油画具加上颜色的技法。在日本国内，以油画加上颜色的照片的保存例子不多，本文对在本作品上可见的龟裂化现象进行了调查。考虑到照片的材料特性及枥东优胜框所置放的环境，本文以温湿度变化及紫外线照射的加速劣化测试，来进行龟裂的重现实验。实验的结果显示，龟裂发生原因是因为紫外线的照射。

1. 序論

1951年から2013年までに372点ほど製作された大相撲優勝額はモノクロの写真に油絵具で彩色する技法が用いられている。日本国内において油絵で彩色された写真の保存修復・研究事例はほとんど見られない。よって本研究は東北芸術工科大学文化財保存修復研究センターにて保存修復処置を行った1972年作《栃東優勝額》で見られた劣化について調査を行い、絵具層に見られた亀裂について研究を行った。この研究を行うことで、写真に油絵で彩色された作品の今後の修復研究に寄与したい。

2. 本作について

2.1 《大相撲優勝額》とは

大相撲優勝額とは、日本で行われる相撲の本場所において、最高優勝を達成した力士に贈呈される肖像画である。優勝額掲額制度は明治42（1909）年から開始されており、当時は今よりも小さい白黒の優勝額が用いられていた。昭和21（1951）年から白黒の写真に油絵具を施す現在の形になった。2012年には優勝額の着色を担当してきた彩色家の佐藤寿々江が引退を表明、2013年初場所から従来の色合いに似せてデジタル処理したカラー写真が用いられることになり、これにともなって名称も「優勝色彩写真額」から「優勝写真額」に改められた。1951年から2013年まで累計372枚が製作されたことになる。

2.2 作品の技法

本作の写真は、バライタ印画紙を使用したゼラチンシルバープリントと考えられる。本作には印画紙を3枚使用しており、天地方向からパネル全面を覆う長さで糊付けされている。

絵具は乾性油を媒剤とした油絵具である。制作者からの聞き取りによれば、彩色には、テレピン油にルソルバンを混ぜたものを使用し油絵具を稀釈して用いていた。背景や化粧まわしの青色にはプルシャンブルーまたはインディゴブルー、髪の黒色にはアイボリーブラック、身体にはバーントシェンナを中心にイエローオーカーやバーミリオンを用いるなど、彩色箇所により使用する絵具が決まっていた。背景や肌などの大きな面積は、脱脂綿を綿布などで包んだものを用いてごく薄く絵具を塗り広げていく手法を取っていた。また陰影部や化粧まわしなどの細かい描写は綿棒や筆などを用いて行われた。着色はまず背景から始め、背景などの面積の広い部分は、むらを作らないためにほぼ1日で仕上げていた。化粧廻しなどの細かい部分は時間をかけて描いたとのことである。

2.3 損傷状態

印画紙

印画紙には、黄化が認められ、酸化劣化により脆弱化していると考えられた。中央よりも下方に、天地方向の大きな破れが2箇所生じており、右側の破れは約

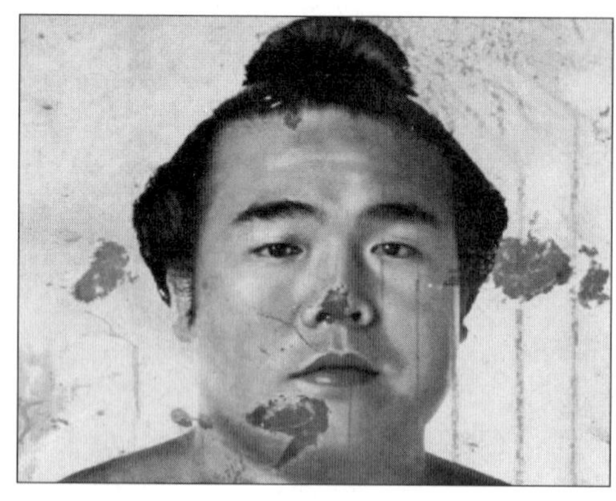

図1　紫外線蛍光写真部分・顔

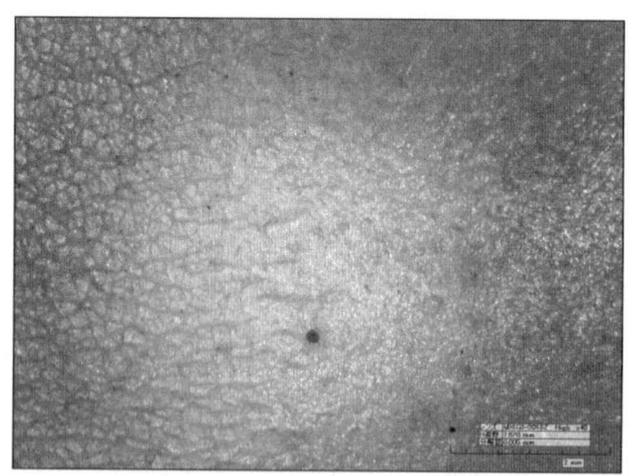

図2　右・黄化少 左・黄化大

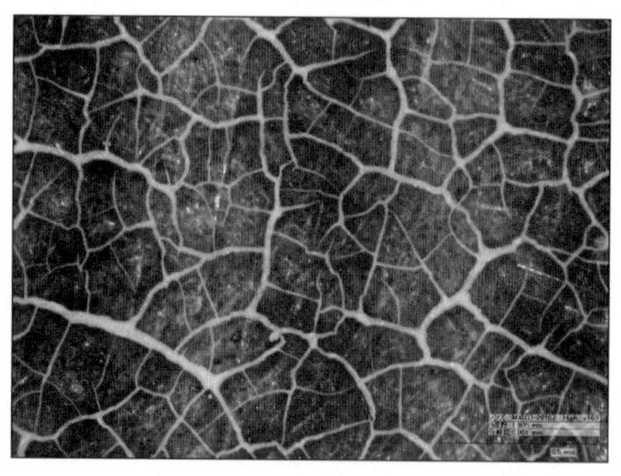

図3　青部分の亀裂

1 300 mm、左側の破れは約1 000 mmの長さに達している。他にも、小さな破れが数箇所認められた。

絵具層

絵具層・地塗り層共に全面的に細かな亀裂が生じている。所々、細かな剥落も見られ、絵具層が剥落した箇所は下の地塗り層の白色が見えている。

画面には、液体が付着して流れ落ちた跡が、力士の顔周辺や画面の下方に見られる（図1）。顔の周囲は付着物によって、絵具層と印画紙の感光乳剤層も流れて画像が無くなり、白色のバライタ層が露出している。画面には擦れや突き、引っ掻きによる傷も多く認められる。

額の端先に隠れていた背景の彩色部分と比較すると、青色の絵具はかなり変色し、色が薄くなるとともに黄化していることがわかる。顕微鏡で同部分の表面を観察すると、黄化していない周縁部には亀裂が少なく、黄化が進んだ部分には全面的に非常に細かい亀裂が生じている（図2）。青いまわしの部分では亀裂の発生がより顕著である（図3）。この亀裂はゼラチン層から生じていると考えられる。亀裂の隙間には白色の下層が見える。絵具の変色などは、本作が日光の当たる場所に置かれていた環境から紫外線や温湿度変化の影響が考えられる。可搬型蛍光X線分析から、全体的に銀、バリウム、チタニウム、鉛が検出されている。銀は印画紙の銀塩に由来すると考えられる。またバライタはバライタ層に含まれる硫酸バリウムによるものと思われる。チタニウムと鉛は、チタニウムホワイトやシルバーホワイトなどの白色絵具に由来する可能性がある。

3. 実験

本作品は絵具層・地塗り層共に全面的に細かな亀裂が生じていた。ゼラチンシルバープリントに使用されているゼラチンは蛋白質であり、湿気のある状況では湿気を吸って膨張し、乾燥した雰囲気に湿気を放出すると収縮する[1]。ゼラチンが相対的湿度により物理的劣化を引き起こし[2]、絵具層の亀裂を生じさせた可能性を想定し、湿度変化による加速劣化を行った。加えて、本作は日光の当たる場所に置かれており、紫外線の影響も考えられたことにより、紫外線照射による加速劣化試験を行った。湿度変化と紫外線照射による加速劣化の結果を比較することで、亀裂の発生原因について考察する。

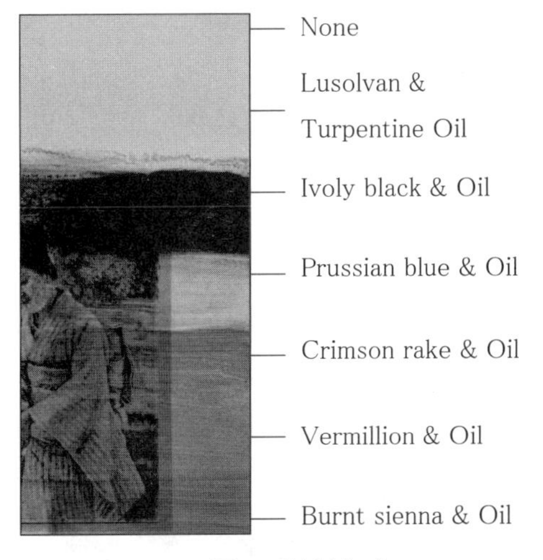

図4　試料作成

3.1　試料

写真：印画済みのバライタ紙油絵具各色：可搬型傾向X線分析の結果と聞き取り調査から合致したものを使用。絵具はアイボリーブラック・プルシャンブル―・クリムソンレーキ・バーミリオン・バーントシェンナを使用した。

試料作成方法：乾性油のルソルバンとターペンタインを1：1で混ぜたもを溶剤とし、油絵具に加えて綿布で薄く広げて塗布した（図4）。

3.2　評価条件

実験方法1：加速劣化試験（温湿度）

機器：CONSTANT LOW TEMPERATURE/HUMIDITY CHAMBER THN062PC

試料を20℃固定で湿度20％ 4時間80％ 4時間ずつ交互にかけ、計720時間湿度環境変化による加速劣化を行った。

実験方法2：紫外線照射加速劣化試験

機器：ハンディUVランプ365 nm紫外線放射強度（μW/cm^2）1 820（50 mmの距離からの測定値）

試料をUVライト照射下に計720時間曝露し、加速劣化を行った。

3.3 結果

温湿度（図5）

- 温湿度の加速劣化試験では亀裂は発生しなかった。
- 色調の変化（黄化）がわずかに見られた。
- 絵具層の油膜が少なくなり、顔料の凹凸が顕著になる。
- 湿度が大きく変わることで印画紙の変形が見られた。

紫外線照射（図6）

- 絵具層に細かい亀裂が生じた。
- 黄化と絵具の退色がより顕著に出た。

図5　温湿度　左：実験前　右：実験後

図6　紫外線　左：実験前　右：実験後

4. 結論

実験結果からは湿度環境の変化よりも紫外線照射による劣化が著しかった。本作品の亀裂発生原因は、紫外線照射によるものが大きい。また、亀裂が発生したことで写真用紙自体の原紙、ゼラチン、油絵具の材料特性の違いによって亀裂が拡大したと考えられる。作品に見られた大きな破れは温湿度変化に伴い写真紙とパネルが膨張収縮を繰り返し、脆弱化した印画紙に負荷がかかり、生じたものと考えられる。材料特性の違いによる劣化と劣化評価においては、今後の課題としたい。

本作品の修復は東洋絵画の伝統的な裏打ちと西洋絵画の補彩方法を採用した。今後、優勝額のような従来とは異なる技法で作られた作品の修復は増えていく一方で、直面する問題も多様になってくる。修復は伝統的な絵画作品とは異なる修復方法をとる必要があり、同時に複合材料にについてさらに研究を進めていく必要がある。

参考文献

[1] James M. REILLY. 写真の劣化メカニズムと環境因子の重要性の概説（Overview of Deterioration Mechanisms for Photographs, Including the Importance of Environmental Factors）. 日本写真学会誌, Vol.54, No.4. 1991: 424-429.

[2] 池端依子，五十幡有紀，間野茂. 各種カラー画像の耐光性における湿度依存性評価. *Konica Minolta Technology Report*，2004, 02: 27-30.

X線CTを用いた塗装材料の基礎研究

赤田昌倫
（九州国立博物館）

中文摘要：本研究旨在通过微距X线CT掌握理解具有多层构造的涂料膜试样的层结构，同时无损区别表层涂饰材料。为此，需要对层结构观察所必要的CT参数，以及对CT数据分析出的涂饰材料的差异进行验证。CT参数的验证是通过运用多种条件对涂漆的标准试样进行CT拍摄，从取得的各种CT数据中观察比较涂料膜的层结构，并对比各个相关条件。验证的结果是可以区别开涂料膜层与底层的，但对于底层由多层材料叠加的试样而言，CT分辨率需低于100 μm。另外，该研究还对与涂饰材料密度密切相关的CT数据的直方图进行了探讨。其结论为：漆涂料膜与油涂料膜的直方图有较大差异，通过微距X线CT扫描可以区分涂饰材料。

1. はじめに

X線CTスキャナは、非破壊的かつ非接触で材料を検査することができるため、文化的特性の調査に広く使用されている。九州国立博物館では、文化財用の大型X線CTスキャナを導入しており11年で2 000点を超える資料の状態調査と構造調査を行い、数多くの成果を上げてきた。また九州国立博物館以外の様々な機関でもCTが導入され研究成果が発表されており、調査研究が活発な分野である。九州国立博物館におけるCTの調査対象は材質を問わず、資料の大きさも多様であるが、その中でも直径や長辺が30 cmを超える漆器の調査事例が特に多く、資料の中には徳川美術館所蔵の初音の調度のような当時の技術の粋を知ることができるものもある。著者は限られた調査時間の中でCT撮影から解析を行い資料の状態や木材の組み合いなどを調査し成果報告を行ってきた。

漆工芸品などの塗装文化財にとっては木材の組み合い以外にも、下地層や塗り重ねといった層構造についての情報や、使用された材料、塗装の劣化などは重要な調査項目である。これらの成果についてはX線CTスキャナによる報告は極めて少ない。上記のような情報を得るためには塗膜部を採取し切片を作製し、分析や観察する方法が主である。これは調査に係わる手法が確立されており、調査事例が豊富なことから塗膜の構造や使用された材料に関して過去の調査事例との比較や基準となる資料との比較が可能なためである。

近年、X線CTスキャナによる非破壊非接触の調査が増えてくる中で、CTを用いた塗膜材料と層構造調査が求められてきた。しかしながら現在までにCTを用いた報告事例は極めて少ない。これは資料全体の構造調査などマクロな調査を素早く行うためには幅広い視野角を持つミリフォーカスCTが適しているが、機器の空間分解能は数百マイクロであるため数十マイクロの塗膜層や下地層を明瞭に判別することは難しいためである。マイクロフォーカスCTやナノフォーカスCTであればミリフォーカスCTよりも層構造の様子は明瞭に見ることができると考えられるが、これらは資料の大きさの制約や特定の部位のみの撮影に限定されるため、中型から大型の文化財資料調査には塗膜片を採取する必要がある。このように同じCTでも使用する機器によって一長一短の特徴があることから、それぞれの特徴を理解し調査内容に応じた機器の選定と撮影を条件の調整を行う必要がある。一方で、著者らの過去の報告を中心にミリフォーカスCTでも、撮影条件の調整次第で下地を観察することができることがわかってきた。また十分な観察精度があるCTデータを解析することで、表面層の塗装材料のコントラストから材料の判別ができることもわかってきた。そこで本研究では塗膜試料の層構造を観察するための撮影条件を調査し、さらに表面層の材料を区別するための様々な検証を行うことにした。

2. ミリフォーカスCTによる層構造の観察

本研究は30 cmを超える漆工芸品の全体の塗膜構造と塗装材料調査を達成するためにはマイクロフォーカスCTによるハーフスキャンか、ミリフォーカスCTのフルスキャンが適合すると想定された。今回は層構造がわかるような塗膜試料を作製し、試料に対してミリフォーカスCTによる撮影および解析を行った。撮影条件は管電圧、管電流、分解能、積分時間、プロジェクション数など非常に多岐にわたるが、今回はCTデータ内の資料の見え方に強く寄与する空間分解能に着目しいくつかの検証を行った。

X線CTスキャナの空間分解能とは、X線管の焦点寸法とフラットパネル検出器のピクセル分解能と資料の測定倍率などによって決定する。そのため空間分解能を向上させ資料を拡大した時の幾何学的なボケを軽減するには、X線管の焦点寸法やプロジェクション数を調整する必要がある。九州国立博物館では資料とX線管の距離を近付けることで焦点寸法を0.13 mmまで向上することができ、プロジェクション数は最大で5 040まで増加することができる。この条件を段階的に変化させ、得られたCTデータの見え方の違いを検証した。次に各CTデータのヒストグラムから塗膜部分のチャートの比較を行った。ヒストグラムはCTデータのコントラストに依存するため、撮影条件による見え方の違いがヒストグラムのチャートにおいてどのコントラスト範囲で変化しているかを検証することができる。これらの検証結果は実際の文化財調査時において調査目的による撮影パラメータの参考となり、調査計画に反映させることを目的としている。

3. 手板試料と調査条件

3.1 手板試料

図1に漆塗りの各工程の手板試料を示す。本試料は漆塗りの一般的な工程を示した標準試料であり、漆塗りの各工程と層構造がわかるよう階段状に試料を作製した。そのため地付け1回目の工程の下には、木地固め・刻苧・布着せ・布目揃え・布目擦りの工程の層が含まれている。図1の上の写真は漆塗りの全工程を施した手板試料であり、この試料は下の3つの手板で示した工程をすべて施したものである。図2はベンガラ漆（下地あり）とベンガラ乾性油（下地なし）の手板試料である。ベンガラ漆の手板試料は木地固め、地の粉を使った錆下地、砥の粉を使った錆下地、ベンガラ漆上塗りを施したものである。ベンガラ乾性油の手板試料は、荏胡麻油を180℃で3時間ほど攪拌しながら過熱し乾性油とし、この塗料に一酸化鉛を重量比で0.1％添加したものである。各試料の塗膜部の膜厚は100～150 umである。

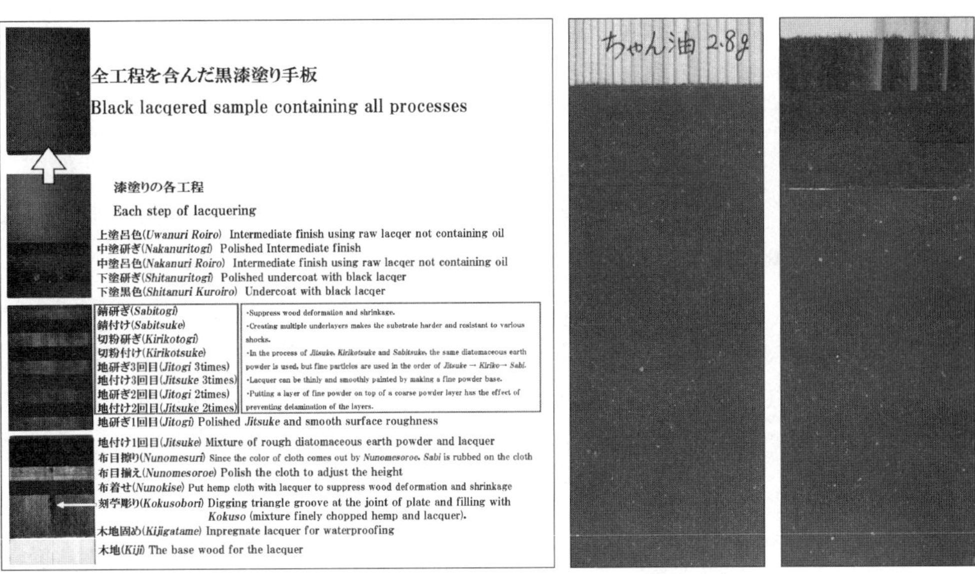

図1　漆塗りの各工程の手板試料

図2　ベンガラ漆(下地あり)とベンガラ乾性油(下地なし)の手板試料

3.2 固定撮影条件

今回の調査には九州国立博物館の文化財用大型X線CTスキャナYXLON International社製Y.CT Modular 320FPDを使用した。撮影条件としては、管電圧を225 kV、管電流を1.3 mA、積分時間を400 msに固定した。データ解析にはVolumeGraphics社製VGStudioMAX 3.0を用いた。またフラットパネル検出器のピクセルサイズは200 umで固定である。

3.3 調査方法

ミリフォーカスCTの撮影条件の変化による資料の見え方の変化とヒストグラムの変化を検証した。この検証は全工程が施された漆塗り手板試料について分解能とプロジェクション数を変化させ撮影を行い、得られたデータについて解析したものである。分解能は0.31 mm, 0.20 mm, 0.13 mmと変化させた。この時の試料とフラットパネルとの距離はそれぞれ0 mm, 471 mm, 800 mmであった。また、プロジェクション数は900, 2 970, 5 040と変化させた。これらのパラメータを組み合わせた9パターンについてCTデータの比較を行った。この中でも最も良好に見えた、分解能0.13 mm・プロジェクション数5 040の条件で各工程の手板の撮影を行った。

4. 結果と考察

4.1 基本撮影条件の検証

図3は塗膜表面から布着せが見える部位まで平行にスライスしたCT画像である。分解能やプロジェクション数を変化させたことで、劇的な変化は確認できなかったが幾何学的なボケが緩和され柾目や布目が明瞭に見えるようになった。特に分解能を0.20 mmまで上げると、布着せの下層にあたる砥の粉下地の粒子を格子の間から確認することができた。図4の上部に手板試料を木口方向に対して平行にスライスしたCT画像を示す。これらの画像を比較すると、分解能が細かくなることで細かい木目や全体の輪郭の鮮明度が上昇することを確認した。特に分解能0.13 mmのCTデータでは刻苧彫りの三角形の溝に充填された刻苧の様子が明瞭に見ることができ、さらに刻苧と下地のわずかな空間の判別が可能となることがわかった。またプロジェクション数を増加したことで幾何学的なボケが緩和され全体的に明瞭なデータが得られるようになった。特に分解能0.13 mm・プロジェクション数5 040のCTデータでは塗膜層とその下層の布着せを明確に分離されており、

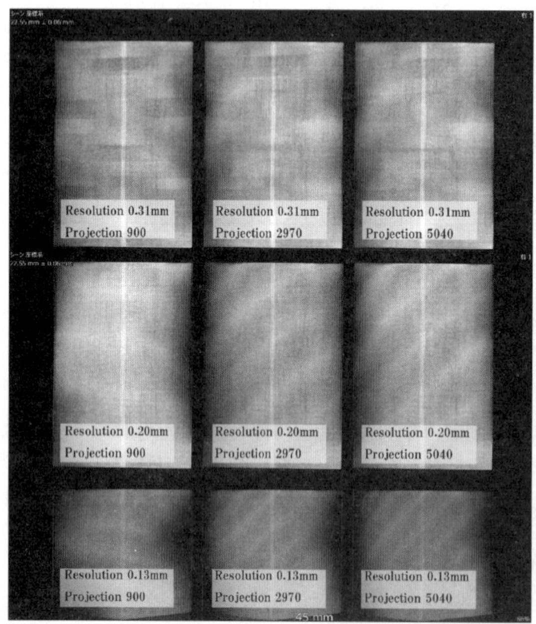

図3　塗膜表面から布着せが見える部位まで平行にスライスしたCT画像

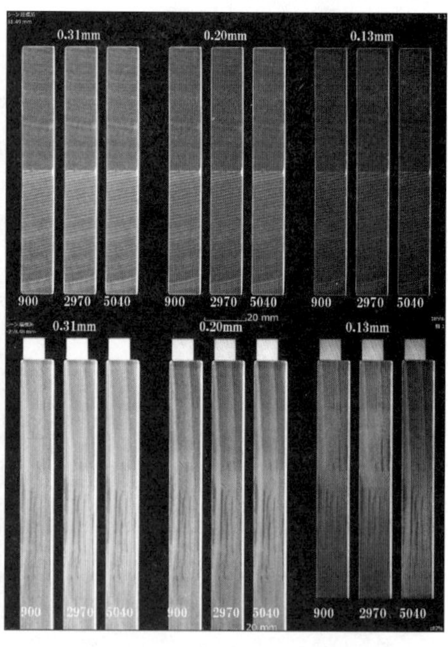

図4　手板試料を木口方向に対して平行にスライスしたCT画像(上)、2枚の板を板目面で接合しその境界部の界面を示したCT画像(下)

布着せの断面の特徴である鋸歯の模様をはっきりと見ることができた。図4の下部は、2枚の板を板目面で接合しその境界部の界面を示したCT画像である。分解能が細かくなることで塗膜層と布着せのわずかな隙間が見えるようになり層構造の様子を確認することができた。またプロジェクション数の増加による空間分解能の向上によって、木材と木材の間の接着剤の様子を観察することができた。特に分解能0.13 mm・プロジェクション数5 040のCTデータでは、接合個所の接着剤の斑点模様が非常に鮮明に見えるだけでなく、他の条件では見えていなかった部位の斑点模様も新たに確認することができた。これらの各面の検証結果から層構造を確認するには0.20 mm以上の分解能と2 970以上のプロジェクション数が必要であることがわかった。この数値よりも分解能やプロジェクション数が低いと幾何学的なボケの緩和が不十分であるため、木材同士の境界部や塗膜層と布着せの境界部の判別が困難であることがわかった。

図5に9つの条件で撮影したCTデータのヒストグラムを示す。これまでの研究から塗膜のコントラストを示す範囲は16 000から20 000であることがわかっている。分解能が0.31 mmと0.20 mmのCTデータではプロジェクション数の増加によるヒストグラムの大きな変化は見られなかったが、分解能が0.13 mmのCTデータでは、コントラストの16 000～20 000の範囲でプロジェクション数の増加による塗膜由来のショルダーピークが出現した。これは分解能が0.31 mmと0.20 mmのCTデータでは一つの大きなピークであった塗膜と木材のコントラスト成分が木材などのブロードなピークと塗膜のショルダーピークへと分離したことを示している。つま

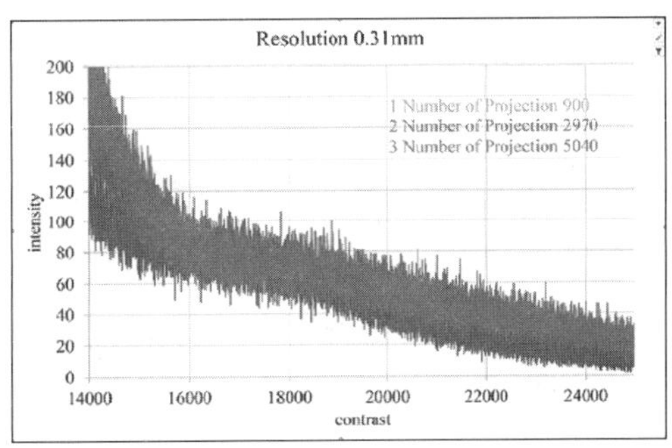

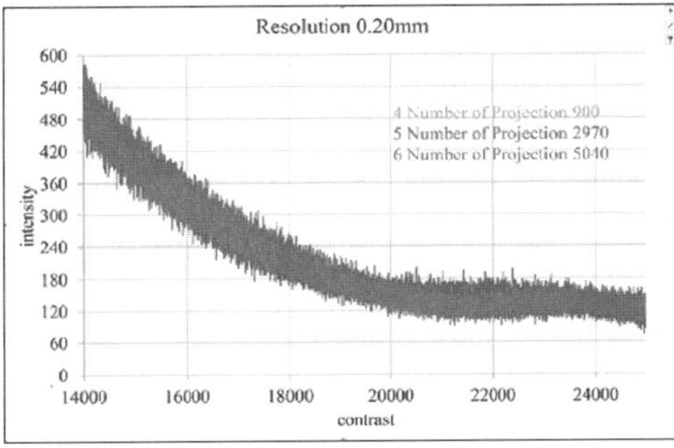

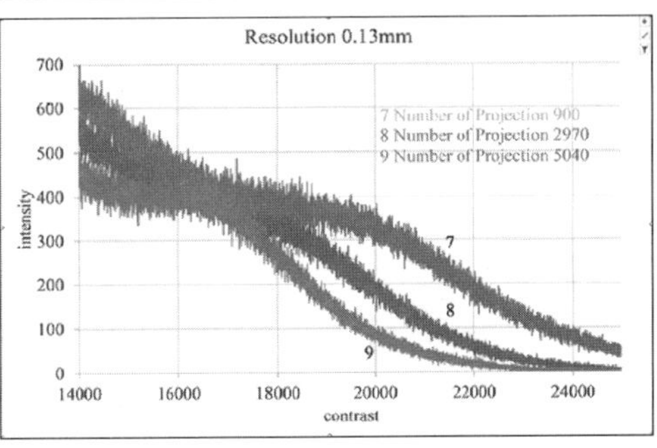

図5　9つの条件で撮影したCTデータのヒストグラム

り、空間分解能の向上に伴って塗膜の幾何学的ボケが解消し塗膜の見え方も改善される。このことは塗膜に由来する密度情報も他の成分と分離されたCTデータが得られたためと考えられた。さらに分解能が0.13 mmのヒストグラムにおいてプロジェクション数を900から2 970、5 040に上げると塗膜のコントラストを示す範囲がより明確にピークの形状を示すようになった。また、プロジェクション数の増加によって幾何学的ボケが改善されたことでIntensityの振れ幅もプロジェクション数の増加に伴って小さくなっていくことがわかった。

以上のことから資料に対する最適な撮影条件は解像度0.13 mm・プロジェクション数5 040であるが、CTデータからは解像度0.20 mm・プロジェクション数2 970の条件以上であれば幾何学的なボケが改善され接合の様子が判別できることから調査解析に用いるのに適していると判断することができた。

4.2 工程ごとの漆塗り手板の解析

各工程を段階的に作製した漆塗り手板について分解能0.13 mm・プロジェクション数5 040の条件で撮影を行った。図6は塗膜面に対して平行にスライスしたCTの連続画像である。画像は一番右が表面の画像で、左に向かうごとに0.13 mmのスライスピッチで深さ方向に移動し画像を作成した。左から7枚目のCT画像は表面から0.91 mmの深さ位置で画像を作成した。画像の解析の結果、布着せと刻苧彫りは非常に鮮明に見ることができた。1段目の左から4枚目のCT画像からは木地固めの痕跡が見えるが、これはこの上層に他の工程がない場合でのみ見ることができた。また1段目の左から5枚目以降に見える布目擦りは他の工程との段差の部位が鮮明に見えている。布目の間に充填された錆がわずかではあるが白く見えており、一つの工程として認識することができた。また1段目左から5枚目以降に地付けが見られるが、2段目の左から1枚目に見られるように研ぎの工程が入ると地付けの痕跡は全く見ることができないことがわかった。また2段目以降の複数回の地付けと研ぎ、下塗りと上塗りについてもCTデータ上では区別することはできなかった。このように、目視で確認できる工程でもCTデータでは判別できない工程があることがわかった。また、複数層の重なりがあるとミリフォーカスCTでは解像度を上げたりプロジェクション数を増やしたりしても層ごとの工程を区別して見ることは困難であることがわかった。

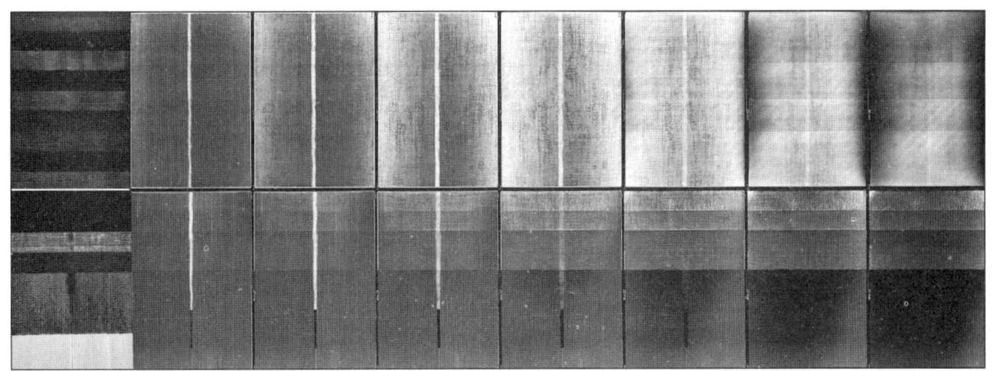

図6　塗膜面に対して平行にスライスしたCTの連続画像

4.3 CTデータのヒストグラムを利用した塗料の判別

ベンガラ漆とベンガラ乾性油の手板試料について分解能0.13 mm・プロジェクション数5 040の条件で撮影を行った。図7は塗膜面に対して平行にスライスしたCT画像である。このCT画像は塗膜層のみを表示するよう中央にスライス位置を設定したが、塗膜層が薄いため塗膜直下の下層を含むデータとなった。CT画像を比較すると、ベンガラ漆は漆塗膜とともに微粒子が特徴的に光っているが、ベンガラ乾性油では特徴的な微粒子は認められなかった。このことからこの微粒子はベンガラ漆の下地に当たる砥の粉の影響を強く受けていることがわかった。一方でベンガラ乾性油では下地がないため木地の柾目が特徴的に見えており、塗膜の下層にあたる木地の影響を受けていると言える。このことから上記の撮影条件では塗膜の厚さが100 umよりも薄い塗膜では、塗膜のみのスライスデータを得ることが困難であることがわかった。次にヒストグラムを比較すると、乾性油のみ20 000～30 000のコントラストにピークが見られた。コントラストは密度や質量に依存することから、このピークは塗料の材質の違いを示していると考えられた。またベンガラ乾性油でこのコントラスト範囲のみ選択したCTデータを作成した結果、単純なスライスのみでは分離できなかった塗膜と木地をある程

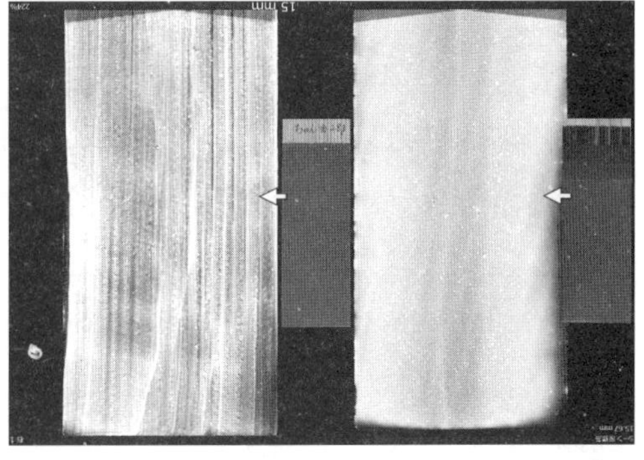

図7　ベンガラ漆の手板（左）とベンガラ乾性油（右）の塗膜面に対して平行にスライスしたCT画像

度分離することができた。このことからミリフォーカスの分解能で撮影したCTデータでもヒストグラムの特性を利用すれば、CTデータから容易に材料の判別ができる可能性があると言える。

5. まとめ

ミリフォーカスのCTによる基本撮影条件を策定するために分解能とプロジェクション数を変化させ9つのCTデータを比較した結果、布着せや刻苧彫りであれば、解像度0.20 mm・プロジェクション数2 970の条件以上で良好なCTデータが得られることがわかった。ミリフォーカスのCTで最も高解像度となる解像度0.13 mm・プロジェクション数5 040のCTデータからは布着せや刻苧彫りの様子に加えて一部の下地の構造を確認することができた。一方でこの撮影条件でも複数の下地の重なりの様子や下塗りから上塗りの階層数などの観察は難しく、地付けや錆付け、各研ぎについては各工程の手板では見ることができても全工程を含む手板からはほとんど見ることはできなかった。

次に9つのCTデータのヒストグラムを確認すると、コントラストの16 000～20 000の範囲でプロジェクション数の増加によるピークパターンの大きな変化が見られた。これは分解能を上げることで拡大率が上昇し、塗膜と木材のコントラストが区別されたことによるものである。特に分解能が0.13 mmのヒストグラムにおいてプロジェクション数を5 040に上昇すると塗膜のコントラストを示す範囲がショルダーピークとなり木材などの他のコントラストの範囲からより顕著に分離されることがわかった。このことからも塗装材料の最適な撮影条件は解像度0.13 mm・プロジェクション数5 040であると言える。

塗膜と木材を区別することができたことで、CTデータの見え方とヒストグラムを用いて塗装材料の種類を検証するための調査を行った。その結果、ベンガラ漆は下地の影響を強く受けたCTデータが得られ、ベンガラ乾性油は下地がないため木地の影響を強く受けたCTデータが得られた。次にヒストグラムを比較すると、乾性油のみ20 000～30 000のコントラストの範囲にピークが現れた。これは材質の密度や質量の違いが現れたものであり、この手法を使うことでCTによる材料の区別化ができる可能性があることがわかった。

6. 終わりに

直径が30 cmを超えるような漆器や建築部材など塗装が施されている資料の状態や支持体である木材の使用についての検証には大型のミリフォーカスCTが適している。一方で塗膜の層構造調査には高性能のフォーカスサイズを必要とするためマイクロフォーカスまたはナノフォーカスを使用するのが一般的であり、ミリフォーカスCTによって複数の層構造を完全に把握するのは極めて難しい。しかしながら大型の資料になるとマイクロフォーカス・ナノフォーカスで計測するには資料室の制限や資料を透過するためのX線のエネルギーの問題があるため調査を行うこと自体が難しくなってくる。そこで本研究ではミリフォーカスCTを用いて塗膜の層構造に係る調査能力について検証した。その結果、漆の工程を段階的に示した手板試料では刻苧彫りや布着せなどは十分に観察することができた。また撮影条件によっては複数の層構造の有無についての調査が可能であることがわかった。しかしながら各層構造がどのような工程であったかについては区別することができなかった。また、9パターンの撮影条件を検証したことで木材の木取りや組み合いなど基礎情報を過不足なく行える基本撮影条件に関するデータを得ることができた。このことは調査依頼者に対して調査スケジュールを示すためになくてはならないものとなり、資料全体の調査を迅速かつ安全に実施するというCT運用の基本方針を定めるための重要な成果と言える。本研究ではCTデータのコントラストを示すヒストグラムにも着目し、分解能とプロジェクション数を変化させたときのヒストグラムの変化を検証した。その結果、各条件を向上させると幾何学的ボケを改善させるだけでなく、質量または密度情報の精度が上がり、資料全体のヒストグラムである大きなピークから個別の材質に関連するピークが分離することがわかった。つまり、CTデータのヒストグラムを利用することで塗装材料の判別に活用できる可能性があることがわかった。そこで、漆と乾性油の塗膜について検証した結果、各材料に由来する異なるコントラスト値が得られた。

この成果は、修理や修復によって異なる塗装材料が使用された部材や複数資料の同時調査を行う場合などに有効で、目視による観察や1点1点の分光分析よりも短時間で調査することができると考えられた。寺社仏閣の大修理で取り外された大型の部材の状態調査が同時に材料調査にもなりうることから本成果は非常に画期的であると言える。

CTの役割は状態調査や構造調査だけでなく材質調査の可能性がある。様々な塗装材料を継続的に調査し事例を増やし調査精度を上げていきたいと考えている。

参考文献

M. Kim, Y. Kohzuma amd M. Akada. Non-destruction Analysis to Structural Survey of a Historical Painting, *2015 International Symposium on Conservation of East Asian Cultural Heritage in Nara*, 2015.

T. Sugiyama, S. Imazu, T. Torigoe, M. Akada, Y. Kobayashi, Y. Osada, and T. Sasaki. Structure Inspection of the Ainu Cultural Property by X-Ray CT Scanner (2), *Bulletin of Hokkaido Museum* 2016(1): 111-118.

砂岩製文化財の劣化に及ぼす環境因子の影響
—七本官軍墓地下浦砂岩製墓石を例として—

杜之岩[1]　脇谷草一郎[2]　高妻洋成[2]
（1 京都大学大学院人間・環境学研究科，2 奈良文化財研究所）

中文摘要：在石质文物保护过程中，对已发生劣化的石质文物采取保护修复措施前，弄清其劣化原因是一项重要课题。本文以日本熊本县七本官军墓地内的下浦砂岩质墓碑作为研究对象，为了探讨如何给予墓石适当的保护处理方法，我们通过现场调查掌握了墓碑的风化病害状态，并通过室内实验尝试着对其劣化原因进行了解释。

现场调查的结果显示，墓碑上出现的风化病害主要包括龟裂的发生及地衣的附着两种。其中，大部分的龟裂发生在沿石材层理方向且距离墓碑表面数厘米深处，但没有发现龟裂与发生龟裂的墓碑面朝向之间存在相关关系。同时，在附着在墓碑表面的地衣中，一种对墓碑表面产生特殊破坏的地衣引起了我们的注意。统计结果显示，这种地衣的分布情况与墓碑石材本身的各向异性无关，而与附着该地衣的墓碑面朝向相关。

此外，为了解释墓碑表面龟裂的成因，在实验室条件下通过对新鲜下浦砂岩试样进行各种物理力学性质测定等实验，证明了因干湿交替引起砂岩膨润，导致表面与内部形成应力差，进而引发龟裂出现这一风化机理作为墓碑龟裂成因的可能性。

1. はじめに

熊本県熊本市に所在する七本官軍墓地は、西南戦争中に起こった田原坂の戦いにより戦死した政府軍の兵士を埋葬するために建設された墓地である。建設後、約140年を経過している墓地にある下浦砂岩製墓石の保存状態は近年、悪化しているという報告がある[1]。本研究は墓石の劣化原因を解明するため、先ずフィールド調査を通して墓石の劣化状態を把握し、劣化原因を推測した。また、乾湿風化により墓石面に亀裂が発生するという推測を検討するため、下浦砂岩を用いて室内実験をおこなった。

2. 研究内容

2.1 現地調査

2.1.1 研究対象と研究方法

七本官軍墓地にある300基の墓石のうち、19基の墓石を調査対象として選択した。劣化状態と分布を確認するため、選択した墓石の目視観察をおこない、劣化が発生している箇所を記録した。なお、図1に選択した墓石の平面図を示す。

また、墓石に与える日射の影響を検討するため、魚眼カメラを用いて、墓地の全天写真の撮影をおこなった。加えて、同場所に日射計を設置し、調査日の全天日射量を実測した。

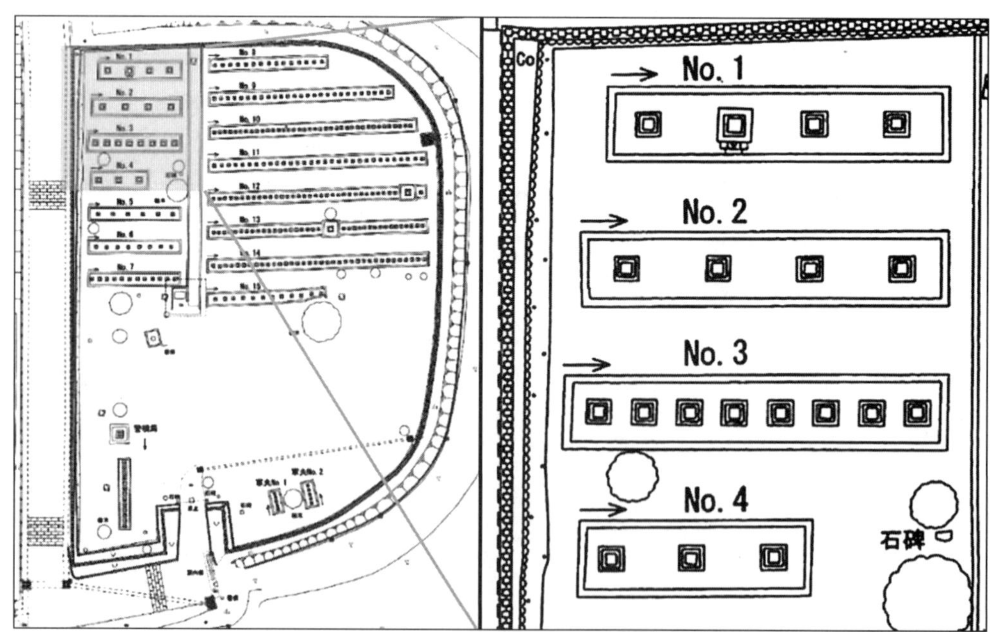

図1　墓地の全面図と選択した19基の墓石

2.1.2 結果と考察

2.1.2.1 目視観察

目視観察の結果、墓石に発生した劣化は主として亀裂と地衣類の着生の2種類がある。

墓石に発生した亀裂について、ほとんどの場合は図2（左）に示すように墓石表面から数センチの深さで発生していることが明らかとなった。

亀裂の分布を把握するため、幅24 cmの墓石の各垂直面を縦に等分し、亀裂が発生している箇所の記録をおこなった。集計の結果、墓石表面に発生した亀裂の数は、南面および北面よりも東面および西面の方が圧倒的に多いことが明らかとなった。ほとんどの墓石の層理が南北方向であることから、亀裂は層理に沿って発生しているということが示唆された。一方、層理が東西方向になる墓石の場合においても、亀裂は層理に沿って発生している。このことから、七本官軍墓地においては、下浦砂岩製墓石に発生した亀裂は墓石の方位に依存することなく、層理に沿って発生することが示唆された。

また、七本官軍墓地の墓石に地衣類が着生していることが確認された。地衣類の同定はなされていないが、着生した地衣類の中で石材に対して特異な劣化を生じさせる地衣が認められた。この地衣が着生した箇所は図2（右上）に示すように表面が膨らんで見える。この地衣を除去すると、墓石表面は図2（右下）に示すように、凹んだ状態となる。この凹んでいる箇所を詳細に観察すると、凹面は滑らかな状態ではなく、粉状化している様子が認められた。

図2　墓石に発生した劣化の主な二種類：亀裂（左）と地衣の着生（右）

劣化を生じる地衣の着生箇所の分布を把握するため、墓石の各垂直面を30の区域に等分し、墓石表面の地衣が発生している箇所を記録した。東西南北面にそれぞれ記録した結果を図3に示す。地衣の着生箇所を集計した結果、地衣の分布は墓石北面に最も多く、次いで東面に多く、南面と西面では少ないことが明らかとなった。なお、ほとんどの場合、墓石を構成する下浦砂岩の層理は南北方向である。ただし例外として、層理が東西方向であるものや、目視観察により層理の区別ができないものもあった。これらの場合、この地衣も上記の分布に従っている。このことから、七本官軍墓地においては、この地衣の分布は石材の層理の方向に依らず、墓石面の方位に関係があると考えられる。

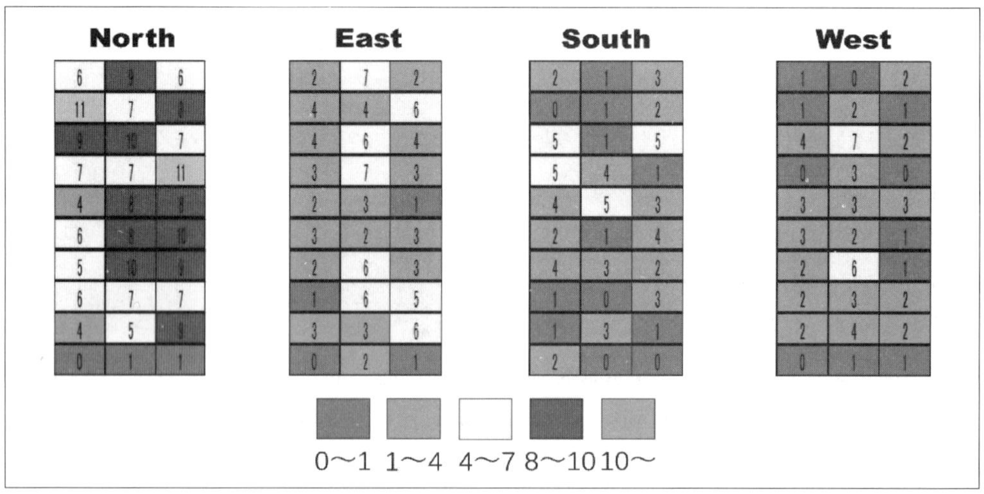

図3　19基墓石各表面に着生した風化を生じる地衣の分布

2.1.2.2　日射量の実測調査

現地で撮影した全天写真を図4に示す。墓地の上方の西側と比較して東側は遮蔽物が多いため、直達光が遮られることが確認された。したがって、墓石東面に供給される日射量は、墓石西面より少ないと考えられる。

図4　墓地に撮影した全天写真

日射量の実測結果を図5に示す。各垂直面に供給される日射量はErbsら[2]の手法より全天日射量から換算をおこなった。

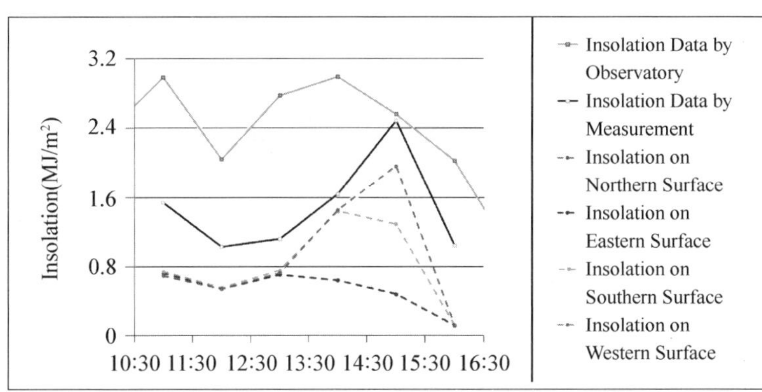

図5　気象台で観測した全天日射量と調査で実測した全天日射量

実測した日射量の結果より、気象台で観測された全天日射量と実測値が最も近づく時間帯は、遮蔽物の少ない西側に太陽が沈む14時～16時の間であった。したがって、実測値より換算した垂直面の日射量は、東面と比べ、西面が多いことが示された。なお、一般に上方に遮蔽物がない場所においては、東と西垂直面に供給される日射量はほとんど同じである。また、劣化を生じる地衣類の着生がほとんど認められなかった墓石西面および南面は、他の2面と比較して日射量が多い値を示した。以上のことから、劣化を生じる地衣類の分布が墓石面の方向によって異なる要因は、各面の受ける日射量の差によるものであると考えられる。

2.2　偏光顕微鏡観察

2.2.1　研究対象と研究方法

現地調査において、墓地の管理責任者となる熊本市観光文化交流局文化振興課より許可を得て、墓石の破片試料の収集をおこなった。この破片試料は亀裂が発生した墓石正面から崩落した破片のうち、接合箇所が不明となったものである。

この破片試料を層理に直交する断面で切断し、岩石薄片を作成した。その後、偏光顕微鏡による岩石薄片の観察をおこなった。

2.2.2　結果と考察

作成した薄片試料の偏光顕微鏡写真を図6および図7に示す。観察の結果、図6に示すように褐鉄鉱が白雲母の周囲を充填している様子が多く観察された。褐鉄鉱が沈殿していることから、破片内部には液水があったと考えられる。

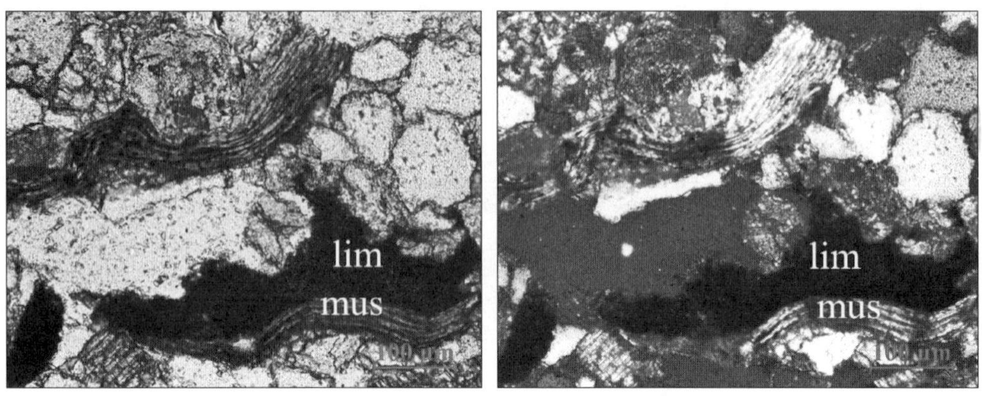

図6　白雲母の周囲に充填した褐鉄鉱の様子
左：オープン　右：クロス　lim：褐鉄鉱　mus：白雲母

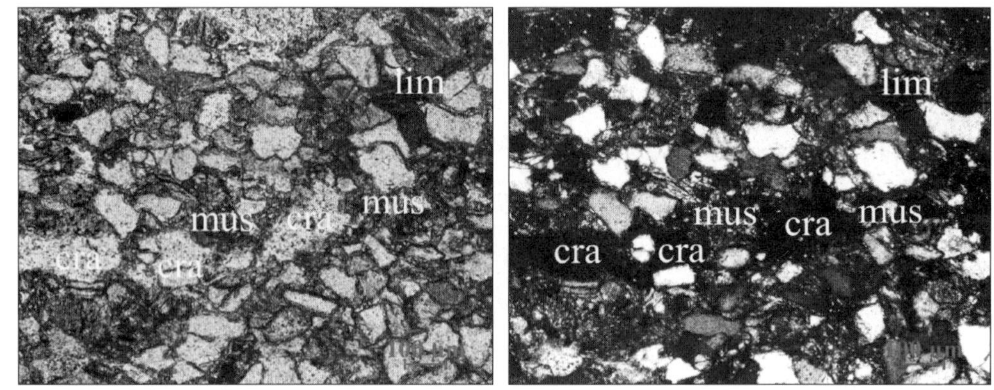

図7　クラックの両サイドに粘土鉱物があった様子
左：オープン　右：クロス　lim：褐鉄鉱　mus：白雲母　cra：亀裂

また、目視観察から収集した破片の表面には層理に沿った細かい亀裂が確認された。同箇所の薄片試料を偏光顕微鏡で観察すると、図7に示すように亀裂を挟んで上部と下部に白雲母が残っている様子が確認された。白雲母などの粘土鉱物は吸水膨張特性を持ち、乾湿の繰り返しに伴う体積の変化によって石材内部に応力を生じる。生じた応力は石材の強度を超えた際に、石材内部の組織を破壊し、亀裂を発生させる。

現地調査の結果より墓石に発生したほとんどの亀裂は、石材の層理に沿って発生している。下浦砂岩のような堆積岩の場合、層理と直交する方向に石材の強度は最も弱い。すなわち、石材内部に応力を生じる際に、各方向では層理と平行する方向において最も亀裂が発生しやいと考えられる。

以上のことから、墓石に亀裂が発生した原因は乾湿の繰り返しによって石材内部に応力が発生し、鉱物粒子回りの固結力が失われ、組織が破壊されたこと、すなわち、乾湿風化によると推測される。

2.3 室内実験

2.3.1 現地調査と偏光顕微鏡観察の結果より推測した墓石面の亀裂の発生メカニズム

粘土鉱物を含む砂岩が乾湿の繰り返しを受ける場合、石材の表面付近などの比較的浅い範囲で応力が生じる。これは、表面が湿潤する際には、石材の内部に圧縮応力が生じ、逆に表面が乾燥のする際には、石材の内部に引張応力が生じることによるものである。一般に、岩石は圧縮応力に対して非常に大きな抵抗を示す一方で、引張応力に対しては極めて弱い。したがって、乾燥の際、石材内部の浅い範囲で生じた引張応力は石材の引張強度を超え、結果として表面に亀裂を発生させる。上記の劣化メカニズムの略図を図８に示す。石材内部に生じる最大応力の理論値は下記の式eq.1[3]より求められる。

仮定: L>>Ldry

$$\sigma_{\max} = \frac{E_{dry}\varepsilon_s}{1 - v} \qquad \text{(eq.1)}^{[3]}$$

$\sigma_{\max}$: 乾燥の際、石材内部の浅い範囲で生じる引張応力の理論的な最大値

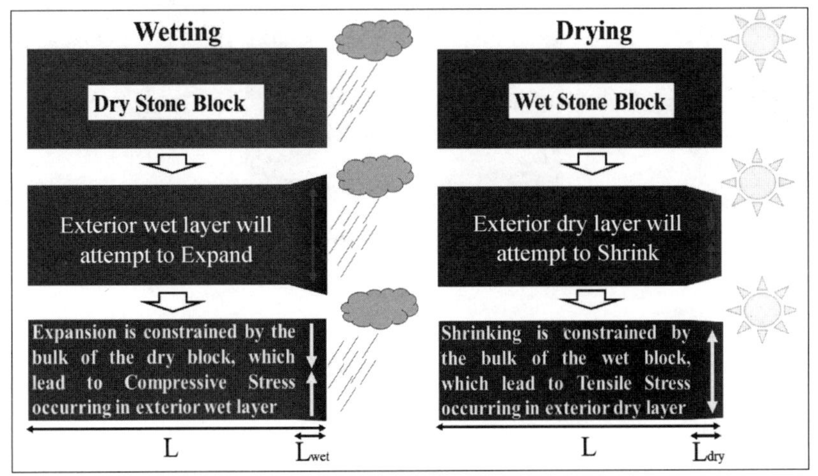

図８　表面の乾湿の繰り返しに伴い石材内部の浅い範囲で応力の発生の略図

E_{dry}: 絶乾状態における石材のヤング率

ε_s: 無拘束雰囲気下における石材の最大膨潤率

v: 絶乾状態における石材のポアソン比

上記のメカニズムにより下浦砂岩製墓石表面に亀裂が発生するかどうかを検討するため、天草地方産下浦砂岩試料を使用し、室内実験をおこなった。

2.3.2　実験対象と実験方法

2.3.2.1　最大自由膨潤率の測定試験

4つの下浦砂岩試料を1 cm × 1 cm × 10 cm程度の正四角柱状に整形した。整形した正四角柱状試料はその側辺（10 cm辺）が石材の層理と直交している。全ての試料は105℃で24時間以上強制乾燥した。

乾燥した正四角柱状試料を脱イオン水に浸漬し、デジタルインジケータ（三豊工業製ABSデジマチックインジケータID-SX）を用いて、無拘束状態で試料の側辺が膨潤する最大値の測定をおこなった。また、試料内部へ水の浸透を充分におこなうため、正四角柱の上面を水面から露出し、マリオット瓶を用いて水位を試料上面から1 mm内の範囲に保持した。測定は20℃に設定したインキュベータの内で実施した（図9（左））測定は、各試料に対して、4回実施した。なお、各試料は毎回浸漬する前に強制乾燥をおこなった。測定値の平均値を用いて最大自由膨潤率ε_sを算出した。

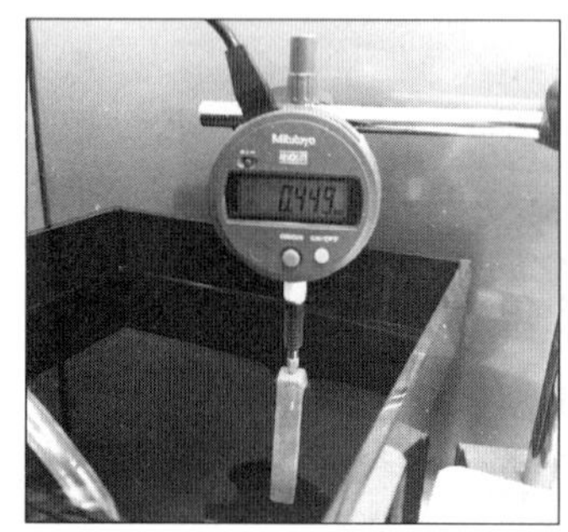

図9　室内試験風景

2.3.2.2　圧裂試験

10個の下浦砂岩試料を約3 cm × φ5 cmの円柱状に整形し、その後、全ての試料を105℃で24時間以上強制乾燥した。

精密万能試験機（島津オートグラフAG-50kNXplus）を用いて、絶乾状態下における円柱試料の引張強度S_tを測定した。試験は地盤工学会基準「圧裂による岩石の引張り強さ試験方法」(JGS2551—2009) を参考にした。なお、下浦砂岩試料の最小引張強度を測定するため、石材の層理と平行する方向の引張強度を測定した。また、加圧板の変位速度は1 μm/secに設定した。

2.3.2.3 パルス透過法試験

10個の下浦砂岩試料を約10 cm × ϕ5 cmの円柱状に整形し、その後、全ての試料を105℃で24時間以上強制乾燥した。

超音波伝播速度試験装置 (応用地質ソニックビュアー SX) を用いて、絶乾状態下における円柱試料のP波伝搬速度V_pを測定した (図9 (右))。測定は、地盤工学会基準「パルス透過法による岩石の超音波速度測定方法」(JGS2110—2009) 準じた。測定方向は下浦砂岩の層理と直交している。なお、下記の式eq.2 [4] より絶乾状態下における下浦砂岩試料の動ヤング率Eを計算した。

$$E = \frac{V_p^2 \rho (1+\nu)(1-2\nu)}{1-\nu} \qquad \text{(eq.2)}^{[4]}$$

E: 絶乾状態における下浦砂岩の動ヤング率

ρ: 絶乾状態における下浦砂岩の密度

V_p: 絶乾状態における下浦砂岩のP波伝搬速度

ν: 絶乾状態における下浦砂岩のポアソン比

P波伝搬速度は各試料に対し、10回測定した。測定後、各P波伝搬速度V_pの平均値を用いて、動ヤング率Eを算出した。なお、絶乾状態における下浦砂岩のポアソン比νは0.14から0.21までと仮定する。

2.3.3 実験結果と考察

最大自由膨潤率の測定試験およびパルス透過法試験より測定した結果を式eq.1に代入し、最大引張応力σ_{max}を算出した。算出した最大引張応力σ_{max}と測定した引張強度S_tの比較を図10に示す。なお、最大自由膨潤率の測定試験より測定した最大自由膨潤率ε_sは469 um/mで、パルス透過法試験より測定した動ヤング率Eは18 378 MPa (ν = 0.14) と17 106 Mpa (ν = 0.21) である。

図10に、0.14および0.21と仮定したポアソン比で算出した最大引張応力σ_{max}を赤色および黄色で示す。また、圧裂試験より測定した引張強度S_tを青色で示す。算出した最大引張応力σ_{max}は測定した引張強度S_tより大きいことが示された。このことから、表面の乾燥に伴う石材内部の浅い範囲で生じた引張応力によって下浦砂岩製墓石の表面に亀裂が発生したものと考えられる。

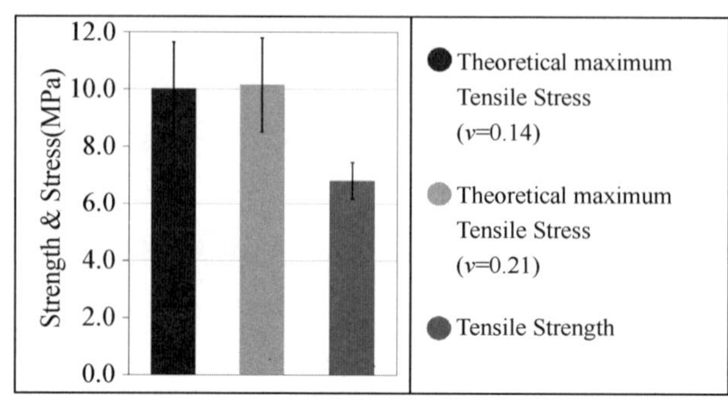

図10　算出した最大引張応力と測定した引張強度の比較

しかし、今回の実験は実験室内において下浦砂岩の表面に亀裂が発生する原因を証明しているに過ぎない。今後の課題として、自然条件下で石材内部に生じる引張応力による石材の破壊のメカニズムを解明するため、下浦砂岩を用いて各平衡含水状態の膨潤率、ヤング率、引張強度を測定する必要がある。

3. 結論

七本官軍墓地は建設されてから約140年が経過しており、墓地の下浦砂岩製墓石に劣化が発生している。下浦砂岩製墓石の劣化状態の把握および劣化原因の解明を目的にして、現地調査および室内実験をおこなった。その結果から本論文の結論は以下の4点に集約される。

① 現地調査の結果、墓石に発生した劣化は主として地衣類の着生と亀裂の二種類である。

② 着生した地衣の中で石材に対して特異な劣化を生じる地衣類が認められ、この地衣類の分布は墓石面の方位に関係があると思われる。また、風化を生じる地衣類の着生があまり認められなかった墓石南と西面に与える日射量が他の2面より多いと推察された。

③ 亀裂が発生した原因は乾湿風化によるものと推測される。

④ 室内実験の結果、表面の乾燥に伴う石材内部の浅い範囲で生じた引張応力によって下浦砂岩製墓石の表面に亀裂が発生したものと考えられる。

参考文献

[1] 熊本市教育委員会.熊本市の文化財第48集, 田原坂: 西南戦争遺跡・田原坂第5・6次調査の概要5.熊本市: 熊本市教育委員会,2015: 8-9.

[2] Erbs D. G., Klein S. A., and Duffie J. A. Estimation of the diffuse radiation for hourly, daily and monthly-averageglobal radiation, *Solar Energy*, 1982, 28(4): 293-302.

[3] Gonzalez I. J., Scherer G. W. Effect of swelling inhibitors on the swelling and stress relaxation of clay bearing stones, *Environmental Geology*, 2004, 46: 364-377.

[4] 山口梅太郎,西松裕一.岩石力学入門.東京: 東京大学出版会, 1989: 184-185.

緑青由来の銅イオンが和紙の劣化に及ぼす影響

貴田啓子[1]　柏谷明美[2]　稲葉政満[3]　早川典子[1]
(1 東京文化財研究所，2 日本美術院，3 東京藝術大学大学院)

中文摘要： 绿青(石绿石青)是将天然孔雀石(碱式碳酸铜)粉碎后制成的颜料，自古以来常作为绿色材料在日本画中使用。使用纸与绢作为基材并使用了绿青颜料的文物资料中，会发现绿青颜料的使用位置局部变为褐色的劣化现象。这个现象并不只发生在绿青颜料上，在用含有铜元素颜料着色的文物上均常发生，其原因是铜离子促进了基材纤维素的氧化、劣化过程。但详细的劣化机理尚不清楚。在我们之前的研究中，把绿青与溶有动物胶的水溶液混合，即熟知的日本画用颜料，我们发现在水稀释后的悬浊液中，在纯水中洗脱的铜却以离子的形式被洗脱出来。动物胶的性质似乎与铜离子有相互作用。在日本画中，使用各种粒径的绿青来调整颜色。由于颜料的粒径与其表面积呈负相关关系，所以颜料与动物胶之间的相互作用可能取决于颜料粒径。另一方面，动物胶根据原料与用途，其提取前的制备方法与处理步骤大不相同，并且会影响胶的性能。尤其是由于提取前的差异，导致所提取的官能团(酰胺基，羧基)的比例不同，因此来自该官能团的明胶的电特性不同。这种电性被预计会影响绿青中铜成分的相互作用。在本研究中，为了调查作为绿青导致的劣化现象主要原因的铜离子和作为日本画黏结材料使用的动物胶之间的关联性，我们使用了粒径不同的绿青颜料与因不同制造方法与原料使用而持有不同电特性的动物胶相混合，并将绿青颜料涂在纸上作为样品，加速劣化处理后，根据其劣化现象测量了纸张的纤维素分子量并进行比较和检验。作为模仿日本画使用的绿色颜料的绿青—动物胶悬浊液中，绿青颜料中的铜离子被洗脱出来，洗脱出的铜离子的量取决于颜料的粒径和胶的电性能，并且发现当使用小粒径的绿青和碱处理后的胶时，洗脱出的铜离子的量是最多的。对于使用相同着色材料的纸样品，其通过加速劣化之后纤维素分子量降低的比较分析结果是绿青—动物胶悬浊液中的铜离子的量越多，涂有该悬浊液的和纸会持续劣化，由绿青引起的纸张劣化程度与在颜料溶液中洗脱出的铜离子的量呈正相关关系。

1. 緒言

岩緑青（緑青）は天然の孔雀石（塩基性炭酸銅: $Cu_2(CO_3)(OH)_2$）を砕いて作られた緑色の日本画用岩絵具である。紙や絹を基底材とする絵画などにおいて、緑青顔料が使用されている文化財資料では、その使用箇所で基底材の劣化が局所的に進行し褐色化する「緑青焼け」と呼ばれる劣化現象がみられる。この現象は緑青のみならず、銅を含む彩色材を用いた場合に多くみられ、銅イオンにより基底材のセルロースの酸化劣化が促進されるとされている[1-2]。しかし、詳細な劣化機構については、明らかでない。これまでの研究では、緑青顔料を膠水溶液と混合し、日本画用の絵具として馴染ませ、水で希釈すると、緑青中の銅成分がイオンとして溶出することがわかった。膠の性質に銅イオンとの相互作用があると考えられた。

日本画では、様々な粒子径の緑青顔料を用いて、色味を調整する。粒子径は、その乱反射の程度に影響し、乱反射が大きいと白味をおびた色を、小さいと鮮やかな色を示す。ここで、顔料の粒子径はその表面積と負の相関があるため、膠との相互作用は、顔料粒子径に依存する可能性がある。一方、色味の調整として顔料を加熱する手法も用いられる。焼緑青といわれるこれらの顔料は、加熱により緑色のマラカイトから変化した黒色粒子が部分的に混在し、黒味をおびた緑色を示す。焼緑青では銅成分の結合状態が異なることが予想され、膠との相互作用に影響する可能性がある。

膠は、原料や用途によって、その準備方法と抽出前の処理工程が大きく異なっており、膠の性質を左右する。膠の主成分はコラーゲンから誘導されるゼラチン（ポリペプチド）である。コラーゲンポリペプチドには多くの解離基および極性基がある。膠の効率的な抽出を目的に、一般には抽出前処理を行うが、これには、原料を長時間石灰に浸漬するアルカリ処理、または希薄な酸に浸漬する酸処理がある[3]。この前処理の違いにより、抽出されたゼラチン中の官能基（アミド基、カルボキシル基）量比が異なるため、この官能基に由来する、ゼラチンの電気的性質が異なる。この電気的性質は、銅イオンとの相互作用性に影響することが予想される。

本研究では、緑青焼けの主要因である銅イオンと、日本画の膠着材に使用する膠との関連性について、粒子径の異なる緑青顔料、および製法や原料により電気的性質の異なる膠を用いて、日本画の技法を模して緑青顔料を塗布した紙試料を作製し、加速劣化処理後、緑青焼けの劣化現象について紙のセルロース分子量を測定し比較検討した。

2. 実験

2.1 試料の作製と加速劣化処理

緑青顔料は、天然緑青（白番、5番、9番）、焼緑青（濃）(9番)、真黒焼（9番）（いずれも金開堂）を用いた（粒子径：白番（約5 μm以下）、9番（20—70 μm）、5番（100—300 μm））。膠は、原料および処理の異なる3種（Table 1）を使用した。顔料と12.5%の膠を練り合わせ、超純水を添加、均一に混合し、顔料分散液とした。ろ紙（Whatman. No.1）または楮紙（那須楮、機械漉き）にスポイトで顔料分散液を一定量滴下（1.5 g, 円形：直径4 cm）し、乾燥させた。作製した試料を、ISO5630-3に従い湿熱加速劣化処理（80℃、65% rh、8週間）を行った。

Table 1　Animal glue and *rokusyō* pigments used in the samples

animal glue	pretreatment for extraction	*rokusyō*	Grain size (μm)
AG_al	treatment with alkali solution	R-1	1-5
AG_ac	treatment with acid solution	R-2	20-70
AG_nt	no treatment	R-3	100-300

2.2 方法

顔料分散液中の銅イオン（Cu^{2+}）濃度は、膠水溶液と緑青顔料を撹拌、濾過した溶液を、前処理後、ポストカラム法イオンクロマトグラフィーにより測定した（本体：ICS-1000J（日本ダイオネクス）、カラム：IonPac CS5A）。加速劣化処理後の紙試料について、紙のセルロース分子量分布を、GPC-MALLS（Gel Permiation

Chromatography — Multi Angle Laser Light Scattering）により測定した。前処理、および測定条件は、既報[4]に従った。紙の緑青焼けによる劣化の程度は、紙のセルロース重量平均分子量（Mw）を用いて、式（1）にて算出した値を用いた。

$$\text{Degree of Paper Deterioration} = \frac{Mw(c,\ aged) - Mw(s,\ aged)}{Mw(c,\ before) - Mw(s,\ aged)} \tag{1}$$

c：control（no *rokusyō*）　　before：before ageing

s：sample（with *rokusyō*）　　aged：after ageing

3. 結果と考察

3.1　顔料分散液中の銅イオンの検出

日本画の彩色材を想定し、各種の緑青顔料を用いて、膠水-顔料分散液を調製し、銅イオン（Cu^{2+}）濃度を測定した（Fig.1）。対照試料の超純水-顔料分散液では、Cu^{2+}濃度は極微量であった。これに比較し、膠水-顔料分散液中ではCu^{2+}を多く検出した。鉱物由来の緑青顔料は、水中では、Cu^{2+}をほぼ溶出しない。従って、膠水-顔料分散液中では、膠成分と緑青顔料中の銅成分の間になんらかの相互作用が生じ、Cu^{2+}を溶出したと考えられる。一方、通常のマラカイトである緑青顔料に比較し、マラカイト粉末を加熱し、色味を変えた焼緑青では、Cuイオン濃度が若干低い値であった。

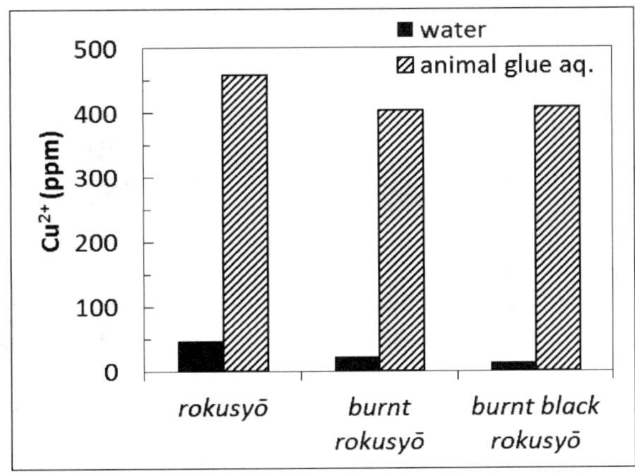

Fig.1　Concentration of copper ions in the dispersion liquid with *rokusyō*.

3.2 顔料分散液中の銅イオン量

前章の結果より、膠成分と緑青顔料中の銅成分が相互作用を示すことが考えられた。そこで、粒子径の異なる顔料、及び性質の異なる膠を用いて、膠水-顔料分散液を調製し、銅イオン濃度を測定した。Fig.2は、各種の膠水-顔料分散液中の銅イオン量を示す。粒子径の異なる緑青顔料を用いた膠水-顔料分散液中の銅イオン濃度を比較する(Fig.2 (a))。顔料の粒子径が小さくなると、銅イオン量が増加する傾向がみられた。顔料の粒子径と表面積は負の相関にあるため、粒子径の小さい顔料は表面積が大きく、膠とのアクセス量が増加することにより、溶出する銅イオン量が増加することが考えられた。一方、電気的性質の異なる膠を用いた膠水-顔料分散液中の銅イオン濃度を比較する(Fig.2 (b))と、アルカリ処理の膠を用いた膠水-顔料分散液中の銅イオン量は、酸処理または処理を施さずに精製した膠を用いた場合の約2～3倍であることがわかった。膠の抽出の前処理として行うアルカリ処理は、膠のコラーゲンポリペプチドの側鎖にあるアミド基をほぼカルボキシル基に置換するとされている。従って、アルカリ処理を経た膠の等電点(分子内の正負の電荷の総和が0であるpH)は低い値を示す。一方、酸処理を経た膠のコラーゲンポリペプチドの側鎖にあるアミド基は、酸処理中においては残留するため、等電点は高い値を示す[3]。また、処理を施さず、丁寧な抽出を行った膠では、初期のアミド基量が保持されると考えられる。すなわち、前処理の異なる各種膠では、ポリペプチド鎖のアミド基量およびカルボキシル基量が異なる。このポリペプチド鎖のカルボキシル基

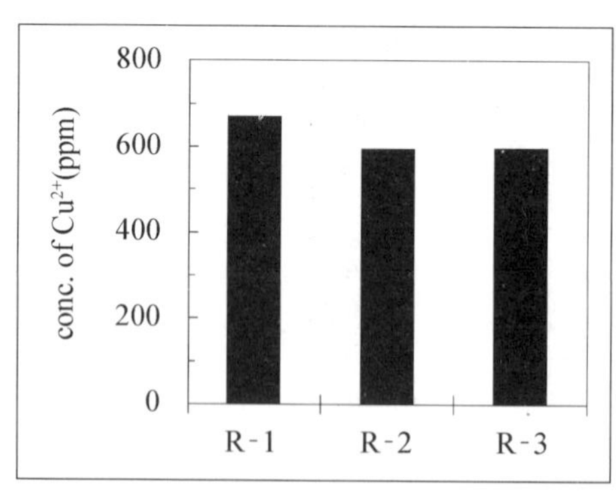

(a) Grain size of *rokusyō*

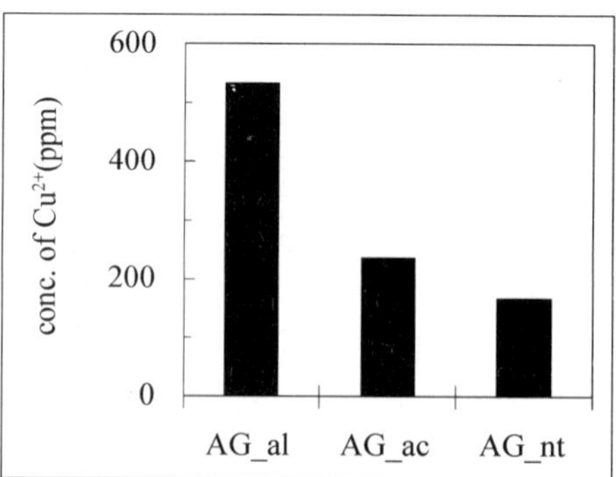

(b) Electric property of animal glue

Fig.2 Concentration of copper ions in animal glue– *rokusyō* dispersion liquid.

と緑青顔料中の銅成分との間になんらかの相互作用が生じ、Cu^{2+}の溶出を促進することが考えられた。

3.3 紙のセルロース分子量

緑青顔料の粒子径および電気的性質の異なる膠を用い、膠水-顔料分散液を紙に塗布した日本画の模擬試料を作製し、湿熱加速劣化処理を行った。加速劣化後の試料について、紙のセルロース分子量を測定し、紙の劣化を評価した。楮紙およびろ紙の試料について、それぞれ加速劣化8週間および6週間のセルロース重量平均分子量(Mw)をFig.3に示す。加速劣化前、楮紙はMw = 1 290 × 10^3、ろ紙はMw = 660 × 10^3であるが、加速劣化後、それぞれMw = 960 × 10^3、Mw = 170 × 10^3となった。また、楮紙およびろ紙のいずれの試料においても、緑青塗布試料のMwは、緑青なしの対照試料よりも低下が著しいことがわかる。Fig.3 (a) に示すように、粒子径の小さい緑青を用いたR-1では、R-3よりも分子量の低下が大きかった。一方、Fig.3 (b) において、電気的性質の異なる膠を用いた場合、アルカリ処理を経た膠で分子量の低下が最も大きく、酸処理を経た膠では低下が小さいことがわかった。

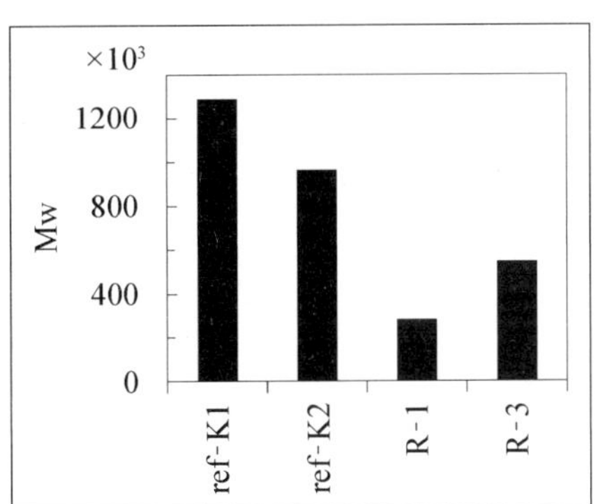

(a) 8weeks aged *kozo* paper

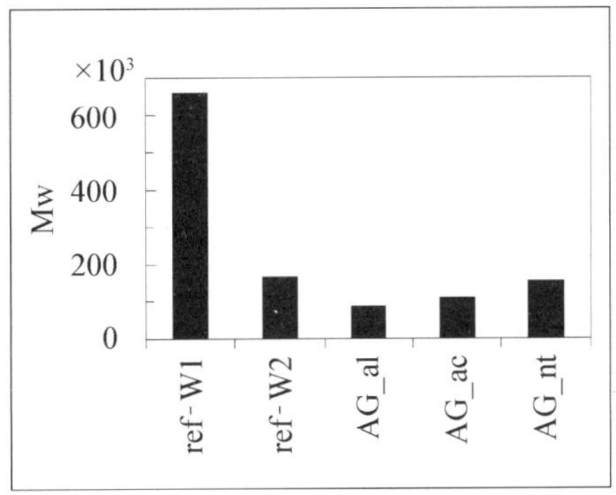

(b) 6weeks aged Filter paper

Fig.3 Mw of cellulose in paper sample after accelerated ageing (80℃、65% rh)
(ref_K1, ref_W1; before ageing, no pigment, ref_K2, ref_W2; no pigment)

3.4 銅イオン量と紙の劣化

銅イオンの溶出量は、顔料の粒子径や膠の抽出前処理に左右される電気的性質に依存することがわかった。また、それらの顔料や膠を用いて紙に塗布した試料では、紙の劣化の程度においても、顔料の粒子径や膠の電気的性質に依存することがわかった。そこで、溶出する銅イオン濃度と紙の劣化の程度について、Fig.4にプロットした。膠水-顔料分散液中の銅イオン濃度が高いほど、紙の劣化の程度が大きいことがわかり、ほぼ正の相関関係を示すことがわかった。

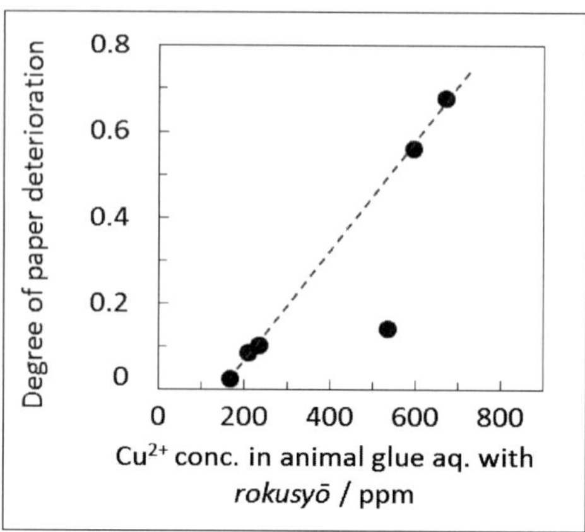

Fig.4 Correlation between the amount of Cu^{2+} and the degree of paper deterioration by *rokusyō*.

4. 結論

日本画に用いる緑色彩色材を模した、膠水-緑青顔料分散液中において、緑青由来の銅イオンが溶出し、溶出量は顔料の粒子径および膠の電気的性質に依存しており、粒子径の小さい緑青、およびアルカリ処理を経た膠を用いた場合に、最も銅イオン溶出量が多いことがわかった。同彩色材を用いた紙試料について、加速劣化後のセルロース分子量低下を比較検討した結果、緑青焼けによる紙の劣化は、顔料溶液中に溶出する銅イオン量と正の相関を示した。

（謝辞　本研究は科学研究費補助金（若手研究（B））により行いました（16K16342））

参考文献

［1］Gerhard B., Johann P. The Paper Conservator, 1982(7): 3-7.
［2］星恵理子，北田正弘．日本金属学会誌，2003 (67)：336-341.
［3］安孫子義弘編，改訂版　にかわとゼラチン-産業史と科学技術-：日本にかわ・ゼラチン工業組合，1997.
［4］貴田啓子，柏谷明美，稲葉政満，早川典子：文化財保存修復学会第38回大会研究発表要旨集，176-177.

船舶による文化財の輸送環境に関する事例研究

和田浩
（東京国立博物館）

中文摘要： 东京国立博物馆持续进行了有关文物运输过程中发生的加速度的测量和评价实验，并试图从中收集有关运输环境的信息。在国内的文物运输中，被称为“美术品运输专车”（美专车）的卡车的使用使得陆路运输占据了文物运输的大部分，而火车和船舶的使用则寥寥无几。此次，东京国立博物馆所藏的文物计划在苫小牧市美术博物馆展出，我们因此得到了在返程（回程）测量运输环境的机会。运输路径包括从苫小牧港到仙台港口的海上运输、从仙台到东京的陆上运输，共计约1 000公里的路程。在海上运输中，为了装满货物的卡车能够直接装船，我们在货台上设置了加速度数据标记，根据一般道路、高速公路、航道的区别，得到了一套可以比较货台上运输环境的数据。通过对每一个不同的运输区域所测量到的峰值加速度和实际加速度值进行相对比较，在本次事例中，船舶的运输环境非常稳定。但据推测，由于气候和使用船舶大小的不同，运输环境也会有差异，所以今后继续收集相关数据非常必要。

1. はじめに

文化財が国内外へ輸送され、世界各地で様々な展覧会が開催されている。多くの人々が貴重な文化財を鑑賞できる機会が増えることは非常に素晴らしい。一方で、文化財は安全に輸送せねばならず、その安全性を科学的に評価し、改善を続けるための研究も忘れてはならない。東京国立博物館は毎年多くの文化財輸送に携わっており、輸送環境の計測も行っている。日本では文化財輸送の大半はトラックによる陸上輸送であり、船舶による海上輸送の機会は少ない。今回、海上輸送工程を含む文化財輸送において輸送環境を計測する機会を得た。海上輸送がどれほどの安全性を示すものであるのか、解析を行い、今後の参考になるデータを蓄積する目的で調査を実施した。

2. 計測方法

トラックの荷台に強力な両面テープで加速度データロガー(Lansmont: SAVER3X90)を設置して(Fig.1、2)、輸送の全工程で発生する加速度の記録を行った。使用した加速度データロガーは、圧電型センサーを内蔵し、3軸方向(前後、左右、上下)の加速度を検出することができるものである。従って、加速度データロガーには3つのチャンネルが存在し、チャンネル1は前後方向、チャンネル2は左右方向、チャンネル3は上下方向を記録できるように設置位置を定めた。サンプリングレートを1 msとし、2s毎に1.024 sのデータを取得できるように設定した。この設定では1台の加速度データロガーで約10.5 hの間、連続して計測することが可能である。輸送スケジュール予定から考えて、今回は3台の加速度データロガーを順に起動することで輸送全体の計測が可能であると判断した。また、GPSデータロガーをトラック運転席付近または船の客室の窓付近に常時設置し、加速度データロガーに記録されたデータを輸送工程別に解析できるようにした。

Fig.1　トラック荷台への梱包箱搬入の様子

Fig.2　トラック荷台に設置した加速度データロガー

使用したトラックは、最大積載量が1,750 kgであり、日本では“2 t車”と呼ばれている。フロントはリーフサスペンション、リアはエアサスペンションであり、4バッグエアサスペンションの構造を持つ。コンテナ内はエアコンディショニングシステムによって温度を一定に維持できるものである。日本で美術品を輸送するほとんどの場合、このようなトラックが用いられており、輸送会社が特注して製造された車両である。今回は日本通運株式会社のトラックを使用した (Fig.3) 。

Fig.3　輸送に用いたトラック

走行経路はFig.4に示すように、日本の北端である北海道から首都の東京までの、約1,000 kmである。北海道の苫小牧港から宮城県の仙台港の間は船舶にトラックが乗船した状態での海上輸送であり、その他は全てトラックによる陸上輸送である。従って、海上輸送中のデータは船内の駐車場に停車したトラックの荷台上で検出されたものである。輸送に用いられた船舶は全長192.5 m、全幅27.0 m、総トン数13 937 tで、旅客701名、乗用車147台を搭載できる大型の客船である (Fig.5) .

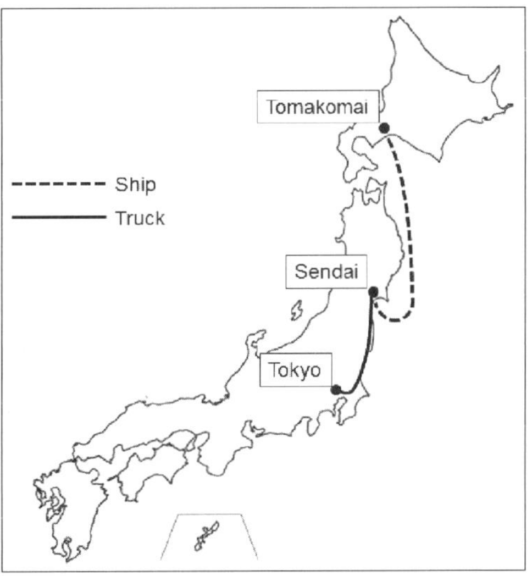

Fig.4　苫小牧から東京までの輸送経路

3. 計測結果

加計測した加速度データとG_{rms}データをチャンネル毎に解析し、それぞれの最大値、平均値を輸送工程 (A～K) に分けたものがTable 1である。全ての輸送工程において、GとG_{rms}の最大値および平均値が最小を示したのは船舶による輸送工程であった。

Fig.5　輸送に用いた船舶(太平洋フェリー株式会社提供)

Table 1　各方向における加速度値 (G) と実効加速度 G_{rms} 値の最大値と平均値を輸送工程 (AからK) 毎に算出したもの。太字で示した値は各輸送工程内での最大と最小を示す。

	Route (from/to)	Road	Distance (km)	G (max)			G (ave)			Gms (max)			Gms (ave)		
				CH1	CH2	CH3	CH1	CH2	CH3	CH1	CH2	CH3	CH1	CH2	CH3
A	Tomakomai City Museum Tomakomai Port	Public Road	3	0.236	0.524	0.646	0.095	0.112	0.131	0.091	0.115	0.200	0.023	0.027	0.035
B	Tomakomai Port Sendai Port	Ship	560	0.153	0.143	0.188	0.078	0.078	0.092	0.023	0.024	0.038	0.017	0.017	0.022
C	Sendai Port Sendai Port Interchange	Public Road	4	0.279	1.285	2.188	0.083	0.098	0.147	0.068	0.282	0.243	0.021	0.025	0.039
D	Sendai Port Interchange Naka Interchange	High Way	233	0.842	1.960	3.548	0.149	0.269	0.403	0.136	0.441	0.393	0.040	0.073	0.109
E	Naka Interchange Ibaraki Prefectural Museum of History	Public Road	12	0.491	1.128	1.535	0.104	0.188	0.249	0.098	0.242	0.360	0.027	0.051	0.069
F	Ibaraki Prefectural Museum of History Mito Interchange	Public Road	15	0.652	1.869	2.253	0.129	0.176	0.254	0.125	0.352	0.343	0.027	0.045	0.070
G	Mito Interchange Kouzaki Interchange	High Way	78	0.586	1.877	2.653	0.165	0.297	0.411	0.100	0.358	0.341	0.043	0.075	0.111
H	Kouzaki Interchange The Inoh Tadataka Museum	Public Road	13	0.794	1.512	2.042	0.120	0.229	0.314	0.164	0.290	0.366	0.029	0.055	0.088
I	The Inoh Tadataka Museum Sawarakatori Interchange	Public Road	4	0.369	0.889	1.026	0.093	0.160	0.179	0.102	0.174	0.227	0.021	0.037	0.049
J	Sawarakatori Interchange Hakozaki Junction	High Way	87	0.962	2.797	2.879	0.123	0.244	0.296	0.153	0.449	0.451	0.028	0.055	0.073
K	Hakozaki Junction Tokyo National Museum	Public Road	5	0.411	1.070	1.934	0.083	0.121	0.123	0.103	0.244	0.377	0.018	0.024	0.032

また、Table 2は各チャンネルが全輸送工程中に記録した加速度の上位10イベントとそのイベントにおけるG_{rms}、および発生した輸送工程を示したものである。Table 2で示されたデータの大半が高速道路走行時に記録されたものであることが分かる。

Fig.5は各チャンネルが記録した加速度の時系列に伴う変化を、移動速度とともにプロットしたものである。約40 km/hで移動している区間が海上輸送に該当するが、加速度のレベルは（停車中を除く）他の工程と比較して非常に低いことが明瞭である。船と同速度で陸上をトラック輸送した場合と比較しても、船による輸送は圧倒的に安定していると言える。

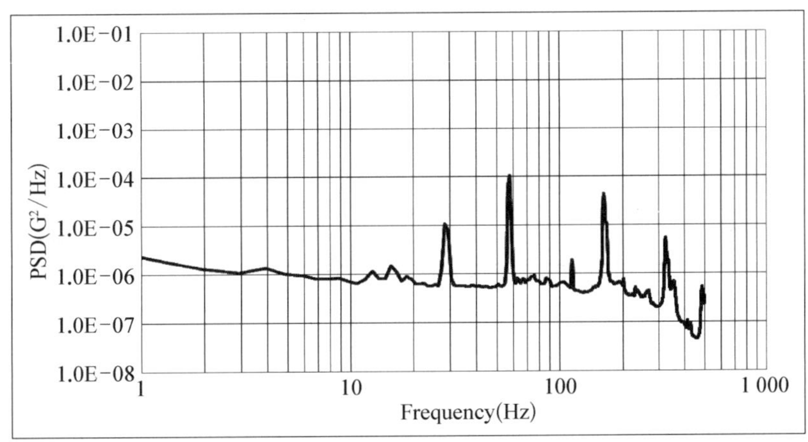

Fig.6　工程B（船舶）における垂直方向の振動のPSDプロファイル

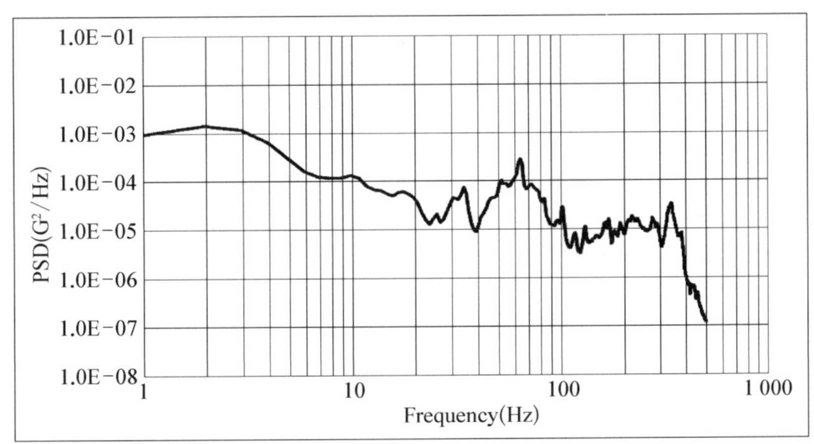

Fig.7　工程D（トラック）における垂直方向の振動のPSDプロファイル

Table 2　全行程を通した上位10の各方向の加速度値（G）と、その際の実効加速度（G_{rms}）と、輸送工程区分を示したもの。

No.	CH1			CH2			CH3		
	G	Grms	Sec.	G	Grms	Sec.	G	Grms	Sec.
1	0.962	0.102	J	2.797	0.286	J	3.548	0.284	D
2	0.874	0.153	J	2.378	0.449	J	2.947	0.317	D
3	0.842	0.116	D	1.960	0.441	D	2.879	0.451	J
4	0.815	0.040	J	1.877	0.089	G	2.716	0.290	D
5	0.794	0.099	H	1.869	0.352	F	2.653	0.341	G
6	0.716	0.124	J	1.783	0.332	D	2.596	0.148	J
7	0.708	0.094	J	1.780	0.336	J	2.534	0.295	D
8	0.689	0.107	D	1.774	0.225	D	2.470	0.268	D
9	0.681	0.086	J	1.739	0.360	J	2.446	0.393	D
10	0.680	0.089	J	1.716	0.303	D	2.397	0.195	D

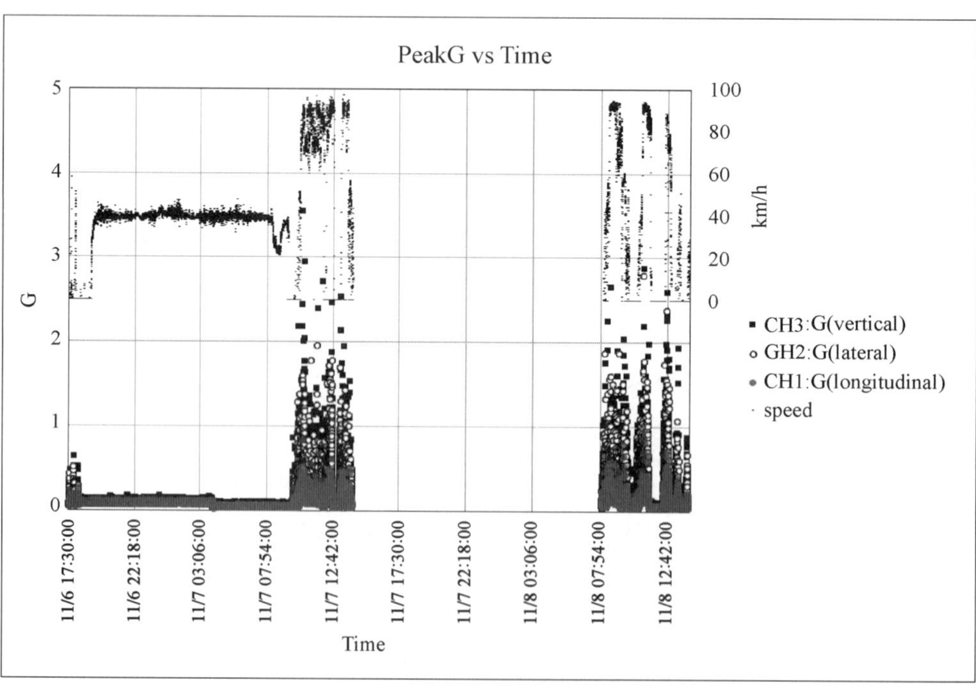

Fig.8　各方向の加速度および移動速度の時系列変化

4. 結論

トラックを用いた陸上輸送との比較により、船による海上輸送中に発生する加速度レベルは非常に低いものであり、輸送環境としては非常に安定したものであることが明確に分かった。日本では、文化財の輸送は、交通の便の良さからトラックによる陸上輸送が大半を占める。従って海上輸送の環境に関する情報が不足しているが、今回の計測によってその安全性は高いものであると評価でき、今後の文化財輸送における選択肢の幅が広まったものと考えられる。

（謝辞　今回の計測を実施するにあたり、苫小牧市美術博物館の宮地鼓博士には多大なる協力をいただきました。また、本研究はJSPS科研費16H03109の助成を受けたものです）

テラヘルツ波イメージング技術を用いた彩色文化財の界面調査

金旻貞　高妻洋成
（奈良文化財研究所）

中文摘要： 在文物中，色彩通常由颜料或者染料与漆、胶类物质混合后在承载体上固定而成。彩色层有单一层构造和多层构造，因老化易产生多种病害。但根据“无损/不接触”原则，在调查有彩色层的文物彩色层结构时，常用的通过电磁波进行调查的方法只能获得极其有限的信息。

目前的研究发现，利用太赫兹波成像技术分析彩色文物涂膜层内部结构，可以得到空隙、开裂、起甲、层结构等多方面的信息。但是，在分析多种材料和着色技法混用的彩色文物的结构时，难以测得有效、可靠的结果。本研究以纸为基底材，利用太赫兹波成像法进行了基础实验，采集了样品数据。

实验中使用的仪器为Pioneer公司生产的太赫兹波分光成像仪。测定的模拟样品用东洋地区常用的绘画材料、以单层构造制作而成。

本研究中测得了40种纸张的波形作为基础资料。目前，结构的解析方法主要是对测定界面得到的分界进行解释。本研究的基础调查中则发现，测定剖面也可以得到相同的界面信息，但可能存在不同的解释。

此外，本研究探讨了59个单层彩色层构造的样品后发现，单彩色层的样品的剖面像中可以明确地看到纸本与彩色层的界面。但如前所述，仅从剖面信息解析构造时则存在两种可能的解释，一种是难以区别与空白纸样品的type1和推测为单彩色层的样品。

另外，在利用2次元波形解析时，可由材料的特征将样品分为3大类：一类是铅丹、朱砂等拥有较强反射特征的材料；一类是靛蓝等有机颜料或染料；最后是如白群、群青等颗粒较大的颜料。

从以上太赫兹波成像法的测定结果来看，本次主要的研究成果为确定了解析时的注意点和彩色材料在波谱特征上的差异。

1. はじめに

文化財保護法第二条では、文化財を有形文化財（建造物、美術工芸品）、無形文化財（演劇、音楽など）、民俗文化財（有形の民俗文化財、無形の民族文化財）、記念物（遺跡、名勝地、動物、植物、地質鉱物）、文化財景観、および伝統的建造物群の6つに分類している。また、この他に保護すべきものとして埋蔵文化財（文化財保護法第九十二条）と文化財の保存技術（文化財保護法第百四十七条）を定義している[1]。これらの「文化財」の中には、木、紙や絹、石材などを基底材として顔料や染料で施されたモノがあり、単一層の彩色層のみで構成されるものだけではなく、機能を異にする複数の塗膜層を有するものが数多くある。彩色文化財の場合、「文化財」が持つ歴史的、美術的価値を理解する際に、その主たる情報源はこの彩色層にあるということができよう。つまり文化財としての分類が共通する素材であるが、それぞれの表現や内容からすると絵画、壁画、彫刻、工芸、建造物などのように大きく分かれているモノを広義には「彩色文化財」を意味している。

ところが彩色文化財の保存ならびに修復の課題に直面するのは、既に彩色層は形状や視覚的変化から経年劣化が進んでいる時が多い。剥離や剥落、亀裂のような最表層の状態や基底材の材質による変形などからみて、何を残すか、現状はどうなっているのか、どう残すのかといった段階を踏むことが少なくない。そこで保存修理を考えるとき、正確な診断が最も重要なデータになるが、劣化が生じていたという確認だけではなく、劣化程度の評価や劣化がどの段階であるのか、これからどう進行していくのかといったことが計測できるのであれば彩色文化財の保存修復にきわめて大きな情報を与えることができるのである。

これまでに、非破壊非接触の彩色文化財の劣化診断調査として電磁波を用いた自然科学的な調査方法が応用され、一般化された方法として定着してきた[2]。一般に、文化財の内部の構造や状態を観察する方法としては、X線透過試験およびX線CTなどがある。X線透過試験は有効な情報をもたらすことが期待されるものの、得られた情報は3次元の情報が2次元のフイルムなどに重ね合わせられて得られるものであり、塗膜層の厚さ方向での情報を必ずしも正確に把握できるものではない。X線CTは、測定環境によって使用できる資料の大きさが大幅に制限されるような技術的問題がある。また、肉眼観察や可視光を正面光、斜光、透過光など光の方向を変えることによって、観察した彩色の劣化は、最表層の状態を観察することでしか知ることができず、下層の彩色層、下地の状況を知ることは困難である。

上記のように、非破壊非接触で数μmの塗膜の構造を調べるためには、困難である彩色層の構造調査に対して新たな領域の電磁波の応用が検討されてきた。テラヘルツ波とは、300 GHz～3 THzの周波数帯の電磁波で、ある程度の深さまで物質中に侵入することができ、日本におけるテラヘルツ波を用いた文化財調査はテンペラ画の調査に始まり[3][4]、2010年から木造文化財の彩色調査の応用[5]や内モンゴルの壁画調査[6]などへの応用等が報告されている。テラヘルツ波の彩色文化財調査への適用を試みた結果、従来の方法では困難であった彩色層の空隙、亀裂および剥落の情報が得ることが可能となった。また、材料の同定までは難しいが、イメージングすることで材料相互の相違を区別することは可能であることが明らかとなった。しかし、材料に対する侵入深さや分解能が異なるため、良好な結果を得られない場合もあり、本研究では、紙を基底材とした場合の基礎的な知見を得る事を目的として、テラヘルツ波分光イメージングに及ぼす彩色材料の影響を把握することを目指した。

2. 研究方法

2.1 テラヘルツ波の原理

テラヘルツ（THz）波は、中赤外線（光）とミリ波（いわゆる電波）の間の周波数帯域のことを言い、一般的に振動数0.1 THz～10 THz（波数：3～300 cm^{-1}；波長：30 μm～3 mm）である（fig1）。電波のように紙、プラスチック、繊維、粉体など様々な物質を透過できるとともに、光波のようにレンズやミラーで空間中で自由に取り回すことができ、物質固有の吸収スペクトルを得ることができる[7]。分光法として利用する場合の特徴としては、中赤外分光の延長として、さらに弱いエネルギーの結合（分子振動、水素結合、結晶の格子振動など）に応じたスペクトルが得られるため、有機・無機の複合材料の評価などへの応用が進められている[8]。さらに、電波に比べて波長が短いため、多くのイメージング用途に対して

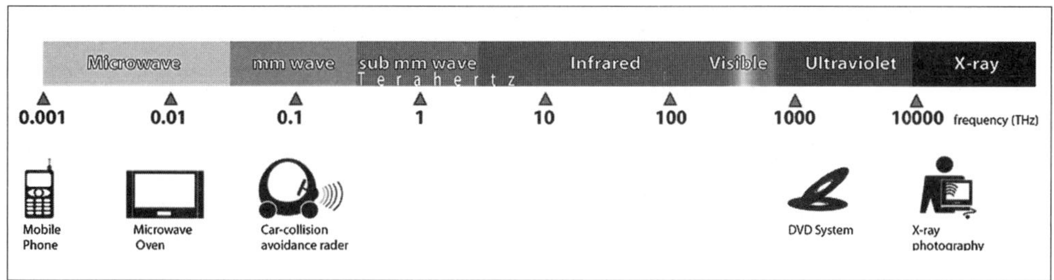

figure 1. Terahertz gap in non-destructive test (NDT) research field

必要十分な空間分解能を有している。テラヘルツ波帯のパルス波を利用したイメージングの特長は、テラヘルツ波に対する物質の屈折率の差から界面の検出が容易で、絵画の内部状態を非破壊非接触で測定できることである。一方、現在市販されているイメージング装置の周波数範囲は0.1～3 THz程度であるため、物質の同定に必要な指紋スペクトルを得ることは難しい。特に反射スペクトルは、表面状態に影響されるため、反射率の相対的な大小から物質を推定できる程度である[9]。

2.2 調査方法

実験に用いた装置は、テラヘルツ時間領域分光法を用いたパイオニア製テラヘルツ波分光イメージング装置である。本体部にはフェムト秒レーザ、光学遅延装置および制御・信号処理部等が内蔵され、対物レンズを通ったテラヘルツ波はヘッド外部でサンプルに集光・照射され、その反射成分が再度ヘッドに取り込まれる送受信ヘッドで構成されている(fig2)。また、THzイメージング信号が一定の焦点距離を維持できるXY ステージを使用した。

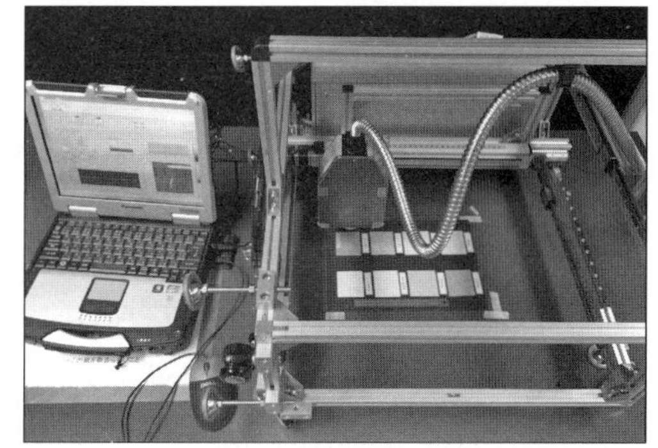

figure 2. Terahertz real time imaging system

準備した測定試料は、東洋における彩色材料を想定し、彩色文化財の基底材として紙を用いた試料について測定を行った。試料の彩色層は単一層とし、彩色が施されていない試料と比較することで基底材と彩色層の界面のイメージングデータから信号の強度、確認の有無を確認した。

3. 結果と考察

3.1 イメージング画像からの検討

テラヘルツ波を走査して得られた時間波形のピーク値を輝度値として描画した結果の一部をfigure 3に示す。テラヘルツ帯では材料によって透過率が異なるためその差を実時間にグレースケールの値とすることができる。肉眼では同じ色でも、異なるグレーで表現することで異なる彩色層において比較的簡単に相違を確認することができた。

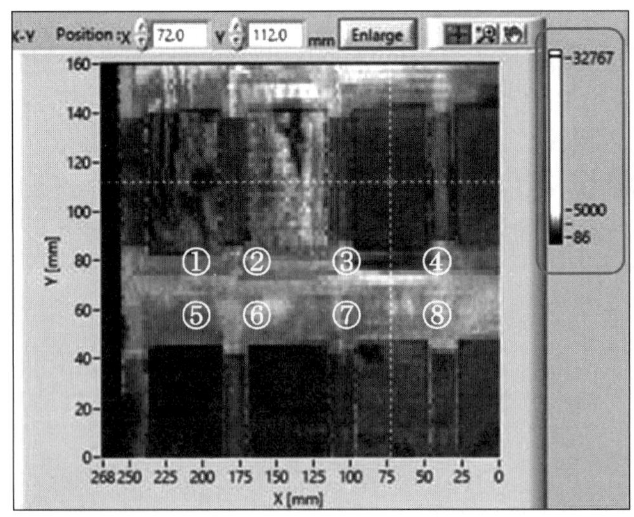

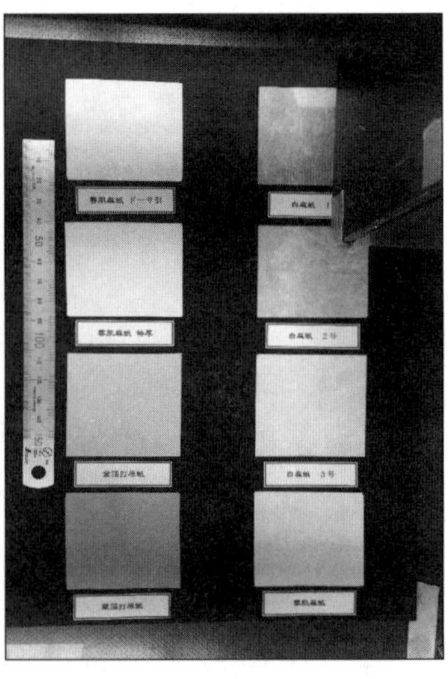

① 銀箔打原紙　Silver Base Paper
② 金箔打原紙　Gold leaf Base Paper
③ 雲肌麻紙　特厚 *Kumohadamashi* (Hemp Paper) 、Extra thick
④ 雲肌麻紙　ドーサ引 *Kumohadamashi* (Hemp Paper) , Dosa liquid
⑤ 雲肌麻紙 *Kumohadamashi* (Hemp Paper)
⑥ 白麻紙　3号　White Hemp Paper　no.3th
⑦ 白麻紙　2号　White Hemp Paper　no.2th
⑧ 白麻紙　1号　White Hemp Paper　no.1th

figure 3. visible and terahertz images of specimens

その他、密度が小さい有機顔料の方が透過率が高いため、彩色が施されてない紙試料と区別できない場合も明確に捉えることができた。当然のことながら彩色のテラヘルツ波の吸収量は層の厚さが増えるほどに増大していく。例えば、緑青のような無機顔料は反射信号が相対的に高いが、有機顔料の方はほとんど透過され黒に近い色を示している。さらに、藍は相対的に明るい強度差を示していた。このことから、得られたテラヘルツ波イメージから、反射率の相対的な大小により物質を推定できる。

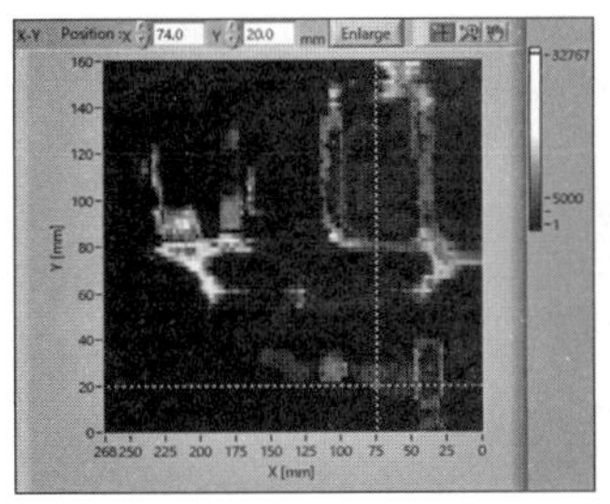
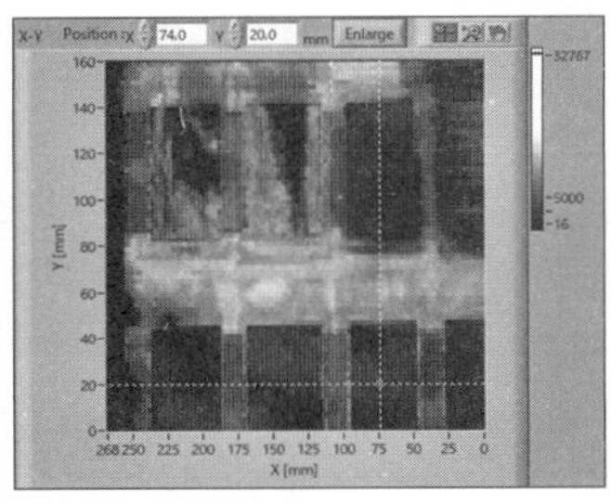
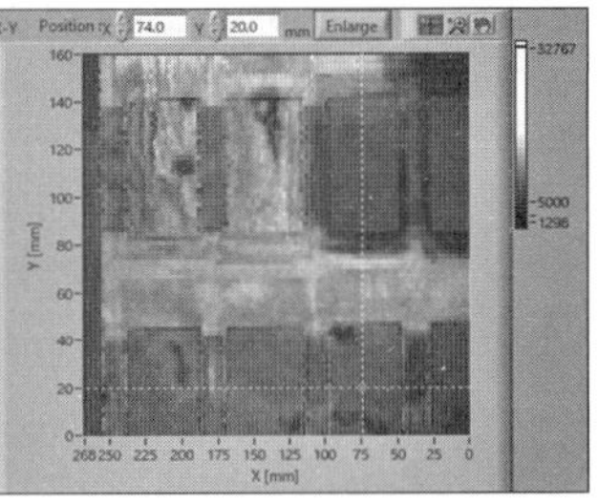

figure 4. X,Y Axis Cross section image

fig.4は、同時間領域において短時間フーリエ変換により求めた各周波数成分を輝度値として描画した結果である。このことより、解析の際はノイズやムラが目立たない解像度を検討する必要があると考えられる。

3.2 THzエコーパルス信号からの検討

fig5に楮のイメージング結果（全画像）、XY軸の断面画像、Z軸の深さ方向の波形を示す。そのうち、fig5_(a)は紙試料のTHzエコーパルス信号を示しており、2つのTHzエコーパルスが時間的に分離されている様子が確認できる。次に、同様の紙を基底材として顔料などを用いて塗膜サンプルを作成し測定を行った一例の結果がfig6である。fig6_(a)のように、THzエコーパルス信号からは、断面イメージングからは明確ではなかった紙と彩色層の界面を明確に捉えることができた。

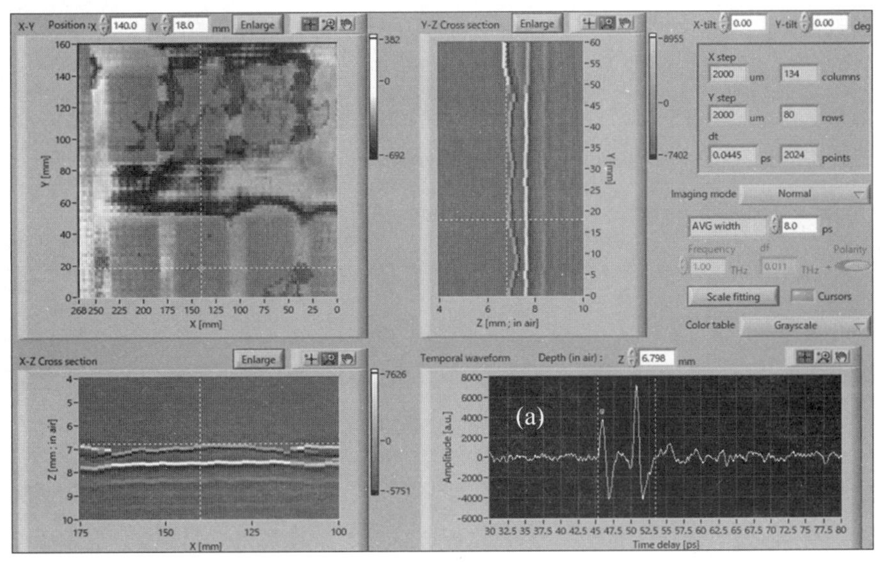

figure 5. Terahertz time domain image of Mulberry paper

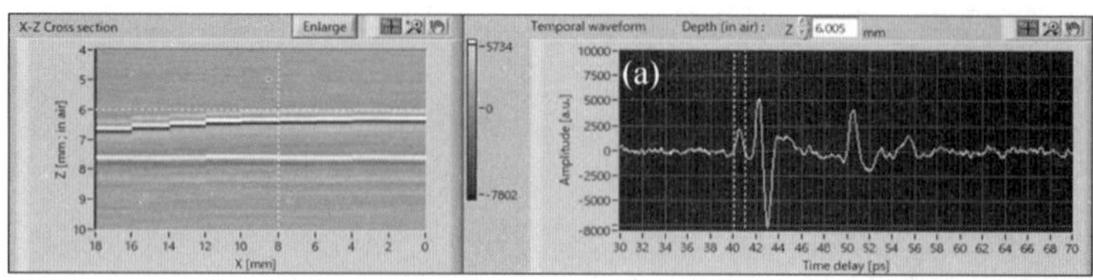

figure 6. Terahertz time domain image of whiting

一方で、XY軸の断面情報のみの解析をおこなった場合は、2次元の波形を見ると規則性があり、紙自体の特徴を示していることがわかった。しかしながら一部の試料ではこの規則性に当てはまらないものも確認することができた。下記の2パターンである。

A. 規則性が確認できるタイプ_1層の紙試料の場合、紙の表層と測定台との界面でピークが得られる基本波形が確認できる(fig5)。

B. 紙のみの情報と区別が難しいタイプ_打紙の加工を施した紙試料に関しては多重反射信号が、雁皮、金属箔金銀箔を用いた試料については表面反射が大きいためその下層での正確な情報を得ることができなかった。(fig7-8) この結果から、加工を施した紙試料と、彩色層として体質顔料を用いた場合の区別の可能性が考えられる。

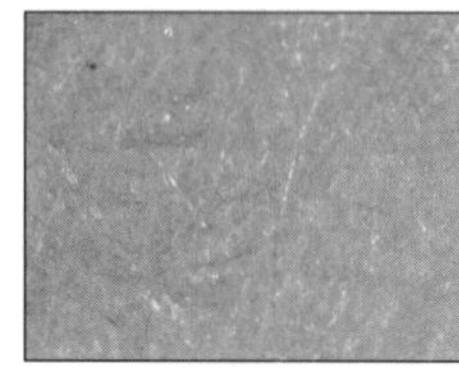
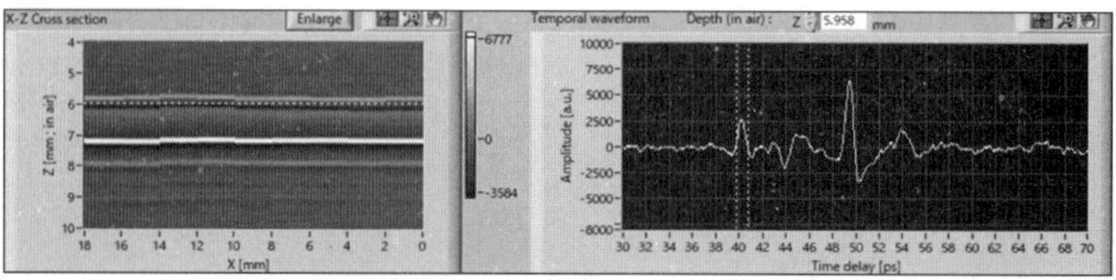

figure 7. Terahertz time domain image of *Kumohadamashi*(Hemp Paper)、Extra thick

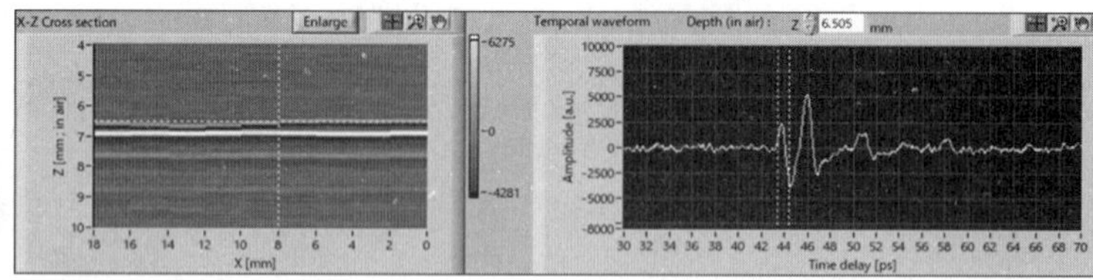

figure 8. Terahertz time domain image of *ganpi*(species of flowering plant)

また、同様の基底材(紙)の上に異なる色料を施した試料の測定結果、断面イメージングからは大きな区別ができなかったが2次元波形から特性ごとに分けることができた。

A. 断面画像だけでは紙のみの情報と区別が難しかったタイプの仕分け、彩色層確認 (fig9)

B. 彩色層として簡単に推定できるタイプ (fig6、10)

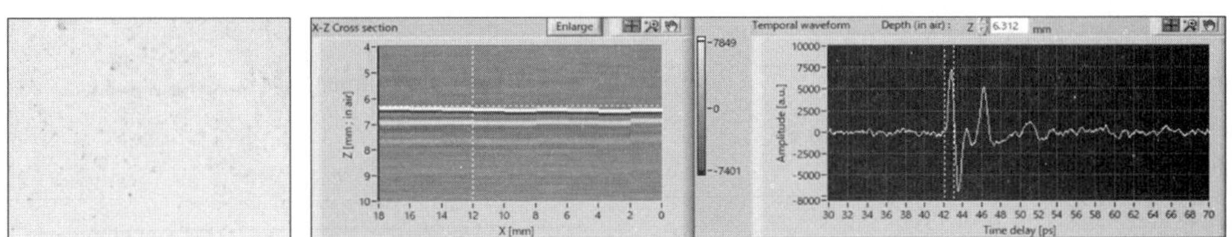

figure 9. Terahertz time domain image of shallow *kakiiro*

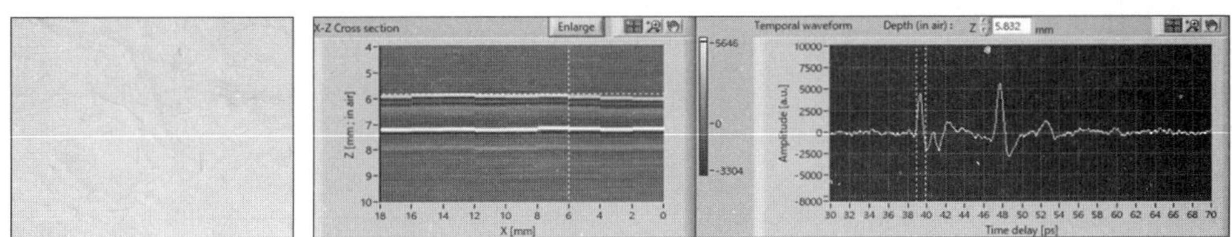

figure 10. Terahertz time domain image of *byakugun* (pastel blue)

C. 正確な情報を得ることができないため、判別が難しい。(fig11-12)

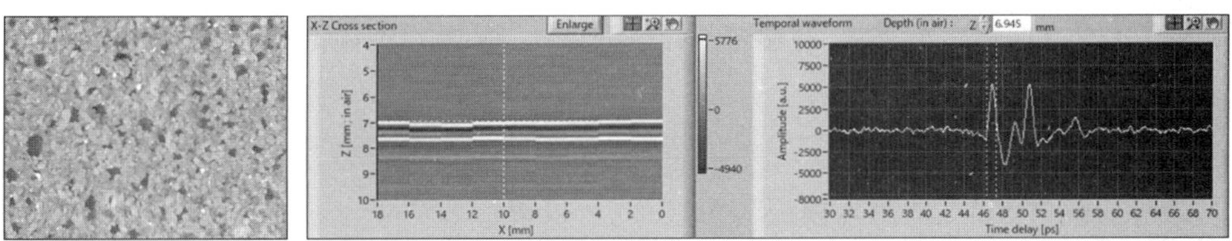

figure 11. Terahertz time domain image of malachite

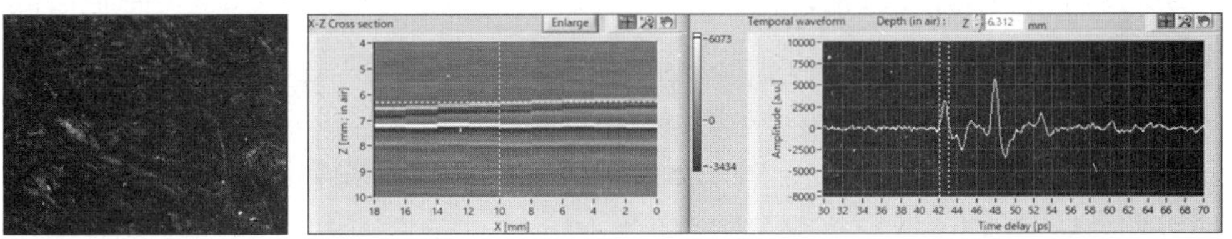

figure 12. Terahertz time domain image of indigo

fig13に試料の反射測定した場合のテラヘルツパルス波の波形を示した。図中①は試料表面で反射したパルス波である。図中②は、試料の裏面反射、③以降は試料の内部での多重反射の結果、遅れてきたパルス波である。このような時間分解パルス波計測法の特徴を利用すると、多層膜の深さ方向の情報を得ることができる。

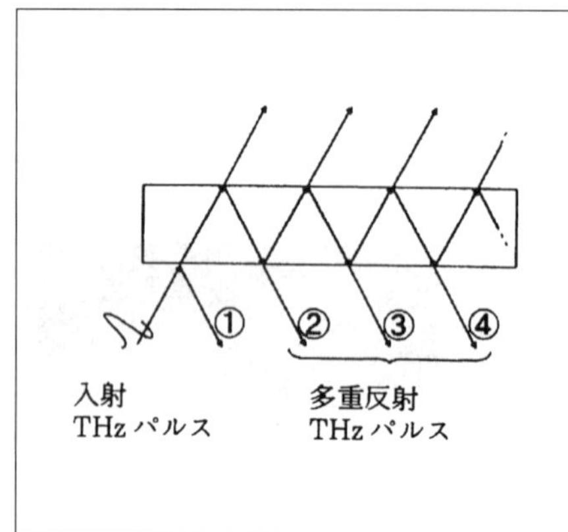

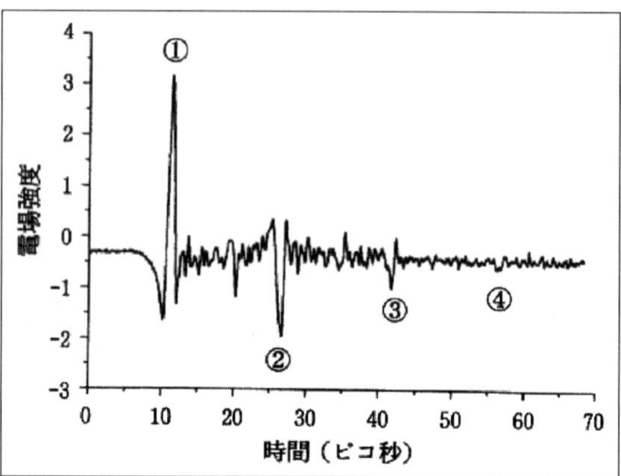

figure 13. multiple reflections of the terahertz wave

4. まとめ

彩色文化財における内部構造調査には、これまでいくつかの有効な調査方法が実用化されてきた。これにより使用された材料が確認され、経年変化や絵画の状態も解明されるようになった。しかしながら、実際の詳細な彩色調査方法の多くは実験室で行われることが多く、非破壊調査ならびに現場での調査が適正に行われているとは言い難い状況である。そこでテラヘルツ波イメージングの彩色文化財調査への適用を試みた。

紙を基底材として試料の模擬実験では、パルス波のエコーを観測することで多層構造の深さ方向の情報を診断することが可能であることが今回の一つの成果ともいえる。材料の同定までは難しいが、パルス波のエコーから観察することで彩色層間を見ることが可能であったことと、おおむね、イメージングすることで材料相互の相違を区別することは可能であることが明らかとなった。

今後も基底材、顔料、バインダーなどのデータベースを充実させていくとともに、混合物の解析が可能となるように実測も推進していく予定である。さらに、測定開始点から基底材までテラヘルツ波が届く時間差と、波形の振幅、相位の違いは、サンプルの屈折率と粒度の周波数依存性と深い関係があると考えらえる。これについては今後検討の予定である。

参考文献

[1] 文化財保護法、昭和25年5月30日法律第214号.

[2] 三浦定俊、光学的方法の歴史、文化財保存修復学会誌 vol.50、2006.

[3] J. B. Jackson, M. Mourou, J. F. Whitaker, I. N, Duling, S. L. Williamson, M. Menu, G. A. Mourou. Terahertz spectroscopy for non-Invasive evaluation of mural paintings, *Optics Communications*, 2008(281): 527-532.

[4] K. Fukunaga. Terahertz spectroscopy for non-Invasive analysis of cultural properties, *Journal of the National Institute of Information and Communications Technology*, 2008, 55.

[5] 福永香1、高妻洋成2、金旻貞3、藤井義久3、藤原裕子3、テラヘルツ波イメージングの文化財建造物調査への応用、『文化財保存修復学会』、第32回大会、岐阜、2010.

[6] K. Fukunaga, I. Hosako, Y. Kohdzuma, T. Koezuka, M.-J. kim, T. Ikari, X. Du. Terahertz analysis of an east Asian historical mural painting, *Journal of the European Optical Society*, Rapid Publications 2010, 5, 10024.

[7] 高柳 順、澁谷孝幸、水津光司、川瀬晃道、テラヘルツ波技術とその応用可能性、塗装工学、Vol.43、No.11、2008.

[8] S. kojima, N. Tsumura, H. Kitahara, M. Wada Takeda, S. Kogima. *Physics in Medicine & Biology* , 47, 3771, 2002.

[9] 福永香、テラヘルツ波を用いた絵画材料の分析とデータベース化、塗装工学Vol. 43, No. 11, 2008. B. Ferguson and X. C. Zhang. Materials for terahertz science and technology, *Nature Materials*, vol. 1, 2002, p.26.

モンゴル古代顔料の分析研究（Ⅰ）
—BC1匈奴時代のNoyon-Ula遺跡出土の顔料を中心に—

柳成煜[1]　エルデネ－オチル[2]　メンドバザル オユントルガ[3]　今津節生[3]
（1奈良文化財研究所，2モンゴル科学アカデミー考古学研究所，3奈良大学）

中文摘要：本研究以蒙古历史考古研究中较少涉及的彩色颜料分析为课题。目前蒙古对于其广大国土内的历史遗迹正积极进行发掘和研究活动。本研究团队对考古发掘遗物中发现的彩色颜料进行收集，以期能够理清并总结蒙古地区不同时代颜料使用的源流。

本次调查以公元前1世纪匈奴时代Noyon-Ula山遗址中考古发现的红色颜料为对象。Noyon-Ula山遗址是位于乌兰巴托北130公里处Tobu省Bornuur村的匈奴时代遗迹。2009年由蒙古科学院历史考古研究所和俄罗斯新西伯利亚考古学研究所共同主持了该遗址的考古发掘工作。本次调查对Noyon-Ula山遗址编号20的墓穴中所发现两处红色颜料进行了分析。

颜料观察由奈良大学所有的扫描电镜（Hitachi公司制造）和实体显微镜进行。X射线荧光分析由奈良文化财研究所所有的设备EAGLE Ⅲ（EDAX公司制造）进行。分析条件为：真空环境下电压40 kv、电流30 μA，测定时间为300秒。

两处红色颜料中都主要检出汞元素（Hg）和硫元素（S）。据此可以推断两处皆为红色朱砂颜料。朱砂颜料在本研究团队近年所调查的蒙古匈奴时代遗迹中多有发现。以匈奴时代为开始至2—3世纪的遗址中，朱砂颜料的使用也多有发现。今后将对这一时期的，以及鲜卑、柔然、突厥、回鹘、契丹、蒙古帝国等时代的颜料持续进行调查，并期望能对尚未确立的蒙古国颜料历史和体系进行研究。

1. はじめに

モンゴルは広い国土と長い歴史の中で煌びやかな文化を発達させた。これに対する発掘調査も、モンゴル国内で全国的に活発に行われている。しかし、このような調査は考古学的調査に集中されており、保存科学的な側面での調査はまだ不足している状況である。特に発掘現場で出土される多くの遺物の中で考古学的そして歴史的な意味を持つ遺物は多数の研究者から注目されているが出土品の中で彩色顔料が付いている遺物などに関しては分析が進んでない状態である。本研究チームはモンゴル各地の発掘調査から出土される顔料の成分分析を行い、モンゴルの歴史の中での顔料の変遷を明らかにすることを目標とする。

2. 遺跡情報

調査地域であるNoyon-Ula遺跡はウランバートルから北に130キロに離れたトブ県ボルノール村に位置している匈奴時代の遺跡である。発掘調査は2009年モンゴル科学アカデミー考古学研究所とロシアのノヴォシビルスク考古学研究所の共同発掘調査で行われた。分析対象になるサンプルはNoyon-Ula遺跡の墓20から発掘された。

3. 対象試料

分析試料はRED1、RED2の2点で墓20から発掘された木棺から採取した。表面に赤色顔料が有ることを確認して分析を行った。

4. 分析方法

顔料の観察は奈良大学の走査型電子顕微鏡(Hitachi社)と実体顕微鏡を用いて行った。蛍光X線分析には奈良文化財研究所のEAGLE Ⅲ(EDAX社)を使用し、分析条件は電圧40 kV、電流30 μA、測定時間300 s、真空で行った。

5. 実体顕微鏡観察結果

Fig.1　RED1(4X)

Fig.2　RED2(4X)

6. 電子顕微鏡(SEM)画像

今回の観察では試料を粉砕せず現状状態でSEM観察を行った。観察結果顔料の粒子が確認できてRED1とRED2類似な形態で観察された。

Fig.3　RED1(1 000X)

Fig.4　RED1(3 000X)

7. 分析結果

サンプルは全て同じ遺跡より出土した赤色顔料を対象にし分析を実施した。Red 1のサンプルを3ヶ所測定した結果は平均値が水銀(Hg) 27.60%、硫黄(S) 52.44%、ケイ素(Si) 12.69%、カルシウム(Ca) 2.94%、アルミニウム(Al) 2.91%、鉄(Fe) 0.66%、砒素(As) 0.46%、銅(Cu) 0.23%、ストロンチウム(Sr) 0.08%が検出された。Red 2のサンプルを3ヶ所測定した結果は平均値は水銀(Hg) 46.34%、硫黄(S) 41.26%、ケイ素(Si) 4.85%、カルシウム(Ca) 3.14%、鉄(Fe) 2.63%、アルミニウム(Al) 1.34%、銅(Cu) 0.36%が検出された。

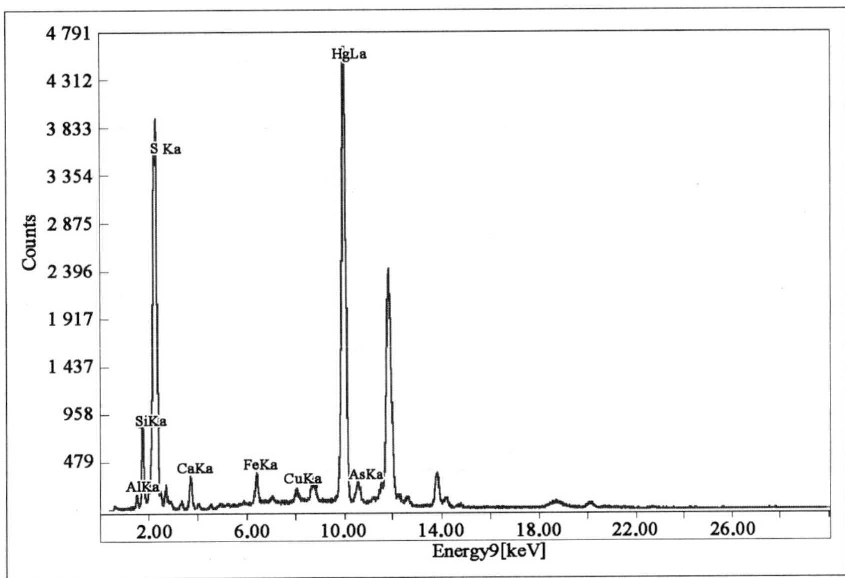

Fig.5 RED1-1 XRF

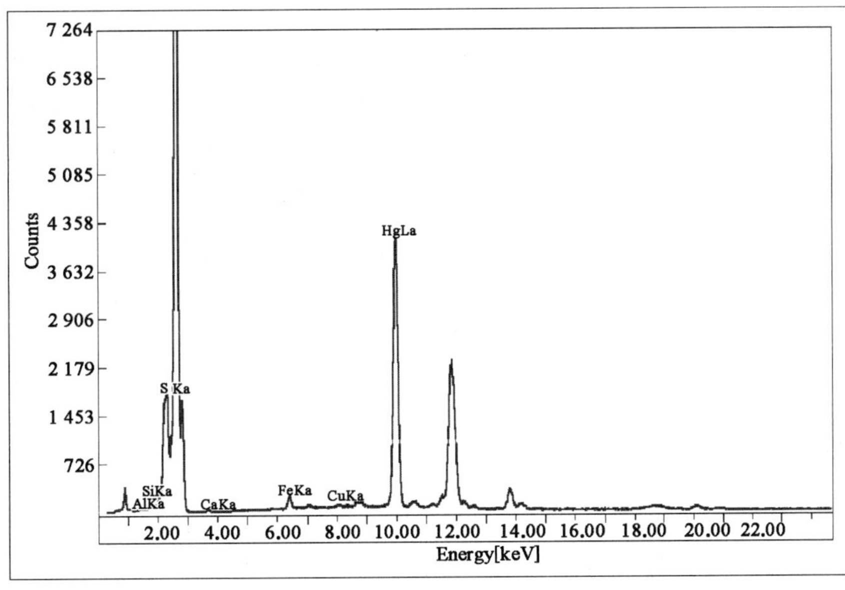

Fig.6 RED2-3 XRF

Table 1 Noyn Tomb20 RED1 XRF

	Al	Si	S	Ca	Fe	Cu	Hg
Red 1-1	3.71	14.58	46.50	2.87	0.70	0.26	30.87
Red 1-2	1.87	9.68	57.75	4.16	0.58	0.27	25.08
Red 1-3	3.15	13.81	53.06	1.79	0.69	0.17	26.84
Average	2.91	12.69	52.44	2.94	0.66	0.23	27.60

Table 2 Noyn Tomb20 RED2 XRF

	Al	Si	S	Ca	Fe	Cu	Hg
Red 2-1	0.74	4.80	26.30	0.23	2.04	0.15	65.49
Red 2-2	2.32	6.31	57.86	8.80	4.99	0.79	18.93
Red 2-3	0.95	3.44	39.63	0.39	0.86	0.15	54.59
Average	1.34	4.85	41.26	3.14	2.63	0.36	46.34

8. 考察と課題

今回の分析ではNoyon-Ula遺跡からの二つのサンプルの赤色顔料の分析を行った。二つとも主な成分では水銀（Hg）と硫黄（S）が検出されて、この赤色顔料は水銀朱（HgS）と判断した。本研究チームの近年の調査によるとモンゴルの匈奴時代の遺跡では多く発見されている。朱を顔料として利用したのはこの時代から始めモンゴルの2～3世紀の遺跡で発掘される遺物からも多数発見されている。今後もこの時代の遺物たちを対象にして分析を行い、鮮卑（せんぴ）、柔然（じゅうぜん）、突厥（とっけつ）、ウイグル、契丹（きったん）、モンゴル帝国時代など、他の時代の顔料についての調査研究も持続的に進めて、まだ確立されていないモンゴルの顔料に関する歴史と体系を研究していく予定である。

参考文献

柳成煜．13世紀モンゴル帝国出土赤色顔料の分析研究．第42回国際学術大会．韓国文化財保存科学会，2015：183-184.
柳成煜．13世紀モンゴル帝国出土赤色顔料の分析研究（II）．第43回春季学術大会．韓

国文化財保存科学会, 2016: 193-194.

柳成煜. 2–3世紀モンゴル鮮卑族古墳出土顔料の分析研究. 第44回国際学術大会. 韓国文化財保存科学会, 2016: 173-174.

柳成煜. モンゴル匈奴時代の古墳出土顔料の分析研究(Ⅰ) -アルハンガイ県バルガスンタール遺跡出土の顔料を中心に-」. 第34回日本文化財科学会要旨集. 日本文化財科学会, 2017: 174-175.

Sungwook Ryu. Соёлын өвийн үнэт дурсгалыг багажит дүн шинжилгээгээр судлах нь Сяньбигийн үеийн бунхант булшны будагны судалгаа. *Journal of Natural Science*. Ulaanbaatar State University, 2016, 12: 127-133. (柳成煜.「科学装置を用いた文化財の研究方法-鮮卑時代の古墳出土顔料の分析を中心に-」. *Journal of Natural Science.* ウランバートル大学, 2016, 12: 127-133)

屋外現代芸術作品の経年劣化に関する事例調査

米村祥央[1]　村木ちひろ[1]　清水優花[1]　櫻井翔太[1]　鷲津未来[1]　佐藤純一[1]　早坂瑠華[1]　朴智恩[2]
（1 東北芸術工科大学，2 韓国伝統文化学校）

中文摘要：保罗・维利创作的《Fontaine》是山形县和山形市为纪念东北艺术工科大学的开学而于1994年捐赠的室外现代艺术作品。从设置到现在已经经历了20年之久，近年来，该作品中出现了光泽欠缺、污损或因操作部的操作不良等原因造成的多年老化的问题。我们认为很有必要在不久的将来对大学的标志性作品进行修复处理，因此，为了把握作品的现状，我们进行了调查研究。

通过荧光X射线对元素进行分析得出，该作品为了提高耐蚀性而使用了不锈钢的材质。反复进行干湿交替的几处地方析出了盐，在对析出物进行取样并运用X射线衍射装置进行分析后发现，析出物为方解石。

現代アート作品は材料や製作技法が多様化していることから、それらの保存が文化財保存修復分野の新たな課題となっている。作品によっては長期的な保存を前提としておらず、例えば屋外に置かれた木製の作品では、自然の中で朽ちていき、自然に帰ることを想定しているものもある。また、樹木の葉を利用した作品など、室内空間でも当初の状態を維持するのが困難な材質で制作された作品も増加している[1]。保存科学は今後こうした課題にも取り組まざるを得ない。

東北芸術工科大学は、公設民営の大学として1992年に開学した芸術系の大学である。芸術学部の文化財保存修復学科は、文化財保存修復を学部の段階から学ぶことが出来る学科である。同大学には文化財の修復や研究を実践する場である文

化財保存修復研究センターが設置されており、医学部と大学病院の関係と同様に機能している。

同大学開学に合わせて、1994年に山形県と山形市からポール・ビュリイ(1922–2005)作の"Fontaine"が寄贈された。ポール・ビュリイ(1922–2005)はベルギー南部エーヌ・サン・ピエール生まれの芸術家で、ドローイング、絵画、彫刻、噴水建設、短編映画制作など幅広い芸術活動で知られている。

Fig.1　Photo of "Fontaine" at the time of installation

Fig.2　Photo of "Fontaine" as of 2017

"Fontaine"は、二重の段差になった池の、滝の付近に設置され、大学のシンボルの一つとして親しまれている。約20年の間、屋外に展示されてきたこともあり、近年、設置当時の光沢がなくなり稼働部の動きも悪くなるなど問題が確認されていた。そのため、作品の修復処置を前提とした作品の現状について情報を得る目的で、理化学的な調査を学生教育の中で実施した。

1. 方法

1.1　目視観察と顕微鏡観察

目視により状態を調査するとともに細部を、顕微鏡を用いて調査した。

1.2　蛍光X線分析による元素分析から推定する素材の調査

作品の主材料については、金属製であること以外の情報がなかったため、材質分析を試みた。非破壊で実施するために、蛍光X線(XRF)による元素分析から材質を推定した。蛍光X線分析装置はInnov-X社製可搬型蛍光エックス線分析装置α-4500を使用した(ターゲット金属：W, X線照射範囲：ϕ14 mm, 管電圧：35 kV, 管電流：2 mA, 測定時間：60秒)。

1.3 エックス線回折法による、析出物の化合物同定

白色の析出物の試料を採取し、エックス線回折法（XRD）で分析した。分析には、Bruker AXS社製エックス線回折装置D8 Discover with Gaddsを使用した（ターゲット金属：Co, エックス線照射範囲：0.5 mm ϕ, 管電圧：35 kV, 管電流：40 mA, 測定時間：300 seconds）。

2. 結果

2.1 観察結果

作品の観察より、表面はやや黒色に汚れていることが分かった（Fig.3）。その他に黄色の付着物も確認された。除去すると下部からは光沢のある金属面が現れた。作品には“鹿威し”の機能があるが、先端から水が流れ出し、湿—乾を繰り返す箇所に白色物質が析出していた（Fig.4）。この析出物をサンプリングしたところ、結晶性の物質である可能性が高いと判断し、結晶構造を分析することとした。

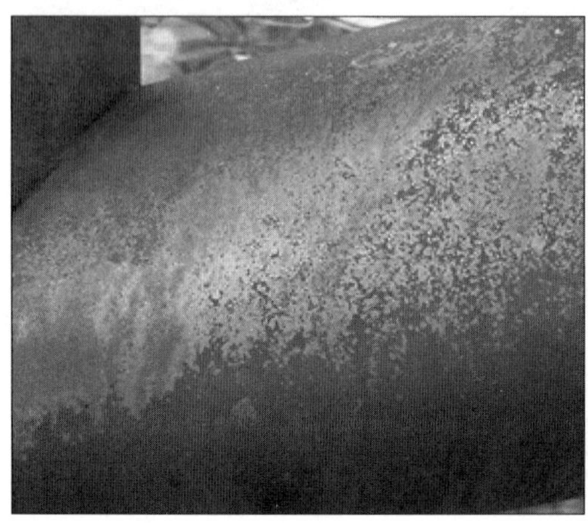

Fig.3 Photo of the surface of the work

Fig.4 Products precipitated on the surface

2.2 蛍光X線分析結果

Fig.5は作品の主材部のXRF分析結果である。最も高いピークとして検出されたのはFeであり、CrとNiも検出されたことからステンレス鋼であることが明確である。その他にMoが検出されたことが特徴として挙げられる。

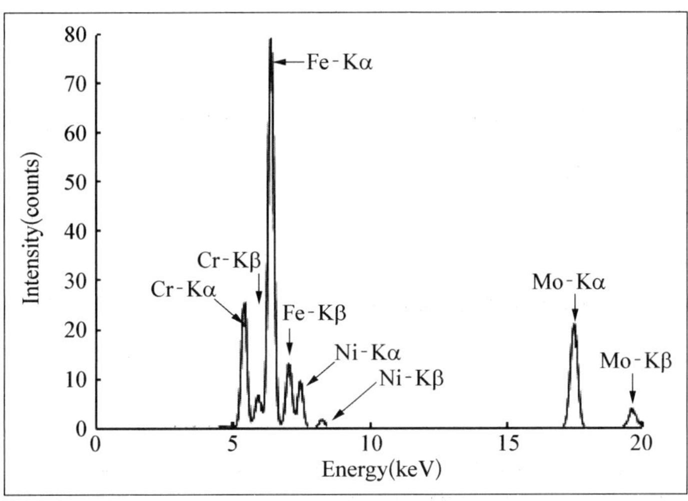

Fig.5　XRF spectrum of main material

2.3 X線回折分析結果

3.1で述べた白色の析出物に関して、試料をXRDで分析した結果をFig.6に記した。結晶性物質である明確な回折ピークが得られ、解析の結果、カルサイト(calcite)であることが明らかになった。

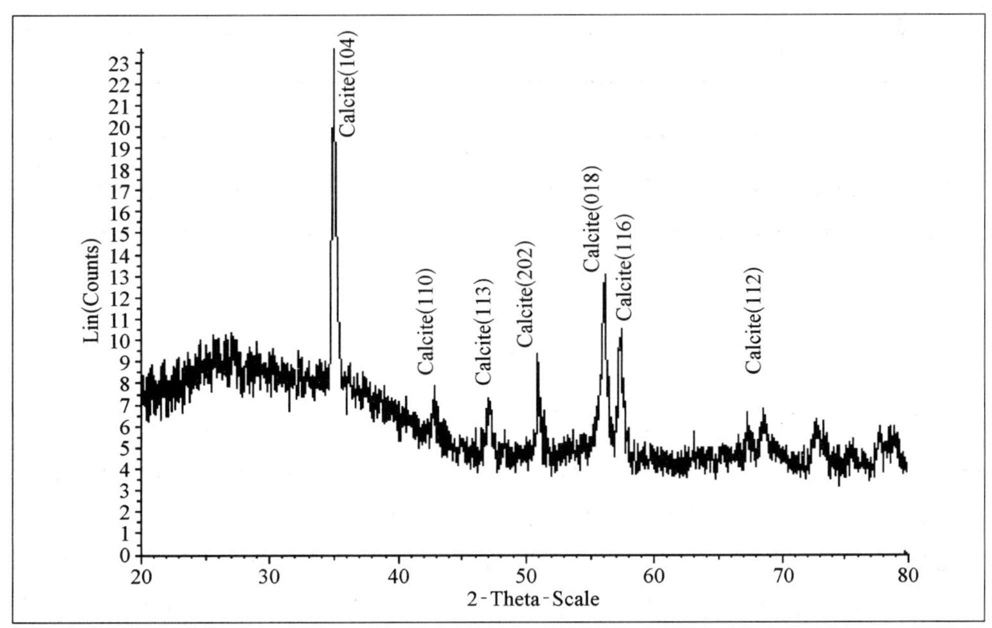

Fig.6　XRD pattern for the sample precipitated on the surface

3. 考察

XRF分析により、作品の主材は耐食性に優れたモリブデン鋼であると考えられる。Table1は、代表的なステンレス鋼であるオーステンナイト系ステンレスの主な種類とそれぞれの組成である[2]。Fig.4の蛍光X線分析結果より、Moの検出が特徴的である。Moが含まれるステンレス鋼はSUS316やSUS312Lが挙げられる。これらはステンレスの中でも耐食性を向上させた種類である。本作品は屋外に設置することを前提として制作されため、このようなステンレス鋼を選択したと考えられる。

Table1. Composition of main stainless steel (Austenite Type)

Main type of stainless steel	Main chemical composition
SUS301	Cr (17%), Ni (7%)
SUS304Cu	Cr (18%), Ni (8%), Cu (1%)
SUS309S	Cr (22%), Ni (12%)
SUS315J1	Cr (18%), Ni (9%), Si (1.5%), Cu (1%)
SUS316	Cr (18%), Ni (12%), Mo (2%)
SUS321	Cr (18%), Ni (9%), Ti
SUS312L	Cr (20%), Ni (18%), Mo (6%), N

作品表面に付着した物質のうち、白色の塩類と考えられた物質は、先に述べたようにXRDによる分析の結果カルサイト (calcite) であることが明らかになった。池の水中に存在するカルシウムの陽イオンと炭酸イオンの次式の反応により生成したと考えられる。

$$Ca^{2+} + CO_3^{2-} \rightarrow CaCO_3$$

その他の付着物については不明な点が多いが、塵埃などに由来するものと考えられる。Fig.7に山形市の風向きの特徴を示した。2016年の各日最大風速を記録した風向きについて、16方位のそれぞれの方位に頻度を示した図である。この図より、山形市に吹く風の方向性には明確な特徴があり、北風と南南西の風に特化しているといえる。東北芸術工科大学は南北に長い土地に設置され、東面は西蔵王高原につながり西に向かって開かれている。作品も西を向いて設置されており、特に西側から吹く風に乗ってくる砂塵等は直接的に影響を与えていると考えられる。現段階では、これらの付着物の多くは除去可能と判断している。

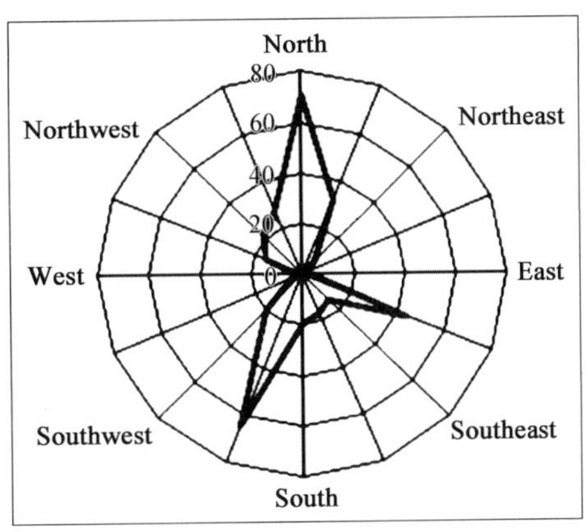

Fig.7 Characteristics of wind direction of Yamagata city
日最大風速を記録した風向きの頻度を16方位で表示、気象庁公開データ(2016年)より筆者作成[3]

Fig.8は作品が設置されている山形市の気候特徴を示すクリモグラフである(比較のため、東京のクリモグラフも表示した)。山形市は積雪量が多い地域である。東京は夏季に最も湿度が高くなり、冬季は乾燥するという気候であるのに対し、山形は積雪が要因で冬季に最も湿度が高くなるという特徴がある。春季は積雪が日中の融解と夜間の凍結を繰り返し石材や土壁の劣化に関与していることが知られている。湿度の高い期間には作品の稼働部などに使用されている材質に影響を与えている可能性がある。

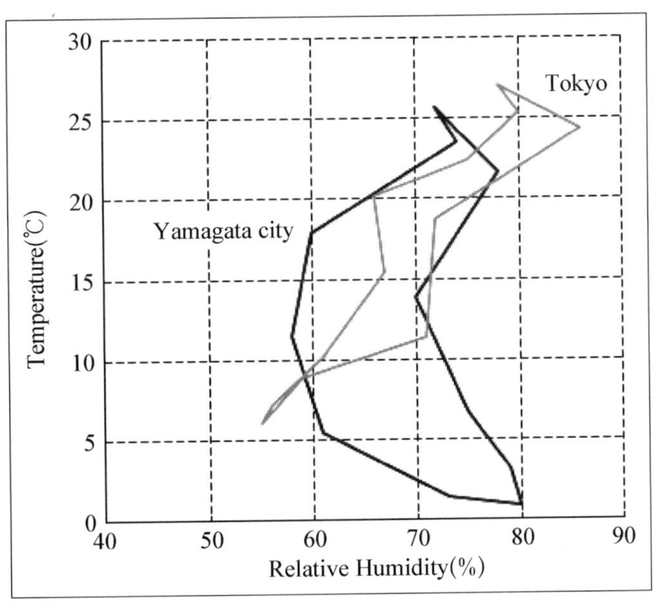

Fig.8 Climograph of Yamagata city (and Tokyo)
気象庁公開データ(2016年)より筆者作成、東京(薄線)は比較のため記載した[3]

以上、大学に四半世紀屋外展示されている作品を事例に状態を調査した。現段階で不明な点も多く、今後も調査を継続し屋外展示される現代アート作品の経年事例として情報を発信していきたい。

参考文献

[1] 藤原徹、及川崇、工藤美穂、國安理江、花谷剛志．栃木県立美術館の収蔵環境の改善に伴う作品保管および修復処置．平成19年度文化財保存修復研究センター研究成果報告書．山形：東北芸術工科大学，2008：217-224.

[2] ステンレス協会．種類.http://www.jssa.gr.jp/contents/about_stainless/key_properties/types/，2017-10-27.

[3] 国土交通省気象庁．各種データ・資料.http://www.jma.go.jp/jma/index.html，2017-10-28.

中国天水麦積山石窟第127窟における壁画の光学撮影調査

末森薫[1]　岳永強[2]　李天銘[2]　馬千[2]　董広強[2]
松井敏也[3]　八木春生[3]
（1 関西大学，2 麦積山石窟芸術研究所，3 筑波大学）

中文摘要：麦积山石窟位于甘肃省天水市东南，从2005年开始，麦积山石窟艺术研究所与日本筑波大学世界遗产专攻学科合作对麦积山石窟周边环境及部分洞窟进行了共同调查研究。其中，对壁画的制作工艺及材料的调查是双方开展的一项重要研究。第127窟西魏（公元535—556年）开凿，是麦积山石窟仅有的几个大型洞窟中保存较为完整的洞窟之一，壁画绘有本生图和经变图，具有重要的研究价值。但是，因自然因素及人为活动的影响，其壁画存在起甲、空鼓、脱落等病害，尤其局部黑色化，模糊不清。因此，为了进一步对黑色化部分进行图像的可视和解读，我们借助光学摄影技术，在四个光照条件下进行光学调查：（1）偏光白色光照射/正反射光摄影；（2）偏光白色光照射/扩散反射光摄影；（3）近紫外光照射/荧光摄影；（4）近红外光照射/反射光摄影。通过此种技术和方法，使其不可视壁画部分可视化，从而达到图像的解读与研究。

1. はじめに

中国甘粛省天水市の郊外に位置する麦積山石窟は、南北朝時代（5–6世紀）を中心に造営が進められた仏教遺跡であり、崖面に穿たれた200を超える洞窟には、当時の仏教信仰を伝える壁画および造像が数多く残存する（図1）。麦積山石窟

図1　麦積山石窟全景

芸術研究所と筑波大学世界遺産専攻は、2005年より、麦積山石窟の保護を目的とした共同研究を進め、文化遺産の歴史的価値の評価、周辺環境および景観の調査、洞窟内の環境調査、洞窟内に残される壁画や塑像の保存修復材料の検討、三次元計測によるデジタル化など、多岐にわたる調査・研究を展開してきた[1]。壁画の制作技法や材料に着目した調査・研究の一環として実施した光学調査では、彩色層の構造や使用材料の推定や、壁画の劣化状況の把握などをおこなっている[2][3]。本稿では、第127窟の壁画を対象に実施した光学撮影調査について、その方法および成果を報告する。

2. 調査対象・目的

西魏（535–556年）に造営されたと推定される第127窟は、長方形の平面を持つ大型の窟である。麦積山石窟では、壁面が崩落する窟も少なくないが、第127窟は窟全体が良好に残されている。特に、側壁の四面（東壁、南壁、西壁、北壁）、天井の四披（東披、南披、西披、北披）および頂部を描かれた壁画は約100 m^2におよび、釈迦の前世の物語を図化した本生図や経典などを題材とする変相図が描かれるなど、その内容も豊富である（図2）。壁画に描かれた内容は、造営当時の仏教

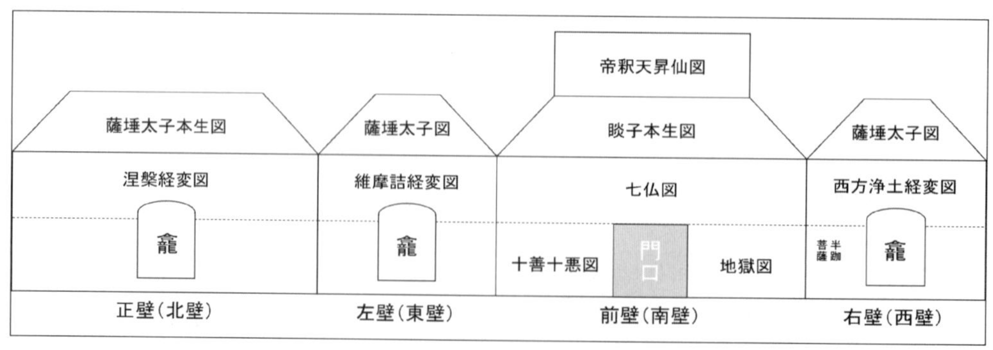

図2　第127窟展開図・壁画題材

信仰や儀礼を伝える重要な手がかりであるが、長年の経年劣化によって壁画自体の脱落や損傷がはげしく、また、煤などにより表面が黒色化しており、描写内容が不明瞭な箇所が散見される(図3)そこで、肉眼では描かれた内容が確認できない、あるいは確認しにくい図像の可視化を目的として、光学撮影の手法を用いた調査を実施した。

図3　第127窟壁画の状態(南壁門口上部)

3. 調査方法

光学的手法を用いた調査は、非破壊で文化財の情報を得る手法として、これまでにも多くの事例があり、中国の仏教石窟壁画を対象とした調査もおこなわれている[4]。その方法は様々であるが、本調査では、崖面上の石窟内でも簡便におこなえること、そして、大がかりな準備を要しないことを重視し、少人数で現場に携行できる撮影機器を用いる方法を採用した。

本調査では、受光センサーより赤外カットフィルターを外したデジタルカメラ(SONYα6000、360～1 100 nm程度を受光)により撮影をおこない、受光波長を制御する光学フィルター(カラーバランス補正フィルター、紫外カット可視透過フィルター、可視カット紫外透過フィルター、可視カット赤外透過フィルター、偏光フィルター等)をレンズの先端部に適宜装着し、カメラのセンサーで受光する光の特性を制御した。また、壁画に照射する光源には、偏光板を装着した白色LED光源(偏光白色光)、可視カット紫外透過フィルターを装着した近紫外LED光源(極大波長375 nm)、そして近赤外LED光源(極大波長850 nm)の三種類を用いた(図4)。近年のLED開発の進展により、波長域の半値幅が比較的

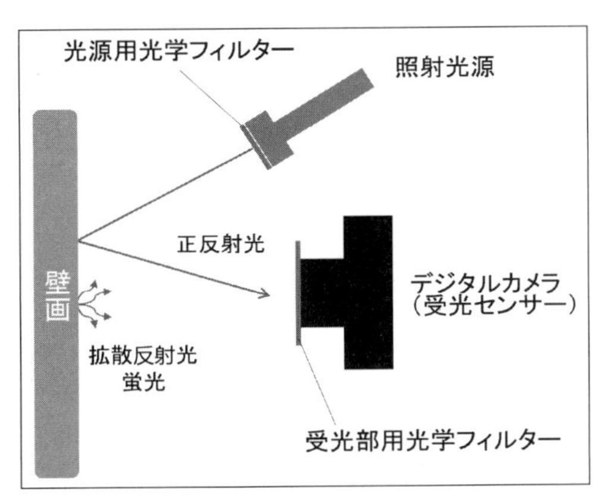

図4　光学撮影方法　模式図

狭い、様々な種類の光源を比較的容易に入手できるようになってきた。今回は、センサーの受光域や、調査に要する時間を考慮し、これまでの調査において画像取得に適した判断される波長域の光源を選択した[5]。

本調査では、壁面全体の特徴を網羅的に把握することを目的とし、広角レンズを用いて、壁面ごとに数カットずつ撮影をおこなった。撮影にあたっては、照射光以外の光の影響を排除するために、窟入口部を遮蔽した。また、必要に応じて、Adobe Photoshopを用いて、撮影画像（RAW画像）の明るさ・コントラストの調整、階調の反転、グレースケール化などの加工をおこなった。なお、再現性も担保するため、加工はレイヤーに分けておこなった。

4. 光学撮影法の条件

撮影方法は、光源の種類や受光域、受光方法などの条件により、下記四つを選択した。

⑴ 偏光白色光照射・正反射光受光撮影（図5上左）

偏光フィルターを装着し偏光状態にある白色光（偏光白色光）を壁画に照射し、受光部の偏光フィルターを、照射光を最大限取り込めるようよう開放（オープンニコルの状態）し、撮影する方法である。この撮影法により、壁画表面で正反射した光（正反射光）を受光することができ、壁画表面の凹凸の状態などを階調（濃淡の差）として画像化することができる。

⑵ 偏光白色光照射・拡散反射光受光撮影（図5上右）

偏光白色光を壁画に照射し、受光部装着の偏光フィルターを用いて、光源光の受光部への入射を制御（クロスニコルの状態）することで、壁画表面で拡散した光（拡散反射光）を撮影する方法である。この撮影法により、壁画表面における光源の正反射光を除去し、壁画が持つ色の情報をより鮮明に可視化することができる。

⑶ 近紫外光照射・蛍光受光撮影（図5下左）

近紫外光を壁画表面に照射し、紫外光を遮断し、可視域を透過するフィルター（紫外カット可視透過フィルター）を受光部に装着することで、壁画表面において近紫外光により励起した蛍光反応を撮影する方法である。この撮影法により、壁画表面における近紫外光により励起する物質の有無や分布を画像化することができる。

偏光白色光照射・正反射光受光

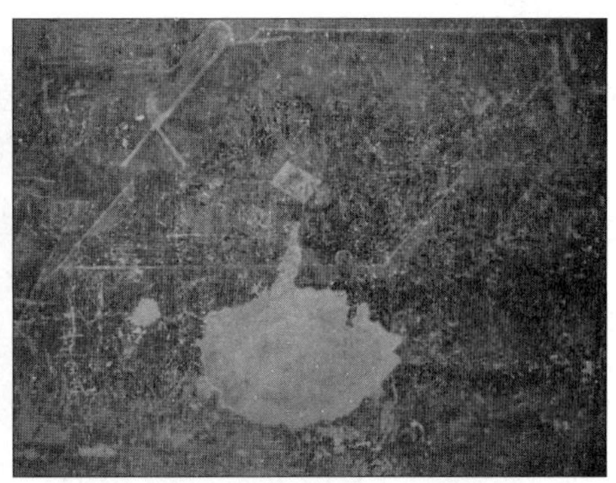

偏光白色光照射・拡散反射光受光

近紫外光照射・蛍光受光

近赤外光照射・反射光受光

図5　撮影条件別撮影画像比較（第127窟南壁東下部　十善十悪図（部分））

(4) 近赤外光照射・反射光受光撮影（図5下右）

近赤外光を照射光源とし、受光部に可視域を遮断し、赤外域を透過するフィルター（可視カット赤外透過フィルター）を装着して、資料表面で反射した赤外光を撮影する方法である。この撮影法により、壁画表面における赤外光の反射の強弱を画像化することができる。また、白色光に比べ波長が長いため、壁画表面より深度の深い情報を取得できる場合がある。

5. 調査結果

(1) 光学撮影画像の比較による成果事例

偏光白色光照射・正反射光受光撮影画像では、損傷を受けている箇所などを除き、壁画表面が全体的に平滑であることを確認した。この特徴は、壁画片の構造調査の際に認められた特徴と同様である[6]。壁面表面が平滑であることから、比較的照射光の正反射光を制御しやすい条件にあると言える。偏光白色光照射・拡散光受光撮影画像では、白色光の正反射光を制御することにより、目視観察や通常の撮影では見えにくい図案・図像の色情報をより鮮明に可視化することができた。例えば、第127窟南壁西壁の下部に描かれた「地獄変」に比定される場面は、全体的に摩耗が激しく、彩度の高い彩色もほとんど残存していないため、画面全体を通して曖昧模糊としている（図6左）。一方、偏光白色光照射・拡散光受光撮影画像では、壁画表面に残存する色味の違いをより明確に区別することができ、向かい合う人物の図案などをくっきりと確認することができた（図6右）。各場面の内容が記されていたと考えられる四角い部分（題箋）には、文字自体を確認することはできなかったが、題箋および図像の位置関係がより明確に把握でき、場面展開や各場面の内容を比定する上で有用な情報を得ることができた。

近紫外光照射・蛍光受光撮影画像では、蛍光を発する材料の有無や分布を画像化することにより、いくつかの場面において、描写された図案の内容をより詳細に把握することができた。第127窟西壁南の下部には、山岳中で半跏の坐勢をとる菩薩像を配する場面が描かれているが、摩耗や変色が激しい（図7左）。緑系の色料で表現された山岳表現の一部も、彩色層の脱落が激しく、目視では全体像をつかむことができないが、近紫外光照射・蛍光受光撮影画像では、山岳の形状が浮かび上がり、山岳中に存在する半跏菩薩像の場面の構図をより明確に確かめることができた（図7右）。これは、山岳に使用された緑系顔料が蛍光を発しない特徴より図像化できたものであり、彩色層が脱落したと見られる部分にも微細部においては彩色が残存していることを確認することができた。

近赤外光照射・反射光受光撮影では、可視域と近赤外域における分光反射率の違いにより、可視域の光では見えない、あるいは見えにくい図像を確認できる場合がある。また、赤外光は可視光に比べ波長が長く透過性に優れるため、対象資料表面より深度の深い情報を可視化できる手法として、文化財の分野でも広く利用されている。本調査においても、図案を確認しやすくなる例が確認された。第127窟天井の西側の傾斜（西披）には、薩埵太子本生の有名な場面である「捨身飼虎（飢えた虎に自らの身を施す場面）」が描かれている（図8 左）。本図には、いくつかの図案が重ねて描かれている箇所があり、重なりにより下部あるいは上部の図案が見えにくくなっている部分がある。例えば、画面中央の山の上層部には何本かの

偏光白色光照射・正反射光受光

偏光白色光照射・拡散反射光受光

図6　第127窟南壁西下部 地獄図（部分）

偏光白色光照射・正反射光受光

近紫外光照射・蛍光受光

図7　第127窟西壁南下部　山岳中の半跏菩薩図

偏光白色光照射・正反射光受光

近赤外光照射・反射光受光

図8　第127窟西披　薩埵太子本生図（部分）

木が重ねて描かれているが、目視では木の図案が山の中に埋もれている。一方、近赤外光照射・反射光受光撮影による画像では、山の上部に描かれた木の表現をはっきりと確認することができた（図8 右）。

⑵ 画像加工・合成による図案の復元

本調査で用いた四つの撮影条件によって得られた画像は、それぞれが壁画が持つ異なる情報を可視化したものである。異なる条件で撮影した複数の図像の情報を組み合わせることにより、場合によっては、元々描かれていた図像の情報を疑似的・復元的に解釈することが可能となる。ここでは、複数の画像を合成加工することにより、描かれた内容をより詳細に理解することのできた事例を二つ示す。

図9は、第127窟南壁の門口西側の区画を対象と撮影した図像であり、上部の左が偏光白色光照射・拡散反射光受光撮影画像、同右が近紫外光照射・蛍光受光撮影画像、そして下部が両撮影画像を合成加工したものである。この区画は、文様帯によって上下に区切られ、上部には七仏図、下部には地獄図が描かれているが、壁面は全体的に摩耗や変色が激しく、特に壁面を区切る文様帯は、白色光下での観察や撮影では、図案の全体像を捉えにくい (図9上左)。一方、近紫外光照射・蛍光受光撮影画像では、文様の図案に使用された色料が蛍光を発しない緑系の単色であることから、蛍光を発する下地との蛍光の強度さを図像化することによって、文様の図案をはっきりと確認することができた (図9上右)。ただし、この撮影方法の場合、もともとの壁画が持つ色情報は失われている。そこで、偏光白色光照射・拡散反射光受光撮影画像に、近紫外光照射・蛍光受光撮影画像を重ねる合成加工を施した (図9下)。この画像の持つ彩色情報はあくまで疑似的ではあるが、彩色および図案の双方の情報を合わせた復元的な画像として、壁画の全体像をより詳細に把握することができる。

第127窟東壁を対象として撮影した図10は、上部の左が偏光白色光照射・拡散反射光受光撮影画像、同右が近紫外光照射・蛍光受光撮影画像、そして、下部が両撮影画像を合成加工したものである。壁面中央に開かれた龕の上部は黒色化しており、目視観察や白色光を用いた撮影では、図案は不明瞭である (図10上左)。他方、近紫外光照射・蛍光受光撮影画像では、楕円形の図案が大小交互、等間隔に並ぶ様子を確認することができた (図10上右)。図9の例と同様に、近紫外光照射・蛍光受光画像では、色情報が失われていることから、色情報を疑似的に再現するために、偏光白色光照射・拡散反射光受光撮影画像との合成を試みた。ところが、近紫外光照射・蛍光受光画像に確認される楕円形の図案は蛍光を発せず、濃色であることから、偏光白色光照射・拡散反射光受光撮影画像に画像を重ねた場合、黒色化した箇所に埋もれてしまった。そこで、近紫外光照射・蛍光

偏光白色光照射・拡散反射光受光

近紫外光照射・蛍光受光

上二図の合成画像

図9　第127窟南壁西　七仏図・地獄図(部分)

受光画像の階調を反転し、蛍光を発する箇所を濃色、発しない箇所を淡色に加工し、偏光白色光照射・拡散反射光受光撮影画像に重ねた(図10下)。この加工により、黒色化した箇所の図案を復元することができ、さらに疑似的な彩色情報を加えた画像を得ることができた。

偏光白色光照射・拡散反射光受光

近紫外光照射・蛍光受光

上二図の合成画像

図10　第127窟東壁中央　維摩変経図(部分)

6. おわりに

本稿では、麦積山石窟第127窟の壁画を対象として実施した、光学的手法を応用した撮影調査の事例を報告した。本調査を通して、撮影条件ごとに壁画が持つ異なる光学的な情報を取得し、各画像が持つ情報を複合的に解釈することにより、肉眼観察や通常の撮影では確認できない、あるいは確認しにくい壁画の内容を理解することができた。他方、今回の調査では広角の画角を撮影し、全体の傾向をつかむことを目的としたため、解像度等に限界がある。同様の手法を用いて、より局部を撮影することにより、壁画の制作技法や材料の特徴など、壁画が持つ情報をさらに引き出せる可能性がある。

麦積山石窟第127窟は大型窟であり、壁画の内容も豊富なため、本稿で取り上げることができたのはほんの一部である。本調査を通して得られた新たな知見が、壁画の内容解釈においてどのような意味を有するかについては、美術史や仏教学の視点を含め、多角的に解釈を深めていく必要がある。これらの課題について、今後さらなる調査・研究を進めていく予定である。

＊本発表は日本学術振興会(JSPS)科学研究費補助金(若手研究A・JP16H05902)「中国甘粛仏教石窟壁画の制作技法に関する多面的研究」の助成を受けて実施した研究成果の一部です。

参考文献

[1] 麦積山石窟芸術研究所・筑波大学世界遺産専攻編.麦積山石窟環境与保護調査報告書.北京: 文物出版社 2011.

[2] 末森薫,八木春生,松井敏也,馬千,董広強,岳永強.近紫外光・可視光線狭帯域光源を用いた天水麦積山石窟壁画片の調査.2015東アジア文化遺産保存国際シンポジウムin奈良 研究発表要旨集,2015: 128-129.

[3] 末森薫,花平寧,魏文斌,馬千,沢田正昭,八木春生,松井敏也.中国天水・麦積山石窟における壁画の光学調査—壁画の劣化状態および壁画制作技法の考察.文化財保存修復学会第31回大会研究発表要旨集,2009: 66-67.

[4] 末森薫,園田直子,日髙真吾,和髙智美,河村友佳子,橋本沙知.狭帯域LED光源を用いた偏光撮影による彩色材料光学情報の可視化.日本文化財科学会第33回大会研究発表要旨集,2016: 290-291.

[5] 高林弘実,籾井基充,王小偉,范宇権,岡田健.敦煌莫高窟第285窟光学調査-南壁図像彩色和絵画技法復原的調査.敦煌壁画芸術継承与創新国際学術研討会論文集,2008: 711-719.

[6] 末森薫,八木春生,松井敏也,馬千,董広強,岳永強.中国天水・麦積山石窟壁画片の彩色材料に関する非破壊分析調査.日本文化財科学会第32回大会研究発表要旨集、2015: 200-201.

長崎県における黒曜石の産地推定

片多雅樹　川道寛
（長崎県埋蔵文化財センター）

中文摘要： 长崎县埋藏文化财中心从2014年起，运用能源分散型荧光X射线分析装置对九州各地原产地采集而来的黑曜石原石进行了分析，并以其测量值为基础，运用望月明彦氏发明的判别图法对其进行了原产地的区分。作为此次分析对象的黑曜石原产地为佐贺县3处、长崎县18处、大分县2处、熊本县8处、鹿儿岛县3处，共34处产地，可供分析的原石总量约800个之多。运用荧光X射线分析来区分九州的石器群的石材的研究刚刚开始，虽然无法企及拥有庞大数据的关东地区，但作为长崎县埋藏文化财中心研究的一环，今后逐渐积累对石器群进行荧光X射线分析的事例依然很重要。在此，本文将针对作为长崎县埋藏文化财中心的研究成果的九州地区黑曜石产地的荧光X射线分析数据以及判别图进行基本的推断。

1. はじめに

黒曜石はその色調から「カラスの枕」とも呼ばれ、旧石器時代から縄文時代を通して石器石材として利用されてきた。黒曜石の原産地は偏在しており、なかでも長崎県は密集することで知られており、その研究の歴史も古い（下川1965、芝本・下川1966、坂田1982）。今世紀に入ると日本における黒曜石原産地研究は蛍光X線分析の普及によって新たな展開を見せる。九州地方においても藁科・東村による百花台東遺跡を契機として鹿児島県帖地遺跡、熊本県河原第3

遺跡など事例は増加しているが河原第3遺跡を除いていずれも剥片等の抽出分析に終始している。石器群の分析において蛍光X線分析による黒曜石原産地研究の果たす役割は大きく、今後は石器群全点分析によるデータベースの作成が急がれる。

ここでは長崎県埋蔵文化財センターの研究成果である九州地方の黒曜石原産地の蛍光X線分析のデータベース・判別図の基本的な見通しを示す。

2. 黒曜石原産地採集試料

長崎県埋蔵文化財センターでは、2014年からエネルギー分散型蛍光X線分析装置を用いて、九州各地の原産地から採集した黒曜石原石を分析し、その計測値をもとに望月明彦氏が考案した判別図法（池谷2009）によって原産地の区分を行っている。今回分析の対象とした黒曜石原産地は、佐賀県3箇所、長崎県18箇所、大分県2箇所、熊本県8箇所、鹿児島県3箇所の計34箇所である（図1）。分析に供した原石は総数で800点弱である。原産地によって計測した点数の多寡が存在し、計測数の少ない原産地について将来的には分析資料を増やして信頼性を向上させる必要性を感じている。

図1　分析に供した黒曜石原石の一例

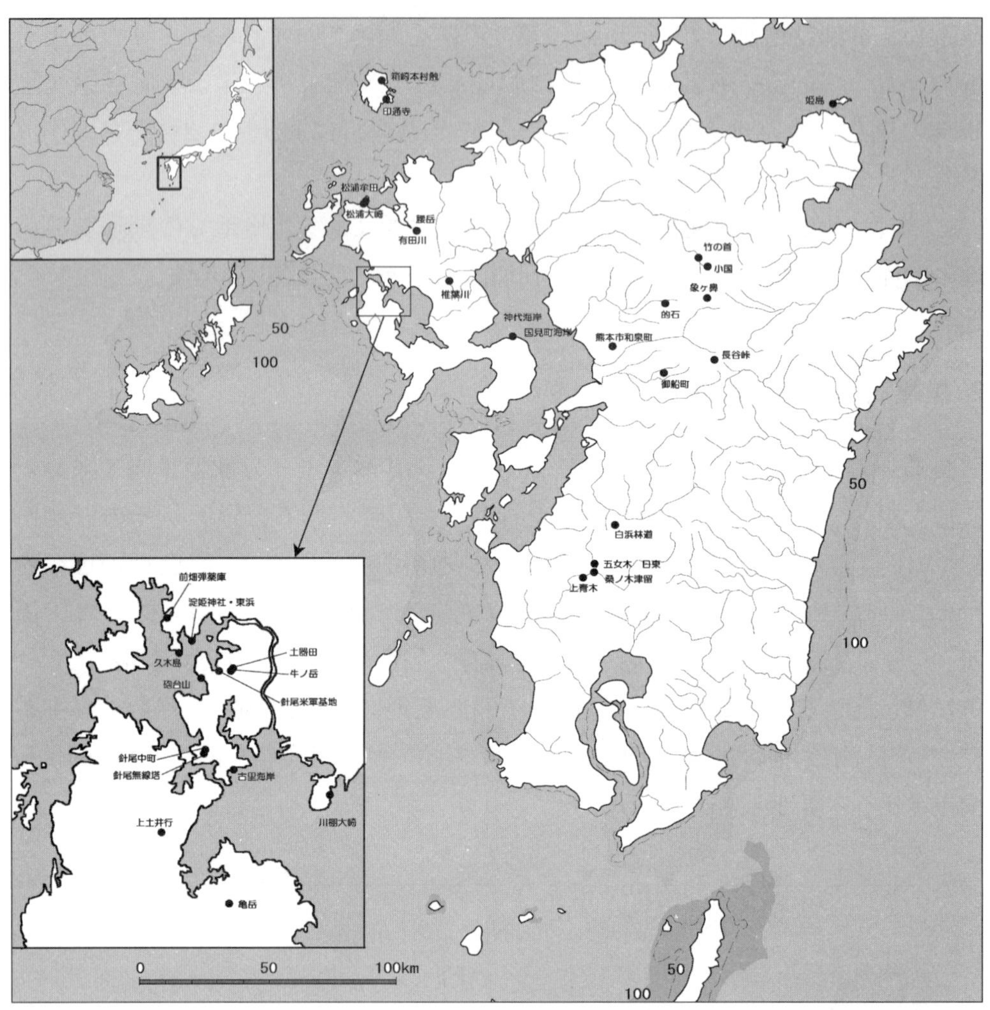

図2　九州における黒曜石原産地図

表1　九州における黒曜石原産地一覧

No.	原産地名		No.	原産地名	
1	佐賀県	腰岳	7	長崎県	松浦牟田
2	佐賀県	有田川	8	長崎県	針尾中町
3	佐賀県	椎葉川	9	長崎県	針尾無線塔
4	長崎県	印通寺	10	長崎県	針尾無線塔
5	長崎県	箱崎本村触	11	長崎県	古里海岸
6	長崎県	松浦大崎	12	長崎県	牛ノ岳（土器田）

续 表

No.	原産地名		No.	原産地名	
13	長崎県	針尾米軍基地	24	熊本県	阿蘇市的石
14	長崎県	砲台山	25	熊本県	熊本市和泉町
15	長崎県	前畑弾薬庫	26	熊本県	象ヶ鼻
16	長崎県	淀姫神社・東浜	27	熊本県	球磨白浜林道
17	長崎県	亀岳	28	熊本県	小国山甲川上
18	長崎県	上土井行	29	熊本県	桑ノ木都留
19	長崎県	川棚大崎	30	大分県	竹の首
20	長崎県	国見町海岸	31	大分県	姫島
21	長崎県	神代海岸	32	鹿児島県	五女木
22	熊本県	御船町	33	鹿児島県	日東
23	熊本県	南阿蘇村長谷峠	34	鹿児島県	上青木

3. 判別図の作成（装置の仕様と分析条件）

分析には長崎県埋蔵文化財センターに設置しているエネルギー分散型蛍光X線分析装置（SII ナノテクノロジー社製：SEA1200VX）を使用した（図3）。計測方法は、下面照射式で照射径は8 mm Φ、Rh（ロジウム）管球。分析条件は管電圧40 kV で管電流は抵抗値によって自動設定とした。大気雰囲気で、測定時間100秒で分析を行った。

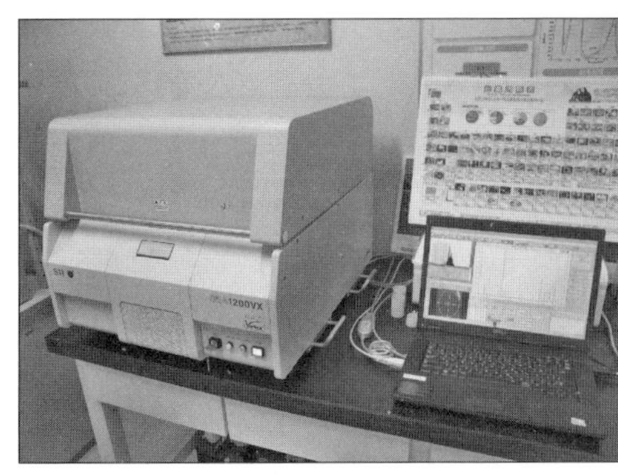

図3　分析に使用した蛍光X線分析装置

図4　試料室内

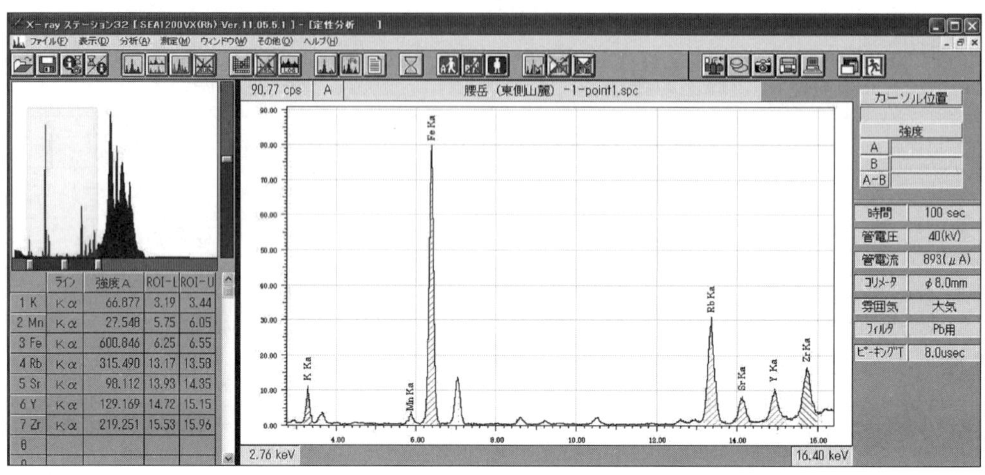

図5　分析スペクトルの一例(腰岳)

蛍光X線分析によって、K (カリウム) 、Mn (マンガン) 、Fe (鉄) 、Rb (ルビジウム) 、Sr (ストロンチウム) 、Y (イットリウム) 、Zr (ジルコニウム) の7元素のX線強度 (CPS値: Count Per Second/1秒間に蛍光X線を検出した量) を計測し (図5) 、それをもとに下記の式によって求められる4つのパラメータを用いて、判別図を作成した。

a. Rb分率＝{Rb強度×100/ (Rb強度＋Sr強度＋Y強度＋Zr強度) }

b. Sr分率＝{Sr強度×100/ (Rb強度＋Sr強度＋Y強度＋Zr強度) }

c. Mn強度×100/鉄強度

d. Log (Fe強度/K強度)

4. まとめ

九州地方なかでも長崎県内の黒曜石原産地は、その給源となる流紋岩を近傍に持たない原産地 (例えば松浦地域、針尾中町、古里海岸など) があり、地質学的に有用ではないためか判別図においてもそれらが反映されない部分もあるなど、とかく等閑視されることがあった。しかしこの地域の遺跡から出土する石器群を正当に評価する上でそれらを無視するわけにはいかない。今回そうした給源が不明な原産地をどう評価し、石器群における石材需給戦略を組み立てうるかについて、一つの方向性を示すことができたと考えている。

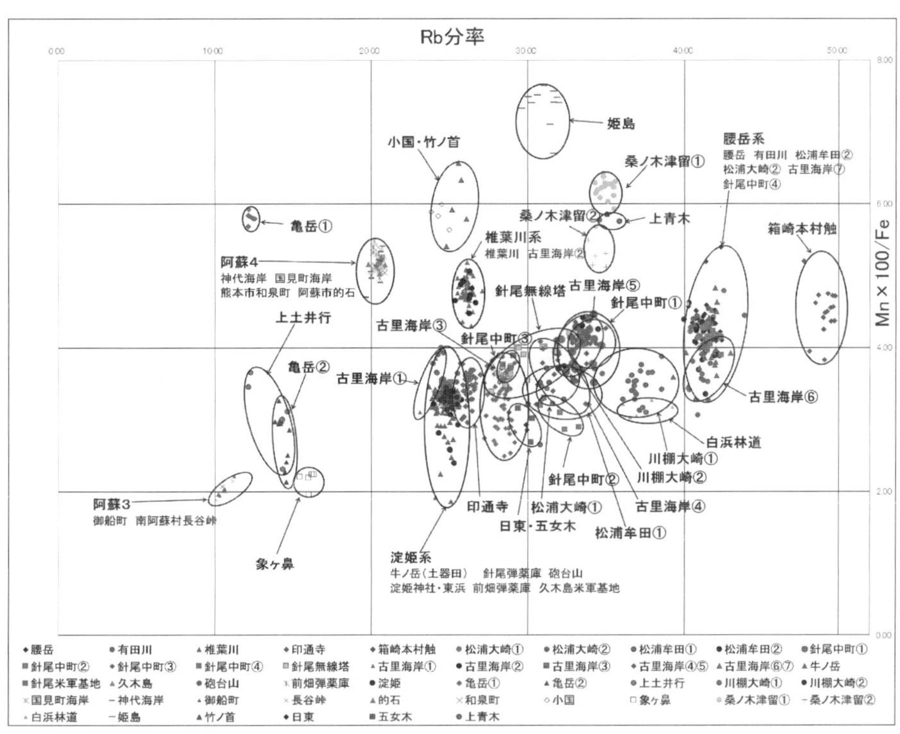

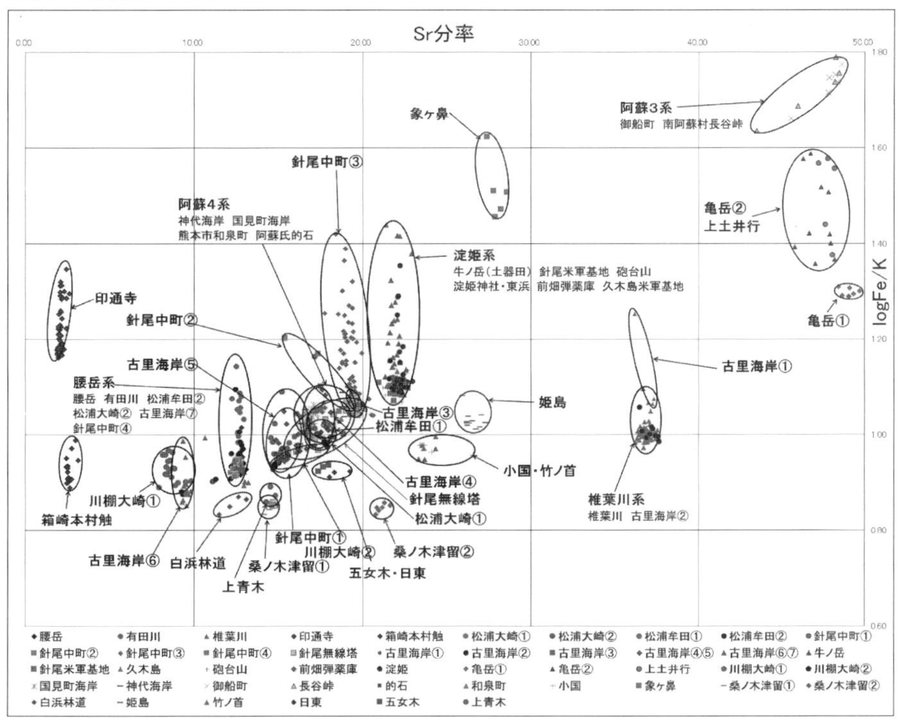

図6 黒曜石原石の判別図(上: Rb分率、下: Sr分率)

九州の蛍光X線分析による石器群の石材獲得戦略研究は緒についたばかりであり、膨大なデータが集約されている関東地方には遠く及ばない。また給源が不明なものがあるなど不利な面もあるが、長崎県埋蔵文化財センターにおける研究の一環として今後も石器群の蛍光X線分析の事例を積み重ねていくことが重要である。

（謝辞　本研究にあたって、熊本県：岡本真也氏、鹿児島県：馬籠亮道氏、福岡県：杉原敏之氏・山下実氏、佐賀県：越知睦和氏、長崎県：山口敏幸氏をはじめ九州各地の研究者から黒曜石原石の提供を受けた。また長崎大学：隅田祥光氏、徳島大学：西山賢一氏、パレオ・ラボ：辻本裕也氏からは黒曜石について有益な教示を得た。蛍光X線の計測には鮫島葵氏、出口美由紀氏、近藤佳恵氏らの協力を得た。記して謝意を表します）

参考文献

芝本一志・下川達彌.1966.「伊万里湾沿岸における無土器文化」『古代学研究』46.

下川達彌.1965.「佐世保市東浜町淀姫発見の黒耀石産地」『若木考古』74.

坂田邦洋.1982.「「九州の黒曜石」-黒曜石の原産地推定に関する考古学的研究-」『史学論叢』第13号、別府大学史学研究会.

藁科哲男・東村武信.1994.「百花台・百花台東遺跡出土のサヌカイト。黒耀石製遺物の原材産地分析」『百花台東遺跡』.

橘昌信.2002.「九州地域における黒曜石研究の展望」『黒耀石文化研究』創刊号、明治大学黒耀石研究センタ.

望月昭彦.2002.「黒耀石分析科学の現状と展望」『黒耀石文化研究』創刊号.

川道寛.2011.「西北九州細石器文化終末期の石材獲得」『九州旧石器』第14号、九州旧石器文化研究会.

川道寛.2006.「土黒川流域の細石器文化」『九州旧石器』第9号　九州旧石器文化研究会.

川道寛.2014.「九州 腰岳（特集 日本旧石器時代の成り立ちと文化）」『季刊考古学』126、雄山閣.

川道寛・片多雅樹・辻田直人.2017.「長崎県における黒曜石原産地研究の進展-原の辻遺跡原ノ久保地区石器群の分析を通して-」『研究紀要第7号』長崎県埋蔵文化財センタ.

赤外線画像を利用した彩色材料の検討

秋山純子[1]　髙木敬子[2]

（1 九州国立博物館，2 香川県立ミュージアム）

中文摘要： 目前所进行的文物彩绘调查基本以无损的“点”分析为主。然而针对绘画等的彩色材料分析，无损的、简便的、能进行到“面”一级的综合判断的科学调查是有必要的。本研究将探讨红外线成像技术在捕捉文物颜料使用情况“面”分析中的使用。为了确认红外线成像技术对彩色材料的“面”分析的可行性，对现今日本画中常用的天然颜料、合成颜料以及染料制作了标准比色卡。

彩色和红外线摄影分别通过非接触型大型成像装置Niji-H（高精度扫描仪SABIA Art Scaner）和数码相机（PENTAX公司制中等规格数码单反相机：D-SLR DFA645）完成。为了确认红外线成像对于艺术品实物的有效性，我们对高松松平家传世的《博物图谱》进行了调查。调查结果中积累了对颜料和染料的基本数据。这些基本数据提供了通过红外线成像判断彩色材料的信息。此外，颜料和染料在红外线成像中的表现方法不同。使用红外线成像可以在画面上有效分辨上述两者。

1. はじめに

近年、文化財の科学調査が一般的に行われるようになってきた。しかし文化財は脆弱な材質、構造のものが多く、移動を伴ったり長時間を要したりする調査は文化財の保存を考える上であまり好ましくない。したがって文化財の科学調査は調査のための作品移動の機会をなるべく少なくし、短時間に非破壊で行うことが求められる。また、これまでは制限がある中で点分析が主流であった。しかし文化財を総合的に理解するには面的な広がりで捉える調査が必要である。特に絵画などの二次元の文化財では、面的な情報を得る事が非常に重要である。

そこで、本研究では顔料と染料のカラーチャートを作成し、赤外線画像から彩色材料を把握するためのデータをまとめ、赤外線画像による面的調査を確実にすることを目的とした。また、赤外線画像のみで彩色材料を見極める事はできないので、その他の非破壊調査を組み合わせて、赤外線画像から彩色材料の面の広がりと材料を把握することを試みた。

2. これまでの研究

これまで日本国内・国外の主に古代～中世の東洋絵画を中心に赤外線撮影を行い、赤外線撮影法で見分けられる彩色材料（顔料）について検討した。

ここでは九州国立博物館所蔵の「紙本着色金胎仏画帖断簡（金剛歌菩薩）」（平安時代、12世紀、1幅、本紙：縦25.0 cm　横14.0 cm）の調査事例を示す（図1）。この作品は一見したところ彩色は少ないが、基本的な緑、黄、赤、青が彩色されている墨の線の綺麗な仏画である。実際の絵画の赤外線画像を見ると（図2）、

図1　紙本着色金胎仏画帖断簡（金剛歌菩薩）

図2　同左赤外線画像

菩薩の肩から下がる緑色の布や顔部分の光輪に薄く塗られた青色部分が比較的濃い灰色を呈し、緑青、群青の可能性を示した。蛍光X線による成分分析の結果、両箇所から銅が検出された。また赤色で塗られた唇、体部分の光輪と画面右下の赤い文字はすべて白く抜けた。光輪部分の分析から水銀が検出され、おそらく他の2カ所も同様の顔料が使用されていると思われる。その他、冠、光輪、組んだ足の部分に黄色が使用されている。赤外線画像を詳細に観察すると冠部分だけ灰色を示し、その他の箇所は白く抜けている。このことから、冠と他の黄色部分には違う彩色材料が使われている可能性がある。

国内外の東洋絵画作品の調査結果から、赤外線画像は絵画上の同じ材料で描かれた箇所の領域の面的広がりを把握するには非常に有効な手段である事が分かった。さらに蛍光X線分析によって、点で分析できた彩色材料がどのような広がりを持つのか理解を深める事ができた1)。しかし対象とした古代から中世の絵画では彩色材料が限られ近赤外領域に明確な差が見られず、赤外線画像においてこの時代に使用された顔料では明確な有意差がない事が明らかとなった。すなわち、絵画上に同じ顔料でどのくらいの範囲で塗布されているかを把握するのには有効だが、赤外線画像だけでは彩色材料を特定する事は難しいことがわかった[1]。

3. 研究方法

3.1 顔料・染料のカラーチャート作成

彩色材料の成分が赤外線画像にどのような違いをもたらすのか明らかにするために、現在日本画で使用されている天然顔料、合成顔料および染料の標準となるカラーチャートを作成した。明治時代以前に使用されていた顔料の内、現在入手可能な群青（8番、12番）、白群、緑青（8番、12番）、白緑、辰砂（10番、14番）、鎌倉朱赤口、丹、弁柄、岱赭、藤黄、日本黄土、鉛白、白土、胡粉、墨の14種類を選定し、膠で溶いて均一に帯状に塗布した。染料は現在日本画の彩色に使用されている、臙脂・コチニール・蘇方・紅花・茜・藤黄・黄檗・藍・プルシャンブルーの9種類を選び、それぞれ染料のみと胡粉、鉛白と混ぜたものを帯状に塗った。

3.2 撮影と科学分析方法

カラーと赤外線の撮影には、非接触大型画像取得装置Niji-H（高精細スキャナ、株式会社サビア製）を使った。高精細スキャナは一定の光と間隔で対象をスキャンすることができるため、ムラのない標準となる画像を得ることができる。赤外線撮影はモノクロカメラ（レンズMicro Nikkor 55 mm f2.8、絞り5.6）を用いて、可視光に近い近赤外領域の赤外線（IR-LED光源、紫外線吸収フィルタSC70）で行った（図3）。

図3　高精細スキャナによる画像取得の様子

赤外線画像に濃淡として表れる特徴をスペクトルで把握するため、可視分光スペクトル分析（分光光度計Oceanoptics社製USB-2000、外部光源同LS-1（ハロゲンランプ）、長さ3 m、照射・受光部は同軸の石英製Y字型光ファイバー）を行った（図4）。

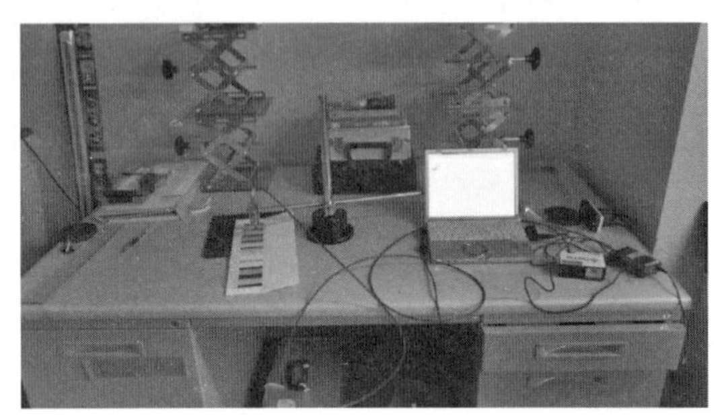

図4　可視分光スペクトル分析の様子

赤外線画像で見分けられる彩色材料を推定するため、蛍光X線分析装置で成分を把握した。蛍光X線分析では成分分析しかできないが、赤外線画像と分析結果を照らし合わせるには顔料分析においても非破壊調査が求められるため、今回は簡易型の蛍光X線分析装置（オリンパス製、デルタハンドヘルド蛍光X線分析計Premium、Rh管球、分析ソフトウェア：岩石鉱石モード、型式：DP-4000）を使用した。実際の絵画の分析を想定しているため、彩色材料そのものではなく、膠で塗布したカラーチャートの分析を行った。

3.3 高松松平家所蔵の博物図譜の調査

実際の作品で赤外線画像の有効性を確認するために高松松平家伝来の博物図譜を調査した。香川県指定有形文化財に指定されている高松松平家伝来の博物図譜は、魚類を集めた「衆鱗図」、鳥類を集めた「衆禽画譜」、植物を集めた「衆芳画譜」「写生画帖」と多岐にわたっている。これらの図譜は非常に精緻に描写されており、江戸時代に作られた博物図譜の中でも貴重な作品群として位置づけられる。カラーチャートの調査を踏まえ、赤外線画像で彩色材料の面的広がりを捉えて蛍光X線で彩色の成分を分析した。

4. 結果および考察

4.1 カラーチャートの赤外線画像

顔料カラーチャートの赤外線画像（図5・6）を見ると、群青、緑青は濃灰色を呈し、特に粒子の粗い濃色（8番）は黒色に近い。群青、緑青の中でも粒子の細かい白（びゃく）の試料が多少薄い灰色を示したがわずかな差でしか無く、いずれも赤外線を吸収し、濃い灰色に写ることがわかった。赤色部分のうち辰砂、鎌倉朱赤口、丹はどれも同じように白く抜けた。丹は鉛、鎌倉朱赤口と辰砂は水銀を主成分とするが、成分の違いは赤外線の反射吸収に影響は与えず、これらの顔料は赤外線を反射し、白く写ることがわかった。一方、岱赭、弁柄はいずれも鉄を主成分とする赤に近い茶色の顔料であるが、他の赤色顔料とは違い、赤外線画像では濃い灰色を呈し、赤外線を吸収した。黄色の顔料である黄土は薄い灰色を示した。鉛白は鉛、白土はアルミニウムなどの軽元素、胡粉はカルシウムを主成分とするが、いずれも同じように赤外線画像には白く写った。墨は赤外線をもっともよく吸収し、黒く写った[1]。

図5　顔料カラーチャート

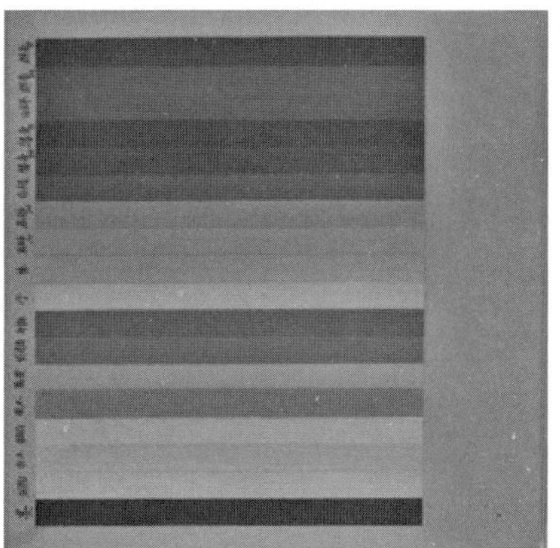

図6　同左赤外線画像

染料カラーチャートの赤外線画像（図7・8）は顔料と同様に赤色の彩色材料である臙脂、コチニール、蘇方、茜は赤外線を反射し白く写ったが、少し茶色がかった紅花は赤色の染料の中では比較的赤外線を吸収する様相を呈した。黄色の染料である藤黄、黄檗は赤外線を強く反射し、白く写った。青色の染料である藍は赤外線を吸収し、灰色に写ることがわかった。一方、同じ青色のプルシャンブルーは墨と同様にもっとも赤外線を吸収し、黒く写った[2]。

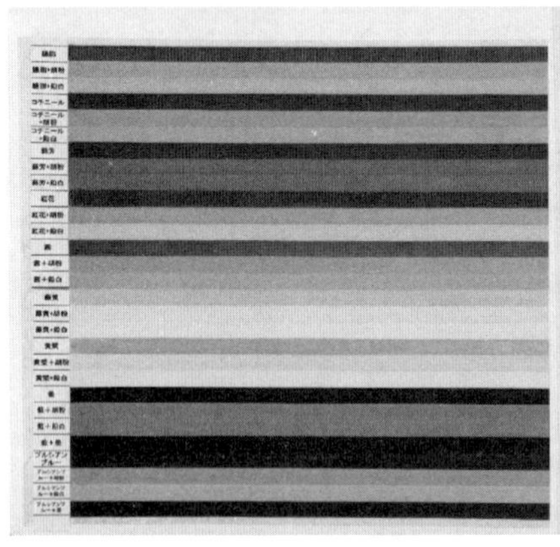

図7　染料カラーチャート

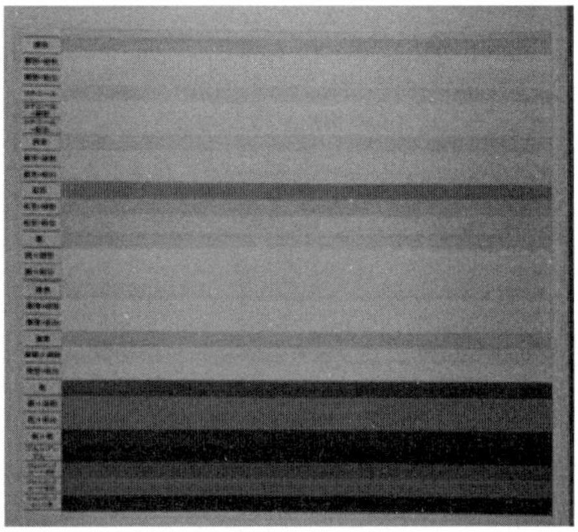

図8　同左赤外線画像

4.2 カラーチャートの可視分光分析

顔料のカラーチャートの分光反射スペクトルを見ると、群青と緑青は赤外領域に吸収を持ち、白緑は少し反射を示した。朱と丹は600 nm以上の波長領域をほとんど反射し、岱赭、弁柄、黄土は同領域の光を少し吸収する特徴的なスペクトルを示した（図9）。

染料のカラーチャートの分光反射スペクトルを見ると、臙脂、コチニール、蘇方、茜は赤外領域で反射を示し、紅花は同じ赤色染料であるが、黄色領域の反射が少なく赤外領域でも少し反射率が低い様相を呈した。黄色染料である藤黄と黄檗は2者ともに赤外領域は全反射を示した。染料で特徴的な違いが見られたのは藍とプルシャンブルーであった。藍は700 nm辺りから立ち上がりを見せ、そのまま赤外領域でも反射している様相を示した。一方、プルシャンブルーは青色領域に少し反射を示すが、赤外領域では藍に比べるとほとんど反射を示さなかった（図10）。分光反射スペクトルの結果は顔料・染料ともにいずれも赤外線画像の濃淡と一致した。

以上のことから、赤外線画像の濃淡は彩色材料の赤外線領域での反射・吸収

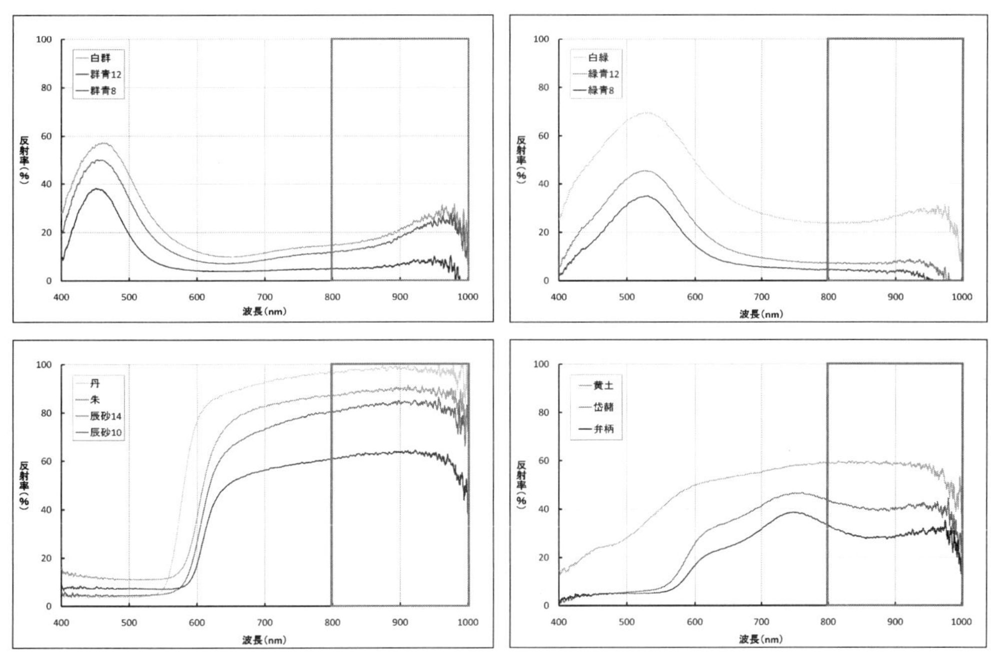

図９　顔料カラーチャートの分光反射スペクトル

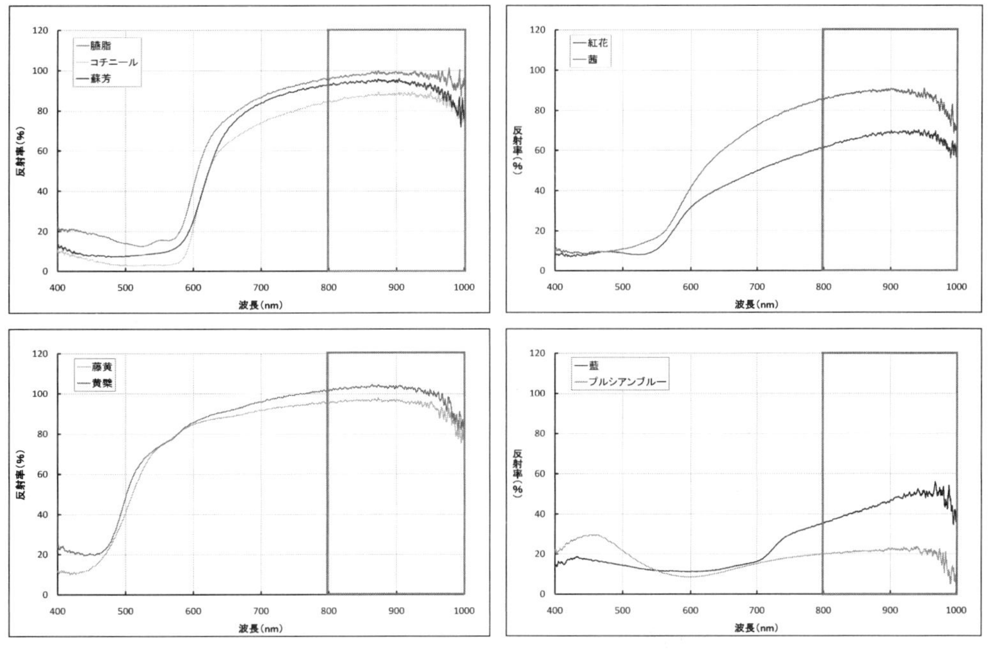

図10　染料カラーチャートの分光反射スペクトル

を反映していることが確かめられた。顔料と染料カラーチャートを作成し調査することで標準となるデータを蓄積し、それをもとに赤外線画像から彩色材料を判断するための材料を得ることができた。また、顔料と染料とで赤外線画像の写り方に違いがあり、画面上で両者を見分けるのに赤外線画像の活用が有効であることが分かった。

4.3 「博物図譜」の調査

カラーチャートの結果を踏まえ、実際の作品でも赤外線画像の調査を行った。これまでも博物図譜の調査を行い、報告をしているが[3][4]、今回は博物図譜のうち「衆芳画譜」(花弁第4表20)の場面の解析を行った(図11・12)。カラー画像では向かって右側上部の葉と下部の葉は同じ彩色材料を使って緑色で描かれているように見えるが、赤外線画像では上部の葉と下部の葉では全く違う様相を呈した。蛍光X線でそれぞれの葉の成分分析をしたところ(図13・14)、

図11 「衆芳画譜」花弁第4表

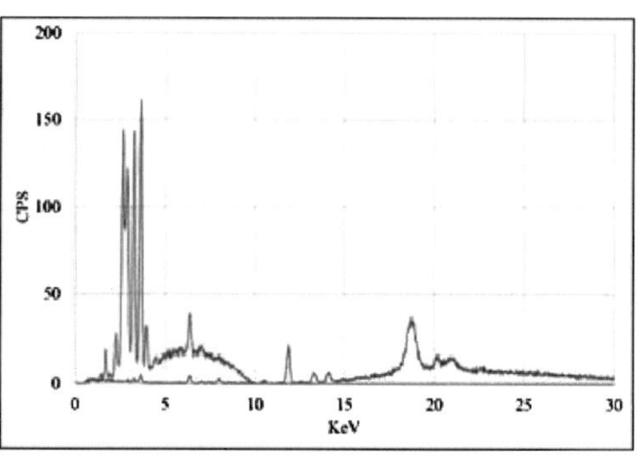

図13 蛍光X線分析結果

図12 同上赤外線画像

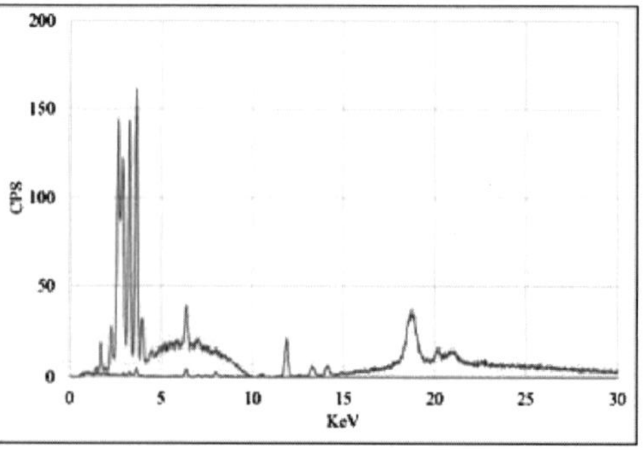

図14 蛍光X線分析結果

上部の葉からはカルシウムが多く検出され、銅は検出されなかった。下部の葉からは銅が確認された。以上の結果から、上部の葉は有機化合物、おそらく黄色と青色の染料を混ぜた緑色で塗られ、下部の葉は無機化合物の顔料である緑色(緑青もしくは花緑青、緑色顔料と黄色染料の混色の可能性)で描かれたと推測される。

今回の作品のように同じ画面でも様々な彩色材料で描かれることは多々ある。従来の点分析である蛍光X線分析だけでは、上下の葉は同じ色、同じ材料とみなされ、どちらかの葉のみの分析で済まされることは十分考えられる。しかし、赤外線画像を活用すれば彩色材料の面的広がりを捉えることができ、点分析をするのにも非常に有効であることが分かった。

5. まとめ

これまで顔料を対象に赤外線画像の検討を行ってきたが、今回染料の赤外線画像と分光反射スペクトルのデータを得られたことで、より実際の作品調査に赤外線画像を生かせるようになった。博物図譜のように実際の作品では、同じ画面上に様々な彩色材料を使って描かれる。赤外線画像を活用し点分析と組み合わせることで、より確実に彩色材料の推定と面の広がりを捉えることができると考えられる。

協力:公益財団法人松平公益会

謝辞:本研究の科学調査を進めるにあたり、東京文化財研究所保存環境研究室長吉田直人氏、九州国立博物館アソシエイトフェロー赤田昌倫氏、研究補佐員田中麻美氏、九州大学地球社会統合科学府博士課程甲斐未希子氏にご協力頂きました。ここに記して感謝致します。

本研究は科学研究費補助金基盤研究(C)(課題番号:15K01144)により行いました。

参考文献

[1] 秋山純子,森實久美子.赤外線撮影法による彩色材料調査の有効性に関する研究1,文化財保存修復学会第35回大会要旨集,2013年,pp.254-255.

[2] 秋山純子, 森實久美子.赤外線撮影法による彩色材料調査の有効性に関する研究2, 日本文化財科学会第31回大会要旨集, 2014年, pp.418-419.
[3] 秋山純子, 三好賢子, 髙木敬子.赤外線画像を使った彩色材料の面的調査, 日本文化財科学会第33回大会要旨集, 2017年, pp.280-281.
[4] 秋山純子, 三好賢子, 髙木敬子, 森實久美子, 一瀬智.歴史資料に使用された彩色材料の調査研究, 日本文化財科学会第32回大会要旨集, 2016年, pp.312-313.

窒素ウルトラファインバブルを用いた脱塩試験

山田卓司
（公益財団法人　元興寺文化財研究所）

中文摘要: UFB（Ultra Fine Bubble）是一种直径比可见光波长（可见光的反射下限900 nm）短的气泡。其尺寸小，肉眼不可见，有着特殊的性质。Fine Bubble（FB）是比纳米等级要大一些的微小气泡。直径小于30微米的FB会转变成UFB，直径小于50微米的FB/UFB会经过气体的溶解过程逐渐消失。因此，进入FB/UFB的气体会具有高度的溶解性，在水中迅速分散，达到过饱和状态。含有氮气的FB/UFB称为N_2UFB。本文探讨了N_2UFB在文物修理（脱盐处理）时候的效果，主要说明了其在试验钢板和铁钉中的缓蚀作用。

1. 序文

光の波長より小さい径の気泡はウルトラファインバブル（ナノバブル；UFB）と呼ばれる。ナノメーターより大きい微小気泡はファインバブル（マイクロバブル；FB）と呼ばれる。UFBやFBは粒子径が非常に小さく、気体と液体の接触面積の大きさ、表面張力の低下（液体のみせかけ密度が低下）などの特異的な性質を持つ[1]。特に近年、洗浄効果が工学、医療の分野で実現されるようになり[2]、我々は文化財への初めてとなる適用事例も報告した[3]。本論文では、気体の溶解能力が優れている特性に注目し、UFBを用いて水中に窒素を分散させた。この窒素ウルトラファインバブル水（N_2UFB水）を用いて、文化財の脱塩時における防錆への影響を検討した。

文化財の修理（脱塩）において、出土鉄製品はセスキ炭酸ナトリウム水溶液の防錆条件下で脱塩可能である。一方、伝世品は複合品であるためイオン交換水を用いた脱塩が中心となる。そのため、脱塩中に資料で新たな錆が発生する。錆の原因となる酸素が少ない溶液で脱塩処理できれば、複合材も防錆下で保存処理可能になる。ここでは、N_2UFB水を用いて窒素雰囲気下における試験鋼板と和釘の脱塩工程を検証した。

2. 実験方法

2.1 試験鋼板

試験鋼板（JIS G 3141 SPCC-SB：15×15×0.2 mm，2.4 g）を紙やすり400番で研磨後、蒸留水とアセトン（和光純薬 特級）で洗浄脱脂を行った。ビーカー（50 ml，ガラス製）内に塩化ナトリウム（NaCl、和光純薬 特級）を入れN_2UFB水にて溶解させ、5% NaClを含むN_2UFB塩水を調整した。N_2UFB水はIDEC株式会社から提供を受けた。提供を受けたN_2UFB水はIDEC製UltrafineGaLF FZ1N-10を用いて作製したものである。比較として、5% NaCl蒸留水を用いた。各溶液内に試験鋼板3枚を室温で1か月間アルミ蒸着シートを被せた状態で静置した。1ヵ月後、発生した錆をろ過、乾燥後秤量し、錆の発生量を評価した。

2.2 和釘

和釘（昭和初期の和舟に用いられていた日本製の釘：舟釘）をアセトン（和光純薬特級）で脱脂を行った。シャーレ（250 ml，ガラス製）内にN_2UFB水（IDEC製）を入れた。比較として、蒸留水を用いた。各溶液内に和釘3本を室温で1ヵ月間アルミ蒸着シートを被せた状態で静置した。なお、和釘3本の重量の合計を26.5 gにした。1週間ごと溶液を交換し、溶液中の塩化物イオン（Cl^-）や硫酸イオン（SO_4^{2-}）濃度をイオンクロマトグラフ（Metrohm製930 Compact IC）で計測した。1ヵ月後、和釘の重量を秤量し、和釘の重量減少量から防錆力を評価した。

3. 結果

3.1 試験鋼板

試験鋼板は塩水に浸漬後、錆が進行する。1日後の錆状況を図1に示した。

N_2UFBにおける錆発生は少なかった。さらに1か月後、発生した錆をろ過し、錆量を表1にまとめた。錆量は、N_2UFBを用いることで蒸留水と比較し約3分の2であった。また、試験鋼板の重量減少率（試験前後の重量差を試験前の重量で除したもの）を表2にまとめた。重量減少率は平均するとN_2UFBと蒸留水で同程度であった。

Fig.1　The rust situation of one day later in the 5% NaCl solution
（left：N_2UFB aq；right：distilled water）

Table 1　The rust amount formed for one month

	Weight of Rust（1）	Weight of Rust（2）
N_2UFB	258 mg	211 mg
Control	452 mg	297 mg

Table 2　Weight percentage reduction of the steel test plates (one month later)

Percentage of Decreased Weight/%	No.1	No.2	No.3	Average
N_2UFB	1.7	1.9	0.7	1.4
Control	1.2	0.6	2.3	1.4

3.2　和釘

和釘は蒸留水に浸漬後、錆と脱塩が進行する。1週間後の錆状況を図2に示した。N_2UFBにおける錆発生は少なかった。さらに1ヵ月後、和釘の重量減少率（試験前後の重量差を試験前の重量で除したもの）を表3にまとめた。重量減少率は平均するとN$_2$UFBと蒸留水で同程度であった。なお、1週間ごとの塩化物イオンと硫酸イオン濃度の変化を図3に示した。和釘に含まれた塩分量は同程度であることが分かった。

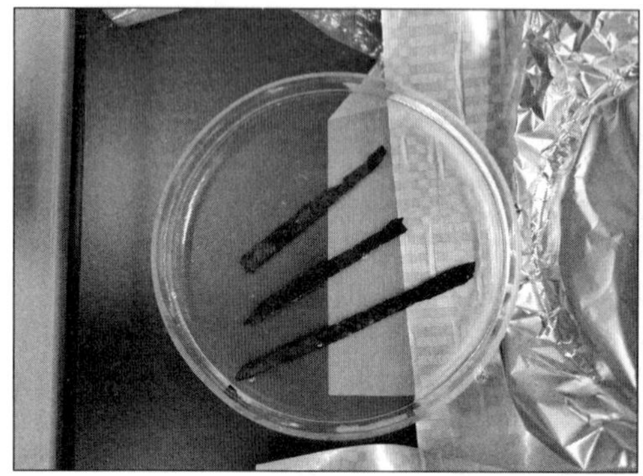
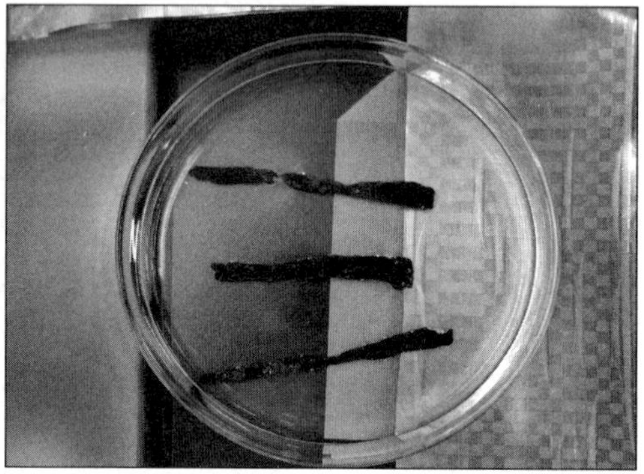

Fig.2　The rust situation of one week later in solution (left: N_2UFB aq, right: distilled water)

Table 3 Weight percentage reduction of the Japanese nails (one month later)

Perecent of Decreased Weight/%	No.1	No.2	No.3	Average
N_2UFB	0.35	0.29	0.60	0.41
Control	0.44	0.13	0.38	0.32

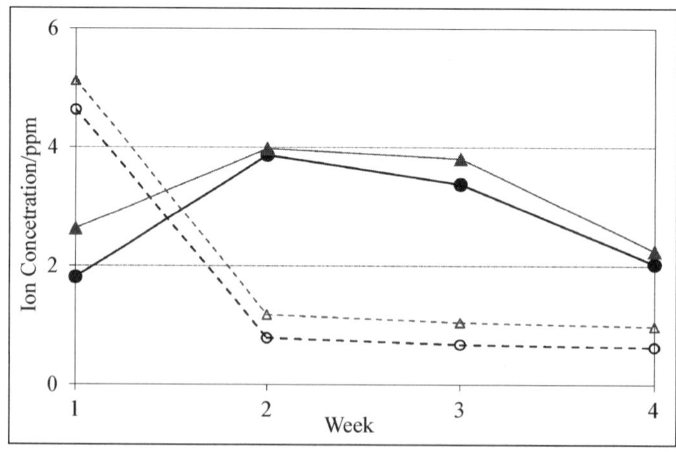

Fig.3　Change in ion concentration every one week
(Cl^- ion: Solid line "–", SO_4^{2-} ion: Dash line "…"; N_2UFB: Circle mark "○", Control: Trigonal mark "△")

4. 結論

試験鋼板の5%塩水における錆の発生はN_2UFB水を用いた窒素下で抑制できることが1日後の錆発生状況や1か月後の錆発生量結果から確認できた。一方、試験鋼板自体の重量減少は差がなかった。和釘の脱塩過程における錆の発生はN_2UFB水を用いた窒素下で抑制できることが1週間後の錆発生状況から確認できた。一方、和釘の重量変化や和釘に含まれる塩分変化は差がなかった。脱塩過程における塩分濃度を追跡したため、1か月後の錆発生量は調査できなかったが、N_2UFB水は脱塩過程で錆を抑制できた。和釘自体の個体差も大きく、今後試験事例を増やしデータを蓄積し、ウルトラファインバブルの有効性を明らかにしていきたい。

（謝辞　この研究は、JSPS科研費 基盤研究（C）16K01189の助成を受けた。また、UFBを提供頂いたIDEC株式会社とUFBの情報や機器を提供頂いた九州大学大平猛先生に感謝申し上げます）

参考文献

［1］ 柘植秀樹.マイクロバブル・ナノバブルの最新技術,シーエムシー出版,2007年; 寺坂宏一.ファインバブル技術のトレンドと課題,化学工学,78 (9) ,580-584,2014.

［2］ 高橋正好.マイクロバブルの基礎と半導体洗浄への応用,精密工学会誌,83 (7) ,636-640,2017; 眞野 喜洋.ナノバブルの医療分野への応用,マテリアルインテグレーション,22 (5) , 30-35, 2009.

［3］ 山田卓司.超微細気泡 (ウルトラファインバブル・ナノバブル) を用いた洗浄試験、文化財保存修復学会第39回大会研究発表要旨集, 266-267, 2017.

寒冷地の石造文化財の凍結劣化事例調査およびその劣化対策に関する研究

石澤夏帆　米村祥央　石崎武志
（東北芸術工科大学）

中文摘要： 寒冷地区的反复冻融现象易引起岩石内水分的移动，产生岩体的冻害问题。对此，常用的是采取树脂浸渍的方法进行保护。通常，最有效的浸渍方法是使用减压浸渍法，但此技术缺乏有效的定量实验、解析的评价标准。因此，本研究以几种不同孔隙率的岩石为对象，探讨了浸渍方法与液体在岩石中的渗透率的关系。结果发现，浸渍方法有效性的排序为：涂敷<浸渍<减压浸渍。另外，在对孔隙率较低的岩石进行减压浸渍时，体积含水率不随减压度的变化而改变。

1. 緒言

石造文化財の劣化には様々な要因がある。特に寒冷地においては、凍結融解の繰り返しにより岩石内で水分移動が起こることによって引き起こされる石の凍結破壊が劣化の主な原因であると考えられる。こうした石の凍結破壊の対策の一つに樹脂含浸処理がある。一般的に、最も効果的な樹脂の含浸の方法は減圧含浸とされているが、減圧含浸の有効性についての定量的な実験や解析が十分に行われていないのが現状である。本研究の目的は、減圧含浸の効果についてより詳細な分析を行うことである。本稿では、含浸方法と液体の岩石への含浸比の関係性について、数種類の岩石での実験結果を報告する。

2. 予備実験

樹脂含浸処理では、Wacker OH100が現場で広く使用されている。従って本実験では、Wacker OH100を含浸用樹脂として使用する。Wacker OH100は水と粘度がほぼ同等であるため、岩石への含浸比もほぼ同様の結果になると考えられる。この予備実験では、Table 1の条件で蒸留水とWacker OH100の体積含浸比を比較した。

Table 1　予備実験の条件

試料	含浸条件	
小樽軟石（凝灰岩）	塗布法	…全5回
	浸漬	…1 h, 24 h
	減圧含浸（0.05 atm）	…10 min, 24 h, 48 h, 96 h

a）蒸留水と b）Wacker OH100の含浸比を比較したところ、どの含浸条件においても、ほぼ同様の数値が得られた（Fig.1）。従って、蒸留水の含水から得られる結果は、Wacker OH100含浸の考察において有用であることが言える。蒸留水で

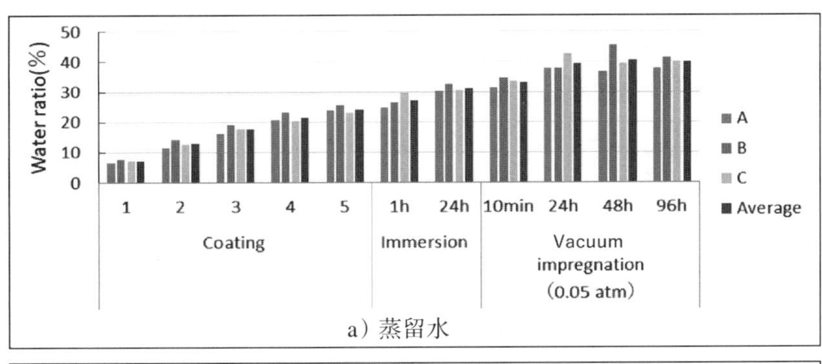

a）蒸留水

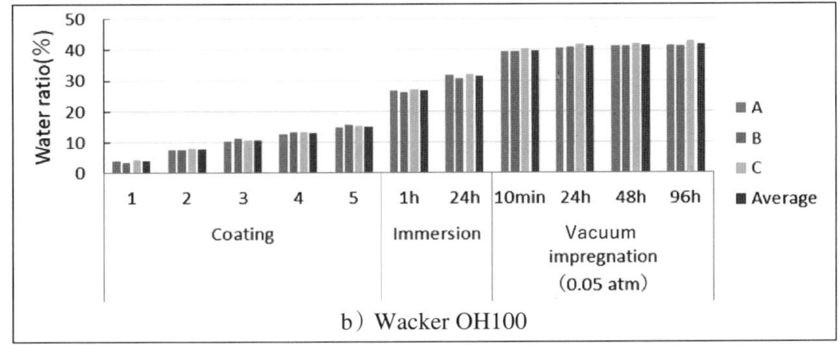

b）Wacker OH100

Fig.1　小樽軟石への体積含浸比

実験を行うことの利点として、サンプルを繰り返し用いることが可能という点がある。よって、本実験では、蒸留水の含水の実験の結果をもとに考察を進めていくこととする。

3. 実験

3.1 材料

実験の材料として、以下の種類の岩石を使用した。

① 凝灰岩（小樽軟石）

② 凝灰岩（成沢地区）

③ デイサイト質溶結凝灰岩（白河石）

④ 泥岩（毛越寺庭園遣水景石）

それぞれの空隙率を測定したところ、②＞①＞③＞④の順であることが分かった。

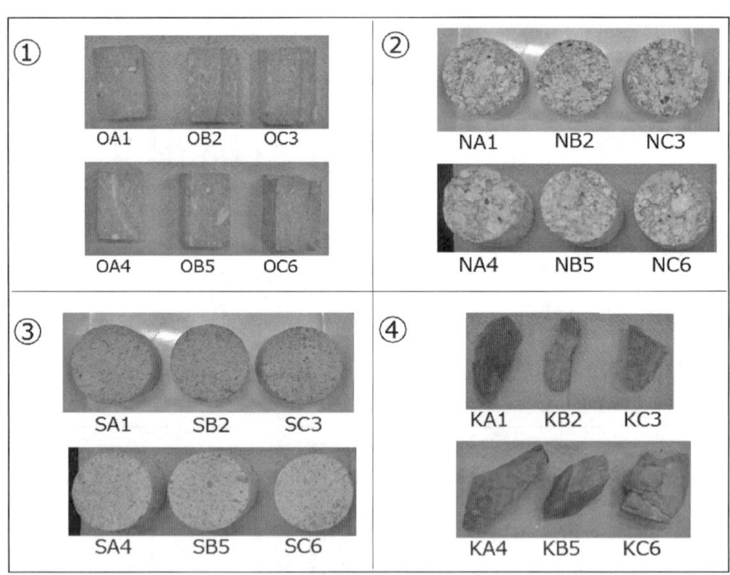

Fig.2 実験で使用した岩石サンプル

3.2 試験方法

以下の手順で試験を行った。

(1) 以下の条件で試料を調製し、試験体とした（Table 2）。

(2) 試験体を110℃で24時間乾燥させたのち、絶乾重量を測定した。

(3) 蒸留水を用い、試験体をTable 3の条件で含水させた 。

(4) 含浸後、それぞれの重量を測定し、湿潤重量とした。

Table 2 試料寸法

試料寸法			
① 縦: 約5.0 cm	②、③ 形状: 円柱	④ KA1: 約18 cm^3	KA4: 約24 cm^3
横: 約3.0 cm	直径: 5.0 cm	KB2: 約13 cm^3	KB5: 約17 cm^3
高さ: 約2.0 cm	高さ: 3.0 cm	KC3: 約15 cm^3	KC6: 約25 cm^3
体積: 約30 cm^3	体積: 約59 cm^3		

Table 3 含水の条件

回数と時間	
塗布法	…全5 回
浸漬	…1 h, 24 h
減圧含浸	…10 min, 24 h, 48 h
減圧含浸の圧力	
1 atm	…減圧無し
0.7 atm	…1気圧と0.3気圧の中間
0.3 atm	…現場で広く使用されている数値
0.05 atm	…使用した真空ポンプの最大能力

3.3 分析

以下の式から、体積含水比を算出した。

$$②、③\ 体積含水比\ (\%) = \frac{W_2 - W_1}{59\ cm^3} \times 100$$

$$①、④\ 体積含水比\ (\%) = \frac{W_2 - W_1}{W_4 - W_3} \times 100$$

W_1: 絶乾重量 (g)

W_2: 湿潤重量 (g)

W_3: 液中重量 (飽水状態) (g)

W_4: 飽水重量 (g)

4. 結果と考察

結果は以下のグラフの通りとなった (Fig.3～Fig.6) 。

体積含水比は最大で40%程度であった。塗布法での含水比は最大で24%程度で、減圧含浸では10 minの時点で30%程度以上に達した。真空度による数値は、どの時間においても1 atmと0.05 atmで5%程度の違いが見られた (Fig.3) 。

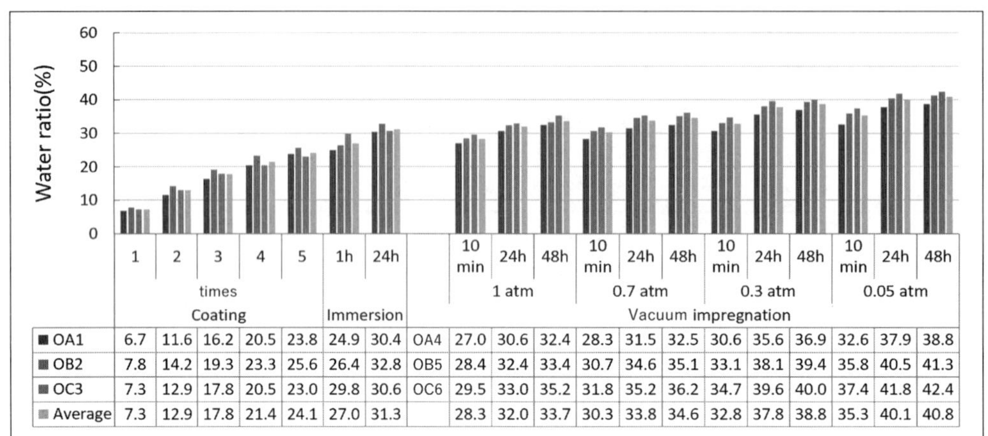

	Coating 1	Coating 2	Coating 3	Coating 4	Coating 5	Immersion 1h	Immersion 24h		1 atm 10 min	1 atm 24h	1 atm 48h	0.7 atm 10 min	0.7 atm 24h	0.7 atm 48h	0.3 atm 10 min	0.3 atm 24h	0.3 atm 48h	0.05 atm 10 min	0.05 atm 24h	0.05 atm 48h
■ OA1	6.7	11.6	16.2	20.5	23.8	24.9	30.4	OA4	27.0	30.6	32.4	28.3	31.5	32.5	30.6	35.6	36.9	32.6	37.9	38.8
■ OB2	7.8	14.2	19.3	23.3	25.6	26.4	32.8	OB5	28.4	32.4	33.4	30.7	34.6	35.1	33.1	38.1	39.4	35.8	40.5	41.3
■ OC3	7.3	12.9	17.8	20.5	23.0	29.8	30.6	OC6	29.5	33.0	35.2	31.8	35.2	36.2	34.7	39.6	40.0	37.4	41.8	42.4
■ Average	7.3	12.9	17.8	21.4	24.1	27.0	31.3		28.3	32.0	33.7	30.3	33.8	34.6	32.8	37.8	38.8	35.3	40.1	40.8

Coating: times; Immersion; Vacuum impregnation

Fig.3 ① 凝灰岩(小樽軟石)

体積含水比は最大で45%程度であった。塗布法での含水比は最大で7%程度と少ない数値であったが、減圧含浸では10 minで20%以上の数値に達した。真空度による48h時点の数値の違いはほとんど見られなかったが、10 min時点では、1 atmで26%程度、0.05 atmで40%程度と大きな違いが見られた(Fig.4)。

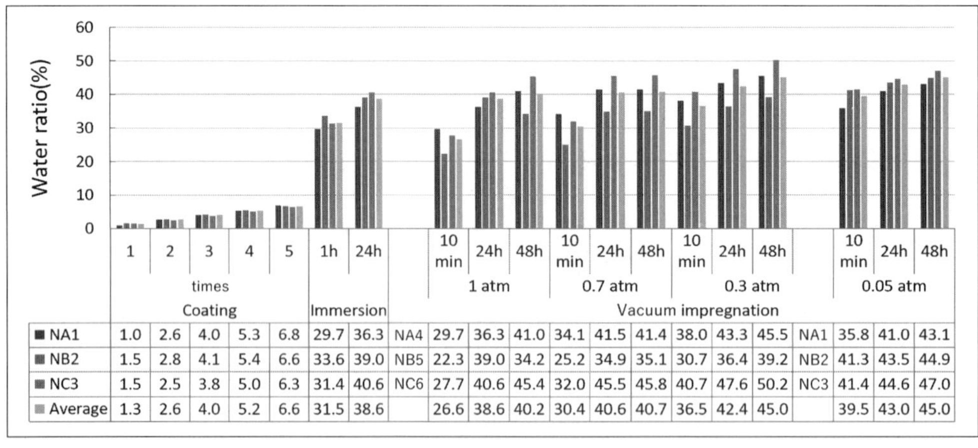

	Coating 1	Coating 2	Coating 3	Coating 4	Coating 5	Immersion 1h	Immersion 24h		1 atm 10 min	1 atm 24h	1 atm 48h	0.7 atm 10 min	0.7 atm 24h	0.7 atm 48h	0.3 atm 10 min	0.3 atm 24h	0.3 atm 48h		0.05 atm 10 min	0.05 atm 24h	0.05 atm 48h
■ NA1	1.0	2.6	4.0	5.3	6.8	29.7	36.3	NA4	29.7	36.3	41.0	34.1	41.5	41.4	38.0	43.3	45.5	NA1	35.8	41.0	43.1
■ NB2	1.5	2.8	4.1	5.4	6.6	33.6	39.0	NB5	22.3	39.0	34.2	25.2	34.9	35.1	30.7	36.4	39.2	NB2	41.3	43.5	44.9
■ NC3	1.5	2.5	3.8	5.0	6.3	31.4	40.6	NC6	27.7	40.6	45.4	32.0	45.5	45.8	40.7	47.6	50.2	NC3	41.4	44.6	47.0
■ Average	1.3	2.6	4.0	5.2	6.6	31.5	38.6		26.6	38.6	40.2	30.4	40.6	40.7	36.5	42.4	45.0		39.5	43.0	45.0

Coating: times; Immersion; Vacuum impregnation

Fig.4 ② 凝灰岩(成沢地区)

体積含水比は最大で25%程度であった。塗布法での含水比は最大で10%程度であったが、浸漬と減圧含浸では10 minの時点で最大数値である25%近くに達した。真空度による含水比の違いはあまり見られなかった(Fig.5)。

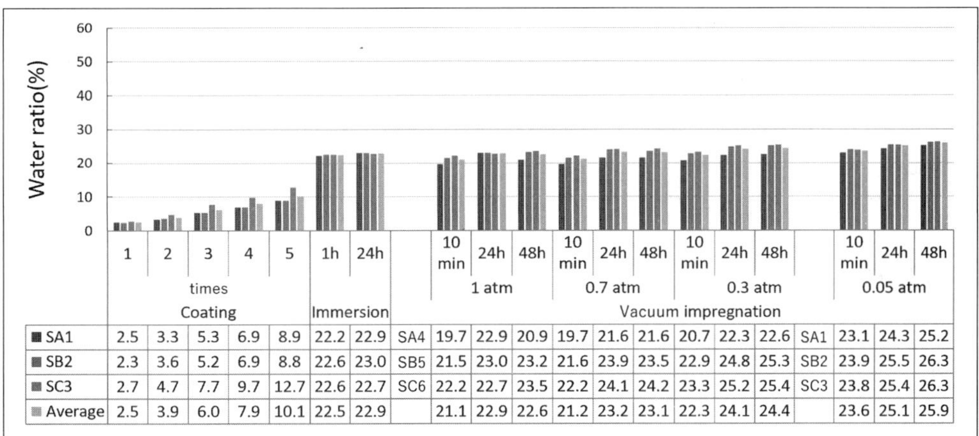

	Coating (times) 1	2	3	4	5	Immersion 1h	24h		Vacuum impregnation 1 atm 10 min	24h	48h	0.7 atm 10 min	24h	48h	0.3 atm 10 min	24h	48h		0.05 atm 10 min	24h	48h
SA1	2.5	3.3	5.3	6.9	8.9	22.2	22.9	SA4	19.7	22.9	20.9	19.7	21.6	21.6	20.7	22.3	22.6	SA1	23.1	24.3	25.2
SB2	2.3	3.6	5.2	6.9	8.8	22.6	23.0	SB5	21.5	23.0	23.2	21.6	23.9	23.5	22.9	24.8	25.3	SB2	23.9	25.5	26.3
SC3	2.7	4.7	7.7	9.7	12.7	22.6	22.7	SC6	22.2	22.7	23.5	22.2	24.1	24.2	23.3	25.2	25.4	SC3	23.8	25.4	26.3
Average	2.5	3.9	6.0	7.9	10.1	22.5	22.9		21.1	22.9	22.6	21.2	23.2	23.1	22.3	24.1	24.4		23.6	25.1	25.9

Fig.5　③ デイサイト質溶結凝灰岩（白河石）

体積含水比は最大で10％程度であった。塗布法での含水比は最大で5％程度であったが、浸漬と減圧含浸の数値の推移はほぼ同等であった。減圧含浸の際、10 minの時点では最大の数値の2分の1程度であったが、24hで10％程度の数値に達した。真空度による含水比の差はあまり見られなかった(Fig.6)。

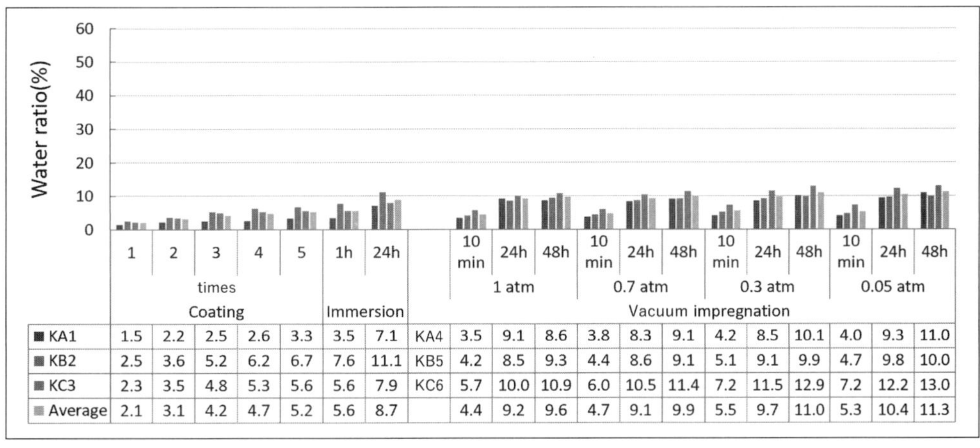

	Coating (times) 1	2	3	4	5	Immersion 1h	24h		Vacuum impregnation 1 atm 10 min	24h	48h	0.7 atm 10 min	24h	48h	0.3 atm 10 min	24h	48h	0.05 atm 10 min	24h	48h
KA1	1.5	2.2	2.5	2.6	3.3	3.5	7.1	KA4	3.5	9.1	8.6	3.8	8.3	9.1	4.2	8.5	10.1	4.0	9.3	11.0
KB2	2.5	3.6	5.2	6.2	6.7	7.6	11.1	KB5	4.2	8.5	9.3	4.4	8.6	9.1	5.1	9.1	9.9	4.7	9.8	10.0
KC3	2.3	3.5	4.8	5.3	5.6	5.6	7.9	KC6	5.7	10.0	10.9	6.0	10.5	11.4	7.2	11.5	12.9	7.2	12.2	13.0
Average	2.1	3.1	4.2	4.7	5.2	5.6	8.7		4.4	9.2	9.6	4.7	9.1	9.9	5.5	9.7	11.0	5.3	10.4	11.3

Fig.6　④ 泥岩（毛越寺庭園遣水景石）

④ の結果にばらつきが見られたが、これは試料によってそれぞれ劣化度が異なるためであると考えられる。含浸方法については、4種の試料全てにおいて、塗布＜漬浸＜減圧含浸の順に有効であることが再確認された。減圧含浸の際の減圧

度については、③、④ のような空隙率の低い岩石では、減圧度による体積含水率の差があまり見られなかった。従って、空隙率の低い岩石に関しては、減圧による効果は小さいと考えられるが、今後、処理した試料の強度測定等により、効果を評価する予定である。

参考文献

福田正己，三浦定俊，西浦忠輝．石造遺跡の凍結-融解による破壊と樹脂による防止効果の実験（その2）．氷雪，1982，45（4）：201-204.

福田正己，三浦定俊，西浦忠輝，松岡憲知．石造遺跡の凍結破壊と樹脂によるその防止効果の実験 石造文化財の凍結-融解による劣化とその防止法に関する研究（Ⅰ）．保存科学，1983，22：1-14.

福田正己，三浦定俊，西浦忠輝．石造遺跡の凍結破壊と樹脂による防止効果の実験（第2報）石造文化財の凍結-融解による劣化とその防止法に関する研究（Ⅳ）．保存科学，1984，23：1-12.

福田正己．岩石の凍結破砕の機構［A］．石造文化財の保存と修復．東京：東京国立文化財研究所，1985：12-18.

津波で被災した写真プリントの安定化処理方法の構築

武田昭子[1]　赤沼英男[2]　荒木臣紀[3]　熊谷賢[4]　浅川崇典[4]
(1 昭和女子大学,2 岩手県立博物館,3 東京国立博物館,4 陸前高田市立博物館)

中文摘要: 2011年3月11日,在太平洋东北地区近海发生的地震袭击了我国,随之而来的大海啸使日本东部太平洋沿岸地区遭到严重破坏。多数的博物馆与相关设施受到损坏,大量被展示、收藏的资料因海啸遭灾。岩手县的陆前高田市全市遭受了海啸直接袭击,受灾极其严重。超过20万件的博物馆相关资料在抢救出后进行了保管,在全国文物相关机构的支持下,持续进行了以恢复相关资料为目的的救援行动。

在获救的博物馆资料中就有摄影照片。照片作为博物馆的基本资料,记录了该地区的文物、民俗艺术相关资料、生活变迁等,对于恢复地区文化可以说是重要资料之一。因为恢复所救的照片的方法还未确立,多数是在将图像数字化之后,进行了冷藏保管。本文以确立能够在通常的环境下长期且安定地保存资料的安定化处理方法为目标,作为其第一步,调查了氯元素的分布和浸水脱盐的有效性。

所调查的彩色和黑白照片中,分为钡地纸与树脂涂塑相纸两类。对调查对象的截面进行EMPA分析之后的结果是,相纸的承载体中仍残留相当数量的氯。把相纸浸泡纯净水中并对浸泡液进行持续交换,24小时脱盐后钡地纸与树脂涂塑相纸都能够将大量残留在材料中的氯脱离到浸渍液中。此外,通过EPMA分析,可以确认从完成脱盐的资料的承载体上除去了相当数量的氯。并且我们还发现当干燥的资料放置于室内不进行脱盐处理时,它会逐渐吸收水分并再次湿润。一系列的结果表明,为了能够长期且稳定地保存资料,脱盐处理是必要的。今后,我们要确立一个有效并且同时能够保护图像层的脱盐方法。

1. はじめに

2011年3月11日に発災した東日本大震災では、膨大な数の博物館資料が津波被災した。写真プリントもその一つで、地域に伝わる文化財、民俗芸能関連情報、地域の景観、自然史標本をはじめ、地域の歴史や文化、自然環境の変遷を解明するうえでの重要な情報が記録されている。救出された写真プリントの再生方法は未確立で、一部についてはエチルアルコールで除菌し資料表面をクリーニングした後、デジタル化して画像情報の保全が図られてはいるものの[1]、実物資料の多くは冷蔵保管され、再生される日を待っている。

いうまでもなく津波で被災した写真プリントは、海水に起因する多量の塩分を含み、加えて津波によってもたらされた土砂、海底のヘドロ、日常の生活用品等、様々な物質が固着している。一先ず乾かした後除菌し、クリーニングした資料は再び吸湿し、劣化が進む可能性が極めて高い1)。筆者らは実物資料の有効活用を図るため、通常の資料保管環境下で、写真プリントの長期にわたる安定的保管を可能にする安定化処理技術の確立を目的にその第一歩として、塩素の分布状況と水漬けによる脱塩の有効性について調査した。以下に調査結果を報告する。

1) 脱塩処理を施すことなく乾燥し、燻蒸消毒した繊維資料を、12月～3月の冬期間、暖房のない部屋に収納し、翌春確認したところ、資料が異常に湿気を帯び、局所的にカビが発生していた。資料に残留する塩分が再び吸湿し、資料が湿潤化したことに起因すると推定される。

2. 陸前高田市立博物館の被災状況

陸前高田市立博物館が設置されていた陸前高田市高田町における浸水高は14.1～17.6 mで[2]、陸前高田市立博物館は2階の屋根付近まで海水に浸かった。津波が去った施設は大破し、施設内には流入した家屋や車、多量の土砂や建材などが、施設の内装材や展示台、展示ケース、そして実物資料などと共に混然一体となっていた（図1）。

危険で困難を伴う救出活動であったが、多くの組織や個人の支援を得て迅速に進み、活動開始後約1ケ月半で陸前高田市内に設置されていた4つの博物館関係施設が収蔵していた資料約56万点のうち46万点を救出することができ

図1　津波で被災した陸前高田市立博物館

図2　被災資料の救出活動

た（図2）。救出された資料は多量の海水を含み、津波によってもたらされたヘドロ、土砂や植物、日常の生活物資等が固着していた。津波で被災した資料を乾燥し、燻蒸して殺菌しただけでは、資料の劣化を防止することが難しい。資料を運び入れた施設そのものの収蔵環境に悪影響を及ぼす心配もある。そこで、除泥、脱塩を加味した処理（安定化処理）を施し、資料の保全を図ることとした[3]。被災地では今も連綿と安定化処理が続けられていて、2017年9月末現在、救出された46万点のうち、約22万点の資料の安定化処理を完了することができたが、24万点余りの資料が救出されたままの状態で保管されていて、再生の時を待っている。

3. 調査資料

救出された写真プリントの一部については救出後早い段階で水洗・乾燥が施されたが、ほとんどの資料は被災したままの状態で室内に保管された。未処理の資料は多量の海水を含んだ土砂にまみれ、印画紙や画像層の崩壊や消失、画像面と台紙の固着が生じていて、すべての資料がカビで汚染されていた。そこで、博物館再生時における利活用を考慮し、任意のボランティア団体である「陸前高田被災資料デジタル化プロジェクト」が中心になり、画像のデジタル化を最優先とする写真プリント保存のための緊急処置が計画され、実践された。被災した資料を整理し、ドライクリーニングを施した後、写真プリントのデジタル記録撮影が2年間にわたって行われた[3]。その後、中性紙箱に整理・収納された資料が陸前高田市立博物館に返却され、今日まで冷蔵保管されてきた。写真プリントの画像内容を調査するため室温に戻したところ、腐敗臭が酷く、梱包紙に液体が浸み込んでくる資料が多数確認されたため、博物館機能再生に不可欠な写真プリントの安定的な保管と活用を図るための安定化処理方法の確立の必要性が改めて認識された[4][5]。

救出された写真プリントは、後述する支持体の断面構造に基づけば、バライタ紙とレジンコート紙に分類された。本稿では上記に分類される資料の中から、それぞれモノクロプリントおよびカラープリントを2点ずつ、合計4点（No.1～No.4）を選別し（図3）、脱塩実験を行った。

No.1はモノクロ写真で砂が一部に固着しているものの、画像、支持体共にしっかりしていた。No.2はカラー写真で支持体は良好であったが、表面を透明フィルムが覆い、画像層は損傷し、インクが流出していた。No.3はモノクロ写真、No.4はカラー写真で、双方ともに劣化が進み、支持体はもろく、かろうじてその形を保っていた。No.3の画像層はカビで汚染され損傷が酷く、画像を確認することが不可能であった。

図3　調査した被災写真プリント
資料の断面構造によって、No.1およびNo.2はレジンコート紙に、No.3およびNo.4はバライタ紙に分類された。

4. 調査方法

3で述べた調査資料からそれぞれ約3 cm^2の紙片と端部から小片を摘出した。摘出した小片をさらに2分し、それぞれを断面が観察面となるようエポキシ樹脂に埋込み、一方を薄片にして、透過光で塗膜断面構造を解析した。もう一方については、エメリー紙で荒研磨、次にダイヤモンドペーストを使って仕上げ研磨し、落射光で研磨面を観察した後、カーボン蒸着し、EPMA（日本電子株式会社製・

JXA-8230）でNa、Clの分布状態を調べた。脱塩実験に先立ち、No.1を減圧乾燥した後、温度20～21℃、相対湿度39%～50%の範囲で変動する室内に放置し、重量変化を測定した。

断面構造解析用サンプルとして摘出したNo.3およびNo.1を20mlの精製水に浸漬し、溶出した塩化物イオン濃度をイオン電極法（東興化学研究所製TiN-5102）、pHをガラス電極法（東興化学研究所製TPX999）で測定した。測定は精製水に浸漬後3時間までは30分ごとに、それ以降は浸漬開始から24時間、25時間、26時間、27時間、48時間、53時間、72時間、96時間経過時に測定し、測定の度に脱塩液を交換した。脱塩終了後、No.2の紙片を乾燥し、小片を摘出した。摘出した小片に残留する塩素及びナトリウムを、脱塩前に実施した方法と同じ方法で調べ、脱塩の有効性について確認した。

5. 調査結果

5.1 調査資料の断面構造

図4および図5は、No.3、No.2の断面透過写真およびEPMA反射電子組成像（BEI）である。No.3の支持体の片面には、多量のBi-S-O系微細粒子（硫酸バリウムと推定）を混和した樹脂層がみられた（図4a_1、$b_{1.2}$）。No.2の支持体にはその両面に樹脂層があり、一方の樹脂層上面に微細粒子（酸化チタンと推定される）を混和した樹脂が重ねられていた。また、№4はNo.3と、No.2はNo.1と同じ断面構造をとることがわかった。No.3とNo.4はバライタ紙、No.1とNo.2の2資料はレジンコート紙に分類される。EPMAによる含有元素濃度分布の複合カラーマップによって、4資料の支持体にはセルロース繊維の中心部まで高濃度のNaおよびClが含有されていて、バライタ紙に分類されたNo.3およびNo.4については硫酸バリウムと推定される薄層から、レジンコート紙に分類されたNo.1およびNo.2については、酸化チタン混和層からもNa、Clが検出された（図4c_1、図5c_1）。4資料とも、乳剤層上面の保護層は劣化によりそのほとんどが喪失していた。

図6は、塩分を残留させたままNo.1を乾かした後、2で述べた室内に放置した際の重量変化をグラフに示したものである。図にはレジンコート紙に分類されるRf1の測定結果も示した。24時間でNo.1では1.36%、Rf1では1.13%の増量が確認された。この結果は、塩分を残留させたまま乾燥した場合、再度吸湿し湿潤化する可能性がきわめて高いことを示している。

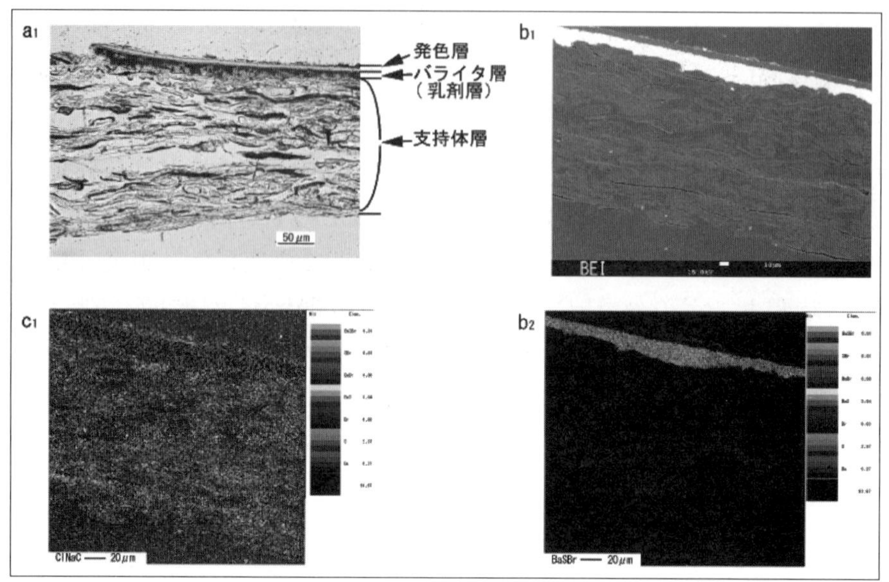

図4　No.3の断面構造解析結果

a_1: 断面透過写真、b_1・b_2: EPMAによる反射電子組成像(BEI)と含有元素濃度分布の複合カラーマップ(Ba-Lα、S-Kα、Br-Kα)。c_1: EPMAによる含有元素濃度分布の複合カラーマップ(Na-Kα、Cl-Kα、C-Kα)。

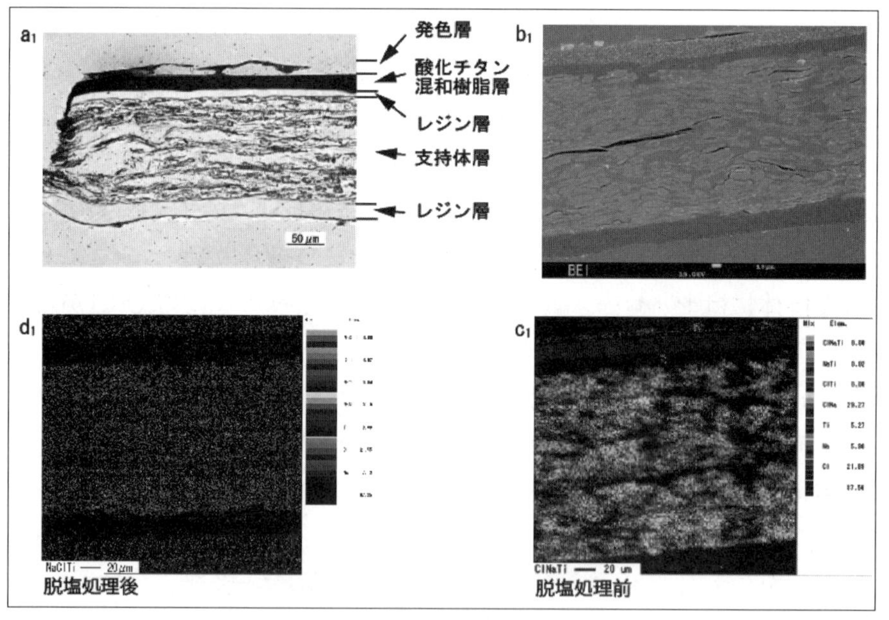

図5　No.2の断面構造解析結果

a_1: 断面透過写真、b_1・c_1: 脱塩処理前断面のEPMAによる反射電子組成像(BEI)とEPMAによる含有元素濃度分布の複合カラーマップ(Na-Kα、Cl-Kα、Ti-Kα)。
d_1: EPMAによる含有元素濃度分布の複合カラーマップ(Na-Kα、Cl-Kα、Ti-Kα)。

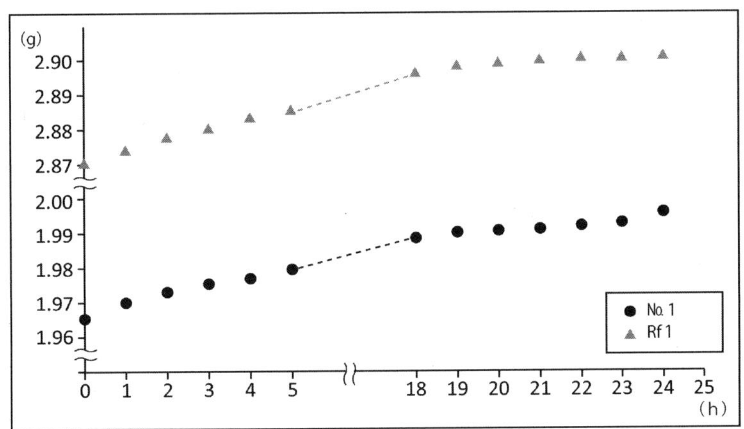

図6　脱塩をほどこすことなく乾燥したNo.1を室内に放置した時の重量変化

5.2 脱塩処理

4で述べた方法に従って、№.1および№.3を精製水に浸漬し、浸漬液に溶出されるCl⁻濃度をイオン電極法で測定した。その結果は図7に示すとおりである。図7にはNo.1同様、レジンコート紙に分類される他の2資料（Rf2、Rf3）の脱塩結果も示した。No.3を除く3資料については、脱塩開始から概ね3時間が経過するまでは時間経過と共に脱塩液に溶出する塩素は減少する。その後24時間経過した段階で脱塩液に溶出されるCl⁻濃度は最大となり、以後、急激に減少する。No.3は脱塩開始後25時間から27時間にかけて、脱塩液に溶出

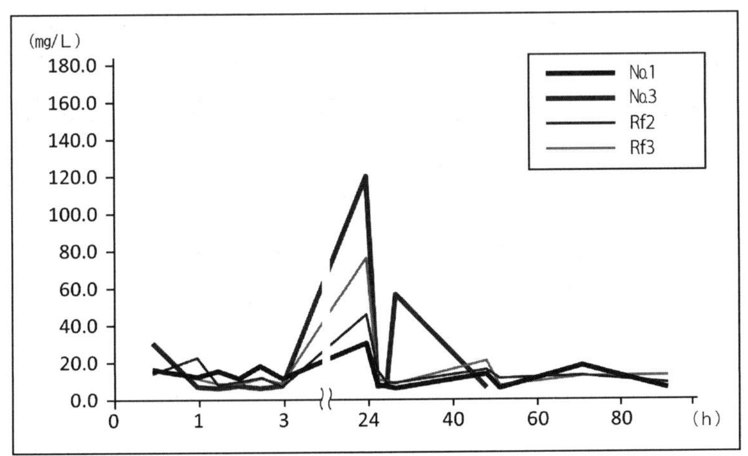

図7　脱塩液に含有される塩化物イオン濃度の推移

される塩素濃度が再び増加に転ずるが、以後は減少し、No.1同様ほぼ横ばいとなる。

図8には各資料の脱塩液のpHを示した。既述のとおり、No.1、Rf2、Rf3のレジンコート紙に分類される3資料の脱塩液のpHは、浸漬時間が30分から1時間では6未満であるが、浸漬時間が24時間経過すると6～7になった。一方、No.3のpHは4.5～5.5で、他の3資料に比べ高い値を示した。

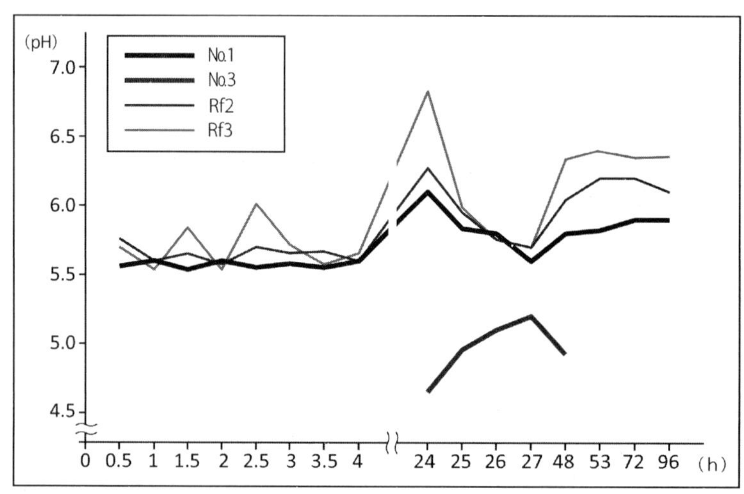

図8　脱塩液のpH値の推移

6. 考察

津波被災した写真プリント断面のEPMAによる分析の結果、バライタ紙およびレジンコート紙の支持体層、バライタ紙の微細粒子（硫酸バリウムと推定）が混和された薄層およびレジンコート紙の酸化チタンが混和された薄層には、高濃度のClおよびNaが含有されていた。水への浸漬実験の結果、4資料とも24時間の浸漬で相当量の塩分を除去することができた。この結果は、図5c_1およびd_1に示すNo.2の脱塩処理前および処理後の支持体に残留するCl濃度のEPMAによる分析結果ともよく整合する。24時間浸漬後、写真プリントの画像層をマイクロスコープで観察したところ、顕著な変化はみられなかった。

図7から明らかなように、浸漬開始後24時間経過した段階では、バライタ紙の方がレジンコート紙に比べ、Cl^-の溶出量が多い。これは、レジンコート紙は支持体の両面に樹脂が塗布されているため、脱塩液の侵入とCl↑－の溶出が抑制されたこと

によるものと考えられる。

浸漬時間が長くなると脱塩液のpHが増加する傾向がみられた。紙を素材とする資料の安定化処理過程で、異臭が発生するという現象が発生し、その要因として嫌気性発酵の可能性が指摘されているが[6]、上記現象も脱塩液中に微生物が増殖し腐敗が進行した可能性を示唆している。一方、レジンコート紙に比べバライタ紙の脱塩液のpHは絶えず低い値をとる。何らかの酸性物質が生成した可能性があるが、これらの点については今後の課題としたい。

一連の実験結果から、24時間の脱塩処理により海水損に起因する塩分の相当量を、写真プリントの画像層に大きな損傷を与えることなく除去できる可能性が高いことが明らかとなった。今後、色差計を用い画像層の色調の変化を調べると共に、処理した資料の経過観察を行い、脱塩処理の有効性を確認する予定である。

7. まとめ

津波で被災した写真プリントの断面構造解析と脱塩実験を通し、以下の3点を明らかにすることができた。

⑴ 調査した被災写真プリントは、バライタ紙またはレジンコート紙のいずれかに分類された。

⑵ バライタ紙及びレジンコート紙のいずれにおいても24時間におよぶ精製水への浸漬によって、相当量の塩素を除去することができ、画像層にも損傷等の大きな変化はみられなかった。

⑶ 脱塩を施すことなく乾燥させた場合、再度吸湿し湿潤化することがわかった。引き続き、脱塩過程での微生物の増殖の有無、酸性物質の生成、処理前および処理後の画像層の色調変化について調査し、資料の経過観察を実施して、津波被災した写真プリントの安定化処理方法の構築を図りたい。

参考文献

[1] 陸前高田被災資料デジタル化プロジェクト.被災写真救済の手引き.東京: 国書刊行会,2016: 43-52.

[2] 陸前高田市.陸前高田市東日本大震災検証報告書.陸前高田市,2014: 6.

[3] 赤沼英男.紙を素材とする文化財の安定化処理.安定化処理～大津波被災文化財保存修復技術連携プロジェクト～ (2015改定版) .東京: 津波により被災した文化財

の保存修復技術の構築と専門機関の連携に関するプロジェクト実行委員会, 2015: 80-89.

[4] 武田昭子, 赤沼英男, 熊谷賢.陸前高田市立博物館所蔵被災写真資料の安定化処理.日本文化財科学会第32回大会研究発表要旨集, 2015: 118-119.

[5] 武田昭子, 赤沼英男, 熊谷賢, 本田文人.被災写真を対象にした安定化処理方法の開発.文化財保存修復学会第38回大会研究発表要旨集, 2016: 272-273.

[6] 佐野千絵, 内田優花, 赤沼英男.津波被災紙資料から発生する臭気の分析と発生のメカニズムの推定.保存科学, 2017, 56: 121-133.

日本の伝統的建造物の土壁の変色に関する調査研究

小林純　米村祥央　石崎武志
（山形県山形市上桜田3-4-5）

中文摘要： 日本传统建筑中会使用称为"土壁"的墙壁。由于土壁具有较好的吸放湿气的性能，非常适用于有着高湿度气候环境的日本。土壁是日本传统建筑的特征之一。一些传统民居建筑被政府指定为文化遗产。近年，某个民居建筑的一部分土壁发生显著变色，影响了建筑的外部景观。基于对建筑景观影响的担忧，需要探明发生该现象的原因。自2016年起开始展开相关调查工作。环境调查表明，发生变色的墙壁面有较高湿度的倾向。对变色部位进行采样并使用显微镜观察样品表面和背面，发现只有样品表面存在红色变色现象。对于样品的SEM-EDS观察中检测出铁元素信号，X射线衍射分析结果表明有铁锈的存在。基于上述结果，推断土壁面的红色变色现象是由于水、空气、铁发生氧化反应后形成铁锈所导致的。

1. 緒言

本研究の研究対象は、ある管理者より調査依頼のあった住宅の土壁である。肝いりと呼ばれる役職に就かれていた農家の民家であり、文化財指定がされている。民家の敷地には母屋・中門（馬小屋）・井戸・トイレ等の建物が配置されてあり、江戸時代終わりごろ（敷地内の最古の建物は江戸中期）に建てられた。約20年前に移築し復元展示されている。その後、東日本大震災の余震によって一部の土壁が崩れ被災し、2015年に修復が行われ、崩れた壁を中心に外壁が修復された。修復2か月後に、民家の土壁が場所によって変色の度合いに差がおき、モザイク状の壁になった。

民家の景観的な面や歴史的資料としての保存を考慮と管理者からの意向を受け、変色原因を調べることとなった。現地での周辺環境の観察や材料の分析などの基礎的研究を実施した。

2. 方法

2.1 現地調査

変色箇所の観察や建物の変色箇所や周辺状況を写真に記録・観察した。

2.2 環境調査

土壁の変色は、土壁作成の後の8月～9月にかけて変色が進んだと思われたため、この期間の土壁を取り巻く環境について調査を行った。温湿度データロガー、HOBO社製を用いて、西面と東面の軒下にデータロガーを設置し、約2か月間、8月上旬～9月下旬に測定を行った。

2.3 材料調査

HiROX社製のデジタルマイクロスコープを用いて壁試料の表面と裏面を観察した。日本電子社製JSM-6390Aの走査型電子顕微鏡（SEM）、エネルギー分散型蛍光エックス線（EDS）を用いて土壁のサンプルを観察し、元素マッピングを行った。赤い変色箇所を収集し、ブルカーAXS社製D8 Discover with GADDSのエックス線回折装置を用いて、元素の構成、化合物の種類を同定した。

3. 結果

3.1 現地調査

変色箇所は、東方向の面に集中しており、隣同士の面でも土の色が違っていた。図の壁の上部分は、屋根からビニールが出ていて、壁を覆っていた。覆いかぶさっていた部分は、変色がなかった。

3.2 環境調査

西面と比べ、湿度が高いこと、日差しが当たる時間が短いこと、表面温度が全体的に低いことから、壁の湿度が高いと判断した。変色がある東面は、常に湿気がある状態だと分かった。西面と比べて、東面は湿っている。東面のほうが、日差しが当たる時間が少ないからである。一方西面は昼頃、直に日差しが当たる時間が長かった。

3.3 材料調査

表面は赤みを帯びた茶色の変色を観察することができた。裏側に変色は見られなかった。EDSの観察によって、土の主要の金属が検出された。今回観察できた土の粉末は、鉄を含んだ鉱物を取り囲むように、ケイ素、アルミニウムが接触しているのが分かった。エックス線回折の分析の結果、酸化第二鉄（Hemetite, syn、alpha-Fe2O3）、鱗鉄鉱（Lepidocrocite、FeO（OH））、四三酸化鉄（Magnetite、Fe3O4）が検出された。

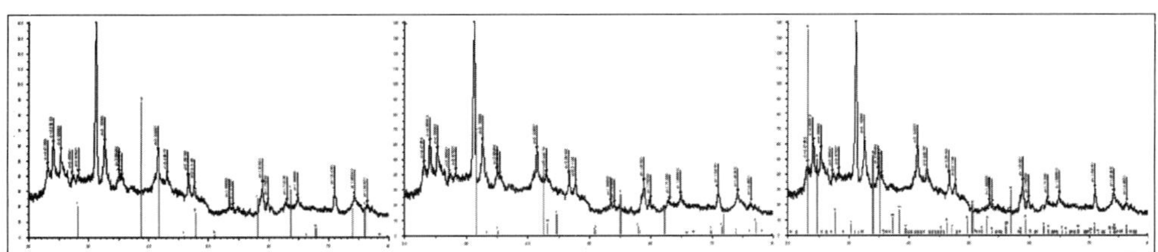

Fig.1 エックス線回折分析の結果。左より酸化第二鉄（Hemetite，syn、alpha-Fe2O3）、鱗鉄鉱（Lepidocrocite、FeO（OH））、四三酸化鉄（Magnetite、Fe3O4）の結果である。

4. 考察

現地調査より、屋根からビニールが出ていて、壁を覆っていた。覆いかぶさっていた部分は、変色がなかった。変色がないところほど、雨が当たりにくいと考え、変色には水が関与していると考えられる。

材料分析より、土材料の鉄を含んだ鉱物が赤い変色に関わっていると考えられる。エックス線回折で調べた結果、様々な鉄が検出されたため、壁表面には錆が形成されていることが考察できる。

5. 結言

土は混合物であるため、いつ頃に混ざり、いつ変化したものなのかを分析をするのは難しいが、鉄が含まれている以上、鉄が水によって溶けだし酸素と反応し錆びることとなる。今後はさらに、詳細な条件下での変色過程の観察を進めていく必要がある。

参考文献

中村 伸. 日本壁の研究. 東京都: 相模書房, 1954: 12-13.
朽津 信明, 森井 順之. 土壁の水分吸収・放出に関する基礎的研究. 保存科学, 2004, 44: 103-108.
黒田 孝二, 佐藤 ひろゆき, 高井 由佳, 後藤 彰彦. 経年京壁の風情を醸す「さび」発現機構の解明—伝統技術にひそむ工学要素の展開研究—. 科学・技術研究, 2014, 13 (1): 69-72.

出土金属製品の保存処理に使用された アクリル樹脂の劣化について

植田直見　山田卓司　山口繁生　田中由理　塚本敏夫
川本耕三
（公益財団法人 元興寺文化財研究所）

中文摘要：本研究利用全反射傅里叶变换红外光谱技术（ATR-FTIR）分析了30年前用树脂（丙烯酸树脂poraloid NAD10）浸渍过的青铜器。结果发现，浸渍过的青铜器在外观上未发生变化，但在分子结构层面上发生了变化。如果这一变化是来自于树脂的老化，长期放置则很可能引起强度降低和防腐能力下降等问题，这也可能导致珍贵文物受损。

因此，除了ATR-FTIR以外，通过热分解液相色谱-质谱仪（Pyro-GC/MS）分析发现分子结构、物理性质和分子量发生了变化。研究中还分析了在金属树脂浸渍中常用的几种树脂也发现了同样的变化。此结果也将在本文中进行相应说明。

1. はじめに

日本で出土金属製文化財の保存処理にアクリル樹脂が使用され始めて40年余りが経つ。これまで莫大な数の遺物が処理されてきたが本来アクリル樹脂は耐候性の良い樹脂で化学変化は起こりにくいとの認識がある。そのため樹脂の分析はほとんど行われなかった。しかし、本格的な修理をするにあたり約30年前の発掘直後の緊急修理に使用したアクリル樹脂の化学分析を実施したところ、未使用の樹脂と比べ分子構造が変化していることが認められた。これらの変化が樹脂の劣化であればそのまま放置すると強度の低下や防錆力の低下によって貴重な文化財を崩壊させることに繋がる。そこで、遺物に含浸されたアクリル樹脂および標準試料を強制劣化させたものを化学分析し、変化を追跡した。

2. 分析試料

標準試料（試料A：パラロイドNAD10（ロームアンドハス社））と標準試料を以下の条件で放置し劣化促進させたもの（試料B～E）、保存処理の含浸樹脂として使用した試料（試料a、b）を分析試料とした。

試料A：標準試料

試料B：60℃で6か月間放置

試料C：105℃で6か月間放置

試料D：高湿度下、室温で6か月間放置

試料E：高湿度下、60℃で6か月間放置

試料a：10年以上前から現在まで含浸処理に使用した樹脂（大分県内の施設で使用）

試料b：10年以上前から現在まで含浸処理に使用した樹脂（島根県内の施設で使用）

3. 分析方法

分析は赤外分光分析（以下ATR-FTIR）と熱分解-ガスクロマト/質量分析（以下Pyro-GC/MS）を7サンプルについて実施した。方法と分析条件を以下に示す。

3.1 ATR-FTIR

装置はTravelIR（SENSIR TECHNOLOGIES）とSPECTRUM Two（PerkinElmer Co., Ltd）の2機種を使用し、検出器としてはDLATGSとLiTaO3を用い、分解能4 cm^{-1}で測定した。

3.2 Pyro-GC/MS

Pyro-GC/MSは熱分解装置としてPY-3030D型パイロライザー（フロンティアラボ

製）をガスクロマトグラフ／質量分析装置としてJMS-Q1050GC型GC-MS（日本電子（株）製）を組み合わせたものを使用した。測定は約1mgの資料を用い、試料をガス化した後、熱分解ではカラムとしてDB1 ms60 m × 0.25 mm ϕ × 0.25 μm（J&W製）を使用し、ヘリウムガス加熱雰囲気下、350℃、550℃の2段階の温度で加熱した。マスクロマトグラムは得られた分子イオンを電子衝撃イオン化法（EI法：70 ev）により検出した。

4. 結果と考察

4.1 ATR-FTIR

すべてのサンプルで分子構造に大きな変化は見られなかった。分子の骨格構造に大きな変化は無いが1 780 cm^{-1}付近の吸収が加熱後に現われた。また、水を含んだ試料Cは3 400 cm^{-1}に水酸基に由来する大きなピークが検出され、800 cm^{-1}付近のピークの変化が見られるが、加熱により3 400 cm^{-1}付近のピーク強度は低下し、800 cm^{-1}付近のピークの違いを除けば試料Aと試料Bは近似した結果となった（Fig.1、Fig.2）。

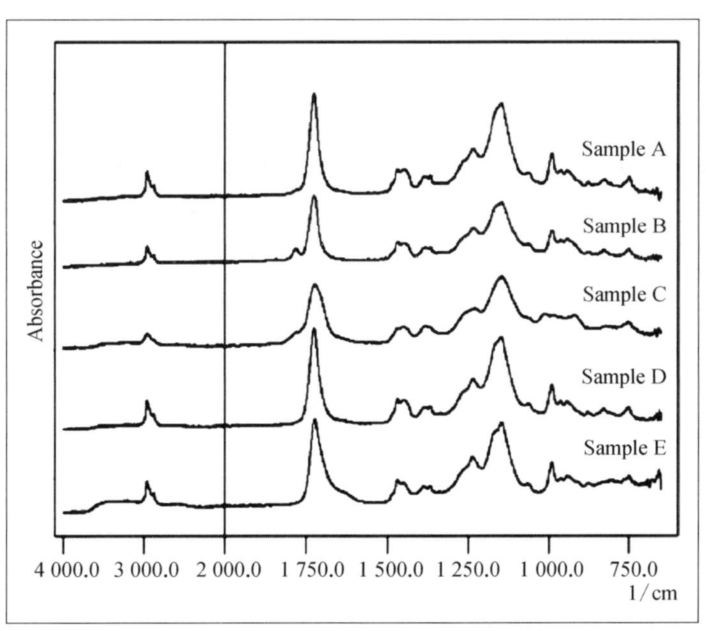

Fig.1　FT−IR spectra of standard and impregnated resin

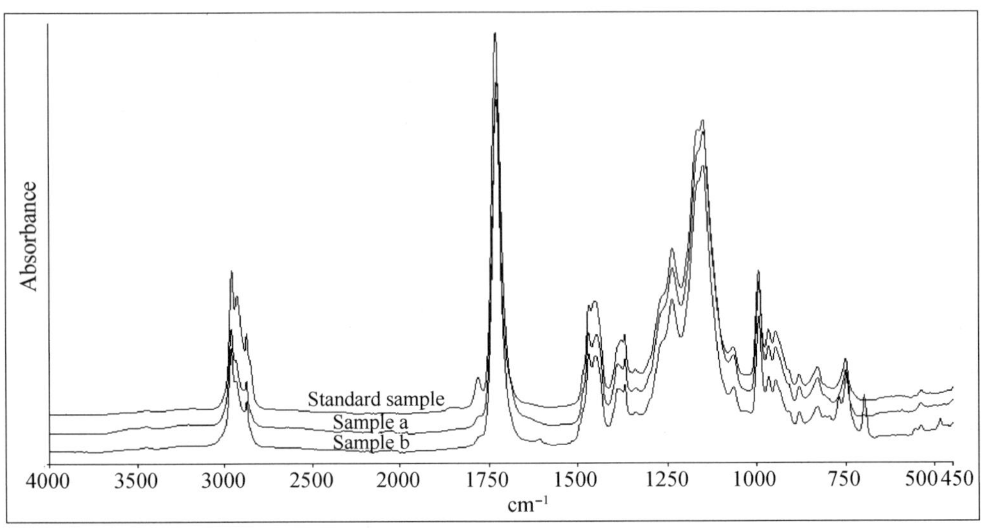

Fig.2 FT-IR spectra of after deterioration acceleration experiment

4.2 Pyro-GC/MS

トータルイオンクロマトグラム（TIC）（Fig.3）では保持時間が約15分の位置にアクリル酸エステルとメタクリル酸エステルと溶剤由来のピークが得られ、20～30分の位置にこれらの2量体由来のピークが確認できた。さらに約35分以上の位置にこれらの3量体以上の複雑な生成物が検出された。また試料a、試料b、試料B、試料D、試料Eのマスクロマトグラムはそれぞれ近似したピークが確認されたが、試料Cからはより複雑な生成物が検出された。TICにおける主なピークのマスクロマトグラムをFig.4に示す。これらの結果よりその多くはアクリル樹脂と溶剤に由来するものであったが、その一部には劣化により変化した可能性が考えられるものも確認された。

5. おわりに

出土金属製品の保存処理に使用されたアクリル樹脂の化学変化を強制劣化させたアクリル樹脂の変化と比較すると、熱劣化による分子構造の変化とは相違点が見られたが水分劣化は良く似た変化であることがわかった。さらに、105℃の条件以外では溶剤が完全に蒸発しないことも分かり、これらの影響も考慮する必要があることがわかった。今後、これらの化学変化が機能を低下させる劣化であるかを確認するため、さらなる化学構造の変化や分子量変化の解析を行い、機能性評価を進めたい。

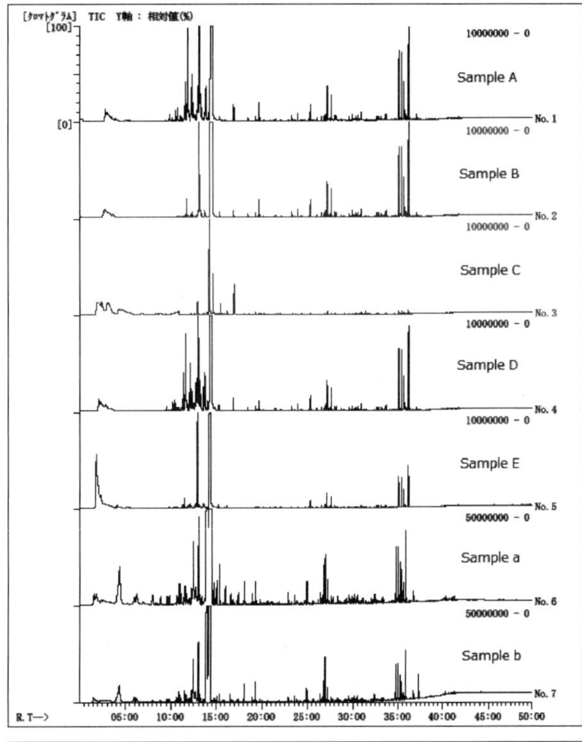

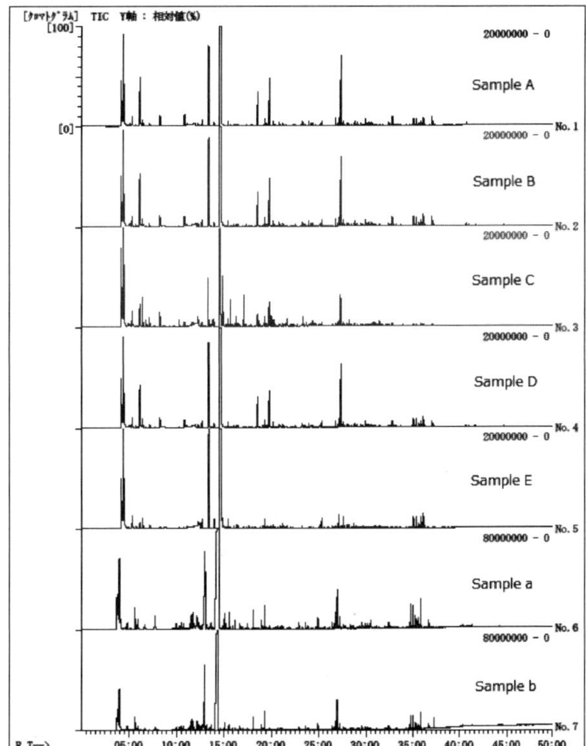

Fig.3 Total ion chromatogram (TIC) (Upper: 350℃ Lower: 550℃) of standard, impregnated resin and after deterioration acceleration experiment

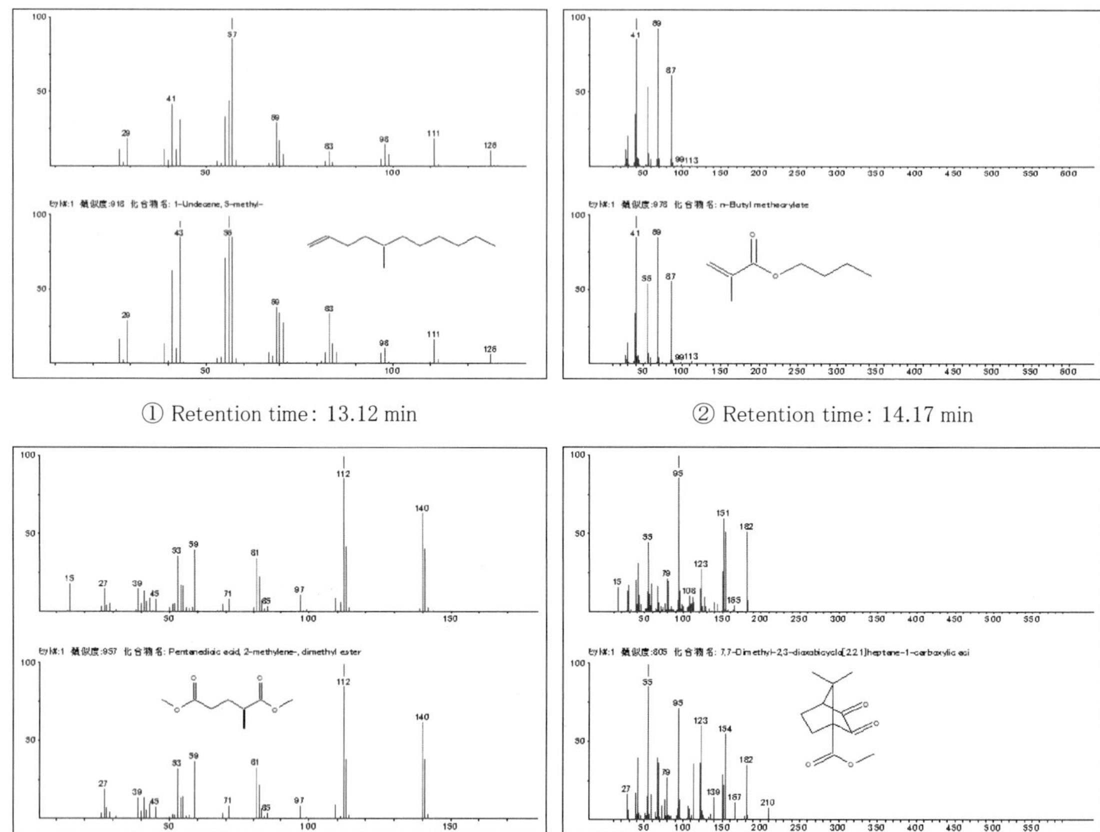

① Retention time: 13.12 min　② Retention time: 14.17 min

③ Retention time: 19.21 min　④ Retention time: 23.16 min

Fig.4　Mass chromatogram

(①: solvent, ②: Monomer of methacrylic acid ester, ③④: dimer methacrylic acid ester)

参考文献

山田卓司, 川本耕三, 山口繁生, 塚本敏夫, 田中由理, 植田直見. 出土青銅製文化財の保存処理に使用されたアクリル樹脂の劣化について (2), 日本文化財科学会第33回大会発表要旨集, 280-281 (2016).

岡本駿, 早川典子, 本多貴之. 文化財保存修復に用いられるParaloid B72と溶媒の相互作用に関する研究, 日本文化財科学会第33回大会発表要旨集, 258-259 (2016).

植田直見, 山田卓司, 山口繁生, 田中由理, 塚本敏夫, 川本耕三. 出土青銅製文化財の保存処理に使用されたアクリル樹脂の劣化について (3), 日本文化財科学会第34回大会発表要旨集, 234-235 (2017).

携帯型XRF装置による麦積山石窟北魏代の壁画に使用された顔料の元素分析調査

周怡杉[1]　松井敏也[1]　末森薫[2]　岳永強[3]　董広強[3]　馬千[3]　李暁渓[4]
（1筑波大学大学院，2関西大学，3麦積山石窟芸術研究所，4秦始皇帝陵博物院）

中文摘要：近年来，手持式X射线荧光衍射仪（PXRF）作为一种有效的无损分析手段，被广泛应用在艺术品、文物的元素成分分析中。本研究通过PXRF仪器对甘肃天水麦积山石窟5个北魏时期石窟（76、80、90、133、163窟）进行了颜料成分分析。分析结果表明，各窟中多数调查点中都检测出砷元素的信号。由于砷元素Kα峰与铅元素Lα峰在10.5 KeV左右处基本重叠，因此对砷元素和铅元素的信号分辨造成困难。由于铅元素的主要特征峰Lα与Lβ的峰比通常在1—1.3之间。本研究采用峰比I（10.5 keV）/I（Pb Lβ line），对各调查点砷元素成分与铅元素成分的共存情况进行讨论。峰比结果表明，可能存在含砷白色、红色、绿色颜料的使用情况，并可能存在含砷颜料的风化情况。

1. 緒言

シルクロード沿線の中国甘粛省天水市に位置する麦積山石窟寺院は素晴らしい石窟遺跡、壁画と塑像によって広く知られている。AD5世紀から19世紀まで、麦積山において石窟や塑像の造営は続いてきた。現在残された凡そ石窟194窟、塑像3 500点、壁画1 000 m^2、及び麦積山周辺の文化的景観が有する価値は世の中に認識され、2014年に「シルクロード：長安－－天山回廊の交易路網」の関連遺跡として世界遺産に登録された（Fig.1）。

Fig.1　The distant view of the Maijishan Mountain.

古から残された貴重な遺産の製作技術と保存現状を理解する研究活動の一環として、顔料の科学的調査が行われている。蛍光X線分析（XRF）は顔料の元素情報を得られる分析技術の一つである。X線の照射により、物質を構成する原子がもつ内殻電子が励起されて遷移するため、空いた区間に外殻電子が落ちてくる過程に、各原子が持つ特性X線が発生する。特性X線すなわち蛍光X線を用いて原子の種類（元素）及び含有量を解析できる。

既往研究により、サンプリングや分析過程による破壊を避けるため、元素調査は実験室で少量な試料や落ちた破片を用いて行うことが多かった。文献調査により、周国信氏は麦積山石窟寺院の各石窟で採取された103点の試料に対し、蛍光X線分析及びX線回折分析を行い、白色顔料12種類、赤色顔料2種類、青色顔料3種類、緑色顔料3種類、黄色顔料1種類、黒色顔料3種類を同定した。周氏は中国壁画において稀に使われたミメット鉱（Mimetite：$Pb_5(AsO_4)_3Cl$）の存在を白色顔料に確認し、麦積山の周辺にある鉛－亜鉛鉱から由来することを指摘した。末森薫氏は蛍光X線分析及び断面観察により麦積山石窟寺院の壁画破片試料9点を調査し、As元素成分の存在をいくつかの破片に確認した。

少量な試料或いは僅かな破片に対する調査分析は麦積山石窟寺院全体における顔料の利用状況を反映できない。21世紀初頭、新たに開発された携帯式蛍光X線分析装置の使用をきっかけに、実験室へ移動できない文化財に対する非破壊的な現地調査が可能になった。しかしながら、携帯式蛍光X線分析装置により取得された分析結果の解析や理解に対し様々な課題が存在している。壁画など多層の構造を持つ対象を分析する際に、得られた信号はどの層から由来するのかは判断しにくい。また、違う元素から由来する信号がスペクトルに重なることも結果の読み取りを妨げる。

したがって、この研究は携帯式蛍光X線分析装置を用い、麦積山石窟寺院の顔料の元素情報を取得するだけでなく、分析結果を科学的に読み取ることも目指している。

2. 方法

2.1 調査対象

本研究は携帯式蛍光X線分析装置を用い、壁画の時代が不明であるが、石窟や塑像の形式に基づき造営時代を北魏時代と考えられた第74、80、90、133、163号窟を対象とし (Fig.2)、各石窟の壁画に代表的な色をそれぞれ調査した。調査箇所はFig.3に示す。

2.2 分析方法

本研究はEDAX (株) 製携帯式蛍光X線分析装置PMIを使用し、レニウムX線管球、40 kV管電圧、2.44 μA管電流、1箇所で30秒測定時間の条件を用いて分析調査を行った。

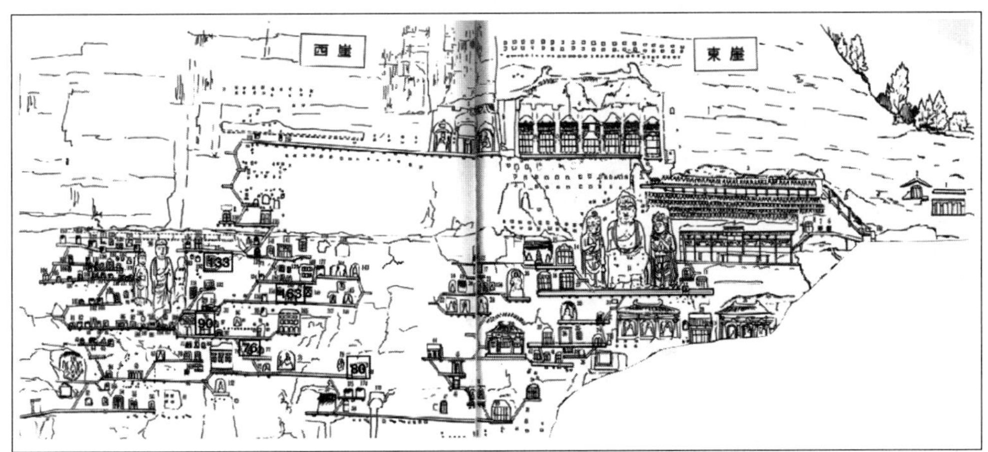

Fig.2 The plan of the Maijishan Cave-Temple complex, and the location of the investigated caves.

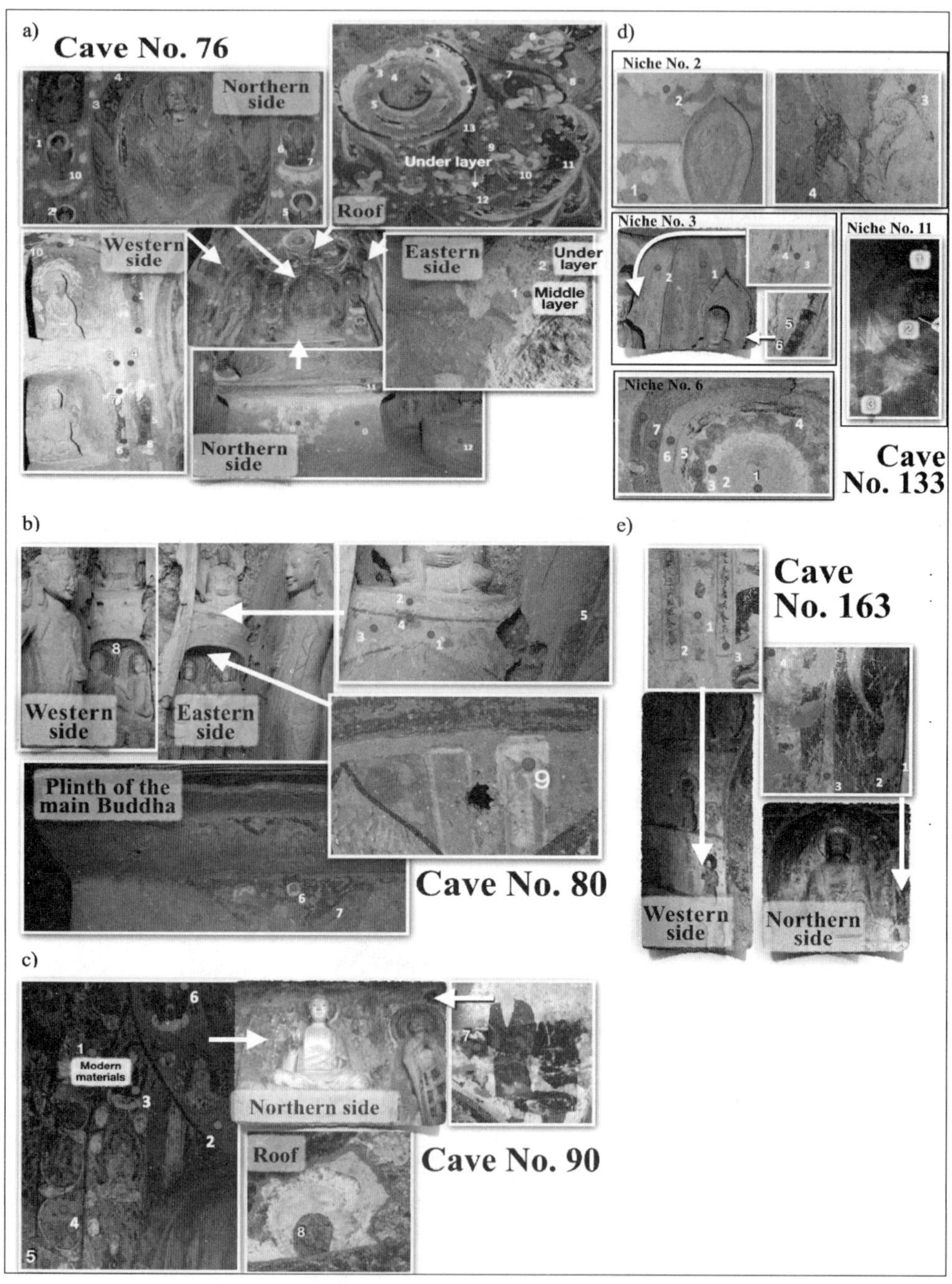

Fig.3 The investigation points of the cave a) No. 76, b) No. 80, c) No. 90, d) No. 133, e) No. 163.

3. 結果と考察

調査された箇所は次のように分類され、考察を行った：土製下地、表面下地、黒色箇所、青色箇所、緑色箇所、赤色箇所、白色箇所、油煙で汚染された箇所。各調査箇所に検出された主要な元素はTable 1-7にまとめる。

Table 1 Points of mud base and surface base

Point No.	Detected elements	Content
76-E-1	Ca, Fe, As, Pb	Mud base (Middle)
76-E-2	Ca, Fe	Mud base (bottom)
76-W-10	Ca, Fe	Mud base
90-1	Fe	Mud base (Modern materials)
133-2-1	Fe	Mud base
133-3-1	Fe	Mud base
76-R-4	Ca, Fe, As	Surface base
76-R-5	Ca, Fe, As	Surface base
76-R-13	Ca, Fe, As, Pb	Surface base
76-N-9	As	Surface base of Plinth
76-N-12	As	Surface base of Plinth
76-W-4	Ca, Fe, Pb	Surface base
80-1	Fe, Pb	Surface base
80-2	Fe, Pb	Surface base
133-6-1	Fe, As	Halo/Surface base
163-W-3	Pb	Surface base

Table 2 Points of black

Point No.	Detected elements	Content
76-R-11	Pb	Cloth of figure
76-N-2	Pb	Halo
76-N-3	Pb	Halo

续 表

Point No.	Detected elements	Content
76-N-7	Pb	Cloth of figure
76-W-5	Pb	Cloth of figure
90-6	Fe, As	Cloth of figure
90-7	As, Pb	Unknown
90-8	As, Pb	Unknown
133-2-3	Fe, Pb	Plant
133-3-4	Fe, As, Pb	Halo
133-6-3	Fe, Pb	Halo
133-6-6	Fe, As, Pb	Halo
163-N-2	Pb	Halo

Table 3 Points of blue

Point No.	Detected elements	Content
76-R-7	Ca, Fe, Pb	Cloth of figure
76-N-4	Ca, Fe, As, Pb	Halo
76-W-2	Ca, Fe, Pb, Sr	Cloth of figure
76-W-9	Pb	Niche decoration
80-5	Fe, Pb, As	Halo
90-5	Fe, Pb, As	Halo
133-2-4	Ca, Fe, Cu, Sr	Plant
133-6-7	Fe, Pb	Halo

Table 4 Points of green

Point No.	Detected elements	Content
76-R-8	Cu	Cloth of figure
76-R-9	Cu	Cloth of figure
76-N-5	Cu, Pb	Halo
76-N-11	Cu, As	Plinth decoration
76-W-6	Cu, Pb	Cloth of figure

续 表

Point No.	Detected elements	Content
80-3	Cu, Pb	Niche decoration
90-2	Cu, As	Halo
90-4	Cu, As	Halo
133-3-3	Cu, As	Halo
133-3-5	Cu, As	Halo
133-6-4	Fe, Cu, As	Halo
163-N-3	Cu	Halo
163-N-4	Cu	Halo

Table 5 Points of red

Point No.	Detected elements	Content
76-N-6	Ca, Fe, As	Cloth of figure
76-N-10	Fe, As	Cloth of figure
76-W-1	Fe, As	Cloth of figure
76-W-8	Fe, As	Cloth of figure
80-4	Fe, Pb, As	Niche decoration
80-7	Fe, Pb	Plinth decoration
80-8	Fe, As, Pb	Niche decoration
90-3	Fe, As	Cloth of figure
133-3-6	Au, Hg, As, Pb	Halo
163-N-1	Ca, Fe, Pb	Halo

Table 6 Points of white

Point No.	Detected elements	Content
76-R-1	Ca, Fe, As, Pb	Halo
76-R-2	Ca, Fe, As, Pb	Halo
76-R-3	Ca, Fe, As	Halo

续 表

Point No.	Detected elements	Content
76-R-6	Hg, Pb	Skin of figure
76-R-10	Hg, Pb	Skin of figure
76-R-12	Ca, Fe, Sr	Under layer
76-N-1	Ca, Fe, Pb	Halo
76-N-8	As	Inscription
76-W-3	As, Pb	Inscription
76-W-7	Ca, Fe, Pb	Skin of figure
80-6	Fe, As, Pb	Plinth decoration
80-9	Fe, As, Pb	Inscription
133-2-2	Ca, Fe, Sr	Background
133-3-2	Fe, As	Background
133-6-2	As, Pb	Halo
133-6-5	Fe, As, Pb	Halo
163-W-1	As	Inscription
163-W-2	As	Inscription

Table 7 Points of soot contaminated area

Point No.	Detected elements	Content
133-11-1	Ca, Fe	Halo
133-11-2	Fe, As, Pb	Halo
133-11-3	As, Pb	Halo

3.1 土製下地と表面下地

本研究において、「土製下地」は壁画の画面層と石窟壁の岩体の間にある、土に植物繊維を混ぜて作られ層を指す。土製下地は平滑と丈夫な壁画面を作るため不可欠な構造である。「表面下地」は現在顔料の存在が確認されない、もしくは画面の下塗り層と見える箇所を指す。顔料層の下に存在する土製下地や表面下地から由来する信号の影響を考えた上、顔料層の調査結果との比較として各石窟の土製下地と表面下地に対して調査を行った。

Feによる信号は第90窟の近年補修された土製下地（90-1）、そして第133窟の土製下地2箇所（133-2-1, 133-3-1）から主に検出された。CaとFeによる信号は共に第76窟の土製下地から検出された。したがって、顔料層から検出されたCaとFeによる信号に対して、土製下地の影響を考えた上で考察を行うべきと考えられる。

壁画表面層と岩体と接する土製下地の間にある土製下地の76-E-1からCaとFeによる信号のほか、PbとAsによる信号も検出された。

顔料層の劣化により、現在顔料の存在を確認しにくい箇所は過去に彩色された可能性がある。蛍光X線分析はオリジナルの色彩状況の理解に役立つ元素情報を提供できる。

殆どの表面下地の各調査箇所において、PbかAsによる信号が検出された。第76窟において、Asによる信号を主に検出された76-N-9と76-N-12の2箇所以外では、土製下地と同じくCaとFeによる信号も共に検出された。第80窟の80-1と80-2からPbとFeによる信号、第133窟の133-6-1からAsとFeによる信号、第163窟の163-W-1からPbによる信号が主に検出された。

3.2 黒色箇所

検出された主元素に基づき、黒色箇所は「Pb系」と「Fe系」の2種類で分類できる。Pb成分を含有する黒色か暗い顔料層は文化財において普遍的に存在している。赤色のPb_3O_4が黒色のPbO_2に変質することが原因になると考えられる。Fe系黒色において、Feによる信号のほか、PbとAsによる信号も検出された。マグネタイトなどFe系の黒色顔料、また墨などを使用された可能性がある。

3.3 青色箇所

第133窟の133-2-4だけからCuによる信号を検出され、藍銅鉱（Azurite: $2CuCO_3 \cdot Cu(OH)_2$）が使用された可能性がある。そのほか、検出された主元素にもとづき、「Ca系」と「Fe系」で青色箇所を分類できる。Ca系青色顔料は常にラピスラズリ（Lapis lazuli: $(Na, Ca)_8(AlSiO_4)_6(S, SO_4, Cl)_{1\text{-}2}$）と考えられ、Fe系青色顔料は常に人工的に製造されたプルシアンブル（Prussian blue: $C_{18}Fe_7N_{18}$）と考えられる。しかしながら、有機系青色染料や下地から由来する信号の可能性を見過ごせない。また、PbとAsによる信号も普遍的に検出された。

3.4 緑色箇所

全ての緑色箇所において、Cuによる信号は検出されたが、一部の箇所からAsによる信号も共に検出された。Cuによる信号しか検出されなかった箇所では緑色顔料マラカイト(Malachite: $Cu_2CO_3(OH)_2$)と緑塩銅鉱(Atacamite: $Cu_2Cl(OH)_3$)、CuとAsによる信号を共に検出された箇所では人工的に製造された花緑青(Emerald green: $3Cu(AsO_2)_2 \cdot Cu(CH_3COO)_2$)を使用された可能性がある。

3.5 赤色箇所

Feによる信号を主に検出された赤色箇所のほか、第133窟の133-3-6だけからHgとAuによる信号を検出され、辰砂(Cinnabar: HgS)が使用された可能性がある。Feによる信号を主に検出された赤色箇所のうち、Asによる信号も検出された箇所がいくつか存在する。Fe系とAs系鉱物、例えば弁柄(Red ochre: Fe_2O_3)と鶏冠石(Realgar: As_4S_4)はそれぞれ赤色顔料として使用されている。FeとAsによる信号が共に検出された結果はFe系とAs系赤色鉱物を混合して使用した可能性を示す。

3.6 白色箇所

白色箇所の調査結果では多様性を示したが、大体「Ca系」と「PbとAs系」の2種類で分類できる。歴史上、白色顔料は自然また人工由来ともに大変豊富である。方解石、石膏、ドロマイトなどCa成分を含有する鉱物、そしてカオリナイトなどAl成分を含有する鉱物は白色顔料と壁画下地の素材として使われた。また、炭酸鉛や硫酸鉛も白色顔料として普遍的に使われていた。前述に示したようにPbとAs成分を含有するミメット鉱(Mimetite: $Pb_5(AsO_4)3Cl$)は麦積山石窟寺院の試料に確認された。今回の調査結果によりAsによる信号しかを主に検出されなかった白色箇所が存在する。As系白色顔料の類例は古代壁画において殆ど報告されていない。

3.7 油煙で汚染された箇所

麦積山石窟寺院において、油煙で壁画の表面を汚染し、画面の内容が読み取れない状況は普遍的に存在している。油煙を主に構成する小さな原子量を持つ炭素、硫黄、窒素などの元素成分は蛍光X線分析で検出できないため、蛍光X線分析を用いて油煙層の下にある無機系顔料の元素情報を得られると考えられる。第133窟にある油煙で汚染された3箇所を分析した結果、それぞれ違う元素情報が検出された。そのうち、PbとAsによる信号が第133窟の133-11-2と133-11-3で検出された。顔料成分を同定しにくいが、蛍光X線分析により油煙で汚染された壁画から元素情報を取得できることを確認した。

3.8 PbとAsによる信号に対する考察

蛍光X線分析結果により、PbもしくはAsによる信号は普遍的に検出された。XRFスペクトルにおいてAs元素によるKα線のピークとPb元素によるLα線ピークは10.5 keVに重なる恐れがある（Fig.4）。Pb元素によるLα線とLβ線の強度比は1.0−1.3のため、強度比I（10.5 keV）/I（Pb Lβ line）は1.3を超える場合にPbとAs成分から由来する信号は共存している可能性が高いと考えられる。したがって本研究は検出信号強度比I（10.5 keV）/I（Pb Lβ line）を用い、調査した諸窟においてAs元素とPb元素の共存関係、そしてAs元素を含有する顔料の利用状況を検討する。

本研究において、強度比I（10.5 keV）/I（Pb L β line）の数値により三つの範囲に分類し考察を行った：1）1.5以下、即ちPb成分しかを含有されない、もしくはPbとAs成分どちらも含有しない；2）1.5から100、即ちPbとAs成分が共存する；3）100を超える、即ちAs成分しかを含有されない。

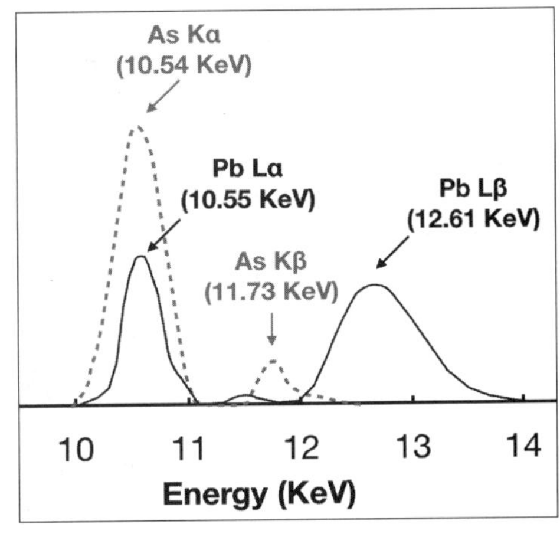

Fig.4 The Kα peak at 10.54 KeV and Kβ peak at 11.73 KeV of arsenic; the Lα peak at 10.55 KeV and Kβ peak at 12.61 KeV of lead.

調査箇所全体及び表面下地と白色箇所のみの強度比I（10.5 keV）/I（Pb Lβ line）をそれぞれFig.5に示す。表面下地と白色箇所において強度比は先に示した三つの範囲に散在する。図示により、第76窟の数箇所、第133窟の表面下地箇所1つ、第163窟の白色箇所2つにおいて、強度比は範囲2か3に属する。これらの調査箇所の写真と強度比をFig.6中に示した。

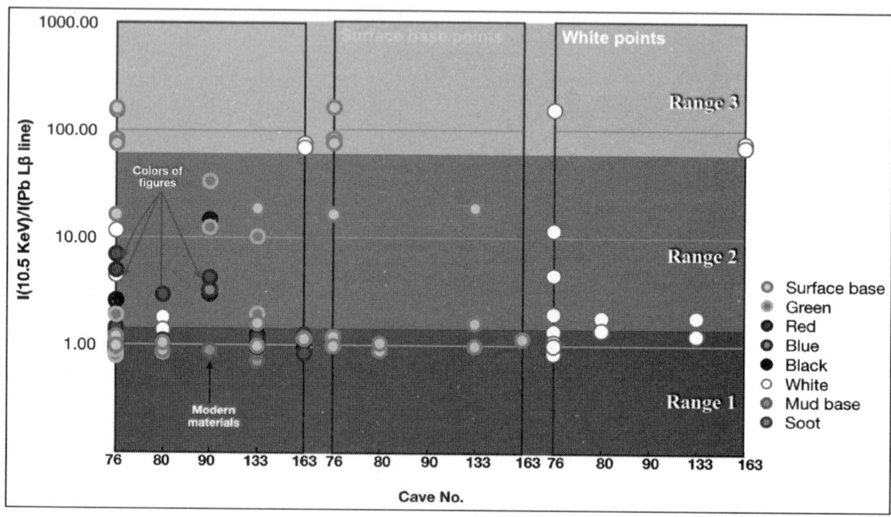

Fig.5 The intensity ratio of peak at 10.5 KeV to Pb Lβ peak for all investigated points, surface base points, white points.

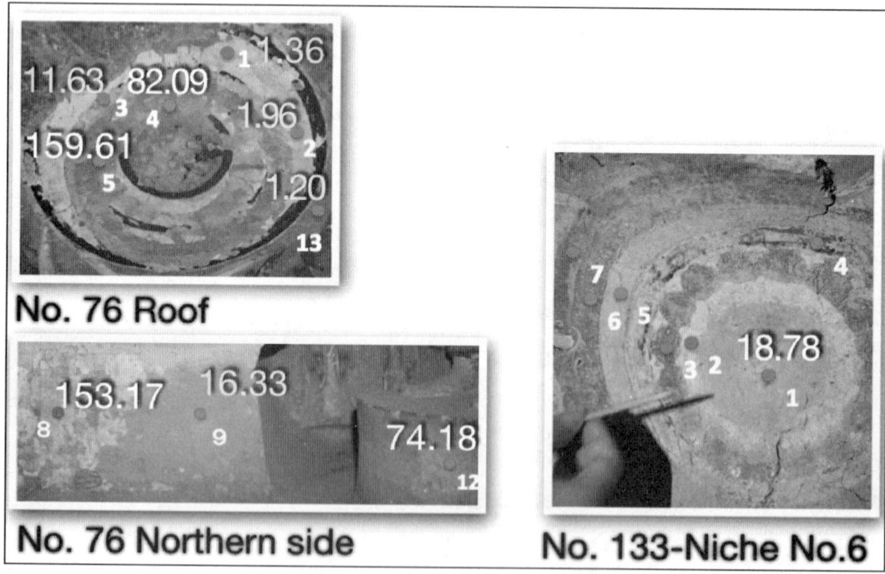

Fig.6 The intensity ratio value of peak at 10.5 keV to Pb Lβ peak in the case of surface base and white points: a) points of cave No.76, b) points of cave No.133.

第76窟において、一番高い強度比を得られたのは天井壁画の光輪と見える模様付近に位置する表面下地箇所76-R-4 (82.09) と76-R-5 (159.61) である。周辺にある調査箇所の強度比と比較すると、この2箇所からの距離が増加すると強度比が下がる傾向が見える。基壇の表面下地箇所76-N-9 (16.33) では周辺に位置する白色箇所76-N-8 (153.17) より低い強度比を得られた。第133窟において一番高い強度比を得られたのは光背模様の中心に位置する表面下地箇所133-6-1 (18.78) である。第163窟において、題記に位置する白色箇所163-W-2 (69.03) と163-W-2 (75.21) で顕著な強度比を得られた。上述にもとづき次のように推察する: 1) As系白色顔料は意図的に使用された可能性がある; 2) Asによる信号を顕著に検出された76-R-4、76-R-5、133-6-1など現在顔料の存在が確認しにくい箇所は、過去にAs系顔料で彩色された可能性がある。

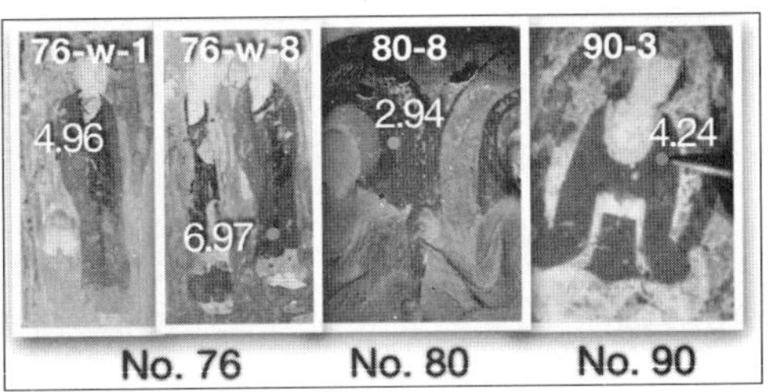

Fig.7 The intensity ratio value of peak at 10.5 keV to Pb Lβ peak in the case of red points.

範囲2に属する強度比は第76、80と90窟壁画の千仏の衣装か光背に位置する赤色箇所、そして第90と133窟のいくつかの緑色箇所でも得られた (Fig.7, 8)。PbとAs成分を含有する顔料の使用が原因となると考えられる。

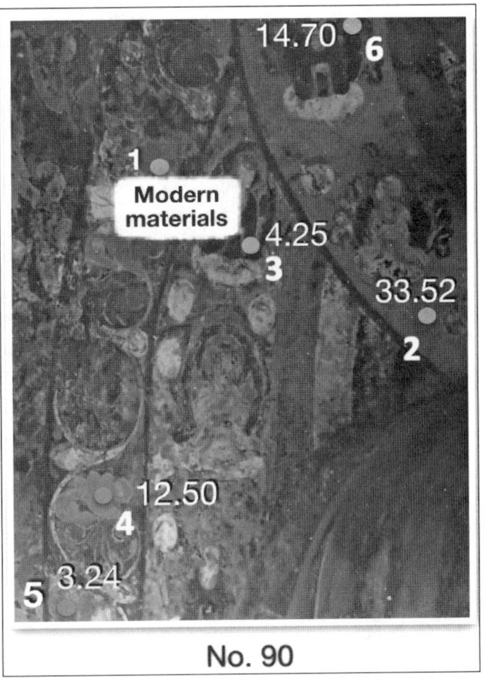

Fig.8 The intensity ratio value of peak at 10.5 keV to Pb Lβ peak in the case cave No.90.

また、第90窟において緑色箇所90-2 (33.52) と90-4 (12.50) の周辺にある調査箇所でも範囲2に属するがより低い強度比を得られた。第76窟の天井壁画と基壇の強度比結果と同様に、このような傾向はPbとAs成分を含有する素材で全体の下地が製作され、壁画表面の局部にAs系顔料で彩色されること、またはAs系顔料の変質が原因になると考えられる。文献調査により、As系顔料雄黄（Orpiment：As_2S_3）、鶏冠石（Realgar：As_4S_4）、花緑青（Emerald green：$3Cu(AsO_2)_2 \cdot Cu(CH_3COO)_2$）などの劣化産物は水溶性物質のため、As系顔料劣化により壁画構造中にAs成分が広がる現象が存在することがわかっている。

4. 結論

油煙で汚染された、そして顔料が失われた壁画を含め、携帯型蛍光X線分析装置は壁画の元素情報を取得する有効な手段である。しかしながら、小さな原子量を持つ元素成分の検出、多層の構造による信号の判断、元素信号の重なりなどの問題が存在するため、蛍光X線分析の結果だけに基づき、顔料成分を同定することは難しい。そのゆえ、より全面的な結果を得るため、蛍光X線分析と共に、他の分析手段を並行する必要がある。

本研究で対象とされた五つの石窟にPbもしくはAsによる信号は普遍的に検出された。PbとAsによる蛍光X線信号は互いに干渉しやすいため、強度比I（10.5 keV）/I（Pb Lβ line）を用い、調査した諸窟においてAs元素とPb元素の共存関係を考察した。その結果、As系白色顔料、PbとAs成分を含有する赤色と緑色顔料を意図的に使用されたと推察す。顕著な強度比を得た箇所との距離が増加すると強度比が下がる傾向は第76と90窟に存在すると考えられる。その原因は特定できないが、PbとAs成分を含有する材料で壁画下地を作成するによること、もしくはAs系顔料劣化により壁画構造中にAs成分の拡散によることに原因があると推察する。

As成分で主に構成される白色顔料を使用する古代壁画の実例は殆ど報告されていない。それらの化学式や由来などはまだ不明である。麦積山石窟寺院における壁画の製作技術に対する理解を更に深くするため、As系顔料に対する定性分析、および劣化現状の評価がこれからの課題となる。

参考文献

花平宁，天水麦积山石窟艺术研究所，筑波大学世界遺産専攻．麦积山石窟环境与保护调查报告书．文物出版社，2011：7-29，155-164．

Centre, U. W. (n. d.). Silk Roads: The Routes Network of Chang'an-Tianshan Corridor.

http://whc.unesco.org/en/list/1442/,2017-10-28.

Gilberto Artioli. *Scientific Methods and Cultural Heritage: An Introduction to the Application of Materials Science to Archaeometry and Conservation Science*. Oxford: Oxford University Press, 2010: 58.

周国信.麦积山石窟壁画、彩塑无机颜料的X射线衍射分析.考古,1991,8: 744-755.

周国信.中国西北地区古代壁画彩塑中的含铅白色颜料.文物保护与考古科学, 2012, 1: 95-103.

C. Parisi, G. Buzzanca. Current state of the art in portable x-ray analyzers and their application for nondestructive investigation of objects of art and cultural heritage. 8th International Conference on "Non-destructive Investigations and Microanalysis for the Diagnostics and Conservation of the Cultural and Environmental Heritage. Lecce (Italy): Associazione Italiana Prove non Distruttive Monitoraggio Diagnostica; 2005.

Rafa Sitko, Beata Zawisza. Quantification in X-Ray Fluorescence Spectrometry, *X-Ray Spectroscopy*. https://www.intechopen.com/books/x-ray-spectroscopy/quantification-in-x-ray-fluorescence-spectrometry, 2017-10-28.

L. Bonizzoni, C. Colombo, S. Ferrati, et al. A critical analysis of the application of EDXRF spectrometry on complex stratigraphies. *X-Ray Spectrometry*, 2011, 40(4): 247-253.

Y. Zhao, Y. Tang, T. Tong, et al. Red lead degradation: monitoring of color change over time. *New J. Chem.*, 2016, 40: 3686-3692.

Lei Yong. Copper trihydroxychlorides as pigments in China. *Studies in Conservation*, 2012, 57(2): 106-111.

D. Buti, F. Rosi, B. G. Brunetti, C. Milian. In-situ identification of copper-based green pigments on paintings and manuscripts by reflection FTIR. *Anal Bioanal Chem.*, 2013, 405(8): 2699-2711.

T. Moriyama, A. Morikawa, M. Doi, et la. Aerosol filter analysis using polarized optics EDXRF with thin-film FP method. *Powder Diffraction*, 2014, 29(2): 137-140.

K. Keune, J. Mass, A. Mehta, et al. Analytical imaging studies of the migration of degraded orpiment, realgar, and emerald green pigments in historic paintings and related conservation issues. *Heritage Science*, 2016, 4(1).

歴史的建造物における銅・亜鉛合金製金具周辺木質に対する冷水抽出物分析：旧岩崎家末廣別邸を対象に

周怡杉[1]　松井敏也[1]　林田利之[2]
（1 筑波大学大学院,2 富里市教育委員会）

中文摘要： 在一定条件下，金属构件附近的木质构件会受到来自金属的不利影响。日本历史建筑物中常常可以观察到金属构件周边木材的白化现象。在历史建筑物旧岩崎家末广别邸（日本千叶县富里市）的铜制或铜合金制构件周围，存在此类木材白化现象。前期调查中发现，此类白化木材中存在草酸锌细小结晶颗粒。草酸可能源自金属催化的木材成分分解反应。草酸与木材中金属离子结合，可能导致了木材中草酸金属盐结晶形成。本研究开发并采用了滤纸法，对建筑外壁木材表面的水溶性物质进行无损采样。通过离子色谱分析法对金属离子、草酸离子等进行定量分析。对金属周边白化木材的调查分析表明，靠近金属构件的木材中含有较普通木材高的金属和草酸离子；建筑外壁檐下距地250厘米高处采得的样品中，检出较高的包括金属离子和草酸离子等的总水溶性离子含量。

1. 緒言

建造物、船、工芸品、民芸品など木質文化財は、重要な文化遺産である。歴史の中での、人間の活用と自然環境への暴露、ここ数十年間の急速な環境変化は、木質文化財の存在とその価値を脅かす多様な劣化を引き起こしている。木材の白色化は木質文化財を脅かす一般的な現象である。既往研究において、白色化は白色腐朽菌と日射などに起因することがわかっている。最近では、歴史的建造物基礎の土や石と接した木材の白色化が懸念され、木材と石の間の結露によって運ばれるCaやSなどの無機成分が原因であるとされている。一方で、歴史的建造物における木材の白色劣化は、土や石とは接していないが、金属部分と接した箇所でも観察されており、それは現在まで殆ど研究されていない。

千葉県富里市の北西部にある旧岩崎家末廣別邸は、三菱財閥の総帥である岩崎久弥によって昭和の初め（1920～1930年代）富里地区での農産業の発展のため建てられた。昭和初期の上流階級の生活様式を反映しており、2013年に主屋と東屋、石蔵が登録有形文化財に指定された（Fig.1）。

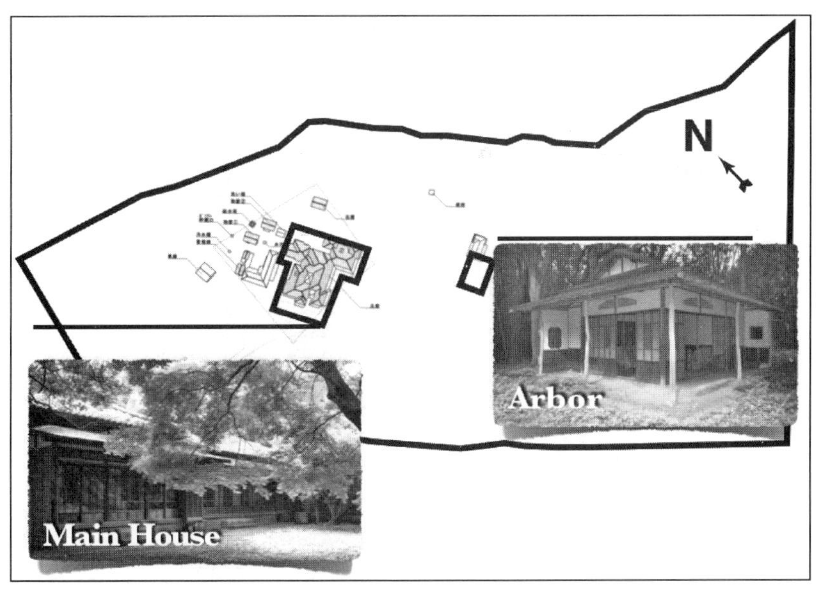

Fig.1　The plan of the Old Iwasaki-ke Suehiro-bettei Villa.

旧岩崎家末廣別邸においては、建物の内部と外部の高い位置、特に北西の主屋台所の外の軒下で金属部分と接した箇所の木材の白色化が観察されている。

旧岩崎家末廣別邸に対する保存維持計画は地元の社会活用の実現のため、地方自治体によって促進されている。この計画を支援するため、白色化現象に対する科学的な調査を通して、この現象へ根拠ある方針を提供することが必要である。

以前行った色差測定、XRF、XRD、FTIR分析による調査によって、外壁の白色化木部（スギ材）にシュウ酸亜鉛の存在が確認されている。軒下の銅・亜鉛合金の格子と接する地上から高さ150 cm地点と250 cm地点で行った色差測定結果と採取した木材サンプルのSEM-BSEイメージを比較すると、木材の仮道管に分散したシュウ酸亜鉛の粒子は250 cmの高さから採取したサンプルの方がより大きいサイズであり、結晶構造をより見ることができることがわかった (Fig.2, Fig.3) 。

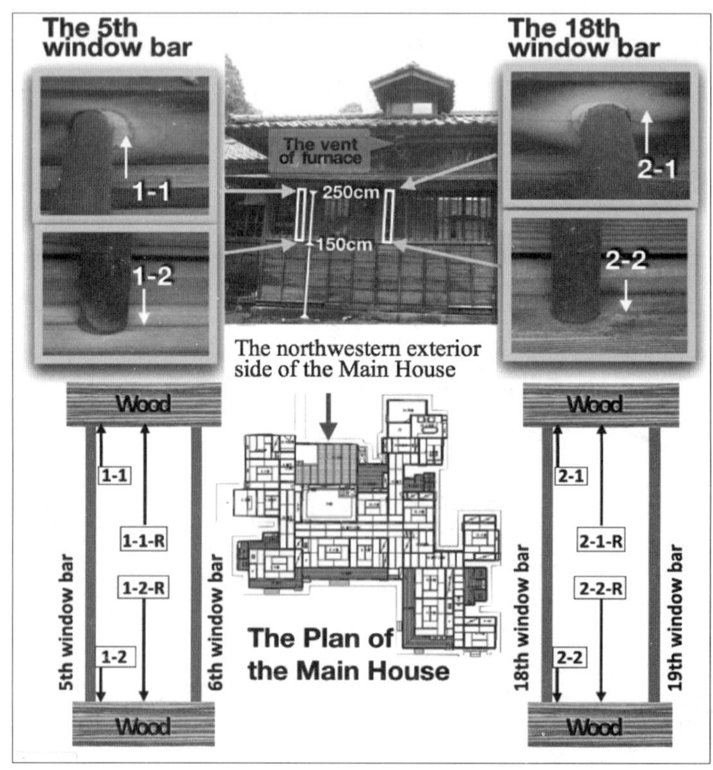

Fig.2　The locations of investigation points.

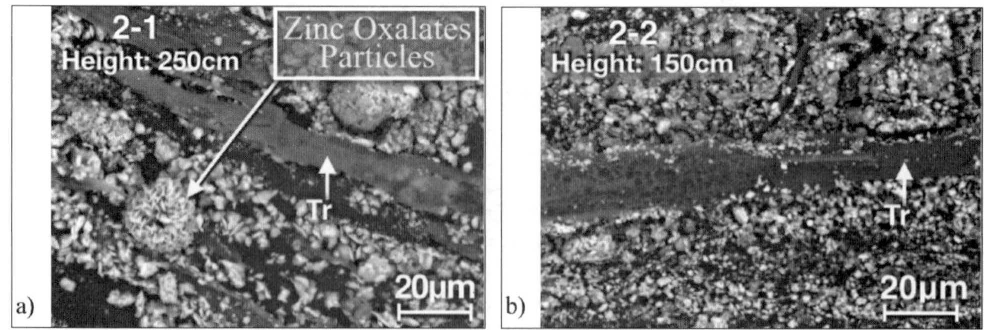

Fig.3　BSE images of wood adjacent to metal at different heights: a) image of 2-1 point at 250 cm height with larger particles; b) image of 2-2 point at 150 cm height. Tr: tracheid of wood.

シュウ酸亜鉛の粒子のサイズは木材の白色化現象の発生と関わる可能性がある。木材中の遊離亜鉛イオンとシュウ酸イオンがシュウ酸亜鉛の結晶の形成と成長に大きな役割を果たすことを推察する。この研究は、この仮説を証明し、異なる高さで金属と接触する木材表面の水溶性イオン成分を明らかにすることに取り組む。

2. 方法

2.1 調査箇所

Fig.2の通り、左から5番目と18番目の格子に地面から250 cm地点（1-1、2-1）と150 cm地点（1-2、2-2）で接する木材を調査した。5番目と6番目の間そして18番目と19番目の間も参考として調査し、250 cm地点を1-1-Rと2-1-R、150 cm地点を1-2-Rと2-2-Rとした。

2.2 非破壊分析による木材の冷水抽出物の分析の試み

通常、木材中の水溶性イオンは木材粉末から採取するが、サンプリングによる破壊を避けるため、木質文化財の調査において新しい非破壊方法の開発が必要である。吸収素材を用いて木材の表面から水溶性イオンを吸収させ評価することが可能である。新たな汚染を引き起こさないもっとも適した物質として、この研究ではろ紙の使用を試みた。

正確な手順を確立し、この方法の実用性を論じるため、次の手順で実験を行った（Fig.4）。

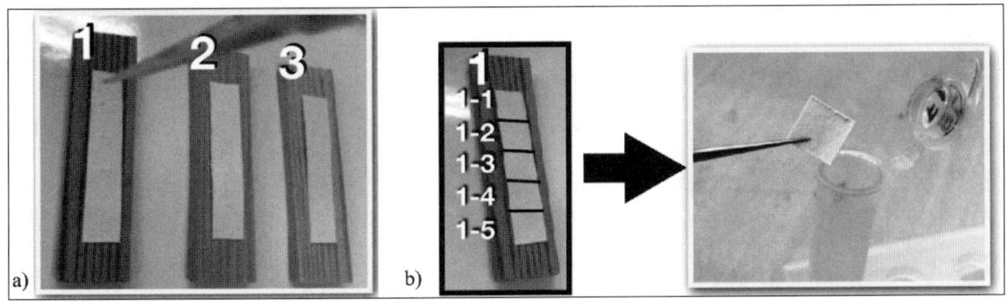

Fig.4 Attempt to obtaining ion content in surface of wood by filter papers: a) dropping 250 μl distilled water on the 10 × 50 mm^2 filter paper, b) naturally dried filter paper is cut into five 10 × 10 mm^2 pieces, then immersed in 5 mL distilled water for 48 hours.

1）水溶性イオンを含む木材サンプルを準備する：

可能な限り均一な構造を持ち、節のないスギ材を3つの長方形（75 × 20 × 3 mm3）に切る。それらの木片をイオン濃度が違うNa^+, K^+, Mg^{2+}, Cl^-, NO_3^{3-}, SO_4^{2-}, $C_2O_4^{2-}$を含有する含浸液にそれぞれ48時間浸し、その後、自然乾燥する。溶液の配合はTable 1に示す。

Table 1 Ion contents of solutions for immersing wood sample.

Content	Concentration (ppm)		
	1	2	3
Na^+	4 439.00	443.90	44.39
K^+	4 004.00	400.40	40.04
Mg^{2+}	2 260.00	226.00	22.60
Cl^-	6 344.00	634.40	63.44
NO_3^-	8 930.00	893.00	89.30
SO_4^{2-}	6 845.00	684.50	68.45
$C_2O_4^{2-}$	10 432.00	1 043.20	104.32

2）清潔なろ紙を準備する：

10 × 50 mm^2にカットしたろ紙を蒸留水で洗浄し、自然乾燥する。

3）木材中のイオンを吸収する：

木材サンプルの上にろ紙を乗せ、それぞれのろ紙に250 μlの蒸留水を滴下する。

4）ろ紙の冷水抽出物を入手する：

自然乾燥したろ紙を回収し、5つの10 × 10 mm^2に切る。そしてそれぞれを5mlの蒸留水に48時間浸す。

5）ろ紙の冷水抽出物を分析する：

この研究では、メトロノーム社のイオンクロマトグラフィー機器883 Basic IC Plusを使用し、冷水抽出物サンプルのイオン含有量を分析する。陰イオン分析はMETROSEP A Supp 5 25/4.0（6.1006.530）カラムを使用し、溶離液3.2 mM Na2CO3 と1.0 mM NaHCO3、流量0.700 mL/min、分析時間35分で分析を行う。陽イオン分析はMETROSEP C3 25/4.0（6.1010.430）カラムを使用し、溶離液5.0 mM HNO3、流量1.000 mL/min、分析時間30分で分析を行う。ピークエリアはMagIC Net（version 3.1）で計算する。

この研究においてJIS規格A4の蒸留水を使用する。

異なる配合の含浸液に浸された木材サンプルのイオン含有量はその含浸液に関係すると想定する。もし決めたサイズと水分量を持つろ紙が木材サンプル表面の水溶性イオンを吸収できると、ろ紙の冷水抽出物と含浸液のイオン含有量は相関すると考えられる。

3. 結果と考察

3.1 含浸木材サンプルの分析結果

ろ紙の冷水抽出物に対する陰イオン、陽イオンクロマトグラフィー分析の結果と相対する木材の含浸液イオン含有量をグラフに示す（Fig.5）。

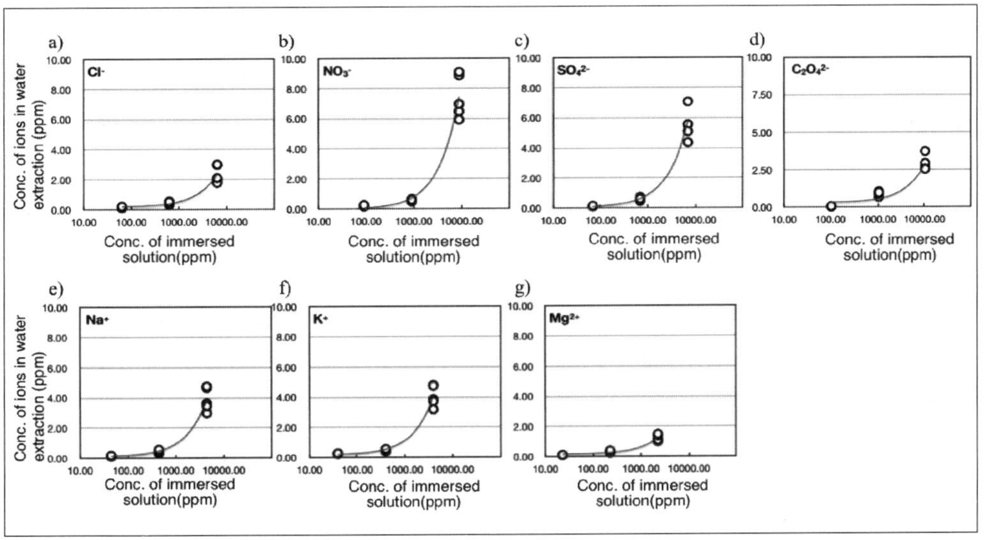

Fig. 5　Result of ion chromatography analysis for filter papers water extraction of the 3 wood samples, which have been immersed in prepared solutions: a) Cl^-, b) NO_3^{3-}, c) SO_4^{2-}, d) $C_2O_4^{2-}$, e) Na^+, f) K^+, g) Mg^{2+}. The red curves connected the average detected ion content of the 3 wood samples.

各イオンのグラフはほぼ同じ傾向を示す。含浸液10 000 ppmレベルの場合以外で、同じろ紙サンプルで作られた五つの冷水抽出物のイオン含有量は近い数値を表す。各濃度レベルにおいて顕著に区別できる結果が示されている。したがって、ろ紙を用いた方法の実用性を証明することができる。

3.2 旧岩崎家末廣別邸におけるろ紙法の実践

確立されたろ紙法に基づき、調査箇所の水溶性イオンを採取するため次の手順で実行した。

1) 蒸留水で洗浄した乾燥ろ紙10×10 mm^2を調査箇所に置き、50 μlの蒸留水をろ紙に滴下する。

2) 自然乾燥したろ紙を回収する。

3) ろ紙を5 mlの蒸留水に48時間浸す。

4) ろ紙の冷水抽出物をイオンクロマトグラフィーで分析する。

3.3 調査箇所の分析結果

NH_4^+、Zn^{2+}、Ca^{2+}の陽イオンとCl^-、NO_3^-、SO_4^{2-}、$C_2O_4^{2-}$の陰イオンはほとんどの冷水抽出物サンプルで検出された。各箇所のイオン含有量をFig.6.に示す。Zn^{2+}イオンは銅・亜鉛合金の格子から由来すると考える。Ca^{2+}とCl^-イオンは木材の無機成分である可能性がある。Cl^-は空気中の汚染物質から由来する可能性もある。NH_4^+、SO_4^{2-}、NO_3^-は250 cm地点の調査箇所によりもっとも多く検出された。調査エリアは台所の外壁、かまどの排気口に近いところに位置する。そのため、それらの3つのイオンはバイオマスまたは化石燃料の燃焼によるものと考えられる。

250 cm地点と150 cm地点の結果を比較すると、トータルのイオン含有量または各イオン含有量いずれかも250 cm地点（1-1, 1-1-R, 2-1, 2-1-R）が顕著であることがわかる。150 cm地点の場合（1-2, 1-2-R, 2-2, 2-2-R）、金属に接した部分のイ

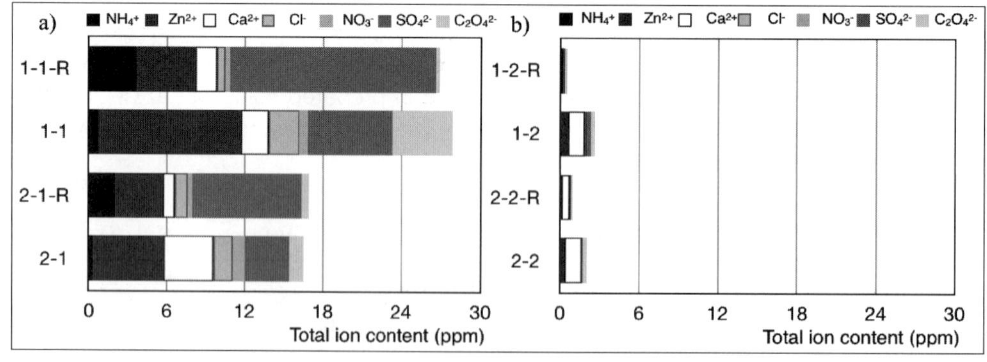

Fig. 6 The total ion contents of the investigation point: a) points at 250 cm height; b) points at 150 cm height.

オン含有量特にZn^{2+}、Ca^{2+}、$C_2O_4^{2-}$の含有量が参考箇所より多いことがわかる。いずれにしてもトータルのイオン含有量は250 cm地点より低い。250 cm地点の調査箇所においては、各イオンの割合はそれぞれ違う一方で、参考箇所のトータルイオン含有量は金属に接した部分とほぼ同じか、またはわずかに多い。参考箇所でもっとも顕著なイオンはNH_4^+, SO_4^{2-}イオンであり、金属に接して白色化した箇所ではZn^{2+}、Ca^{2+}、Cl^-、NO_3^-、$C_2O_4^{2-}$イオンである。参考箇所と金属に接した部分の各イオンの割合の違いにより、イオンによっては金属部分の周囲に分散するもしくは金属部分から離れる傾向が存在すると考えられる。

金属シュウ酸塩の成分は金属と接する木材白色化現象で重要な相関要素であると考えられる。$C_2O_4^{2-}$と他のイオンの間の関係を考察するため、Zn^{2+}, Ca^{2+}, NH_4^+, Cl^-, NO_3^-, SO_4^{2-}と$C_2O_4^{2-}$の関係をグラフに作る (Fig.7)。

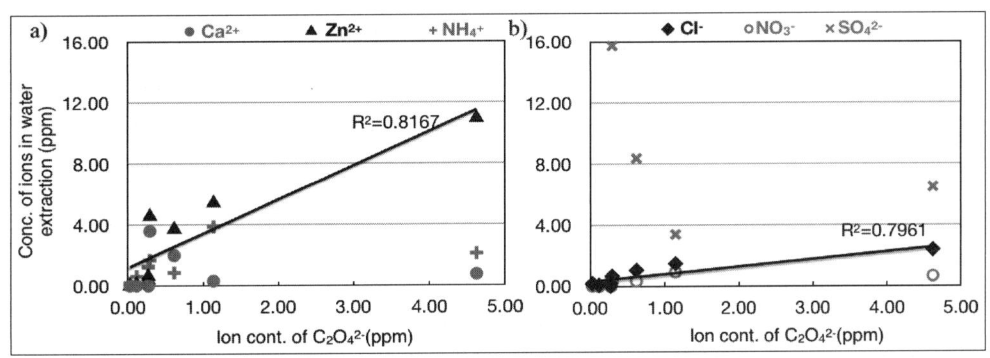

Fig. 7 The scatter plot of ion content of Zn^{2+}, Ca^{2+}, $NH^{2+}{}_4$, Cl^-, NO_3^-, SO_4^{2-} versus $C_2O_4^{2-}$: a) the scatter plot for cation ions; b) the scatter plot for anion ions.

Fig.7において、Zn^{2+}とCl^-イオンの散布図は直線に沿う傾向を見ることができ、$C_2O_4^{2-}$との直線相関係数R^2はそれぞれ0.8167と0.7961となる。これらの相関係数は$C_2O_4^{2-}$とZn^{2+}、Cl^-のイオン含有量の相関関係の可能性を示している。

4. 結論

ろ紙を用いた木材中水溶性イオンのサンプリング法の実用性はこの研究において確認された。一方で、木材中の水溶性イオンとろ紙の冷水抽出物のイオン含有量の相関関係は今後議論する課題となる。

新たに開発されたろ紙法は旧岩崎家末廣別邸においてうまく実用することがで

きた。高さが異なる調査箇所におけるイオン含有量の違いはこの方法によって明らかになった。250 cm地点の金属に接して白色した部分におけるZn^{2+}と$C_2O_4^{2-}$イオンがもっとも顕著に検出された。

金属に影響された木材中、強い金属キレート剤であるシュウ酸の存在により不溶性の金属シュウ酸塩の結晶が生成する。シュウ酸亜鉛二水和物のKsp溶解度係数は1.38×10^{-9}である(25℃)。それらは金属に接する木材中に検出されたシュウ酸亜鉛の原因とも考えられる。250 cm地点において、この研究により確認されたZn^{2+}と$C_2O_4^{2-}$イオンの含有量、そして以前の研究により観察されたサイズが大きな粒子にもとづき、木材中に蓄積されたZn^{2+}と$C_2O_4^{2-}$イオンはシュウ酸亜鉛結晶の形成と成長に重要であると考えられる。シュウ酸亜鉛結晶の大きさと状態は最終的に木材中の白色化現象に影響する。

一方で、IC分析ではZn^{2+}と$C_2O_4^{2-}$、Cl^-イオンの相互関係の可能性を表している。いくつかの研究では一定量の亜鉛塩はセルロースの熱劣化に影響を与え、主な熱分解の発生温度を下げることが指摘されている。この研究で対象とされた銅・亜鉛合金の格子に接する木材の場合、金属による木材の劣化でシュウ酸成分が生成すると考えられる。しかし、その形成メカニズムは明確になっていない。

予防的保存の観点から、文化財に起こるすべての異常な現象は軽視されるべきではない。そして、シュウ酸成分の形成に関する認識を深くすることができれば、1) 木材の物理的性質の劣化傾向をつかむ、2) 処置の必要性を判断する、3) この現象に特化した効果的な保存処置を開発することにより、長期的な保存を達成することができる。

参考文献

屋我嗣良，ほか．木材科学講座12：保存・耐久性，滋賀県：海青社，1997.

山本健，片岡厚，ほか．木材の光変色に及ぼす照射波長の影響．木材学会誌，2007，53(6)：320-326.

佐藤あさひ，藤原裕子，ほか．礎石と接触している木材の白化現象の解明：モデル床下構造における白化現象再現試験の試み．名古屋：第66回日本木材学会大会，2016.

富里市教育委員会．旧岩崎家末廣別邸保存活用基本構想［R］．富里市：富里市教育委員会，2015.

周怡杉，松井敏也，林田利之．Research about whitening phenomenon of wood associated with copper and brass components of architecture: In the case of the old Iwasaki-ke Suehiro-bettei Villa（旧岩崎家末廣別邸）．名古屋：第66回日本木材学会大会，2016.

周怡杉, 松井敏也, 林田利之.建築外壁真鍮製金具周辺木部に対する調査：旧岩崎家末廣別邸を対象に (Investigation of Wood Associated with Brass Components in Exterior Side of Architecture: In the Case of the Old Iwasaki-ke Suehiro-bettei Villa) .山形：第34回日本文化財科学会, 2017.

Per Stenius. Forest Products Chemistry. Helsinky: Finnish Paper Engineers' Association and TAPPI, 2000: 12-55.

Sailesh N. Behera, Mukesh Sharma, et al. Ammonia in the atmosphere: a review on emission sources, atmospheric chemistry and deposition on terrestrial bodies. *Environmental Science and Pollution Research*, 2013, 20(11): 8092-8131.

Manfred Kirchner, Gert Jakobi, Ernst Feicht, et al. Elevated NH_3 and NO_2 air concentrations and nitrogen deposition rates in the vicinity of a highway in Southern Bavaria. *Atmospheric Environment*, 2005, 39(25): 4531-4542.

Ljubisa R. Radovic. Energy and fuels in society: analysis of bills and media reports, Chapter 11: Fossil Fuels: Environmental effects. http://web.ceu.hu/crc/Syllabi/west-syllabi/documents/Envsci/env5.html, 2017-06-28.

Ksp solubility constant for common salts. http://www.solubilityofthings.com/water/ions_solubility/ksp_chart.php, 2017-10-28.

Paul T. Williams, Patrick A. Horne. The role of metal salts in the pyrolysis of biomass. *Renewable Energy*, 1994, 4(1): 1-13.

图书在版编目(CIP)数据

传统技艺与现代科技:东亚文化遗产保护学会第六次国际学术研讨会文集:中文,韩文,日本/东亚文化遗产保护学会,复旦大学国土与文化资源研究中心,中国文物保护技术协会编.—上海:复旦大学出版社,2019.3
(复旦文化遗产丛书/杜晓帆主编)
ISBN 978-7-309-13947-1

Ⅰ.①传… Ⅱ.①东…②复…③中… Ⅲ.①文化遗产-保护-东亚-国际学术会议-文集-汉、朝、日、英 Ⅳ.①K310.03-53

中国版本图书馆 CIP 数据核字(2018)第 216864 号

传统技艺与现代科技:东亚文化遗产保护学会第六次国际学术研讨会文集
东亚文化遗产保护学会
复旦大学国土与文化资源研究中心 编
中国文物保护技术协会
责任编辑/史立丽

复旦大学出版社有限公司出版发行
上海市国权路 579 号 邮编:200433
网址:fupnet@fudanpress.com http://www.fudanpress.com
门市零售:86-21-65642857 团体订购:86-21-65118853
外埠邮购:86-21-65109143 出版部电话:86-21-65642845
江阴金马印刷有限公司

开本 787×1092 1/16 印张 40.5 字数 669 千
2019 年 3 月第 1 版第 1 次印刷

ISBN 978-7-309-13947-1/K·673
定价:230.00 元